評伝 矢内原忠雄

A Critical biography of YANAIHARA Tadao Written by SEKIGUCHI Yasuyoshi

関口安義 著

新教出版社

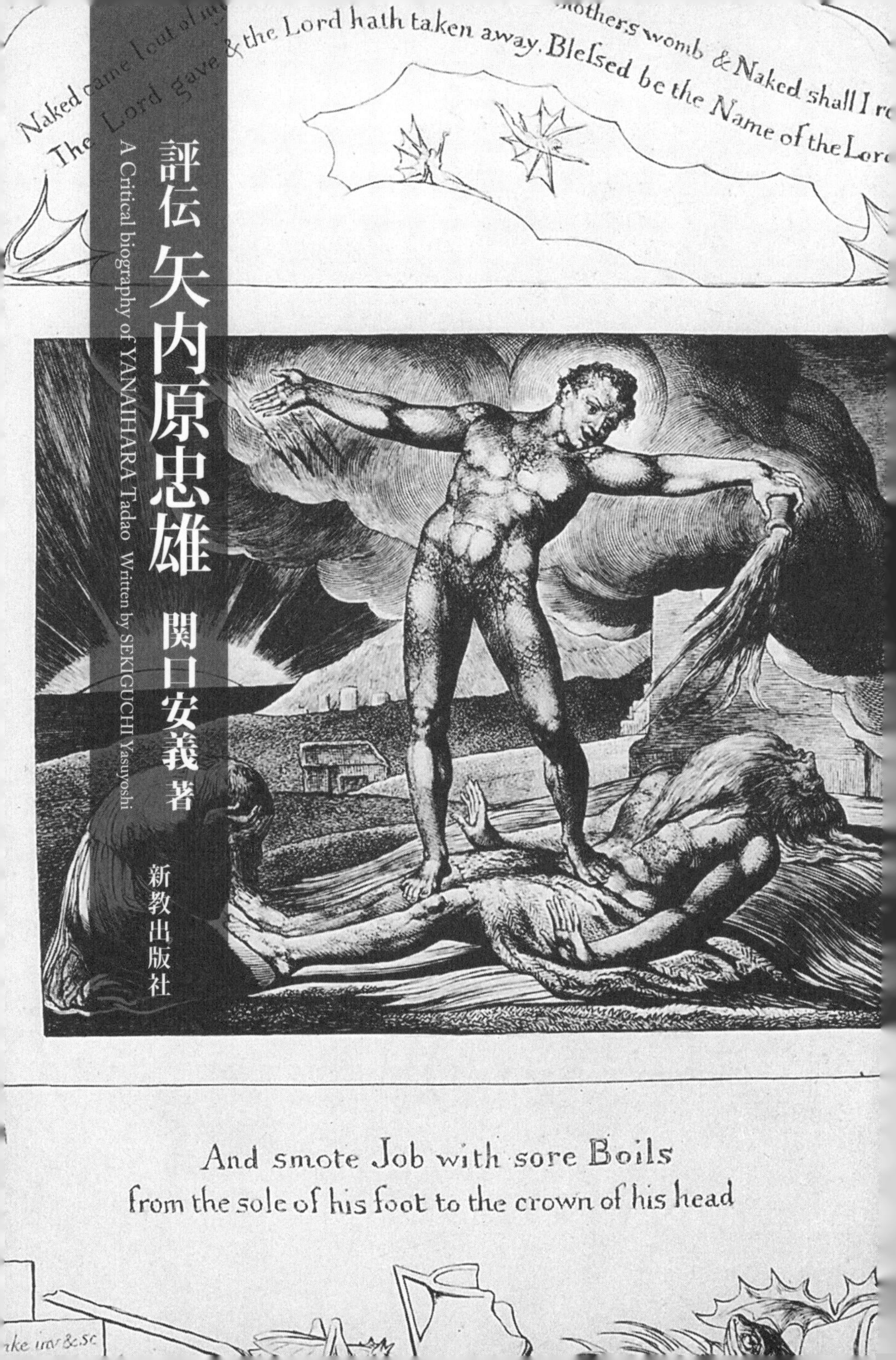

矢内原忠雄（東大総長時代）

父　矢内原謙一

母　矢内原松枝

生家遠望（旧愛媛県越智郡富田村大字松木 136-2）

兄弟姉妹（1909 年 8 月、今治にて）
後列右より安昌、忠雄、前列右より
千代、啓太郎、悦子

神戸中学校時代の忠雄

親友大利武祐（右）と

新婚時代の忠雄と恵子

ベルリン時代の忠雄

晩年の忠雄（東大総長室にて）

評伝　矢内原忠雄　目次

はじめに――いま、なぜ矢内原忠雄か……18

第一章　故郷と生い立ち……23

一　故郷、今治……23
愛媛県今治市　キリスト教の町　今治教会　松木《まつぎ》の地　くすの木と
つつじの花

二　出生と父母・兄弟……35
生家　父謙一　母松枝　兄弟姉妹　祖母とよ

三　富田尋常小学校と二つの高等小学校……41
富田尋常小学校　河南高等小学校　雲中高等小学校

四　神戸中学校……49
二宮橋近くの学舎　入学当初の忠雄　校長鶴崎久米一　札幌農学校

と神戸中学校　神中《じんちゅう》の校風　奥村奥右衛門　島地雷夢　「本校校風を論ず」　群を抜く文章力　読書と日記　いくつかの悩み　親友大利武祐

第二章　第一高等学校へ……70

一　進路の決定……70

先輩川西實三　一高法科を志望　校風遵守　一高に無試験検定合格　『官報』での発表

二　入寮と新渡戸稲造校長……83

全寮制　井川日記の「向陵記」から　自治寮の仲間　新渡戸稲造の入学式演説　先覚者のことば　名校長新渡戸稲造

三　蘆花「謀叛論」の波紋……95

「謀叛論」と題した講演　新しいものは常に謀叛　同時代青年と「謀叛論」　全校集会

四　弁論部と基督教青年会……105
一高弁論部　一高基督教青年会

第三章　向陵の青春……112

一　友情と信仰……112
井川恭と芥川龍之介　河合榮治郎と矢内原忠雄　矢内原日記　友情を欲する　石田三治に基督教青年会を勧められる　河合榮治郎の友情　一高運動場　赤城山の春

二　真剣に神を求める……125
三谷隆正・隆信とその一族　真剣に神を求める　聖書と讃美歌　井川恭とのキリスト教問答　努力家　帰省と読書　東寮十六番

三　内村鑑三門に入る……136
聖書講義への出席　よき師に巡り合う　独立独歩の精神　矛盾を生きた人　悲哀の人

四　倉田百三の忠雄批判……146
弁論部員としての活動　人目を引く活躍　倉田百三の来訪　倉田の忠雄批判　試練の中にいた忠雄

第四章　生と死……159

一　内村ルツ子の死……159
今井館の人々　内村鑑三の風貌と信仰　鑑三の鑑三たるところ　群馬県太田町で年を越す　内村ルツ子の葬儀　キリスト再臨運動

二　母と親友の死……168
連続する近しい者の死　母の死　家の問題　満洲・朝鮮への旅　島国根性の反省　親友大利武祐のその後　武祐との友情　武祐の病との闘い　最後の試験を前に武祐を見舞う　愛する友を失う

三　一高卒業前後……185
房総への旅　新渡戸校長免職反対運動　新渡戸校長を送る　名校長

悩み多い日々　首席で一高を卒業

四　大学進学と父の死……194
法科大学政治学科に進学　父謙一の死　死とはなにか

第五章　大学生活と住友への就職……202

一　大学での日々……202
一ヶ月遅れて授業に出る　内村鑑三に相談する　孤独の中で父を慕う　唯一の安息の場　死の問題に立ち向かう　漱石の講演を聴く　漱石の人格と洞察力に打たれる　吉野作造の講義　吉野の民本主義論　新渡戸稲造の植民政策の講義　学外での学び

二　新居浜、別子銅山……217
朝鮮で働く夢　家の重荷を負う　住友の採用試験を受ける　新居浜の別子鉱業所へ　惣開の社宅　別子銅山

三　結婚と伝道 …… 227
結婚まで　相手と直接会わずに婚約　新婚生活の日々　松本勇治から洗礼を受ける　新居浜にある神の教会

四　処女作『基督者の信仰』 …… 236
矢内原忠雄初の著作『基督者の信仰』誕生まで　イエスの生涯と聖書　歴史的にはアジアの宗教　贖罪と復活　再臨と信望愛

第六章　大学転出とヨーロッパでの研修 …… 248

一　東大経済学部助教授となる …… 248
長男伊作の誕生　東大経済学部からの招き　植民政策の担当者として　新居浜を去る　就任早々のさまざまな問題　欧米留学が決まる

二　イギリス行き …… 257
海外から日本を観る　若狭丸での航海　冬のロンドン着　ブレークの絵に魅せられる　ロンドンで新年を迎える　愛子からの便り　大

英博物館の読書室　ロンドン大学に顔を出す　健全な精神と旅　アイルランド島へ　スコットランドの旅　インヴァネスの教会　リバーサイド教会の夕礼拝　イギリス時代の大きな恵み　アダム・スミスの墓を訪ねる　旅が信仰の訓練となる　ケンブリッジからベッドフォードへ

三　ドイツでの日々……282

ベルリンへ　ハナという女性　ハナとの深い精神的交流　ギリシャ語とカントを学ぶ　サナトリウムに同僚を見舞う

四　パレスチナ旅行とフランス生活……290

プラハ・ウィーン、そしてイタリアへ　パレスチナへの旅　先見性に満ちた紀行文　ジュネーヴの川西實三宅へ　パリに移る

第七章　試練の中での研究生活……299

一　帰国と妻の死……299

アメリカ経由の帰国　ニューヨークの長崎太郎　旧友との再会　ウ

ォール街と摩天楼　エマーソンの家を訪ねる　アメリカ各地の旅
急遽帰国、妻を見舞う　妻愛子の死を悼む

二　植民政策研究と再婚 …… 312
大学の授業と帝大聖書研究会　熱心な研究と講義　処女論文　シオン運動の背景　ユダヤ民族の郷土建設運動　フィールドワークの成果　植民とは何かを問うた論　先見性と批判精神　関東大震災　再婚の話　愛の便り　さまざまな曲折

三　朝鮮・満洲調査旅行 …… 333
研究出張　二度目の満洲　三・一独立運動への理解　同化政策は誤謬の指摘

四　台湾取材の旅 …… 340
『植民及植民政策』の刊行　台湾植民政策を研究対象に　台北から台南に　気苦労の講演　一ヶ月半の旅

第八章　時代の重圧に抗して……351

一　『帝国主義下の台湾』の刊行……351
直感と現地調査　台湾に於ける政治的自由　東大経済学部の花形教授に　名著の誕生　台湾植民政策への手厳しい批判

二　恩師内村鑑三の死……360
樺太調査旅行　内村鑑三死す　『羅馬書の研究』　すぐれた助手畔上賢造　矢内原忠雄の内村鑑三評　近代日本の根源的な批判者

三　マルクス主義とキリスト教……371
福音を恥とせず　忠雄のマルクス主義理解　科学と信仰　唯物史観にメスを入れる　キリスト者の歴史観　三木清の書評への反論　大塚久雄と家永三郎の証言

四　反動の波に逆らう……382
金融恐慌と芥川龍之介の死　激動の昭和史のはじまり　藤井武の死

『藤井武全集』の編集　自由ヶ丘への転居　満洲調査旅行　神の摂理
京大事件

第九章　暗い時代を生きる……401

一　「真理の敵」との闘い……401
時代の右傾化と蓑田胸喜の登場　検閲との闘い　『満洲問題』の刊行
南洋群島への旅と江原萬里の死　丹念に記録されたメモ

二　批判の矢面に立つ……410
『民族と平和』の発売禁止処分　悲哀の人　山中湖畔に別荘を求める
真理と戦争　三井甲之の矢内原批判　蓑田胸喜の狂信的理論　時代
の嵐と歴史を見る眼　一人で闘う　「国家の理想」

三　東大教授の辞任……427
辞任まで　大内兵衛の別れのことば　矢内原事件　平賀粛学　最後
の授業　「退官願」を総長に　世間の人々から白眼視される　蓑田
胸喜のあくどい手口　エレミアに托して蓑田を斬る　預言者の孤独

性格・風貌まで変わる
四　荒野に叫ぶ……445
古本屋を計画　物書きとしての再出発　近代日本のエレミア　『嘉信』の創刊　戦闘の小集団
第十章　戦中から戦後へ……458
一　『嘉信』と土曜学校……458
『通信』を廃刊し、『嘉信』を創刊　単独編集・執筆の雑誌　イエス伝講話　二人の有能な女性速記者　雑誌と集会　土曜学校の開校　西洋古典文学の重視　藤井武全集の再刊　日本のキリスト教界を断罪する
二　朝鮮訪問と「ロマ書」講義……476
朝鮮伝道の旅　各地での講演　京城での「ロマ書」講義　夕方七時からの開講　「ロマ書」を登山にたとえる　「ロマ書」の現代的意義の確認

三　弾圧と抵抗……486
東奔西走の生活　連作短歌に想いを寄せる　きびしい情勢と教会合同　時局批判と検閲　戦中の講演会と三谷隆正の死　戦時下の弾圧　言論弾圧と用紙削減　狂った時代は、狂った人物を生む　弾圧に屈せず『嘉信』を『嘉信会報』に
四　敗戦と大学復帰……503
敗戦を山中湖畔で知る　講演活動に精を出す　東大に復帰する　植民政策論を国際経済論に
第十一章　教養学部長から東大総長へ……513
一　経済学部再建と教養学部の創設……513
学問的精神とは　大学の使命　国際経済論の講義とゼミ　社研所長から経済学部長に　理想を掲げて前進する　兄の死を乗り越え、教養学部長に　忠雄の教養学部長時代　宗教と民主主義

二　東京大学総長に就任……526
アメリカ出張　アマースト大学ほかを視察する　朝鮮戦争　矢内原忠雄の平和論　学生運動の高まり　総長就任まで　大内兵衛のエール　恒藤恭と矢内原忠雄
三　ポポロ事件……541
大学の自治をめぐる事件　国会での陳述　状況証拠に基づく証言　学問の自由と大学の自治を主張　大学の自治と学生の自治　歴史の教訓を重んじる　『キリスト教入門』の刊行
四　平和問題への発言……552
朝鮮戦争と平和主義　平和と教育　人間性の尊重　絶対平和主義者　現代の危機とキリスト教

第十二章　闘う宣教者……564
一　総長と伝道……564
総長の仕事　多事多難の日々　今井館聖書講堂での聖書講義　新たな伝道の季節　戦後のめざましい伝道活動
二　無教会主義……574
無教会主義とは　『日本の花嫁』事件　内村鑑三の見解　既成教派へのアンチテーゼ　忠雄の無教会主義の説明　典型的な無教会伝道者　聖書研究を第一とする　紙上の教会　開かれたキリスト教　エミール・ブルンナーとの交流
三　平和への思いと沖縄旅行……591
平和問題談話会　十大学長声明　恒藤恭・末川博らの支持　ジャーナリスト矢内原忠雄　沖縄への旅　沖縄での講演　矢内原忠雄とハンセン病　盛んな、厳かな集会

四　死とその前後……607
最後の卒業式式辞　インド首相歓迎のことば　東大総長を辞す　学生問題研究所の創設　病床雑記　内村鑑三没後三十年　姫路野里教会　講演「生死の問題」「生死の問題」の内容　「ピリピ書」に学ぶ　生存最後の年　開腹手術　「病床苦吟」と召天　葬儀　南原繁の追悼のことば

あとがき……635

事項索引……681

人名索引……691

写真提供　今井館資料館　東京都目黒区中根一―一四九
本扉図版　ウィリアム・ブレーク Satan smiting Job
装本　吉田耕三

評伝　矢内原忠雄

はじめに――いま、なぜ矢内原忠雄か

　矢内原忠雄が逝去して半世紀以上を経た。こうした時期に、なぜこの人物に光を当てるのか。そのことをはじめに書き留めておきたい。わたしは本書を通し、五〇数年前に没した人物の足跡をたどり、そこに近代日本の歴史がどう投影し、その時代を彼がいかに生き、闘い、傷ついたかを見極めたいと思い立った。それは対象人物を神格化し、崇めるものでは決してない。矢内原忠雄自身は、人物崇拝をきびしく断罪した。彼は恩師内村鑑三を生涯にわたって尊敬し、その教えに耳を傾けたが、内村という存在への個人崇拝は、きびしく諫めている。

　最晩年の兵庫県姫路市の姫路野里教会でのメッセージ「生死の問題」（一九六〇・一一・一三）では、「内村鑑三その人は人間でありまして、拝むこともできないし、模範とするにも足りない。模範とすべきものは内村鑑三を信仰によって救った神様そのもの、神を私どもは見なければならない」と断言する。さらに「人を崇めるということは偶像崇拝の一種であって、これは間違い」とも言い切っている。

　矢内原忠雄の評伝を書きつつ、絶えず意識したのは、この人物を特殊化することなく、彼が時代と社会の趨勢に立ち向かい、いかに闘ったかを、実証的に書くことにあった。闘いを通して得たもの、失ったものに留意するということである。彼は激しい言論弾圧の中で、信念を守り通して闘った反面、人間として持っていた明朗さや、やさしさ、貴公子然とした人目を奪うような風貌を失った。そして、やや暗く、自身のみならず他者にもきびしい人に成るという、人間としてのマイナス面をも取り上げた。とかく評伝を書くに際しては、その人物に密着しすぎて、客観的視点を失いがちとなる。わたしはそうした陥穽にはまらないよう、いつも意識して筆を運び、後年の厳格で他者を許容することの少なくなった人間性にもあえて言い及んだ。

矢内原忠雄が生まれたのは、一八九三（明治二六）年一月二七日、没したのは、一九六一（昭和三六）年一二月二五日である。彼は文字通りの〈激動の時代〉を生き抜いたことになる。彼が誕生した一八九三年という年は、四年前の大日本帝国憲法、いわゆる明治憲法（発布一八八九・二・一一）、さらに翌年の教育勅語（「教育ニ関スル勅語」発布一八九〇・一〇・三〇）と天皇制中央集権国家の制度が着々と整えられた時代であった。天皇は神として絶対視され、国家の元首であるばかりか、国民の精神的尊崇の対象としての機能を持つものとされたのである。

彼が生きた時代は、戦争の時代であった。日清戦争、日露戦争、第一次世界大戦、そして十五年戦争とよばれる、長い長い戦争の時代が続いた。そうした時代背景にも絶えず考慮し、その苦難な生涯をたどって、そこから学ぶことが多々あるのを読者に示したい、一人の知識人の誠実な歩みが、いかなるものであったかをその事跡を追って考えたいのである。敗戦後七〇余年を経て、日本は経済的繁栄の一方で、平和への認識が薄れ、憲法第九条改正をめぐる論議も盛んで、いわゆる戦争法案が国会の論議に上り、「共謀罪」なるもののさえ施行される。矢内原忠雄が一九三〇年代から四〇年代前半に受けた官権の弾圧を思い出させるような風潮が、いつの間にか形成されているのだ。

矢内原忠雄は生涯絶対平和主義をとなえ、積極的に発言し、行動した。満洲事変以後の時代の右傾化の中にあっても、自身の学問的主張を曲げなかった。彼の天皇中心の国家至上主義への警告・反論を収めた『民族と平和』（岩波書店、一九三六・六）は、出版法第十九条により発売禁止処分を受けるが、以後の彼の歩みは、検閲との闘いであったと言えよう。彼は十五年戦争時代を沈黙することなく闘ったのである。それは正義のための闘いであり、そのバックボーンは内村鑑三から学んだ、キリスト教の信仰に立つ平和主義であった。戦後の『講和問題と平和問題』（河出書房、一九五〇・三）その他で忠雄は、世界平和の達成のためには、〈必ずしも武力若しくは経済力〉による必要はなく、〈その掲ぐる理想の高きことと、その理想を達成する努力の熱誠なることによる〉と諄々と説く。彼の平和論は、改憲論の盛んな現在、いま一度、しっかり省みられてよいものがあるとわたしは固く信じる。

十五年戦争時代を闘い抜いた矢内原忠雄には、平和がいかに大事かが実感できたのである。平和は自由と結びつく。戦争中に彼は職を奪われ、自由を奪われ、孤立を余儀なくされた。彼は植民地論の研究者として、帝国主義日本の台湾・満洲・朝鮮・南樺太・南洋群島の統治方法に疑問を感じ、戦争の間違いを言い、日本の敗北を預言するかのように叫んだのである。それは『旧約聖書』の預言者が、そして洗礼者ヨハネが、イエス・キリストが荒野で叫んだのとどこか似ていた。そこには昏迷を深める二一世紀の日本人が耳を傾けるべき内容が豊かに見出せる。〈いま、なぜ矢内原忠雄か〉の問には、こうした今日的問題を含むとしてよいだろう。

彼の全生涯を詳しく追った書物は、意外と少ない。子息の矢内原伊作の書いた『矢内原忠雄伝』（みすず書房、一九九八・七）は、評伝にふさわしい重厚な文体、くもりない批判精神といくつものエピソード、さらに遺族でなければ得られない未公開の新資料をふんだんに用いており、圧巻である。まさに評伝の名に恥じないものであった。が、惜しむらくは、それは矢内原忠雄の前半生で終わり、一九三七（昭和一二）年の矢内原事件の前で、閉じられてしまった。十五年戦争中、非国民のレッテルを貼られ、人々から白眼視されて、その性格まで変わるという後半生は、近親者としては書けなかったのであろう。『矢内原忠雄伝』は、『朝日ジャーナル』に五六回にわたって連載（一九七四・一一・一〜一九七五・一二・二六）されたものである。著者は連載終了後、その続きを書く準備をしていたが、連載終了一四年後の死によって実現は断たれた。が、著者の生が永らえたとしても、後半生の叙述には、遺族ゆえの限界が伴ったに違いない。

矢内原忠雄の生涯を語った著作には、弟子筋にあたる藤田若雄の『矢内原忠雄　その信仰と生涯』（教文館、一九六七・一二）と西村秀夫の『矢内原忠雄』（日本基督教団出版局、一九七五・七）がある。それぞれ部分的には教えられるところがあるが、本格的評伝からはほど遠い。回想やその仕事に関して語った著作には、南原繁・大内兵衛・黒崎幸吉・楊井克巳・大塚久雄編『矢内原忠雄―信仰・学問・生涯―』（岩波書店、一九六八・八）と、鴨下重彦・木畑洋一・池田信雄・川中子《かわなご》義勝編『矢内原忠雄』（東京大学出版会、二〇一一・一二）の二書が挙げられる。

前者は『矢内原忠雄全集』全二九巻付録「月報」からの多くの転載を含み、執筆者は幼友だちから高校・大学を通しての友人・教え子、それに遺族など多岐にわたり、一五二編もの証言を収録する。副題に見られるように、矢内原忠雄の「信仰・学問・生涯」がつかめるような編集である。後者は巻頭に編者の一人鴨下重彦の要を得た評伝「昭和初期からの風雪の人」を置く。本書の内容は「生涯」「学問」「信仰」、それに「矢内原忠雄と教養学部」から成る。若い世代の論考も含み、参考になる本だ。最近のものには、その生涯と学問をコンパクトにまとめた川中子義勝『悲哀の人矢内原忠雄』（かんよう出版、二〇一六・四）、それに赤江達也『矢内原忠雄　戦争と知識人の使命』（岩波新書、二〇一七・六）もあって、それなりにこの人物に迫ろうとする。

矢内原忠雄に少しでもふれた単行本、それに雑誌、紀要論文は、枚挙にいとまがないほどだ。大河原礼三編『矢内原忠雄研究文献リスト』（私家版、二〇一二・三）は、一応の目安となるものの、多くのもれがある。

矢内原忠雄研究文献のすべてに目を通すことは不可能に近い。けれどもインターネットの利用により、現在はかなりの文献の収集・閲覧は可能となってきた。本書は、それら多くの資料をふまえて成っている。執筆の基本は、忠雄の研究にも倣った現地研究と厖大な文献の的確な援用、それに評伝として格調高く、しかも分かりやすい文章を目指したところにある。評伝に相応しい叙述とはなにか、常に問いかけつつ筆を運んだ。全集からの引用は、矢内原忠雄自身に語らせたいとの意図もあり、なるべく載せることにした。しかし、ページ数の関係もあり、最終段階でかなり削ることになった。

今日の昏迷した日本と世界をめぐる諸問題を前に、矢内原忠雄の生涯から学ぶものがいかに多いかを、読者は本書を通して知るであろう。

第一章　故郷と生い立ち

一　故郷、今治

愛媛県今治市

矢内原忠雄の故郷は、現在の愛媛県今治市《いまばり》である。忠雄出生時は、愛媛県越智郡富田村であった。富田村は一八八九（明治二二）年一二月一五日、政府の町村合併を勧める町村制施行に伴い、松木村《まつぎ》ほか六か村が合併して出来た村である。今治市に編入されたのは、第二次世界大戦後の一九五五（昭和三〇）年二月一日である。明治期の合併成立前の松木村がそのまま大字となっている。矢内原家の所在地は、大字松木一三六の二となる。松木は地元では、マツギと濁って読む。これは現地調査をしてはじめて解ったことである。

今治市はタオルと造船・海運の町である。タオルは全国一の生産量、全国生産高の約六割の実績を誇る。市内にはタオル美術館というタオルをテーマとした珍しい美術館さえある。が、近年生産量は伸び悩みの状況で、上質のタオルに活路を見出しているという。他方、造船・海運の町としての今治は、今や「日本一」の名を得るまでになっている。瀬戸内海という地の利を得てのことであるのは、言うまでもない。また、一説に中世に活躍した「河野水軍《こうのすいぐん》」「村上水軍」の伝統の継承ともいう。市内には約二〇の各種船舶を建造す

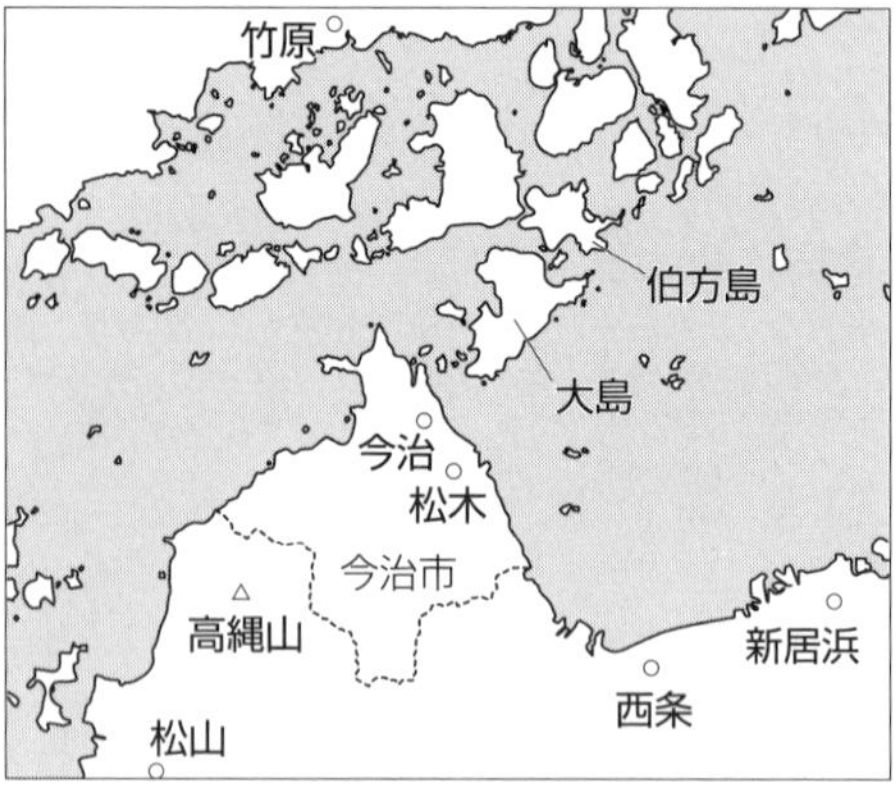

愛媛県今治市概略図

る造船所があり、輸送用機械工業もきわめて盛んである。

今治は、もと藤堂氏、続いて松平（久松）氏の三万石の城下町であった。今治城は、五層六階の天主閣をはじめとする昔の姿を今に誇る。この城は、藤堂高虎《とうどうたかとら》によって築かれたが、慶長年間に丹波亀山城に移築された。今の城は一九八〇（昭和五五）年に長らく幻の城とされていたのを、古写真・古文書などの資料により再建したものだ。高虎は築城の名人であり、城は三重の堀に海水を引き込んだ海岸平城《ひらじろ》である。高虎時代は「舟入」と呼ばれた港湾を造り、「水軍」の船を自在に操ったという。今治では藤堂高虎を町の開祖として観光のシンボル的扱いをしている。近年（二〇〇四、平成一六年）、築城・開町四〇〇年を記念して、高虎の銅像が城内に建立された。

矢内原忠雄の評伝を書くために、第一に訪れたのは、この四国の瀬戸内海に面する今治市南部松木《まつぎ》の地の訪問にあった。わたしは評伝を書く場合、必ず現地調査に赴く。文献だけの調査には限界がある。それゆえ対象とする人物の生地や生い立ちの地に立つのは、必須の条件だ。こうした労を惜しんだ研究は、どうしても瘠せたものとなる。矢内原忠雄とその時代を考えるという場合も例外ではない。

今治はわたしにとって、はじめての地である。地図をよく見ると、今治市は愛媛県の北東部に位置し、瀬戸内海に突き出た高縄半島の東半分を占める。行政的には伯方島《はかた》などが相当する芸予諸島も含む。現在は本州の尾道や福山から瀬戸内しまなみ海道（西瀬戸自動車道）を経て、今治に行くことができる。わたしは福山からバスで、しまなみ海道を経て今治入りした。この道路は、一九九九（平成一一）年五月に開通したものである。瀬戸内海に浮かぶ島々に九本の橋を架けて、本州と四国を結んだ道だ。長さは約六〇キロメートルにも及ぶ。美しい景観が売り物の、まさに海の道である。特に三連吊橋来島《くるしま》海峡大橋付近の眺めが素晴らしい。福山からの時間は、一時間二四分ほどであった。

キリスト教の町

今治市に到着したわたしは、まず丹下健三設計の市役所を訪れた。丹下健三は、大阪府の堺市の生まれだが、両親が今治出身であった。幼年時代を中国上海に過ごしたものの、両親が今治に戻ったことから、今治第二尋常小学校を経て、旧制今治中学校（現、今治西高校）を卒業している。それゆえこの町とは関わりの深い建築家である。広島平和記念館や東京新宿の新都心にそびえる東京都庁舎の設計などでも知られる。

市役所では観光課に行き、愛媛県観光ガイドマップをはじめ、さまざまなパンフレットを貰った。対象とする人物研究をはじめる第一歩を、生い立ちの地の市役所からはじめるというのは、地元に関するエリア地図をはじめ、さまざまな資料に出会えるからである。中に思いも寄らぬ記事を発見することがある。今回も同様の経験をした。貰った資料の中に、「海事都市いまばり」とのタイトルをもつ四つ折のパンフレットがあった。中の「今治ガイダンス」に、「今治キリスト教会と蘆花」と題するコラムに、わたしの目はとまった。短い記事なので、全文を引用する。

現在、市内南宝来町にあるキリスト教会は（設立時は他の場所）、明治12年に中国・四国地方で最初に設立された由緒あるプロテスタント系教会だ。設立式には同志社大学の創立者である新島襄さんも出席してくれたんだよ。

　初代牧師は横井時雄という人で、のちの文豪・徳冨蘆花は横井牧師の従兄弟だったので、伝道を手伝うため今治に約3年滞在し布教活動に励んだんだ。戦前の今治は「キリスト教の町」として全国でも有名な町だったんだ。（原文は横書き）

　わたしはこの記事に触発され、帰宅後、まず日頃利用している『日本キリスト教歴史大事典』[1]で、「今治教会」の項を調べた。そして末尾に記された参考文献を見、その一つ、今治教会の『創立九十年記念誌』[2]を、さっそくインターネットの「日本の古本屋」を通して手に入れることになる。この本では、飯峯明（同志社大学神学部教授）の「今治教会創成期の人々」が、他の記事に抜きん出る。四百字詰原稿用紙で約三八枚、文末の「参照資料」も役立った。飯峯明の文章によると、今治教会が設立されたのは、一八七九（明治一二）年九月二一日、町制を施行前の今治村の時代である。が、前史をたどるとその三年半前の一八七六（明治九）年四月、神戸教会の宣教師アッキンソン（Atkinson, John Laidlaw）らが、今治に来て伝道をしたのにはじまる。アッキンソンはイギリス・ヨークシャーの生まれ。アメリカに移住し、シカゴ神学校を卒業、アイオア州の教会で牧師を務めた後、一八七三（明治六）年秋、日本伝道を志して来日した。彼はアメリカン・ボードの宣教師として岡山・高松、そして今治など西日本の伝道に当たったという。

　今治教会初代牧師の横井（伊勢）時雄は、熊本バンドから新島襄の創設した同志社英学校を卒業、新島から按手礼を受けて牧師となった。横井は徳冨蘆花の従兄弟に当たり、その縁で蘆花は一九八五（明治一八）年三月、熊本メソジスト教会で受洗した直後、横井の許に来て今治教会の伝道を応援している。伝道の傍ら英語を人々に教えた。吉田正信校注の『蘆花日記七』[3]には、今治滞在中蘆花は二度、中予の松山を訪問している。一度は伊予基督教青年会の発会式のためで、徒歩で松山入りしたと蘆花は書いている。先の「今治キリスト教会と蘆花」と題するコラムには、蘆花は「約3年滞在し布教活動に励んだ」とあるが、蘆花は早く一八七八（明治一一）年に同志社英学校に入学、その後いったん熊本に戻った後、今治の横井の許で伝道を応援、一八八六（明治一九）年六月には京都に行き、九月、同志社に再入学するという年譜に照らすと、これは間違いのようだ。断続して約三年ということかも知れない。なお、蘆花の今治での生活は、『思出の記』（民友社、一九〇一・五）に描かれることとなる。

今治教会

それはともかく、今治教会の歴史を調べ、わたしは今治が戦前「キリスト教の町」として、全国でも有名だったという「今治ガイダンス」の記事が、決して誇張ではないことを理解した。今治教会の『創立九十年記念誌』には、エム・エル・ゴードン、吉田勇訳の「日本に於けるアメリカン・ボードの伝道」という一文があり、横井時雄牧師にふれている。中に「伊勢時雄牧師は極めて勤勉に働いた。彼の教会は彼と共にあった。彼は近隣は勿論のこと、離れている町や村にまで手を延ばした」（傍点筆者）とある。「伊勢時雄牧師」とあるのは、一一歳の時、父横井小楠が攘夷派の刺客によって暗殺されたことから、以後、時雄が用いていた名前である。横井の名に復するのは、のち渡米中の一八八九（明治二二）年頃のこととされる。なお、横井時雄は内村鑑三の若き日の信仰の仲間で、その不遇時代を支えた人である。一八九一（明治二四）年に起きた不敬事件の際には、鑑三の相談に与り、代拝という苦肉の策を考え出した一人であった。また、鑑三の第二の妻かずに洗礼を施したのも横井時雄である。横井は若き日の内村鑑三に実によく尽くしている。彼は当時牧会していた本郷教会（弓町本郷教会）に鑑三を招き、聖書講義を担当させたり、そのかかわる『基督教新聞』に執筆の機会を与えるばかりか、編集委員として迎えるなど、筆舌に尽し難いほどの面倒を見ている。内村鑑三が後年、矢内原忠雄の終生の師となることを考えると、こうしたところにも、忠雄と今治教会との接点を感じることができる。

今治教会は初代牧師横井時雄の熱心な指導により、大きく成長し、四国を代表する教会となる。横井在任中に会員数は四百名近くに及んだというから、日本では稀な大教会である。『日本キリスト教歴史大事典』の「今治教会」（執筆、飯峯明）には、「草創期のプロテスタント教会としては珍しく一般市民によって創立された教会として注目される。その後は旧士族らの入会者も続いたが、勤勉で禁欲的な町衆を中心とした教会の性格は第二次世界大戦まで続いた」とある。今治教会は一八九七（明治三〇）年、愛媛県会の公娼施設増設建議案が出た際、反対運動を盛り上げ、承認決議がされると今治町議会を動かし、反対決議をさせる。さらに一九一八（大正七）年、旧近見村に公娼施設設置の動きがあった時も反対運動を盛り上げ、その阻止に成功する。禁酒運動も早くから展開している。一九〇五（明治三八）年以降は、部落解放に関する啓蒙運動も行っていた。

矢内原伊作の『矢内原忠雄伝』[4]はじめ、いくつか存在する矢内原の生涯に関する著作や論文は、矢内原忠雄のキリスト教との最初の接点を、神戸中学校（神戸一中、現、兵庫県立神戸高校）時代（校長鶴崎久米一は、クラークの教えを受けた札幌農学校出身であった）に求めるのが、一般的である。が、わたしは市役所で貰ったパンフレットを手掛かりに、今治教会の歴史を知るに及んで、矢内原忠雄のキリスト教との接点が、早く幼少時を過ごした故郷にあったのではないかとの思いを懐くことになる。彼が生まれ、育った愛媛県越智郡富田村松木《まつぎ》の地は、今治の中心地からわずか四キロの距離である。当時からこの地方の中心は、旧今治町であったから、今治の旧市街には、幼少時の忠雄も行くことがしばしばあったに違いない。そうした折に伝道の盛んな「キリスト教の町」での路傍伝道などにふれたことも想像される。また、勤勉で禁欲的な町衆や旧士族の加わった教会は、町の政治を動かすほどであったというから、その余波は周辺の村々にも及んでいたはずである。

矢内原忠雄自身は、「私は如何にして基督信者となつたか」(5)で、「私の郷里の今治は明治初年から基督教が伝はり、殊に横井時雄氏の伝道地として有名でありました。併し附近の農村には殆んどその影響がなく、私の村には一人の基督信者もありませんでした」と書く。確かに開明的な町と異なり、いまだ旧弊を脱し切れない農村部における布教は難しいものであったはずだ。けれども、信者は出なくとも、教会に出席したり、当時はやった路傍伝道での話を聴いたり、そうした折に聖書を貰って読んだ人は、松木の地にもいたことであろう。なお、右の「私は如何にして基督信者となつたか」には、最初に聖書を読んだのは、腹違いの姉文代が持っていたものと回想する。矢内原伊作の『矢内原忠雄伝』によれば、文代は「当時の女子の教育機関としては最高ともいうべき神戸女学院に学び、」その関係で聖書を持っていたとある。すると、キリスト教の存在を忠雄が知ったのは、生い立ちの地、今治の環境と、実家に残された聖書であったことになる。忠雄のキリスト教との直接的な関わりは、後年の一高時代のこととなるものの、今治の郊外に育った彼に、キリスト教の光が、早くもかすかながら差し込んでいたことは、今治の町の歴史、それに生家に残された一冊の聖書が語っているとしてよいのであろう。

松木《まつぎ》の地

さて、今治駅から市の南部松木に行くには、ＪＲ予讃本線か、今治駅前から出ているバスに乗る。二つの交通手段は並行して走る。予讃線には、今治から一つ目の駅に伊予富田駅がある。しかし、単線のため本数が少ない。一時間に一本というところか。わたしはバスを用いたが、こちらも本数は少なく、しかも九時台というのに乗客は二〜三人、運転手によると県からの補助を受けての、やっとこさの運行とのことであった。人口の減少した現在、松木を含む旧富田村から今治に出るにはマイカーが主要な手段となっている。昔は多くは徒歩で今治の町に出た。前述のように、四キロほどの距離なので、小学生も上級生になれば、さして遠い距離でもない。第二次世界大戦後になっても、小学校の上級生が学校行事の映画鑑賞で今治の映画館に行く時などは、徒歩であった。

　矢内原忠雄の生地、松木を含む旧富田村は、頓田川《とんだかわ》左岸の地にある。北には蒼社川《そうしゃがわ》右岸の立花村が存在した。西は鴨部村に接し、東は、瀬戸内海燧灘《ひうちなだ》に面する。村内には拝志川という田の中を流れる小川があった。忠雄はこの小川をことのほか愛し、「拝志川」(6)という詩を作った。矢内原伊作の『矢内原忠雄伝』には、一高時代の文集の中に『春の水』と題した個人文集があることが、記され、「明治四十五年三月　矢内原忠雄　春の水」と墨書された表紙が、同書二〇九ページに写真版で紹介されている。同二一二ページには、長詩「拝志川」五行一六聯の最後の六聯が見られる。全集未収録でもあるので、その部分を左に書き写すことにする。

去年《こぞ》の夏見し川なれど
去年に聞きたる水なれど
歌はず言はずたゞ一人
母をしたひてさまよへば

涙にあまる思かな

家に残りて楽しさを
母と語らんすべもなし
入相《いりあひ》の鐘なるときは
出でてさまよふ拝志川
自然の母の乳を吸ふ

見よ美しき黄昏《たそがれ》の
神秘に映ゆる夕雲を
聞けなつかしき小流の
愛をさゝやくさざめきを
天地歌ひ人黙す

自然は偽ることあらじ
肉の衣は失せしかど
花鳥森に小流に
隔てぬ和ぎ胸に満ち
恋ひつ慕ひつ母を見る

夏の日山に沈み行き
大空ひたす黄金《こがね》の波
水田に映ゆる黄金の雲
かしこ讃美の故里《ふるさと》に
我等の遭ふも程近し

夕もや四方《よも》をこむる時
螢柳に光る時
あまきやさしき秘め言に
母なきわれの母となり
闇に消え行く拝志川

右の歌は、母恋の詩《うた》である。母松枝の死は、忠雄の一高時代の一九一二（明治四五）年三月二二日のことである。生家の家の近くを流れる拝志川に彼は母の面影を重ねているのである。若き日の矢内原忠雄の抒情が流れ出た詩である。忠雄には豊かな文学的感性が備わっていた。また何よりも文学が好きであった。後年のヨーロッパ留学時代には、文学にかかわる地を好んで訪ね、また、大英博物館の読書室ではヨーロッパ文学を読みふけることになる。

松木には現在、県営の住宅団地や民間アパートもところどころに見かける。今治郊外の住宅地としての発展はめざましく、会社勤務者が多く住むようになったからである。が、総じて農業を主体とした地区であることには変わらない。現在は酪農が盛んなようだ。忠雄の幼少期は、越智郡そのものが農業の盛んな、緑の多い豊かな田園地帯であった。二つの河川に囲まれた富田村は、土壌も肥え、農業に適していた。

くすの木とつつじの花

今治市の「市の木」は、くすの木だが、松木の地にもくすの大木が多い。くすの木は常緑高木で、春にはむくむくと新緑の葉が芽生える。遠くからでもくすの大木はすぐわかる。くすの木は、学校に植樹されたり、街路樹に用いられたりする。わたしの訪れた五月、今治駅から市役所に向かう道路に街路樹として植えられたくすの木は、新緑を燃え立たせているかのようであった。

また「市の花」は、つつじになっている。つつじは今治の気候風土に合う木なのである。公園や各家庭の庭に多く栽培されているのを見かける。松木の矢内原忠雄生家跡も、春はつつじやぼたんをはじめとする春の花が、庭を美しく飾る。忠雄の弟啓太郎に「私共の家譜と生家」(7)という小文があるのを、全集月報で知った。そこには、「土蔵と母屋の間に花壇を設け四季の花と色々の植木鉢が並べられ……」とある。今はここに書かれている土蔵は取り壊されているものの、花や樹木を愛する気風は、いまだに跡を引き継いだ家に伝わっているかのようで、わたしの訪れた日も、満開のつつじが庭を飾っていた。矢内原家は代々農業を営み、伊予国越智郡郷村から忠雄の曾祖父矢内原周宅の時代に松木村に移って、医業をはじめたのである。家系のことは、のちに述べる。

愛媛県、――旧伊予国は、東予・中予・南予の三つに大別される。東予は今治・西条・新居浜方面、中予は県庁所在地の松山・伊予・八幡浜方面、そして旧大洲《おおず》藩以南の、大洲・西予・宇和島・津島方面が南予である。

言うまでもなく中予の松山は、正岡子規・高浜虚子・河東碧梧桐・松根東洋城・中村草田男・石田波郷などの俳人を生んだ。その余波は東予の今治にも及ぶ。愛媛県は俳句王国なのである。俳句や書道のたしなみは、今治の知識人の条件であった。矢内原忠雄も若き日、句作の試みをし、書道をしっかり学んだ。彼は「梧陰」と称した号をもつ。

中予出身の学者や文学者には、漱石門下の安倍能成やノーベル賞作家の大江健三郎がいる。南予の宇和島からは、政治小説作家の末広鉄腸・須藤南翠、明治の国文学者大和田建樹が、その南の津島町からは、一高で忠雄と一緒になる後年の哲学者藤岡蔵六が出ている。

一口に愛媛県といっても、東予と南予とでは大分違う。わたしは中予の松山には何度も足を運んでいる。愛媛大学法文学部で集中講義を行った際には、一週間ほど滞在し、この町を歩き回った。また、南予は『悲運の哲学者 評伝藤岡蔵六』(8)を書くために訪れたことがある。

東予は今回はじめて旅して、島嶼と都会、海岸寄りの町と山寄りの町との違いもあることを知った。が、総じて愛媛県、旧伊予の国は、瀬戸内海の明るさと海の幸、くすの木に代表される古木・大木、それにつつじの花と山間の蜜柑畑が印象に残る県である。松山市が住みたい町の上位に、常にランクされる理由もよくわかる。矢内原忠雄の生まれ、育った東予の町今治は、地方都市としては豊かな、そして市のパンフレットが、戦前の今治を「キリスト教の町」として宣伝するほど、ピューリタンの気風を宿した町であった。

二　出生と父母・兄弟

生家

矢内原忠雄は、一八九三（明治二六）年一月二七日、愛媛県越智郡富田村大字松木《まつぎ》一三六の二番地で生まれた。父矢内原謙一、母松枝（マツヱ）の四男である。上に兄が三人、下に妹が二人と弟が一人いた。上の兄二人は夭折している。残った兄弟は、上から安昌・忠雄・悦子（ヱツ子）・千代（チヨ）・啓太郎の五人である。生家は五十戸ほどの集落の中央に位置し、白壁に囲まれた「半医半農」であった。忠雄は生家と父母、祖母に関して、以下のように回想[9]している。

> 私は愛媛県今治港から一里半程奥に入つた農村に生れました。戸数五十戸ばかりの小さい部落で、誠に平凡な田舎であります。父は医者でありましたが祖母が農業を好みましたので、家としては半医半農でありました。父は明治初年未だ西南の役の起る前に京都に出て医学を修めた、地方切つての最初の西洋医者でありました。儒学の感化を受けた人と見えまして、人は誠実でなければならないこと、正直でなければならないことを毎日のやうに私共子供に言つて聞かせました。『金を積んで子孫に遺すも子孫必ずしも能く守らず、書を積んで子孫に遺すも子孫必ずしも能く読まず、若かず陰徳を冥々の中に積んで子孫長久の計を為さんには』と漢文で自筆して柱掛けにして居たのを私は子供心に記憶して居ます。恐らくそれが父の人生観であつたのでせう。父は多くの人に騙《だま》されながら、多くの人を助けました。
> 祖母は農業の勤労が本当に好きで、私なども時々畑の手伝ひをさせられました。祖母は又熱心な仏教

信者で、三度の食事は必ず先づ仏壇に供へお勤《つと》め（礼拝）してからでなければ自分の箸を取りませんでした。よく気の付く人で又仕事の出来た人でしたから、家の者に向つては口喧しいこともありました。併し仏前又は貧しき人の前の祖母は柔和でありました。部落中一番貧しい老寡婦が祖母の最大の親友でありました。特殊部落から来る物貰ひが私の家の戸口に群れ、祖母の姿の見える迄いつまでも待つて居ることも度々でありました。

母は身体の弱い人でありましたが、よく家事を整へて居ました。控へ目な母については之と言つて書くべき事がありません。併しその全体が愛でありました（原文のまま）。

父謙一

父矢内原謙一に関しては、忠雄の「医学に望むもの」(10)という文章に、「私の家は四代位前から医者でした。郷里は愛媛県ですが、父は明治九年頃京都に出て西洋医学を学んだ人です。郷里の今治から大阪まで帆船で一カ月程かかり、それから淀の川舟で京都まで出たのだそうです。今の府立医大の前身である医学校でオランダ人やドイツ人の先生から学んだそうです」とある。学業を終え、京都から帰った父謙一は「地方切っての最初の西洋医者」となる。先の『矢内原忠雄伝』は、「たいへんな評判で、患者はひきもきらぬ有様であった」と書く。彼は教育に熱心で、村の学務委員などを引き受けていた。『矢内原忠雄全集』第二七巻に収録されている「感想集」の部に、「陰徳」と題した忠雄の文章がある。そこに父謙一に関する記録があるので抜き書きしよう。

七月十七日から一週間祖母母上と松山へ行つた。その時一色のお父様から色々お話があつたが、「此の辺の穢多《えた》で何人も松木のお医者様に助けて貰ひましたと来て言ふのがある」との御話が一ばんうれしくあつた。「助けて貰ひました」であつて「なほして貰ひました」でない。温泉群から群をなして訪れて居た患者は実際金を払ふものは少《すくな》かつた。払つても十銭二十銭の有り合せに過ぎない。病気は癒され薬料は許される、故に「助けてもらつた」といふ。彼等は自らかく告白して居るさうである。彼等の多くは梅毒患者であつた。金のない梅毒患者の穢多の手を取りて高価なる薬餌を投ずること——しかも我が父は唯その病の癒ゆるのを喜んで居た。

父矢内原謙一は、こうした人柄ゆえよく欺されたり、負債を作ったりしたとされるが、『矢内原忠雄伝』には、「もともと家や土地を所有していた上に医業は大繁昌だったのだから、かなり裕福であり、教養もあり、田舎の名士だったのであろう」とある。謙一は子供の教育に熱心であった。

母松枝

忠雄は父謙一、四〇歳、母松枝、二〇歳の子であった。父母には二〇歳の年齢差があった。父謙一は元《もと》は望月家の五男であり、叔父の矢内原清三郎家に婿入りし、松枝と一緒になった。いとこ同士の結婚であった。矢内原家の家譜、——「矢内原忠雄の家系」は、これまた『矢内原忠雄伝』に詳しい。そこには遺族ならでは、知り得ない複雑な事情が語られている。細かいところは、それに譲ることとし、ここには父母の性格や忠雄に与えた影響にふれておくことにしよう。父謙一のことは右の文章がよく語っている。が、母松枝のことは、かなりはしょっているので、別の文献に依らざるを得ない。忠雄の弟啓太郎に「私共の家譜と生家」という文章があることは先にふれた。そこに松枝について書いた箇所がある。引用しよう。

母松枝は明治五年（一八七二）に生れ同十九年（一八八六）十四歳で三十四歳の父と結婚し、長男豊は二歳で次男兼輔も生後二日で死亡しましたが、その後安昌、忠雄、悦子、千代、啓太郎の五人を生み、明治四十五年（一九一二）四十歳で脚気症状で召されるまで、子女の養育のかたはら家政を守り大家族を指揮し、二人の子供を失ひ、辛苦の数々を経験し、力尽きて、倒れた感がありますが、私には慈母であつた印象のみが残つてゐます。ことに晩年近く、私が重い病気で数ヶ月も生死の間に在つた時には並々でない苦労があつたと思ひます。その上私は未熟児で生れ、母乳がなく生来虚弱で度々重い病気にかゝり、成長が危まれてゐたものが今日在るを得たのは御恩恵によるものではありますが、父母の慈愛の賜と思ひます。母の召された時私は十歳でありました。

松枝は背の高い人だったという。それが子どもたちにも遺伝したのか、忠雄も一八〇センチ近い背の高い人となる。右にわたしは、子息矢内原伊作の著書『矢内原忠雄伝』には、「遺族ならでは知り得ない複雑な事情が語られている」と記したが、それは謙一の内妻についても言える。忠雄の父謙一と母松枝が婚約した時、松枝は未だ一四歳、そこで義父の清三郎は「別の女性を迎えて謙一の内妻とした」という。結婚までという約束であった。

伊作はさりげなくこの事実を語る。以下のようだ。「こういう女性は妾《しょう》と呼ばれた。こういうことは昔はよくあったことのようである。この女性は宮崎千賀子といい、謙一とのあいだに女の子ができた。つまりのちに松枝が産んだ忠雄のきょうだいたちにとっては、異腹の姉である。この姉の名が文代で、明治一五年生まれだから、忠雄よりは一一歳年長である。文代は謙一の弟の越智政造の家にあずけられ、そこで養育されたが、のちに謙一にひきとられ、謙一の書生だった医師野間音一と結婚した」と。普通ならば隠したいような家系の秘事を、さらっと書き流すところに、忠雄伝の著者、矢内原伊作の並々ならぬ表現力と懐の広さを感じる。

松枝は夫謙一に、宮崎千賀子という女性がいたことを知っての結婚であった。二〇歳も年上の男性、しかも、彼には面倒を見る一族公認の女（妾）がおり、子どもさえいた。松枝はそうした男性と結婚し、家のため子どもを産むのが宿命であったかのように、次々と七人も産む。彼女は最初の二児を早く亡くし、次に生まれた五人の子を育てることに生涯を費やして、四〇歳の若さで死んだ。愛情深い、哀れな女性であった。

兄弟姉妹

次に忠雄の兄弟姉妹についてだが、追い追い述べるので、ここでは簡単に記しておこう。長男豊は二歳で、次男兼輔は生後二日で死亡、そして三男安昌は、一八九〇（明治二三）年一二月二日の生まれで、忠雄のほぼ二歳ほど年上にあたる。忠雄ともっとも交わりをもった肉親である。忠雄は安昌とともに小学校に通い、勉強している。中学校は下の学年にいたが、安昌の落第で、二人は同じ学校で、同じ学年になりそうになったこともある。若き日の安昌は性格的に弱さがあり、中学時代は病気もあって、両親を悩ますことになる。しかし、後年は忠雄の祈りと勧めによって、キリスト者となり、忠雄の伝道に協力し、忠雄の個人誌『嘉信』のよき読者となっている。そのいきさつは、後の章で述べることにしている。

四つ下の妹悦子は、一八九七（明治三〇）年六月の生まれ、のち医者の田原茂に嫁した。悦子も忠雄の伝道でキリスト者となる。忠雄がヨーロッパやアメリカでの海外研修後、一九二三（大正一二）に妻を失い、二人の子をかかえて苦労していたのを一時支えたのが、悦子である。彼女は忠雄の信仰とその著作のよき理解者でもあった。後年忠雄はおびただしい著作をものするが、妹夫婦にはよく贈っている。

その下の妹千代は、一八九九（明治三二）年七月の生まれ、のち門田武雄に嫁すも、三六歳の若さで早死にした。末弟啓太郎は一九〇二（明治三五）年六月の生まれ、のち六高を経て、東大医学部を卒業、医師となる。啓太郎は外地（中国青島）で開業の後、日本に引き揚げ、鎌倉で産婦人科の医院を開業するまでになる。忠雄は夭折した兄二人を別にすると五人兄弟の第二子ということになる。

祖母とよ

松木の矢内原家には、他に祖父矢内原清三郎の妻とよが健在であった。清三郎は忠雄出生の翌年、一八九四（明治二七）一月二七日に七二歳で亡くなっていた。そこで祖父の影響は、忠雄にはさしてない。が、先に引用した忠雄の文章にもあったように、祖母とよの影響は大きかった。とよは夫逝去時、五七歳、以後矢内原家をしょって立ち、八二歳で逝くまで、忠雄ら孫の養育に一心に当たった。

矢内原家には、三〇〇坪ほどの耕地があり、とよは野菜作りに精を出し、麻や綿を紡いで養蚕もした。先の矢内原啓太郎の回想「私共の家譜と生家」によると、「祖母とよは体格の大きい頑健な女丈夫で、私共の祖父や父母の没後もながく生存し、大正八年（一九一九）八十二歳で逝くまで、幼い私共の養育に当り慈愛に富み仏信厚く、私共は度々僧の説教を聞く時つれて行かれ、聞いた説教の概要をうちの者や雇人達にも話し、時々仏教の話をしたり経を暗誦し、又記憶よく曾祖父や祖父の事蹟を話していました。又貧困薄命の人にはをしみなく援助し、隣村の貧しい部落の人達とも交際し、時には道に行きくれた四国巡礼の癩病人を家に泊めたことも度々でした」とのことである。

忠雄はこの偉大な祖母の影響をなにかと受けている。矢内原伊作はそれを三つに分けて説明する。その第一は勤労の貴さであった。祖母は外で鍬を取り、内で縫い物をする。その勤勉さは尋常ではなかった。第二は宗教的態度である。祖母は三度の食事は必ず先ず仏壇に供え、はじめて箸を取った。第三は貧しい者をいたわる慈悲心であった。祖母は巡礼者のハンセン病患者を泊め、貧しい寡婦と交わった。後年の忠雄の勤勉さ、無教会主義の熱心なキリスト教信者、それに早くから全国各地のハンセン病療養所を慰問するという行為には、多分に祖母とよの感化を見出せる。忠雄とハンセン病との関わりは、近年の松岡秀隆『矢内原忠雄とハンセン病』(友月書房、二〇一六・六)が詳しい。

三　富田尋常小学校と二つの高等小学校

富田尋常小学校

一八九六(明治二九)年四月、兄、矢内原安昌が満六歳で富田村立富田尋常小学校に入学した。この二歳上の兄と忠雄とは仲がよく、生涯深いかかわりがあった。小さい頃は、よく喧嘩をしたものの、互いに相手をよく理解した。すぐ下の妹悦子は、前年に生まれたばかりで、兄が小学校へ入学した後、忠雄は遊び仲間を失ってしまう。それは幼い彼にはショックだった。毎日学校に通う兄安昌を見て、忠雄は自分も学校に行くと言い出し、安昌について行ったと矢内原伊作の『矢内原忠雄伝』は書く。さらに「当時の小学校は融通がきいたのだろうし、何よりも、幼い忠雄が皆について行ける学力を示したことがこの異例を可能にしたのだろう」と付け加えている。

尋常小学校に他の児童より一年早く、満五歳で入学してしまうというのは、当時よくあったことなのである。忠雄の一高・東大の先輩で、後年東京大学総長となる南原繁も正式の学齢より一年早く、五歳七ヶ月で尋常小学校に入学しているし、一高同期の後年の作家松岡譲も、同様に五歳入学組である。『矢内原忠雄全集』第二九巻収録の年譜は、〈明治31年5歳〉の項に、「4（月）富田尋常小学校一年生に仮入学」とあり、〈明治32年6歳〉の項には、「4（月）富田尋常小学校2年生に編入」とある。

富田尋常小学校は、現在今治市立富田小学校となって、今治市大字上徳《かみとく》甲三九四－四に所在する。わたしは二〇一一（平成二三）年五月一六日、この学校を訪れ、神野武《じんのたけし》校長から富田小学校に関するさまざまなことをうかがった。また、『世紀を刻む』[11]という、B5判四六八ページに及ぶ大冊の百年誌まで頂くことになる。この本からは、矢内原忠雄在学当時の学校の雰囲気が、よく伝わってくる。付言すると矢内原忠雄の生家の地を案内してくれたのも、神野校長であった。

富田尋常小学校は一八九〇（明治二三）年五月、旧松木《まつぎ》村の児童も通っていた町谷尋常小学校と、喜田村や東《ひがし》村などの児童の通う拝志尋常小学校が統合されて創設された。校地が現在の上徳の地に新築移転したのは、一八九五（明治二八）年一〇月である。忠雄や兄の安昌が通ったのは、現在の校地に建っていた旧学舎であったことになる。まだ、この学校に高等小学校が併設されていなかった時代である。上徳は地図を見ると富田村の中央にあり、近くには村役場もあった。矢内原家から約二キロ、子どもの足で二五分というところか。校舎と校庭は児童数の増加と共に拡張されて、越智郡筆頭の小学校が次第に形成されることとなる。開校当時から植えられていた校庭の真中にあった柳の木は枯れたものの、大正年間に植えられたという裏門付近のくすの木は、今も健在である。

さて、矢内原忠雄が学齢に達する前に兄安昌に付いて行き、仮入学してしまった当時の富田小学校の校長は、山田安太郎である。富田小学校第四代校長にあたる。忠雄は数え六歳、満五歳で小学校に入ってしまったのである。学校史の『世紀を刻む』によると、富田小学校は戦後の一時、都市化による人口増で児童数は一二〇〇名を超え、三〇学級に及ぶ大規模校になるが、当時（明治三一）の在籍数は男子一四五名、女子九九名、計二四四名であった。忠雄と同学年生は、卒業時の記録で九一（男子三九、女子五二）名である。当時の教員は、これも『世紀を刻む』によると、校長のほか、訓導は森 亀一郎と三宅川秀逸、準訓導は小笠原 晃と檜垣喜平太となっている。校長を含め五名の教員構成というのは、在籍児童数を考えると余りに少ない。恐らくは他にかなりいたと思われる代用教員の名が省かれているためなのであろう。訓導・準訓導の布陣は、忠雄在学の四年間変わらない。

忠雄は一月生まれの、いわゆる早生まれである。遅生まれの子に比べると早生まれの子は、体力的にも学力的にも当初は遅れを取ると一般的には考えられていた時代のことである。しかも、忠雄は満五歳での入学だ。ハンディは大きかったのではないかと思われるが、決してそんなことはなかったようだ。もともと、彼は生まれながら身体は丈夫で、物わかりの早い、賢い子であった。文字や数も仮入学前に、いつの間にか習得していたという。

河南高等小学校

富田小学校の学校史『世紀を刻む』には、一八九八（明治三一）年入学、一九〇二（明治三五）年卒業の児童名も載っている。その中に窪田佳津見という男子の名が見出せる。この窪田は、後年今治市の原印刷合資会社の重役となるが、「忠雄さんの追憶　竹馬の友」(12)という一文を書いている。忠雄の小学校時代と後年の交わりを語る貴重な文献だ。その冒頭部分を引用する。

忠雄さんは私と同じ愛媛県富田村の生まれで、お父さんの謙一さんは、その頃新進の医学を修めた有名な開業医者であった。

忠雄さんは男三人女二人の五人兄弟の次男坊で、私とは当時の富田尋常小学校から一緒に机をならべて勉強した一番仲のよい友人であった。四年で小学校を卒業ののち続いて二人は河南高等小学校へ入学し、いつも仲よくハカマをはいて通ったのを覚えている。当時の受持の秋山常五郎先生は二人を大変可愛がって下さったが、本年春、九十歳の高齢で亡くなられた。

忠雄さんは非常に温和しい性質でよく妹や弟達を可愛がって学習を見てあげた様でした。もちろん学校は小学校一年からずっと首席で押通した。

特に習字が上手で十一歳のとき二人で、県の展覧会へ出品する「文武方升」と云う文字を半折に練習し互いに比較競争したが忠雄さんのが入選した。

明治三十五年大阪で第五回内国勧業博覧会が開かれたとき、当時高等小学校一年生の忠雄さんと私とがとくに許されて三、四年生と一緒に見学に行った時の思い出は、今でも目の前に見えるような気がする。

今治の吉忠の浜から大阪行の蒸気船に乗り、多度津港でセンベイを買ったり、大阪の谷町の、お寺の宿で同じ床に寝た一週間は夢のようだったが、非常に楽しく忘れられぬ思い出の一つである。

小学校時代の忠雄は、成績よく、毛筆の字のうまい子であったことは、右の窪田の回想からしても知れる。県の展覧会に学校代表で出品するため、小学校時代から特訓されて忠雄の毛筆の字は上達した。ただし楷書である。行書や草書までは学ばなかったらしい。忠雄の残した少なからぬ毛筆の文字は、ほとんどが楷書である。

忠雄は学業・行動とも他の児童に抜きん出ていた。それゆえ矢内原の二人目はできるとの風評が広まった。矢内原伊作の『矢内原忠雄伝』には、彼がよくできる子、神童などと周囲から称賛されたことは、「忠雄の性格形成に対して深いところで大きな影響を及ぼしたであろうことは推察される」と書き、加えて「幸いにしてこういう周囲の者の賞讃によって増長することもなく、普通の子供として素直に成長したようである」(13)とも書き添えている。

富田尋常小学校には、未だ高等小学校は付設されていなかった。当時は尋常小学校の四年生までが義務教育で、その上に高等小学校四年が設けられていた。中学校へ進む者は、高等小学校の二年を修了しなければならなかったので、忠雄は窪田佳津見らと河南高等小学校へ通うことになる。兄安昌は、富田小学校の卒業生名簿にも見られるが、一九〇〇（明治三三）年三月に富田尋常小学校を卒業、河南高等小学校へ進学していた。

河南高等小学校は五ヵ村の組合立の学校で、場所は富田村大字上徳《かみとく》字大道ヶ上乙百十一～二番地に設置されていた学校である。一～四学年各一学級であった。松木の矢内原家からは、二キロぐらいの距離があった。河南高等小学校は、各小学校に高等科が設置されるに及び、一九一〇（明治四三）三月限りで廃校となる。現在ＪＲ伊予本線の伊予富田駅前、県道沿いに「河南校跡」の石碑が建つ。忠雄は河南高等小学校で二年間過ごし、次に神戸市の雲中《うんちゅう》高等小学校で一年を送ることになる。その次第を以下に記そう。

雲中高等小学校

忠雄や兄安昌の父矢内原謙一は、子どもの教育には熱心であった。そこで忠雄が高等小学校二年を修了すると、三年を終えた安昌とともに、二人を神戸中学校に入学させることにしたのである。なぜ神戸中学校なのか。矢内原伊作は「当時神戸中学は関西での教育界の名門であり、今治の外でよい中学に入れるとすれば、神戸中学が最適だった上に、安昌及び忠雄の従兄にあたる望月信治が神戸中学校の教員をしていて、この二人をあずかることを承諾したからである」(14)と言う。望月信治は数学担当の教師であった。そこで二人は、神戸中学校に願書を出す。が、安昌は高等小学校三年を修了しており、年齢が満ちていたから出願し、文句なく入学出来たものの、忠雄は富田小学校に一年早く入学しており、高等小学校を二年修了とはいえ、満一一歳だったため、学齢未満につき却下されてしまう。小学校入学は大目に見てくれても、中学校はそうはいかなかったのである。

こうしたことは、前述のように当時はよくあったらしく、後年、忠雄と同じ一九一〇(明治四三)年九月、第一高等学校に入学した松岡譲も、尋常小学校に一年早く入学していたため、地元の新潟県立長岡中学校へ入学願書を出した際、一年のさば読みが発覚、高等小学校の三年生を終えてから再出願して入学することになる。忠雄の場合は願書が却下されると、河南高等小学校に戻るわけにも行かず、神戸市立雲中尋常高等小学校の高等科三年に転入学した。一九〇四(明治三七)年、日露戦争のはじまった年である。

神戸市立雲中尋常高等小学校は、神戸市中央区熊内町三丁目一-七に現存する小学校である。創立以来一三〇年以上の歴史をもつ。わたしは二〇一一(平成二三)年五月一三日、この学校を訪れ、東瀬戸譲校長に案内されて校舎四階にある「雲中歴史資料館」を見せてもらった。神戸の伝統ある小学校の資料館にふさわしく、昔の校舎の模型や、十二の教えを明治天皇の后が書いたとされる金屏風などもある。大学や高校は別として、校舎のほぼ中央のよい位置に、こうした資料館をおく小学校は珍しい。近年の児童数減少が空き教室を誕生させたことから来る施設だと思うと、児童数の減少はマイナスのみではないようだ。

東瀬戸校長からは、資料館の説明を受け、『雲中ものがたり』という学校紹介誌を戴く。校長室には「常に思ふ／雲中の月／八十周年祝　忠雄」と楷書の美しい文字で書かれた額が掲げられていた。一九五三（昭和二八）年一〇月二三日、当時東大総長だった矢内原忠雄は、雲中小学校八十周年記念会に出席し、全校児童の前で話をしたが、額の文字は、その時に学校側の要望で書いたものと思われる。

なお、その折りに朝会で児童に語った内容が、雲中小学校発行の雑誌『雲中』に掲載された。(15) ユーモアに満ちた話である。忠雄には、こうしたユーモアがよく似合う。おそらく下原稿を用意して話したのであろう。現場の校長先生の話に勝る内容とも言える。あえて全文を引用する。

みなさんお早う。

私は今から五十年前、この雲中小学校で教わったのです。たった一年間だけお世話になって、生田川の下の神戸一中に入れてもらったのです。雲中小学校で教えてもらったおかげで、立派な中学校に入れたのです。「ねこの子は、三年飼ってもその家を忘れる。犬の子は三日飼っても家をおぼえている」という話があるね。私は一年間だけ雲中小学校で教えてもらいましたけれども、その御恩を、今でも忘れないから、まあ犬の子の方だね。今日は八十年のお祝いで、東京から来たのです。

私が習いました時の校長先生は、笠原先生といいまして、かみの毛の赤い、どじょうひげの、色の白い先生だった。受持の先生は青木先生といって、かみの毛の黒い、大きなひげを生やしている先生だった。体操の先生は、真黒な顔をした、大きな声で号令をかける、とてもおそろしい先生だった。それから唱歌の先生もいた。英語の先生もいた。私達の習った唱歌に、アメリカのワシントンの歌という独立の時の歌があった。「ここにたちたるワシントン」というところがあるの、唱歌の時間に、ある子供がワシントンを忘れたの、そして大統領のリンコルンとまちがえたの、そして「ここにたちたるリンコロリン」といって大笑いしたことがありましたよ。そんなこともおぼえている。それから、私は田舎からきて、雲中小学校に入ったので、お友達が一人もなかった。言葉もわからない。神戸の言葉がわからない。今、あなた方は自分のことを何というの？「ぼく」という？「わい」という？ お友達がなかったので、校舎のかべによりかかって一人で、ぽつんとしていた。そしたら、同じ組の人がきて、「お前！わいと遊ばんか」といった。それが私の最初の友達であったの。名前は忘れてしまったが、大へん親切にいってくれたので五十年たった今でも、うれしいのです。だから、あなた方も、こんないい学校で勉強しているのですから、先生の顔はよくおぼえておきなさいよ。校長先生の顔はどんな顔をしていらっしゃるとかね。よく勉強して立派な人にならなくてはいけないと思います。お友達や、よそから来た人に親切にしてあげなさい。いじめたりしないで「一しょにあそぼう」といって、仲よくしてあげなさい。そうすれば、いつまでもその人はおぼえていて、御恩に感じるからね。うれしく思うからね。学校の御恩や、先生の御恩やお友達の親しいことばなどはいつまでも忘れないようにね。よく勉強し、立派な人になって、雲中小学校の名誉をあげて下さい。

たった一年の在学に過ぎなかったが、雲中小学校での生活は充実していた。高等科三年に編入した忠雄は、当初は神戸という大都会の学校にまごついたものの、すぐに馴れて勉強に打ち込むことになる。矢内原伊作は忠雄遺品の雲中校高等科時代の各科練習帳・筆記帳類を点検し、「例の達筆の毛筆で各科にわたって詳細克明に記入されており、その勉強ぶりには舌を捲くほかない」(16)という。忠雄は神戸市葺合上筒井一七五七―三の従兄の望月信治宅に、兄安昌とともに寄寓し、雲中小学校に通った。安昌は一足早く、神戸中学校へ入学、中学生生活をはじめていた。

四　神戸中学校

二宮橋近くの学舎

一九〇五（明治三八）年四月、矢内原忠雄は雲中尋常高等小学校高等科三年を修了、晴れて兵庫県立神戸中学校（のち第一神戸中学校と改称、現、兵庫県立神戸高等学校）に入学した。現在の神戸高校は、摩耶山麓の神戸市灘区城の下通一丁目五番一号に所在するが、開校当時は三宮に近い新生田川沿いの二宮橋近くにあった。忠雄の通ったのは、むろんこの二宮橋近くの学舎である。

わたしは神戸高校に電話し、期日を決めて本評伝執筆調査のため訪問した。神戸高校では、学校史関係の仕事を長年担当されている永田實氏が約束の時間に待っていてくださった。永田氏は浩瀚な『神戸高校百年史―学校編』[17]の編集委員や、それに続く『神戸高校一一〇年誌』[18]の編集委員長を歴任しており、神戸高校の歴史に詳しい方である。実にふさわしい方が、わたしの調査に対応してくれたことになる。永田氏はさまざまな資料を用意し、神戸高校の歴史や現況を語ってくれた。資料のいくつかはいただくことになる。『神高のしおり　四訂版』[19]『一年のあゆみ（百周年特集号）』[20]『同窓会報32号』[21]『神戸と聖書』[22]などである。神戸高校は略称「神高《じんこう》」、忠雄時代は「神中《じんちゅう》」と呼ばれた。なお、一九〇七（明治四〇）年四月、学校名が兵庫県立第一神戸中学校と改称されているが、本書では、改称までは神戸中学校（神中）の名称で通すことにする。

さて、兵庫県立神戸中学校は一八九六（明治二九）年四月一日、神戸市葺合区二宮町一丁目に開校した。兵庫県では姫路中学校に次いで、豊岡中学校と並んで二番目のことである。わたしはこの学校発祥の地を、永田實氏に案内をして貰い、見てきた。現在の加納町三丁目交差点を東へ真っ直ぐに進み、生田川に架かる橋の手前西南部の一角である。校地は池を埋めて造成したという。開校当初の周囲一帯は、自然豊かな畑や田圃であった。

入学当初の忠雄

忠雄は、厳格で生徒から「鬼」の綽名をもらっていた従兄の望月信治宅から、徒歩で神戸中学校へ通った。神中《じんちゅう》の学内誌に寄せた忠雄の文章に、「中学の五年間」(23)というのがある。自分のことを「彼」と書き、客観化したところに特色を示す文章である。卒業後七年、当時を回想した文章である。冒頭部分、——入学試験の成績発表から一年生のころを扱った箇所を引用しよう。

> 彼は三十八といふ番号札を貰つて講堂の東北の隅に坐つた。試験監督の先生達は靴に鳴皮を入れてピシリと見廻られた。併し未だ世の中の悪の勢力を知らなかつた彼には恐怖といふ念も起らなかつた。彼は嬉々として試験を受けた。それでも成績発表の時彼等一群の少年が汽車の切符を買ふ様に講堂の前へ列んで、いけなかつた者は「お前はあかん又来年お出で」と言はれるのを聞いた時は流石に胸騒ぎした。彼は幸に及第して居て講堂の中に入ることが出来た。其処には黒縁の眼鏡をかけた稍ゝ胡麻塩頭の円い赤ら顔の先生が居て「入学許可候条来る四月九日云々」と紙に書いてくれた。それは半田先生であつた。先生は実にこの日から卒業式の日迄彼等の級の世話をして下さつたのだ。
>
> それは日露戦争の第二年、彼が十三歳の春であつた。彼の小さい身体には憂ひの影も悲みの雲も翳さなかつた。汚れの意識も無かつた。喜びのみが溢れて居た。彼は始めて着た白の小倉服の金釦を光らし乍ら、靴の爪先きを被ふ位の幅広いズボンをばたつかせ乍ら早《はや》雄鹿が春の日を浴びて芝山を跳びまはる

様にして学校へ往き来した。彼の住居は上筒井であつた。当時は生田川のこちら側には家らしき家とてはなく神若橋の袂には大きな苺畑が二つもあつた。小さい虫の多い大根畑の間の小路が彼の通学用の道であつた。

第二学期に二人の先生が新任して来られた。一人は歴史と国語の先生で其御姓名が少からず彼等の好奇心を唆《そそ》つた処へ教科書無しで滔々と歴史の講義をせられたので「今度来た先生は偉い」と感心してしまつた。「この時時平《ときひら》は年が二十九でわしと同年だ」と先生は言はれた。之は奥村先生。も一人は英語が受持で洋服の色、お顔つきなどで悪太郎がすぐに何とか御綽名を奉つてしまつた。之は大崎先生。このお二人にも五年の終迄ずつと御世話になつたのである。

入学から一年生時代の箇所を引用したが、入学当初の忠雄少年が活写されている。

校長鶴崎久米一

忠雄在学中の校長は、鶴崎久米一である。創立以来の校長で、学校の基礎を築いた名校長とされる。鶴崎は旧姓村岡、一八五九（安政六）年五月二〇日、諫早の佐賀藩士の家に生まれ、ウィリアム・スミス・クラークが教頭として勤務した札幌農学校に学んだ人である。鶴崎は二期生として入学、内村鑑三・新渡戸稲造・宮部金吾らと同期となる。クラークの直接の教えは受けなかったが、「イエスを信ずる者の誓約」に署名することになる。在学中の成績は内村鑑三や宮部金吾らに比べるとずっと下であるものの、クラークが遺した教育の理念、――開拓者精神、自治と鍛練主義、個性の重視と自由を重んじる気風は、彼の身に染みつくこととなる。

鶴崎久米一は札幌農学校を卒業後、農林技師を務めたりした後、教職に転じ、新潟県農学校や愛知県尋常中学校、長崎県尋常中学校の教諭を経て、満三六歳で、神戸中学校の初代校長となった。日清戦争直後の国威発揚の中で、政府は人づくりに力を入れ、中学校増設を急ぎ、人材を広く求めていたのである。鶴崎は神中の校長に就任すると、教員や生徒の実状をしっかり見極めたうえで、忠雄在学中の一九〇六（明治三九）年頃、「質素・剛健・自重・自治」（「質素剛健」「自重自治」とも書かれた）の四綱領を定める。明治三〇年前後に輩出する全国の多くの旧制中学校は、「質実剛健」を学校のモットーとしたが、神戸中学校は、それよりはるかにデモクラティックな内容の標語を掲げていたことになる。

矢内原忠雄が神戸中学校に入学した一九〇五（明治三八）年、学校は発展途上にあった。校長鶴崎久米一は優れた教職員を集めるのに心血を注いだ。有能な教師を招聘し、あとは各自の力量に任せたのである。やがて神戸中学校は、県下に名だたる学校との評判を確立した。創立十周年を迎えたこの年五月の記念式で、鶴崎校長は「生徒心得」を撤廃すると宣言した。先の『一年のあゆみ（百周年記念号）』によると、鶴崎は「質素・剛健・自重・自治、この四か条こそ諸氏の先輩がつくった校風の結晶である。今日創立十周年を迎えるにあたり、この四か条のみ残して、他の規則すべてを撤去する。そして校内規律の一切を諸氏の自治にまかす。これは諸氏に対する絶対の信任である。しかし、名誉の裏には責任がある。もし、諸氏あるいは後輩がこの信任にそむき、校風が乱れてきたときは、諸氏は先輩に対して、大きな責任を負わねばならない」と説いたという。

矢内原忠雄に「教育書生論」(24)という文章がある。そこでは鶴崎校長を評して、「第一教師に対しても生徒に対しても信頼を旨として干渉を主義とせられない、教師は鶴崎校長の下にあつて大変働き易いといふ事を聞いた、生徒も亦校長の下にあつて余り束縛を感じなかつた、生徒心得を全廃して所謂自治を許されたのは之れ警察的の取締よりも積極的の訓練を重しとせられたによるであらう、五年級時代の自治権は実によき訓練であつた」と書いている。鶴崎校長はクラークの札幌農学校のような理想の学園を考えていたかのようである。右の矢内原の文章は、続いて「校長さんは道徳の長談義を以て生徒を薫育せんとはせられなかつた、お蔭で我々は大に助かつた。而かも自重自治質素剛健は校長のあまり説かれなかつたに拘らず今なほ僕には中学時代の感銘が残つて居る」とある。

札幌農学校と神戸中学校

こうした教育の原点は、鶴崎の学んだ札幌農学校にあった。蝦名賢造『札幌農学校　クラークとその弟子達』[25]には、それをクラーク精神ということばで説明する。一部を引用しよう。

札幌農学校は明治新政府によって創立された官立の学校でありながら、官学という名称をはるかに超えて、学問の自由と豊かな人間性教育を追求した学校として、まったく異色の学校であった。ことに農学校においてキリスト教の教典たる聖書にもとづく教育が認められ、行われたことは、官学としては最初にしてかつ最後のものであった。私学として自由主義教育を標榜してきた慶應義塾大学や、新島襄の創立によるキリスト教主義の同志社大学などとならんで、人間性の尊厳と学問の自由を重んずる学風が、農学校全体のなかにただよっていた。そしてそれらの基盤に立っていたのは、まさしく教頭のクラークの教育精神であった。

また、「クラークの理想」と題された箇所で、蝦名は次のように書いている。これは神戸中学校で鶴崎久米一の行った教育といかに似通っていることか。以下に引用する。[26]

開校にあたって仮学校時代の苦しい経験を持っている当局者たちにまず課せられた問題は、早急に学則を定めることであった。開校式を終えた数日後、彼らは学校規則の設定を持ち出してクラークに意見を求めた。当局者たちの言葉を黙ってきいていたクラークは、はっきりと、つぎのように力強くいった。

「こんな細則を設けてする教育では、真の人間教育ができないのではないか。紳士たれ　Be Gentleman　それで沢山ではないか」

人々は返す言葉をもたなかった。そのため、細則云々の話は自然と立ち消えになってしまったのである。クラークは厳重な規則によって生徒を威圧し統御してゆこうという教育方法を、すこしも考えていなかった。生徒を規則によってしばろうとはせず、むしろ煩雑すぎるほどの規則を排して、生徒自身の良心にまかせる方法をとろうとしたのだった。

くり返すが、これは鶴崎久米一の教育理念と重なる。鶴崎は学校規則である「生徒心得」をはじめ、校内規律の一切を廃し、生徒の自主性に委ねたのである。クラークの Boys, be ambitious のことばで知られる札幌農学校の校風は、兵庫県立神戸中学校に初代校長鶴崎久米一によって移植されたというべきか。忠雄後年の「内村鑑三伝」[27]（未完）には、札幌農学校を論じ、第二期生の鶴崎（当時の名は、村岡）久米一の名を出し、次いで「私自身の母校たる神戸中学校の校長として令名高き教育家であつた」と言い、さらに次のように言う。

氏が創立早々の神戸中学校に赴任するや、煩雑なる生徒心得を廃して「自重自治」を生徒の綱領と為し、又華奢なる神戸商家の子弟の気風を改めて、「質素剛健」の校風を育成する等、その非凡の見識と手腕は、今にして思へばことごとく札幌農学校に於けるクラーク博士の遺風を継いだものに外ならない。

神中《じんちゅう》の校風

神戸中学校の校風は、札幌農学校の校風を引き継いだものだというのである。矢内原忠雄は右の文章に続いて、「私は中学時代の校長として鶴崎久米一をもち、高等学校時代の校長として新渡戸（大田）稲造をもち、而して十九歳の秋以来終生にわたる基督教信仰の師として内村鑑三を有つ。私の恩師といふべき者は、ことごとく札幌農学校第二期の同級生から出て居る。かく思へば、まことにわたしも亦札幌の子と言はざるを得ないのである」と書く。が、これは後年の成熟した眼が回想したものであり、中学時代には「札幌の子」の自覚はなかったろう。

鶴崎は高邁な教育理念と優れた学校経営能力の持ち主であった。矢内原忠雄がこの校長の下、五年間の中学校生活を送れたのは、幸せであった。忠雄が五年生になった一九〇九（明治四二）年四月から、生徒は登下校時にカーキ色の制服・制帽を着用するようになる。カーキ色の制服に関して、矢内原伊作の『矢内原忠雄伝』では「忠雄の四年生になった年」（注、明治四一）からとあるが、神戸高校の『神高のしおり』(28)にも記されているように、「明治四二年四月から」が正しい。

このカーキ色の制服については、よく日露戦後の国威宣揚の下での処置のように言われるが、決してそうではないと神戸中学校・高等学校の学校史にタッチされた永田實氏は強調される。カーキ色の制服・制帽には、「質素・剛健」の意味が込められていたのであり、時代色としての意味はないと。現在神戸高等学校となり、上野が丘に建つ校舎の武道体育館の外壁には、神中《じんちゅう》時代の制服・制帽の色がどんな色だったかを示すような、枯草色の陶器が貼り付けられている。よく見ると陸軍の兵隊が着用した服の色よりずっと淡いカーキ色である。この制服・制帽の色は、戦後になって、誤解されることになる。

すでに矢内原伊作の『矢内原忠雄伝』が指摘していることであるが、大内兵衛の「赤い落日―矢内原忠雄君の一生」[29]の一節には、以下のようにある。「当時この学校は天下の名門であり、この校長の鶴崎久米一はストイックな教育で有名であった。鶴崎は内村鑑三・新渡戸稲造とともに札幌農学校でクラークに育てられた人であるが、日露戦後のこの時代には教育の照準を軍国日本においていた。そこで少年忠雄もカーキー色の制服制帽に巻ゲートルをはき、冷飯の弁当を運動場で立食した」と。運動場での昼食の立ち食いは神中《じんちゅう》の学校はじまって以来の伝統であった。寒かろうと暑かろうと、全員が運動場で昼食を立って食べたのである。大内の「赤い落日―矢内原忠雄君の一生」は、忠雄没後書かれた多くの追悼文の中では、群を抜く一級ののながら、矢内原伊作も言うように、引用した右の「カーキ色の制服制帽」の箇所に限っては、「事実と相違している」のである。時代がたまたまカーキ色を連想させることからくる誤解である。また、巻ゲートル（茶色巻脚絆）着用は、『神高《じんこう》のしおり』によれば、一九一五（大正四）年四月からで、忠雄卒業二年後のことである。これまで見てきたように、鶴崎には「自重・自治」の精神を植え付けようとした意図はあっても、時代迎合の教育は見出せない。

奥村奥右衛門

矢内原忠雄の中学時代の資料は、比較的多く残っており、それらは現在『矢内原忠雄全集』第二七巻に収録されている。矢内原伊作の『矢内原忠雄伝』[30]は、それに加えて未公開の日記を十分に用いて、中学校時代の忠雄を縦横に描く。こうした点では遺族の手になる伝記は、実に威力を発揮するものだ。そこで本評伝では『矢内原忠雄伝』に寄りながらも、全集収録資料に再検討を加えつつ、中学校時代の忠雄を見ていくことにする。

神戸中学校時代の矢内原忠雄は、先に引用した「中学の五年間」に見られるように、「憂ひの影も悲みの雲」もない純な心をもった少年であった。神戸中学校には鶴崎校長が招聘したすぐれた教員が次々に赴任した。「歴史と国語の先生で其御姓名が少からず彼等の好奇心を唆つた」と右の文章に紹介されている奥村奥右衛門は、忠雄の作文指導をしっかりやった。矢内原伊作は忠雄が若くして名文を書くことの出来た理由を、この奥村の指導の賜物と見る。そして「（奥村は）すべての作文に朱をいれて文章の書き方を指導し、訂正すべきところを指摘し、きわめて懇切な長文の批評をしている。忠雄はよく勉強したが、よい先生にも恵まれていた」(31)と書き添える。

神戸中学校時代の矢内原忠雄の国漢の教師で、作文を担当した奥村奥右衛門とは、いかなる人物なのか。矢内原伊作の『矢内原忠雄伝』にも、この先生の詳しいプロフィールや経歴は記されていない。わたしは長年この奇妙な名を持つ神戸一中の国漢教師を探しあぐねていた。ところが、最近、偶然『奥村奥右衛門歌集』（水甕社、一九五八・一）という本を古書店で手にすることができた。この歌集は紛れもなく神戸一中時代の矢内原忠雄に、作文の指導をした教師奥村奥右衛門の歌集なのである。奥村はうたを詠むことを好み、若き日は雑誌『文庫』の常連の投稿者であったのも知ることになる。

この本の口絵に、四ページに及ぶ奥村にかかわる写真が添えられている。中の一つに「教え子たちにかこまれて」とネーミングされた集合写真がある。が、年月日も出席者個々の記載もない。前列中央に奥村が座り、その右隣（向かって左隣）には何と矢内原忠雄がいるではないか。東京目黒の今井館資料館で、忠雄の写真をたくさん見てきたわたしの目に間違いはない。恐らくは奥村の古稀を祝って、かつて教えを受けた旧神戸一中の在京の面々が集ってお祝いの会を開いたのではないだろうか。忠雄はこういう集いには、律儀に出席する方であった。

同書巻末に付された「奥村奥右衛門略年譜」により、奥村の生涯のおおよそは、知ることが出来る。「略年譜」によると、奥村奥右衛門は一八八〇（明治一三）年一月一〇日、滋賀県栗太郡治田村（現、栗東市）の生まれ。忠雄とは一三歳の年齢差である。滋賀県立師範学校を経て、神宮皇學館（現、皇學館大学）を一九〇四（明治三七）年三月に卒業し、同年四月、三重県立宇治山田中学校教諭となり、翌年九月、神戸中学校教諭に迎え入れられている。矢内原忠雄は一九〇五（明治三八）年四月の入学だから、二学期から奥村の指導を受けたということになる。

奥村が神戸一中と改称された学校を去り、兵庫県立淡路高等女学校の校長に栄転するのは、右の「年譜」によると一九一八（大正七）年九月のことなので、神戸一中には一三年間勤めたことになる。彼も名校長鶴崎久米一の招聘した力量ある教師の一人であった。それにしても奥村奥右衛門とは、奇妙な名である。「奥」の字の重なりが異様に感じられるのである。奥右衛門自身もこの名の異常さを気にしてか、右の「奥村奥右衛門略年譜」によると一時、名を「暢也《のぶや》」と改名しているほどだ。忠雄自身も記しているが、奥村に奥右衛門とくるその姓名は、確かに好奇心盛りの中学生たちの関心を呼んだのである。

島地雷夢

他に三年生の時に赴任してきた島地雷夢という、印象に残る修身の教師もいた。島地は幅広い教養を身につけたクリスチャンで、「型破りの授業」をしたという。彼は浄土真宗東本願寺派の僧侶島地黙雷の子であり、旧制二高時代に吉野作造・内ヶ崎作三郎らに導かれ、キリスト教に入信したという経歴の持ち主であった。「型破りの授業」は、こうした経歴からも来たようだ。

旧制の中学校には、どこにもすぐれた教師がいた。後年一高で出会う仲間たちも、その中学時代にはよい指導を受けている。芥川龍之介の東京府立第三中学校時代の広瀬雄《たけし》、井川（恒藤）恭の島根県立第一中学校時代の西村元主《げんしゅ》とて然りである。忠雄もそうだが、芥川や恒藤が後年文壇や学界で、さらにはより広いジャーナリズムの世界で活躍できたのは、一に中学時代にしっかりした文章表現力を、これら優れた教師によって、たたきこまれていたことによるのである。

中学生矢内原忠雄は、すでに何度かふれたように、「梧蔭」と署名した文章を書いていた。その文章は、確かにうまい。後年の文筆家矢内原忠雄の片鱗が早くも顔を出しているのである。それは全集第二七巻収録の「作文帳（自明治四十一年十月　至明治四十三年一月）」を一覧するだけでも言えることだ。奥村奥右衛門の指導は、懇切丁寧であった。もともと書くことの好きだった少年忠雄は、以後書くことの世界で大きくはばたく。このことは、特筆しておかねばならぬ。

「本校校風を論ず」

「作文帳」の［第四年級第二学期］文末に（［明治四一年］十月十四日稿）とある「本校校風を論ず」[32]は、中学生矢内原忠雄の在学中の神中《じんちゅう》への思いを知り、それを語る文章力を診《み》るのに恰好の素材である。その一部を以下に示そう。

殷盛《いんせい》なる神戸の市街を稍《や》ゝ遠ざかり、生田の東、布引の南、楊柳の樹繁れるが中に屹然として立てるは、そも何の校ぞ。当今、虚栄の俗流滔々として、奢侈《しゃし》軽薄の風、日に進むも、尚、慊らず。然もこの校は超然として、独り清めり。ここに出入する生徒は、質素にして快活、自ら治めて礼儀あり、恐れず、さりとて誇らず、燦《さん》として異彩を放てるにあらずや。そも何くの生徒ぞ。何ぞそのよく整へる。見る者をして欽慕の情に堪へざらしむ。

わが第一神戸中学校こそ、この校なれ。われらこそ、この生徒なれ。

華奢の賊、浮薄の奴、力をつくして攻むるとも、わが校門は一分の隙も示さざるなり。鉄壁あるに非ず、大砲あるに非ず、たゞ一の校風あるがためのみ。なほ、大和魂がわが国民に於けるが如し。これ有る限りは、何物と雖もわが校を顚《てん》す能はざる也。

わが校風とは何ぞ。質素剛健なり、自重自治也。質素とは奢侈ならざるをいひ、剛健とは軽浮柔弱ならざるを云ふ。自治とは、他人に依頼せざるを言ひ、自重とは卑屈ならざるを言ふ。すべて当世の風潮に逆ふもの、その創設と実行とは、実に容易なる業には非ず。十年の昔、本校創立以来、校長閣下及諸先生の尽力と、幾多の先輩の拮据《きつきょ》経営とは、此玉の如き校風を生みたるなり。事、善なりと雖も、世運に逆ひては、孔子もなほ成功せざりしには非ずや。この美しき校風を創《はじ》めし、校長閣下及諸先輩の苦心は如何ばかりなりしならむ。かくて校風は入学する生徒の悉皆《しつかい》を感化し、彼等の帽章に宿りて、その行動を監督す。他に比なき立派なる校風は、他に類なき惨憺たる苦心の末に成りしものぞ。吾人は深く之を思はざるべからず。わが卒業生は社会に於て尊敬せられ、在校生は他校生徒の模範となり、而して神中《じんちゅう》の名声はます〱天下に轟くは、一に校風の賜ならざるはなし。我等がかゝる名誉の地位を得たるは、わが校風の創成者の恩恵なり。而してこの恩に報ゆるには、校風を守るを措《お》きて又何かある。

漢語を自由に駆使して、神中の校風を高らかに述べ、擁護した文章である。内容を要約すると、神戸一中（第一神戸中学校）の質素剛健・自重自治の校風は、校長以下諸先生の尽力と幾多の先輩の努力によって築かれたもので、その名声の天下に轟くのは、一に「校風」の恩恵である。この校風を遵守して、後輩に伝えるのが肝要なのだ。校風を乱して何の顔あって、先輩に見えんとするか、校風の維持こそ大切だと説く。改革よりも保守を前面に突出した見解である。いまだ批判の眼を持たぬ愛校心旺盛な少年の考えが横溢している。けれども、注目したいのは、その卓抜した表現力である。まさに見事な文章と言うべきである。文末に教師の「よく校風に醇化し、しかも校風以上に超然たるものに非ずして何ぞこの正鵠を射る事を得んや、敬服」という短評が添えられている。この短評を添えた教師も、奥村奥右衛門と思われる。

群を抜く文章力

矢内原忠雄は、中学生にして群を抜く文章力の持ち主であったのだ。同じ年の一二月二日の日付のある作文「文章の作り方」(33)には、「この文明の世では、口と筆とは最も有力な武器であるから、この練習には、よほど、心を用ひねばならぬ」にはじまり、手紙でさえ慎重な態度で臨むべきで、「軽率に書き流したばかりでは、一向、価値がないのみならず、その作者の人格の卑しきことも見透かされる」と言い、次のように述べる。

すべて文章は、己が思想を吐露するものであるから、よく己が思想が紙面に表れて居るのが第一で、美句麗辞にてなれるは第二である。いかに美しく文字が用ひてあるも、精神なければ即ち空文である。文章の目的を果さないものである。故に一の文を作るには、先ず、その文題に対して十分、思考を凝らさねばならぬ。即ち、その事に就て己が知れる総べての知識を思ひ浮べ、最もその文題に適せる事項、これを説明するに必要な事項をつまみ出し、これに順序をつけて文に組みたてる。順序は、先づ、前置と本文と結論との三つに大別し、このうちにも夫〻細別をして秩序をたてねばならぬ。

実にしっかりしたものである。明治期に流行した常套的な美文を廃し、「己が思想が紙面に表れて居るのが第一」とし、「美句麗辞にてなれるは第二」とするのは、新しい考えである。そのためには文章の構成が大事だとし、「前置・本文・結論」を言う。これは序論・本論・結論と言い換えてもおかしくない。こうした文章の技術、――基本的構成法が意識されていたからこそ、その作文は破綻なく、即座に書けたのである。推敲の大事なことにも言い及ぶ。「再三読みかへすうちに、冗字を省き、足らざるを補ひ、又は順序につき研究して改むべきは改めねばならぬ」という。「読んで見て聞き苦しきところは、必ず文字を改め、又は文脈を改めて、明瞭とせねばならぬ。修辞はこのときにする。次には誤字を直し、文法上の誤を正し、句読の点をつけ、なほ再三読み直し、すこしも聞き苦しきところなく、又誤りたる理論、誤字もなくなつたならば、文章は出来上つたので之を清書する」と続く。さらに「清書はつとめて文字をきれいに書かねばならぬ。文字の汚いのは文章の価を半減する」という、いかにも忠雄らしい評言が添えられる。忠雄が文字を楷書できれいに書くのは、小学校時代からのことであり、そのことはすでにふれた。この文章の指導教師の評は、欄外に「さすがに卓見」、文末に「此周密な考えがあればこそ、かの妙文を作り出す事が出来るのであらう。人格云々は君でなければ出ない言葉でしかも動かすべからざる事である」とある。彼の将来に亙るおびただしい量の文章は、こうした文章観と文章技術の上に立っていたのである。矢内原忠雄は、何はさておき、文章家であった。それは前述した奥村奥右衛門の適切な指導によるが、忠雄自身文章を書くことが好きで、早くから書くことに慣れていたことにあったとしたい。

読書と日記

先にもちょっと書いたが、矢内原伊作の『矢内原忠雄伝』は、中学校時代の日記をはじめ、『全集』収録の「作文帳」や未収録の作文などを用いて、中学生矢内原忠雄の実像を詳細に語る。それによると神中時代のスポーツは、柔道部と野球部に属し、日々練習に励んでいる。が、運動神経はそうよくもなかったらしい。野球などは補欠の組である。自転車なども乗れるようになるまでに時間がかかった。が、学校で柔道や野球をし、休日には山歩きを、家では冷水摩擦や鉄亜鈴を振うという生活は、彼の体を鍛え、身長はめきめき伸びた。入学時は早生まれであったこともあり、小さい方だった彼は、運動や節制で三年生の頃から背丈は急に伸び、四年生四月の体格検査では身長一六〇センチ、体重四三キロにもなる。

この時期の少年は、一年間で七〜八センチぐらい伸びると言うから、五年生の四月には一六八センチぐらいに、卒業時には一七〇センチをはるかに超えていたことになる。忠雄は母松枝に容貌が似ていたと言われるが、松枝は先にも記したように、背の高い女性であった。その遺伝もあってか、成人した忠雄は、長身の人となる。後年矢内原忠雄を論じる人々は、皆、忠雄の背は高く、姿勢よく、貴公子然としていたと口をそろえて言う。

例えば同僚として東大教授時代を過ごした大内兵衛は、その初対面の印象を、「ある日、白皙長身の青年が飄然としてあらわれた、そして、彼はそのあくる日から研究室の机に向って、冷然として勉強をはじめた。これが矢内原助教授であったわけである」(34)と書く。また、第二次世界大戦後の東大で学生生活を送り、学生新聞の記者として総長の矢内原忠雄を訪ねたことのある西田勝は、忠雄を「すっと背筋の伸びた、威厳のある人」[35]と捉えている。「背筋の伸びた」という表現に、その背の高さを連想させる。わたしは忠雄と一高基督教青年会で一緒だった長崎太郎の評伝[36]を書いたが、その際ご遺族の長崎陽吉氏宅で、一高時代の矢内原忠雄の写真を何葉も見せて貰った。中学校入学当初は小さかった少年ながら、一高時代の写真には、衆に秀でた体格と風貌を見せている。どれもが姿勢正しく写っている。

忠雄の神中時代の読書や日記にふれよう。「私は如何にして基督信者となつたか」[37]には、「私の中学時代の読書は井上哲次郎、徳富蘇峰、徳冨蘆花、大町桂月の類」とあり、他のエリート中学生とさして変りがない。これらの人々の影響を受けながら、彼は日々熱心に日記を付けている。もっとも日記を書くという行為は、当時の旧制中学校の生徒ならだれしも行っていたことなのである。形式はいろいろだが、人によっては博文館の当用日記にペンで書きつけた（島根一中時代の井川恭など）。

忠雄の場合はお得意の毛筆で、罫線の入った和紙に記した。楷書を基本とした読みやすい字である。矢内原伊作の『矢内原忠雄伝』には、当時の日記を写した何葉かの写真が挿入されているが、どれもが実に丁寧に記入されている。忠雄のことゆえ、一応下書きし、それを見ながら清書したのかも知れない。忠雄が日記をペンで大学ノートに直接横書きで記すようになるのは、一九〇九（明治四二）年の一月一日からのことである。わたしは一九一〇（明治四三）年一高入学の井川恭（のち恒藤恭）・成瀬正一・長崎太郎・松岡譲らの在学中の日記の実物を見ているが、彼らは皆、大学ノートにペンで横書きである。

いくつかの悩み

ところで、中学校時代の忠雄には、いくつかの悩みがあった。一つは兄安昌とのかかわりである。矢内原伊作の『矢内原忠雄伝』には、全集には収録されなかった部分の忠雄の日記もあえて紹介しながら、兄弟ゆえの関係の難しさや、兄へのやり切れない気持ちなどもしっかりと書き込んでいる。当時世話になっていた従兄の望月信治の家には、竹内正夫という生徒が同居していた。信治の友人の子で、なかなかの秀才だった。竹内は神中卒業後、京都帝国大学医科大学に進み、後年郷里の福知山で眼科医を開業している。竹内正夫は安昌が四年生、忠雄が三年生の時、望月家に同居したのであるが、間もなく竹内と安昌が「面白からぬ不義の交際」――おかしな関係にあるのを忠雄は知る。いわゆる同性愛である。しかも、その後忠雄も竹内と「同衾《どうきん》」するという事態が生じる。

　矢内原伊作は忠雄の未公開日記を引いて、この事実を記した上で「正夫と安昌との「不義の交際」といい、忠雄の「同衾」といい、これらは思春期にある少年にとってはむしろ自然な行為であって、むろん羞恥をともなうから人に言うべきことでもないが、「不義」として非難したり、自分で罪悪感をもったりする必要のないことである」[38]と言う。けれども忠雄にとっては、それは「恥ずべき行《おこない》」として大きな悩みの種となる。

　兄安昌は、鼻づまりやリウマチ、それに心内膜炎という病気を持ち、京都大学病院で鼻の手術をしたが、リウマチと心臓の病は治らず、別府に転地療養に出かけもしたが好転しなかった。安昌は病気のこともあったが、忠雄に比べると意志が弱く、学校も欠席がちであった。結局、安昌は厳しい神戸中学校での生活に耐えられず、鬼教師の望月信治にも見放され、郷里の今治中学校に転校する。

　中学三年の夏、忠雄は望月家から養子に懇望されるという思いもよらぬ話がもちあがる。『矢内原忠雄伝』には、その話を父から切り出され、当惑した当日、一九〇七（明治四〇）年八月四日の「夏期休暇日誌」が写真版で示されている。例の如く読みやすいきれいな毛筆体の記録である。「余は否を以て答へたり」との印象的な一文が眼に入る。「否」には、「ノー」の片仮名ルビが添えられている。望月家の内紛も伊作の『矢内原忠雄伝』は、忠雄の「日記」をもとに、しっかりと書きとめていて参考になる。

親友大利武祐

神戸中学校での忠雄の成績は抜群であった。彼は日記に毎学期、毎学年の成績を記していた。『矢内原忠雄伝』には、四年生の時の学年成績が紹介されている。驚くばかりの好成績である。一三科目の平均九五点、席次一番、欠席日数0となっている。

優等生矢内原忠雄の親友は、大利武祐《おおとしたけすけ》であった。同級の友である。大利は優等生ではない。ごく普通のまじめな生徒であった。養母と二人暮らしの身で、家は六甲山の麓、音ケ平（現、大土平町）にあったから、通学には上筒井の望月家の前を通るので忠雄を誘ってくれた。二人は入学の最初の日から知り合い、通学の友となった。そして五年の秋、望月信治が今治中学校に転勤し、寄留宅を失った忠雄に手をさしのべ、二学期から音ケ平の家に来るよう誘ってくれたのも、大利武祐であった。忠雄に「武さん」(39)と題した文章がある。大利武祐が若くして逝ったのを惜しみ、偲んだ一文だ。四〇〇字詰め原稿用紙にして約二八枚、武さんこと、大利武祐に寄せる厚い愛を描いている。

この追悼の文章で忠雄は、「気の合ふといふのは妙なもので、自分は深く彼に引きつけられた」と書く。二人は共に自然を楽しむのが好きで、休みの日には、摩耶六甲、須磨明石、箕面有馬などに何度も行き、小豆島の寒霞渓《かんかけい》などにも行ったという。布引の水源を探検したのは、もっとも記憶に残ると記している。大利武祐は神中卒業後、進学しないで養母の面倒を見ることになる。一高に進学した忠雄は、東京から内村鑑三の『基督信徒の慰』や雑誌『聖書之研究』を贈っている。大利武祐が結核で若くして没するのは、忠雄が第一高等学校を卒業し、東京帝国大学法科大学に入学する一九一三（大正二）年の夏、八月一五日のことである。大利武祐の死の前後のことは、本論「第四章　生と死」でとりあげ、詳しく述べることにしている。

注

（1）日本キリスト教歴史大事典編集委員会編『日本キリスト教歴史大事典』教文館、一九八八年二月二〇日
（2）『創立九十年記念誌』日本基督教団今治教会、一九七〇年九月一日
（3）吉田正信校注『蘆花日記　七』筑摩書房、一九八六年七月三〇日、一五～一六頁。
（4）矢内原伊作『矢内原忠雄伝』みすず書房、一九九八年七月二三日
（5）矢内原忠雄「私は如何にして基督信徒となつたか」『通信』18号、一九三四年六月、のち『矢内原忠雄全集』第二六巻収録、一四〇頁。
（6）矢内原忠雄「拝志川」矢内原伊作『矢内原忠雄伝』みすず書房、一九九八年七月二三日収録。二一二～二一三頁。
（7）矢内原啓太郎「私共の家譜と生家」『矢内原忠雄全集』第二七巻「月報27」岩波書店、一九六五年五月一四日、のち南原繁・大内兵衛・黒崎幸吉・楊井克巳・大塚久雄編『矢内原忠雄—信仰・学問・生涯—』岩波書店、一九六八年八月三日収録、六四六～六五一頁。
（8）関口安義『悲運の哲学者　評伝藤岡蔵六』イー・ディー・アイ、二〇〇四年七月三〇日
（9）注5に同じ。一三九～一四〇頁。
（10）矢内原忠雄「医学に望むもの」『主張と随想』一九五七年一二月、のち『矢内原忠雄全集』第二一巻収録、四四七頁。
（11）今治市立富田小学校開校百周年記念事業実行委員会編『世紀を刻む』一九九一年三月二五日
（12）窪田佳津見「忠雄さんの追憶　竹馬の友」『矢内原忠雄全集』月報7、一九六三年九月、のち南原繁・大内兵衛・黒崎幸吉・楊井克巳・大塚久雄編『矢内原忠雄—信仰・学問・生涯—』岩波書店、一九六八年八月三日収

録、二七～二九頁。

(13) 注4に同じ。四九頁。

(14) 注4に同じ。五〇頁。

(15) 矢内原忠雄「朝会で」『雲中』（いさご特別号）一九五四年一月、のち『矢内原忠雄全集』第二六巻収録、四一一～四一二頁。

(16) 注4に同じ。五一頁。

(17) 神戸高校百年誌編集委員会編『神戸高校百年誌―学校編』一九九七年三月（日付なし）

(18) 兵庫県立神戸高等学校一一〇周年記念誌小委員会編『神戸高校一一〇年誌』二〇〇六年五月一日

(19) 兵庫県立神戸高等学校『神高《じんこう》のしおり　四訂版』二〇〇八年三月一日

(20) 兵庫県立神戸高等学校『一年のあゆみ』第39号　一九九六年三月三一日

(21) 兵庫県立神戸高等学校同窓会『同窓会誌』第32号、一九九二年三月一日、中に竹田行之「神戸一中の「高い山」―大塚金之助、矢内原忠雄、河野与一、松本重治、吉川幸次郎氏のこと―」がある。

(22) 「神戸と聖書」編集委員会編『神戸と聖書―神戸・阪神間の四五〇年の歩み』神戸新聞総合出版センター、二〇〇一年五月三〇日、中に佐治孝典「神戸高校と札幌農学校―鶴崎久米一の場合」がある。

(23) 矢内原忠雄「中学の五年間」兵庫県立第一神戸中学校校友会『会誌』第三七号、一九一七年五月、のち『矢内原忠雄全集』第二七巻収録。二九六～二九七頁。

(24) 矢内原忠雄「教育書生論」兵庫県立第一神戸中学校校友会『会誌』第三五号、一九一六年五月、のち『矢内原忠雄全集』第二七巻収録。二九四頁。

(25) 蝦名賢造『札幌農学校　クラークとその弟子達』図書出版社、一九八〇年八月二五日、一〇七頁。

(26) 注25に同じ。四七頁。

(27) 矢内原忠雄「内村鑑三伝（未完）」『矢内原忠雄全集』第二四巻、六四三頁。

(28) 注19に同じ。四頁。
(29) 大内兵衛「赤い落日―矢内原忠雄君の一生」『世界』一九六二年三月一日、『高い山―人物アルバム』岩波書店、一九六三年一〇月一〇日所収。のち『矢内原忠雄―信仰・学問・生涯―』岩波書店、一九六八年八月三日収録。三〜二四頁。
(30) 注4に同じ。六〇頁。に矢内原忠雄の神戸中学校時代の作文が写真版で載っている。「自治」と題したもので、「梧蔭」と署名している。なお、矢内原伊作はこの作文を高く評価し、中学二年生の文章としてすぐれているばかりか、ここに後年の思想の原型を見ることができるとする。
(31) 注4に同じ。六一頁。
(32) 矢内原忠雄「本校校風を論ず」『矢内原忠雄全集』第二七巻収録。四九〜五一頁。
(33) 矢内原忠雄「文章の作り方」『矢内原忠雄全集』第二七巻収録。五四〜五五頁。
(34) 注29に同じ。六頁。
(35) 西田勝「日中戦争への民衆の反応33」『非核ネットワーク通信』第一四七号、二〇一一年五月一五日
(36) 関口安義『評伝長崎太郎』日本エディタースクール出版部、二〇一〇年一〇月二〇日
(37) 注5に同じ。一四〇頁。
(38) 注4に同じ。八〇頁。
(39) 矢内原忠雄「武さん」兵庫県立第一神戸中学校校友会『会誌』第二九号、一九一三年六月、のち『矢内原忠雄全集』第二七巻収録。二七三〜二八七頁。

第二章　第一高等学校へ

一　進路の決定

先輩川西實三

神戸中学校は、矢内原忠雄在学中の一九〇七（明治四〇）年四月、兵庫県立第一神戸中学校（略称、神戸一中）と改称されている。そこで以下中学校時代の忠雄に関する記述には、神戸中学校に替えて神戸一中の名称を用いることとする。

神戸一中時代の忠雄は、とにかくよく勉強し、スポーツに励む模範生徒であった。それは勉めてそうするというよりも、自然に彼は神戸一中の校風に順応し、学校が掲げた徳目「質素剛健」「自重自治」をよしとしたのである。成績はよく、無遅刻・無欠席で通している。神戸一中では、クラスの委員を教師が任命するのではなく、当時としては画期的とも言える選挙で選んだ。忠雄はずっと副組長を務めた。組長は菊名寛一である。年齢は忠雄の三歳上で、野球の選手であった。後年菊名は大阪高等医学校（現、大阪大学医学部）を出て、精神科の医者となっている。「病気と人生」（1）という論文がある。

神戸一中時代の上級生に、川西實三《じつぞう》がいた。一八八九（明治二二）年一月二日、兵庫県神戸市の生まれ。

忠雄の四歳年長であった。のち一高・東大を経て埼玉・長崎・京都・東京の知事を務め、日本赤十字社社長となった。神戸一中では、忠雄の四年上級にあたる。矢内原忠雄が進学に際し、一高第一部甲類を選ぶのは、この川西實三の影響であった。先輩川西の中学時代を忠雄は「中学の五年間」(2)に、以下のように書く。

二年級になった。今度の五年の組長は川西といふ人であつた。自治的な神中《じんちゅう》に於ては五年の組長は総理大臣の格式があつた。彼は今寺内首相に対するよりは数百倍の厚き尊敬をこの組長に払つて居た。其の落ち着いた大きな身体を運動場の端の柳の下にあらはして眼鏡越しに見渡して居る時など威風四辺を払ふ様に感ぜられた。実にこの人は組長といふ資格と眼鏡を掛けて居る事実だけで彼の尊敬心を惹くに充分であつた。加之《しかのみならず》或夏の夕方彼は此人が放課後のテニスを終へてから『静思余録』といふ小さい本を読み乍ら悠然と家路に辿つて居るのに会つた。此人は彼の家の下を通つて御影の方迄帰るのであつた。彼は言ひ知れぬ尊敬の情がこみ上げて夏の西日に長く引く此人の後影に見入つて居た。彼にも若し英雄崇拝といふ事があるなら之は其最初にして且つ最醇なるものであつた。

川西實三は体格にすぐれ、成績優秀な親分肌の人物であった。スポーツを好み、読書もよくした。彼が読んでいたという『静思余録』は、徳富蘇峰の随筆で、当時の青年に人気があった。忠雄の親友大利武祐《おおとしたけすけ》は、川西實三をよく知っており、大利を通し、忠雄は川西と親しくなる。特に川西が一高に入り、長い手紙を寄越すようになってから、その仲はいっそう深まる。

川西實三に「渡し守」(3)と題した一文があり、中に「中学時代」の小見出しの添えられた箇所がある。これも以下に引用する。

> 私が矢内原君の存在をはっきり意識したのは、明治三十九年、君が兵庫県立神戸中学校の二年生、私がその五年生の時である。私共の学校は、新渡戸、内村先生と札幌時代の同期生であった鶴崎校長の許に、一高をお手本に自治と質実剛健を誇りとしておった。お互に組長として各学年合同の組長（筆者注、副組長を含む）会議を開いて、校風問題を論議した事があった。小さな痩せ形の坊ちゃんが中々しっかりした意見を述べる。可愛ゆいと同時にえらいなと感じた。
>
> 　昼休みの時間にこの坊ちゃんとキャッチボールをするのがとても楽しみになった。明治三十九年六月九日の私の日記に、学校の弁論大会に於ける君の演説の記事がある。司会者の私の呼び上げに応じて壇上に立った二年生の君はまだ背が低くて、長い尖った頭が卓上にちょっと見えるという姿であった。所がその少年が卓を叩いて素晴らしい熱弁を振った。演題は「自治」というのであった。私の日記は「言語に淀みなく、諭旨明徹、熱烈、痛快、降壇の際拍手鳴りやまず、本日の最も優れたる雄弁なりき」と評している。
>
> 　君は当時私達の主任教師であられ君の従兄に当る望月先生のお宅から通学していた。学校から東五キロ余りの村から田舎道を通う私は、学校に比較的近い葺合上筒井から降りて来る、白い風呂敷包を抱えた君に行き会って、学校までの二三十分を語り合って行くのがとても楽しみであった。うまく行き会えなかった時はほんとに物足りなく淋しかった。

忠雄に「自治」という作文があることは、すでに第一章でふれた。恐らくはその作文を基とした演説であったのだろう。矢内原伊作の『矢内原忠雄伝』[4]もそう書いている。この本には忠雄と大利武祐、川西實三、それに下級生（忠雄と武祐が五年生の時二年生）の増井正治の四人が映った写真が挿入されている。増井とは、川西が忠雄にその指導を頼んだことから深い交際がはじまったのである。また、この増井正治の姉艶子が忠雄と相愛の関係になることを、矢内原伊作は「初恋」の見出しのもと描く。詳しくはそちらに譲るが、その主要な資料は、全集未収録の中学時代の日記とのことである。それによると同年同月生まれのふたりは、手を握り合ったり、抱き合ったり、首筋にキスをしあったとある。忠雄と増井艶子の交わりのピークは、忠雄の神戸一中五年生の冬休みのことであった。謹厳実直ということばが生涯つきまとう矢内原忠雄にも、誰もが体験する淡い恋の季節があったというのは、ほほえましいことである。なお、全集収録一高時代の忠雄の日記にも、艶さんこと「御影のお姉さん」増井艶子の記事が折々見られる。

一高法科を志望

四年生の頃から忠雄は自身の将来について真剣に考えはじめていた。彼の生家は代々医者であり、親族にも医者が多かったから、はじめは彼も医者の道を考えたようである。が、先輩川西實三のいる一高法科への願望が次第に芽生えるようになる。それには川西の強引な勧奨があった。忠雄の「私の人生遍歴」(5)には、以下のようにある。

私は家が医者なものですから、自分も医者になるつもりでおりましたし、また人々もそう期待をしておりました。ところで中学校を卒業しまして、高等学校の入学試験を受けるときに、川西君が、私も自分の後をついて当然東京へ出て、一高に入るべきものだ、一高では、やはり川西君自身のあとを通って、法科にくるべきものだというふうに、まあ、川西君が私の通るべき道をきめたようなものです。私もそれに対していやではありませんし、また川西君を先輩として尊敬しておりましたから、万事その指導に服したわけです。

一方、川西實三は先の「渡し守」に「一高へ強引に勧奨」という項目を立て、長い長い手紙を忠雄宛に書き、一高に来ることを勧めたと書いている。中に「その手紙を君は運動場の片隅で友人等に読み聞かせるという有様であった。「川西は一高生活を大いに楽しんでいるようだが、一高でなければならぬように宣伝するのは困ったもんだ」と鶴崎校長が嘆かれたと聞いた」とある。

当時の一高は、と言うよりも、当時全国に八つあった高等学校は、一部、二部、三部に分かれ、それぞれ法文科、理工科、医科にコースを形成していた。忠雄の目指したのは一部である。第一部は甲類、乙類、丙類、丁類に分かれる。甲類は法科である。乙類は文科の英文科、丙類は独語法科・独語文科、丁類は仏語法科・仏語文科である。仏文学志望のコースは、当時、他の七つの高等学校にはなかった。が、一高には存在した。前年入学の豊島与志雄が在籍したのは、このコースであった。

神戸一中五年生時代の忠雄の作文に、「おのが志望をのべて意見を求むる書」(6)というのがある。この文章には、忠雄が卒業を三ヶ月後に控え、進路に迷っているさまがよく現れている。貴重な文章と思われるので、以下に全文を引用する。

謹啓　時下寒冷の候ふ処先生様には御多祥にわたらせられ候ふや。扨て私卒業期も追々切迫致し志望撰定の要にせまられ候ふも、高等学校一部（法）にせんか、三部（医）にせんか、この点に就きて未だ十分の確定を見るに至らず最寄りの諸先輩に意見を求むるも区々にして、心甚だ迷ひ悶々の情に堪へず、今日は失礼ながらわが心中を述べて先生の御高説を承り度候。

先づ小生の性質を省みるに比較的数学的頭脳に欠けたり、故に二部は適せずと存候、されば剰《あま》す処は一部（法）三部の両途に候。さて之をわが短所より見れば政治家たらんには縦横経世の才に乏しかるべく刀圭家（筆者注、医者）たらんには手工の妙に欠けたるべしと雖も、長所よりすれば真摯着実、いづれにも適せりと存じ取捨甚だ迷ひて決を見がたく候。次に家庭の事情よりすれば、家代々医を業とせるも家兄以て箕裘《ききゅう》（筆者注、父祖の業）をつぐべく小生は必ずしも医たるを要せず、志望撰定が自由なるだけ、決定に心まどふ次第に候。吾人は社会に一般化せらるるを要すると共に、また社会を特殊化するを要す、わが父、叔父、姉婿、皆医家なり、而して我若し医たらむか、わが家門はます〳〵医を以て社会に貢献するものといふべく、従来得たる名声を一層拡むるを得ることと存候。加ふるに家兄は不治の病魔に胸を犯されたり、我の医たるは実に父母の心を安んずる上に於ては順路なるべし。また医家にそだちし余、医たらんとの念は幼児より已に先入主となりたるの感これあり候。翻つて一部は品性修養に最も便利なること、其学科の歴史、漢文、語学等、おのが好めるもののみなることなどを思へば自ら一部に傾くを覚ゆるも、少しく静まれば矢張り三部を、とはわが心の閃きに御座候。

また社会に貢献する上よりいへば医者たると政治家たると甲乙なかるべし、一は人の病を医し、他は国家の疾を治す、いづれも尊き職なり、我、良相たらずんば必ず良医たるべし。いづれか志望定りたらば、それに対して奮励努力、必ず人にすぐれたる大人物となりて国家社会につくすだけの覚悟と意気込と素養とは不肖ながらも小生これを具有するつもりに候。目下はただこの覚悟を実現すべき手段を撰ぶに迷へるにて候、先生、生が心中悶々の情を察せられなば、願くは一言の御高諭を惜みたまふ勿れ、寒気の候折角御自愛あらんことを願上候　敬具（十二月十一日、即題）

最後の括弧内の「即題」とは、その場で題を出され、即座に詩文をつくることと辞書にある。恐らく国語の時間に課題作文として出されたものに、とっさに応えて書いたものなのであろう。自身の重要問題であった進路に関してのものだけに、時宜にかない、内容は空論にならず、自身の切実な問題として打ち出されている。しかも、満々たる自信は尋常でない。それにしても漢語を駆使しての文章は、見事なものである。中学生矢内原忠雄は、歴史・漢文・英語が得意であった。文中に見られるように、「一部は品性修養に最も便利なること、其学科の歴史、漢文、語学等、おのが好めるもののみなることなどを思へば自ら一部に傾くを覚ゆる」というのもよく分かる。

校風遵守

ところで、神戸一中の五年生生活を送っていた矢内原忠雄は、副組長として校風遵守を叫ぶ生徒であり、後年のこの人物からは想像も出来ない面を示していた。その一例は、矢内原伊作の『矢内原忠雄伝』や、それを下敷きにした竹田行之の「神戸一中の「高い山」―大塚金之助、矢内原忠雄、河野与一、吉川幸次郎氏のこと―」(7)に詳しいので、ここでは簡略に述べるにとどめる。

忠雄が卒業を五ヶ月後に控えた一九〇九(明治四二)年一〇月三〇日に開かれた神戸一中の談話大会(弁論大会)で、同じ学年の松永信成という牧師の息子が、「旧き家は朽ちたり」と題して、自治の名の下に、上級生の下級生に対する一方的制裁があるとの内容の演説をした。この校風批判に対し、忠雄は次の談話大会で講壇に立ち、松永に対して激しい攻撃の演説をなした。その上に談話大会終了後、松永に鉄拳制裁を加えたというものである。鉄拳制裁とは、規則を守らなかった者に、殴る・蹴るの暴力をくわえるしきたりをいう。中学校ばかりか一高にもそれはあった。久米正雄の『学生時代』（新潮社、一九一八・五）収録の小説「鉄拳制裁」は、その慣習を入念に描く。近年活字化された『神戸一中12回生「我が中学時代の回想」』（兵庫県立神戸高等学校校史記念室・校史編集室、二〇一四・七・二八）の中にも、この慣習にふれたものがある。愛校心に燃えた校風尊重論者が、その批判者に制裁を加えるというのは、野蛮な行為であり、キリストの教えに接する前の忠雄の一面を語る事件とでも言えようか。後年、忠雄は加害者であったこの時の鉄拳制裁を、個人誌『嘉信』の中で、回想することになる。「小さいサウロ―中学時代の思い出―」(8)と題したものである。短いものなので、全文を引用する。

私の学んだ中学（神戸一中）では、「質素剛健」「自重自治」という二つの標語のもとに、ある気風が伝統的に出来ていた。この気風を「校風」とよんで、これを維持することが愛校心の内容であった。このような校風というものは、全校の生徒の生活態度や心構えを一様に統制しようとする傾向を自然にもつものであるが、私はその保守的・伝統的な校風論を尊重する熱心な愛校者の一人であった。私の同級生に松永信成といって、神戸教会の牧師の息子がいた。私どもが五年生であったとき、松永が談話大会――弁論大会のことを、そう言っていた――で「新しき酒を旧き革嚢に盛るべからず」と題して、校風論批判の演説をした。当時小サウロであった私は大いに憤慨し、第一、その耳なれない、ヤソくさい、きざな演題が気にくわないとして、次の談話大会で校風論擁護の演説をしたのであった。
松永は早大のロシア文学科に入学したが、不幸にして学業成らないうちに早逝した。小サウロであった私は、神の導きにより今あるところの恵みに入ることを許されたのである。

また、前章で引用した「中学の五年間」[9]では、「松永君が談話会で新しき酒は旧き皮嚢に盛るべからずといつて固定的形式的な校風論に反対せられた時彼は大いに怒つてそんな事は猶太の砂漠へ行つて言うてもよいが我神中《じんちゅう》では断じて許さぬと敦圉《いきま》いた。彼は愛校の情に燃えて居たのではあるが何も知らぬのであつたから何卒許して貰ひたい」と書いている。

「中学の五年間」では、右の文に続いて「川西君からは花火線香のとび跳ねた様な字で罫紙に細かく書いた手紙が度々届いた。その一通毎に一高精神界の厳粛な波動が溢れて居た。校友会雑誌、『聖書之研究』といふ雑誌、二三の書物なども送つてくれた。之等が彼に影響を与へた事は非常であつた。彼は一も二もなく一高を志望した。彼が川西君に感謝する情は誠に深い」とある。

生誕の地、今治がキリスト教の町とまで呼ばれたとは、前章でふれた。が、忠雄の住んだ松木《まつぎ》という農村部には、影響がなかったと後年回想していることも述べた。また、神戸一中は札幌農学校出身の鶴崎久米一がその基礎を築いた学校ながら、在校中はキリスト教との関わりに関しては、ほとんど意識されていない。神戸一中時代の忠雄は、そうしたことに関心が少なかったのである。後年になってはじめて、脈絡がついたかたちで、幼い頃からのキリスト教とのかかわりが自覚されることとなるのであった。

一高に無試験検定合格

矢内原忠雄が神戸一中を卒業するのは、一九一〇（明治四三）年三月二五日のことである。この年は歴史に残る事件がいくつかあった。まず、幸徳秋水らの大逆事件が五月に起きている。次に八月二二日には、韓国併合に関する日韓条約が結ばれ、同月二九日、韓国を朝鮮と改号、朝鮮総督府を置く旨、公布された。日本の帝国主義化が進んだ年であった。卒業式に際し、矢内原忠雄は第一一回卒業生総代として答辞を述べている。

当時の学制は、中学校の卒業が三月下旬、高等学校の入学試験が七月中旬、入学式が九月十日頃というのが一般的であった。忠雄の志望校は前年の暮れには、川西實三の強い勧めもあって第一高等学校の法科と決まっていた。受験コースで言うと第一部甲類ということになる。彼は受験勉強に精を出す。同じ年一高第一部乙類（文科、英文）を目指した芥川龍之介は、一日「十時間内外」の勉強（山本喜誉司宛芥川書簡、一九一〇・四・一八付）をこなしていた。忠雄もどちらかというと不得意な幾何・三角法などを中心に勉強をはじめた。明治も四十年代になると、第一高等学校には全国から多くの秀才が志望するようになり、入学試験は激烈な競争となっていた。浪人も多数生まれ、社会問題化するようになった。入試制度の弊害も言われはじめた。久米正雄の「受験生の手記」（『黒潮』一九一八・三）は、当時の受験地獄の世相を背景としてなった小説であった。

そうしたこともあってか、文部省は入試改革に着手し、この年五月一四日、無試験検定制度を発表する。内容は全国の高等学校の定員の五分の一以内に限り、中学校長が優秀と認めた生徒を推薦し、高校側は書類選考して、試験に先立ち無試験で合格させるというものである。忠雄の志望する一高の法科、第一部甲類（英語法科、政治科・経済科）は、特に人気のあるコースで、入学試験はかなり難関とされた。

この年の一高無試験検定合格者の発表は、六月二四日であり、一般試験の出願締切は翌日の六月二五日、入学試験は七月一一日からとなっていた。当時、一高を受験する地方の中学生は、中学卒業と同時に上京し、七月の試験に備えるのが、普通であった。受験生には中央大学の予備校の評判が高かった。東京の川西實三からは、忠雄に少しでも早く上京するようにとの便りが届く。川西は仲間の「読書会」の連中に、この優れた後輩を一日でも早く紹介したいという願いもあったようだ。

そこで忠雄は寄寓先の大利武祐の家から五月二一日、川西の勧めに応じて上京した。宿は神戸一中の一年先輩の鶴田悌三の下宿にした。川西の斡旋だったという。その一週間前には、無試験検定制度が発表されていた。『矢内原忠雄全集』第二九巻の「年譜」には、この時の上京は、五月二一日から六月二五日までの約一ヶ月となっている。忠雄は神戸一中では成績抜群、品行方正で先生方の覚えもよかったので、鶴崎久米一校長は文句なく忠雄を推薦する書類を作って一高に送り、忠雄にも伝えた。中学校長からの推薦者は、複数でもよかったようで、同じ年東京府立三中を卒業し、一高を目指した芥川龍之介の同級生では、芥川と仲のよかった西川英次郎《ひでじろう》と山本喜誉司も推薦され、芥川と西川は合格、山本は不合格になっている。

中学校長の推薦による合格、つまり無試験検定合格者の発表は六月二四日なので、忠雄は結果を確認し、故郷に戻ることにした。が、発表までには一ヶ月余あったので、万が一無試験検定に漏れることも考え、東京では勉強に励まねばならなかった。無試験検定が不合格になったときには、一般入試を受けようと思ったからだ。無試験検定合格は生やさしいものでなかった。なにせ全国各地の中学校、しかも、歴史のあるナンバースクールからの応募者が多いからだ。一高には神戸一中出身の優れた先輩が学んでいて、その名は通っていた。そこで学校推薦になったことを知った神中の先輩や知人は、合格間違いなしと言ったとされるが、発表まではわからないことである。

この東京滞在中、川西實三は忠雄を新宿に近い柏木で開かれた内村鑑三の講演会に連れて行った。先の「年譜」には、六月四日に柏木今井館で内村の「スチーブン・ジラードの話」を聴くとある。忠雄がはじめてこの偉大な先人に会った日である。矢内原伊作は「矢内原忠雄の全生涯において内村鑑三がもっていた意味の大きさを思うとき、記念的な出来事だったと言わなければならない」(10)と書く。また、川西は忠雄の上京中、「読書会」と称した集会を忠雄の止宿している鶴田悌三の下宿で開いた。そこには森戸辰男・三谷隆正・

沢田廉三らが集まった。

『官報』での発表

無試験検定合格者の発表当日、川西實三は忠雄をつれて新渡戸校長宅に行き、忠雄を紹介し、それから新渡戸と共に、一高へ行った。幸い忠雄の名は掲示板に載っていた。入学許可候補者の名の掲示は、県名・族籍付の成績順である。彼は志望の第一部甲類（英語法科、政治科・経済科）に、二番での合格であった。

試験合格を含めての最終合格者は、『官報』[11]にも出た。当時『官報』は、喫茶店などにも置いてあり、人々の情報源の一つでもあった。『官報』の「学事」欄に、「入学許可　第一高等学校ニ於テ来ル九月十一日ヨリ大学予科ニ入学ヲ許可スヘキ者ノ族籍、氏名左ノ如シ　×印ハ無試験検定ニ合格シタル者ナリ（文部省）」として、第一部甲類から第三部独（医科）

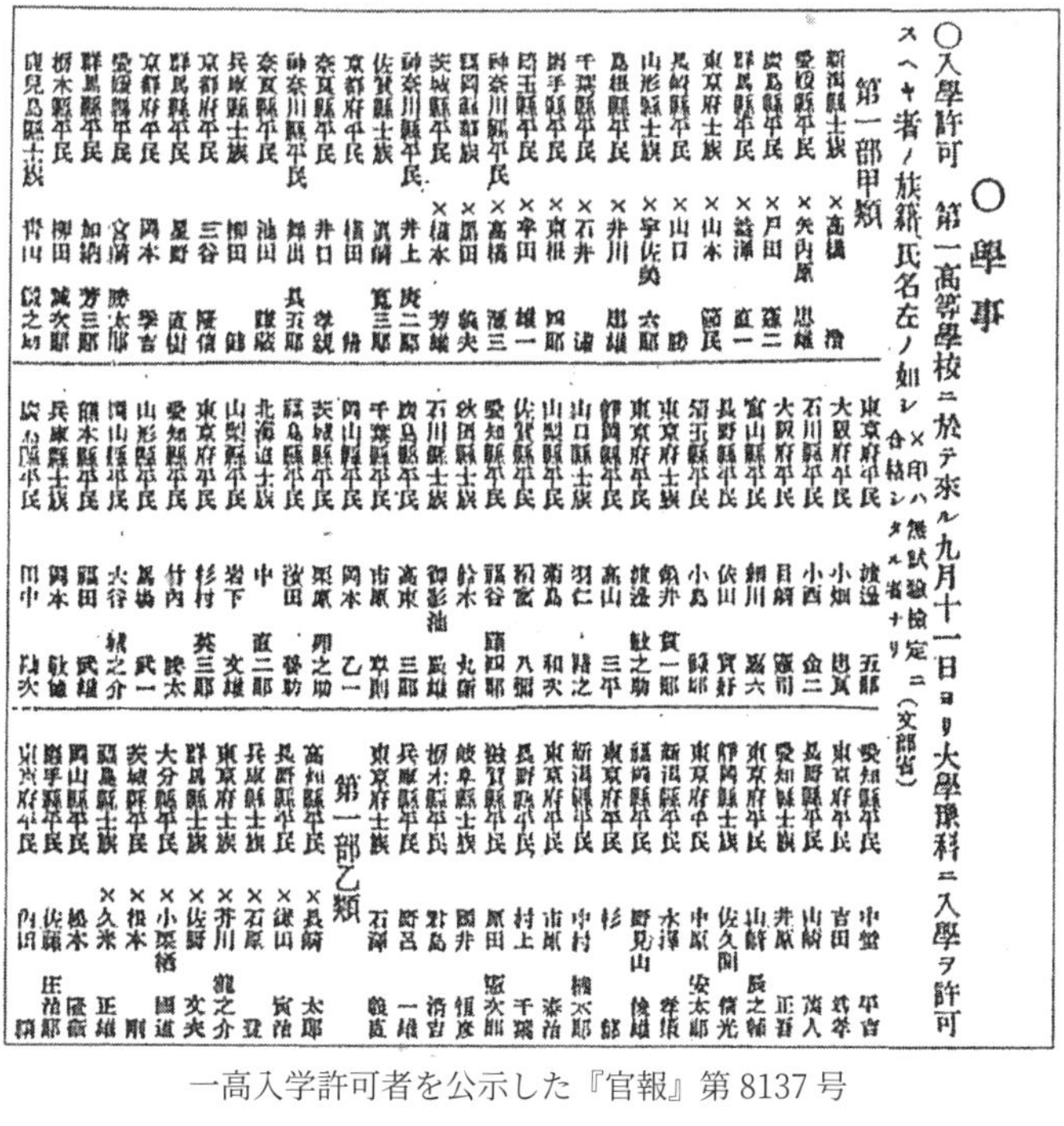
〇學事
〇入學許可　第一高等學校ニ於テ來ル九月十一日ヨリ大學豫科ニ入學ヲ許可スヘキ者ノ族籍氏名左ノ如シ　×印ハ無試驗檢定ニ合格シタル者ナリ（文部省）

第一部甲類
新潟縣士族　×高橋 [illegible]
愛媛縣平民　×矢内原 忠雄
廣島縣平民　×戸田 [illegible]
群馬縣平民　×[illegible] 直一
東京府士族　×山本 [illegible]
長崎縣平民　×山口 [illegible]
山形縣士族　×宇佐美 六郎
島根縣平民　×井川 忠雄
千葉縣平民　×石井 [illegible]
岩手縣平民　×[illegible] 四郎
埼玉縣平民　×平田 雄一
神奈川縣平民　×高橋 [illegible]
福岡縣士族　×黒田 [illegible]
茨城縣平民　×橋本 [illegible]
神奈川縣平民　井上 庚二郎
佐賀縣士族　[illegible] 寛三郎
京都府平民　横田 [illegible]
奈良縣平民　井口 [illegible]
神奈川縣平民　[illegible] 兵五郎
奈良縣平民　池田 [illegible]
兵庫縣士族　柳田 [illegible]
京都府平民　三谷 隆信
群馬縣平民　星野 直樹
京都府平民　岡本 [illegible]
愛媛縣平民　[illegible] 勝太郎
群馬縣平民　加納 芳三郎
栃木縣平民　柳田 [illegible]次郎
鹿兒島縣士族　青山 [illegible]
東京府平民　渡邊 五郎
大阪府平民　小畑 忠良
石川縣平民　小西 金二
大阪府平民　目崎 [illegible]
富山縣平民　細川 嘉六
長野縣平民　依田 [illegible]
埼玉縣平民　小島 [illegible]
東京府士族　[illegible] 貫一郎
東京府平民　渡邊 [illegible]之助
静岡縣平民　高山 三平
山口縣士族　羽仁 [illegible]
山梨縣平民　菊島 [illegible]
佐賀縣平民　[illegible] 八郎
愛知縣平民　[illegible] [illegible]四郎
秋田縣士族　鈴木 [illegible]
石川縣士族　御影池 [illegible]
廣島縣平民　高東 三郎
千葉縣平民　市原 [illegible]
岡山縣平民　岡本 乙一
茨城縣平民　[illegible] [illegible]之助
福島縣平民　[illegible] [illegible]
北海道士族　中 直二郎
山梨縣平民　岩下 文雄
東京府平民　杉村 英三郎
愛知縣平民　竹内 [illegible]
山形縣平民　[illegible] 武一
岡山縣平民　大谷 [illegible]之介
熊本縣平民　福田 武雄
兵庫縣士族　岡本 [illegible]
廣島縣平民　田中 [illegible]
愛知縣平民　中[illegible] [illegible]
東京府平民　吉田 [illegible]
長野縣平民　山崎 [illegible]
愛知縣士族　井原 [illegible]
東京府平民　山崎 長之輔
静岡縣士族　佐久間 [illegible]
東京府平民　中原 安太郎
新潟縣平民　水澤 [illegible]
福岡縣平民　野見山 [illegible]
東京府平民　杉 [illegible]
新潟縣平民　中村 [illegible]
東京府平民　市原 [illegible]
長野縣平民　村上 [illegible]
滋賀縣平民　原田 [illegible]
岐阜縣士族　[illegible]井 [illegible]
栃木縣平民　[illegible] [illegible]
兵庫縣平民　野呂 一雄
東京府士族　石渡 [illegible]

第一部乙類
高知縣平民　×長崎 太郎
長野縣平民　×[illegible] [illegible]
兵庫縣士族　×石原 [illegible]
東京府士族　×芥川 龍之介
群馬縣士族　×佐野 文夫
大分縣平民　×小[illegible] [illegible]
茨城縣平民　×根本 [illegible]
福島縣士族　×久米 正雄
岡山縣平民　松本 [illegible]
岩手縣平民　佐藤 [illegible]
東京府平民　内田 [illegible]

一高入学許可者を公示した『官報』第8137号

までの合格者名が載ったのである。

わたしはまだ大学院に在籍していた頃に、『官報』を国立国会図書館法令議会資料室で閲覧し、該当箇所のコピーをとっていた。今手許にあるそのコピーを見ながら記すのだが、第一部甲類の無試験検定トップ合格は、新潟県士族高橋浩である。続いて愛媛県平民矢内原忠雄の名がある。群馬県平民の渋沢直一は、無試験検定四番の成績、山形県平民宇佐美六郎は同七番、千葉県平民石井満《みつる》は同九番である。第一部甲類の無試験検定合格者は一四名、試験合格者は六二名であった。試験合格者のトップは神奈川県平民井上庚二郎、四番に奈良県平民井口孝親が、五番に神奈川県平民舞出長五郎が、八番に京都府平民三谷隆信の名が見える。試験入学組には、他に小畑忠良《おばたただよし》・細川嘉六・山崎茂人・水澤孝策（雄三九）・野呂一雄らがいた。いずれも以後矢内原忠雄と関係を結ぶ人々である。

第一部乙類（英語文科）に眼を転じると、無試験のトップ合格は、高知県平民の長崎太郎。一高では矢内原忠雄・三谷隆信らと基督教青年会の仲間となる。後年、京都市立美術大学（現、京都市立芸術大学）初代学長として、優れた人材を多数育てた人である。二番には鎌田寅治という名が見えるが、入学はしなかったようだ。三番には後年非行少年少女の教育で名を成した兵庫県士族の石原登、四番が東京府士族の芥川龍之介と続く。第一部乙類は定員が少なく、無試験検定合格者は八名に過ぎない。ついでに五番以下の主な名をあげると、五番は後年日本共産党初代委員長となる佐野文夫、六番は京大教授となった小栗栖國道、八番が久米正雄である。試験合格者は二一名、後年名を成した人では、四番に菊池寛、五番に石田幹之助、七番に井川（恒藤）恭、八番に松岡善譲（のち「譲」一字に改名）、飛んで二〇番に藤岡蔵六の名を見出すことができる。のちに第三、四次『新思潮』同人として、芥川や久米正雄・菊池寛らと活躍する成瀬正一《せいいち》の名はない。成瀬は第一部甲類が第一志望だったが、不合格となり、補欠で第二志望の第一部乙類に合格、授業がはじま

ってしばらくしてから登校することになる。(12)

『官報』第八一三七号を見ながら記しているので、ついでに他の部類合格者をあげると、第一部丙類（独語法科・独語文科）には、無試験検定合格者に藤森成吉、試験合格者に倉田百三・秦《はた》豊吉らが、第一部丁類（仏語法科・仏語文科）には、三溝《さみぞ》又三・渋澤秀雄・糸井靖之らが、第二部乙類（理科・農科・薬学科）に芥川と府立三中で成績を競った西川英次郎が、無試験検定トップ合格を果たしている。第三部独（医科）には芥川のこれまた府立三中時代の仲間、上瀧嵬《こうたきたかし》が試験合格二番で通っている。なお、芥川・久米らのクラスには、前年入学ながらドイツ語の試験に失敗した山本有三・土屋文明らが、原級止まりとなっていたことも記しておこう。それに一年上の一高には、石田三治・近衛文麿・坂田祐・本位田《ほんいでん》祥男《よしお》・豊島与志雄らが、二年上に江原萬里《まさと》・河合榮治郎・河上丈太郎・高木八尺《やさか》・田中耕太郎らがいたことも。

二　入寮と新渡戸稲造校長

全寮制

第一高等学校（略称、一高）は、一八七四（明治七）年一二月、東京英語学校として開設された。その後東京大学予備門、第一高等中学校の名称を経て、一八九四（明治二七）年に第一高等学校の名称になったものである。歴史の最も旧い国立の高等学校として次第に名声が高まり、一九〇〇年代には、天下の一高とまで言われるようになっていた。旧制の中学生あこがれの学校であった。矢内原忠雄や芥川龍之介らが入学したころの一高のことは、『第一高等学校一覧自明治四十二年至明治四十三年』（売捌所丸善株式会社、一九〇九・一二・二六）を見ると、およそのことがわかる。先ずは教員組織だが、『一覧』の第六章に職員名簿が載っている。それによると学校長新渡戸稲造、教頭菊池壽人となっている。講師を含めた第一高等学校の全教師が、この名簿によって確認できる。

一高は全寮制（皆寄宿寮制）をとっていた。寄宿寮は東寮・西寮・南寮・北寮・中寮・朶寮《だりょう》の六つがあった。一高では方針として一年生の時は、類・専攻を問わず、さまざまな生徒と起居を共にさせた。入学の時点で上級生の寮委員が、新入生の入る寮の部屋を決めたのである。二年生以上になると、英法とか英文科などクラス別に分かれて、希望の者同士で部屋に入ることができた。一室一二名である。

矢内原忠雄が新入生として入った部屋は、南寮十番であった。同室の仲間である他の一一名の氏名と入学時のコース・出身地は、井川（恒藤）恭の『向陵記』と森田浩一の「浩一日記」から割り出すことができる。氏名を列記するなら、渋沢直一（第一部甲類　群馬）、牧田弥次郎（第一部丙類　大分）、三溝《さみぞ》又三（第一部丁類　岐阜）、小池四郎（第二部甲類　東京）、武田章一（第二部甲類　静岡）、井川恭（第一部乙類　島根）、森田浩一（第二部甲類　東京）、前田仙太郎（第二部乙類　愛知）、都築正男（第三部英　兵庫）、水澤雄三九（第三部英　新潟）、山岸博愛（第三部独　埼玉）である。右のうち井川（恒藤）恭は、後年の法哲学者で大阪市立大学学長、戦後の平和運動のシンボル的時存在となった人。都筑正男は、日本赤十字社中央病院長などを務めた人である。

入寮は授業開始前日の九月一一日、日曜日に行われた。同室の井川恭の日記（『向陵記─恒藤恭　一高時代の日記─』）[13]に、入寮のようすが詳しく書き込まれている。「九月十一日　日曜　曇」と題して、井川恭は大学ノート五枚ものスペースをとって、記念すべき入寮日の一日の出来事を記している。矢内原忠雄は克明に日々の出来事を記した人だから、井川恭同様に詳しい入寮日記を残していたに違いない。が、『矢内原忠雄全集』第二八巻には明治四三年の日記は収録されていない。全集収録日記は、明治四四年からはじまり、「留学日記」を含め、断続して戦後の昭和二二年までの選ばれた十年間分のみである。全集第二八巻の「編集後記」を見ると、明治四三年の日記は、存在することになっている。すると、いつかは見ることができるのであろう。しばらくは時の経過に期待するほかない。なお、『矢内原忠雄全集』第二八巻の日記は、プライバシー保護のためか、第三者のフルネームに気を配り、ＡＢＣＤ……ＸＹＺなどの記号使用が目立つ。これもやがては時効を迎える時が来る。それまでは慎重な扱いが求められているとしておこう。

井川日記の「向陵記」から

入学当初の矢内原忠雄の日記は、現在のところ閲覧不能だが、周辺人物、特に同室となった井川恭や森田浩一の日記が近年発掘され、そこから忠雄の一高入学当時の状況は推察できるようになった。『向陵記―恒藤恭　一高時代の日記―』に、矢内原忠雄が最初に登場するのは、入寮三日目の一九一〇（明治四三）年九月一三日、火曜日のことである。前日の一二日には、今日言うところのオリエンテーション、ガイダンスがあり、南寮十番の仲間は皆顔なじみになっていた。この日は午前中に入学式もあった。矢内原忠雄は一高第一大教場（倫理講堂）で新渡戸稲造校長の講話をはじめて聴いた。井川日記（『向陵記』）の一三日の「夕べのところに、「一つおいてとなりの矢内原君が食堂へゆきませんかといふのでつれたつてゆく」とある。

一九一〇（明治四三）年九月、一高入学当初の忠雄の動向を、いましばらく井川恭の日記『向陵記』に従って追跡することにする。まずは入寮四日目の夜、ストームに襲われた一件である。引用しよう。

夜半のゆめにあそんでゐると、突然何かの物音！　ハと目をさますと、ドヤ〳〵入りこむ人の数。ヤとその瞬間に起き上つてふとんをかゝへこむ。

総勢七、八人、二、三人ハ例の提灯をもつてゐる。

「デカンショ〳〵で半年ゃくらす
　ヨウイ〳〵　デッカンショ」

「おきろ〳〵」

となりの矢内原君、たわいもなくねてゐたので、「ヤイきさま、おきろ〳〵」と、ふとんをまくし上げられ、頓狂なかほをして体をおこす。

「ヤ、立たなくてもいゝ立たなくとも」

デカンショ〳〵で、又出ていつてとなりの室をおそふ。

「花のお江戸で芝居する、ヨイ〳〵デッカンショ」

床をドン〳〵ふみならす。

あとは皆が言ひ合したやうにハヽヽとわらうて、ふとんをひつかぶる。

ストームはだん〳〵遠ざかつてゆく。

一としきりさわいでをりていつたやうであつた。


一高名物のストームには、矢内原忠雄も驚いたに違いない。寝ぼけ眼《まなこ》で「頓狂なかほをして体をおこす」のも無理はない。一八九三（明治二六）年一月生まれの彼は、南寮十番の中では一番若い。若い魂は、ストームに驚いているのである。井川恭の筆は、そうした忠雄を的確に捉えている。

自治寮の仲間

寮は自治寮とも言われるだけあって、すべては同室者の総意で事は決められる。南寮十番の総代に忠雄は三溝《さみぞ》又三を推薦した。三溝はナポレオンの綽名をもつ好人物である。後年東京帝国大学法科大学を卒業、満鉄に勤務した。井川日記『向陵記』の九月一六日のところに、「矢内原君が三溝君を総代に指名する。皆賛成する。三溝君ハ「ソリャいかん、ソリャいかん、総代なんか御免だ。そんな事ハ東京の人に限る。僕なんかとてもいかん」「なに、こんな事ハ法科の人に限るよ。弁論がうまいから。それに君、仏法の人は外交がうまいから」「なァに、ドイツは思想が発達して国民が堅実だから、ドイツ語のうまいひとにやらすがい、」とあり、総代を決めるのに忠雄が一役買ったことをうかがわせる。早生まれながら忠雄は、浪人生や何年か年上の人々の中にあっても、おじけることはなかった。神戸一中での副組長体験もあって、人を動かす能力が自然に備わっていたのである。

新入生をクラブ活動に勧誘するのに、上級生が寮を回る。南寮十番にもその人々が来る。井川恭の『向陵記』は、それを伝える。矢内原忠雄の名が出て来るところを引こう。入寮五日目、九月一六日の夜の勧誘の模様を記したところである。

暫くすると、又ガヤ〳〵はいつて来て「柔道部を紹介します。諸君、誰もやり玉へ。何、始めての人でもい、からやり玉へ」。大学の人もひとり居てす、める。矢内原君のところに来て、「君やりませんか」といふと、「僕ハどうも趣味が適しませんから」「ヤアそいつハ」と頭をかく。「始めての人ハいくらでもあるよ。この委員の人なんか、始めてこ、でやつたんだ。それ、あの提灯を持つてる人なんか、こ、で始めてやつたんだよ」「オイ君よせ〳〵。僕もこの南寮十番にゐたんですよ。縁がふかいから諸君やり玉へ」「こゝは道場に近いから一番いゝ。高等学校三年間運動をやらなくちや駄目だよ」。（中略）それが出てゆくと、こんどは弓術部、大学生もゐる。矢をもつた人がゐる。「運動をやると時間が無くなるやうに思ふ人があるが、なァにそんな事ハ無いよ。やり玉へく。皆はじめてなんだから」。矢内原君と武田君がはいる。矢を四本と弦をかはされる。

入れ代つて陸上運動部がくる。矢内原君をつかまへて「君ハよさゝうだ、是非やり玉へ」「僕ァ弓術部をやるんですから」「だつて君、両方やればいゝ。弓術でウンと胸廓を広くして、それから大にランニングをやると、それハいゝ体格になるぜ」。皆ドッとわらふ。

忠雄は弓術部に入ったのである。彼は一高入学時には背はぐんと伸び、一七〇センチをはるかに超えていた。それに、神戸一中時代の柔道の影響もあって、胸幅は広がった。それゆえ柔道部や陸上運動部からも勧誘を受けている。ちなみに、井川恭は幼い頃から故郷松江の宍道湖《しんじこ》で舟を漕ぐことが得意であったこともあってか、ボート部に入った。

弓術部の外に矢内原忠雄は、いま言う文化部の基督教青年会と弁論部に所属した。こうした部活動に参加しない生徒も多かった。たとえば同じ年、一高第一部乙類（英文科）合格の芥川龍之介は、部活動に加わっていない。もっとも芥川は、最初の学年は寮生活をせず、新宿の自宅から通学していたので、クラブ活動どころではなかったようだ。矢内原忠雄はこの点、部活動も一高生になった証とばかり、積極的に参加した。相変わらず彼は模範生だったのである。これらの運動部や文化部での忠雄のことは、追い追い述べていくつもりである。

新渡戸稲造の入学式演説

矢内原忠雄の一高生活は、順調に滑り出した。九月一三日の入学式で、彼は神戸一中時代から尊敬してやまなかった新渡戸稲造校長の式辞（講話）を聴く。後年彼は『余の尊敬する人物』(14)に、新渡戸稲造をとりあげ、この時の式辞（講話）を「入学式演説」として回想することになる。そこで煩をいとわず、忠雄が書き留めたノートから起こしたという、新渡戸稲造の「入学式演説」を転記しよう。

『九月十三日入学式　雨天

校長演説

○旧生徒諸君、諸君は新に弟を得られたのである。私の子供を米国の或る中学に入れてあるが、この程帰朝して言ふには、その中学では新入生が来れば、それを一二人づつ上級生に割り当てて、一切の指導監督をば責任を以てやらせ、その学校の事情に通じさせてやる、といふことである。誠にかかる方法は望ましいことである。新入の諸君も、上級生の顔だけを見て怖《おそろ》しいとの気を起さず、兄貴分だと思ふ心持でゐるがよい。

○我が国の学校で最も情ない事は、訓育の欠乏してゐることである。イギリスのパブリック・スクール、たとへばイートンやラグビーのやうな学校では、校長に非常に立派な人を据ゑ、その人物に対して社会は高き尊敬を払ひ地位を与へてある。我が国でも、制度は作れば出来る。生徒は常にその先生に私淑してゐる中に、言ひ知れぬ感化を受けるのである。我が国でも、制度は作れば出来る。人物を捜せば居るかも知れない。しかし現在のところでは、之に欠けてゐる。わが一高なども、残念ながらこの点が不十分である。先生方はいづれも人格の高いお方のみであるが、その授けられるものは専門の学科であつて、人格の感化といふところまでは、なかなか手が行き届きかねる。それでは誰がその不足を補うて訓育を為すべきかといへば、校長である。しかしながら情けないかな、我輩の如きは人格の感化皆無ともいふべきであつて、到底訓育を立派に為し遂げるといふやうな事は出来ない。そこは諸君お互の友情で以て補はねばならぬ。諸君は大抵新しい友だちを作る境遇にあることと思ふ。よく心して親しき友を選び、友情の力を借りて自己の訓育を為し遂げるやうに努めねばならぬ。自分が敬服する人を見たならば、淡泊に話しかけるがよい。自分の方から口をきけば、何だか負けたやうに思つたり、或は諛《へつら》ふやうでいさぎよしとも思はぬ者もあるか知れんが、そんなつまらぬ事はない。皆平等である。諸君の中には皇族に近い位に高い家柄の人も居るが、この学校に在つては甲も乙も皆同等である。

○諸君お互の間、及び教職員に対しては礼をするやうにしたい。之はお互の帽章に対して礼をするのである。又先生方に校外で出会うた時にも、礼をすべきである。見受けたところ、諸君の中には眼鏡をかけた人も多いやうだが、「どうも先生に似てるやうだが、つい間違つたら悪い」などと思つて、礼をせずに置くやうではいけない。誰と間違つてお辞儀をしたとて、決して悪いことはない。皆の人が偉いのである。或る名僧は会う人毎に合掌したとさへいふ。

○この八月は誠に忘れ難き月である。一つは全国各地の水害で、損害額三千万円内外といふことである。世間には、或ひは洪水の為め土地が肥えた処があるとか、土砂がタスカロラ海床を浅くしてその為めに地震が少なくなるだらうとか、土砂が多く海中に入つた為めに魚族が繁殖するだらうとか言ふ人もあるが、こんな事は当てにはならぬ。この三千万円は先づ絶対的の損失と見ねばならぬ。我輩はその時強く思つた事であるが、わがこの一千の諸君の中からその一生を治水の為めに捧げる人はないだらうか、植林の為めに捧げる人はないだらうか、又水害後の救済事業に志のある人は出ないだらうか、と思つた。

先覚者のことば

以上が一九一〇（明治四三）年入学式での「校長演説」（式辞）を、忠雄が記録したものである。若干説明を加えると、全体は四つに区切られている。最初のセクションでは、アメリカの大学で早くから行われ、日本でも大学紛争以後取り上げられ、近年は留学生の指導にも応用されているような新入生対策の要を語る。二つめは、日本の学校で不足している訓育について述べ、「友情の力を借りて自己の訓育を為し遂げる」よう勧めている。第三は礼の遵守である。『武士道』を書いた人らしい発言だ。第四のパラグラフに見られる「全国各地の水害」とは、一九一〇年八月八日の東海・関東・東北一帯の豪雨をさす。各地の大洪水は記録に残る大きな被害をもたらした。芥川龍之介に、この大洪水の際のボランティア活動を記録した「水の三日」(15)がある。

この講話をまず写した後、忠雄は「右の演説を今読み返して驚くことは、それが隙間《すきま》だらけなことです」と言う。そして、その隙間ゆえに新渡戸は、「多くの誤解、批難、迫害を受けたのでありました」とし、以下、四つの柱を立てて考えている。第一は、「我輩の如きは人格の感化皆無ともいふべき」との告白を問題とする。忠雄は言う。「若しも多少なりとも人格者とか教育者とかの自負心を有つ人がかかる言葉を口にすれば、それは鼻持のならぬ偽善でありませう。又実際人格の低劣な人間がこれを言へば、それは堪へ難き傲慢でせう。然るに先生は多くの人に勝れた人格的感化を与へた人であるに拘らず、自身では人格者であるとの自覚を有たず、「我輩の如きは人格の感化皆無」といふことを、正直にさう思ひ、正直に口にした」のに、世人は「彼は偽善者である、地位に恋々たる者であると批難した」とする。

第二は、「皇族に近いほどの家柄の人」と言ったのは、当時二年生に在学中の公爵近衛文麿のことを意識したに違いないが、こういうことばは言わない方が安全であるとする。「不敬」とか、「権門勢家に媚びる」といった類の批難を蒙る恐れがある、他方、「公爵も平民もこの学校では同等である」を取り上げたのは、革命的な人生観であるとした。没落武士の子として生まれた新渡戸が、「人間の価値は社会的階級によらない、人間としてすべて同等に貴いものである」との考えは、「先生自身旧きに死んで新たに生くることによつて得た実験上の真理」と忠雄は言うのである。

第三に、生徒同士、そして教職員に対して、お辞儀をせよとの教えは、小学一年生の入学式において教えるようなことで、「一高校長の演説として余りに通俗的、常識的であるとの感を懐く人が多いでせう」としながらも、ここには「みんなの人が偉いのだ」という思想があるとする。「人を人たるが故に重んずるといふ人格（パーソナリティー）の観念は、先生の人生観の根本」と忠雄は言うのである。「お互にお辞儀をせよ。人違ひしても悪いことはない」の新渡戸のことばに、忠雄は「この平凡な、常識的な言の中に、新渡戸先生自身の到達した精神的苦闘の成果があり、又先生の教育精神も籠つてゐる」とする。また、「鎖国的籠城主義の一高生に対して人格の自覚を呼び起し、個性を解放し、それに基づく新たな友情を刺戟」するものがあったという。けれども、こうした考えが、旧弊な考え方にそまった「籠城主義者からは軟弱である、八方美人である、一高校風に適はない」として、激しい攻撃の的となったともいう。

第四は、卑近な校内生活から一転し、極めて重大な国家問題へと移る。一九一〇（明治四三）年八月の日本各地を襲った水害、——言わば国難ともいえる災害、国家問題への新渡戸校長の考えの検証である。忠雄はこの件《くだり》を前段からの「見事な飛躍」とし、続けて「その時生徒の中の幾人が、問題の重要性を認識し得たでせう」と言う。新渡戸は、この段で二つのことを述べた。大水害を前にした治水・植林の必要と、水害後の社会救済である。忠雄は「我国の如く天災の多い国では、災害の予防並に対策の研究は国力を養ひ民衆を救ふ上に於いて大なる意味のあることであり、先生は夙《つと》にその必要を暗示した先覚者の一人」であるとする。「先生が一高入学式演説で、天災予防といふ頗る地味な、しかしながら永久的な効果ある重要なる事業の為めに生涯を献ぐる者が、この一千人の中から出ないだらうかと呼びかけた」のは、極めて暗示的な話であると述べる。

二〇一一（平成二三）年三月一一日の東日本大震災を経験した現在、南部藩士の子で盛岡に生まれた新渡戸稲造の一〇〇年前の提言は、確かに矢内原忠雄が喝破したように、先覚者のことばであったことがよく分かる。

名校長新渡戸稲造

新渡戸稲造は、一八六二（文久二）年八月三日の生まれ。内村鑑三・宮部金吾らと同期の札幌農学校二期生である。その根底にはキリスト教の信仰があった。彼はすぐれた学者であったと同時に、教育者でもあった。矢内原忠雄は入学式での新渡戸の「隙間だらけ」の講話から真実を見出していたのである。むろん「入学式演説」は、忠雄が文字に書きとどめたことのほかに、その話しぶり、――声量・滑舌・ことばの間・身振りなどとも関わるものである。さらに、彼を一高に導いた川西實三の新渡戸礼賛のことばが背後にあった。つまり新渡戸稲造の「入学式演説」、それに続く毎週月曜日の修身講話を熱心に聴く土壌は、神戸一中の先輩川西實三によって耕されていたのである。

もっとも新渡戸ファンは、一九一〇（明治四三）年九月入学の新入生には多かった。文科の芥川龍之介も井川恭も松岡譲も成瀬正一も、そして藤岡蔵六もそうだった。藤岡蔵六の回想記『父と子』(16)には、「新渡戸校長」の章がある。そこで藤岡は「概して無味低調な授業の中、新渡戸校長の修身講話だけが光っていた。農学博士・法学博士新渡戸稲造先生は、毎週一回一年生全部を講堂に集めて、修身講話をされた。私は非常な興味を以てそれを傾聴した」とある。こうした生徒は数多くいた。

藤岡の新渡戸の講話紹介には、続いて「或時先生はこんな事を言われた。／人間は何を為すべきかを考える前に、如何に在るべきかを考えなければならぬ。為すこと（to do）は、在ること（to be）から生れる、在ることは即ち其人の人格である。／私は此教えを卓説であると思って敬服した」とある。藤岡はさらに語を継いで、「先生は申分の無い立派な紳士であった。日本に於ける知識層の最高連峰の一つであり、国際的文化人として不抜の地歩を占めて居た。私達の眼を国際的に開き、自由を愛し平和を喜ぶ気風を養い、偏狭なる愛国主義や固陋《ころう》なる国粋論に陥ることを防いだのは、先生の感化力に負う所が頗る大きい。私は一高三年間を斯かる名校長の下に過ごし得たことを喜び且つ感謝して居る」と語る。

けれども、一方で学内の保守派や国士的卒業生の一部から新渡戸排斥の声が挙がっていたのも事実であった。新渡戸校長攻撃の声は、忠雄入学以前からあった。忠雄の「人及び愛国者としての新渡戸先生」[17]から、一部を引用する。

当時の第一高等学校は今日以上に世間の注目をうけてゐたのである。而して寄宿寮に立て籠つて世間と一緒にならないといふ籠城主義が掲げられて来たのである。所に新渡戸博士が京都大学教授から第一高等学校長になつて来られた。様子を見てもハイカラだ。西洋人が奥様である。学校外の多くの会合に顔を出す。身を処する事が軽々しいといふ批評が起つた。当時先生は『実業之日本』に毎号修養談を出された。そこで通俗雑誌に下らない事を書いてゐる、卑近な道徳を説いてばかりゐて校長たる職を空しくして居る、原稿料をかせいでゐる、売名、八方美人等と、新聞雑誌に罵詈雑言《ばりぞうごん》されて、先生攻撃を看板にする雑誌さへあつた。

校内に於ても排斥の声は起つた。私の入学の前であつたが、或年の記念祭の夜の全寮茶話会で激しい排斥演説が卒業生及生徒の或者から出て、先生は八方美人で一高校長たる資格はないから引込んではどうかといふ演説がなされた。其の時の記録を見ると、先生はガウンを着てニコニコしてをられ、「その様悠容として常に異らず」と書いてある。その時先生は校長として自己の信念を披瀝せられたので生徒も先生の人格に触れて、校長排斥の会が心から先生を仰ぐ会に変つてしまつた。その頃自分はまだ中学生であつたがこの事の記してある一高の校友会誌を先輩から送られ、自分も一つ勉強して一高に入らうと決心した次第である。

新渡戸稲造排斥運動は、やがて新渡戸の校長辞任という事態を迎える。そのことは後に取り上げる。その前にどうしても記しておかねばならないのは、新渡戸が文部省から譴責処分を受けることとなる徳冨蘆花の演説「謀叛論」とその波紋である。

三　蘆花「謀叛論」の波紋

「謀叛論」と題した講演

矢内原忠雄らが第一高等学校に入学後半年の一九一一（明治四四）年二月一日、一高第一大教場で弁論部主催の徳冨蘆花を招いての講演があった。この講演の題名が「謀叛論」であり、多くの一高生に衝撃を与えたのである。講演で蘆花は前年五月に起こった大逆事件に対して、政府の取った処理のまずさ、――社会主義者や無政府主義者に対する弾圧事件を激しく攻撃し、多くの聴衆に衝撃を与えることになる。蘆花は、明治天皇暗殺計画という容疑で多数の社会主義者が逮捕され、非公開裁判の下、幸徳秋水ら二四名が死刑の判決を受け、うち一二名が早々処刑されたことに激しい怒りを覚える。彼はその憤懣を、「謀叛論」という演説に凝縮し、一高生に語ったのである。演説（講演）に託した抗議の叫びは、多くの一高生の心を捉えた。

まず、矢内原忠雄が「謀叛論」を聴いた当日の日記の関連箇所を、ここに写し取ろう。幸いこの部分の日記は、全集第二八巻に見出せる。

徳冨健次郎先生壇上に立たる。先生は武蔵野の一隅に蟄《ちっ》して鳴かず飛ばざること多年、今より四年前、この壇上に立たれて「勝利の悲哀」を叫ばれてより、杳《よう》として消息を聞かず、自らトルストイに私淑して田園生活を営んで居らるゝとのみ。先日委員先生の居宅を訪ひて演説をご依頼せし処、頃日思ふ処あり、一高は鬱したる気をはき出すにはよき処なりとて快諾せられたるなりといふ。先生の人格を憧憬する一千校友は勿論、多数の大学生其他学生、場に溢れ、外面より窓にすがりて、大人《たいじん》の謦咳《けいがい》に接せんとせり。畔柳《くろやなぎ》部長の紹介の下に壇上に立たれたる人――これこそ我等が敬愛する蘆花先生なれや。豊肥の体にて血色よく、色眼鏡をかけ紋付の羽織を着し、風采堂々たらずとせず。この場に於て始めて知りたる演題は「謀叛論」。先生の平生を思ひ演題を思ふ時吾人はその大体を推察せるが如き心地せり。然れども大人の説く処は何ぞ。蘆花先生大逆事件に関して如何の感想をか抱かれたる。先生は新局面の発展には志士の必要なるを謂ひ幸徳等は志士なりとの口吻をもらし、当局者の老朽の身を以て若き生命を圧せんとするを叫び「人」といふことを観念の中に入れざるを責められたり。

蘆花の「叫び」を、忠雄は「偽りなき美しき修辞」「熱烈なる精神の渙発」と表現した。わたしはこれまで芥川龍之介とその周辺の青年群像をとらえるのに、蘆花の「謀叛論」は落とすことのできない重要な意味を持つとし、長い期間、考え続けてきた。それらは『芥川龍之介』（岩波書店、一九九五・一〇）、『芥川龍之介とその時代』（筑摩書房、一九九九・三）、『芥川龍之介新論』（翰林書房、二〇一二・五）などに書き継いできたところだ。

新しいものは常に謀叛

二〇一一（平成二三）年二月一日は、徳冨蘆花が第一高等学校で「謀叛論」と題した演説を行って一〇〇年目に当たった。そこで、わたしはこのことを特に覚え、「謀叛論」が当時の一高生に、いかに大きな影響を与えたかを、この年『東京新聞　夕刊』（二〇一一・一・二〇）と『しんぶん赤旗』（二〇一一・二・一）の二紙に書いた。『東京新聞』に載った「蘆花「謀叛論」から百年」は、わたしの右の『芥川龍之介新論』に収録されているので、ここには蘆花講演一〇〇年に当たる日に掲載された、『しんぶん赤旗』の「新しいものは常に謀叛　徳冨蘆花の演説から一〇〇年」と題した文章の全文を示そう。

今年の二月一日は、徳冨蘆花が旧制第一高等学校で「謀叛論」と題した演説をし、大逆事件で処刑された幸徳秋水らを惜しみ、「百年の公論は必其事を惜むで其の志を悲しむであらう」と説いて一〇〇年になる。

大逆事件にふれることは、戦前・戦中のタブーであったように、蘆花の演説「謀叛論」も長い間一般に知られることがなかった。戦後になってはじめて河上丈太郎の「蘆花事件」（『文藝春秋』一九五一・一〇）、松岡譲の「蘆花の演説」（『政界往来』一九五四・一）、浅原丈平の「「謀叛論」の回想」（『武蔵野ペン』創刊号、一九五八・六）などによって、演説内容とその時の状況が一般に報道されることになる。言論弾圧が吹きまくる冬の時代と呼ばれる中では、蘆花演説を肯定した文章など、活字では公表出来なかったのだ。が、当時一高に在学していた一九一〇（明治四三）年九月入学の新入生《フレッシュマン》の多くは、日記に蘆花演説を秘かに書き残した。その例となる貴重な日記が近年次々と発掘され、「謀叛論」に新たな光を与えることになった。

蘆花の演説「謀叛論」は、当時活字にはならなかったものの、草稿が存在した。また、一部有能な一高生の手で演説の詳細な内容と、学校側が行った全学集会の模様が、日記に書き留められていたのである。その代表格は、井川恭（のちの法哲学者恒藤恭）の日記『向陵記』の記事である。近年、大阪市立大学大学史資料室が、それを翻刻している。(18)

蘆花演説「謀叛論」は、幸徳らの処刑後わずか一週間後に行われた。河上丈太郎・河合榮治郎ら弁論部主催のこの催しは、前年、一九一〇年入学のフレッシュマン歓迎の意味の込められた集会であった。それゆえ多くの新入生が進んで参加することになる。文献上確認できた新入生は、井川恭・矢内原忠雄・石田幹之助・三溝《さみぞ》又三・松岡譲・成瀬正一・菊池寛・久米正雄らである。未だ文献上の確認は出来ないものの、わたしはこれらの学友と親しかった芥川龍之介も当然出席するか、『萬朝報《よろずちょうほう》』での報道や級友の話で、ある程度の内容を知っていたとしたい。

井川恭は蘆花の演説を聴いた夜に、演説内容を日記に忠実に再現した。それは草稿以上に当日の演説に近いものだった。草稿に見られない蘆花の思いが溢れた箇所もあり、臨場感に満ち、従来の回想記をはるかに超える重みがある。「幸徳君ハ死んではゐない。生きてゐるのである。武蔵野の片隅にひるねをむさぼる者をこゝに立たしめたではありませんか」などと蘆花が叫んだことも記される。他方、成瀬正一は一年半後の一九一二（明治四五）年七月十九日の日記に、「私は幸徳に同情する。彼の心はよかつた。然し不幸にして多くの非幸徳者の悪《にく》む所となり、少数の人の幸福の為に犠牲になつたのだ。法律なんかといふ妙な道具の為に」と蘆花演説を通しての感想を記す。三日後の全学集会に関しては、森田浩一の日記が詳しい。森田は新渡戸稲造校長の蘆花演説にまどわされぬようにという訓話後の十時からの授業に対し、誰かが「思想が混乱している中は授業などはやつても駄目ですから休みにしてください」と発言した教室風景まで伝える。

蘆花の演説「謀叛論」は、以後、時代権力への反逆の水脈となっていく。演説を聴いた一高新入生のばあい、恒藤恭は一九三三（昭和八）年の京大事件を闘い抜き、戦後は大阪市立大学初代学長として理想の学園を築く一方で、憲法擁護と平和への提言を行った。その「正義感と不屈の節操」（末川博）の淵源は、一高時代に接した「謀叛論」にあった。矢内原忠雄の戦中から戦後にかけての時の権力に対峙した気骨ある対応も、また蘆花の演説と無縁ではない。わたしは芥川龍之介の一九一五（大正四）年発表の「羅生門」に見られる謀叛の精神ですら、「謀叛論」の影響を無視しては語れないのである。

同時代青年と「謀叛論」

再説するが、わたしは蘆花の「謀叛論」が、いかに大きな影響を当時の一高生と、聴きに来た他校の生徒らに与えたものであったかを考え続けてきた。そのための資料の発掘にも長年関わってきた。この場合もっとも有効な資料は、蘆花の講演の感想を率直に記した日記であった。言論の自由がなかった時代ゆえに、

「謀叛論」に共鳴したような評論や批評文は期待しようがないからである。人に見せない日記なら比較的真実に近い感想を見出せるからだ。

わたしが長年研究している芥川龍之介には、今もって「謀叛論」に言及した論や感想は見出せない。それゆえ多くの芥川研究家は、一高時代の芥川を論じても、同時代の芥川の習作を論じても、「謀叛論」の影を読もうとしない。言及がないからそこまで入れないというわけである。それが研究者のモラルだと信じて疑わず、怠慢から生じる陥穽に気付かないのである。が、周辺の人々の日記は、「謀叛論」から受けた影響がいかに大きなものであったかを語る。芥川に当時の日記がなくとも、周辺の人々の日記は、同時代を生きた仲間の動静や考えにも連動するのを悟らせるのである。

わたしは芥川に日記や事件に言及した文章がないからこそ、周辺の人々の日記を発掘し、彼らの意識から〈同時代青年と「謀叛論」〉という課題を抽出し、やがて激動の時代を迎える中で、彼らが〈謀叛の声〉を挙げるにいたるプロセスに、共通項を見出すことになる。直接的資料が見出せないから、芥川は「謀叛論」を聴いていない、関係ないとするのは、研究とは何かを自覚したことのない人々のことばだ。テクストの言説研究のみが正しいと信じ、他の要素を排除する研究の陥穽である。当人に関連した資料が見出せないなら、周辺の人々を調べるというのが、研究のイロハである。そうした中で、わたしは「謀叛論」が、当時の一高生にいかに大きな影響を与えていたかを、彼らの書き残した日記に見出したのである。詳しく知りたい方は、わたしの「蘆花と次代の青年」(19)を読んでいただきたい。「謀叛論」そのものの内容や、彼ら若き世代への影響の詳しい検証は、それを参考にして欲しい。

全校集会

さて、蘆花の「謀叛論」演説は、すぐに文部省の役人の知るところとなり、翌日二月二日には早くも新渡戸校長が文部省からの呼び出しを受けている。そして二月三日の全校集会となるのであった。これにはほとんどの生徒が出席している。恐らく出欠もとったことだろう。学校側は呼び出しの効く全校生徒約一千名を午前八時三〇分に校庭に集合させ、すぐ第一大教場に導き、問題の経過を説明した。講演会に出なかった者も、級友から蘆花演説の大要は聞いていたから、欠席者はほとんどいなかった。南寮十番の矢内原忠雄の仲間も、井川恭や三溝又三や牧田弥次郎など、皆出席する。演説には出席しなかったが、余りにその反響が凄いのを知った理科第二部甲類の森田浩一も出席した。森田の一高時代の日記は、近年『森田浩一とその時代～日記を通して見えてくるもの～』[20]として、福生市郷土資料室が復刻している。森田は二月二日の項に、「弁論部に徳富健次郎氏来て大いに社会主義賛成演説をやつたと云ふ。その事で明日八時半、校庭に集つて新渡戸先生の否定演説とかやるのを聞くのだ相な」とあり、二月三日の全校集会が早朝八時半から行われることを書きつけ、さらに以下のように記している。

　八時半校庭に集合、すぐ倫理講堂に飛び込む。後から〳〵来るので前の方は、一寸のすきも無くなつた。大沼さん（筆者注、大沼浮蔵。一高の体育教員）が大声でもう少し後へ下がれとドナツタが皆きかず。前からは入れぬ様にして漸やく静まつた。さんざ待つてから校長を初め諸教員が着席、校長は演壇に上つて約一時間に渡る社会主義反対演説をやつた。我一高生徒にして少しでもコンナ説をいだかない様にと云つて壇を下りた。

同じ新渡戸演説を記録した井川恭の日記『向陵記』は、全校集会のようすにふれ、「問題ハ一昨日の徳富氏の演説についてである」と記し、続けて新渡戸校長の全校生に対しての訓話を感想抜きに記録する。井川恭は、以下のように書いている。「（蘆花）氏のされた言論についてハ責任はないが、氏を招いたのは全く吾輩一人の責任である。吾輩ハ客を招いておいで《ママ》、あとで陰口をいふのハ潔《いさぎよ》しとせぬ所である。自分ハ氏の言論についての批評はこゝろみない。たゞ学校のこれに対する態度を明らかにしておきたい」と言い、「客が家風に合はぬ話をされたとき、家長たるものハ、わが子の為に誤解のないやうにさとさねばならぬ」と語ったとある。他方、忠雄の日記の記述は、以下のようだ。

　九時より生徒一同を倫理講堂に集めて新渡戸先生の訓諭あり。勿論蘆花先生の演説に就てにして、護国旗下にそだてる我等には、過激の言語を以て思想を左右せられざるだけの冷静なる判断あるべきなり。本職は徳富氏の陰口をきくものにあらざれども、外客が家風に異なりたる話をなして去らば、その家長たるものは、その家長に異れる旨を子弟に告ぐるは当然のつとめと信ず。而して今般の事件につきては本職は既に取るべき道を取りたり。二三職員諸氏も責を分たんといはれしもそれにも及ばずとて之を断りたり。諸君に迷惑はかけさせぬによりて安心して勉強せられよ。而して護国旗下に育つ青年なるを思へよと。
　言々荘重にして嗚咽するものあるに至る。思ふに新渡戸校長は既に進退伺を呈出せられたるならん。われらはいはば冷静なりき。決して思想動揺せるを覚えず。されど事既に文部当局の耳に入り、先生又進退伺を呈出せられし上は今後如何になりゆくかと、非常に心配される。新渡戸先生辞職の様なことはとてもなかるべく、又ありたりとせよ、僕がきかぬ、一高生がきかぬ、一高の先輩がきかぬ、どうぞ無事で納まりまする様に。

この日の全校集会は、一高生ひとり一人に大きな記憶となって残った。成瀬正一は一九一二（明治四五）年七月一九日の日記に、「私が一年の時、徳富蘆花氏の話の後で校長が吾々生徒を講堂に集め、赤色の地に白く橄欖と柏葉及白線二條を縫いとつてある一高の護国旗をかざして、自分は教授服を着て、蘆花氏の説について誤解なき様さとされ、涙を流してかくの如くなつたのを嘆かれた時には、私は良校長、吾々一高生としての校長たるべき人と思つた」と書く。先に引用した森田浩一の「浩一日記」は、蘆花の演説を聴かなかった者にも、強い余波を与えたことにも言い及んでいる。

校長演説、続く『萬朝報《よろずちょうほう》』紙の報道（一九一一・二・五）などもあって、一高生で事件を知らない者はまずおらず、ひとりそうしたことに超然としていられるような雰囲気ではなかった。松岡譲は後年の回想記[21]で、「其頃は特に非常に保守的なあの学校の事だから、所謂国士的の連中も多く、それらはこの演説に後で反対の態度をとつた」と述べ、「賛成不賛成二派に分かれて至るところで議論の花が咲いた」とも書いている。それにしても、これまでの研究者の、資料発掘をないがしろにした言説はむなしい。一高フレッシュマンの矢内原忠雄や井川恭や成瀬正一や松岡譲が聴き、大きな影響を受けた蘆花演説から、同期の芥川龍之介もまた影響を受けていたとのわたしの考証は、今や揺らぐことはない。

一高生の蘆花演説に触発された大逆事件への関心と怒りは、同時代青年共通のものがあった。前年九月の一高入試に失敗し、慶応義塾の文科に在籍していた佐藤春夫とて同様の怒りを懐いた。彼は和歌山県の新宮の出身である。春夫は郷里の医師大石誠之助が事件に巻き込まれて一月二四日に刑死したことを知り、「愚者の死」という詩を書き、雑誌『スバル』に載せている。これは大逆事件に対する政府の処理へのしたたかな抗議であった。文語体の反語による抵抗詩としてよいだろう。以下のようである。この技巧をこらした詩は、官憲の目をかいくぐり、活字化されていたのである。

　千九百十一年一月二十三《ママ》日
大石誠之助は殺されたり。

げに厳粛なる多数者の規約を
裏切る者は殺さるべきかな。

死を賭して遊戯を思ひ、
民族の歴史を知らず

日本人ならざる者、
愚かなる者は殺されたり。

「偽より出でし真実《まこと》なり」と
絞首台上の一語その愚を極む

われの郷里は紀州新宮。

渠の郷里もわれの町。
聞く、渠が郷里にして、わが郷里なる
紀州新宮の町は恐懼せりと。
うべさかしらなる商人《あきんど》の町は歎かん、
——町民は慎めよ。
教師らは国の歴史を更にまた説けよ。

四　弁論部と基督教青年会

一高弁論部

すでにふれたが矢内原忠雄は、入学後新入生への部活動勧誘で弓術部（弓道部）に入ったが、他に弁論部と基督教青年会にも所属した。弁論部は一高では文芸部と並んで人気のある有力な部の一つであった、当時の委員は河合榮治郎・河上丈太郎・鈴木憲三の三人で、蘆花に演説を依頼に行ったのは、河上丈太郎と鈴木憲三である。

忠雄は神戸一中時代から弁論を好んだ。副組長として皆の前で演説することもあった。また、談話大会では進んで演説を行った。一高で弁論部に加わったのも、きわめて自然である。ただし、忠雄自身は、「私という人間はあまり弁論がすきなわけではなく、また弁論が上手になろうという目的で、弁論部に入ったのではない。弁論部に入ればいい友達ができて、精神的な修養ができるだろうという理由で、先輩から勧められたんです」と「私の人生遍歴」[22]で語っている。確かに当時の一高弁論部には、右の人々のほか森戸辰男・沢田廉三、そして先輩の卒業生には、前田多門・鶴見祐輔・芦田均などがいた。こうした多士済々の歴史ある弁論部に入るよう強く勧めたのも、神戸一中の先輩、川西實三であった。

右の「私の人生遍歴」で忠雄は、「私が一高の弁論部にいたときにした自分の演説の中で、記憶しているものの一つに、「単純なる心」という題の演説がありまして、単純な心が人間として望ましいものである、最も美しいものである、人は心を単純にして生きることが幸福である、そういう趣旨の演説をしたのです」と語っている。若き日の矢内原忠雄には、単純な心がいかに大切かを慮るところがあり、それが彼の信仰にもつながる面があった。

一高の三年間、忠雄は弁論部に所属し、すぐれた部員と交わり、精神的向上を図ることに努めた。忠雄は第一四代委員（明治四五年度）を井口孝親、稲垣長悟郎と勤めることになる。忠雄執筆の「弁論部部史」[23]は、四〇〇字詰原稿用紙一一八枚に及ぶ力編である。

中の蘆花「謀叛論」に触れた箇所は、格調高い名文で、一年生時代に聴いた蘆花の演説を回想している。一部を引用する。

二月一日新旧委員辞任就任の大会ははしなくも天下の物議を醸しぬ。ヤスナヤポリヤナより帰りて飛ばず鳴かず粕谷に田園生活をなせる徳冨健次郎先生は此日五つ紋の羽織を着し豊頬黒髪真摯の風貌を壇上にあらはし「謀叛論」と題して水も洩さぬ大演説をなし窓にすがり壇上弁士の後方にまで踞座せる満場の聴衆をして咳嗽《せき》一つ発せしめず、演説終りて数秒始めて迅雷の如き拍手第一大教場の薄暗を破りぬ。吾人未だ嘗て斯の如き雄弁を聞かず。而かも此の演説の一端を伝へ聞ける人々は沸然責めて曰くかゝる論向陵に於てなさしむべからずと。又曰く聴衆はなにが故に起ちてその中止を要求せざりしやと。浅薄なる哉□見《ママ》や、怖るべき哉間接の誤解や。思ふに一高生徒ほど人格を尊重して静粛に演説を聞く者はあらざるべし。殊に真摯なる演説者の肉声は健実にして真摯なる一高健児の胸に最も正当に共鳴し得るなり。此を以て他に出でて演説せざる蘆花先生も我壇上には快諾して来り、頃者幸徳秋水の大逆事件判決に関する切実なる満腔の感想を述べられしなり。先生は自らその血管中に勤皇の血滔々たるを明言せり。而して国に諫臣なきを憂ふるは支那の古聖と雖も然かせざりしならんや。政府の圧迫は社会主義者を無政府主義者たらしめたりとの言は既に明治四十年の擬国会に於て向陵代議士の憂ひし処にあらずや、死刑廃止を唱へられしはこれトルストイの同じく唱ふる説にあらずや。加ふるに最後に於て事物の表面に眩せらるゝなく「健児よ希くは人格を修養したまへ」と叫ばれしにあらずや。

この一編もまた、文章家矢内原忠雄をよく語るものである。忠雄は「弁論部部史」を書いたことで、一高弁論部に大きな足跡を残したことになる。

一高基督教青年会

一高には基督教青年会が存在した。校友会には所属しない任意団体である。しかし、会員の数は多かった。わたしは小著『評伝長崎太郎』[24]の口絵に、一九一二（明治四五）年五月五日、小石川植物園で撮影された会員の写真を採用した（長崎陽吉氏所蔵）。この写真には二七名が写っている。二七名それぞれのフルネームは、長崎太郎が写真の裏にペンで記しているので確認できる。貴重な資料である。主な人物の名を挙げると、矢内原忠雄のほか、石田三治（のちトルストイ研究家）・長崎太郎（のち京都市立美術大学長）・藤森成吉（のち作家）・三谷隆信（のち外交官を経て侍従長）・宮崎龍介（のち政治家・民族主義者）らである。彼らは一高の暗い教室で集会を持つばかりか、時には小石川の植物園でも例会を持っていた。また三並良《はじめ》の家や一高裏の聖公会のテモテ教会（現存）を借りて聖書研究や祈祷会を行った。矢内原忠雄日記の「一九一一（明治四四）年四月二十九日、土曜日」から、例会の模様を伺うことにする。

午后一時よりテモテ教会にて青年会例会あり。森戸、三谷（筆者注、隆正）両兄はじめ会する兄弟十五名。

各自の感話肺腑をつくもの多し。讃美歌 317,464 胸をつく。三谷、森戸、河上兄等のいはれたること、giver たる態度たるも先づ receiver たらんとの事。なきものを与へんとするの苦痛。高等学校時代の回顧——生意気なりき（河上兄）との話などいづれもわが胸をつけり。あゝ、なきものを与へんとするの苦痛、十分に受くることの出来ぬこの身！　生意気！　故郷の父母、天にまします父、いかなる事ありとも我等を許し、為めに泣き祈つてくださる父様！　僕は泣いた、みんな泣いた、大黒さんもないた。森戸さんも苦しさうだつた。河上さんも咽ばれた。山岡君も 317 を引かれて泣かれた。——あゝ。六時散会。今日の青年会は実際によかつた。僕は非常にありがたくあつた。愉快であつた。この頃の僕の psychology——物を与へんとする心。何か出来る何かするとの心。——これを以て神のみわざと心得て天国に入るの道と思つて居たわが果敢なさをしみじみと思つた。十分に受けることが出来ぬにどうして与へることができようか。然り、なきものを与ふるは大なる苦痛である。又生意気である！

わがかたくななる心を打ちやぶりて十分に受け入れることをしたい。我笛吹けども躍らずとのみ言は僕の胸をつらぬく。

讃美歌三一七番は、後にまたふれるが、矢内原忠雄の当時の愛唱歌であった。哀調を帯びた歌曲は、アメリカの作曲家フォースター（Stephen Cllins Foster）の「スワニー河」を用いている。また、四六四番は、頌栄の歌曲の一つである。三一七番の歌詞を含めた考察は、次章で扱う。

矢内原忠雄はやがて内村鑑三に近づく。また川西實三の紹介で「読者会」と称した集まりにも参加する。ここでは石田三治とも一緒だった。基督教青年会には、芥川龍之介や井川恭の仲間である文科の長崎太郎がいた。少し後のことになるが、一九一三（大正二）年二月二一日の矢内原日記に、「今日放課後より夕食の間長崎君と散歩して種々話を聞き又聞いてもらつた。長崎君は井川恭君と毎晩話して居た影響から君の信仰の変遷を語られた。即ちキリスト教的の神よりも哲学的の神となり救主としてのキリストよりも道徳的完全なるキリストを見る、学ぶ、尊ぶといふ風にて、もとの清い信仰をなつかしむ風なりき。これに対する余の答は全く余の答にあらずして内村先生の御答へなりき。あゝわれも二三日前再び信仰めざめしものなるを！感謝！」とある。

同じ日の長崎日記(24)には、「放課後に約束どほり矢内原君と上野を散歩しながら、信仰上の問答をやつた。矢内原君の熱烈な信仰、真面目な態度には、多くの尊敬をはらふ」とあり、また、「父の摂理を認知して自らの罪を知り、真に自ら砕けたる霊を以て神の前に譲《へりくだ》る時に！　安心とあたたかき心！　こんな風な言葉が矢内原君の口をとほして熱心に述べられた」とある。さらに、この日の長崎日記には、「自分は厚く君に礼を云つてStudies of New Testamentを借りて帰つた。内村先生の所感十年を読んで見よとすゝめられた」ともある。矢内原忠雄は一高時代に内村鑑三によって、信仰を強く自覚するようになるのであった。そのことも次章で詳説する。

注

（1）菊名寛一「病気と人生」『精神分析』第14巻第22号、一九五六年一月一日
（2）矢内原忠雄「中学の五年間」兵庫県立第一神戸中学校校友会『会誌』第37号、一九一七年五月、のち『矢内原忠雄全集』第二七巻収録。二九七頁。
（3）川西實三「渡し守」『矢内原忠雄全集』月報2、一九六三年四月、のち南原繁・大内兵衛・黒崎幸吉・楊井克己・大塚久雄編『矢内原忠雄―信仰・学問・生涯―』岩波書店、一九六八年八月三日収録。二九～三四頁。
（4）矢内原伊作『矢内原忠雄伝』みすず書房、一九九八年七月二三日。五九～六〇頁。
（5）矢内原忠雄「私の人生遍歴」『嘉信』一九五八年一二月二三日、のち『矢内原忠雄全集』第二六巻収録、二二七～二二八頁。
（6）矢内原忠雄「おのが志望をのべて意見を求むる書」『矢内原忠雄全集』第二七巻収録。七〇～七一頁。
（7）竹田行之「神戸一中の「高い山」―大塚金之助、矢内原忠雄、河野与一、吉川幸次郎氏のこと―」『同窓会報』第32号、一九九二年三月一日
（8）矢内原忠雄「小さいサウロ―中学時代の思い出―」『嘉信』第23巻第10号、一九六〇年一〇月二〇日、『矢内原忠雄全集』第一七巻収録。六二一頁。
（9）注2に同じ。三〇〇頁。
（10）注4に同じ。一三三頁。
（11）『官報』第八一三七号、一九一〇年八月五日
（12）松岡譲「芥川のことども」第一四次『新思潮』一九四七年一二月一〇日
（13）大阪市立大学大学史資料室編『向陵記―恒藤恭一高時代の日記―』大阪市立大学、二〇〇三年三月三一日

（14）矢内原忠雄『余の尊敬する人物』岩波書店、一九四〇年五月三〇日、『矢内原忠雄全集』第二四巻収録。一三四～一六六頁。
（15）芥川龍之介「水の三日」府立三中『学友会雑誌』第一六号、一九一〇年一一月二五日。『芥川龍之介全集』第二一巻収録。一二一～一二八頁。
（16）藤岡蔵六『父と子』私家版、一九八一年九月（日付なし）、一五一～一五三頁。
（17）矢内原忠雄「人及び愛国者としての新渡戸先生」『東京女子大学同窓会月報』第4巻第1号、一九三八年二月、『矢内原忠雄全集』第二四巻収録。六八八頁。
（18）注13に同じ
（19）関口安義「蘆花と次代の青年―「謀叛論」をめぐって―」『文教大学国文』第33号、二〇〇四年九月一五日。のち『芥川龍之介　永遠の求道者』洋々社、二〇〇五年五月二〇日収録。六三～八九頁。
（20）福生市郷土資料室編『森田浩一とその時代～日記を通して見えてくるもの～』福生市教育委員会、二〇〇一年一月二五日
（21）松岡譲「蘆花の演説」『政界往来』一九五四年一月一日、のち『漱石の印税帖』朝日新聞社、一九五五年八月五日収録。一〇一頁。
（22）矢内原忠雄「私の人生遍歴―ＮＨＫ「人生読本」―」『人生と自然』東京大学出版会、一九六〇年一〇月二五日、『矢内原忠雄全集』第二六巻収録。二二八～二二九頁。
（23）矢内原忠雄「弁論部部史」『向陵誌』第一高等学校寄宿寮、一九一三年六月一六日、『矢内原忠雄全集』第二七巻収録。一三九～一九八頁。
（24）長崎太郎の一高時代の日記は、「歩」と題され、大学ノートに記録。その一部は、関口安義『評伝長崎太郎』日本エディタースクール出版部、二〇一〇年一〇月二〇日に援用されている。

第三章　向陵の青春

一　友情と信仰

井川恭と芥川龍之介

矢内原忠雄の一高生活は、順調にスタートした。南寮十番での生活も半年ほどですっかり板についた。サークルともいえる弁論部や基督教青年会にも出席する中で、学年を越えた交わりも体験する。そうした中で、弁論部の先輩河合榮治郎とのかかわりが一気に進展する。わたしは別稿「恒藤恭と芥川龍之介　―蘆花「謀叛論」を介在として―」[1]で、恒藤恭（当時、井川恭）と芥川龍之介を強く結びつけたのは、蘆花の「謀叛論」演説にあったとした。同様に矢内原忠雄と先輩河合榮治郎を結びつけたのも、蘆花演説なのである。

井川恭の一高時代の日記「向陵記」に、芥川の名が最初に登場するのは、一九一〇（明治四三）年一一月二九日、火曜日のことである。入学二ヶ月以上経っても、二人の関係はまだ疎である。その頃の井川恭の同級生への関心は、南寮十番の仲間、――矢内原忠雄・森田浩一・武田章一・三溝《さみぞ》又三・水澤雄三九らにあった。入寮一ヶ月余、井川は矢内原と二人して新渡戸稲造校長宅を訪ねている。井川の「向陵記」の一九一〇（明治四三）年一〇月二五日の記事に、「三時矢内原君と、新渡戸さんの面会日のグループにゆく」とあり、この日の様子が記されている。中に「誰かゞ人生観を問ふ。キリスト教でハ神のみ心のまゝに、といふが神のみこゝろの解釈は、人に依てことなるであらう」と新渡戸が答えたとある。

芥川は最初の一年は入寮せず、新宿の自宅から通ったので、井川恭との交流がほとんどなかったのも、致し方なかった。芥川が入寮するのは、二年生になってからであり、中寮三番で井川と起居を共にするようになると、その交際度は急に高まる。が、二人を強く結びつけたのは、それ以前の蘆花「謀叛論」あってのことなのである。入学した年に生じた大逆事件は、一高のフレッシュマンにも影響を与えていた。井川の「向陵記」の一九一〇（明治四三）年一一月一〇日、木曜日の記事には、「昨日午后、幸徳秋水、管野すが以下二十五名の社会主義者が、皇室に対する陰謀によつて審理中の件が、いよいよ大審院の特別公判にうつさるゝ事になつたとの号外が出たが、けさは新聞の三面ハその為に賑うて居る。室でも教場でも噂が盛んであつた」とある。井川や矢内原のいた南寮十番では、皆の合意で『東京朝日新聞』『国民新聞』『読売新聞』『萬朝報《よろずちょうほう》』の四紙をとっていた。彼ら一高生は皆、政治や社会には敏感であった。

寮生活をしていない芥川は、主として英文科の教室で、大逆事件にかかわる井川恭をはじめとする級友の意見を聞く。井川はシャープな頭脳で説得力を伴った解説のできる男であった。が、余計なことは言わない。確信を衝いた議論ができるのである。ここでの問題は一九一一（明治四四）年二月一日に、蘆花の演説を芥川が聴いたか、聴かなかったかではなく、演説の余波が芥川ら他の一高生にどのように及んでいたかである。

わたしは前章で述べたように、蘆花の演説「謀叛論」の影響は、芥川にも及んでいたという立場に立つ。たとえ直接聴かなくとも、教室での井川恭らによる話題、全学集会での新渡戸校長の話、それに『萬朝報』をはじめとする新聞報道などから事件を知るのに、困難はなかったはずである。ここで大事なのは、大逆事件の判決を批判した蘆花の演説を契機に、井川恭という人物を芥川が見出したことにある。それは親友の発見であった。

河合榮治郎と矢内原忠雄

同じことは、矢内原忠雄における、「謀叛論」を通しての、河合榮治郎との交流の深まりにも言える。河合榮治郎は忠雄の入学時の弁論部委員であった。彼は一八九一（明治二四）年二月一三日、東京府南足立郡千住町（現、東京都足立区千住二丁目）に生まれ、育った。忠雄と同様、他の子どもよりも一年早く千壽尋常高等小学校尋常科に入学、浅草にあった私立郁文館中学の分館に入学した。公立中学校は学齢未満で受け入れてくれなかったからである。この学校に榮治郎は一年半ほど通い、のち芥川龍之介と同じ東京府立第三中学校に転校した。それゆえ年齢は芥川と一つ違いながら、学年は二つ違った。中学時代の河合榮治郎は、読書の好きな、すぐれた文章を書く少年であった。彼が府立三中の『学友会雑誌』に載せた「項羽論」[2]は力作で、芥川の「義仲論」[3]に強い影響を与えた人物論であった。河合榮治郎はこの力作である人物論の載った『学友会雑誌』を矢内原忠雄と親しくなるや見せたに違いない。

「項羽論」は四百字詰原稿用紙にして約四六枚、「人若し支那史を読みて、項羽が僅に数万の兵を以て、秦軍四十万を鉅鹿に敗るに至り而して後彼が四面楚歌の内泣いて虞姫に別る、に至らば、いかなる感慨をば生ずべき余は彼がために一滴の哀涙を禁じ得ざるものなり」にはじまる。徳富蘇峰の文体の強い影響を受けている。榮治郎はここに英雄項羽を、格調高く論じる。司馬遷の『史記』に筋を負いながら、時に自己の感想を交えて文章は展開する。「死は人をして静ならしむ。死は人をして幽ならしむ」と彼は書き、死を恐れず、天の与えた運命を甘受し」た項羽に、満腔の共感を示す。ここには後年の戦闘的自由主義者河合榮治郎の面影が、早くも顔を出している。項羽は死ぬことによって甦った。壮烈な死があって、はじめて項羽は後世の人々の胸に甦り、歴史の中に名を残したのだと榮治郎は言う。それは第二次世界大戦中に思想に殉じた彼が、大戦後評価されるようになったこととどこか通うものがある。

「項羽論」は、「名利を外に花の活動をなさんこそ男児の本領と云ふべけれ。嗚呼我れは劉邦となりて栄えんよりも項羽となりて死なんかな」で結ばれる。文章は格調高く、三一歳で烏江のほとりで自ら首をはねた悲劇の武将の生涯を、共感を持ってうたいあげたものである。わたしは「河合榮治郎と芥川龍之介（序）」[4]で「項羽論」を取り上げ、かなり詳しく論評した。そこでは中学生河合榮治郎が書いた「項羽論」に、「彼の終生の想い」が託されていたとした。

ここで論を矢内原忠雄と河合榮治郎とのかかわりに向けたい。府立三中を卒業した河合榮治郎は一高に進学、芥川龍之介や矢内原忠雄が入学した年には三年に在学していた。すでに記しているが、河合榮治郎は弁論部委員であり、そこに忠雄は入部し、榮治郎との交わりを深めることになる。

矢内原日記

『矢内原忠雄全集』は、第二八巻に日記を収録している。矢内原日記については、すでに断片的には記してきた。前述のように、全集収録日記は、明治四四年にはじまり、断続し、昭和二二年に至る。本巻の「編集後記」には、「本全集では、紙幅の関係上「日記」の全部を収録することは不可能なので、代表的なものを収めることを主旨として、つぎの十年を選びかつ日記本文のみに限り、巻末の手控え等は一切省略した」として、選ばれた十年の年が記載されている。

選択は編集委員によってなされているが、遺族の意向も強く働いたことであろう。それゆえ「活字にしてくれたらなあ」と思う年もある。例えば神戸一中時代の日記や一高入学年度の一九一〇（明治四三）年、ヨーロッパ留学最後の年に当たる一九二二（大正一一）年、それに京大事件のあった一九三三（昭和八）の日記である。中学時代の日記は、矢内原伊作の『矢内原忠雄伝』がかなり紹介してくれているのでまだしも、一九一〇（明治四三）年後半の日記は、はじめての東京での生活を記録しているはずである。特に一高入学当初の記録は、入寮の印象、寮の規則や最初の授業、当時の教師連や仲間の動静を伝えているはずで、忠雄自身の証言が知りたかった。それに一九一〇年前半の日記には、「御影のお姉さん」こと、増井艶子とのかかわりを示すくわしい記述もあったものと思う。

本論では、これまで井川恭の日記「向陵記」（『向陵記―恒藤恭　一高時代の日記―』）で、矢内原忠雄の一高入学当初の生活を追ってきたが、理想はここに本人自身の証言を得ることにある。また、最初の寮生活で起床を共にした恒藤恭（旧姓、井川恭）がかかわった京大事件への忠雄の見解が、どのようなものであったかも確認したかった。時がくれば、ご遺族宅に当の年代の日記が保存されている（「編集後記」による）とのことゆえ、こうした要望は、解決することかもしれないが……。

全集収録「矢内原日記」に、はじめて河合榮治郎の名が登場するのは、一九一一（明治四四）年一月二〇日、金曜日のことである。当日は雪であった。「降りも降りたり、一面の銀世界」と書いて、忠雄はその日の記録をはじめる。続いて「月の光かと見れば、思ひがけなや既に一寸ばかりも積みてあらんとは。終日繽粉として降り止まず、積ること実に四五寸、僕にとりては珍らしきことにて、分館の赤い壁も今日は流石詩的に見ゆ」とくる。当時の分館（旧館）の外壁は、ピンク色であった。

雪は故郷の今治では珍しい。それゆえに忠雄は、雪に興奮したのである。前章でもふれたが、井川恭の「向陵記」のこの日の記事の冒頭に、「まだくらいころ、矢内原君かたれかのこゑで、雪がふってるんだぜ、雪がといつた」とある。これを忠雄の声とするなら、彼の雪に寄せる思いが伝わってくるかのようだ。

この日は弁論部の練習会があった。各自、懐いている思いを述べあう会である。「特別に何の準備もなかりしかど、一昨日読みたる「清沢先生の信念」中救済に関することを骨子として余の信仰に関することを述べたり」とある。清沢先生とは言うまでもなく、清沢満之であり、忠雄はこの小冊子を同級の山崎茂人（能瀬茂人）から借りて読んだのであった。二日前の「日記」にそのことが記されている。そこには、「君は仏教の信仰あるものの如し。我は寧ろ基督教に傾向あり、然れどもこの宇宙を主催する一のPowerを信ずるに於て我に仏教もなければ基督教もあらず」の文章を見出す。これは忠雄のキリスト教信仰が、一高入学四ヶ月の時点では、いまだ確立していなかったことを証明する。

同じ年に入学した長崎太郎は、入学の年の一九一〇（明治四三）年のクリスマスに、日本基督教会市ヶ谷教会で秋月致牧師から洗礼を受け、級友に教会への出席を勧めていたのとは大分違う。忠雄は今治というキリスト教の町の郊外に生まれ、育ち、W・S・クラークが基礎を築いた札幌農学校の精神的な流れを汲む神戸中学校に学んだ。そして川西實三というクリスチャンの先輩に導かれて一高に入学したとはいえ、まだ宗教的には固まっていなかった。このことは大事なことなので記しておく。この頃忠雄は、山崎茂人の案内で、佐々木月樵の講話を聞いている。佐々木月樵は清沢満之に学んだ仏教学者で、当時はまだ東京にあった真宗大学（のち真宗大谷大学と改称、京都移転）の教授であった。

友情を欲する

さて、一月二〇日、金曜日の矢内原日記には、弁論部練習会での感想が記されている。「この席上得たる感想」として、以下のような文面が見出せる。

河上［丈太郎］　さんより――毎朝 Bible をよむこと。
河合［榮治郎］　さんより――憂ひを共にする友は得易し。されど喜びを共にする友は得難し。友人の病気を心より見舞ふことは出来るが、友人の成功を心より祝ふことは容易に出来がたし。友人の成功は即ち我が競争に敗れたるものなるを思へ！――あゝ戦慄すべき哉。

矢内原忠雄は弁論部の二人の先輩から大きな影響を受けた。河上丈太郎からは、「毎朝 Bible をよむこと」の必要性を、そして河合榮治郎からは、真の友とはいかなるものかを学んだ。

この頃から忠雄と河合榮治郎との仲は接近する。一月二四日、火曜日の忠雄の日記には、入学前から知り合っており、のち親友となる三谷隆信と河合榮治郎の三人で散歩し、川西實三の所へ行ったことが記されている。忠雄の属した南寮十番には水澤雄三九という新潟県出身のやや変わった男がいた。寮生活になじむことのできない男であった。彼は矢内原日記にはしばしば登場する。この日の日記には「自分は水澤君を決して憎まなかつた。寧ろ常に好意を持つてゐた。而し今までのわが態度は尋常の態度に過ぎまい。（中略）あゝ偽り、偽り、僕のすべてはいつはりだ。口に道徳宗教を云々しながら、一の友人をも慰めてやらうとの心出来ぬとは、誠に僕は何たる馬鹿者ぞや。僕はつくづく己の小なるを覚えた」などの反省のことばが続くのは、先輩の川西實三や河合榮治郎の友情論を聞かされたからに他ならない。忠雄はこころ優しい青年であった。「實ちやんはえらい、河合さんはえらい」のことばも記録されている。

一月二七日、忠雄は満一八歳の誕生日を迎えた。この日の日記には、「僕は自分の小なることをいよいよ覚つた。僕は新しい生活に入らんとしてをる。虚偽をすて見識立てをやめて、へりくだつて生活に入らんとしてをる。記念すべき誕生日だ」とある。さらに「夜水澤君と寝室にて語る。君元来の頑固なる個人主義者なるにあらず。話をきくに実に半はわれら同室者がかくの如くなさしめたるものとも思ふ。素より水澤君は感情激発して人に好まるゝの性にあらざれど……」との文面も見出すことができる。同室の問題児水澤雄三九のことは、井川恭の日記にも記録されている。例えば寝室での放談を禁ずることを同室会議に提案し、決して譲らないなど、大人げないところがあった。

石田三治に基督教青年会を勧められる

翌二八日、土曜日の矢内原日記には、「青年会の出席を石田君よりすゝめられしも気のりがせず」と、出なかったことが記されている。石田君とは、のちにトルストイの研究で頭角を現すものの、若くして逝った石田三治のことである。石田は青森県七戸《しちのへ》町出身。一八九〇（明治二三）年二月一三日生まれなので忠雄の三歳ほど年上であった。彼は当時、日本メソジスト横浜教会の会員で、熱心なクリスチャン。忠雄の一級上の文科に在籍し、一高基督教青年会の熱心なメンバーであった。が、まだこの時点での忠雄は、入会を躊躇していた。二九日の日曜日の日記には、水澤雄三九を誘い、向島へ行ったことが記録されている。以下のようだ。

午後水澤君を誘ひて向島へ行く。行く行く色々の話をする。水澤は曰く、余は個性を重んず、個性を満足せしむる行動をとらんと欲するものなり。然れども余は徒に個人の声を揚げて他一切を顧みざるにあらず。親に対する務、責任の感等は身にしみこみて個性に加はれり。故に親に対する務を思はざる行為は個性の満足を得ず。これ余の欲する処にあらざるなりと。
余は思ふ、水澤の principle はかくの如く甚だ立派なるもその平常の行為かくの如きは感情の激発によらずんばあらず、高尚なる感情を涵養してその心を和ぐるは最も必要なことにあらずや。余はなほ修養によりて彼の所謂個性の標準の高まり行くべきを謂ひ且つ宗教によりて平安の生活を得べきを思へり。

忠雄は友情を欲していた。水澤を向島に誘ったのも、その一つの現れであった。こうした時に向こうから接近してきたのが、河合榮治郎であった。すでに触れたように、河合榮治郎は、芥川龍之介の府立三中の先輩である。河合は秀才好みの傾向があり、府立三中の後輩で、一高に合格した芥川にドイツ語の独習書を贈り、「一カ年の後新に第一高等学校に入学したる人々の中より小生（筆者注、芥川龍之介を指す）の最も信頼する一人を選びて更に此書を贈るを約せしめ候」（芥川の小野八重三郎宛書簡、一九一一・三・二五付）というような芸を弄し、芥川の気を誘うというようなところがあった。

河合は川西實三から神戸一中卒業の逸材矢内原忠雄の存在を、入学以前から知らされていた。会ってみると稀にみる秀才、そして知性豊かな清純な心の持ち主であった。

河合榮治郎の友情

河合榮治郎は当時一高三年生、東寮にいた。一月三〇日の「矢内原日記」は、「午後二時頃河合さんに誘はれて東寮の寝室に至りて語る。水澤君の事を語りしに非常に喜んで下さつた」とある。この日は河合と寮の食堂で夕飯を共にし、その後二人して川西實三を訪ねている。日記には「十二時帰寮、南寮入口まで来りしに更に亦誘はれて運動場に出でうづくまりて語る。友達に対する態度の話が出て河合さんは武士的態度といふことを言はれて全くは自分の感情を赤裸々に表さぬといふ様なことを言はれたり。赤城の生活の話出で僕は是非ともこの夏行つて見たくてたまらず、敬愛する河合さんと美しき赤城の上に清き生活を送らんとの念は馬鹿に強くなつた。河合さんは、はじめて「忠雄さん」なる語を用ひられた」とあり、さらに「星は一つも見えぬ暗い夜だ、運動場のゆるき傾斜に僕は河合さんに抱かれ夢の如く赤城の清き交りを思つた。前面の人家も連山の如く見えた。あゝほんとに夢心地であつた。時間の観念も頭にない。眠くもない、さして寒くもない、恍惚としてゐた」とある。

これは一種の同性愛でなくて何であろう。河合は忠雄を擁して「忠雄さん、あくまでもpureであつて下さい。僕は君のpureなるを愛します」と言ったという。これに対し忠雄は、同日の日記に「僕は自分がpureだとはとても思へぬ。汚れの多い罪の深い、弱い弱いこの身、恥づかしくてたまらね。（中略）向陵に入つてより、いよ〳〵川西兄に接し、新渡戸先生のお話を聞きて自分はわがつまらなき見識を捨て、すべての人を愛してsocial的な生活をなしたいと思つた。これも勿論わるくない、否々大いに欲する処である。然し僕はこれがためにわが中心たる処を失ひ、軽薄たらんとする傾きが生じたのではなからうか、僕は今日pureであつて下さいとの言を聞きて冷汗背を沾した。あゝあゝ中心がほしい。権威が多い、軽薄に走らん走らんとする心を引きしめて神によりたい。あゝpureでありたい！」と書きつけている。矢内原忠雄は河合榮治郎との友情に感謝しつつも、一方で、自分が河合の言うようなpureでないことを自覚し、「神によりたい」との心情を懐くのであった。後年、時代に対峙した二つの強烈な個性の出会いが、この夜あったことは、確かである。「時計を見れば、はや暁五時だ」の記述もあるが、二人は一月三〇日の午後二時から翌朝まで話通しだったのである。

それは蘆花の「謀叛論」が一高第一大教場で語られるまさに前夜であった。一九一一（明治四四）年二月一日の蘆花の演説は、二人をさらに固く結びつけるのであった。新渡戸稲造一高校長は、蘆花の演説のあった翌日二月二日、進退伺を文部省に出す。すでに前章の「三　蘆花「謀叛論」の波紋」に記したが、全校集会の感想を記した忠雄の二月三日の日記には、「思ふに新渡戸校長は既に進退伺を呈出せられたるならん」とあった。忠雄は新渡戸校長を尊敬していたから、やり切れない思いがあったろう。「夜十時半頃河合さん訪ねられ運動場に出でて語る。寒甚しくて部屋に入る。講演会に関する委細の事情を話して下さつた」とあるのも、同日の日記である。河合榮治郎は弁論部の委員ゆえ、蘆花の演説を主催しただけに事情をよく知っており、弁論部に問題がないことを忠雄に語ったのであろう。蘆花演説は、二人の仲をさらに強固に結びつけたようだ。

一高運動場

一高運動場は、友情を育てる場であり、やがては祈りの場ともなる。現在は世界のどこの大学にもある学生談話室（学生会館）のような場は、当時の一高にはなかった。そこで、熱心に語り合ったり、一人静かに祈る場は、運動場であった。一高の運動場の東隅は、矢内原忠雄にとってのオリーブ山（橄欖山）であった。一九一一（明治四四）年三月三日の矢内原日記には、「僕はこの頃夜はいつも運動場へ出て祈りをして寝る」とあって、一高時代のよき祈りの場が、校庭であったことを書きつけている。長崎太郎の日記や当時南寮十番で一緒だった森田浩一の日記にも、ところどころに忠雄の祈る姿の断片が見られる。彼はこの頃熱心に神を求めていたのだ。

河合榮治郎と矢内原忠雄とのかかわりを深く考察した忠雄の子息矢内原伊作の『矢内原忠雄伝』[5]は、当時の二人の交流についてふれ、「こうして河合栄《ママ》治郎は忠雄に接近し、忠雄もまたこの尊敬する上級生と親しくなれたことを喜んだ。二月一一日、忠雄は川西実三《ママ》のところで、河合栄《ママ》治郎が川西に宛てて書いた手紙を見せられたが、それには「川西さん、よく忠雄さんを紹介してくれました。忠雄さんの純潔な性格と温い友情とは私に非常の力を与へました。同じ建物の中に忠雄さんが居ると思へば、大いに力を得ますというようなことが書かれていた。「忠雄は驚き、喜び、感謝し、「河合さん」に負けぬよう、自分も大いに奮励しなければ、と思った」とある。

河合榮治郎とともに向陵時代の忠雄に先輩として影響を与えたのは、神戸一中時代から目をかけてくれた川西實三である。川西は忠雄の一高入学時には、すでに一高を卒業し、東京帝国大学法科大学に入学していた。当時の一高は現在の東大農学部の場所にあり、隣接していた。そこで近くに下宿していた川西實三と忠雄が会うことはたやすく、忠雄の日記を見ると、頻繁に会って何かと刺激を受けている。時には河合榮治郎とともに行くこともあった。忠雄と河合榮治郎が最も接近するのは、一九一一（明治四四）の新春一月から四月までの期間であった。それは忠雄一高一年生、南寮十番で井川恭（恒藤恭）らと過ごしていた時代のことで、新渡戸校長の修身講話に聞き惚れ、蘆花の「謀叛論」演説に心を動かされた時期とも重なる。

赤城山の春

春の試験を終えたこの年三月三一日、金曜日、忠雄は河合榮治郎と連れだって赤城山へ行くことになり、午後一時半上野駅を出る。川西實三は上野駅まで見送りに来たものの同道しなかった。赤城山は当時の一高生あこがれの山であった。この一ヶ月後、芥川龍之介も府立三中時代の親友西川英次郎《ひでじろう》と赤城山に来て、「雪が三尺もつもつて殆ど全く凍つた沼を囲む山々はまつ白です」（山本喜誉司宛、一九一一・四・六付）との便りを出している。そういえば芥川ら四人のグループ（芥川・井川恭・長崎太郎・藤岡蔵六）が一高卒業旅行の目的地にしたのも赤城山であった。

矢内原伊作の『矢内原忠雄伝』によると、「赤城山には猪谷《いかや》という旅館があり、一部の東大生や一高生が自然のなかで浩然の気を養うためによくここを訪れたのである」とある。寮で同室だった井川恭には、「赤城の山つゝじ」（『松陽新報』一九一三・七・一六～二三）という文章があるが、この山を「赤城山と云ふのは上州の北に座を構へて居る熄火山で、山の高さは、海抜六千三百尺ばかり、頂きの噴火口の跡は湖水を湛へて大沼《おほぬ》と呼ばれて居る、それを囲む外輪山は高く成り低くなりして居て、高く成つたところの峯々には大黒檜《おほくろび》山、小黒檜山、地蔵が嶽、鈴が岳《ママ》とそれ〴〵名がついて居る。山は四方八方に渓谷を射出して、長い裾野を曳き、はるかに信濃なる浅間の山と向ひ合つて雄大な山の姿を競ひ合つて居る」と描いている。

その日二人は前橋在の「木暮村の旅宿」に泊まり、翌朝八時赤城山に向かう。「新坂をあがりたる処、烈風軽雪をまきて来り、気凛烈《りんれつ》、驚き起ち一尺の積雪を蹴つて猪舎に投宿す。老婆、囲炉裡に木を投じて快く我等を迎ふ。炬燵により湯に入りて寝る。湯桶の周囲凍れり、寒思ふべし、飯甚だうまし」と「忠雄日記」にはある。新坂とは新坂峠《しんさかとうげ》のこと。晴天ならば、眺望のよいところである。が、風雪で景色どころではなかった。猪舎とは、先の伊作氏の『矢内原忠雄伝』で紹介されていた「猪谷《いかや》という旅館」のことであろう。芥川・井川らと赤城行きに同行した藤岡蔵六の「一高卒業記念旅行」（7）の一節には、「四人は勇躍して湖畔の旅人宿に着いた。皆で宿帳をめくって居ると、村田祐二先生の名が見付かった。先輩河合榮治郎さんも来てるぞと誰かが叫んだ」とある。村田祐二先生とは、一高の英語の教師である。彼らが泊まったのも、「猪谷」であった。

一九一一（明治四四）年の矢内原忠雄と河合榮治郎との赤城山行きは五日間に及び、二人は濃密な時間を共有した。河合榮治郎は親切で、実行力のある姿を忠雄に示した。また、その「歴史談政治談」は、面白かった。が、榮治郎のやや押しつけがましい性格や独占欲をもって迫る態度は、忠雄には日を経るにつけ鼻につくようになる。四月二日の赤城山中での「忠雄日記」には、「河合さんは intelectual,mind の方面に於て頗る僕を利してくれる。然しながらheartのbrotherは實ちやんなり」とある。「實ちやん」とは、言うまでもなく川西實三のことである。また、四月四日の日記には、「朝沼田を発して渋川に向ふ、途平凡甚だいやなり。河合さん顧みて「五日間忠雄さんと一しよに居たが何か忠雄さんのために得るところがあつたかしら」と。僕は実際河合さんの口からこんな言をきくのがいやだ」とある。

二　真剣に神を求める

三谷隆正・隆信とその一族

川西實三・河合榮治郎という二先輩のほか、入学当初から忠雄が心を許した友に、同級の三谷隆信がいた。隆信は忠雄にキリスト教信仰を教えた信仰の友でもあった。三谷隆信は、一八九二（明治二五）年六月一七日、横浜に生まれた。父の事業の失敗で京都府北部の父の郷里、与謝郡岩滝村（現、与謝野町）に越し、京都府立第四中学校（現、京都府立宮津高等学校）から一高に試験入学し忠雄と同級となる。三歳上に兄三谷隆正がいた。言わずと知れた法哲学者で無教会主義のクリスチャン、日本のヒルティとよばれた人物である。三谷兄弟と三谷家については、これまた矢内原伊作の『矢内原忠雄伝』(8)が的確に語ってくれる。そこでここは伊作氏の要領を得た、三谷家の人々紹介の箇所を引用させていただく。

この兄弟の父の名は三谷宗兵衛、京都府の宮津に近い岩滝村の庄屋の出である。宗兵衛は若くして妻に先立たれ、娘民子（明治六年生まれ）をともなって横浜に出て生糸商を営んだ。その後再婚して、その妻こうとのあいだに隆正、隆信、妙子（山谷省吾夫人）、田鶴子（川西実三夫人）、隆吉（夭死）、登茂子（夭死）、寿貞子（湯沢健夫人）が生まれたがこれらの兄弟の母のこうは幼児を残して長谷川家を去った人であり、その幼児が後に長谷川伸になり、母の面影を求めて名作『瞼の母』を書いたのだった。長谷川伸がその「瞼の母」と再会し、異父弟である隆正と兄弟の交わりをするようになったのはずっと後年、昭和八年のことである。横浜の生糸貿易商三谷宗兵衛は事業に失敗して破産し、明治三五年に郷里に引き揚げた。貧窮におちこんだ隆正以下の弟妹の教育を物心両面から支えたのが異母姉の民子である。三谷民子はミッションスクール女子学院に学び、そこの宣教師ミス・ミリケンの感化によってクリスチャンになり、のち母校の教師となり、昭和二年から終生（昭和二〇年に亡くなるまで）女子学院長として女子教育に尽瘁した。内村鑑三とも親交のあつたすぐれた教育者である。

巧みな叙述で、三谷家の家系とドラマを紹介している。右の紹介からわかることは、三谷一家のすぐれた血統である。長谷川伸と三谷民子・隆正・隆信らの生涯の仕事にはかなりの違いがあるものの、逆境を乗り越え、大きな仕事をなしえた点では共通する。

真剣に神を求める

それはさておき、伊作氏によると一高一年生時代の忠雄は、「三谷隆信と共に一高基督教青年会に属し、その会合に出席し、隆信と親しくなり、隆信に連れられて女子学院のミス・ミリケンのバイブル・クラスに行ったり、三谷隆正を訪ねたりして次第にキリスト教を知ったのである」[9] ということになる。忠雄は一九一一（明治四四）年三月四日の土曜日、隆信と長時間散歩したが、その日の夜、日記に「午后信さんと谷中の方へ散歩。四時間ばかりで帰つた。あゝ信さん、敬愛する信さん、対等の信さん、無口の信さん、僕は信さんを愛する、ある意味に於て河合さんよりも」と記している。一方、三谷隆信は「向陵の三年」[10]に、「明治四十三年矢内原君は神戸一中から、東京の旧制第一高等学校に、私も宮津の京都府立四中から一高に入学した。矢内原君の中学の先輩・川西実三《ママ》さんと、私の兄隆正はその年に一高を卒業した友人であったので、我々二人は入学前からひきあわされた」と書いている。四月五日の忠雄の日記には、「信さんを訪れて語る。僕は実際信さんと友達になつて頂いたのがうれしくてたまらぬ」とある。友情は信仰を育てる土壌であった。忠雄は三谷隆信と交流することで、キリスト教信仰に次第に目覚めるのであった。

この頃から忠雄は、真剣に神を求めはじめた。同年四月一二日の日記に彼は、「あゝ罪、罪。われこそ罪のかたまりである。悔い改めなければならぬと思ふ。しかもそれが口さき、胸さきのみである。愛でなければと思ふ。しかもそれが皆偽りのかたまりである」と書き、さらに「僕は神を信じたい。もし神が居なくして我を救うて下さるものがなければ、僕は全くdesperateである。死すより外はない。又死んだとて仕様がない。然しここには神が居られる。そして私の望みのかゝる処がある様な気がする。僕は神さまにたよりたい。キリストの十字架にたよりたい」とも書きつけている。彼は神を真剣に求めていたのである。

一九一一（明治四四）年四月の忠雄の日記を読んでいくと、彼はキリスト教の神を真剣に求めていたことがよくわかる。四月一八日の項には、一高基督教青年会の振興策のことが記されているが、そこには「遂に朝の祈りの外に夜十時より十一時までの間、運動場の東隅煉瓦の処で祈りをすることに成つた」との記事を見出すことができる。忠雄は真剣だった。四月二二日、土曜日には小石川植物園裏の「斎藤氏方の宗教座談会」に、翌日の日曜日には海老名弾正が牧会する本郷教会（弓町本郷教会）に一人出席したりしている。前者の宗教座談会は、日本基督教会系の主催する集まりであった。「植村正久先生のお話は実に面白かつた」とある。この日、忠雄は三谷隆信などと行った。南寮十番で同室の理科の森田浩一も同道した。森田もこの頃、熱心に神を求めていた。同日の忠雄日記には森田にかかわることとして、「始めて同君と話すことが出来て、真に愉快だつた」とある。森田の当日の日記にも、「矢内君《ヤナイくん》（筆者注、忠雄は皆にこう呼ばれることが多かった）も一所に行つた。途中色々信仰のことについて話す」と出てくる。

後者の本郷教会は一高から近いこともあって、また雄弁家の牧師海老名弾正の教会ということもあって、一高生には人気があった。文科の学生で芥川龍之介や井川恭と親しかった藤岡蔵六も、本郷教会にはしばしば通った。その著『父と子』[11]には、「私は一高在学中可なり屡々本郷教会へ説教を聞きに行った。海老名弾正牧師は雄弁家であった。而もそれは技巧的雄弁ではなく、牧師の熱烈な信仰と高潔な人格とから自然に迸り出る魂の雄弁であったので、強く私の心を惹き付けた」とある。忠雄の出席した日の海老名牧師の説教は、「自分は罪あるけれども心の奥そこはやはり清いといふお話」だったと忠雄は日記に書いている。この日の日記には、「夜運動場に出て祈る。会するもの四人。282,317　の讃美歌胸にしむ」との一節もある。

聖書と讃美歌

忠雄は一高基督教青年会に熱心に出席していた。そして、一人で、あるいは三谷隆信と熱心に聖書を読んだ。繰り返し、繰り返し読んだ。明治訳の『舊新約聖書　HOLY BIBLE』である。英訳でも読んだであろう。旧約聖書三九巻、新約聖書二七巻、計六六巻の『聖書』の世界は、今や彼の思想の宇宙《コスモス》を形成しつつあった。彼の聖書との本格的出会いは、一高時代にあったと言えよう。また彼は、讃美歌を好んだ。忠雄は歌はうまくなかったとは、何人かの彼を知る人の証言にある。例えば一高の二年から卒業まで東寮十六番で過ごした仲間の石井満《みつる》によると、「矢内原君の歌声は、少々、今でいうハスキーヴォイスの類で、当時はとにかく「変った」声の持ち主であった」[12]ということになる。忠雄はその声を気にすることもなく、この頃からよく寮でも讃美歌を口ずさむようになる。

彼は讃美歌の歌曲を愛し、歌うことが好きになる。それは生涯を通してのものとなっていく。讃美歌三一七番（明治三六年版）を彼は特に好んだ。「たゞくりかへしくりかへし317の讃美歌がうたひたい。／近頃は馬鹿に讃美歌がすきになった」と彼は日記（一九一一・四・三〇）に記している。ちなみに、明治三六年版『讃美歌』三一七番は、忠雄愛唱歌として前章でもちょっとふれたが、フォースター（Stephen Cllins Foster）の曲「スワニー河」に、別所梅之助が歌詞を添えたものである。このことをわたしは聖学院大学講師の佐藤ゆかりさんに調べてもらい、確認した。「スワニー河」の歌曲は、よく知られているので、ここにはその歌詞の（一）を書き抜いておこう。

一　はなよりもめでにし　わが子よ
のこしゝころもだに　いとなつかし
たのみなきたびぢを　いづこに
さまよへるかいまは　はなちるくれ
（折り返し）
わが子よわが子よ　とくかへり
心ゆくいのりを　ともにせずや

なお、彼の生涯の愛唱讃美歌として葬儀（女子学院講堂、一九六一年一二月二七日）の際に用いられた讃美歌は、五三七番（新五二〇、「しずけき河のきしべを」）、五二九番（新五一五、「ああうれし、わが身も」）、そして四九〇番（新四八二、「なつかしくも　うかぶおもい」）の三曲であった。[13]

前章で述べたように、一高基督教青年会は月に一度例会があった。教室で行われることもあったが、多くは一高裏の聖公会系のテモテ教会（現存）で行われた。小石川植物園で例会を持つこともあったとは、これもすでに記した。他に一九一一（明治四四）年春頃からは、祈祷会がしばしば持たれた。例会の様子を記した一九一一年四月二九日、土曜日の忠雄の日記は、前章で引用したが、この頃の忠雄の精神は、神を想うことで高揚している。一高基督教青年会では、例会とは別に読書会を持っていた。彼はそこにも熱心に顔を出していた。

同室の群馬県出身の渋沢直一は、この頃病気（肺尖カタル）で学校を休んでいたので手紙を出したところ、返事が来て忠雄を、「心の友」と書いてくれたのに感激する。五月五日の日記に、そのことが記されている。「昨日渋沢君より手紙をうけとつた。つまらなき僕を心の友といつてあつた。あゝ弱き子よ！　僕は自分で弱くつまらぬ。弱き子は、手をとりあつて行かう！　警醒社へ行つて『基督信徒のなぐさめ』（筆者注、『基督信徒の慰』とも表記された）を求め来る。今度伊豆伊東へ行かれるに就て七日頃に東京で会へるかもわからぬ故その時せめてもの贈物とせんためなり」と。『基督信徒のなぐさめ』は、言うまでもなく内村鑑三の処女出版で、「愛するもの、失せし時」ほか五つの章から成っていて、当時の人々に大きな影響を与えた本である。

忠雄の友情を心に留めた渋沢直一は、二年生の年末年始、帰省しなかった忠雄を、その故郷群馬県太田町（現、太田市）の自宅に招き、歓待している。このことは次章で取り上げる。

井川恭とのキリスト教問答

五月一六日、成績が発表され、忠雄は英法科の一番であった、当日の日記に彼は「成績発表あり。世の中は奇妙なもの。僕が首席たりしといふも僕がなりたるにあらず。人がせしなり。うれしくも悲しくも何ともなし」とある。六月二日の日記には、同室の井川恭（のちの恒藤恭）とキリスト教問答をしたことと試験の勉強についての心得のようなものが記されている。

井川恭は島根県松江市の出身。前章でも一高時代の日記「向陵記」などを通して、その人柄の多少は紹介している。彼は島根県立第一中学校時代に日本聖公会松江基督教会牧師オリヴァー・ナイト主催の聖書研究会に出席、キリスト教に触れていた。その母や姉は洗礼を受けた信者であった。井川は同じ英文クラスの芥川龍之介に親しく、芥川に中学時代の聖書研究会で用いたものと同様の英文聖書 ***THE NEW TESTAMENT***（現在東京駒場の日本近代文学館芥川龍之介文庫所蔵）を贈ったことでも知られる。彼は中学卒業後、胃の病で四年間の闘病生活を経ての入学なので、忠雄より四歳ほど年上だった。井川恭に関しての詳しいことは、小著『恒藤恭とその時代』(14)を参照されたい。この日の「矢内原日記」は、そのキリスト教観や一高時代の勉強のことが書かれているので、一部を引用する。

　夕方井川兄に話しかけられ基督教に対する議論などあり。僕は何もわからぬけれども、内村先生によりて得たる僕の Christianity に対する考を少し云ひて見たり。通常宣教師等の言と異なりたる節ありしと見え井川兄 strange の感あるを見たり。あゝ基督教と国家と。——困る問題なり。——然れども批評の立場に立ちて議論して居る間は基督教なるものに同情あらざる也。信仰はたはぶれにあらず。信ぜんと欲すれば先づ少しでも入らざるべからず。余は井川兄を基督教に引き入れんとは決してせず。

たゞ余の考をのべしのみ。入ると入らざるとは井川兄その人の自由なり。

——あゝ宗教はすべて他のものと同じく主観的のものと想ふ。

今日は割合まじめに勉強す。僕は遊んで居てよく出来ればよいが、さうも行かぬ故試験前などには人一倍勉強せねばならぬ。試験が近いといふことが判然として居るのに、勉強せないで居るといふことは僕には出来ぬ。成績ではない。いはば忠実（?）。

といつて仲《ママ》々準備に成算うまく行くかあぶないので少々まゐる。歴史をcardにかく。これもなか〳〵時間を取つて労多くして功少い様に思ふ事も時々あるが、なか〳〵習慣の力は大なるものと今更の如く感心せり。

前半は井川恭と「基督教に対する議論」をしたことの記録である。「宗教はすべて他のものと同じく主観的のもの」と当時の忠雄が考えていたことは、興味深い。客観的把握のできない分野であるとの考えは、以後の忠雄のキリスト教体験とも重なっていく。井川恭の「向陵記」には、この日の部分が欠けており、遺憾ながら紹介できない。

努力家

後半は試験に対する考えが示されている。これも矢内原忠雄という人物を理解するのに大事な記述である。忠雄はよく秀才ということばに飾られがちであるが、実はそうでなく、努力家であった。この箇所をはじめとする彼の日記を読んでいると、彼は試験に際しては、かなり慎重に臨んでいる。「僕は遊んで居てよく出来ればよいが、さうも行かぬ故試験前などには人一倍勉強せねばならぬ」というのが、神戸一中時代からの彼の信念、モットーであった。

今時のことばを用いるならば、彼は富田尋常小学校時代から勉強に対するよき生活習慣が備わっていたのである。両親や祖母、そしてすぐれた教師に恵まれて身につけた勉学の習慣、それが早くから努力の大切さを知った人間にさせていたのであった。歴史の事項をカードにとって覚える、考えるというのは、確かに「労多くして功少い」ことながら、彼はその努力が酬われることを知っていた。彼は正攻法で試験に臨む生徒であった。努力しないでもよい成績の取れるいわゆる秀才ではなかった。

矢内原忠雄の向陵生活は充実していた。基督教青年会と弁論部活動は、彼の向陵生活における課外活動の両輪であった。基督教青年会は約三〇名の会員が所属した。その主たるメンバーは、三谷隆信・長崎太郎・石田三治らである。彼は出来るだけ集会には出席した。他方、弁論部では入部以来しばしば練習会で演説をした。月一回の割合で演説をしている。このほかにも彼はさまざまな体験を一高一年生時代に積んでいた。寮生活にも次第に慣れた。この年六月六日、忠雄は内村鑑三の講演「ジョン・ブライ伝」を、河合榮治郎や三谷隆信らと柏木の今井館に聴きに行く。「内村先生のお話をきくと実に身がしまる。どうしても僕などは時に強き刺戟を必要とする」と彼は日記に書きつけている。

帰省と読書

一高一年の期末試験を終え、六月二一日、夜行列車で忠雄は川西實三と帰省の途につく。途中神戸に寄ったので、家に着くのは二八日になった。神戸から今治までは船である。この日の日記に忠雄は、「家に帰りて第一の喜びはすべて健在なること也。今宵一家団欒の楽しみ、そも如何なりしぞ」とある。忠雄は二ヶ月余、故郷で過ごした。「帰りたし帰りたし」と日記に書き込み、思い続けたなつかしい故郷である。今治在の富田村松木《まつぎ》は、平凡な農村ながら、忠雄にとっては、忘れることの出来ない故郷であった。

帰省中にはさまざまな本に親しんでいる。小学校を終えると、すぐ神戸の地に移ったこともあり、故郷での友人は少なかった。彼は読書に打ち込む。九月一日夜、忠雄はしばらく日記を付けなかったことを後悔し、故郷での生活の想い出を記すとして長い長い文章を書いているが、中に読書に関しての箇所を見出す。故郷での読書生活の断片である。

故郷にての生活は語るに友なく実に静平なる生活なりき。思索と読書とに日を送りたりき。西の空の夕照に映ゆる頃稲田道を散歩するは実に愉快なりき。思はず讃美の祈り湧きぬ。Ecce Homo をよみて Christ が非常に吾に近づかれし気せり。吾は personal にうごかさるゝこと実に大なりき。而して一方新約全書を読み、Christ に倣へる生活に入らんことを希ひ心をはげまし胸を躍らして祈れり。Ninety-three 及 Tom Brown's School Days を再読せり。

他に *Little Lord Fountleroy* *Cuore* *Wordsworth* などを英文で、日本語では『青年への警告』（山室軍平）『求安録』（内村鑑三）『欺かざるの記』（国木田独歩）『此一戦』（水野広徳）『虞美人草』（夏目漱石）などを読んだことが、日記からうかがえる。また、内村鑑三編集の雑誌『聖書之研究』七月号に載ったルーテル・石川鉄雄訳「基督信徒の自由」からは、大きな慰めを与えられることになる。ルーテル（ルター）の言う、「人を清むるは信仰のみ。聖むる力は信仰の増すに従つて大となる。善業は敬虔と祝福とを克ち得るものにあらず、事業の量の多少を以て敬虔魂を克ち得るものにあらず」によって得た慰めといえようか。

いわゆる信仰義認論である。ローマ・カトリック教会の義認論は、信仰のみでなくよい行いが伴うことを不可欠の条件にしたのに対し、パウロは律法の行いによらず、ただイエス・キリストの信仰のみを義認の唯一の条件とした。それを受けてルターは、「人を清むるは信仰のみ」と明確に示したのであった。

忠雄は石川鉄雄訳の「基督信徒の自由」を読み、眼が開ける思いがあった。彼は「実にこの一篇は to be と to do との宿題に一快刀を加へしものなり。余は専ら神を信じ神を愛しイエスに縋りて救を完うせざるべからず。否救はれたりとの事実を十分明かにして感謝の涙に漂はざるべからず。to do に至りてはたゞ神を愛するなり、神の意を喜ばせんためなり。而して実に無為は人を殺し妄念を生ぜしむ。余は此の一篇により て実に胸通じ喜び満ちぬ。余は海に臨み山に登り月を見雲を見、少年を見て泣きぬ、讃美しぬ、祈りぬ。日月星辰山川草木、我を囲みて実に美し」と書く。「少年を見て泣きぬ」の一文は、神戸一中の後輩との交わりを指す。

日記には「明徳軒」という名が書き込まれ、そこに行くべきか故郷にとどまるか悩んだ末、出かけたことが記されている。「明徳軒」とは、実業家高島太介が設立した四十坪ほどの公会堂である。一九〇八（明治四一）年九月六日に開軒式を行ったと『御影町史』(15)にはある。場所は神戸一中にも近い、阪神電気鉄道東明発電所の東隣りである。明徳軒は神戸一中と関係が深く、しばしば生徒の集会場にも用いられた。「合宿所」のことばも見られる。神戸一中では夏に有志の学習塾が開かれていた。忠雄は卒業生の指導者として「明徳軒」の集会に出席を要請され、参加したことで、大きな恵みを得たという。「われは実に強く神の愛を感ぜり」とある。自分より年下の中学生と起居を共にし、信仰をより強く持ったと彼は記している。

東寮十六番

一高入学後初めての夏休みを終え、九月九日、帰京した矢内原忠雄は、寮の編成替えで東寮十六番に入る。

一年生時代は各科を越えての寮生活であったが、二年からは各学科ごと、運動部ごとの人たちが集まり、寝起きすることになる。そこで忠雄は二年になると、法科志望の三谷隆信や舞出長五郎・井口孝親・野呂一雄・石井満らと同室になる。三谷隆信の回想記「向陵の三年」(16)に「当時一高の寮で二年以後は、英法とか独法とか、ボートとか、柔道とか、互いにリストを作って希望の部屋に入る習慣であったが、矢内原君と私とは英法のグループ一二人で東寮十六番に入室、そこに二カ年仲よく暮らした。我々はこれを東十六村《ととろう》と命名した。東十六村は永くつづいた。大学時代は勿論、社会に出てからもよく集まった。そして今に続いている」とある。同室雑誌ともいえる『東十六《ととろう》』も出している。

一年生時代の南寮十番では、井川恭が中心となって『南寮タイムス』を出していた。井川は文章を書くことの好きな文学青年であった。『南寮タイムス』の一部は、森田浩一の日記に挟み込まれ残っており、福生市郷土資料室が保管(一〜三号)している。東寮十六番の雑誌『東十六』は、一年生時代の『南寮タイムス』に学んだもので、右の三谷隆信の証言によると、「この『東十六』誌には矢内原君も健筆をよく振った一人である」とのことだ。一番多く『東十六』のページを埋めたのは、忠雄と同じ弁論部所属の井口孝親であったとは、これまた三谷隆信の証言である。

三　内村鑑三門に入る

聖書講義への出席

一九一一(明治四四)年九月一一日、この年の入学式があった。新渡戸稲造校長は八月、日米交換教授として旅立って留守のため、菊池壽人教頭が代理を務めた。当日の日記に忠雄は、「菊池教頭の訓辞実によかりき。殊に只今落手せしばかりなりとて新渡戸先生が横浜を去らんとせる時われらのために残されし訓辞をよまるゝに至りては思はず落涙せり。あゝ先生！　先生！　如何に心さびしきぞや！」と書く。忠雄の新渡戸稲造への熱き思いが伝わってくる。

二年生になって忠雄が力を入れて学習したのは、岩元禎のドイツ語であった。岩元は漱石の小説「三四郎」の広田先生のモデルとされる人物で、学生を容赦なく叱りつけ、揚句は成績の悪い者を大量に落第させる先生であった。「岩元さんの独乙は実に戦々兢々たり。随分むつかしくて大に勇気と忍耐を要す、しつかり勉強せざるべからず」と彼は、「日記」（一九一一・九・一二）に記している。

ところで、一高二年生の矢内原忠雄最大の事件は、内村鑑三に直接教えを受けるようになったのである。つまり、忠雄はそれまで私淑していた内村鑑三の聖書講義への出席であった。後年の忠雄に、「教師としての内村先生」[17]という小文がある。そこで彼は以下のように言う。

私は小学校より大学卒業に至る迄数多くの教師に就て学んだ。しかしそれらすべての学校教師より受けしことの総計も、内村先生より教へられし処に比すれば、其重要さに於て九牛の一毛にも当らない。又私が継続的に一人の教師に就て学びたる年月も、内村先生の下に於ける程久しきに亘りたるはない。先生は最後まで福音を教へられたるが故にたゞ先生の死によりてのみ現実なる師弟の関係は終り得たるものであつた。実に教師は多かつたけれども、先生こそ教師中の教師であつた。或は、先生のみが真の教師であつた。

そのことは第一には教へられし処の内容より来つた。学校教師の教へし処は多く技術であつた。或は真理の糟粕、断片、若くは影であつた。然るに先生の教へし処は真理そのもの、生命そのもの、及び之を獲得する途であつた。即ちイエスキリストと其十字架であつた。聖書はその教科書であつた。人類の教育にとりて之れ以上の主題と之れ以上の教科書とが何処にあらうか。そは単に知識の問題ではない。品性の問題ではない。実に生命そのものの問題である。束縛より自由に、罪より救に、死より生に、人間中心より神中心に。茲にコペルニカス的転回以上の人生の転回がある。キリストこそ真理なることを、私は今衷心の歓喜を以て告白して憚らない。而して神に立てられてその福音を我等に宣べ伝へし者の足は如何に美しかりしか。内村先生が、バタ臭き基督教、坊主臭き基督教を一掃して、キリストの純福音を日本人のたましひに確く植ゑる為めに神に選ばれし、偉大なる預言者的教師たりしことを、誰が疑はう。

更に、教師としての先生の態度が無比であった。その如何に剛健なりしか。先生はその教へらるゝ真理の如何に神聖貴重なるかを熟知せられたるが故に、決して豚に真珠を投げ与へなかつた。先生は決して聴衆若くは読者に媚びられなかつた。先生は聖書の真理なりとする処をば、如何に近代人の感情に反するとはいへ、断言して憚られなかつた。而して、それに不満なるものは今日限り退会して次回より又来る勿れと、屡々宣言せられた。かゝる際の先生の勢は縄の鞭を以て全聴衆をたゝき出さんばかりの剣幕であつた。之を先生は大掃除と称せられた。先生はかく峻厳に真理の言を守られた。先生は聴衆の為めに語るといはんよりも、神の為めに語られた。

けれども又先生の教師としての態度には如何ばかりの愛が籠つたか。先生は聴衆のたましひを愛せられた。先生は屡々語られた。講演は実に疲れる。それは聴衆一人一人のたましひに対する配慮があるからである。自分のありたけを全て聴衆に与へつくすから講演の翌日は自分は廃人の如くなつてしまふ、霊的疲労の如何に恐ろしきものなるかは講演をしなければわからない、と。先生の講演には実に兄弟の為めに生命を与ふるの愛がこもつて居た。

よき師に巡り合う

やや長い引用となったが、それには意味がある。なぜなら、ここに矢内原忠雄の師内村鑑三に寄せる思いと、鑑三のキリスト者としての特色が的確に表現されているからである。忠雄はよき師に巡り合ったことになる。彼は一高入学以来『聖書之研究』の熱心な読者であった。忠雄晩年の「内村鑑三」[18]には、「(一九一一年)九月の『聖書之研究』誌に、一箇年以上の読者は毎日曜日の聖書講義に出席出来る旨の広告があった。私は聖書之研究社直接の月極読者ではなかつたし、『聖書之研究』を読み始めてから一箇年すれすれであったが、この機会をはづしてはと思ひ、先輩に口添へをしてもらつて、特に入会を許していただいた」とある。忠雄が一高二年に進級して間もない頃であった。

内村鑑三は一八六一(文久元・万延二)年二月一三日(旧暦)、江戸小石川の生まれである。家は上州高崎藩士で、初期のキリスト者に多かった、いわゆる佐幕派の没落士族の出であった。彼は佐幕派の子弟が多く入学した、最初期の札幌農学校に学んだ。矢内原忠雄が内村門に入門当時、鑑三は五〇歳であった。忠雄は一八歳であり、二人の年齢差は三二歳ということになる。やがて忠雄は、鑑三を慕う人々の集まりである柏会に入会する。

ここで内村鑑三にやや詳しく触れておこう。矢内原忠雄を考えるのに、内村鑑三を抜きには語れないからである。かつてわたしは「内村鑑三論——〈制度〉的なるものへの反逆——」[19]というやや長文の論考で、この人物を論じたことがある。が、わたしの著書のいずれにも未収録である。そこで右の論文の大筋によりながら、以下にこの特異な人物を紹介しよう。

内村鑑三はまず第一に、独立独歩の人であった。一八九五（明治二八）年五月、英文で刊行された彼の著作「余はいかにしてキリスト信徒となりしか　わが日記より」[20]には、キリスト教入信前の少年時代から入信後アメリカ留学を終えて帰国するまでの、およそ二〇年にわたる自己の精神生活が描かれている。ここで彼は、独立独歩の自己の歩みを語る。没落士族の長男として生まれ、官費による勉強ができるという理由で、札幌農学校の第二期生となったことは、鑑三の生涯を決定した。札幌農学校にはW・S・クラークによって教育され、キリスト教の信仰を受け入れていた第一期生がいた。鑑三は彼らから信仰の強要を受けて、〈屈服〉するかたちで「イエスを信ずる者の誓約」に署名する。彼が若き日に、それまで自身も信じていた八百万《やおよろず》の神々と決別したことを、一つの筋道を立てた論理に仕上げることは不可能である。ただ、言えることは、そこに一方的ともされる神の力が鑑三に臨み、大なる回心をもたらしているということだ。そこには人間の想像を超えた一つの事実、――神によって捉われた人間の誕生があった。

独立独歩の精神

鑑三の独立独歩の精神は、キリスト教に入信し、「新しい人」となった時に勢いよく芽吹く。彼は同志と寄宿舎内に小さな教会を組織したのにはじまり、やがては独立教会を夢見るまでになる。彼の信仰を守り、独立独歩の精神を育んだのは、同時に受洗した太田（のちの新渡戸）稲造・宮部金吾・藤田九三郎・広井勇らとの交わりであった。彼らは熱い信仰と友愛の信仰的団体《エクレシア》を形成していた。一八八一（明治一四）年七月、札幌農学校卒業に際して鑑三は、太田・宮部とともに「将来を二つのJ（筆者注、Japan, Jesus）に献げよう」と誓い合う。いわゆる札幌バンドの誕生である。右の「余はいかにしてキリスト信徒となりしか　わが日記より」の第四章「新しき教会と平信徒説教」には、かたくなな父をはじめとする家族への伝道の成功と、外国ミッションを離れ、独立した邦人の教会を組織していく様子が記されている。

鑑三の独立心は、教会建設に当たってメソジスト監督派伝道団の宣教師のとった狭量な態度に刺戟され、一段と強固なものとなっていく。キリスト教に教派閥があることを、彼は入信後間もなく気付かされる。そうした教派制度の弊害への反発は、彼をして無教会主義へと赴かせることになる。それは既成教会の偏狭な教会政治へのプロテストであった。主《しゅ》（神）の教会形成という仕事を通し、彼の独立独歩の精神は磨かれる。それはアメリカのアマースト大学留学によって、決定的なものとなる。

一八八四（明治一七）年から三年半に及ぶアメリカ留学中に、内村鑑三が常に考えていたことは、自己の立場をいかにして守り、独立心の権威を失墜させないかということであった。彼は特別養護施設で働き、ぎこちない英文による売文で何とか過ごそうとした。「独立こそが賢明な道」との考えで、鑑三は異国にあっても自己の立場を守り抜こうとする。孤独なアメリカ生活にあって、彼は「ヨブ記」や「エレミヤ書」を熱心に読んでいる。「余はいかにしてキリスト信徒となりしか　わが日記より」に、そのことが記されている。一八八五（明治一八）年一月六日の項に、「ヨブ記を読む大いに慰められる。／再び尊敬すべきアルバート・バーンズの助けにより、彼の『注解書』二巻を一気に通読した。すべての災いも、その終局は善に終わることが、今やはっきりと私の心に印象づけられた。その時以後、私はどんな暗黒の中にあっても、この人生観を見失わなかった」と彼は書く。

『旧約聖書』、特に預言書との出会いは、彼の以後の生涯に大きな感化を与える。同じ年の五月二七日の日記には、「エレミヤ書」を読み、いたく感動し、「見よ！　これはなんたる書か！　実に人間的で、実にわかりやすく、未来のものがたりはごくわづかで、現世への警告は実におびただしい！　全巻を通じて一つの奇蹟をも行わぬ人間エレミヤが、人間のあらゆる強さと弱さとをむき出しにした姿で、私の前に示されたのである」と書きつけている。時代の預言者、〈制度〉的なるものへの反逆者としての内村鑑三の資質は、アメリカ滞在中のさまざまな体験と『旧約聖書』との邂逅によって鍛えられていく。なお、鑑三の弟子に当たる忠雄が、後年『余の尊敬する人物』[21]の巻頭に、エレミヤを取り上げていることも想起される。忠雄のこの本に関しては、のちの章（第九章）で詳しく述べる。

『聖書』以外の書物でこの頃の鑑三の精神形成に与ったのは、カーライル（Carlyle, Thomas）の『クロムウェル伝』であった。「余は之に由て自由と独立との愛すべく貴むべきを深く教へられた」（『聖書之研究』一一三号、一九〇九・一〇）と鑑三は書きつけている。クロムウェル（Cromwell, Oliver）は、これまた矢内原忠雄の魅せられた人物であり、『続余の尊敬する人物』[22]でも取り上げている。

矛盾を生きた人

内村鑑三は帰朝後、学校教師として働く。が、当初勤めた新潟の北越学館の教頭職は、宣教師や保守的な人々との衝突で三ヶ月ほどで去り、また、よき職場と思われた第一高等中学校は、「不敬事件」によってこれまた去らねばならなかった。その後の大阪泰西学館・熊本英学校・名古屋英和学校などでの勤務も、よき生徒には恵まれたものの、続くことはなかった。『基督信徒の慰』や『求安録』などの著作は、この間に成ったものである。独立の志を常に掲げて福音を説くには、文筆による自由業以外にはないとの考えが、次第に鑑三に定着する。かくて『萬朝報《よろずちょうほう》』の記者を手はじめに『東京獨立雑誌』を経、「紙上の教会」としての『聖書之研究』に至る筆の人、内村鑑三が誕生する。ここに内村鑑三の第二の特色、矛盾を生きた人を見出すことが出来る。

彼は逆説を好み、そこに詩的解釈を加えることが得意であった。人生が矛盾に富むなら人は矛盾を犯さずにはいられない。が、彼の場合は歴史と時間を越えて存在するイエス・キリストに眼をとめ、現実の日本にキリスト教を定着させようとして、あえてこの世の矛盾に挑戦した。彼には武士道とキリスト教を合体させるという思いがあった。それは矛盾でなくて何であろうか。彼には「武士道と基督教」（『聖書之研究』第二〇一号、一九二四・七）と題した講演記録があり、そこでこの問題を扱っている。鑑三の考えた武士道的キリスト教は、矛盾の産物であり、一歩踏みはずすと異端の道をも歩まねばならぬ思想のようにも思われる。が、理屈で割り切れぬもの、矛盾を越えるものとして鑑三のキリスト教は存在する。そこに武士道に基づくピューリタン的清潔なキリスト教が誕生するのである。

矛盾を生きた内村鑑三は、日清戦争に義戦論者として「日清戦争の義」（『国民之友』第二三三号、一八九四・八・二三）を書いたが、十年後の日露戦争では、非戦論者として戦争絶対廃止論を唱えるのであった。彼は日清戦争が侵略戦争であったという痛切な反省の上に立ち、非戦論者へと転進したのである。この世の矛盾の一つとしての戦争は、キリストの教えによって、はじめて精算できるとの確信が彼にはあった。

戦争に突入するや彼は、幸徳秋水・堺利彦らと客員となっていた『萬朝報』の朝報社を退社し、『聖書之研究』を舞台にその反戦論を展開する。「余が非戦論者となりし由来」（『聖書之研究』第五六号、一九〇四・八）をはじめとする文章は、かつて義戦論を述べただけに深い内省を伴い、根強い反戦論となっている。それによって、後年歴史学者色川大吉によって、「キリスト教伝道者の枠をはるかに越えた広い社会活動と深い内的な力によって、天皇制イデオローグと最も激しく対決した明治中期の第一級の思想家」[23]と評価されることにもなる、緊張感に支えられた文章が胸を衝く。

悲哀の人

第三に内村鑑三は悲哀の人であった。けれども、日露戦争前後の彼の文章は、悲痛な叫びを発していても、結末には常に明るい展望がある。そこに再臨の主、イエス・キリストへの信仰が脈打っているからなのである。それを見逃してはならぬ。彼は常に理想を高く掲げた人であった。『後世への最大遺物』（便利堂書店、一八九七・七）などにそれを見ることができる。けれども、先見性に満ちた眼で、世を見つめ、間違いを指摘しても人々が従わないなら、悲哀の人とならざるを得ない。内村鑑三を『旧約聖書』の預言者エレミヤにたとえて「悲哀の人」と呼ぶ人が多い。矢内原忠雄もまた師となる鑑三を「悲哀の人」と言う。さきに挙げた忠雄の『続余の尊敬する人物』にも、鑑三を「戦闘の人であり、自由の人であつた先生はまた悲哀の人でありました」の一文を書き込んでいる。

一九一一（明治四四）年一〇月一日、日曜日、矢内原忠雄は親友三谷隆信と共に、はじめて東京新宿柏木の内村鑑三宅を訪れる。南原繁・坂田祐《たすく》らも一緒だった。「悲哀の人」内村鑑三との深い結び付きがここにはじまる。この日は、内村鑑三入門日として忠雄に長く記憶されることとなる。先にも紹介した忠雄の「内村鑑三」には、「その年十月一日が、私が内村鑑三先生に入門した最初の日であった。柏木の先生の住居の構内に今井館と呼ばれた別棟の二階家があつて、廻り縁のついた階下八畳の室が集会室に用ひられた。先生は小さい机を前にして、椅子につかれ、二十人ばかりの青年が畳や縁側にすわつた。私も先輩のうしろにかしこまつた。その日の講義は詩篇第六十五篇九―十三節であつた。その日から、先生と私との直接な師弟の道が開けた。それは私の生涯について、決定的な日であつた。おごそかな、また幸福な日であつた」とある。

その日の日記に、[24]「「隆信君と相携へ、畏敬の念に胸を躍らせつつ今井館に至りぬ」とある感動が、四十年後今なほ私の記憶に新である」との記事も「内村鑑三」に見出すことができる。忠雄はその感動を後年「十月一日」[25]と題した詩の1に書き留めることになる。以下のようなものである。

十月一日

1

もくせい香る秋の日だった、
一九一一年の十月一日、
私は初めて柏木の講筵に列した。
講義は詩篇第六五篇であった、
きびしいお顔に悲哀が溢れ、
するどいお眼にいつくしみが宿った。
少くも一年は続けて来よと言われた。
一年も十年も一生もと、
私は心に答えた。その一生の
終る日もやがて来るであろう。
ああ先生、限りなく慕わしき
先生、私に聖書の信仰を
教えてくれた先生は。

今、天にある、秋晴の高き天に。

矢内原忠雄にとって、内村鑑三がいかに大きな存在であったかが、伝わってくる詩と言ったらよいか。以後、矢内原忠雄は日曜日ごとの内村鑑三の聖書研究会に、熱心に出席することとなる。それは鑑三の死まで続く。

四　倉田百三の忠雄批判

弁論部員としての活動

前述のように、矢内原忠雄は一高入学以来弁論部員として熱心に活動していた。内村鑑三の聖書研究会入門の前後も、それは変わらなかった。

一九一一年の様子は、『矢内原忠雄全集』第二八巻の日記「明治四十四年」からうかがえる。彼は練習会で演説したことを、日記に記していた。そのタイトルと自身のコメントを示すと、次のようである。

一月二十日　「救済」「『清沢先生の信念』中救済に関することを骨子として余の信仰に関することを述べたり。」

四月二十一日「人一人」「練習会に出席。「人一人」といふ演説をする。」

十月六日　「殉教者の血」「弁論部練習会に出席。「殉教者の血」なる題下にて演説す。」

十一月七日　「単純なる心」「午後三時より一大教場にて弁論部大会あり。「単純なる心」といふ題にて僕が演説せり。何だか声が苦しかりしも一生懸命にやりたり。多くの人が聞いて下さりしが寧ろ気の毒なりき。されば余は既に公衆に対して余の意見を発表せしものなれば今後いよいよ自重せざるべからず。」

十二月一日「たしかなる事」「聴衆の中に倉田君もあり。余は「たしかなる事」と題し、人生のうち最もたしかなることは吾人の生きて来れる事と、死すべき事となり、われらはこの厳粛なる事実、この不思議なる「いのち」を思ひて寧ろ戦慄せざるを得ず、わが生命はいづくより来りていづくに去るや、わがこの世にうけたる生涯は無限の過去と無限の未来との間に介在する五十年なり、自分は人間が如何にして生れきしや、生命とは何ぞ、かく感ずるが人生問題の最初の一歩なりたし。」

忠雄は演説が好きであった。自分の意見を述べるのが得意でもあった。彼は部活動に積極的で、進んで練習会の演説を引き受けた。そうした活動が認められ、翌年（一九一二・明治四五）には一高弁論部第一四代委員となったことは、すでに述べたところだ。

人目を引く活躍

弁論部でのこうした活躍は、一高生の人目を引いた。一方で、当時彼は真剣に信仰を求めていた。この年（一九一一）九月一九日の日記の一節に彼は、「我の進むべきは愛のみ。愛の泉涸《か》るゝ時、義の考失する時われは死するなり、見よ法律は完成せりと雖も Athens は傾きしに非ずや。学問も知識も ism も愛の衣服のみ。如何で本心を忘れて衣服の末に走らんや。あゝ我は単純なる心に帰り強き心に立ち Plato が所謂 Childman として強く無邪気に立たん哉。われは到底人のための我、我のための我にあらざるべき也。たゞ神に対してわが花を開くべき也」と記している。「進むべきは愛のみ」で、「我は単純なる心に帰り強き心に立ち」（傍線筆者）進みたいと言うのである。この頃忠雄は、英訳でトマス・ア・ケンピス（Thomas a Kempis）[26]の *THE IMITATION OF CHRIST* を熱心に読んでいた。現在は『キリストにならいて』の題で、岩波文庫ほかにも数種の訳本が存在するが、当時はこの本の邦訳はなかった。そこで忠雄は英文で読んだのである。

右の「単純なる心」を標題にした演説が行われたのは、一一月七日、火曜日である。そこには当然のように、当時熟読した『キリストにならいて』の影響が影を宿す。忠雄は純な精神の持ち主であった。そうした仲間の一人に長崎太郎がいた。当日の「忠雄日記」に、「十時半頃帰途につく、雨は止みて月が折々雲のすき間から洩れる。僕は長崎君と話しもて帰る。長崎君は実にいゝ人なり。話の要は僕達はうれしい、然し駄目だ、といふにあり。余はこの時ほど「語る」ことの力を感じたことはない」と彼は書く。

すでにふれたが、長崎太郎は前年一九一〇（明治四三）年のクリスマスに、日本基督教会市ヶ谷教会で受洗をしたクリスチャンであった。彼は級友にしきりに教会行きを勧めた。また、右の *THE IMITATION OF CHRIST* に沿った生活を説いていた。文科の哲学好きの藤岡蔵六はそれを批判し、「どんなに偉大な人間にだって批評の余地はある。批評もせずに模倣するだけなら自己の個性や独自性は無くなる、極言すればそれは最早自己ではなくて他人である、模倣は創造に及ばない、吾々は自己を創造しつつ成長発展しなければならぬ」と主張した。[27]

一〇月六日の弁論部練習会で、矢内原忠雄は「殉教者の血」と題した演説をするが、彼の前に演説をしたのは、独法の倉田百三であった。題は「ウィリアム・ジェームス博士を追憶して」というものであった。忠雄の当日の日記には、「哲学的の御演説なりしも余にはさしたる響きを与へざりき」とある。

倉田百三の来訪

その夜倉田百三が訪ねてきたことを当日の「忠雄日記」は語る。以下のようだ。「散歩に行かんと思ひ居る処へ倉田君来訪、共に上野へ行く。倉田君とは従来一面識なし、今日始めて練習会にて名と顔とを照合せしのみ。而して今日の彼の来訪の因やまた知るべきのみ。上野の某堂にて語れり」とあり、さらに「余は自己の信仰につきていさゝか述べたり、然れども到底彼は哲学的なり我は宗教的なり。彼は知識ありて罪を知らず、我は罪になげきて信ず、信ずるが故に信ずるなり。「信」は知識にあらざるなり。余は倉田君を如何ともする能はず、たゞ為に神に祈りてその霊の声に耳をかたむくるの日あらんことを願ふのみ」とある。

倉田百三は一八九一（明治二四）年二月二三日、広島県三上郡庄原村（現、庄原市）の生まれ。広島県立三次《みよし》中学校（現、三次高等学校）を経て、一九一〇（明治四三）年九月、第一高等学校第一部丙類（独語法科・独語文科）に入学した。無試験検定には落ちたが、『官報』（第八一三七号、明治四三年八月五日）によれば、試験入学二番の好成績であった。彼は中学時代に休学したこともあって、年齢は矢内原忠雄より二歳上となる。中学校時代から文学を好んだ。後年戯曲『出家とその弟子』（岩波書店、一九一七・六）や評論集『愛と認識との出発』（岩波書店、一九二一・三）がベストセラーとなったことで知られる。一高では、はじめ文芸部に所属した。弁論部には、独語法科に転じたこともあって、二年になる際に入部したのである。[28] それゆえ入学早々入部し、華々しく活躍していた矢内原忠雄には、競争心を抱いていた。矢内原伊作の『矢内原忠雄伝』には、「懐疑に懊悩していた倉田百三にとって、懐疑を知らないかに見える矢内原忠雄の存在はいわば目ざわりな、とにかく気になる存在だった」[29] とある。倉田は矢内原忠雄の人物を見定めたく、夜の訪問となったようである。後述するが、当時忠雄は「懐疑を知らない」どころか、周辺の何人もの人々の死に遭遇し、「生と死」の問題をめぐって、深く傷つき、悩んでいたのである。その実状は次章（「第四章　生と死」）で取り上げる。

当時の忠雄は、悩みの中で、神を求め、*THE IMITATION OF CHRIST* を読み、数日前に入門した内村鑑三の著作や講演の強い影響を受けていた。そうした折の矢内原忠雄に、直接会って語り合った倉田には、矢内原忠雄という存在は、自分とは別世界の人間に映ったのである。二人はこの年一一月一七日の弁論部大会でも論じあった。倉田百三は「欲求と力」、忠雄は先の一覧に示したように「単純なる心」と題しての演説をした。

当日夜半から午前五時一五分に至るまで、忠雄は日記帳に主として倉田百三の演説から喚起されたことどもを記す。「誠に倉田君と余とは大にその立場を異にし従って見解を異にす、此の演説は全く余に対してなされたる駁論かと思はれる」「余と倉田君との立脚点の相違は神を認むるや否やにありと」「罪とは何ぞや、これまた一つの問題なり、倉田君は曰く余は罪を知らずと。実にや罪は論じてつくるべきものにあらず、感じてなげくべきもの也」「感謝すべき哉、神は今日倉田君の口を通して大いにわれの信仰をかためられたり」等々。

倉田の忠雄批判

一九一三（大正二）年五月九日、一高で行った忠雄の演説（題名不明、当日の忠雄の日記に、骨子は書かれている。「一高に感謝する点」ほか）への反論の意を込めた倉田百三の「生活批評―矢内原忠雄君にあたふ」が載った『第一高等学校校友会雑誌』第二二七号が発行されたのは、卒業を翌月に控えた同年六月一五日のことである。これはのちに「自然児として生きよ―Y君にあたふ」と改題、『愛と認識との出発』に収録された。

この一文は全寮茶話会での忠雄演説の否定にはじまり、「あなたはどうしても今少し深く内省する必要がある。声があまり大きすぎる。自己の生活にもっと空虚と寂寞と分裂とを意識せねばならない筈である。動《やゝ》もすれば公の会合などで奔走されるのを少し控へて、淋しい深い孤独な思想をいつくしむことを心がけなくては、あなたのMoralityといふものは軽い、浅いものとなりはしないであらうか」とその生活を問い糾す。こうした倉田の矢内原批判は、ひとり倉田のみならず一高生の一部にあり、共感をもって受け止められたのも事実であった。成瀬正一の日記にもらされた寸感（一九一三・六・二八、次章の注16で紹介）など、その典型的例である。倉田は矢内原忠雄の「固定せる常識的」な「善の観念」とキリスト教的な考えを、「苦々しき事実」とまで言って忠雄を攻撃した。倉田は言う。

　クリスチャンの踵を接して生ずるのは最も苦々しき事実である。一人の人間が信仰生活に入るのだつて私は容易ならぬ出来事だと思ふ。それがどうして我も我もと信仰生活に入ることができるのであらうか。信仰生活の大安心、大喜悦の中に入り得るためには、血を吐くやうな深刻な悩みと、砂漠をうろつくやうな彷徨と、大地のずり落ちるやうな不安と、盲目になるほどの迷ひとがあるべき筈だと思ふ。どうしてさうやすやすと市街を歩いている人がふと教会堂に入るやうに信仰生活に入ることができるのであらうか。私はどうしても理解することができない。私は彼等の信仰を疑はずにはゐられない。キリストの人格を崇拝する点において私は決して彼等に後れるものではない。私の行方にはキリストが立つてるとさへ思つてゐる。殊に「愛」と「労働」とのキリスト教的精神は今私の生活の内に光を放ち始めんとしてゐる。それにもかかはらず、私は本校のキリスト教徒を尊敬することができない。あゝ迷ひが小さい。疑ひが浅い。私等はもつともつとうろつかうではないか。

倉田百三は忠雄に、「自然児として生きよ」と呼びかけ、最後に「あなたが新渡戸先生の教に赴かれないで、ドストエフスキーの宗教に入られることを切望する」とのことばで結んでいる。

当時矢内原忠雄は、一高でのあらゆる生徒集会に誠実に出席し、必要な部署での責任ある地位に就いていた。それは次章で記すような、やり切れない現実を忘れるためにあったのである。けれども、それが目立ちすぎる感を一般の生徒に与えていたのも事実であった。倉田はそこを衝く。さらに「あなたの心の眼をもっと深く、鋭く、裸にして人生を眺める必要はありはせぬか。常識を捨て給へ！　此の語をあなたの耳朶《じだ》に早鐘のごとく響かせたい」とも言う。——こうした名調子の文章が長々と続き、「私の無遠慮な批評が少しでもあなたに反省を促せば幸いである」とのことばで結ばれる。二歳年下の優秀な青年、矢内原忠雄を忠告した文章との印象が強く残る。それはすでに秀才・優等生を放棄した倉田百三の率直な、醒《さ》めた眼の批判ともとれる。直観重視の忠雄に対し、客観重視の百三は、ここで「思惟の凝視」をじゅんじゅんと説く。

試練の中にいた忠雄

しかし、一高時代の矢内原忠雄は「迷ひが小さい、疑ひが浅い」どころか、「生と死」の問題に常に直面し、悩みのどん底にいたのだ。それは忠雄の生活を知らない他者には、理解できないことであった。彼はそうした現実を忘れるべく、学業とサークル活動に励んでいたのである。次章で詳しく述べるが、死という苛烈な現実は、彼を取り巻いていた。恩師内村鑑三の娘ルツ子の死、一高のドイツ語の恩師福間博の死、次は最愛の母松枝の死と続く。さらには神戸一中以来の友人大利武祐《おおとしたけすけ》の死、それに尊敬していた父謙一の病と死とが重なる。特に父と親友を相次いで見送ることになる一高卒業前後は、彼が人生の最初のきびしい試練を受けていた時期に当たる。一高最後の三年生時代は、矢内原忠雄にとって試練の年だったのである。

これほど多くの人々の死に接したのは、彼の人生においてはじめてのことであった。彼は苦悩の中で、誠実にそれらの状況に対応した。彼は悩みを学友に語ることは、少なかった。それゆえ倉田百三には、忠雄の個人的苦悩を知り得ることもなかった。忠雄の日記の一九一一（明治四四）年一〇月六日に、「弁論部練習会に出席。「殉教者の血」なる題下にて演説す」とあるが、当日倉田は忠雄の前に「ウィリアム・ジェームス博士を追憶して」の題で演説をしていた。その夜、倉田百三が忠雄を訪ねたことは、右に記した通りである。

一高時代の矢内原忠雄は、幾人もの親しい人々の死に直面する中で、悲しみを抑え、それを忘るべく、関係するあらゆる集会に出席し、発言するのが常であった。悲しみを忘れたいが為に、彼は諸集会に参加していたと言ったらよいか。そうした目立った活躍は、一高最後の年に生じた、新渡戸稲造校長免職反対の復職要求臨時学生大会で、彼を新渡戸事件対策実行委員に選出させることにもなる。また、次章で詳しく触れるが、五月一日の新旧校長送迎会では、新渡戸前校長への別れの挨拶をするなど、学内では彼をとかく花形の存在に押し上げがちであった。こうした状況が、一部の同窓生に反感を与えていたのである。倉田百三もそこを衝き、批判する。「あなたの心の眼をもつと深く、鋭く、裸にして人生を眺める必要はありはせぬか。常識を捨て給へ！」と彼は書く。次章に詳しく述べるような忠雄の試練を知らない倉田百三の立場に立つならば、これは率直な意見であったのだろう。

倉田の文章の載った『第一高等学校校友会雑誌』第二二七号が出るのは、前述のように、一九一三（大正二）年六月一五日のことで、忠雄は卒業試験の最中にいた。そして翌六月一六日に、倉田の文章を読む。当日夜記した日記には、「校友会誌六月号をくれる。それに倉田百三君の「生活批評」といひて僕の内生活を批評したる論文あり。余のモーラリティーが極めて社会的、外的、範疇的にして内的に生命に対する道をかへりみず、内省乏しく苦悶懊悩のあとなきを忠告せられ、更に僕の生活が素樸的センチメンタリズムを脱せざる」を衝くと記した後、「余は最も感謝してこれをよみたり」と書き、「倉田君もわれの恩人なり。但しわれは倉田君や佐野君の如くにして神を見出すこと能はず、余はキリストなき神を知るあたはず。故に余は倉田君のいはるゝ如く善人を以て任ずるものにても勿論なく、孤独を感ぜざるにても、心のくるしみを全く感ぜざるものにても勿論なし。倉田君に手紙かけり」とある。右の日記の文章中の「佐野君」とは、同じ二二七号の『第一高等学校校友会雑誌』に、「神の発見の過程」を載せた佐野文夫（後年日本共産党初代委員長、転向して夭折）である。[30]

後年のことになるが、忠雄の右の倉田百三宛手紙への返事にも等しい倉田の公的な文章が、『愛と認識との出発』の「附記」に見られる。事の経緯を語る率直な文章である。忠雄の倉田百三へ出した手紙の内容は、今や判明し難いが、この「附記」からある程度想起できよう。以下に引用する。

（附記）自分は此の文章に対してY君から一の手紙を受取つた。それは本当に基督者《クリスチャン》らしい、謙遜な、少しも反抗的な気分の含まれない且つ美しい智慧に富めるものであつた。その手紙はその後の自分に深い、いゝ影響を及ぼした。自分は数年後広島の病院から君に自分の不遜を謝する手紙を送つたのに対して、君はまた実に美しい手紙を下さつた。そして自分を青年時代の恩人の一人に数へて下さつた。自分は君の名誉のためと、君に対する自分の敬意を表するために此の事を附記することを禁じ得ない。自分が今日基督者《クリスチャン》に対して、あるツアルト（筆者注、zart。ドイツ語で「優しい」の意）な感情を抱いてゐるのは君に負ふ処が多い。自分は此のことを君に感謝する。

右の文章でのY君とは、むろん矢内原忠雄である。忠雄の偉さ・凄さは、倉田からの返信に等しい右の文章からも伺える。矢内原忠雄には、マイナス要因をもプラスに転化してしまう精神が宿っていた。それは人間的努力で得られるものではない。信仰が彼を支えていたのである。前述のように、当時の忠雄の日記を読むと、トマス・ア・ケンピスの英訳 *THE IMITATION OF CHRIST*（『キリストにならいて』）と内村鑑三の著作とことばが、彼の思想的武器、精神的支柱であったことがよくわかる。内村の影響に関しては、この後も忠雄自身しばしば語ることになるが、*THE IMITATION OF CHRIST* は、当時所属していた一高基督教青年会の仲間、長崎太郎なども愛読していた書物である。忠雄はこの信仰の書を熱心に読む。一九一一（明治四四）年の九月一三日の日記には、「Imitation をよむ（復読）」とある。一高生は、英訳で暗記するほど読んでいたのである。矢内原忠雄は内村鑑三のことばと英訳 *THE IMITATION OF CHRIST* によって武装し、倉田百三に対したといえよう。

ところで、倉田百三の右の「附記」もまた、矢内原忠雄の手紙と共鳴し、当時の日本の知的青年の高貴な精神の反映として読めるのである。倉田百三は、自分の率直な批判を素直に受け入れた、矢内原忠雄の「謙遜な、少しも反抗的な気分の含まれない且つ美しい智慧に富めるもの」であったことに、驚きの感情を隠さない。続けて「その手紙はその後の自分に深い、いゝ影響を及ぼした。自分は数年後広島の病院から君に自分の不遜を謝する手紙を送つたのに対して、君はまた実に美しい手紙を下さつた。そして自分を青年時代の恩人の一人に数へて下さつた」との感謝に満ちたことばを書き付ける。

贅言を要すまい。ここに掲げた二人のやりとりは、近代日本の知識人のよき面の精神史・思想史を考えるのに、貴重な証言となっているのである。矢内原忠雄の誠実で謙虚な倉田百三宛便りが、倉田のこれまた反省的な右の「附記」のことばを生んだのである。これまでは倉田百三の矢内原批判は、若き日の矢内原忠雄の致命的な弱点の指摘であったかのように扱われていた。が、忠雄のパーソナルヒストリーと倉田の『愛と認識との出発』の「附記」の検討で、こうした考えは反転する。ここに至って、倉田百三の矢内原批判は、二人の魂の交流を呼んだこと、それはまた、倉田自身の謙虚な、奥ゆかしい精神の展開を見せるものとして、積極的に再検討・再評価される季節を迎えることになったのである。

注

（1）関口安義「恒藤恭と芥川龍之介―蘆花「謀叛論」を介在として―」『大阪市立大学史紀要』第3号、二〇一〇年一〇月三〇日。のち「「謀叛論」の余熱」と改題、『芥川龍之介新論』翰林書房、二〇一二年五月一一日収録。三八九～四一一頁。

（2）河合榮治郎「項羽論」東京府立第三中学校『学友会雑誌』第11号、一九〇七年一二月二一日。なお、この力作評論は『河合榮治郎全集』全二三巻、別巻一、社会思想社には、収録されていない。

（3）芥川龍之介「義仲論」東京府立第三中学校『学友会雑誌』第15号、一九一〇年二月一〇日。『芥川龍之介全集』第二一巻、岩波書店、一九九七年一一月一七日収録。七四～一二〇頁。

（4）関口安義「河合榮治郎と芥川龍之介（序）」『文教大学国文』第31号、二〇〇二年三月一五日、のち『芥川龍之介の素顔』イー・ディー・アイ、二〇〇三年六月一日収録。二二六～二四二頁。

（5）矢内原伊作『矢内原忠雄伝』みすず書房、一九九八年七月二三日、一六九頁。

（6）井川恭「赤城の山つゝじ」『松陽新報』一九一三年七月一六、一七、一九、二二、二三日、のち「赤城山のつつじ」と改題、『旧友芥川龍之介』朝日新聞社、一九四九年八月一〇日収録。二一六頁。

（7）藤岡蔵六『父と子』私家版、一九八一年九月（日付なし）収録。一七六頁。

（8）注5に同じ。一七五頁。

（9）注5に同じ。一七六頁。
（10）三谷隆信「向陵の三年」南原繁・大内兵衛・黒崎幸吉・楊井克己・大塚久雄編『矢内原忠雄―信仰・学問・生涯―』岩波書店、一九六八年八月三日収録。四四頁。
（11）注7に同じ。一五九～一六〇頁。
（12）石井満「矢内原君と僕」南原繁・大内兵衛・黒崎幸吉・楊井克己・大塚久雄編『矢内原忠雄―信仰・学問・生涯―』岩波書店、一九六八年八月三日収録。四九頁。
（13）清き岸べに刊行会編『清き岸べに』嘉信社、一九六二年六月二五日。四八～四九頁。
（14）関口安義『恒藤恭とその時代』日本エディタースクール出版部、二〇〇二年五月三〇日
（15）玉木敬太郎『御影町史』御影町役場、一九三六年九月一五日、三六三～三六四頁。
（16）注10に同じ。四四頁。
（17）矢内原忠雄「教師としての内村先生」『日本聖書雑誌』第5号、一九三〇年五月一日、『内村鑑三追憶文集』一九三一年三月所収、のち『矢内原忠雄全集』第二四巻収録。四四〇～四四一頁。
（18）矢内原忠雄「内村鑑三」社会思想研究会編『わが師を語る』現代教養文庫、一九五三年二月所収、のち『矢内原忠雄全集』第二四巻収録。四八八頁。
（19）関口安義「内村鑑三論―〈制度〉的なるものへの反逆―」『信州白樺』第57・58合併号、一九八四年四月二一日
（20）内村鑑三「余はいかにしてキリスト信徒となりしか　わが日記より」山本泰次郎・内村美代子訳『明治文学全集39　内村鑑三集』筑摩書房、一九六七年一二月二五日など、いくつかの邦訳がある。
（21）矢内原忠雄『余の尊敬する人物』岩波書店、一九四〇年五月三〇日、一～五四頁。
（22）矢内原忠雄『続余の尊敬する人物』岩波書店、一九四九年一一月五日、一一九～一五四頁。
（23）色川大吉『明治精神史』黄河書房、一九六四年六月二二日、三三二頁。
（24）「その日の日記」とは、「内村先生」と題されたノートの方の記録である。『矢内原忠雄全集』第二四巻収録。

四二五頁参照。

(25) 矢内原忠雄「十月一日」『嘉信』第22巻第10号、一九五九年一〇月二〇日。『人生と自然』東京大学出版会、一九六〇年一〇月二五日。のち『矢内原忠雄全集』第一七巻収録。七九一～七九二頁。なお、引用は初出『嘉信』発表のものによる。

(26) トマス・ア・ケンピス、大沢章・呉茂一訳『キリストにならいて』岩波書店、一九六〇年五月二五日

(27) 注7に同じ。一六〇～一六一頁。

(28) 近年の岩波文庫『愛と認識との出発』（二〇〇八年一〇月一六日刊）の「解説」（鈴木範久）には、「矢内原忠雄は、倉田と同期で第一高等学校に入学、ともに弁論部に所属する。入学早々の一九一一年一〇月六日（傍線筆者）に開催された弁論部の練習会で、倉田は「ジェームズ博士」につき、矢内原は「殉教者の血」と題し演説、両者ははじめて対面した」とあるが、両者の入学は前年の一九一〇年九月であり、ふたりが共に演説したのは、入学後一年以上を経てのことである。また、倉田の弁論部入部は、矢内原に遅れてのことで、共に演説をした日までは、面識はなかったと矢内原は日記に記している。

(29) 注5に同じ。一八八頁。

(30) 佐野文夫の生涯に関しては、未だ不明な点が多いものの、その軌跡も、また近代日本の知識人の一典型を刻む。彼は弱者と強者とが共存していたような人物であった。現在までの調査における佐野の生涯は、関口安義『評伝長崎太郎』日本エディタースクール出版部、二〇一〇年一〇月二〇日の「第三章　菊池寛の退学事件」、および「第四章　佐野文夫のその後」参照。同書四七～九四頁。

第四章　生と死

一　内村ルツ子の死

今井館の人々

矢内原忠雄は一高二年生の秋、一九一一（明治四四）年一〇月一日に、内村鑑三の聖書研究会に入門、その後、「柏会」にも入会した。このことは前章の「三　内村鑑三門に入る」で詳しく述べたところだ。会は内村鑑三の住む東京新宿柏木の今井館で開かれていた。

今井館とは、大阪の実業家今井樟太郎の遺志に基づき、鑑三に献じられた金子で作られた建物で、当時は柏木の内村邸の一角にあった。そこには一高生や一高出身の東大生が多く集まっていた。「柏会」とは、ここに集まる人々の会を指した。忠雄の先輩に当たる人々には、鶴見祐輔《ゆうすけ》・前田多門《たもん》・岩永裕吉・藤井武・塚本虎二・黒崎幸吉・川西實三・三谷隆正・森戸辰男・沢田廉三・高木八尺《やさか》・黒木三次・江原萬里《まさと》（筆者注、戦後刊行された『江原萬里全集』では、萬里にばんりのルビが振られているが、普及せず、いま以て生前周辺の人々が用いた「まさと」の読みが有力なので、本書ではまさとの読みを採用する）・田中耕太郎らがおり、後輩には金沢常雄がいた。忠雄が正式に柏会に加入するのは、この年一二月二日のことである。なお、今井館については、『内村鑑三全集』第34巻（岩波書店、一九八三・七）に付された「月報34」収録の高木謙次「今井館をめぐって」が詳しいことを言い添えておきたい。

忠雄の当日の日記（一九一一・一二・二）には、「六時半より信さん、常雄さん、大野、大原両君と共に神田實ちゃん処へ出て行く、柏会によせてもらふためなり。柏会の方々も多く大学を出られたるにより今度我々をも加へて第二の柏会を開かれし也。黒木、三谷、川西、高木、膳《ぜん》、樋口、佐藤伝次郎氏等。感話あり。極めて真面目なる会にて感情緊張せり」とある。以後、忠雄は柏会の新人として、会員で運営する読書会をも盛り上げていくことになる。なお、内村鑑三を慕う人々には柏会のほか、南原繁や坂田祐・松本実三・石田三治・高谷《たかや》道男などを中心とした白雨《はくう》会という名のグループも生まれたが、こちらには忠雄は入っていない。

内村鑑三の風貌と信仰

内村鑑三の聖書講義は厳粛で熱烈なものであった。また、信仰や祈りには徹底したものがあった。この頃、鑑三の娘ルツ子は病んでいた。ルツ子はこの年（一九一一）春、実践女学校を卒業し、聖書研究社で事務の仕事に就いていたが、原因不明の病[1]に苦しんでいた。鑑三の病む娘ルツ子に対する愛は、かばかりと思われるものがあった。一二月二三日、土曜日の「忠雄日記」を見ると、娘の病に関しての鑑三の態度が記されている。大事なので長くなるが、全文を引用しよう。

今夜の事余は大概を記るさんのみ、否 detail はとても記し得ざる也。

始め merry supper たりしも後には too grievous なりき。内村先生始め諸氏のお話あり、塚本さんの涙を揮つての誓いあり、九時一まづ会散ず。stove を囲みて第二次会あり、先生の御息女の御事などより病気に関すること終に祈りに関することにつきお話あり。「み心にかなふならばこの病をいやさしめ給へ」と祈る。その上は万事み心にあるなれば祈りの心冷淡になる也。人は迷信と笑ふやも知れねど、祈りが聞かるゝことを確信するにあらずんば信仰なき也。もし子の病のいえん事も祈求するにわがためこの世のためならばもう駄目なり、これによりて神の栄のあらはれ世に愛と義との栄えんために祈るならば神様は悪しと見たまふ事決してあるべからず。わが祈りは「み心に召すならば」にあらずして「是非」といふ事になる也、而してわが信仰あらば必ずやこの祈りの聞かるべきを信ず。（先生巨躯を伸ばし背伸し右手を高くあげて天井を指す。その間二三寸、曰く）丁度かくの如く、も一息きといふ処にて信仰たらざるが如き感す。余の今最も諸君に求むるは、皆が信仰は不完全ならん、そは致し方なしとても全人格を掲げてわがために祈りくれゝばその united force を以てわが祈りは聞かれ手は天井にとどき、病もいゆべし、――かくの如くにして、遂《をはり》に一週一度まじめなる祈り会をせんとの Plan を提出せられ、明日は講義は休みなれども、真に熱心ある人は来て祈祷会をして貰ひたし。但し、すこしにても自分が進みて力をそへんとの熱心あるを要す。自分もいつてそのおかげにあづからうなどと却つて重荷になる如き人は来てもらひたくないと。――

先生は賛成者を挙手にとはれたり。余の手もいつしか上り居れり、人の手も多く上り居たり、先生の顔厳として森厳の気 holl に漂ふ。あゝわれも手をあげたり、然れども活溌にはあらざりき。寧ろ無意識的なりき。事やよし大いによし、あゝされど――余は「重荷」たるものなるを如何せん。

祈りに関する二三の会話あり。ある人その妹につきて暗示療法（?）の反応をのべて祈りのとどく実例かと話されしに対し先生厳として曰はるゝ様、この区別は明にせざるべからず、なるほどその療法とやらも反応ありてなほるかもしれず、又岡田の静座法の如きもその効果は疑ふべからず、しかれども余等はわれらの神ヱホバにいやして貰ひたき也。この事は娘の方が早く気がつきたり、実は余も岡田を招きたるものなるが、娘はあんなものになほして貰ひたくはない、神様になほして頂きたいといひしにより余は大いに恥ぢる次第也。なほることは外でもなほらん、たゞ肉のなほると共に霊の健かとなるはわれらの神ヱホバの外には求むべからず、エリヤの雨をふらしたると、他の人々が降らせたるとは大変な違ひなり、聖書にもにせ預言者多く出でてふしぎなる業を行ふとあり、云々。

内村鑑三という偉大な信仰者の風貌と信仰が、伝わってくるかのようだ。人は「み心にかなふならばこの病をいやさしめ給へ」と祈るが、師内村鑑三は「祈りが聞かるゝことを確信するにあらずんば信仰なき也」と言う。また「わが祈りは「み心に召すならば」にあらずして「是非」といふ事になる也、而してわが信仰あらば必ずやこの祈りの聞かるべきを信ず」とも言い、「(先生巨躯を伸ばし背伸し右手を高くあげて天井を指す。その間二三寸、曰く)丁度かくの如く、も一息きといふ処にて信仰たらざるが如き感す」のところなど、師の風貌、挙措を捉えて圧巻である。これを正宗白鳥風に言うならば、「多感多情の内村が天を仰いで哭泣《こっきゅう》す」(2)と言ったところか。

鑑三の鑑三たるところ

引用の後半部分に出て来る「岡田の静座法」とは、アメリカ帰りの岡田虎二郎が創始した自然療法である。それは当時評判の療法であった。一種独特の呼吸法による療法は、坪内逍遙や田中正造までも捉えていたという。一高で忠雄と同期の藤岡蔵六(英語文科)は、この岡田式静座法によって、脊椎《せきつい》の病を癒している。(3)

鑑三は、「岡田の静座法の如きもその効果は疑ふべからず」とは言いながらも、「しかれども余等はわれらの神ヱホバにいやして貰ひたき也」と言ったという。さらに鑑三の鑑三たるところは、「実は余も岡田を招きたるものなるが、娘はあんなものになほして貰ひたくはない、神様になほして頂きたいといひしにより余は大いに恥ぢる次第也」と率直に述べるところである。忠雄は内村鑑三の気迫に圧倒される思いであった。

この日の日記には、解散後「本郷通りをふるへながら辿りつゝわれは——ああえ耐へざりき。見よわが信仰は零なり、われは寧ろ裏切りのユダたるやもはかられず。思へば何よりともなくキリストのみ教をきくに至りてより漸く一年、もとより何程の熱心もあらざりしならめど、青年会の野辺の祈りの事など今にして思へば隔世の感なきを得ず、あゝわれに信なし、——悲しきことこれより大なるはなし、われは居りてよきや否や解らざりき。余は余の身をいづこに置かんかと思ひき。余は余の身のうすき煙となりてぼんやり薄れ行くを見たり。余は空虚なる余が、活動仕掛の玩具の如く動くを見たり、あゝ我れ果して生くるか」とある。

忠雄は悩んでいた。勝れた師内村鑑三に出会うことによって、己の卑小さが実感されたのである。この日の日記の終わりには、「吾人は神を父として仰がず、故に祈りに熱誠なきなり、必ずきかるゝとの確信なき也、「是非に」との意気ごみなき也。——ああ余は駄目なり、死せり死せり、矢内原忠雄は死せり」と書きつけている。自己の卑小さ、駄目さ加減を知るにつけ、彼は聖書を真剣に読むようになる。教会にも出る。日記には「小森様の教会」とか、本郷教会や銀座教会、それに森川町教会の名が記されている。

群馬県太田町で年を越す

年が明けて一九一二（明治四五）年となる。忠雄は年末年始を同級で一年生の時、南寮十番で一緒だった渋沢直一の家で過ごした。すでに記したが、渋沢は一年生の時、肺尖カタルで学校を休んだことがあった。その時忠雄は丁寧な便りを書いて、彼を励ました。内村鑑三の『基督信徒の慰』を贈ってもいる。忠雄にはこうした気配りや親切心があった。

渋沢は忠雄の友情に謝し、故郷の群馬県太田町（現、太田市）の実家で年を越すようにと熱心に誘った。忠雄は熟考の末、渋沢の招きに応じることになる。忠雄は暮れの二八日、東武鉄道伊勢崎線の浅草駅発一〇時四〇分の電車に乗り、午後一時四五分太田駅に着く。日記には「渋沢君兄弟四人して出迎へ下さる」とある。

太田は関東平野北部に位置する群馬県南東部の町（一九四八年市制施行）である。南は利根川、北東には渡良瀬川が流れ、夕日の美しい街である。忠雄は平和な渋沢家の人々の歓待を受け、「試験の疲労もいづこへやら」の気分で、読書にも励んだ。ヘッケル（Ernst Heinrich Hackel）の *Riddle of Universe* などである。読書に疲れると、近所の高山（彦九郎）神社や八幡様や梅林を散策した。三一日の日記に、「今年もいよいよ大晦日となれり、今はさしたる感激もなし、而して一年を回想して其の所感を記すには適したる空気にはあらず」と記す。

太田には新年の七日まで滞在した。「十日間の家庭的生活は余にとりては寧ろ休息の時弛緩の時なりき、われは小児と共に愉快に遊びぬ」と日記に書きつけている。「小児」とは渋沢直一の二人の弟、一四歳の義治と、一一歳の徳治をさす。

内村ルツ子の葬儀

帰京して間もない一月一二日午前一時過ぎ、内村鑑三の娘、ルツ子が亡くなった。矢内原伊作は「これは忠雄にとって生涯忘れることのできない大きな事件であった」(4)と言う。翌日一三日、今井館で告別式が行われ、遺体は雑司ヶ谷墓地に葬られた。「千歳《ちとせ》の岩よ、我が身を固め」の讃美歌（現、二六〇番）が歌われる中、ルツ子の棺は墓の中に下ろされた。忠雄は日記にそのことをしっかりと書き留めたばかりか、生涯に亘ってしばしばその折りの印象を回想している。まずは全集第二八巻収録の当時の日記から見てみよう。

果然寮生活は多事なりき、余の精神生活は忽ちにして大なる刺戟を受けぬ。その第一は内村路得子《ルツ》嬢の召されし事なり。事あまりに厳粛にしてその当時不活溌なりし余の精神はこれに順応すること十分なる能はざりき。然れどもこれ最も厳粛なることなり。余の四十五年（筆者注、明治四十五年の意）の精神生活はここを以て始まりぬ。十二日午前一時すぎルツ子嬢召さる。十三日（土）その葬儀あり。余も席末に侍す。嬢や年十九、将に開かんとせし梅の花、春を待たで散りしこそうたてけり。然れども内村先生はかくは述べられざりし也。先生は曰く、嬢も幸にキリストがわかりたれば此の世の御用も終りたりと見え主に召されたるなり、若し此の世にありたらば結婚の年頃にして随分苦労ありしならんも神は特に路得子をあはれみてこれを天に召し給へり、今のあつまりは葬ひの式にあらずして天国へ嫁入りする式なりと。あゝ然れども――余は喜びの涙か、悲の涙か、これを知らずただ熱涙の滂沱《ぼうだ》たるを覚えしのみ。ただ涙のみ、涙のみ、その当座余は涙より外に考ふる余地なかりき。柏木より送りて雑司ヶ谷の墓地に至り会衆の讃美歌の中に棺は墓の中に沈み行く、先生先づ土塊を投じて曰ひ給ふ様「万歳万歳」と。あゝ何の涙ぞしかく滂沱たる！　雑司ヶ谷、空青く木立しげれる中に、「花散り失せては」の歌の嫋々《でうでう》たる中を静かに棺は下り行く。万歳と呼ばれし先生は笑を湛へられしも、あゝその御顔はおとろへ御姿は疲れて如何ばかりかの御奮闘ぞや。あゝ感慨無量。更にルツ子嬢の信仰を聞けば吾人誠に冷汗背を沾《うるほ》すを覚ゆ。聞く昨秋病を得てより今に至る迄その奮闘は実に見事なりしと。医師は匙を投じたれども父子は決して失望せられざりき。先生の御祈や如何ばかりなりしやらん、ルツ子嬢はただヱホバによりて癒されんことを冀《こひねが》へりしといふ。あゝされど病遂に革るや今まで生きながらへ御両親への御報恩と言ひ居たる嬢も「それでは参ります」とかく言ひて以後は極めて平和なりしといふ。呼吸切迫するや夜半一時枕頭に集る親子兄弟、最後の晩餐式は行はれしと聞く。かくてルツ嬢は感謝、感謝の声次第にうすれ行きて遂にかの国に召されしといふ。あゝ美しき最後かな、先生は曰く彼女は確かに召されたる也、吾人の祈りの聞かれざりしは却つて神の愛の大なるを示すもの也。神はわが願ふよりも更に大なる恵みを備へ給ふ、神は常に愛なりと。此の父といひ此の子といひわが精神に与へし力幾何ぞや、実にルツ子嬢の召されしは意味なき事にあらざりけり、神はルツ子嬢を以て余を励まされたり、わが胸は破られたり、たゞつとめざるべからず、あゝ雑司ヶ谷畔の先生！　この印象いかで消えむや。

矢内原忠雄は、自身と同年の内村ルツ子の死とその葬儀を、深く心に留めた。娘ルツ子の死に対する鑑三の真剣な態度に圧倒されたのである。鑑三は葬儀の「謝辞」(5)で、「今日の此式を私共は葬式と見做さないのであります。今日の此式は是れルツ子の結婚式であります、今日是れ黙示録に示してある所の羔《こひつじ》の婚姻の筵《むしろ》であります、ルツ子は今日潔《きよ》くして光ある細布《ほそきぬ》即ち聖徒の義を衣《き》せられましてキリストの所に嫁入りするのであります、故に私共は彼女の棺を蔽《おほ》ひまするに彼女の有する最上の衣類を以てしました、今日は是れルツ子の晴れの祝儀《いはひ》の日であります」と述べた。

キリスト再臨運動

内村鑑三のキリスト再臨待望運動は、ルツ子の死と深くかかわる。ルツ子の死は、彼の再臨運動に火をつけたと言えよう。それは鑑三の聖書研究に基づく、信念に満ちた運動であった。再臨とは、世界の終りの日にキリストが再びこの世に現れることをいう。キリストの再臨を願う信仰は、初代教会以来あったが、この時期欧米でもその動きが再興しつつあった。日本では大正中期、第一次世界大戦や米騒動・炭坑問題・スペイン風邪の流行など、社会の不安定要素を背景に、内村鑑三がホーリネス教会の中田重治、組合教会の木村清松《せいまつ》とともに、大衆伝道として展開し、共鳴者を集めたもので、ルツ子の没後六年の一九一八（大正七）年一月に再臨運動として歩み出す。ルツ子の死と不安な時代の到来は、鑑三にキリストの再臨を確信させ、キリスト再臨運動に火をつけることとなる。鑑三の再臨運動は、一九一八～一九年の二年間に最も高揚する。

矢内原忠雄はルツ子の葬儀に際して受けた「印象」を、何度も文章に書き残すこととなる。「先生の涙」(6)「内村鑑三」(7)『続余の尊敬する人物』(8)などに見られるそれらの文章は、現在すべて『矢内原忠雄全集』で読むことが出来る。矢内原忠雄は内村鑑三の信仰から来る真剣な生活態度にいたく打たれ、自らの信仰を固めていくことになる。忠雄もまた再臨待望信仰に生涯生きた信仰者であった。再臨待望運動は、今日のキリスト教界においても、依然重要な課題である。(9)そこで内村鑑三の再臨信仰と再臨運動に関しては、後章（第十二章）で再度採り上げ、忠雄の信仰と相俟って考えることにしたい。

一九一二（明治四五・大正元）年一月一五日の柏会では、先輩石川鉄雄の前年暮れに亡くなった妻イチ子に関する証《あかし》を聞く。石川鉄雄は南満洲鉄道（略称、満鉄）に勤務し、忠雄とは終生交わりを結んだ。『音楽行脚』や『世界製鉄業』の著書がある。忠雄は当日の日記に、「石川鉄雄兄の実験談を聞くに及びてわが胸は愈々一種の霊感にせまられたり。神はわれをいましめ給ふこと切なり。石川様のFrauは生まれしばかりの嬰児《えいじ》をあとにし昨冬の末天に召されしなるぞや。悲しきことはなし、たゞ祈のみわがかてなりと石川兄のいはれしは永久に忘るるを得ざる所なり」と書いている。以後、日記にはしばしば印象的だった石川鉄雄の証《あかし》のことが記される。

内村ルツ子が死んだ一五日後の一九一二（明治四五）年一月二七日、忠雄は満一九歳の誕生日を迎えた。この日の日記に忠雄は、「今を去る十九年の昔われは始めて此の世の光を見しなり。爾来幾春秋われはかくして生れかくして生きやがてかくして死するならん、思へば平凡の一生かな。あゝ今日は余が第十九回の誕生日なり。人生十九、多少の感慨なしとせず」と書きつけている。

同年二月二日の弁論部大会で、矢内原忠雄は井口孝親・稲垣長悟郎とともに第一四代委員となる。「あゝわれは弁論部の委員にはあらず弁論部の下僕たるなり。われは神によれる大なる僕たらん、われは僕となりて（ああ感謝）神の愛をあらはさん」と当日の日記にはある。晴れがましい弁論部委員としての忠雄は、練習会を盛り上げ、講演会の準備に余念がなかった。彼は何事にも熱心で、誠実であった。「余は真理の宣伝を以て天職と心得」（「日記」一九一二・二・八）との文面も見出すことができる。

二　母と親友の死

連続する近しい者の死

この年一九一二（明治四五・大正元）年は、彼の近くにいた人の死が続く。内村ルツ子の死に続いて、二月三日、一高の人気教師の福間博が、咽頭の癌で死ぬ。福間は岩元禎とともに一高のドイツ語教育を引っ張った教師であった。福間博は森鷗外の小説「二人の友」（『アルス』一九一五・六）のF君のモデルである。芥川龍之介にも鷗外の向こうを張って書いた同名の「二人の友」（『橄欖樹校友会雑誌第三百号紀年』一九二六・二）がある。小柄で金縁の眼鏡をかけ、長い口髭をはやした福間博は、意思の強い勉強家で、授業にも熱心に当たった。彼はユーモアを解し、学生に人気があった。文科の芥川龍之介や久米正雄や井川恭は、福間の授業を好んだ。それゆえ、福間が病気と知るや、芥川と井川は亡くなる少し前の一月二五日、入院先の本郷の永楽病院（東大付属病院）に見舞いに行っているほどである。井川恭の日記「向陵記」に、見舞いに行った感想が見出せる。衰え果てて冗談も言わない福間博を見舞い、粛然とした様子が記されている。

二月五日に行われた福間博の葬儀は、現役教師の葬儀でもあり、一高は午前一〇時で授業を打ち切り、生徒が葬儀に出席しやすい環境を講じている。忠雄の当日の日記には、「福間教授逝去につき午前十時限授業終り十一時半参集、生徒一同会葬して浅草今戸称福寺まで至る。いたいけなる二嬢の焼香せられたる時は思はず涙数行。導師の説教ありて帰る」とある。人の死は、若き矢内原忠雄の身近に常にあった。

ルツ子を失った内村鑑三のその後も、「忠雄日記」はしっかりと書きとどめている。二月一一日（紀元節）の日記には、「式には参列せず、柏木の先生の処へ行く。るつ子様御葬儀以来始めてなり。先生御疲労は大分恢復せられし様なれども心的の御苦痛推察にあまりあるべし。／われわれは、物見人にかこまれて馳せ場をめぐる選手の如きものにてキリスト、パウロ、ピーター（筆者注、ペテロ）すべての人が自分の競走に非常の interest を以て応援して居られる、といふが如きお話なりき」とあるのを見出す。また、同月一三日の日記には、「夜六時より柏木先生の御宅にてルツ子様記念（一ヶ月）茶話会あり、不肖等もその席末に侍するの栄を得たり、先生はまるで人種が別の様な気がす。わが身のくだらなきこと！」との感想が見られる。

母の死

次は最愛の母の死である。忠雄の母、矢内原松枝（マツヱ）は三月二二日、午前七時、四〇歳の若さでこの世を去った。日記には「明治四十五年三月二十一日午后十時半母危篤ノ電報」とあるが、翌日には召されていたことになる。矢内原伊作は『矢内原忠雄伝』で、「松江は心臓脚気を病み、数年来健康がすぐれなかった」と書き、「三月になってからちょっとした風邪がこじれ」、死に至ったとする。忠雄は電報を受け取ると、すぐ帰国すると返電し、翌早朝、午前八時半新橋発の急行に乗ったものの、臨終には間に合わなかった。二三日の午前一〇時、今治の町を経、松木に着き、母の遺体と対面した。安らかな死に顔であった。その日は、ほとんど眠らず、翌日の葬儀に備える。翌二四日午後二時、棺は松木の家を出、小高い丘にある丸小山墓所に葬られた。すみれやれんげ草が咲き乱れ、鶯の声が聞こえ、海も見える眺望のよい墓所である。

母の死は忠雄にとって堪え難いものがあった。まさに「慟哭《どうこく》三日三晩」、ようやく落ち着きを取り戻す。四月四日の日記の一部には、以下のような文面を見出すことができる。

母よ、逝きませる母よ、谷間の百合と咲きて無言のまゝに行きたまひし母よ。母は未だイエスを伝へられざりき、然れどもかのやすらけきなきがらを去れるたましひの滅びに落つべしとは思はれず。母は心の祈りをあらはすべき言葉なかりしならん、母は祈りの形式を知らざりしならん、母は言葉を知らざりしならん。あゝ然れども母よ、愛深き母よ、谷間の百合よ、無言の寂滅よ、神が君を召したまひしなり、君は神の国に行かせられたるなり。あゝ母よ、四十年の憂多かりし生涯をさりて眠りたる母よ、余等の学業の成るをも待たで逝きたまへる母よ。母は知らずして神を感ぜり、神は母を知りたまへり、（中略）然れどもイエスの死がその弟子達によかりし如くわれらの為にも母の逝きしは母の居るよりも善きことなりしなるべし、実に生前よりも一層母の愛は身にしみて覚えき。血気の身体とはかはりて純粋なる愛の霊との交際は恰も到る処に風吹くが如く常住坐臥われらと絶えず、母は死して更に大いに生きし也。母の身眠りて其の愛純化せられぬ。母の欠点（罪）は滅びてたゞその長所のみ残れり。

母の死はここに純化される。一九歳の青年矢内原忠雄は、母の死を通し、いっそうその信仰を堅くする。内村ルツ子の死に対して、その父鑑三のとった態度、また柏会の先輩石川鉄雄が妻イチ子の死に関しての証言は、忠雄の母の死に対しての処方にも影響した。彼は深い悲しみの中で、真剣に主イエス・キリストを思った。そしてキリストに出会うのである。その体験を彼は、「私は如何にして基督信者となつたか」(10)に書いている。引用しよう。

同じ年の三月に私の母は死にました。折柄の学期試験を中途にして急行列車ももどかしく郷里に帰りましたが、間に合ひませんでした。無限の悲しみが私を包みました。夕方田舎の一本道を何処迄ともなく歩いて居ました。其の時ふと目の前に立つ人に危く衝突しさうでありましたので、驚いて立ち止まり目を上げますと、イエス様が羔羊《こひつじ》を肩に抱いてじつと私を見て居られます。そして「泣くな我なり」と言はれたやうに思ひました。私は踵《くびす》をめぐらし心慰められて家に帰りました。先に内村先生がルツ子さんの召されたことにより、抗争し難き体験上の事実として天国の希望を教へられて居ましたので、今母の死に際しましても天国は一点の疑問もなく私の慰めとなつたのであります。

これは忠雄の信仰告白以外の何物でもない。彼は母の死を通して、その信仰を確立したのである。前章（第三章　向陵の青春）で扱った、倉田百三の忠雄批判の一文「生活批評―矢内原忠雄君にあたふ」は、こうした忠雄の一高時代の問題が、まったく眼中になく書かれたものであった。

家の問題

忠雄にとって母の死後の心配事は、家の問題であった。父と祖母は健在ながら年をとっていた。兄安昌は、転校した今治中学校を卒業し、岡山の第六高等学校に在籍していたものの、休学を申請していた。しかも、母の死にも駆けつけることもなかった。安昌は忠雄と異なり、勉学は好きな方ではなく、当時は家族への思いもうすく、大家族の矢内原家を背負う、自覚も気概にも欠けていた。忠雄の心配事は、一に母亡き後の矢内原家にあった。四月一〇日の日記に彼は、「今日は母が三七日《みなぬか》なり。本学期休学に決する兄は先日来岡山にありしが今日帰れり。あゝ愛は懼《おそれ》をのぞく、我をして罪を責めしむる勿れ、我をして権威あるものの如く傲慢たらしむるなかれ、共になかしめよ愛せしめよ主によりて、母によりて、あゝ兄よ、愛のみ愛のみ。」と書きつけている。

兄安昌は家を継ぐ長男である。母亡き後の矢内原家を思うと、忠雄は兄安昌に立場を自覚してもらいたかった。が、彼は兄の罪を責めることがないように、また、矢内原家で自分が権威ある者のように振る舞うことがないようにと祈っている。忠雄は実に謙虚である。しかし、現実には、祖母とよは七〇歳を越え、父謙一は六〇歳を越える。妹悦子は未だ女学校に在籍し、下には未だ幼い千代と啓太郎がいた。心配事は山積し、彼は神に祈らざるを得なかったのである。日記によれば、忠雄は母の死後二一日目の三七日の行事を四月一日に済ますと、翌四月一一日、郷里今治を発ち、一高の寄宿寮に戻った。東寮十六番の仲間は、同情の眼をもって彼を迎えた。以後彼は、学業はむろんのこと、弁論部委員や基督教青年会の委員としての仕事にも誠実に当たるようになる。

一ヶ月後の五月一一日、この日は一高と早稲田の野球の試合があった日であるが、忠雄は東京諸大学の連合演説会のため、三田の慶應義塾に行き「第一義の人」と題した演説をした。当日の日記には、「午后慶應の聯合演説会にひとりで出かく。一千の校友はすべて早稲田との野球試合に赴けり。会衆少くして五時に演説終る。余は「第一義の人」と題し、horizontal,verticalの説、「先づ神の国とそのただしきとを求むる」ことに就て二十五分許り述べたり」とある。

右の演説は、現在『矢内原忠雄全集』第二七巻に収録されているので、容易に目を通すことができる。初出は雑誌『雄弁』第三巻第九号（一九一二・九）である。矢内原伊作はこの演説に対し、「人間は社会的存在として水平的（ホライゾンタル）に生きる者であると共に、この社会的生活を真に意味あらしめるためには宗教的に天に向う垂直的（バーティカル）な面をもたなければならず、これこそ第一義のことであり、「此の第一義の立場に立って初めて水平面的真実の事業は出来る」「吾々の最も努むべきは此の義人たる生涯に入ることである」ことを主張した堂々たるものである。矢内原忠雄の後年の思想の骨子はすでにここに確立されていると言ってよい[11]」とまで言う。確かに矢内原忠雄は、早熟の理論家・思想家であったのだ。

満洲・朝鮮への旅

この年（一九一二）七月一八日から八月二日まで、忠雄は一高興風会が企画主催した中国東北部（満洲）および朝鮮への旅に参加した。母の死後、とかく気鬱がちの自身を省み、気分転換の意味もあって参加した旅であった。参加者二四名、中には一高基督教青年会で一緒の上級生の石田三治もいた。石田は旅の感想を「大連まで」と題して書いており、彼の歿後、『大学評論』（第四巻第三号、一九二〇・三）に載った。この旅は「満鮮旅行」と呼ばれた。忠雄はこの旅行のことを「満洲の旅」と題して、郷里の新聞『愛媛新報』に断続して（一九一三・八・九～一〇・二）二七回にわたって連載した。この紀行文に、石田三治は、I君の名で出てくる。

地方新聞とはいえ自分の文章が活字となって載るというのは、晴れがましいことであったろう。当時の一高生で筆の立つものは、出身地の新聞によく作品を載せていた。一年生の時、同じ南寮十番の仲間であった井川恭（恒藤恭）などは、故郷松江の新聞『松陽新報』や『山陰新聞』の常連だった。「赤城の山つゝじ」の題で『松陽新報』に五回にわたって連載された（一九一三・七・一六、一七、一九、二二、二三）ものは、前述のように、四人の仲間、――文科の芥川龍之介・藤岡蔵六・長崎太郎、それに井川恭の卒業記念旅行の記事である。忠雄の場合も、その文筆の能力が評価されての掲載であった。『矢内原忠雄全集』には、「満鮮旅行」に関するものとして、この「満洲の旅」（第二七巻）と『満洲日々新聞』に寄稿した「感想の種々　一高健児の満洲観（三）」（第二九巻）が収録されている。

「満洲の旅」は、四百字詰原稿用紙にして約九六枚にもおよぶ紀行文である。嘉義丸に乗って神戸港を出発、瀬戸内海を航行し、門司を経て大連に第一歩を踏み、以後帰国までの日々が詳しく記される。芥川龍之介が後年一九二一（大正一〇）年三月末に門司港から上海に向かった時は、玄界灘で大揺れに会い、「食卓の上の皿、ナイフなぞ皆ころげ落ちる始末故小生もすつかり船に酔ひ少からず閉口しました」（小沢忠兵衛・小穴隆一宛、一九二一・三・二九推定）という状況であったが、忠雄が玄界灘を通過したのは、盛夏の季節で、「海の穏かな事は五六百噸の汽船で瀬戸内を航すると同様」というコンディションであった。忠雄は「荒い玄海は冬でなければ見られないさうだ」と書いている。が、濃霧のため、上陸にはひまどった。旅行は大連にはじまり、旅順・南山・営口・遼陽・長春・哈爾浜《ハルビン》を見学し、朝鮮半島を縦断して帰国した。

島国根性の反省

中国東北部、いわゆる満洲は、当時日本が植民地化をねらっていた地である。矢内原忠雄が一高に入学した年、一九一〇（明治四三）年に日本は李朝末期の大韓帝国を併合し、勢力をさらに北に伸ばそうとして、この地に熱い視線を送っていたのである。善きにしろ悪しきにしろ関心の高まっていた地であった。一高の先輩もこの地には沢山いたようで、それら先輩の配慮が至れり尽くせりの旅であった。先輩の多くは南満洲鉄道株式会社、いわゆる満鉄と略称された半官半民の国策会社に勤めていた。満鉄は鉄道のほか、撫順《ぶじゅん》炭坑・鞍山《あんざん》製鋼所を拠点に交通・鉱工業・商業・拓殖など、多角経営で知られた。大連到着早々一行は港の内外見物に出かけるが、「満鉄の人が二三人説明して下さつた」と旅行記にはある。特に山田という名の先輩がよく面倒を見てくれたという。

大連では金子雪斎という泰東日報社の主筆を訪ねる。金子雪斎に関しては、当時一般には国粋主義者として知られていた。が、彼は漢学者でもあり、中国語による新聞『泰東日報』を刊行し、中国人の眼でも立論するという気骨ある人物であった。雪斎は一八六四（元治元）年生まれなので、当時四八歳であった。ちなみに『雪斎遺稿』（振東学社、一九三三・八）があることも書き添えておこう。忠雄は「雪斎先生」と書き、初対面の様子を「此の日は僅か一時間許りの接見であつたが、先生の朴誠なる風貌と醇乎たる言説とは痛く吾等青年の胸に強き人格の響きを伝へた」と書いている。

金子雪斎は中国人に対する日本人の態度、その島国根性を批判し、相手を軽蔑しながらこせこせしていては、その信頼を得ることはできないことを指摘した。彼は日本の中国政策をきびしく批判したのであった。忠雄の大連での収穫は、金子雪斎という型破りの漢学者と会い、その率直な意見を聞き得たことにあった。忠雄は雪斎の考えにいたく共鳴し、「我等が満洲旅行の首途にあたつて此の言を聞くを得たのは何と云ふ幸福だつたらう。僕達は支那人を見に来たのだけれども却つて好く日本人を見た。此の感想は旅行を終へる後まで一貫した」と書く。これは一高同期の芥川龍之介が、後年、一九二一（大正一〇）年に大阪毎日新聞社の特派員として中国各地を訪れ、感じたことと多分に重なる。芥川も中国を旅しながら、中国人を見て考えるとともに、より以上に日本人や日本のことを顧みることに連なる。こうした事例は、当時の知的日本人のよき一面を示すものだ。

「満洲の旅」連載の最終回で、忠雄は次のように言う。曰く「我等は支那人を視たよりも一層よく日本人を視た。その正直にして活気ある処はうれしい、その勇敢にして清い感情のあるのは頼もしい、けれども総体的の島国根性、これがわが国民性より脱し去るまでは我々は大国民たるを得ない」と。やがて植民地化される中国東北部（満洲）に行き、さまざまな矛盾や日本人の愚行を見、「弱い、支那人に対しては「ちゃんころ」と頭から馬鹿にしてかゝる。此の根性が抜けぬ限り、如何に政府の殖民方針が立派であつても、十分の実が揚らぬ訳である」との認識を、忠雄は大連上陸早々にもった。「感想の種々 一高健児の満洲観（三）」でも、中国人を蔑視する日本人を見て、「余は始めて島国根性の如何なるものやを覚れり」とか、「日本人は島国根性を脱せずんば大事をなし難し」とかの感想を記している。さらには「植民地にありては兎角驕慢奢侈に流れ労働困苦を避け忌むの風あり、従つて隠逸放縦の湿ひなき生活に入り易し、此間に立ちて宗教家諸氏の任重かるべし」とのいかにも忠雄らしい見解を見出すこともできる。

中国に来て日本人の性癖や島国根性を、矢内原忠雄はしっかりと見つめることになる。彼の後年の『殖民及殖民政策』（有斐閣、一九二六・六）や『帝国主義下の台湾』（岩波書店、一九二九・一〇）をはじめとする植民政策研究シリーズ（現在『矢内原忠雄全集』第一巻〜第五巻収録）の始原は、この旅にあったと言っても過言ではない。このことは後章で改めて考えることにしたい。

親友大利武祐のその後

ところで、前述のように一高時代の矢内原忠雄は、幾人《いくたり》もの人の死に接しているが、母の死後一年半、一高卒業の年、一九一三（大正二）年八月一五日の武さんこと、大利武祐《おおとしたけすけ》の死もまた彼に大きな痛手を与えることになる。

大利武祐は、忠雄の神戸一中以来の無二の親友である。彼に関しては、すでに第一章の「四　神戸中学校」でふれ、その後も折々その名を出してきた。忠雄は神戸一中五年生の一九〇九（明治四二）年の秋九月、寄宿していた家の主人、従兄の望月信治が神戸一中から今治中学校に転出したため、神戸での住まいを失うが、その時手を差し伸べたのも大利であった。つまり忠雄は中学校最後の七ヶ月間を大利の家で過ごすことになり、その関係はいっそう深まっていた。

大利武祐は高校（旧制）や高専に進学せず、故郷にとどまり、養母とともに家を護る。忠雄はそういう大利武祐に一高進学後は、文通で心を通わせていた。『矢内原忠雄全集』には、遺憾ながらそれらの書簡は見出せないが、日記にはしばしば大利武祐の病状のことが記される。その頃、彼は結核を病んでいたのである。前にも一部を引用したが、忠雄には「武さん」という追悼記[12]がある。テニソンの詩を巻頭に置き、「武さん！」という呼びかけではじまるこの文章は、四百字詰原稿用紙にして二八枚、堂々とした追憶記である。はじめの方の一節を、まず紹介しよう。

武さんと言つても多くの人は之を知るまい。彼は大利武祐といふ。六甲山の麓音ケ平の里、山幽に水清き処、名ある旧家に養はれて、養母とたゞ二人暮しの身であつた。彼と自分とは同じく明治三十八年の春中学へ入つたのである。当時自分は上筒井に居たから通学の際誘つてくれて自然に二人相携へて学校に往復することになつた。（詳しく言へば彼の家から中学へ通つて居た当時二年級の北尾君が、同級の僕の兄を誘ひによられて居たので、従つて彼と自分とも一緒に通学する様になつたのである。）かやうな次第で入学最初の授業の日から二人は通学の友であつた。そして卒業式の日まで然うであつた。併し二人は単なる道伴では終らなかつた。僅か十三の子供に特別な考の有らう筈はないけれども、気の合ふといふのは妙なもので、自分は深く彼に引きつけられた。殊に二人は天然を楽しむといふ上に於て益〻友情を暖くした。摩耶六甲、須磨明石、箕面有馬は之を訪ふこと幾回なるを知らず、或は小豆島の寒霞渓、或は篠山の奥の俗に滑《なめら》といふ処へも行つた。中でも記憶に残つてるのは、三年級の頃かと思ふが布引の水源を探険するといつて、時は秋の盛であつた、尾花の風に靡く野、油菊の脛を没する径、流を渉り木を伝つて、遂に六甲山の氷を取る池に出た時である。実に我々の楽しみはこの遠足に越すものはなかつた。快活な少年の心が暖いそして清い天然の中に結ばれて思ひのまゝに笑つたり走つたり、野の花の栄の歌を歌つたり、落日を肩に浴びて峠の上に無言で立つたり、ウォーズウォースの詩を体現したかの如くであつた。

五年級の二学期から都合によつて僕は彼の家に寓することになつた。二人はやがて中学を卒業した。彼は高商は嫌つたけれど、自分の好む上の学校へ行きたい念があつた。しかし家には養母一人の事故《ことゆえ》、家を離れて遊学することは家庭に許し難き事情があつた。彼は長らく考へた結果遂に遊学を断念して谷間の姫百合の様な一生を送らうと決心した。青春の身にはつらき犠牲である。然し温順なる彼はよく忍んだ。彼は母を安んじ家を鞏《つよ》くし、子孫をして余沢あらしめんことを期したのであらう。

武祐との友情

右の「武さん」という文章には、忠雄の一高入学以降二人が遣り取りした書簡を含み、若き日の矢内原忠雄を考えるのにきわめて貴重なものといえる。そこで以下、この文献によって、二人のかかわり、――武祐の死に至るまでのことを略記しよう。

矢内原忠雄が一九一〇（明治四三）年九月、一高入学を許可されて東京へ行くに当たって、武祐は「わかれては君がよすらん文をもて／われは忍ぶの庵をむすばん」と詠み、忠雄は答えて「君むすぶ庵の屋根に苔むすも／かはらぬものは情なりけり」と詠む。この年一一月、忠雄は武祐から以下のような便りを貰っている。

大分一高の生活にも馴れたゞらう。又真の味も解つたゞらう。君が入寮前向陵三年間の生活を前に控へて厳粛の感にうたれてると言つて来たが、其の厳粛の感はいつ迄も続きさうかね。實ちやん（筆者注、川西實三）は大学校に入るとき『成績や政略てふ嫌なもの、職業難などいふ淋しき声が耳に襲つて来る。これに反し高等学校入寮第一に聞く声は何であるか。曰く自治、曰く友情、曰く犠牲精神、曰く人格修養、迫るものは具体的のものにあらず殺風景のものにあらずして抽象的神秘的のものである』と書いて送られた。君に取つても向陵生活は右様に感じられるか。それともまだ君を満足せしむるには欠げた処があるかどうか。僕は一度君の真意が聞きたい。何の必要でない様だが君が十分満足し感謝しつゝ生活して居てくれゝば僕も嬉しいのだもの。

この手紙を紹介した忠雄は、「自分の喜を以て自身の喜としてくれる彼あるが故に、或は人生に対し、死に対し友情に対して聞いたり感じたりすることを語るのは、同寮同室の友にあらずして実に三百哩を隔つる山間の彼とであった」と書く。

大利武祐は忠雄が一高生活を本格的にはじめた一九一〇（明治四三）年の冬に、一年志願兵として和歌山市深山《みやま》の重砲兵聯隊に入隊した。忠雄は翌年の夏、故郷、今治に帰省する際の六月二五日、日曜日に、入営中の武祐を和歌山市の深山に訪ねている。『矢内原忠雄全集』第二八巻収録の忠雄の日記に、当日の記事が見られる。「今日は沢山《ママ》（筆者注、深山の間違いか。和歌山市には沢山という地名はない。校正ミスと思われる）へ武さんを訪問せんとす。難波発車九時四十分、途岸和田を経て山岡君を思ふ。十二時近く和歌山着、人力車にて沢山《ママ》に行く。一時半頃武さんと途にあひ直に転じて加太（筆者注、和歌山市郊外の海岸景勝地。万葉の時代から行楽地として知られる）に至り共に食して語る。楽しきものなり。六時半武さんを営門に送り、再び加太に至り、加太神社に詣し、一旅館に投ず、濤声枕をさそふ。／武さんは元気になり居たり」とある。

武祐の病との闘い

けれども、傍目には健康に見えた武祐の体は、この頃から苛酷な軍隊生活によって蝕まれていたのである。満期除隊となって帰宅した時には、重い結核に冒されていた。

病との闘いは厳しかった。翌一九一二（明治四五）年五月一五日の日記に忠雄は、「武さん手術後身体旧に復せずと。あゝ涙の尽きぬ世かな。われらは何不足なく真に幸福なる事は此の世に於ては不可能なり、たゞ終りまで忍ぶ者は救はれん、かの国に於ては病む者なく又愛するものと再会し得べし。われらは終まで友たらん、終まで相愛せん、あゝわれらに愛する友ありて相互に祈るを覚え以て慰藉と励みとを得ん」と書く。忠雄は須磨の病院に入院していた武祐をしばしば見舞い、祈りを共にしている。

一高に入ってから矢内原忠雄は、信仰に目覚め、イエスの愛を知るようになっていた。彼は病の床にあるこの神戸一中以来の友人に、キリスト教を紹介しようとし、手紙を書いた。「武さん」には右の文章に続いて、以下のような文面を見出すことができる。

自分は長い手紙を書いた中に（明治四五年五月）、イエスを彼に紹介した。自分は高等学校へ入つてからイエスの愛に深く心を引かれて居た。自分は手紙の一節に、「武さん、君に基督教（形式的）をすゝめる事は敢てせぬ。しかしイエスを紹介する。イエスをすゝめる。

哀む者は幸なり其人は慰を得べければなり。

かく言つたイエスこそ誠に慕しいではないか。君と共にイエスの事を語り得る日が待ち遠い。」と云つて、新約聖書を読むことを勧め、そして内村先生の『基督信徒のなぐさめ』といふ本を送つた。二人が耶蘇に就て語るの日は六月の末つ方、自分が帰省の途次、須磨の病院へ彼を訪うたのが始めてであつた。秋上京の際も亦此処を訪うた。二人の交は遂に最も高い処で結ばれた。イエスの愛による友、祈祷によりて交る友、我々の友情は遂に此処に導かれたのである。静かなる夜切に彼の為に祈れる時熱き霊感の彼と我との間に通ずるを覚え直に筆を取つて手紙を彼に書いたことも屡ゝである。彼も亦平安なる信頼を以て法悦の日を送るに至つた。彼の病は結核性なりしが故に親族故旧の人々も憚つて敢て彼に近づかぬ。併し別段不平を抱くこともなかつたらしい。彼の病はなかく治し難き病である。併し自暴自棄の跡は少しも見えぬ。彼は時に人生の果敢なきを感じたであらう。併し彼は神の愛の永遠なるを信じて静に忍んだ。

忠雄は毎月、内村鑑三編集の『聖書之研究』を武祐に送る。長い手紙を添えて。この行為について忠雄は、「武さん」に「自分が雑誌と手紙を祝福してポストに入れるのは此上ない悦であつた」と記し、「彼の手紙も亦少からず自分を感動せしめた。慰めらるゝは却て自分だと、彼の手紙を見るたびに感じた」と言う。

最後の試験を前に武祐を見舞う

一九一三（大正二）年六月七日、土曜日。大利武祐の命が夏頃までということを知った忠雄は、一高の大事な最後の試験前なのに、夜八時新橋発の夜間急行列車に乗り、京都大学病院に入院加療中の武祐の見舞いに旅立つ。八日朝、京都着。幸い当日の忠雄の日記が『矢内原忠雄全集』第二八巻に収録されているので、全文を引用する。

六月八日　日曜

琵琶湖の朝景色はよかつた。京都へは午前九時十分頃についてすぐに病院へ行つた。室へはいると武さんは淋しい笑みをもらした。うれしいのだらうが、それをうれしくあらはすだけの力がないのである。僕もその言葉なくてたゞその手を取りて顔を見つめた。あゝやせて力なき手。かはつたく〳〵。武さん！彼はのどが大へんわるくて十分に声が出ない。僕も多く話すことはない。約翰《ヨハネ》伝十四章よんできかした。いつまでも去りがたくはあつたが、あまり話してはよくないと却て病人から注意されて一時頃辞した。あのお母さんがついて居られるが実にお気の毒であつた。去るにのぞみて僕はひとへに彼の身の上を神に祈つた。今やかれは生くるも死ぬのも神の手にあるのである。人力はいかんとも出来ない、あゝ武さん！

二時五十六分発車帰京。

忠雄は九日の朝七時二〇分に新橋に着いた。とんぼ返りの忙しい旅であった。何せ新幹線などない時代である。夜行列車で京都～東京間が一四時間余もかかったのである。旅費も馬鹿にならない。しかも、大事な卒業試験の最中であった。が、忠雄はそんなことにかまけていられなかった。親友が大事だったのである。忠雄の友への献身は尋常でない。

大利武祐は、前述のようにこの年八月一五日に死去した。父の看病で今治に帰郷していた忠雄に、その訃報が届いたのは、二日後の一七日であった。彼はこの日の日記に、「武さん十五日午前二時彼の国へ召されたり、移されたりとの報を得、その写真を出し熟視流涕す。彼のために讃美歌「主よみもとに近づかん」等をうたひ且つロマ書第八章をよむ。昨夜の余の祈りは彼の死する前既に主によりて聞かれしなるべし。あゝ彼の細く力なき手足は今やあらず、光りある霊の体彼にあたへらる。あゝ行くものより残るものに別れのうれひや深し、祈せん」と書きつけている。

愛する友を失う

予期したこととはいえ、忠雄の打撃は大きかった。「武さん」という文章の終わりには、「彼は特に学術が優れたといふのでもない。又特に運動に秀いでて居たわけでもない。奮闘生活の模範にもなれなかつたし苦学力行の手本にもなれなかつた。いはば平凡な男であつた。彼は家庭の愛を経験すること普通の子に比して甚だ薄かつた、にも拘らず彼は常に養母の事を思つて居た。彼は飽く迄柔和で謙遜であつた。終まで忍ぶ小羊の如くであつた。彼は人には認められずとも神に択まるべき人であつた。彼は神の愛にも似、兄弟の愛にまさりて自分（筆者注、忠雄）を愛した」とある。忠雄は若き日の愛する友をここに失ったのである。その遺品もまた失われたことは、この年一九一三（大正二）年一〇月九日の忠雄の日記に見られる。死病と言われた結核による伝染を怖れて処理されてしまったのである。忠雄のやり切れない気持ちは、日記に記された次のような感懐に、偲ぶことができる。

武さん、君は実に死する時までも寂しき生涯を経たりき。その死後も極めて寂しからん。君の手沢ある遺品は此の世にのこらず、空しく捨て去られぬ。我にありては百万の宝玉も何かせん、たゞ君が病中の遺品こそほしきなれ。思へば我がためにと君が書きおき給ひつる文のはしぐ〵、われより君にさゝげし文ども、君に送りし書籍、君が用ひし硯、文藻、筆蹟、書籍、――聖書も、『聖書之研究』も、『所感十年』も、『病間録』も、――あゝその中を開かば処々に君が感想の一端も記され居つらん、朱線も引きてありつらん、あゝそのすべての葬り去られし事の口惜しさよ、貴き君が病中日記すら焼きすてられんとは。心なき人々よ、肉の父も霊の友たり得ざることの情けなさ。君、危篤に陥りたらん時は我に電話をうちくるゝこそ近侍のものの至情なれ。我と君との交情は兄弟にもまされりと彼等の言ひしも口のさきなりしか、君死去の報は死去の後数日にして始めてわが許に知らされぬ。われは君の葬式にも列しえざりき。

忠雄の胸中の思いが伝わってくる。彼は寂しかった。友の死に続いて忠雄を襲ったのは、父矢内原謙一の死であった。これは後節に譲ることとしたい。

三　一高卒業前後

房総への旅

前後するが、矢内原忠雄の一九一三（大正二）年の春は、慌ただしく過ぎていた。彼は弁論部や基督教青年会での行事には熱心に参加し、東寮十六番の仲間との交流も深まっていた。『東十六《ととろう》』という、部屋で出している回覧雑誌にも彼は進んで寄稿した。三谷隆信によると、『東十六』という雑誌は、「書きたくなった者が、何でも、いつでもかくのである。真面目な感想もあった。仲間に対する注文や批評もあった。旅行記もあったし漫画もあった。この雑誌は大学に入学後もつづいたので、大学卒業のときは三十冊ぐらいあったろうと記憶するが、震災、戦災その他で今は殆んどない。この『東十六』誌には矢内原君も健筆をよく振った一人」(13)ということになる。

三月の試験中には鷗外訳の『即興詩人』を読み、四月の試験休みには、房総方面への旅に出る。同室の石井満《みつる》の招待を受けての旅であった。四月三日の日記には、「午后の一時半上総湊《かずさみなと》についた。石井が来ないかと言つて居たから遠慮なくやつて来たのである」とある。石井満は後年日本出版協会会長として戦争責任を問われた出版社の整理・粛正を行った人である。彼は書くことを好み、『新渡戸稲造伝』（関谷書店、一九三四・一〇）などの著者としても知られる。彼は前年母を失った忠雄にいたく同情し、その郷里に招いたのであった。忠雄が母危篤の電報を受け取り、急遽帰国する際、新橋駅まで見送りに来てくれたのも石井満であった。石井もまた母を一高入学以前に亡くしていたのだ。後年忠雄は「石井満君と私」(14)で、この旅を回想し、「母の死は私と石井君を結んだ。その翌年春の休みに、私は石井君をその郷里上総湊の家に訪ねた。

当時汽車は木更津までしか行っておらず、私は東京湾汽船で霊岸島を出帆して、湊に上陸した。さみしい港であった。石井君の家に泊めてもらって、二人で鹿野山八十八谷に行ったりした」と回想している。

四月五日からは一人旅で房総半島を南下する。途中「安田、勝山を経て高崎といふ海岸の温泉場の雷館といふに勉強にきてる松本実三、本位田祥男《ほんいでんよしお》両君を尋ねて」一時間ほど話し合い、夕方、北条の幸田旅館に着く。松本実三は内村鑑三門下で、白雨会メンバーの一人。南原繁や石田三治らと親しかった人である。東大銀時計組で、のち経済学者となるも早世した。本位田祥男は忠雄の一高・東京帝国大学の一年先輩。のちの経済学者、東大教授。本位田とは珍しい姓だが、吉川英治の新聞小説『宮本武蔵』（『朝日新聞』一九三五・八・二三〜三九・七・一一）には、本位田又八なる人物が登場する。このことから、後年右傾化した彼は、学生から又八の蔑称で呼ばれることになる。人は拠り所がないと、時代の中で右往左往するものである。

本位田祥男は、一九三七（昭和一二）年の矢内原事件では、経済学部長土方成美《ひじかたせいび》と組んで、忠雄の東大追放を図った人物なのである。彼はその後、一九三九（昭和一四）年の平賀粛学に反対し、東大教授を辞め、大政翼賛会が成立すると経済政策部長に就任、戦後そのことにより公職追放を受けている。が、若き日の本位田祥男は勉強家の学生で、策士の面影などなかった。それ故忠雄も、わざわざ訪ねて行ったのであろう。

六日は館山へ行き、「公園の松の木の下で静平な鏡が浦」を見る。その後外房に沿い、房総半島を北上し、鴨川を経、その夜は天津町の井筒屋に泊まる。七日は清澄山へ登り、山を下りて日蓮ゆかりの「小湊誕生寺の側で昼寝」をする。勝浦へ着いたのは、午後三時頃であった。「海岸の丘の芝生に踞して海原遠く眺むれば気宇広闊となつた」という。彼は持参したホイットマンの海の詩を、「全部幾度となく読んだ」と日記に書きつけている。忠雄は『草の葉』のホイットマンが好きだった。彼は文学青年でもあった。八日は帰途に就く。彼は旅を省みて「聖書（旅中哥林多《コリント》前書をよむ）と祈りと、而してこれらの源なる神とにあつく感謝した」と記す。大原から一一時半の汽車に乗り、四時前に両国駅に着く。翌日からは『向陵誌』に載せる「弁論部部史」に取りかかっている。

新渡戸校長免職反対運動

同月二三日、水曜日。各新聞に一高校長新渡戸稲造の免職、後任に文部省視学官の瀬戸虎記が就任したという記事が載る。これは当時の一高生にとって、衝撃的事件であった。新渡戸は前年秋にアメリカから帰国した後、健康がすぐれず、帰朝歓迎会の席上辞意を漏らしてはいたが、まさかの思いが多くの一高寮生にはあった。文科の井川恭（恒藤恭）の当日の日記「向陵記」(15)には、以下のようにある。

新渡戸校長が免ぜられて、文部視学官瀬戸虎記氏が任命に成つたといふ記事が各新聞に出た。大に憤慨する。学校へ出ると、午后学生大会をひらいて、横暴なる文部当局の責をとふといふ檄が銅像の前に立ててあつた。

午后嚶鳴堂《あうめいどう》は一杯の人であつた。二、三人の反対者の外、十数人の人々が立つて、校長復職を叫び、採択の結果十五、六人の少数をのぞき満場一致で復職運動をなす事になつた。議長井上君（筆者注、井上庚二郎）の態度は立派であつた。

矢内原忠雄もむろんこの学生大会に出席していた。「日記」には学生大会の様子を報じ、「新渡戸先生の復職を期する旨を満場にはかれり。十数名壇に立てり。二三の人が先生を校長として不適任なり其他の理由にて復職運動に反対するものありしを以て余も登壇せり。文部省を責むるはみな一なり。遂に委員の決議案を迎ふ。会散じて後石井君と共に新渡戸先生を訪問す」とある。一高時代の矢内原忠雄はとにかく積極的な学生生活を送っていた。彼は頭の回転の早い学生であり、思うことあれば、こうした席でも臆せず手を挙げ、意見を述べることが出来た。それは神戸一中時代からの彼の身に付いた習慣であり、意見を述べるタイミングも巧みであった。しかも、一高弁論部で鍛えた滑舌と声量も申し分なかった。彼は友人付き合いもよく、仲間からは信頼されていた。が、一方で、何事にも行動的なその態度を、苦々しく思う者がいたのも事実である。文科の芥川龍之介や成瀬正一がそうであった。[16] 忠雄のあまりにも目立った行動への拒否反応の顕著な例が、前章で詳しく述べた倉田百三の矢内原批判であった。

　臨時生徒大会で忠雄は、新渡戸事件にかかわる実行委員に選ばれている。四月二五日の井川恭の日記（「向陵記」）は、新渡戸の辞任に至る成り行きと、学生大会が復職運動を止めたことを、理路整然と述べている。引用しよう。

　昨日、寮の委員が文部省を訪うて大臣奥田義人氏及び福原次官と会見した顛末が新聞に出てゐた。

　十時前校長の訓示があると云ふので、講堂に集まつた。

　先生は、なほ事務引つゞきの為であるとて、教授服をきたまゝ壇に立たれた。

　先生は諄々と説きはじめられた。年十六のとき、明治天皇が先生の家に行在したまひ、一家のもの共に拝謁をたまはつた。その時以来先生は志を立てゝ、国家のため、新国土開拓のため一生尽さむことを決心され、札幌農学校へはいられ、それから米国の大学に三年、ドイツの大学に五年、農学を修められ、帰朝して札幌農学校の教授となられたが、京都法科大学へ木下総長の懇望により、その知遇に感じてうつられた。しかるに又、牧野文相の懇望により、又その知遇に感じて一高の校長となられた。はじめは二年くらゐのつもりでゐられたのが、とう〳〵足がけ八年もをられる事になつた。

そのはじめ、文相は、校内の事務をみるにはそれ〴〵事務吏あり、校長は更に大なる教育に従つてもらひたいと約束した。しかるにその後、世間にハ、先生が他の事業に心をわかつて、校長の務めに専らで無いといふ批難をはじめた。それから一高の気風が衰微し堕落したのは、先生の罪であるといひ出すものも出てきた。加ふるに先生が、国家の命を奉じて、米国に交換教授として赴かるゝや、先生の曠職をそしるものが多く、去年の夏の校長排斥記事が新聞にあらはるゝに及んで先生は憤然として帰られた。そして、第二学期の全寮晩餐会に辞気激したる演説をされ、且つ文部省に辞表を出された。それで委員はその事をきいて、文部省をとうてその辞表の公式ならざる事、且つ当局はなる可く先生の留任を希望する意思なる事をたしかめ、一方先生に留任を乞うた。先生も健康を害せられ、且つ専門の学問もおくれたため、静養をのぞんでゐられたのであるけれど、それほどまでに思つて呉れるのならバ、世間の批難も何もかまはずに、みなと一緒にやつて見たいと、思はれた事もあつた。

その後先生は、文部省へ辞表きゝ届を乞はれたが文部省は応じなかつた。しかるに今回、メービー博士と満鮮にゆかるゝまへにも当局の意思をたづねてゆかれた。しかるに今回、先生をよんで相談して、先生の辞表をきゝ届ける事になつた。

それまでの成りゆきを事理あきらかにのべて、之がまだ職に在る間であつたならバとも角、已に勅許をもつて辞令の出た今日では、我輩は決して復職するやうな事はしない。それでもしゐてと云はれるならバ、我輩の屍をふんで、当局に迫つてもらひたい。この場合ハ是非おだやかに運動をやめてもらひたいと言はれた。

僕は、たゞ涙が出てしやうがなかつた。

午后、学生大会をひらき、復職運動の廃止を決議した。

新渡戸校長を送る

五月一日の新旧校長の送迎会のことは、矢内原忠雄が当日の日記に印象を綴っている。そこには「此の日はわれらの最もしたひ奉る新渡戸先生を送る日なり。校長より先生を失ふことの惜しさよ。名残をしさよ。とても大学生などの感じうる所にあらず。三時半より嚶鳴堂にて新旧校長の送迎会あり。先生の御話は例によりて実によかりき。生徒演説も大抵よかりき」とある。

その夜は食堂で晩餐会があった。八時半に終え、有志は新渡戸前校長を小石川の自宅まで徒歩で見送ることになる。この日の日記に忠雄は、その模様を記しているが、忠雄の代表あいさつの姿を含めて「永い思ひ出の夜」と小見出しを施して当日の日記（「向陵記」）に書いた井川恭のものを、ここでも引用しよう。

有志のものは、先生を先にたてて見送る。大沼（筆者注、大沼浮蔵、一高の体育教師）さんが提灯をもつて先生の横につく。みな先生のそばによりたがつて大さはぎ。みなもみ合うて本郷の大通りをゆく。三丁目から春日町へ折れる。雨ははれたが、みちはぬかるんでゐる。

僕たちの心はもう先生を思ふ情ではりきつてゐた。空はくらく、ともしびは、うつくしくかゞやいてゐた。

とう〳〵小日向台町の、先生のお宅に来た。ドカ〳〵と、砂利のしかれた庭にながれいる。かゞやかしいあかるい玄関にハ、うちの人がバラ〳〵とかけ出る。先生の奥さんが、にこ〳〵してでられる。先生と奥さんとハ、ならんでたゝれる。みなはひざまづいて、送別のうたをうたふ。僕たちの眼にはもう涙がわいてきた。矢内原君が感情に迫つたこゑで、なきながらわかれのあいさつをする。みなもたゞすゝり泣いた。それから先生御夫婦のため黙祷をさゝげ、全寮々歌をうたひ、万歳をとなへて、かへりみつゝなだれ出た。さゝげられた一つはいきた花かご、一つは造花のかご。奥さんがたかく花かごをさゝげて、アイサンクユーフロムマイハーツといはれたときの、その場のありさまのうつくしさは、かつてみた事のないうつくしいものであつた。

名校長

新渡戸稲造は、多くの生徒に惜しまれて一高を去った。新渡戸はまさに名校長の名にふさわしかった。矢内原忠雄や井川恭をはじめとする一高生は、よき校長に恵まれたことになる。

忠雄に「一高を去る前に」という文章がある。兵庫県立第一神戸中学校校友会の『会誌』第二七号（一九一三・六刊行）に載ったもの。同年五月五日の日記に、「中学校への雑誌原稿を書く、新渡戸先生に関して多くかきたり。一日夜のことをも書けり」とあるのが相当する。全文は『矢内原忠雄全集』第二七巻に収録されている。四百字詰原稿用紙約二八枚ほどの文章である。後輩たちに一高のこと、なかんずく新渡戸稲造校長辞任にまつわることを知らせたいとして書いている。「四月二十五日、先生は生徒一同を集めて辞職の顛末を語られた。多くを言ふまいが、たゞ先生は今の日本官立学校には少し大き過ぎるといふ事と、我等生徒と先生とは互に愛し、互に解し、深き愛着の中に別れたと云ふことを知つて貰ひたい」とあり、まず新渡戸校長の告別演説の大要を記す。次に五月一日の新旧校長の送迎会のこと、その夜、有志で新渡戸を自宅まで送ったこと、自身の涙の別れのあいさつなども書かれる。忠雄は筆の人であった。三〇枚近い巧みな文章を、一気に書き上げる。そして母校の校友会『会誌』に投稿しているのである。

こうした日々の中でも、弁論部や基督教青年会への出席も欠かさない。五月八日の日記には、「練習会は相変らず盛なり。弁論部興隆時代といふべきか（中略）。七時前よりテモテ教会にて聖潔会、但し常雄さんと二人なり。今日は真に感謝と讃美にあふれ、その祈りは真に神に対せる如くキリストの慈顔仰ぐべく、いつ迄も居りたかりし程よい気持ちになりき」とある。「常雄さん」とは、一級下の金沢常雄のことである。後年金沢は無教会主義のキリスト教伝道者となる。忠雄は内村鑑三の柏木の集会にも休まず出席している。『向陵誌』の「弁論部部史」の原稿と校正にも励んでいる。五月一三日、新渡戸宅に来日中のブラウン大学総長フォーンス歓迎のお茶の会が開かれ、忠雄はじめ十名ほどが相伴にあずかっている。ブラウン大学は、アメリカロードアイランド州の首都プロビデンスにある名門で、アイビィーリーグの一校である。

悩み多い日々

この頃彼は何かと悩みが多かった。故郷の父は病気となり、祖母とよは老齢であった。五月一七日の日記に「兄上及悦子より来信。父上御病気との由驚くの外なり、あゝ、なぜに病にはかゝられ給ひつらん」とある。前節で詳説した中学時代の親友大利武祐の病状が悪化したのも、この頃のことであった。彼はこの後一高最後の試験を前に、日程を割いて友を見舞ったことは、すでに記した。彼は心中に多くの悩みを抱えていたのだ。そういう忠雄が心おきなく語れる友は、一級下の金沢常雄であった。五月二一日の日記には、「夕方常雄さんと散歩す。常雄さんは誠にわが友なり、心の友なり。彼と語りてわが心安くわがうれひ散ず」とある。

卒業を前に忠雄の身辺は、慌ただしかった。六月一三日から試験がはじまった。忠雄は日記に「歴史及びユンケルの試験」と簡潔に記す。ユンケルとはドイツ語の教師の名である。双方とも学科を越えた試験だったらしい。英文科所属の井川恭の日記（「向陵記」）には、「けふから試験なので、五時すぎおきて、ノートや宿題のしらべたのを一と通り見る」とある。一時間目は西洋史、二時間目はユンケルのドイツ語の試験であった。

六月一六日は「国語の試験」があったが、この日忠雄は『校友会雑誌』六月号（第二二七号）を学校から貰い、倉田百三の例の「生活批評―矢内原忠雄君にあたふ」という論文を読む。この件は、すでに前章「向陵の青春」（「四　倉田百三の忠雄批判」）でとりあげた。附言するなら、ここまでの忠雄の動静調査からすると、当時の倉田の忠雄批判は、かなり主観的で、偏ったものであったことが分かってくる。詳しい状況調査による反転した見方を示すと、倉田百三には、当時の矢内原忠雄の真の姿が見えなかったとしてよいのだろう。しかし、前章でふれたように、倉田も後になって忠雄の誠実な態度を認め、自身の文章を深く反省した一文を書くこととなる。

一高は卒業試験を終えると、退寮しなければならず、六月一七日に漢文の試験と、最後のラテン語を、出席を取るだけで終えた忠雄は、以後、代々木の植木屋堀江峯次郎宅に下宿する。六月二〇日は川西實三から東京帝国大学の政治学科と法律学科の違いの話を聞く。その日の日記に彼は、「どちらでもよき様で少しもきまらず、余は今の志望は内村先生又は新渡戸先生の如くに日本の精神的向上を少しでも助けたきにて、官吏又は会社員となりて立ちて行く腕もあらざるべく望みもなし。かくの如き志望にして法律と政治といづれの学科がよかるべきか。政治の方は雑駁なりとするもヂェネラル・カルチューアの利あり。法律の方は一本道なれど頭脳をつくる利あり。未だいづれを取るか決せず」と書く。結局彼は、東京帝国大学法科大学の政治学科へ進学することになる。

首席で一高を卒業

一九一三（大正二）年七月一日、矢内原忠雄は第一高等学校英法科を首席で卒業する。彼は三二二名の卒業生総代として答辞を読む。当日の日記には、「卒業試験余は首席なりき。思ふに一年の時よりのを平均したるが故か、格別どころかすこしも嬉しくなし寧ろ暗然たるのみ。しかしよく〳〵己を空しくして考ふれば神の恵、親の恩、師友の恵みなればこそ卒業もしたれ、やはり大なる感謝なり」とある。なお、忠雄には卒業を前にして課題作文として書いた「三年の回顧」[17]と題した一文もある。一高卒業後は読書の日々を送る。七月一五日に大学の入学試験があった。日記によると「問題は英文和訳二題、和文英訳二題、監督は美濃部博士」とある。美濃部博士とは、のち「天皇機関説」を右翼の学者簑田胸喜《みのだむねき》や軍部から排撃され、貴族院議員を辞任した美濃部達吉である。

東京での仕事をこなした彼は、一五日の夜一一時新橋発の夜行列車で、故郷に旅立つ。途中御殿場に下車し、富士登山を敢行した。御殿場口から登り、吉田口を下った。彼は生涯山を愛した。頂上を極めたのは、七月一七日のことである。当日の日記には「日出、所謂ご来迎を拝す。清新の気溢る、されどその荘重落日に及ばず、いづれも白雲諸山を覆ひて海の如し」と記している。

四　大学進学と父の死

法科大学政治学科に進学

一九一三（大正二）年九月、矢内原忠雄は東京帝国大学法科大学政治学科に進学した。一高一年生の時南寮十番で一緒だった井川恭（恒藤恭）や、一高基督教青年会で共に聖書を学び、祈りを合わせた長崎太郎は、京都帝国大学法科大学政治学科に進学している。当時東京帝国大学法科大学は、高校からの進学者は法科出身者に限り、文科からの進学を認めなかったからである。東京帝国大学法科大学には、法律学科・政治学科・経済学科の三学科があった。忠雄が政治学科を選んだのは、「雨の安息日」(18)という彼の文章が参考になる。一九一四（大正三）年一一月一五日の記録である。大学入学後一年余を経ての感想である。以下がその文章である。

経済科は幼稚、政治科は雑駁、しつかりして居るのは法律科のみとは、よく聞く語であるが、法律は学問が古いだけ一番整つて居ることは確かである。しかし僕の方針を決定せしむるに与つて力あつたのは一高時代の、而も終り頃の、新渡戸先生の日本の財政に関する御演説であつた。僕は日本の財政の為に貢献したいと思つて始め経済科を志望した。しかし其学科がいかにもつまらなさうであつたから政治科へ転じた。法律科へ転じなかつたのは一つは法律を食はず嫌ひであつたのであるけれども一つはやはり日本の財政の為めなる当初の志望を留保しておいたからである。――ああ併し財政のこと、金勘定のことは僕の最もうるさいと思ふところであつたのだ。

僕は将来どんな仕事につくか知らない。今は格別就きたいと思ふものもない。併し恐らく神は適当なものを、僕の負担し得る範囲に於て与へ給ふであらう。ただ世のものとならず、神のものとして、神の印を額に印されしピルグリムとして暮して行かう。学問にまれ実務にまれ要は神の真理を闡明するを以てわが任務と心得る。我にも亦為しうるのサービスの有るあらば恐くはわれ自身の自覚せざる処に於て神の恵により効果を収めるであらう。

当時の東京帝国大学の総長は、山川健次郎であった。山川は佐幕派旧会津藩士の出である。アメリカに留学し、イェール大学で物理学の学位を得る。東京帝大総長の後、九州帝国大学や京都帝国大学の総長を歴任し、日本の大学教育の確立に尽力した人物であった。

父謙一の死

大学入学前後の矢内原忠雄最大の出来事は、父謙一の死であった。父はこの年五月の半ば頃から体調優れず、病床にあった。先に引用した父の病を知らせる便りを忠雄が受け取ったのは、五月一七日のことである。当初病は神経痛という診断であった。父謙一は、妻松枝の死後、再婚していた。謙一にとっては第三の妻となる女性、忠雄にとっては第二の母ということになる。戸籍には入れずじまいであったこの女性の名は、判明しない。彼女は矢内原家に馴染むことができず、四ヶ月ほどで去ってしまう。

忠雄は父謙一に、生涯尊敬の念をもって接していた。人は思春期に反抗期の期間があり、父に背き、対抗するものである。が、忠雄は一一歳の時から父の許を離れ、神戸一中時代は従兄弟の望月信治宅で過ごし、父との接触は休みの期間だけであった。そのためか父は理解ある存在、家の中心にいて家族を抱擁してくれる存在として眺めることが多かった。早くして親元を離れての生活は、父母を慕うことになる。彼の母への思いは、なまなかのものではなかったが、父への思いも同様に深かった。忠雄における父と子の関係は、父に反抗し、父を乗り越えようとする一般の人々とは大分異なる。彼は心から父を慕い、父の存在を偉大なものとし、是認した。それだけに父の病状をいたく心配したのである。大学入学前の休みの日々、彼は故郷で父謙一の看病に全力を尽くしている。忠雄は稀にみる親孝行の息子であった。当時の日記には、「午前父に侍す、父病むこと既に七十日、神よ願くは我にその苦みを代り負はしめ玉へ」（一九一三・八・五）、「此頃父の傍に侍すること多し、その痛み殊に甚し」（一九一三・八・一八）などとある。父の余命は、いくばくもないことはわかっていた。それだけに忠雄は父の看病に、全力を捧げたのである。

彼にはまた、父亡き後の矢内原家が心配であった。兄のこと、第二の母のこと、まさに「家庭の事を思ひて悶々す」（「日記」一九一三・八・一六）の状況であった。すでに記したことながら、兄安昌は忠雄と違って意思が弱かった。神戸中学校は欠席多く、留年（落第）が決まった時点で今治中学校に転校、岡山の第六高等学校に合格できたのはよいものの、ここも欠席勝ちで休学に追い込まれていた。父が病気だというのに家にも戻らない。父の看病を語った一八日の日記には、続けて以下のようにある。「安兄の消息に就ては其後杳として不明なりしが今日良さんより住吉へ来たる葉がきにより東京にて別れし事わかりしより、兄上はひとり東京に止まりしこと判明しこゝに大なる心配起りぬ」とある。幸い安昌は、その日帰宅したが、頼りのないことは相変わらずであった。

第二の母は、矢内原家の風習を嫌い、家を出たり入ったりであった。気丈な祖母は「いんでおくれ」と叱りとばす始末。こうした中で忠雄は、友人に手紙を書き、東寮十六番の回覧雑誌『悠々』のために執筆している（「日記」一九一三・八・二二）。八月二四日の日記には、内村鑑三の *How I became a Christian* を読み終えるとの一文が書き込まれている。鑑三は苦境の中における忠雄の師表であった。

父矢内原謙一は、今治病院で肋間神経の剔出手術をすることになったものの、病は急変し、手術は取りやめとなる。症状は見るに堪えないほどだった。忠雄の歎きは大きかった。八月二八日の日記には、「足腰も立たで大小便も出でで加ふるに疼痛厳甚、ああ義しきものかゝる病に臥す、誰かなげかざらんや、あゝこれ何等の病ぞ」とある。三一日の日記には、「父胸部緊絞性の厳痛を覚え咳痰つまりて其の苦痛見るにしのびず、終日介抱す。夜文姉様来られ実にうれしかりき。父も甚だ喜べり」とある。文姉様とは、謙一の妾《しょう》千賀子との間に出来た娘文代のことである。

こうした中で、六高を中退した兄安昌が、九月五日急遽結婚する。周りの人々が腰の落ち着かない安昌を慮っての処置であった。相手は遠い親戚の娘、冨山益子であった。当日の忠雄の日記には、「本日早朝四時といふに日吉伯父と新妻マス子氏と来車す（中略）。嫂来りてわれは実にうれしさに溢る也。心大いに軽くなれり。願くは兄がもつと引きしまりて家事を取締まり嫂と琴瑟相和して世を終らんこと切願にたへず」とある、忠雄は父亡き後の家が心配だったのである。

死とはなにか

彼は東京帝国大学入学の手続きを先輩の川西實三に手紙で依頼した。授業はもうはじまっている。父は自分のことはいいから、上京せよと言う。忠雄もそれに従いたかった。九月一四日の日記には、「われ上京したくてたまらぬ心あり。父の病はどうせ久しき也。今やさしたる悪兆も見えず。むしろ早く上京せんにはと、之を音兄様（筆者注、姉文代の夫野間音二）にはかる。即ち賛せられて之を父上に乞ひて下さる。父もまた、遅かれ早かれ行かねばならぬ也。われ死するも学は素より廃すべからざる也、よし行け、明後日行け、と。われ黙して涙す」とある。

前述のように神戸一中時代の親友大利武祐が死去したのは、父の介護中の八月一五日のことであった。そして父矢内原謙一が世を去るのは、一〇月一日である。忠雄は大学への出席が気になり、父の勧めや伯父たちの賛同もあって、九月三〇日に今治港から出発したものの、神戸港で「チチケサシススグカヘレヘン」の電報を、一〇月一日の夕刻受け取る。忠雄はすぐに引き返し、翌日一〇月二日午前一〇時今治に着き、父の死顔と対面した。「わが親ながら気高き人なりしを、あゝ」と忠雄は当日の日記に書きつける。

思えば矢内原忠雄は、過去二年、いったい、何人もの人々との死別を体験してきたことか。確認の意味で記すと、内村鑑三の娘ルツ子、ドイツ語の師福間博、母松枝、親友大利武祐、そして父謙一である。死は絶えず若き彼の周りにあった。特に父の死は、二ヶ月余傍らにいて介護に尽くしただけに重く、厳しいものがあった。死とは何かに彼は思いを馳せる。死の対極には生があった。今後いかに生きるべきか。彼は聖書に真剣に向き合い、拝志川の流れのほとりを歩んでは、神に祈った。家族伝道のことも真剣に考えている。彼は故郷にあって、上京したくてたまらぬ心を抑えて父を看病した。父は前述のように、「われ死するも学は素より廃すべからざる也」と忠雄に言い含めていた。彼はそうした父の思いを胸に刻むにつけ、「あゝ我は学にはげまざるべからず。如何なること起るとも学を廃することなかるべし。われは学に大成せざるべからず」と先に引用した日記（一九一三・九・一四）に続けて書き付けることとなる。

父の死を前に、忠雄は苦慮する。「我は誠実遙かに父に及ばず人格遙かに父よりひくし。たゞ我は基督を知りヱホバを知るが故に、祈るべき対象と祈るべき事とを知るが故にわれは怖れずして父の為に祈る。仏前の祈り、神前の祈りの多き中にありてわれは独りヱホバ全能の神愛の神唯一の神に祈る」との記事（「日記」一九一三・九・二〇）も見出すことができる。他方、彼は矢内原の家を心配する。「今わが家父を失うて何等の光ある。今われ父を失ひて何等の愛ある。神よわれは罪なり、われは我家にキリストを伝ふる能はざりき。神よ我を罰せよ、さりながら父と家族に、母を失ひし弟妹に願くは大なる苦痛を加へしめ給ふ勿れ」との悲痛な思いを、彼は日記（一九一三・九・二七）に吐露している。

注

（1）鑑三の子息で、医師となった内村祐之は、姉ルツ子の病を「結核」と断定している。『鑑三・野球・精神科学』日本経済出版社、一九七三年一〇月二二日。七四頁。

（2）正宗白鳥「内村鑑三—如何に生くべきか—」『社会』一九四九年四月一日～五月一日、のち『正宗白鳥全集』第二五巻、福武書店収録。一九八四年六月三〇日。二〇九～二六一頁。

（3）藤岡蔵六『父と子』私家版、一九八一年九月（日付なし）。一四八～一四九頁。

（4）矢内原伊作『矢内原忠雄伝』みすず書房、一九九八年七月二三日。二〇一頁。

（5）内村鑑三「謝辞」『聖書之研究』第一三九号、一九一二年二月一〇日。のち『内村鑑三全集』第一九巻収録。三三三～三三四頁。

（6）矢内原忠雄「先生の涙」『通信』5号、一九三三年五月、『追想集内村鑑三先生』一九三四年五月所収、のち『矢内原忠雄全集』第二四巻収録。四四六～四四八頁。

（7）矢内原忠雄「内村鑑三」『わが師を語る』社会思想研究会出版部所収、一九五三年二月、のち『矢内原忠雄全集』第二四巻収録。四八七～五〇九頁。

（8）矢内原忠雄『続余の尊敬する人物』岩波書店、一九四九年一一月五日、のち『矢内原忠雄全集』第二四巻収録。二九七～三二四頁。

（9）内村鑑三をはじめとする人々のキリスト再臨運動に関する文献は数多い。近年の収穫として黒川知文『内村鑑三と再臨運動 救い・終末論・ユダヤ人観』新教出版社、二〇一二年三月二〇日を挙げておきたい。

（10）矢内原忠雄「私は如何にして基督信者となつたか」『通信』18号、一九三四年六月、のち『矢内原忠雄全集』第二六巻収録。一四二～一四三頁。

(11) 注4に同じ。二〇八頁。
(12) 矢内原忠雄「武さん」兵庫県立第一神戸中学校校友会『会誌』第二九号、一九一三年三月一五日、のち『矢内原忠雄全集』第二七巻収録。二七三〜二八七頁。
(13) 三谷隆信「向陵の三年」南原繁・大内兵衛・黒崎幸吉・楊井克巳・大塚久雄編『矢内原忠雄―信仰・学問・生涯―』岩波書店、一九六八年八月三日。四五頁。
(14) 矢内原忠雄「石井満君と私―『日本鉄道創設史話』推薦のことば―」『銀杏のおちば』東京大学出版会、一九五三年一一月二〇日、のち『矢内原忠雄全集』第二五巻収録。一六〜一八頁。
(15)「向陵記」は井川恭の一高時代の日記。現在大阪市立大学恒藤記念室蔵。なお、大阪市立大学からは、大学史資料室編で、『向陵記―恒藤恭　一高時代の日記―』が二〇〇三年三月三一日付で翻刻出版されている。
(16) 芥川龍之介の井川恭宛書簡（一九一四・三・二一付）の一節に、「この頃は大へんDISILLUSIONがつゞいてこまる。紀年祭の事で矢内原君と二三度あつたらすつかり矢内原君が嫌になつてしまつた」とある。また、成瀬正一の一九一三年六月二八日の日記には、倉田百三の矢内原批判にかかわる感想、「今月の校友会雑誌は例号より有能だ。倉田の生活批評は痛快極まる文章で、私の嫌な矢内原に大打撃を与えてる」を見出すことができる。
(17) 矢内原忠雄「三年の回顧」「感想集」収録。『矢内原忠雄全集』第二七巻収録。四二九〜四三六頁。本巻の巻末「編集後記」には、「著者は、明治四五年三月（第一高等学校二年）から、大正六年三月（東京帝国大学三年）まで、日記とは別に和綴墨書の感想集七冊を残している。ここには各冊の形を残し、著者の付した題のもとにその大部分を収録した」とある。日記同様人の目にふれることを予想したものではない。
(18) 矢内原忠雄「雨の安息日」「感想集」収録。『矢内原忠雄全集』第二七巻収録。四八八〜四九一頁。

第五章　大学生活と住友への就職

一　大学での日々

一ヶ月遅れて授業に出る

一九一三（大正二）年一〇月八日、父謙一の葬儀と初七日を終えた矢内原忠雄は、夜半今治港から宮崎丸で神戸経由、上京の途に着く。「母去り友逝き父またねむる。我 Home は将に天にあらんとす」と彼は日記に記す。神戸では大利武祐の遺品を尋ねて、須磨三の谷の城野氏宅に行くも、何も見出せなかった。結核という病を怖れ、すべて焼き尽したという。このことは第四章に、すでに記したところである。忠雄は一一日午前一一時、東京原宿駅着。すぐ一高卒業後下宿している、堀江峯次郎宅の八畳間に入る。そこは代々木八幡の丘と向いあった、堀江園という植木屋の離れであった。一二日の日記には、「東京の花やかなる街を通る多くの人々、その中を歩むわれは孤客なり」の一文を見出す。

大学の授業には、一三日から出席することになる。忠雄には一ヶ月遅れの始業であった。大学は地方高校出身の学生が多く、寮生活を送った一高のような家庭的雰囲気はなかった。父と親友を失った彼は、孤独が身にしみる思いであった。一四日の日記に忠雄は、「街に車に人はみてど我は孤独なり。新渡戸先生の《ママ》御めにかゝり内村先生の御文をよめど我は孤独なり。われの心を慰むるもの、心に触るもの一人もあるなし。われ友にあひて却つて孤独の念をませり」と記している。彼は友人から借りた授業のノート写しに精を出し、寂しさをまぎらわせていた。

東京に戻ってから、彼は再び内村鑑三の集会に顔を出すようになる。一〇月一九日の日曜日は、希布来書《ヘブライしょ》一一章のモーセの信仰の話であった。彼は日記に「政治家としてのモーセよりも信仰者としてのモーセ！その若き時エジプトの財産よりも神のために苦しむ方を選びたる彼！　われ〳〵青年も亦彼に倣はざるべからず」と記す。二六日の日曜日はその続きで、モーセの苦しき忍耐を知らされ、忠雄は「われはわが家庭伝道を思ひて実に深き感にうたれき」と日記に書く。忠雄は父の葬儀を終え、上京して以来、不安にさいなまれていた。その最大の不安・気がかりは、キリストを信じることなく死んだ父は、救われないのかという問題であった。

内村鑑三に相談する

一〇月二六日の日曜日に内村鑑三の話を感激をもって聞いた忠雄は、翌日の二七日夜、意を決して鑑三を訪問し、直接この問題を問うている。後年の「内村鑑三」(1)と題された文章で、忠雄はこの日のことを回想している。それは以下のようなものである。

先生は在宅してゐられて、すぐに会つて下さつた。私が来意を告げると、だまつて聞いてゐた先生は唯一語、「おれにも、わからんよ」と強く言ひ切られ、頬をふくらませ、鷲のやうな眼を窓の方に向けられた。そのまま沈黙の中に数秒が過ぎた。致し方なく私は立ち上り、うやうやしく先生の前にお辞儀をして、辞去しようとした。その時先生が呼び止めて、言葉をやはらげ、そのやうな問題は、私自身が長く信仰生活をつづけて居れば、いつのまにか、わかるともなく自然に解決のつくものであること。わからない問題が起つても、私自身の信仰の歩みをすててはいけないことを、さとされた。

戸外に出た私の心に、大きな驚きと落胆があつた。「先生にでも、わからない事がある！」之は私にとりて、驚くべき発見であった。かうして先生は私の眼を、直接神にひき向けて下さつたのである。この時先生が、いろいろの方面から言葉をつくして説明を試みて下さつたとしても、わたしの心を満足させるやうな明快な解答は得られなかつたに違ひない。「おれにも、わからんよ」の一言は、数百言の説明にまさつて、私に善き解決の道を示されたものであつた。

「教師としての内村先生」(2)にも同様のことが記されている。そこには「先生曰く、僕《ママ》にもわからない。祈れ。又曰く、かくの如き問題は急き込んで解決を求むべからず、信仰生活を長く継続して行く間に自然に微妙なる解決が与へらるゝものなり」とある。また、当日の日記にもこの日、鑑三宅を訪問したことが、文語調で記されている。「おれにも、わからんよ」のきわめて率直なことばが、重々しい顔からぽとりと一言洩れた時、忠雄は「数百言の説明にまさつて、私に善き解決の道を示された」と言う。この日を通過して忠雄の内村鑑三への傾斜は、いっそう強まるのであった。

内村鑑三は以後、忠雄の生涯を通しての真に偉大な師となる。矢内原忠雄を考えることは、その師内村鑑三を考えることでもあるのだ。『矢内原忠雄全集』第二八巻には、幸い一九一三（大正二）年の日記が全て収録されている。元より日記は他者に見せるものではない。それゆえプライバシーの問題を考慮すると、活字化されていないものは、時効を待つほかない。公表されている部分のみで考えるしかないのである。とまれ、一九一三年の日記は見ることができる。矢内原忠雄の若き日の信仰を考えるに貴重な、第一次資料である。

孤独の中で父を慕う

矢内原伊作は「大正二年秋から冬にかけての日記は、父を失った悲しみに加えて、信仰そのものの弱さを嘆く悲観の調子に満ちている」[3]というが、一〇月一日に父を失って後、一二月三一日迄の記述を読むと、その感は深い。忠雄は孤独であった。特に大学の授業を聞き始めた一〇月の終わりの頃がひどかった。「父の死にあひては母の死の時よりも切実に孤独の念を抱き来りぬ」(一九一三・一〇・二一)、「教室でノートしながらでも卒然として父のことが思ひ出され胸がせまることがある」(一九一三・一〇・二四)、「神が父を愛して居られたにしても、父はヱホバをしらなかつた故、その救は半分しかない様である。あゝしかし、正直謙遜にして愛ふかき父！　僕のたましひは彼の救を要求してやまない」(一九一三・一〇・二五)などの文面を日記に見出すことができる。言うまでもなく「彼」とは、父矢内原謙一のことである。

忠雄が父の救いについての悩みを内村鑑三に打ち明け、指導を乞うたのは、前述のようにこの年一〇月二七日、月曜日の夜のことであった。一一月二日の日曜日には、例のごとく柏木の内村鑑三の講話を聴きに行く。当日の日記には、「「こゝへ来る人はみな罪人なることを認めたる者なるべし」との御言葉うれし。あゝわれ神との間遠ざかれり、これ罪の大なるもの、罪人のかしらなり」と書く。一一月五日の日記には、「昼食は高木、江原、三谷の諸兄と共であつたが、其時僕は特別にさびしくあつた。僕の心はうすぐらくて光がない。父のことばかり思はれて涙が出る。信仰の火も殆んど燃えて居ない様な気がする」とある。高木とは高木八尺《やさか》、江原とは江原萬里《まさと》、三谷とは三谷隆正で、三人とも柏会の先輩であった。

前章にも記したが、忠雄は父謙一を心から慕い、尊敬していた。すでに述べたように、当時も多くの青年は、父に反抗し、父を否定して自我を確立していったものだが、それに較べると大変な違いである。忠雄は父を心から偉大な存在として、受け入れていた。このことは若き矢内原忠雄を語る場合、特筆してよいことなのである。幼い時に父を失ったのなら理解できる。が、彼はすでに二〇歳、成年に達していたのに、少し前に死んだ父を回想し、父を慕った。

唯一の安息の場

孤独をかみしめる中で、内村鑑三の集会は忠雄の唯一の安息の場となる。カリスマタ（恩寵）についての講義のあった一一月九日、日曜日の日記から引こう。

今日は何たるたふとき安息日なりしぞや。余の今日の暗誦は路加《ルカ》伝十三章始めの「イエスまた人の恒に祈祷して気おとすまじき為め」語られし比喩なりき。されど余は余の生活の worldling にして sunday-Christianity（日曜だけの意）的なるを嘆くの心切なりき。内村先生の御祈り！　あゝ先生はわれの為に祈り給へり。先生はわれらの内外にある罪に対する戦いと神によりての勝利とを祈られ、殊に青年の信仰生活の為に祈られ、われらの親戚、われらの兄、われらの弟にして未だ主のみ名を知らず世の事のみ思ひわづらへるもの多し、願くは神の大なる恩恵もて我等を導き給はんことを、またわれらを何なりとも其の御用に使ひたまはんことを祈りたまひき。お話はコリント前書カリスマタ（恩寵）の話。

一一月になって、彼の精神はやや落ちつく。一三日には彼の代々木の下宿、植木屋の堀江園で、集まりをもっている。その日の日記には、「今日来た人は本名、宇佐美、大野、金沢、市毛、沢田の六名、一たん僕の室へ来てから、原へ出て池のはたで暮れ行く西の空を前にし、昇り行く月を背にして讃美歌をうたつた」とある。が、空しさは失せない。その日の日記の最後に彼は、「僕の最も感じたのは聖霊の力といふことである。僕の今は甚だ空虚である、生命がない、生命とは聖霊の臨むことである。必ずしも活動を意味しない。静かに生きてゆくのも亦力である。しかして此の力、——聖霊は交際によつても得られぬ、ただ真の祈りによつて得らる」との感想が記されている。

一一月一四日の日記には、「僕も純粋にたのしきは聖書を読む（心もて）ことであらう。聖書をよむのが大儀な時は純粋に生きてをるのでない」とある。二一日の日記には、またまた「われ此の数日父を恋ひ父をかなしみて日を過せり。余の周囲の人々余の心を知らず。われ独り無限の憂愁を湛へて而も此の人々と接す。あゝわが願をいはば即ち一切の交友を絶ちて山水の間に放浪して以てわが悲しみに泣かんこと也」と書いている。

死の問題に立ち向かう

忠雄の悲しみは尋常でない。父を思う気持ちは、間歇泉のように湧き上がる。一一月二六日の日記には、「突如として父を思ふ。父の病苦を思ふ、而して暗然たり」とある。また、一二月一日の日記には、「われ電車の中にて髭生えし人の新聞よむに相対す。この人亦やがては死ぬべし。苦しみて死ぬなるべし。すべての人は死す、死するために生く。あゝ死の恐怖、ものすごき無慈悲なる死、母を奪ひ友を掠め父を取りし死！／あゝわれは生れ来ざりせば幸なりしならんを」と書きつける。実に悲痛な感慨である。母松枝の死、友人大利武祐の死、そして苦しんで死んだ父を思うにつけ、彼は神のなさる業の非情さに考え至る。矢内原忠雄が若くして死の問題に真剣に立ち向かったのは、意味のあることだった。死を突き詰めて考えることで、はじめて生の意味が分かるからである。

すでに述べたように、一高時代の忠雄は二年生時代に母松枝の死があり、卒業の年には神戸一中時代からの友人大利武祐の死、さらに父謙一の病と死というきびしい状況が続いた。彼はその哀しみを表に出さず、勉学と学校行事に力を入れることで、忘れようとしていたのである。それは倉田百三をはじめとする他の学友の眼をくらますほどのものがあった。が、そうは言っても忠雄の心は、はりさけんばかりの苦しみに満ちていた。彼は動揺の中に生きていた。孤独が彼を駆った。

やり切れない思いの中で、彼はバックル（Henry Thomas Buckle）の大著『イギリス文明史』を読む。「Buckle の英国文明史をよみかく。われこれよりは大著をよまん」（一九一三・一二・六）とか、「夜バックルをよみて十二時に至る」（一九一三・一二・七）、「バックルをよんだ」（一九一三・一二・一七）、「バックルを読みなどす」（一九一三・一二・二〇）といった記事が日記には散見する。同じ頃、故郷の兄安昌と弟啓太郎が腸チフスで富田村の避病院に隔離される。「あゝわが家にはなほ不幸の加はり足らざりしなるか、いかなればか、かくは打ちつゞきて苦しめらるるやらん」の感想が日記（一九一三・一二・八）に認められる。彼は祈ることも出来ず、「忍びて神の恵なりと之を受くるほどの信は今の余にはなし」（一九一三・一二・九）とも記している。苦しい日々が続く。

漱石の講演を聴く

この年、一九一三（大正二）年一二月一二日、夏目漱石が一高弁論部に来て、「模倣と独立」と題して講演をした。当日は大雨であった。忠雄は放課後、大学の隣の一高へ聴きに行った。当日の日記には、「放課後高等学校へ夏目漱石先生の演説をきゝに行く、聴衆多し。Imitation と Independence とに関するお話にて大へん面白かりき。先生のお顔の黒いのに驚いた」とある。忠雄は同世代の文学青年同様、漱石の作品を大抵読んでいた。一高一年生時代に南寮十番で共に過ごした井川恭も、早熟の文学青年であり、中学時代から漱石を熱心に読む。彼の「読書のおもい出」（『現代随想全集27』創元社、一九五五・三）には、「漱石の「猫」がホトトギスに連載されたのは私が中学の三四年のころだったかと思う。兄が俳句に興味をもち、ホトトギスをとっていたので、「猫」をはじめてよんだのはその誌上においてであった。そのほか草枕、漾虚集、鶉籠、虞美人草などを次々によみ、何かしら力強い刺激をあたえられたように思う」とある。

また、文科の芥川龍之介・久米正雄・成瀬正一・松岡譲らも皆漱石ファンであった。漱石の初期作品「吾輩は猫である」「倫敦塔」「坊ちゃん」「草枕」「虞美人草」、さらには「三四郎」「それから」「門」などに、彼らは熱心に目を通していた。忠雄も彼らに劣らず、漱石に関心を持っていた。一高一年の期末試験が終わり、帰省した折には、「虞美人草」を読んだことを日記に記している。「虞美人草」は、一高文科に在学していた忠雄の同級生成瀬正一をも捉え、一九一五（大正四）年三月三〇日の「成瀬日記」には、「夏目さんの虞美人草をよんだ。／私は夏目さんはどんなことがあつても日本一の greatest figure だと思ふ。外国へ出しても決して一流の中の一、二を下るものでないと思ふ。私は自分が日本人と生れたことを常に呪つて居る。併し私は夏目さんの本をよんで、「夏目さんの本がよめることだけで、日本に生まれたことを感謝する価値がある」と思つた」とある。矢内原忠雄の漱石への関心と傾倒にも、他の同級生同様のものがあった。それゆえ、当日の講演に期待し、興味をもって聴けたのである。

漱石の人格と洞察力に打たれる

漱石は、この日の講演で、欧米の「人真似」に終わっている当時の日本の状況を批判し、日本独自のものを生み出すために、「インデペンデント」を重視すべきことを説いた。当日一高に出向いた忠雄は、漱石先生がどんな風貌の人で、どんなことを話すかに強い関心があった。聴衆は多かった。忠雄は「先生のお顔の黒いのに驚いた」と、まずその第一印象を記す。漱石は晩年胃潰瘍で苦しんだが、顔が黒くなるのも、この病の症状の一つである。死の三年前の漱石の病を顔色で言い当てているかのようだ。

漱石は座談の名手であったが、講演もまた巧かった。漱石は「今日は図らず御招きに預りまして突然参上致しました次第でありますが、私は元此学校で育つた者で、私にとつては此学校は大分縁故の深い学校であります」で、講演の口火を切った。続いて、この講演で講師紹介の労をとった速見滉《はやみひろし》を、「速水君は知人でありあります。昔は御弟子で今は友達――いや友達以上の偉い人であります」と言い、持ち上げる。また、一高で講演するよう頼んできた安倍能成を「これも偉い人で、矢張り私の教へた人でありますが」などと言い、「大して面白い事も御話は出来ないと思ひますし、また問題が有つても学校の講義見たやうに秩序の立つた御話は出来兼ねるだらうと思ひます。安部君曰く、何を言つたつて構ひません、喜んで聴いて居るでせう」とユーモアたっぷりの前口上のもとに語り出す。後年の忠雄の講演も、導入に工夫を凝らしたものが多いが、どこかにこの日の漱石の前口上に通じるものがある。

さて、漱石は「インデペンデント」の大切さを、説得力豊かに説いた。けれども、一方で、「イミテーションン」の意義を否定しないで持ち出す。この二つを漱石は、「存在すべき理由があつて存在して居る」のであるとした。そして「両面を持つて居なければ、私は人間とは云はれないと思ふ」と結ぶ。それは人間に対する深い理解を伴った講演であった。忠雄は漱石の人格と物事への洞察力に深く打たれた。

一二月一四日の日記には、「わが心は淋しきなり。家に残れる兄弟だちの心はなほも淋しかるらん。この冬休み家にかへらんと決心す」とある。彼は家族思いでもあった。年末は富田村の避病院で兄安昌と弟啓太郎の看病に当たった。

ここまで『矢内原忠雄全集』第二八巻収録の日記（一九一三〈大正二〉年）を紹介する形で、忠雄の大学一年生時代を追ってみた。全集収録日記は、以後飛んで一九二〇（大正九）年のヨーロッパ留学時代のものになる。それゆえ残りの大学生活は、遺憾ながら、見ることができない。そこで実証性を尊び、第一次資料としての当人の日記がある場合は、できるだけそれを紹介することに努めた次第である。

吉野作造の講義

忠雄の大学生活は父の死にはじまった。父の死は、父思い・家族思いの忠雄にとって、やり切れない現実であった。その中で彼は努力する。大学の入学式には参列できず、授業がはじまっても、最初の一ヶ月は出席できないという状況だった。彼が授業に出ることができたのは、前述のように、この年一〇月一三日、月曜日からのことである。

当時の東京帝国大学法科大学には、小野塚喜平次・新渡戸稲造・土方寧《やすし》・上杉慎吉らに、欧米留学を終えた新進の吉野作造らが加わった時期であった。忠雄は新渡戸から植民政策やアダム・スミスの『国富論』などを教わる。

忠雄の『私の歩んできた道』(4)は、大塚久雄を聞き手とした、極めてユニークな対話集だが、東京帝国大学法科大学時代を述べた箇所で忠雄は、「大学の先生方の講義の中で一番僕に影響を与えたのは、新渡戸先生の植民政策と、吉野作造先生の政治史だったな。吉野先生は、近世民本主義の発達とかいう題目で、今でいえばデモクラシーですね、その民本主義の発達の講義をやられた。政治史の講義のうち一回は、この欧州立憲政治の発達とか、民本主義の発達とかだったが、もう一回は具体的な問題について論ぜられて、メキシコの革命について講義された。これは非常におもしろかったですね。つまり、アメリカの、まあ今でいえば帝国主義、アメリカの帝国主義に対して、メキシコの革命が戦ったというか、そんな問題についての興味は、ずいぶん先生から影響うけていますね」と回想している。

吉野作造は大正デモクラシーに理論的根拠を与えた人としても知られる。彼は当時三五歳の少壮助教授であった。一八七八（明治一一）年一月二九日の生まれなので、忠雄の一五歳年長となる。忠雄が東大に入学した一九一三（大正二）年九月、吉野は欧米留学から帰国したばかりで、『中央公論』に盛んに論陣を張るようになる。また、授業にも熱心に当たった。吉野にとって三年間の留学後の授業は、新鮮だったに違いない。吉野は「民本主義の発達」の講義に、よく準備して臨んだ。そうでなければ優秀な学生を惹きつけることはできない。

吉野の民本主義論

吉野は忠雄在学中の一九一六（大正五）年一月号の『中央公論』に、「憲政の本義を説いて其有終の美を済《な》すの途《みち》を論ず」という長いタイトルの論文を寄せた。憲法は民衆の利益と意向を汲んで、運用されるものであることを説いたもので、論壇に大きな反響を巻き起こした。吉野の理論は民本主義論と称された。その特徴は主権の運用において民意を尊重するもので、この視点から明治憲法を可能なかぎり民衆の立場の方向で解釈しようとする点にあった。彼はこの新造語を巧みに用いて、デモクラシーを主張した。(5) それはロシアとの戦争を経て、次第に高まってきた日本の民衆のデモクラシー運動に、理論的な方向付けを与えることになる。

吉野に「満韓を視察して」（『中央公論』一九一六・六）という重要な紀行文がある。冒頭「はしがき」に、「予は此春三月の末から四月の末にかけて、約三週間余り朝鮮及び満洲の各一部を視察した。朝鮮視察の主たる目的は、日本の統治に対する朝鮮人の批評を聞くにあつた」とあり、以下のように続く。

予は或る偶然の事から、相当の教養と見識とを有する二三の朝鮮人を知つて居る。此等の人を通して予は、朝鮮に於ける所謂識者、殊に一般朝鮮人民の上に大なる精神的感化力を有する階級の人々の中に、案外に日本の統治を有り難く思はないものがあり、而かも此等の人は容易に其意見を発表もせず、又決して日本人と接触することをも欲しないといふことを屡々聞いて居る。果して然らば、親しく此等の人々の意見を聞き、誤解あらば其誤解を解き、又其言ふ所に真理あらば採つて以て我が植民政策の参考に供し、更に又若し之等朝鮮人の所謂不平の念が其極に達し、危険なる感情的排日思想とでもなつて居るものならば、其等の人々の隠れたる実際の勢力は如何、又之に対して我々の執るべき態度は如何、といふやうなことを研究するのは、我々に取つて極めて必要であると考へた。

吉野作造の研究方法は、現地調査を尊ぶ。単なる統計や、政府発表の言説だけに頼るのでなく、対象とする地に行き、直接取材をする。そこから日本の中国侵略政策や朝鮮同化政策を批判するのであった。矢内原忠雄の後年の論文「朝鮮産米増殖計画に就て」（『農業経済研究』一九二六・二、のち『植民政策の新基調』弘文堂、一九二七・二収録）や「朝鮮統治の方針」（『中央公論』一九二六・六、のち『植民政策の新基調』弘文堂、一九二七・二収録）は、大学時代に吉野から学んだ理論と研究方法が生かされている。矢内原忠雄が吉野の学問の方法から学んだことは、極めて大きい。

新渡戸稲造の植民政策の講義

大内兵衛は忠雄の大学時代を評して、「幼にして明敏、早くも思想に熟した矢内原忠雄にとって東京帝大は灰色の学府であった。わずかに彼に訴えたものは吉野作造の政治学だけであった」（「赤い落日―矢内原忠雄君の一生」）という。が、いま一人の重要な恩師がいた。忠雄の後年の歩みは、この恩師、新渡戸稲造によって決定されたと言ってもよいのである。新渡戸稲造の植民政策の講義は、系統的・体系的なものではなかったが、その講義の端々には、毎回示唆に富んだものがあった。忠雄はその講筵に列し、何かと触発された。彼は新渡戸のいわゆる味のある授業に魅せられたのである。忠雄の「新渡戸先生の学問と講義」[6]によると、それは以下のようである。

『農業本論』出版の年、先生は病気療養のため米国に渡り、彼地にて英文で『武士道』を著述した（明治三二年）。病気軽快の後、先生は台湾総督府技師、京都帝国大学教授、第一高等学校校長を歴任、大正二年東京帝国大学法科大学専任教授となり、植民政策講座を担当された。私はその年東大に入学し、一年の時は先生からセリグマンの経済原論、二年の時はスミスの国富論の原書講読を受け、四年の時（筆者注、当時の東京帝国大学法科大学は、四年制であった）に植民政策の講義を聴いた。セリグマンには各章の初めに多くの参考書が挙げてあったが、先生は一々「これは読んだ」「これは読まない」と言って、読まれたものについてはその概要の説明や印象を話された。読書家であった先生は書物のことをよく知っておられ、書物に対する興味をわれわれの心に喚び起された。

先生の講義に対しては毀誉褒貶さまざまであって、ひどくつまらないという学生もあれば、甚だおもしろいという者もあった。つまらないという批評は、理論がなく、体系的でなくて、雑談のようだというのであり、これに反しておもしろいというのは、生き生きした人間味が豊かであり、片言隻句の中にも暗示に富んだ知識や批判があるというのであった。私などは「甚だおもしろい」と思った学生の一人であって、法科大学四年間の講義の中、私の生涯の形成に最も大きな影響を残したものは、先生の植民政策と吉野作造教授の政治史であった。

いつも温容溢れる先生が、ある日の講義で、台湾の佐久間総督が、山中に隔離して平穏に生活している蕃社を討伐したことに触れた時、俄かに講壇の卓を拳固でたたき、色をなして憤慨、激昂された時の身のしまるような印象が、今もって忘れられない。

忠雄は新渡戸稲造の講義に出席するに際して、ノートをとって熱心に聴いた。新渡戸は忠雄の一高時代の校長であり、すでに記したように、一高卒業の年の新渡戸事件に際しては、その復職運動にかかわる実行委員に選ばれもしていた。一高時代は教育者・人格者としての新渡戸に惹かれていた忠雄は、大学の講義では、「人間味が豊かであり、片言隻句の中にも暗示に富んだ知識や批判がある」、その学問の「おもしろさ」に惹かれたのであった。後年新渡戸の後を継いで東京帝国大学経済学部の教授となった彼は、授業に「片言隻句の中にも暗示に富んだ知識や批判」があるよう努めることになる。

学外での学び

矢内原忠雄の大学時代は、二人のすぐれた師に恵まれ、研究の基礎となる考えや方法を学んだことになる。他方、学外では内村鑑三の柏木での集会と、鑑三を指導者として仰ぐ柏会と共にあった。大学在学中忠雄は、月に一回開かれる柏会に出席、諸先輩の信仰談に接して、大きな影響を受ける。彼が柏会に入会したのは、一高二年生の時であるが、以後、彼は柏会と共に歩んだ。前章でもふれたが、そこには先輩の鶴見祐輔・前田多門・藤井武・黒崎幸吉・塚本虎二・三谷隆正・川西實三・高木八尺・江原萬里らがおり、当初、忠雄は一番若い会員であった。

なお、同じように鑑三を指導者として仰ぐ坂田祐《たすく》・南原繁・鈴木錠之助・松本実三・石田三治・星野鉄男・高谷《たかや》道男ら七名の白雨会《はくうかい》には、これも前章でふれたが、忠雄は加わっていない。ちなみに白雨会とは『旧約聖書』詩篇の六五篇「神の恩恵なる白雨《むらさめ》」によるという。南原繁は白雨会メンバーをしばしば We are seven と呼んだとは、令孫田上望さんの回想記『西坂のてっぺんの家で』（キリスト新聞社、二〇一四・一二）での証言である。内村をめぐるサークルには、早く『聖書之研究』の読者によって結成された教友会というのもあった。こちらは忠雄たちより年齢的に少し上の天野貞祐・落合太郎・大賀一郎・小山内薫・倉橋惣三、そして志賀直哉らが会員であったが、忠雄との接点はない。

柏会と並行して忠雄は、一九一四（大正三）年には柏会メンバーの多い読書会にも参加し、時々報告を担当している。さまざまな本の感想・意見を述べ合う会で、三谷隆正・塚本虎二・江原萬里・高木八尺・宇佐美六郎・金井潔らが常連であった。また、出身校の一高の弁論部には、東大在学中もしばしば招かれ、演説もしている。彼の大学生活の一側面は、一高時代の延長として存在した。在学中の一九一四（大正三）年七月二八日、ヨーロッパを主戦場とした第一次世界大戦がはじまり、やがて日本も参戦する。

二　新居浜、別子銅山

朝鮮で働く夢

一九一七（大正六）年三月、矢内原忠雄は東京帝国大学法科大学政治学科を卒業した。同じ東京帝国大学でも、文科大学の履修期間は三年であった。それゆえ芥川龍之介や成瀬正一や久米正雄は、一九一六（大正五）年七月十日の日付で卒業していた。が、法科大学の修学年次は四年となっていたため、同じ年に入学した文科生とは、卒業年度は異なっていたのである。けれども、制度が変わり、新規定では四月入学、卒業期限は三年と決められた。その移行措置に伴い、忠雄らの学年の卒業は、七月ではなく繰り上がって三月となる。つまり矢内原忠雄は、制度改正の結果、三年半の在学で法科大学を卒業する。

同じ帝国大学でも京都帝国大学法科大学は、早く新規定を採用していた。そこで一高一年生の時、南寮十番で忠雄と寝起きを共にした井川恭（恒藤恭）は、一九一六（大正五）年七月に卒業している。ただし旧規定も生きており、京大では翌年七月の卒業者も結構いた。忠雄と一高基督教青年会の仲間だった長崎太郎は、旧規定で京大を卒業する。このことは『官報』（第一四九〇号、一九一七・七・一九）で確認できる。

大学三年生のころから、忠雄は卒業後のことを考えるようになっていた。卒業したら朝鮮へ行きたい、朝鮮の人々のために働き、伝道したいというのが、大学で吉野作造の影響を受けた彼の夢であった。一九一六（大正五）年一月二七日の日付のある「十字架を負ふの決心」(7)という文章で、忠雄は卒業後のことに関して、次のように言う。

僕は漫然朝鮮へ行かうかと思つて居た、寺内伯が韓国統監となつたのは未だ僕が中学に居た頃であつた。僕は寺内と綽名されて居た。僕は朝鮮総督になつたら愉快だらうと思つた。併し基督を知りし今はそんな考はもう残つて居らぬ、それから朝鮮のことも暫く忘れられて居た。然るに大学卒業後如何にこの身を用ふべきやうを考へるに至りて朝鮮は再び思ひ出された、高等学校の時新渡戸先生から我国財政に関する憂国の情を伝へられて財政を以てこの国を救はんと思つて居た、今でもさう思はないではない、併し財政は僕の気質にふさはしくない傾きが無いでもない、それで色々考へて居るうちに此の国を救はんといふ考の代りに斯民を愛せんといふ考が浮んで来た、それは朝鮮人であった。前には日本帝国の殖民地たる朝鮮半島の統治を思つて居たのであつたが今度は人類同胞として国滅びて山河残れる朝鮮人の姿が思ひ浮べられたのである。「われ朝鮮人の為めにこの身を捧げんか」と思つて来たのである。（中略）

僕は日本人に対しても朝鮮人に対しても最もその為に尽す道は基督教だと思つて居る。伝道、教育は僕の最も之に当らんことを願ふものである。併し僕は卒業後直に伝道界や教育界に身を投ぜんとするだけの確信は今はない。さしあたり官吏たるべきか実業家たるべきかといふ事のみを思つて居た。或人は朝鮮人の為につくすには官吏となり国家の力を借りて事を為すのが一番有効だと言つてくれた、併し僕は決してさう思はぬ。又ある人は朝鮮へ行つて自ら事業を起せば愉快だらうと言つてくれた、しかしそれは僕の志ではない。僕はキリストの力を借りるこそ最も朝鮮人の為につくす所以だと確信して居る。しかし現実の問題としてさしづめ如何なる職業を取るべきかと、第二義の問題ばかり思つて居たのであつた。

矢内原忠雄は大学を卒業したら朝鮮で働くことを願っていた。彼が朝鮮で働くことを思い立ったのは、一高時代の満洲旅行の帰途、朝鮮を縦断して帰国した際、「朝鮮鉄道の車窓より禿山陋屋の間に出入する白衣長管の朝鮮人がまたわが眼前に彷彿として来た」ことにあったと右の文の終わりに彼は記している。が、再三記したが、大学時代の吉野作造の影響も大きかった。後年の論文「朝鮮産米増殖計画に就て」（『農業経済研究』第二巻第一号、一九二六・二）では、総督府が計画推進していた産業増殖計画の問題点を指摘する。矢内原忠雄は日本の植民地時代の貧しい朝鮮、そこに住む人々への同情を強く懐いていた。それが朝鮮の地で働くいう夢に、彼を駆りたてていたのである。

家の重荷を負う

けれども、忠雄には現実のきびしい問題が立ちはだかっていた。彼は右の文章で「僕は学校を卒業しても喜んで下さる両親は居られない、併しそれだけ又自由行動の範囲も広い」と書いてはいるが、実際には家の重荷を負わねばならぬ立場にいたのである。父の死後、忠雄の兄安昌が家を継いだが、兄にはその重荷が担いきれなかったのである。この辺のことは、子息の矢内原伊作の『矢内原忠雄伝』[8]が詳細に伝える。一部を引用するなら、「定職をもってなかった安昌は、父から遺された財産によって何かをしようとしていろいろの事業に手を出したが、人が好いために瞞されたりして成功しなかった。「このぶんでは家産は遠からず傾くだろう」というのが祖母の歎きであり、親戚たちは安昌を非難した」という。安昌の人の好さは、父矢内原謙一譲りなのである。が、父が瞞されながらも人を助け、家を護ったのに対し、安昌は故郷の家に安住することを好まず、東京か大阪に出ることを望んでいた。『矢内原忠雄伝』の記述によると、安昌は忠雄が卒業前年の秋に、京都の清水寺の麓に家を借り、旅館経営を考えていたという。ちなみに記すと、忠雄はその家に兄を訪ねている。

忠雄に「就職に就て」(9)という文章がある。文末の「十月九日」という記述は、一九一六(大正五)年一〇月九日のことである。三箇所を紹介する。

〇僕の就職如何は家の都合を前提とする。兄貴の都合によつて僕は故郷に帰ることを辞せない、否むしろ望んで居る、静かな田舎、父母の住み給ひし故郷に帰つてシムプルライフを送るのは僕の最も願ふ処である、僕は綿服で帽子も被らずに出あるく様な生活がすきだ。絹物を着たり赤いネクタイを巻いたりするのは大きらい、僕はみんなの様に金持になりたいとか贅沢な生活がしたいとか紅茶をのまうとかオークの椅子が欲しいとかは思はぬ、僕は頭を屈せざる(神さまに対しての外は)シンプルな生活がしたい。稲田見わたす限りの故郷に帰つて半分百姓をし半分読書して暮すのは如何にたのしいであらうか。お祖母様の晩年をいたはり弟の勉強を助けつつ暮すのは如何に愉快であらうか。

〇しかし兄貴が家に居るとすれば僕は家に帰つて厄介になるわけに行かぬ、わが生まれし家に住まずんば今治へ帰つて仕事するのも既にわが希望の大半を殺ぐことになる、僕はどこかへ行つて生活を立てて行かねばならぬ。それは今迄も度々書いた朝鮮である、元来僕は朝鮮人をかはいさうに思つて居る。人として彼等に接し彼等の友となつて行きたい。僕と朝鮮人とが友となることは日本と朝鮮とが真の友人となる事の一部分である。政権と武力とのみでは到底朝鮮人を心服させることは出来ぬ、愛である。僕は愛の心を抱いて朝鮮へ行きたい。朝鮮で僕のやりたい事は朝鮮の青年と耶蘇に於て交ることである。私立の小さい学校を起して真の教育をやりたい。それから又真面目な雑誌を発行して朝鮮人の為めに口を供し又朝鮮人の為めに口とならうと思ふ。旗幟はキリスト教、目的は朝鮮人を愛し日鮮の溝を埋めること、事業は学校と雑誌、之れ僕の志望である。

〇国へも帰らず又何かの理由（お祖母様の不承諾等）で朝鮮へも行かぬ事となれば住友へ行つてやらう。格別住友へ行きたくてたまらぬ事はないが鈴木馬左也氏（筆者注、住友本店総理事）は士を待つに礼ある人だといふ事、黒崎［幸吉］、江原［萬里］、松本［実三］三兄の既に在らるる事、煙害問題（筆者注、住友の瀬戸内海四阪島の精錬所における亜硫酸ガスによる煙害。木が大量に枯死するなどしたことを指す）以来故郷に関係深きこと、阪神の地はなつかしき地にて世話になりたる大利［武祐］及増井おばさまを慰め得らるること、啓太郎を神戸中学へやれる事など種々の理由で住友といふことにした。

住友の採用試験を受ける

矢内原忠雄は卒業を前に、進路を三つに絞ったのであった。一つは郷里今治で農業に従事し、家を護ること。第二は朝鮮で教育に携わり、日鮮の溝を埋めること。第三は住友に就職し、故郷今治に近い新居浜の別子銅山に勤務することである。新居浜なら神戸にも近い。大利武祐の義母や初恋の女性増井艶子の母を慰めることも、弟啓太郎を名門神戸一中へやることも出来るなど、メリットが想定された。結局、彼はこの第三の道を歩むこととなる。住友の採用試験は、一九一六（大正五）年一一月二八日に行われた。

忠雄に「採用試験」(10)という文章がある。文末に印された一二月一四日の日付は、一九一六年のことと思われる。忠雄は文章が実にうまい。すでに述べたように、神戸一中時代に国漢の教師、奥村奥右衛門の懇切丁寧な作文指導によって身につけた文章力は、大学時代にさらに磨かれた感が深い。「採用試験」も例に漏れない。二人の面接官との問答は、的確な表現で読ませるものをもつ。四阪島の煙害への意見も堂々と述べ、別子銅山へ行きたいという手近な理由を、次のように述べている。

「私の家は都合あつて兄が別家して居ますので家には老人の祖母と幼き弟妹とが居るのみです、それで私がそのお世話をしたいのでありますが何分田舎の老人ですから立木と同様にその土地を離れることができません。それでなるべく近い別子か新居浜かに居ることにすれば大に都合よい事と思ふのです。尚第二の理由としては今度私の先輩の黒崎さんがあそこへ赴任せられました、私はあの人の下で実業界の第一歩を練習するのは望ましい事と思ふからです」

「君はどうして住友を選んだのですか」

「一ばん耳に熟して居たからです」

「是非鉱山でなくてはならぬといふのですか」

「いやそれはどこでも構ひません」

矢内原忠雄はこのような面接試験を突破し、内定通知をもらう。当時住友は、三井・三菱に次ぐ日本の三大財閥の一つとして知られるようになっていた。住友は第一次世界大戦中から戦後にかけて発展した商社で、貿易・金融などで大きく伸び、海外にも販売店や銀行を置くようになる。中国の上海や武漢（漢口）には、住友洋行や住友銀行の支店が一九一六（大正五）年の秋から翌年一月にかけて、相次いで開店される。それは矢内原忠雄が就職を希望し、面接試験に臨んだ時期に重なる。

新居浜の別子鉱業所へ

住友財閥の基礎となったのは、愛媛県の別子銅山の開発であり、その利益で住友は大きくふくらむ。それ故、発展中の大財閥の住友に勤めるのは、世間の人々の羨望の的であった。が、忠雄は住友に就職し、銅山に近い新居浜に赴くのは、家族のためであって、立身出世のためとは少しも思っていなかった。それゆえ「君は住友へ行くさうだね」と問われるのを嫌った。

「消息 三月十三日　江原兄へ返書」(11)という文章にそのことが記されている。住友には先輩江原萬里が大阪に、黒崎幸吉が新居浜に勤務していた。この文章の終わりの方に忠雄は、「小生住友へ行くと思ひても何等の愉快起らず、唯貴兄の許へ行くと思へば実にうれしく候。「君は住友へ行くさうだね」と言はれてしかみ面致《づら》す小生も「君は江原君の処へ行くさうだね」と言はるる時は笑顔を致居候。住友家を助けに行くやら貴兄を助けにゆくやら一寸わからず候。小生或は新居浜行きと相成るやも知れず、その時は黒崎兄を助けに行くこととなる故いづれにしても喜び居り候」と書きつけている。

かくて一九一七（大正六）年三月、矢内原忠雄は東京帝国大学法科大学政治学科を卒業、住友に入社し、四月から新居浜の別子鉱業所に勤務することとなる。別子銅山は、愛媛県新居浜市の山麓部に存在する。銅山は一六九〇（元禄三）年に発見され、翌年から一九七三（昭和四八）年に完全閉山されるまで二八三年間に、七十万トンの銅を産出したという。別子銅山は日本の近代化に寄与する一方、煙害その他の公害問題も生んでいる。

わたしは忠雄の住友時代のことを調べるため、新居浜市を訪れ、別子銅山記念館をはじめとする各所をめぐった。早朝六時に新大阪駅を発ち、岡山経由ＪＲ予讃線で新居浜入りした。例の如く、まず市役所へ行き、新居浜に関するさまざまなパンフレットをもらう。『にいはま紀行』という立派な冊子や『愛媛・新居浜』と題した地図付き案内書、それに『旧別子案内図』や『別子銅山記念館案内』などである。

新居浜市は四国の北部のほぼ中央部、瀬戸内海の燧灘《ひうちなだ》に面し、東は四国中央市、西は西条市、南は四国山地を境として高知県に接する。街の中央を四国山脈を源とする国領川の清流が流れる。かつては別子銅山で栄え、人口も一九七〇（昭和四五）年には一二万六九九二人を数え、一九八一（昭和五六）年には過去最高の一三万五三九六人を記録したが、鉱山の閉鎖もあって、以後減少の傾向をたどり、かつては松山に次ぐ県内第二位だったのが、平成の市町村大合併により、今治市にその地位を奪われる。

矢内原忠雄は、出生地の今治に近い新居浜の別子銅山に勤務し、月給四〇円を手にすることになる。忠雄は最初の給料の一部を、恩師内村鑑三の伝道のために捧げている。一九一七（大正六）年六月一三日付内村鑑三の矢内原忠雄宛書簡の一節に、「扨今度《このたび》は君の労働の初穂御送り被下、小生に取り大なる栄光に有之、深く感謝仕候」とあるのが、それを証明する。

惣開の社宅

住友には新居浜だけでも各地に社宅が存在した。採鉱本部のあった東平《とうなる》には、作業員の家族の住む東平社宅その他があった。市役所で貰った資料の一つ「あかがねの里東平」によると、「東平地域には柳谷、唐谷《からたに》、一本松、第三、喜三谷《きぞうたに》、辷坂《すべりざか》、東平、呉木、尾端《おばな》の集落があり、その住居のほとんどが社宅でした。大正一四（一九二五）年の記録によると、東平には八三五戸あり三六四九人が住んでいました」とある。

矢内原忠雄の住んだ社宅は、事務労働者向けのもので、新居浜の海岸沿いの西部、現在の住友化学株式会社愛媛工場歴史資料館近くの地であった。地名を惣開《そうびらき》（現、惣開町）という。住友化学株式会社愛媛工場歴史資料館は、旧住友銀行新居浜支店の建物を改修したもので、国の登録有形文化財に指定されている。惣開の社宅は、肉体労働に従う人々の住む山寄りの社宅とは異なり、街中の平地の便利な所にあった。勤務先には近い。また、当時は住友家事業の従事者とその家族の診療に限られた新居浜住友病院（筆者注、現在は一般市民にも開放された総合病院となっている）もある。予讃線はまだ全線開業していなかったものの、新居浜駅にも歩いていける距離であった。故郷今治にも近い。

住友別子鉱業所での矢内原忠雄の当初の部署は、経理課であった。会計を担当するところである。後年の歌人山下陸奥は当時を回想し、「矢内原君の部署は経理課で、課長は黒崎幸吉氏だった。黒崎氏三十歳前後、矢内原君二十五歳であった。私は二ヶ月ほど遅れて赴任したが、矢内原君は帳簿統計などを実習し計算の部にいた。ここで私と机を並べたが、同君はたどたどしい手つきで算盤を一生懸命はじいていた。まもなく東平《とうなる》という現場にゆき、泥まみれになって坑内で一ヶ月余り実習し、帰ると調査部に坐った。ここは起案の審査と予算を作製する重要な部署であった」(12)と記す。住友別子鉱業所時代の矢内原忠雄を語った貴重な証言である。

別子銅山

ここで少々解説が必要である。別子銅山に関しては、今はインターネット上の情報でも簡単に調べられる。しかし、現地に行き、歩かないとわからないことも多い。わたしは足を棒にして現地を歩き回った。今はやりの万歩計でいうなら、二万五千歩近くを歩き、各所をめぐった。むろん広い地域のこと故、タクシーにも乗った。その際頼りにしたのは、市役所でもらった各種の資料であった。

矢内原忠雄が三年間勤務した別子銅山は、今は閉山となり、往事の盛況ぶりは、資料と現地調査によって知るほかない。別子銅山を知るのに手っ取り早い方法は、先ずは別子銅山記念館に行くことだ。わたしも市役所からタクシーで記念館に直行した。記念館は市の南部、平野部が山岳部に入る道路の左端、山根地区にある。わたしは別子銅山記念館を公立の記念館（博物館）とばかり思っていたが、予期に反して住友グループの協力によって一九七五（昭和五〇）年に設立されたものという。館員の方の説明によると、ここはかつて別子銅山で働いていた労働者のための社宅や、厚生施設があった地であるという。今はそれらはすべてなく、跡地の一角は整備された総合運動公園となっている。

別子銅山記念館は実によく出来た博物館であり、展示は歴史コーナー、地質・鉱床コーナー、生活・風俗コーナー、技術コーナーなどに別れ、展示のそれぞれには、適切な説明が添えられている。記念館を見学した後、銅山跡を見て歩くには、それなりの時間が必要だが、一日あれば十分である。こうした資料や現地見学を通しての歴史にふれると、先の山下陸奥の想い出の一文も生きてくる。

忠雄はいわゆるホワイト・カラーとして住友に採用されたのであった。発展途上の住友では、東京帝国大学法科大学出身のエリートを将来の幹部として期待したのであろう。それゆえ最初は経理部で会計を学ばせ、また、現場がどういうものかを東平《とうなる》の作業場その他で一ヶ月余り体験させ、戻るや調査部という会社の心臓部に迎えたのである。東平の作業現場は危険なところであり、忠雄も廃坑道で足を踏みはずし、下に落ちそうになるという危うい経験もしている。が、実習は楽しかったようである。別子銅山は住友財閥の宝庫とはいえ、採鉱現場は危険が伴うという厳しい現実があった。そうした中で忠雄は、貴重な人生の体験を得たのである。子息の矢内原伊作は、父忠雄の新居浜時代を総括し、次のように言う。(13)

この三年間で養われた点も多いと思われる。しかし彼が別子銅山に勤務して得たのは、たんに事務的能力だけではなかった。彼はここで資本主義社会の生きた姿に身をもって接し、たんに理論的にではなく、実際家の眼をもって社会を見ることを学んだのである。大正六年から九年にかけては、わが国の資本主義が急激に膨張した時期、またそれにともなって労働運動が急速に活発化した時期、米騒動やストライキが頻発した時期である。その時代の流れを彼は中央から離れた四国の田舎町にあって外から眺めると同時に、それ自体が日本の近代資本主義社会の縮図である別子銅山にあって、時代の流れを実際家として内側から体験したのだった。

的確な指摘である。このことは一高基督教青年会で一緒だった長崎太郎などにも言えることだ。長崎太郎は後年京都市立美術大学（現、京都市立芸術大学）初代学長となり、優れた人材を育てることになるが、当初は日本郵船という船舶会社の一社員であった。彼は旧規定により一九一七（大正六）年七月、京都帝国大学法科大学政治学科を卒業すると、まず日本郵船株式会社に八月一日付で入社し、横浜支店を経て一九二〇（大正九）年二月以降、ニューヨーク支店に勤務、四年半の海外生活を経て、旧制武蔵高等学校教授として教育界へ転進した。ニューヨーク時代にはウィリアム・ブレークの著作や版画を集めまくり、後年、日本のブレークコレクターとしても知られるようになる。長崎太郎が教育界転進を決意したのは、一九二三（大正一二）年一月、ニューヨークを訪れた矢内原忠雄と久しぶりに再会したことによる。その経緯は後章（第七章の一）で詳しく述べることにする。

三　結婚と伝道

結婚まで

一九一七（大正六）年四月、住友総本店に入社し、別子鉱業所に勤務した矢内原忠雄は、同年五月二二日、一高・東大の先輩で、内村鑑三の柏会でも先輩に当たる藤井武の妻喬子《のぶこ》の妹、西永愛子と結婚する。藤井武に関しては、これまで何度か名を出してきたが、一八八八（明治二一）年一月一五日、石川県金沢市生まれ。忠雄の心酔した人物である。

結婚の仲介役は、これまた忠雄の信頼する神戸一中の先輩川西實三であった。藤井武は妻の実家から愛子の結婚相手を探すよう頼まれていた。そこで矢内原忠雄を候補者にあげ、親友の川西實三に仲介を依頼したのである。が、忠雄は当初この話を断っている。忠雄の「或る相談」[14]というエッセイには、「幸福な家庭に育ち美しき性情を有して来られたその人が祖母と兄と而して貧弱なる僕との家庭に来られて苦労せらるるのが気毒である。幸福なる境遇の人は幸福なる境遇の人に嫁するのがよからうと思ふ。第二の理由は到底僕は未だ一家を成すだけの資力が無い。而も細君の家から補助を仰ぐ程の不見識はしたくない」との理由であった。この文章が書かれたのは、一九一六（大正五）年一二月一四日のことである。ところが、その一ヶ月と十日余たった一九一七（大正六）年一月二八日に書かれたエッセイ「或る相談の後」[15]には、この申し入れを受け入れる方向のことが書かれている。直接本文を引用しよう。

ところが去る二十四日の夕方フー〳〵火鉢の火を起して居る時藤井さんが自ら訪ねて下さつた。四方八方の話もまどろしく僕から話の口を切つた、藤井さんから一通りのお話があつた。僕は考へて居た事をすつかり述べた。第一にこの僕を目標にせられたといふのは柏木へ行つて居るからであらうと思ふが、余の信仰は極めて微弱にて人を愛せんと欲しつつ愛する能はずわが家に未だ福音入らずわが心に未だ聖霊溢れず、誠に神様に対し又先生に対して面目なき身である事を述べた。余の眼はうるんだ。次に家庭の事情を物語りて父母の逝去より兄の事に至る迄かなり詳しく述べた。余の涙は溢れ胸は痛んだ。余は兄の事は之れ迄誰にも語らなかつた、しかし今の場合は之を語らずには居れない場合である。大抵の人に対してなら之を語らずして直ちに断つてしまふのであるが、藤井さんに対してはさういふわけには行かぬ、且つ藤井さんになら之を話しても嘲り笑ふことなく却つて祈つて下さると思つたから心おきなく語ることが出来たのである。しかし藤井さんに対してでもも一度話せと言はれたら余は之に応ずることは出来ない。第三には経済上の事情を説き弟の学資のことなど話した。第四には祖母や文姉様の希望を述べた。斯くの如きのわれ、斯くの如きの家、斯くの如きの経済状態であるがそれでも構はぬ可愛いい娘をやる、又それでも構はぬ行くと仰有るなら之は神様の与へ給ふ処と思ふから謹み且つ喜んでお受けしますと余はきつぱり言つた。

矢内原忠雄は結婚の相手が尊敬する藤井武の妻喬子の妹であること、しかも、相手方は自分を直接名指しで川西實三に斡旋をしたことを知るに及んで、反対する理由はないと思うようになった。そこで忠雄は、むしろ積極的にこの結婚話に立ち向かう。右の文章の続きには、「余は尊敬措く能はざる先輩藤井兄に対して出来るだけの礼をつくして言ふべき事の程を言つてしまつたから胸がさつぱりした。あとは神様の御取計ひ一つ、僕は何も心を労することはなくなつた」とある。すべては神の御意《みこころ》次第であるという信仰が、結婚に際しても、忠雄の考えを支配していた。彼は西永愛子との結婚話を良縁と思うようになった。しかし、それが実現する、しないは神の御意如何である、人間の意思を越えた世界があることを彼は知っていた。神の計らいは、いかに良縁と思われてもダメな時はダメ、逆にいかなる困難があろうとも、神の善しとしたことは成るとの考えである。

相手と直接会わずに婚約

忠雄の子息矢内原伊作によれば、西永愛子は「金沢の石川県立第二高等女学校を卒業後、一時は上京して藤井武夫妻のもとに寄寓しながら実践高等女学校専攻科に通っていたが、その後金沢の家に戻っていた。ふとり気味で色白の、明るくて快活な、苦労知らずの令嬢だった」[16]という。縁談話は順調に進み、これも矢内原伊作によると、忠雄は二月二三日の夜、相手の西永愛子抜きに藤井武の家で、愛子の叔母原幾世立ち会いの下、正式に婚約している[17]。相手と直接会うこともない婚約式であった。写真ぐらいは見たものと思う。

今日の常識からすると、相手と直接会うことも話をすることもなく結婚を決めるというのは、理解しがたい。が、当時はそれが普通であったようだ。例えば一高基督教青年会で親しく交わった長崎太郎は、その頃（一九一六年一二月二八日）結婚しているが、父の勧めの縁談話に従って、大久保美和を「一度も見もしないで嫁にもらいました」と言うし、同じく一高同期で文科の成瀬正一は、父の決めた相手の女性川崎福子と忠雄や長崎太郎同様、一度も会うことなく結婚に同意している。一高南寮十番で一緒だった恒藤恭（当時井川恭）は、話のあった女性、恒藤まさを紹介された時、彼女の顔を正視出来ず、白い手と足もとだけを見て結婚を決めている。そういえば、これまた一高同期の菊池寛とて同様であった。菊池は、「写真を見ただけで現在の妻と結婚した」（「半自叙伝」）と書いている。それでも皆うまくいっているのである。仲人《なこうど》が双方の家庭から当人の性格までを、よく調べての縁結びであったからなのであろう。例に挙げた人々の妻は、皆よき伴侶として夫と生涯を共にしている。

矢内原忠雄と西永愛子の結婚式は、前述のように、一九一七（大正六）年五月二二日に行われた。忠雄二四歳、愛子一八歳であった。式は西永家の希望もあって、愛子の故郷金沢で神式により挙げられた。義兄となった藤井武は挙式前に忠雄に便りを出し、「御挙式は時期場所及び方法は尚後の事と思ひ余り研究せざりしも、今度の御決定を聞き小生甚だ心を痛め候。それは主のみこころにかなふべき最上の方法ならざるを感じたればに候」（一九一七・五・三付）と書き付けている。が、藤井は忠雄の信仰第一の生活を知っており、キリスト教式結婚式にあえてこだわらなかった忠雄の立場も理解した。それゆえこの便りの最後では、結婚式の挙げ方は、「一時的、外形上の問題に於て遺憾とする処あるも小生は満足いたし候」と書き添えている。

新婚生活の日々

新居浜で新家庭をもった矢内原忠雄の日々は、充実していた。彼は若い妻を愛し、日々会社の業務を熱心にこなした。さらに彼は忙しい中、同志と計ってキリスト教伝道のための集会を始め、キリスト教入門にかかわる本まで書く。忠雄の「私は如何にして基督信者となつたか」(18)には、以下のように記されている。

当時新居浜には黒崎幸吉兄が私の上役として居られました。私共は五、六人で家庭集会を始めました。私は所謂『柏木の温室』を出まして、自分で聖書を学び且つ人に伝へることになつたのであります。勤務先の同僚は毎日のやうに基督教に関し辛辣な批評や質問を浴びせかけました。私は之に答へる必要があると思ひました。又私の親戚や兄弟たちに対しても本気に基督教の福音を証明する義務があると感じました。その頃鉱業所は日曜も休日でなく、毎日の勤務時間も長くありましたが、右の答弁及び説明に代へる為めに私は帰宅後筆を執り始めました。一脚の椅子もテーブルも有たなかつた私は、部屋の隅に置いた古机の前に坐して夜晩く迄書き綴りました。かうして出来たのが『基督者の信仰』の原稿であります。

すでに何度か名を出している黒崎幸吉は、一八八六（明治一九）年五月二日、山形県鶴岡市の生まれ。忠雄とは七歳の年齢差があり、一高・東大の先輩であると同時に、内村鑑三の聖書研究会の先輩でもあった。一九一一（明治四四）年、東京帝国大学法科大学を卒業し、住友総本店（大阪）勤務を経て別子鉱業所に勤務した。黒崎は後年、熱心な無教会主義の伝道者となるが、その基盤はすでに柏会の頃から養われていた。別子鉱業所時代には家庭集会を開き、伝道にも熱心であった。黒崎の後年の回想に、「矢内原君はこんな四国の山奥に来られるのは勿体ない人物と思いましたので、私は「君の様な秀才がどうしてこんな所に来たんだ」と言って質問しました処「自分の郷里（今治市）に近いのと君が居るから」と云う至極アッサリしたお答えでありました。天下の秀才であり乍ら当時の大学生に通有の此の世的栄達の野心などは露程も見る事が出来ませんでした(19)」というのがある。当時の矢内原忠雄を的確に語るものだ。

また、黒崎は自宅での聖書集会について、「恩恵の回顧」と題した自伝的文章(20)の中で、次のように書いている。

新居浜は当時小さい町であり、住友鉱業所の事務所は惣開《そうびらき》というところにあり、新居浜町の西の海岸地帯であった。そこにも小さい工場があったけれども、大部分は事務所や病院や役員の社宅であった。役員の中には多くの技師もいるので、大学出身の人々の数も非常に多く高工程度の出身者は一層多かった。それに皆近隣に住んでおり、会社への通勤も数分しかかからず、事務所も午後四時には正確に閉鎖するので、私にとっては時間の余裕があり、聖書の勉強をするのには全く好都合であった。（中略）

そうしたところが、不思議なことには私のところの集会は次第に人数がふえ、いつも二十人から三十人位の人が集まるようになった。クリスマスの時などは、家族が集まり六十何人かの祝会があった時の写真などが残っている。そして集会の人々は皆近くに住んでいるので、集会以外にも親しい主に在る交わりをもつことができて、まことに美しいコイノニア（筆者注、キリストによる交わり）が出来上った。これは都会地では、容易に実現し得ない幸福な環境であった。

松本勇治から洗礼を受ける

忠雄は新居浜で黒崎幸吉の自宅での家庭集会に参加する。黒崎は出張が多かったので、忠雄が代わりに聖書講義をすることもあった。先にも一部引用した歌人山下陸奥の「新居浜時代のことなど」[21]には、家庭集会と忠雄の『基督者の信仰』に関して、次のように回想されている。

その頃、黒崎先生宅で基督教の集会が始まったが、先生は出張がちだったので矢内原君が多く話した。以前から基督教の集会はあったがそういう人も殆ど黒崎氏宅に集まった。その人たちが折々牧師を招いたが、両氏はこだわりなく出席された。暫くすると矢内原君は『基督者の信仰』という本を書いて謄写版で百部ほど作り人々に配ったが、私どもも手伝った。この書は後に内村鑑三先生の序文を得て本式に刊行されたが、同君の最初の著書として意義の深いものである。

この時期、一九一九（大正八）年二月一一日に、矢内原忠雄はプレマス兄弟団の松本勇治から洗礼を受けている。プレマス兄弟団とは、一八八八（明治二一）年に来日し、自給伝道をはじめたハーバート・ジョージ・ブランド（Brand, Herbert George）の起こしたキリスト教新教の一派をさす。松本勇治はその日本での団体、キリスト同信会のメンバーに属する。ブランドは、教会組織を設けずに伝道に励んだ指導者だった。

黒崎幸吉は大阪の住友総本社にいたころブランドの弟子、松本勇治と知り合い、互いの信仰に共鳴していた。教会という制度に縛られず聖書研究を重んじる無教会主義と、松本のキリスト同信会の信仰とは、一脈通じるものがあったのである。黒崎は新居浜での家庭集会の講師に、松本を誘うことがしばしばあった。忠雄の受洗の時は、黒崎幸吉や忠雄の妻愛子、それに忠雄の妹悦子も一緒だった。

無教会主義では、洗礼はじめ教会の諸典礼には重きを置かず、神への信仰だけを尊ぶ。が、洗礼を受け、教会に属しながら無教会主義に立つケースも、かなりあった。それは現在の日本の教会事情にもつながる。黒崎幸吉も矢内原忠雄も、パウロによる洗礼の勧め、「わたしたちは洗礼《バプテスマ》によってキリストと共に葬られ、その死にあずかるものとなりました。それは、キリストが御父《おんちち》の栄光によって死者の中から復活させられたように、わたしたちも新しい命に生きるためなのです」（新共同訳「ローマの信徒への手紙」6・4）に共感していたし、また、周囲の人々につまずきを与えないためにも、一般の教会の手続きを踏んで受洗したようである。なお、詳細きわまりない「年譜」（『矢内原忠雄全集』第二九巻収録）には、忠雄受洗の記事は見られない。

新居浜にある神の教会

黒崎幸吉と矢内原忠雄の洗礼に関する記事は、『日本キリスト教歴史大事典』（教文館、一九八八・二、項目執筆藤尾正人）の「キリスト同信会」の項に、「黒崎幸吉・矢内原忠雄に授洗した松本勇治ら数多くの伝道者が生れ、日本各地で集会がもたれた」との記事を見出すことができる。また、黒崎家の家庭集会に関しては、松尾逸郎の「『基督者の信仰』出版のころ」[22]に言及があるのを、指摘しておきたい。そこには「この集会には時にプレマス兄弟団の独立運動者、松本勇治氏が神戸から出張して話しをされたこともあった。黒崎先生はお仕事の関係から出張が多く集会に出られないことがあったが、そこへ、矢内原先生が着任され、黒崎先生の助手として聖書講義を担当されるようになって集会は一段と強みを加えた。こうして先生が後に「新居浜にある神の教会」と呼ばれたこの集会は、福音伝道の新風を此の地にもたらすとともに、この時代に掲げられた光が今も全国の各地に保たれているのである」とある。

新居浜時代の矢内原忠雄の生活は、充実していた。仕事と伝道に忠雄は熱心に当たった。当初、数名ではじまったという集会は、次第に人数を増して行った。忠雄は懸案の家族伝道にも熱心で、妻愛子のみならず、今治の松木《まつぎ》の家にいた妹悦子、さらには京都から新居浜の住友肥料製造所（現、住友化学）に勤務するようになった兄安昌まで、信仰に導くことに成功する。矢内原伊作によると、以後安昌は弟忠雄と生涯信仰を共にしたという。(23)

ついでながら、矢内原伊作の『矢内原忠雄伝』の三四四ページには、「大正八年、新居浜住友病院でのキリスト教集会会員。前列中央が矢内原忠雄、その右が中川順助院長」の説明書きのある写真が載っている。男性は忠雄と中川院長、それに医師らしき人と学生服を着込んだ人の四名、他は白衣の看護婦一五名である。新居浜住友病院は、すでにふれたが、住友家事業の従業者とその家族の診療を目的として開設された病院で、当時は社宅に近い惣開にあった。こうした写真が存在することからすると、忠雄は新居浜住友病院の従業員、特に若い看護婦たちへの伝道も行っていたのであろうか。

『矢内原忠雄全集』を丹念にめくっていたら、「私の伝道生涯」(24)の「第一回　新居浜の思ひ出」に短いながら病院伝道のことが出ていた。引用すると、「（家庭集会の）集まりでは黒崎さんが聖書の講義をしたが、同君は課長（当時は「主任」と呼んでゐた）の地位にあつたから、出張が時々あり、その時は私が代つて講義した。／だんだん集会の人数もふえ、更に住友病院で看護婦さんたちへの伝道集会が始められ、黒崎さん多忙のため、それには私が行つた」とある。家庭集会と病院伝道が、忠雄の新居浜での伝道の二本柱であったことになる。

四　処女作『基督者の信仰』

矢内原忠雄初の著作

先にも述べたが、新居浜時代の矢内原忠雄は、伝道のために小冊子『基督者の信仰』を書き、新居浜のキリスト教集会で配っている。矢内原忠雄初の著作物、いわゆる処女出版であった。この著作が生まれたいわれに関しては、先に「私は如何にして基督信者となつたか」を引用しておいた。が、ここには忠雄の別の回想、右に引用した「私の伝道生涯」の「第一回　新居浜の思ひ出」の続きの箇所に以下のように記されているので、こちらの回想に聞こう。

新居浜では、集りの外に、私の最初の著述の思ひ出がある。私の勤務先である鉱業所経理課に、Kといふ東京商大出のすこぶる頭のよい先輩が居て、仕事の合間に、キリスト教についてしんらつな質問をあびせて来た。机を並べて居る他の同僚たちも議論に参加して、私に質問を集中した。同僚たちの質問攻めに答へて居る間に、私は私の信仰弁明を秩序立てて書き記し、ガリ版ずりにして読んでもらはうと考へた。同時に、それを私の兄弟や親戚たちに対する伝道にも使用しよう、と考へた。かうして出来たのが、『基督者の信仰』の原稿である。

『基督者の信仰』は、矢内原忠雄二八歳の時の著作。原著は謄写版刷り、四百字詰原稿用紙にして、一一六枚（単行本B６判、六七ページ）の小冊子である。その後何度も改訂が施され、現在は『矢内原忠雄全集』第一四巻に収録されている。テクストの底本は、一粒社刊行の改定第四版（一九三七・一〇）である。本来は謄写版刷りの初版を用い、その内容を見るべきものながら、初版披見は無理なので、ここでは全集本収録テクストによって、その内容を見ていきたい。先ずは「序」の部分を示そう。

序文　内村鑑三
序　黒崎幸吉
序　愛媛県新居浜町に在る教友一同
第三版序　矢内原忠雄
改訂第四版序　著者

書誌に関して簡単にふれるなら、一九二一（大正一〇）年七月刊の聖書研究社版は、忠雄の勤務した東大経済学部と東京目黒の今井館資料館に、一九三一（昭和六）年一〇月刊の非売品（印刷兼発行人小西友作）は、今井館資料館にある。一九三三（昭和八）年四月刊のこひつじ社版は、東京神学大学図書館に、全集が底本とした一粒社刊行の改定第四版は、東大教養学部（駒場）図書館が所蔵する。

一粒社版の「序文」で内村鑑三は、「君の信奉する基督教は近代人の歓迎する所謂基督教に非ず、即ち社会奉仕教に非ず、倫理的福音に非ず、文化運動に非ず、労働運動に非ず、古い旧い十字架の贖罪教である、近代人には時代遅れの迷信として目《もく》せられ、彼等の賤視《いやし》め又排斥する所となる者《ママ》である」と書いている。

『基督者の信仰』誕生まで

本書誕生までのいきさつは、すでに前節に山下陸奥の「新居浜時代のことなど」を引いて説明したが、「謄写版で百部ほど作り人々に配った」という。それが本格的な書物になったことについては、これまた松尾逸郎の「『基督者の信仰』出版のころ」(25)にくわしい。関連箇所を引用する。

大正九年十月、先生がイギリスに留学されたあと、わたしたちはこの原稿を纏め出版したいと思い黒崎先生に相談してご賛成を得た。

たまたま、わたしが栃木県の那須温泉に行った時に内村鑑三先生の聖書講習会が開かれていた。わたしは聖書研究社の出版の仕事をしておられた山岸壬五氏に、出版上の智慧をかりるためにこの事を話したところ、やがて内村先生のお耳に入った。先生は深い関心を寄せられて原稿に目をとおされ、ご自身の序文を冠して聖書研究社で出版して下さることになった。留学中の矢内原先生には、あらかじめロンドン宛、出版の意向を願い出たところ、「主のために幾分にても御用にたてば」とのご承諾を戴いた。

こうして先生の最初の著書『基督者の信仰』は、内村、黒崎両先生と新居浜教友一同による三つの序文を付して出版されたが、わたしの記憶では五百部前後印刷し、やがて品切れとなってしまった。

なお、先の「私の伝道生涯」の「第一回　新居浜の思ひ出」の続きには、忠雄自身の本書誕生に関する言及がある。そこには「私はロンドンに居て、新居浜教友から出版についての同意を求められ、承諾の旨返事したただけで、自分では何もせず、万事教友と黒崎さんと内村先生の愛によつてこの書物は出版された。だから、初版本には私の序文もない。出版後、聖書研究社から印税五十円を私の留守宅に送つて下さつたことを家人から知らして来た時、私は先生の物堅いのに感動した」とある。「序」に続く本書の目次は、次のようである。

イエスの生涯と聖書

では、以下に本書の内容を全集本文（一粒社刊行の改定第四版）に見ることにする。「第一章　主イエス・キリスト」は、原稿用紙にして約一二枚。「今を去ること約千九百年前ユダヤの国ベツレヘムにてイエスと名づけられし一人の嬰児《みどりご》が生れた」の一文をもって書き起こされる。続いて「彼の父はナザレの村の指物《さしもの》大工であった。「ナザレより何のよきもの出でんや」と言はれし平凡なる山村が彼の故郷であった」とあり、キリストの生涯が福音書をもとにわかりやすく説明される。「年三十にして村人イエスは始めて世に出で、福音を宣伝《のべつた》へて、天国は近づけり悔改めよ、凡て労《つか》れたる者又重きを負へる者は我に来れ、我汝等を息《やす》ません、汝等我に従へ、さらば心に平安を獲《う》べし、我を信ぜよ。さらば救はるるを得んと言つた。ナザレの村にて深く旧約聖書を読みし彼は聖言《みことば》の引用に於て自由自在であつた」とし、国中を巡り、「天国の福音を宣伝《のべつた》へ且つ民の中なるもろもろの疾患《わづらひ》をいやした」とする。

続く箇所は、イエスの受難の要約である。「然るに世は彼を受けなかつた。宣教三年にして彼は捕へられ十字架に懸けられた。十字架は所謂磔刑《はりつけ》にして極悪重罪人の処刑である。彼は果して十字架にかけられるべき悪人なりしや。彼と共に十字架に懸けられし盗賊の一人は言つた「我らは為しし事の報を受くるなれば当然なり。されど此の人は何の不善をも為さざりき」と（ルカ伝二三の四一）。如何なるキリスト教攻撃者も彼の教訓の崇高にして彼の言行の権威あるを認めざるを得ないのである」との、「完全なる人」イエス論を展開する。が、現在はキリスト教の中に「多くの非基督が棲息」するとし、「彼等は基督教を以て自己の思想地位等を装飾せんとするもの」だと攻撃する。そして「我等は空なるものを求めず実なるものに信頼するが故に、其受くる報償は極めて確実に又極めて大いなのである」で結ばれる。

「第二章　聖書」は、アメリカの費府《フィラデルフィア》の三越より十倍もある大百貨店の主人、ジョン・ワナメーカーの逸話から書き起こされる。矢内原忠雄は例話（適用）が実にうまい文章家であった。ここでの話は、孔子の教を奉ずる日本の実業家の某男爵が、アメリカの日曜学校で「孔子を去りて基督を信ずべき理由を見ない」と演説した、その時ジョンは賓客に敬意を払いつつも、「孔子は死して葬られた、基督が来りて孔子よ起てよと呼び給ふまで彼は墓に眠つて居るのである。然るに基督は死にて葬られ三日目に甦《よみがへ》り天に昇りて神の右に坐し今《いま》尚活きて在し霊を以て現在この室にも臨みて居給ふのである」と言い、ポケットから小型の聖書を取り出して皆に示したというものである。

この例話をひきつつ、忠雄はキリスト教の中心は、道徳や教訓でなく、「十字架と復活の事実」であると言い、「彼以外の誰が我等の為めに死に給ひしや、彼以外の誰が我等の為めに復活し給ひしや」とその死と復活を高く評価する。「基督教の特徴は十字架の事実に存する」と彼は述べ、「聖書は基督の神性、贖罪、復活、再臨を証する書」と言う。これが本章の骨子である。そのために忠雄はわかりやすく、「旧約聖書三十九巻、新約聖書二十七巻計六十六巻より成る叢書」の意味を説明し、「夫れ旧約とは基督降臨の約束にして新約とは基督再臨の約束である」と巧みにまとめる。

結びの箇所で彼は「聖書は決して難解の書にあらず」とし、「見よ、主イエス・キリストを中心として輝く首尾一貫せる一幅の活画、読みて厭《あ》かず見て倦《う》まず、反覆益々新しき智慧を与ふる生命の書」だとする。キリストの十字架と再臨を強調するところ、恩師内村鑑三を思わせるものがある。

歴史的にはアジアの宗教

「第三章　基督教と西洋」は、キリスト教は西洋の宗教で日本の国体に反するのではないかという問への回答の意味を込めた章である。キリストが一生を送ったのはアジア州の西部パレスチナであったと著者は言い、欧州の伝道に従事したパウロでさえ、その足はイタリアのローマに止まったとも言う。「黙示録」は「アジアにある七つの教会」に送られたもので、その筆は新天新地の創造に終わっている。キリスト教は西洋の宗教、アジアの宗教と限定されるものではないが、歴史的に言うなら、むしろアジアの宗教といわねばならぬ。キリスト教は西洋文明に大きな影響を及ぼしたが、キリスト教と西洋とは決して同一ではないとし、以下著者は一つ一つの疑問に答えるのである。

先ず、キリスト教は我国道徳の基礎である孝道に反するという問に対して、果たして孝道に反するのかと反問する。キリスト教の根本は父子の関係に基づく。キリストは父なる神に服従し、死に至るまで十字架の死をさえ受けるまで従った。彼は神に対して無二の孝子であった。「汝の父母を敬え」とは、十戒の一カ条にしてキリストもこれを守るべしと告げられた。「神に従ふ如き孝心を以て両親に従ふべし」とは、神の喜び給う所ではないかと忠雄は説く。

また、西洋は女尊男卑ゆえ、キリスト教は日本の婦道に反するという者がいるが、それは西洋とキリスト教を混同するところから来ると言い、聖書は「妻たる者よ其夫に従ふべしこれ主にある者の為すべき事なり」（コロサイ書三の一八）、「妻たる者よ主に服《したが》ふ如く己の夫に服ふべし、蓋《そは》キリスト教会の首《かしら》なる如く夫は妻の首なれば也」（エペソ書五の二二、二三）などあるではないかとも言う。さらに「基督教国には社会主義流行せるを以て我国臣僕の道に反す」という者がいるが、キリスト教は社会主義の信条とは異なる。パウロはイエス・キリストの僕と言ったではないか、と反論する。他にもキリスト教は愛国精神がないとか、日本道徳に反するとかいうことどもに、忠雄は理論的に明快に反論する。

贖罪と復活

「第四章　基督教と教会」以下「第八章　信者の生涯」までが、本書の中核ともいえる箇所である。第三章まででキリスト教に対する世の（限定するなら新居浜の人々の）偏見や疑問に応えた忠雄は、以下、贖罪・復活・再臨というキリスト教の本質に迫る。彼は世の教会の教派性を問題とする。彼は言う。「何ぞ必ずしも宏壮なる会堂と之を司る監督牧師とを要せんや、我等の家庭に於て、我等の小地方に於て、或は又汽車の中、船の上に於てすら、組合教会にもあらず、メソジスト教会にもあらず主一つ信仰一つバプテスマ一つなる神の教会は成立するのである」と。

ここに内村鑑三を師とする矢内原忠雄の無教会主義の考えがはっきりと示されている。彼は「真正の教会」と「偽りの教会」とを峻別する。彼は「偽りの教会」は、「天にあるものを求めずして地にあるものを求む、地上に於ける一大勢力たらんことが彼等の願望である」と言い、さらに「キリストの恥を身に負ひて営の外に出づるが如きは彼等の最も忌む処である。妥協による膨張が彼等の政策である。彼等は人の権威を怖るる故に罪の悔改を説かず、科学の権威を怖るる故に復活と奇蹟とを述べず、現世の権威を怖るる故に主の再臨を信じない」と厳しく断罪する。

その贖罪論は、聖書に実に忠実である。神は「独子イエスを送りて救の途を人類に提供せられた。彼を信ずるによつて凡ての人は救はる、実に驚くべき計画驚くべき愛と言はざるを得ない。律法は人を死なしめキリストは人を救ふ、律法は「万人《すべてのひと》を罪の下に拘幽《とぢこめ》たり、これ信ずる者のイエス・キリストに対する信仰に由れる約束を与へられんが為めなり」（ガラテヤ書三の二二）、悔改めて彼を信ぜずんば、他に救の途は無いのである」との明言は、聖書にしっかりと立脚しての発言であった。

復活論もまた明快である。彼は「事実は事実にして抹消するを得ない」と言い、「復活は我等の信仰の一大基礎たる事実」とし、「コリントの信徒への手紙　一」の一五章一六～一七節を引き、「実に復活なくんば我等の信仰は空しきものとなるのである」とする。さらに「十字架の下罪に泣きし身も、復活の信仰により勝歌うたひて進む勇者となるのである」と言い切る。

再臨と信望愛

再臨の章は、「死して甦へり天に昇り給ひしキリストは再び此地に臨《きた》り給ふのである。我等はその何時《いつ》の時なるやを知らぬ、時を識るは父なる神のみである」にはじまる。矢内原忠雄は、再臨に関してはよく勉強している。すでに本論第四章（「一　内村ルツ子の死」）でふれたように、忠雄は内村鑑三のキリスト再臨運動から深い影響を受けることになる。そのこともあって、本章は説得力に富む。再臨とは「イエスは今来りつつある」（内村鑑三）ことへの信仰である。内外の緊迫した情勢が、内村鑑三をして、この運動に向かわせたこともすでに触れた。本書『基督者の信仰』が、内村鑑三の深い影響下に成ったものであることは、この「第七章　再臨」一つとっても、言えることである。

彼は「テサロニケの信徒への手紙　一」の四章一六～一七節を引いて、「主の空中まで来り給ふ時既に死せる信者は復活し、生存せる信者は死を経過することなくして栄光の体と化して主に携へ挙げらるるのである」と言い、「千年王国」にも言い及ぶ。その上で①「再臨は信者の完成」であり、②「再臨は信者の幸福の絶頂」であり、③「再臨は此世の完成である」とする。さらに④「再臨は又天地の完成である」と言い、「我等は此再臨を待ち望むのである」と結語する。矢内原忠雄は鑑三の再臨運動に共感し、再臨信仰を生涯持ち続けた人であった。後年のことになるが、『通信44』（一九三七・五）に、忠雄は「再臨の教義について」の一文を寄せている。そこでは再臨信仰の大切さを次のように説く。

キリストの再臨は理知的に理解するに容易でない教義である。併しそれは基督教信仰の論理上の要求として、ただに信仰的のみでなく、蓋し贖罪、復活、再臨の三教義の間には一貫せる論理的連関があるのであつて、十字架による贖罪は身体の復活に至つて始めて完成し、復活は再臨によりて始めて現実化する。我等は復活を信ずる。併しただ復活を希望するだけでなく、復活した身体を以て現実に顔を合はせて相見、手を取つて相語る処に迄来なければ我々の救は完くせられたとは言へない。この復活の効果を完くするものが即ちキリストの再臨である。之は我々の救いの完成の為めに是非とも必要なる事実であつて、再臨の教義の論理的必要は第一に此の点にあるのである。

さて、最後の「第八章　信者の生涯」は、本書全体のまとめでもある。彼は、人は「運命」を問題とするが、「キリストを信ずるによりて、偶然の運命に代りて愛の神が我等の導者となつた」とし、「信仰と望と愛とは信者の生涯の三綱領である」と言い、この三つは「信者の生涯の経《たていと》緯《よこいと》である」とする。最後の一文は、「主は近し、我等何事も思ひ煩ふに及ばず、唯事毎に祈祷し懇求《ねがひ》をし且つ感謝して己が求むる所を神に告ぐ、さらば神より出でて人の凡て思ふ所に過ぐる平安は我等の心と思とをキリスト・イエスによりて守るのである（ピリピ書四の四―七）」となっている。

新居浜の住友別子鉱業所に勤務し、仕事を終えた夜の時間を用いて書き継いだ矢内原忠雄の最初の著書が、『基督者の信仰』であったことは、記憶に留めたいことである。

注

（1）矢内原忠雄「内村鑑三」社会思想研究会編『わが師を語る』（現代教養文庫）一九五三年二月所収、のち『矢内原忠雄全集』第二四巻収録。四八七～五〇九頁。

（2）矢内原忠雄「教師としての内村鑑三」『日本聖書雑誌』第5号、一九三〇年五月、『内村鑑三追憶文集』一九三一年三月所収、のち『矢内原忠雄全集』第二四巻収録。四四〇～四四三頁。

（3）矢内原伊作『矢内原忠雄伝』みすず書房、一九九八年七月二三日。二六四頁。

（4）矢内原忠雄『私の歩んできた道』東京大学出版会、一九五八年三月三一日、のち『矢内原忠雄全集』第二六巻収録。一五～七五頁。

（5）成田龍一『大正デモクラシー』岩波書店（岩波新書）、二〇〇七年四月二〇日。二八頁。

（6）矢内原忠雄「新渡戸先生の学問と講義」『書斎の窓』第二〇号、一九五五年二月、『人生と自然』一九六〇年一〇月所収。のち『矢内原忠雄全集』第二四巻収録。七一八～七二四頁。
（7）矢内原忠雄「十字架を負ふの決心」『矢内原忠雄全集』第二七巻収録。五七五～五八一頁。
（8）注3に同じ。三〇三～三〇九頁。
（9）矢内原忠雄「就職に就て」『矢内原忠雄全集』第二七巻収録。六〇二～六〇五頁。
（10）矢内原忠雄「採用試験」『矢内原忠雄全集』第二七巻収録。六七三～六八一頁。
（11）矢内原忠雄「消息 三月十三日　江原兄へ返書」『矢内原忠雄全集』第二七巻収録。六九一～六九二頁。
（12）山下陸奥「新居浜時代のことなど」『矢内原忠雄全集』月報12、一九六四年二月、のち南原繁・大内兵衛・黒崎幸吉・楊井克己・大塚久雄編『矢内原忠雄―信仰・学問・生涯―』岩波書店、一九六八年八月三日収録。五三～五七頁。
（13）注3に同じ。三三一頁。
（14）矢内原忠雄「或る相談」『矢内原忠雄全集』第二七巻収録。六八二～六八三頁。
（15）矢内原忠雄「或る相談の其後」『矢内原忠雄全集』第二七巻収録。六八五～六八六頁。
（16）注3に同じ。三二四頁。
（17）注3に同じ。三二三頁。
（18）矢内原忠雄「私は如何にして基督信者となつたか」『通信』18号、一九三四年六月、のち『矢内原忠雄全集』第二六巻収録。一四四～一四五頁。
（19）黒崎幸吉「式辞」『清き岸べに』嘉信社、一九六二年六月二五日。六〇頁。
（20）黒崎幸吉「恩恵の回顧」『永遠の生命』第三四九号、一九六〇年一〇月、のち『黒崎幸吉著作集』5、新教出版社、一九七三年六月三〇日収録。三七四～三七五頁。
（21）注12に同じ。五四頁。

(22) 松尾逸郎「『基督者の信仰』出版のころ」『矢内原忠雄全集』月報14、一九六四年四月、のち南原繁・大内兵衛・黒崎幸吉・楊井克己・大塚久雄編『矢内原忠雄—信仰・学問・生涯—』岩波書店、一九六八年八月三日収録。五八頁。
(23) 注3に同じ。三三九〜三四〇頁。
(24) 矢内原忠雄「私の伝道生涯」『橄欖《かんらん》』一九五六年六月、のち『矢内原忠雄全集』第二六巻収録。一八七頁。
(25) 注22に同じ。五九頁。

第六章　大学転出とヨーロッパでの研修

一　東大経済学部助教授となる

長男伊作の誕生

新居浜の別子鉱業所に勤務した矢内原忠雄と妻愛子に最初の子が授かったのは、一九一八（大正七）年五月二日のことである。忠雄はこの長男に伊作という名をつけた。旧約聖書「創世記」に出て来るアブラハムの子、イサクにちなんでの命名であった。聖書を読んでいる者には、このことは説明抜きですぐ分かる。ところで、当時勤務を共にした歌人山下陸奥の「新居浜時代のことなど」(1)には、忠雄に子が誕生したことにふれて、「一年余経った或る日、男の子が生まれた事を告げ「伊作」と名づけたといって甚だ得意のようであった。いうまでもなく聖書からと伊予で生まれたからである」とある。なるほど伊予（愛媛県の旧国名）で作った子だから伊作か、イスラエルの祖先とされる信仰者イサクと伊予で生まれた子との意味をかけての命名であったかと、はじめて覚った次第である。関東地方で生まれ育ったわたしには、イサクにちなんだことはすぐに分かっても、伊予生まれをも命名に託したことは、すぐにはピンとこなかったのである。

伊作誕生にまつわるエピソードの一つを、ここに記しておきたい。子息の矢内原伊作の『矢内原忠雄伝』(2)

に紹介されているもので、若き日の矢内原忠雄の一面がよく現れている。引用しよう。

私（筆者注、矢内原伊作）が生まれたのは大正七年五月二日である。生まれたばかりの赤ん坊の私を抱いて父は「おはつにおめにかかります、不肖ながら私があなたの父親です。どうかよろしく」と芝居気たっぷりに言って周囲の人を笑わせたということである。これはお産の世話をするために来ていた愛子の母、つまり私の祖母の西永薫がのちのちまで語り草にしていたことだった。父にはこういうユーモラスなことを言って人を笑わせる一面があったのであり、幸福な新居浜時代にはこの才能がしばしば発揮されたらしい。

こういう面は、忠雄の神戸一中時代からのものであり、妹の悦子の追悼文「忠兄さんの想い出」(3)にも見られる。暑中休暇で家に帰ってきた忠雄は、土用干しを手伝い、「昔の裃をつけて刀をさして部屋中を歩いたり、母の着物を着て女の人の歩くまねをしたりして家の者らを大笑いさせていた」という。一高時代の矢内原忠雄も総じて朗らかで、疑いを知らないような人、何事にも積極的で、公の会合などでも先に立ち奔走する人であった。それは仲間の誰もが認めていた。彼は冗談を好み、誰とでも好き嫌いなく交わった。それゆえ内省が足らないとか、「声があまり大きすぎる。自己の生活にもつと空虚と寂寞と分裂とを意識せねばならない筈である」とか、同学年ながら二つ年上の倉田百三から「生活批評—矢内原忠雄君にあたふ」(4)で批判されたこともあった。このことは第三章で詳説したところだ。一高時代は母や父、そして親友大利武祐の死に接し、人一倍苦しんでいたとはいえ、そうした陰りも他人に見せないほどの明るさが彼にはあった。新居浜時代は、初めての社会人生活であり、自信をもって勤務と伝道に励んだ幸せな日々であった。それゆえ伊作の書きとどめたようなエピソードも、さもありなんと思わせるのである。

しかしながら、後年の一九三〇年代以降の矢内原忠雄には、このような話はついぞ見出せない。そこには秋霜烈日の如き厳格な性格の持ち主、冗談一つ言わない恐い人、近寄り難い人物は見出せても、ユーモアを解し冗談を口にする、朗らかな愉快な人物は、もはや見出せないのである。それは第二次世界大戦後の東大総長時代まで、否、その死にまで及ぶ。なぜそうなってしまったかは、本評伝が追い追い明かすところである。激動の時代の中で、特に一九三七（昭和一二）年の矢内原事件を体験し、彼は性格が変わったかのように、自他にきびしい恐い人となる。人間矢内原忠雄のこうした側面にも、以後の章ではしっかり光を当てることにしている。

東大経済学部からの招き

さて、伊作の生まれた翌一九一九（大正八）年九月一五日、矢内原家の大黒柱、祖母とよが死去した。とよのことは、すでに第一章で詳しく述べたが、忠雄の父母が没した後も、矢内原家の全責任を負って過ごしていた。それだけにその死には、重いものがあった。以後、富田村の忠雄らの生家は、忠雄の五つ年下の悦子が、護ることになる。

祖母の死の少し前から忠雄には、東京帝国大学経済学部から植民政策の講座担当助教授の口が掛かっていた。東大の経済学部は、この年、法学部経済学科から独立し、発足した新学部であった。植民政策の講座は、忠雄の恩師新渡戸稲造が担当していたものである。が、新渡戸は、翌一九二〇（大正九）年に国際連盟事務局の事務次長就任のため、担当講座が空席になることが確定していた。その補充人事であった。

当時の東大経済学部は、学部長金井延《のぼる》のほか、古参教授の山崎覚次郎・矢作《やはぎ》栄蔵・河津暹《せん》・それに高野岩三郎とその門下の大内兵衛・権田保之助・細川嘉六・森戸辰男、さらに忠雄をよく知る舞出長五郎・糸井靖之らがいた。新渡戸の推薦とそうした教授連の同意があって、矢内原忠雄に白羽の矢が立ったのである。なにせ忠雄は東京帝国大学法科大学政治学科を一番で出た秀才という評判があり、その性格は純粋で、仲間づきあいはいいときている。大学人事は学問上の才能ばかりでなく、その人物のパーソナリティーも時に評価にかけられる。

忠雄はその点申し分なかった。この人事に関して大内兵衛は、「日本植民学の系譜」(5)と題した文章で、「矢内原君は東大で新渡戸先生の講座をついだ人であるけれども、矢内原君がそういう地位についたのは、新渡戸先生のすいせんによるものではなく、舞出君や森戸君のすいせんにもとづいて高野岩三郎先生が決裁したものである」と書いている。が、大内は一方で、「赤い落日―矢内原忠雄君の一生」(6)という追悼文においては、「矢内原は新渡戸先生が国際聯盟の事務局次長になってジュネーブに滞在することになったので、その後任としてくる人である、助教授舞出君と新渡戸先生の推薦によるものであるということであった」とも言う。これは後者の方が正しいように思う。いずれにせよ忠雄は、恩師や同学の友に強く支持されていたのである。

植民政策の担当者として

忠雄は東大からの誘いに対し、すぐに飛びつくような態度は示さなかった。植民政策というのは、植民地をいかに統治していくかを考える新しい分野の学問であり、専門研究者は、まだいない時代であった。忠雄は東京帝大在学中、新渡戸稲造の植民政策の講義を聴いたとはいえ、この分野に関する論文は、一つもなかった。大学に教員として就職するには、学問的業績が問われる。彼の出版物といえば、前章で扱った『基督者の信仰』のみである。が、新しい講座であり、他に適任の学者がいなかったこともあって、在学中の忠雄のまじめな生活ぶりと優秀な成績を知っている長老教授連の反対もなく、すんなりと決まったようだ。子息の矢内原伊作は、「彼は慎重に考慮し、一度はことわり、重ねて招請があったので先輩や友人にも相談し、幾度か躊躇し、長い熟慮ののちに漸くこの招聘を受けることにしたのである」(7)と言う。忠雄は事に対しては常に慎重であった。彼は故郷の家を担う妹の悦子宛の便りで、次のように書いていた(8)。

東京の友人から大学の方の交渉を受けたのは大分前のことです。其時（丁度祖母様死去の後）は断つてやりました。その後再び交渉がありました。私は二三の友人に相談して見た処皆賛成でありました。私はずつと前から自分には学校生活が最も適任の様に思はれるので早晩教育界に身を投ずるに至るべき乎と思つて来たのです。それで私には大学と一高とが候補者になりました。若し松木《まつぎ》へ帰居するならば今治中学の教師となるのでせふ。一時はその考も無いではありませんでした。けれども更に私は勉強を致し出来るだけ成長発達致しなるべく有効に神の御為めに尽し度考です。田は色づきて刈る者を待つて居ります。今や世界は福音を聞くの飢饉に瀕して居る様です。日本のみならず外国皆然りです。私は更に学び更に教へられ多くの人に福音を頒ち度き考です。その為めに東京へ出たいと思ふのです。

（一九一九・一〇・二九付）

矢内原忠雄は一高基督教青年会の仲間であった長崎太郎が、日本郵船に勤務しながら将来の目標を教育界に置いていたのと同様の考えを持っていた。右の便りも語るように、忠雄は教育と研究の職場が自分にはふさわしいとかねがね思っていたのである。が、彼はその前に一度民間の会社に就職し、生きた社会の空気にふれたいとして住友に入社した。それゆえ東大からの誘いに応じたのは、考えれば当然のことだったと言えよう。東京帝国大学経済学部では、いまだ学問的業績はないものの、新渡戸稲造の衣鉢を継ぐ矢内原忠雄ならば、この新しい学問を拓くであろうと見越しての就職要請だった。忠雄には新居浜での仕事と伝道に未練があった。けれども、東大で教え、研究生活に入ることは、それ以上のやりがいのある仕事と次第に思うようになる。

新居浜を去る

かくて矢内原忠雄は新居浜を去る。忠雄は丸三年新居浜に居住し、住友別子鉱業所に勤務したことになる。新居浜を去る日のことを、彼は「私の伝道生涯」(9)の「第一回　新居浜の思ひ出」に綴っている。以下のようだ。

> 私が小さい家族をつれて新居浜を去る日、惣開《そうびらき》の岸をはしけ舟が離れて、櫓声静かに沖がかりの汽船に向つて漕ぎゆく時、岸に立つた集会の兄弟姉妹の間から起つた「また会ふ日まで」の讃美歌が、遠ざかり行く小舟にいつまでも〳〵聞こえて、別離の情に胸のつまつたことも、昨日のやうに思ひ出される。私が去つた後、しばらくして黒崎さんも大阪に転任したが、その後も新居浜の集会は長く続いた。住友病院の集りは、私の後を受けて、私の兄がつづけてくれた。

引用の最後に出て来る「私の兄」とは、すでに何度も名を出した矢内原安昌である。安昌は一九一九（大正八）年の春から住友肥料製造所（現、住友化学）に勤務し、新居浜の集会にも熱心に出席するようになっていた。忠雄の家族伝道は、この頃になると兄安昌のみならず妹悦子や千代、さらには弟啓太郎にも及んでいたのである。なお、矢内原伊作の『矢内原忠雄伝』には、「幸福な新居浜時代の忠雄を一層よろこばせたのは、大正八年春、兄の安昌が京都から新居浜に転住し、住友肥料製造所（現、住友化学の前身）に勤務するようになり、さらに右の集会に参加し、信仰をともにするようになったことである。以後安昌は昭和二四年一月に病没するまで新居浜に住み、信仰を維持し、忠雄の最もよき理解者、忠雄の発行した伝道誌『嘉信』の最もよき読者だった」[10]とある。

就任早々のさまざまな問題

年が明けた一九二〇（大正九）年一月二七日、矢内原忠雄は満二七歳となった。東京帝国大学経済学部助教授の口は正式に決まり、三月に住友を辞職、家族三人で上京した。東京での最初の住まいは、東京府奥多摩郡中野町大字中野一七九四番地であった。中野は今は新宿区に隣接する中野区の中心街であるが、当時は府下と呼ばれ、東京市外の田舎町であった。恐らく当時東中野に住んでいた義兄となった藤井武の斡旋によったのであろう。

東京帝国大学経済学部では、一九一八（大正七）年末、助教授森戸辰男の「クロポトキンの社会思想の研究」（『経済学研究』創刊号、一九一八・一〇）という論文が、法学部の上杉慎吉ら右翼教授から危険思想として弾劾されるという事件が生じていた。年を越した一月には、森戸と雑誌の編集発行人の助教授大内兵衛が朝憲紊乱《びんらん》、新聞紙法違反で起訴されていた。いわゆる森戸事件である。矢内原忠雄の経済学部着任は、その直後のことであった。忠雄は就任早々、学内の右翼勢力の横暴と官権による検閲という表現の自由の問題に直面することになる。厳しい言論弾圧は、学内の対立にも影響を与えていた。表現の自由剥奪の問題は、やがては忠雄自身にも及ぶことになる。

矢内原忠雄の戦前における東大での研究生活は、検閲問題や学内外の右翼との闘いの歴史であり、戦後はその体験を生かしての大学の自治や、表現の自由を守る闘いであったと言えるのである。それは時の権力への〈謀叛の叫び〉であり、その淵源は一高時代に接した蘆花の「謀叛論」演説にあったとわたしは考えている。一高の先輩河合榮治郎や河上丈太郎、さらには同期生であった文科の恒藤恭・成瀬正一・松岡譲・芥川龍之介らにも通うものが、そこにはあった。本評伝では、そうした矢内原忠雄の権力に対する〈謀叛の叫び〉を、同時代知識人共通の課題として捉え、しっかりと追うことにしている。

東大経済学部助教授として矢内原忠雄が担当しなければならなかったのは、それまで恩師新渡戸稲造が受け持っていた植民政策の講座である。植民政策は前述のように若い学問であり、参考文献としての先行の理論書など日本にはない時代で、講座担当者自身が切り拓くほかない分野であった。忠雄は在学中講義を受けた新渡戸稲造の講義ノートなど、僅かの資料を頼りに担当講座の準備をはじめた。早朝から夕方まで東大経済学部の与えられた研究室に籠もり、彼は研究に精を出す。

欧米留学が決まる

この年四月三〇日付で新居浜の松尾逸郎宛の便りの一節には、「小生当地の生活は毎日学校の研究室に来り静かに読書を致し居り候。日曜午后には内村先生の御講演を承り居り候。前回よりヨブ記も御話を始められ候。又土曜夜は藤井宅にて学生に対し聖書研究あり小生も出席致居候」とある。授業の準備や専門の研究に没頭できるのは、何よりもうれしいことであった。それは彼の性に合っていた。他方、彼はあこがれの人、内村鑑三のヨブ記の講義に列席、また、近くの藤井武宅での聖書研究会にも出席していた。他方、新居浜で身籠もっていた妻愛子が、七月一四日に二男光雄を生んだ。忠雄は二児の父親になったのである。

東大就任当初の授業とか、コマ数のことなどは、一切不明である。当時の忠雄書簡には、授業のことは一切記されていない。戦前の帝国大学の教官はかなり恵まれた条件下にあったから、就任当初は秋からの欧米留学が予定されていたこともあって、担当授業はなかったとしたい。周辺資料に目を通しても講義のことは出てこない。そこで忠雄の授業は、一九二三（大正一二）年の帰国後からと考えるのが妥当である。同様のことは内務省事務官から東京帝国大学法学部に転じた南原繁についても言える。南原は一九二一（大正一〇）年五月に東大法学部助教授に就任、同年八月九日には、神戸港からヨーロッパへの在外研究に出発している。担当授業の開始は、帰国後のことであった。

東大就職直後の忠雄は、前述のように毎日研究室に通い、専門となる植民政策の研究や欧米留学のための準備に明け暮れていたようだ。とにかく彼は、自分にもっともふさわしいと考えていた仕事に就き、研究に没頭できる環境を喜んだ。当時は帝国大学に教官の候補者となり、採用が決定して着任すると、すぐにも文部省に申請して、在外研究に出かけることができた。忠雄もさっそくその恩恵に浴したのである。

一九二〇（大正九）年八月九日、植民政策研究のため二年間のイギリス・ドイツ等への留学を命じるとの辞令が文部省から忠雄の許に届く。二年間というのは原則であり、当時は申し出ると、半年ほどの延長が認められた。留学期間中は、給料の三分の二が留守手当として支給され、あとは文部省の規定による在留費が月々平均四〇〇円ほど給与され、他に願い出によって、国から国へ移る場合は移転旅費というものが出た。この金額は現在の金額に換算しても、かなり恵まれたものであった。しかも、第一次世界大戦後の為替レートの円高は、外国滞在には有利であり、一年間の支給額で二年間は楽に在留できたというほどであった。まさに留学生黄金時代と言ってもよい。ただし、妻子は同伴しないのが原則である。戦前の日本では、妻子連れなどもっての外であった。現在の在外研究とは異なり、いまだ封建的気風の色濃く残った日本では、単身赴任は当たり前だったのである。

二　イギリス行き

海外から日本を観る

この年一〇月一四日、矢内原忠雄は東京を発ち、欧米留学の途につく。留学時代前半のことは、『矢内原忠雄全集』第二八巻に、毎日欠かさず書いた日記（自一九二〇・一〇・一四〜至一九二一・一二・三一）が収録されているので、その大要を知ることができる。同僚の一人で、一高時代からの友人の舞出長五郎は、この時期すでに留学中であった。部や科は異なったが、一高・東大と同期だった哲学の藤岡蔵六は、東北帝国大学に新設予定の法文学部への就任が内定すると、一九二一（大正一〇）年七月上旬、ドイツのフライブルグ大学に留学する。一高の同級生で京都帝国大学へ進み、助教授となった小栗栖國道は一九二二（大正一一）年に、同じく京大助教授となった恒藤恭は一九二四（大正一三）年の留学だから、忠雄の留学は大学卒業後三年間の住友勤務があった割には早い。新設学部であったことが幸いしたのかも知れない。ついでに記すなら、一高同期の芥川龍之介がはじめて海外特派員として中国に行くのは、矢内原忠雄留学中の一九二一（大正一〇）年のことである。彼らはみな海外に出て、外から日本を観ることで、大きく成長する。

忠雄は妻愛子と二人の子を、石川県金沢市長町《ながまち》の愛子の実家西永家に預けて留学の旅に発つ。第一次世界大戦後のヨーロッパには、多くの日本人が滞在していた。円高の影響もあり、日本人の滞在には、有利な条件がそろっていたからである。忠雄は希望に胸をふくらませていた。初めての外遊、――恩師新渡戸稲造が常に口にしたのは、若い時に日本を出て、外国から日本を見よ、そうした上で日本と外国を比較せよということであった。忠雄はその機会の訪れたのを喜び、船上の人となった。

当時ヨーロッパへ行く手段は、船便きりなかった。現在のようにジェット機に乗れば一二時間ぐらいで着くという簡単なものではなかった。ロンドンまでとなると、一ヶ月半もかかったのである。忠雄は神戸で二日を費やし、一〇月一七日午前一一時、神戸出港の日本郵船若狭丸に乗船、ヨーロッパへ旅立った。日本郵船という船舶会社の名は、忠雄には親しいものがあった。それは一高基督教青年会で一緒だった長崎太郎の就職先だったからである。長崎太郎は、三年前の一九一七（大正六）年京都帝国大学政治学科を卒業、日本郵船株式会社に入社し、横浜支店を経て一九二〇（大正九）年の四月には、ニューヨーク支店勤務となっていた。友人つきあいのいい忠雄は、そのことを知っていた。そして、アメリカ経由の帰国に際しては、長崎太郎をニューヨークに訪ねたいと密かに思っていたのである。

若狭丸での航海

当日の日記に船名がWakasa maruであったことと、それにファースト・クラスの客室であったことが、記されている。さすが留学生黄金時代のことだけある。同室は東大理学部助教授の小林辰雄であった（門司で宗正路が乗り込み相部屋となる）。出港の日の日記に、「天気快晴航海平穏」と書く。希望に溢れた船出であった。当日の日記には続けて、「乗船後主に熱く祈る。彼地に於ても主の御名を崇めさせ給へと祈り、これ迄の主の御導きを感謝し、彼地にありても雲の柱火の柱となりて我が歩みを導き給ひ信仰堕落の危険より我を支へ給ひ、よし彼地にて死するも感謝と讃美のうちに主に至るを得せしめ給へ、もし御心に適はば再び健やかに帰りて家族の手に迎へらるるを得せしめ給ひわが妻わが子わが友凡てを守り給はんことを祈り熱涙滂沱たるを禁じ得ざりき」とある。忠雄は留学期間中、常に神と共にあり、祈りを忘れない。

神戸を出た若狭丸は門司を経て、二一日の午後三時、上海着。半年後芥川龍之介がやって来る大都会である。上陸し、同室の小林辰雄と宗正路と共に南京路や四馬路を馬車で見学した。上海は夜になると、「tea-house 及び街路に淫売あらはれ行人の袖を引く様胆《きも》を消すに値す」と忠雄は日記に書く。さらに「此の道徳腐敗の盛なる誠に Satan の都もかくやと思ふばかりなり」とも記す。二二日は、朝七時五〇分上海発の汽車に乗り、小林・宗とともに蘇州へ行く。水の都蘇州を三人は驢馬に乗って巡り、虎丘禅寺・寒山寺などを見学した。暖かな日で「馬上睡魔を催す」と忠雄は日記に書きつけている。蘇州では中国人の排日の状況も知り、「何故日本人は排斥を受けしやを考へたり」とも記す。上海には二四日まで四日間滞在した。その間 Public Gurden や Jessfield Park などにも行っている。短い滞在ながら彼は見るべきものは見、聞くべきことは聞いている。百万都市上海には多くの日本人も住み着いていた。忠雄は「支那人は租税を負担すれども Councillor 選挙の権利なし」とその矛盾を二四日の日記に書き留める。

一〇月二五日、午前九時、若狭丸は上海を出帆、一一月二日夜、シンガポール港着。上陸し、植物園などを見学。以後、一〇日コロンボ、二五日ポートサイドに寄港する。前述のように、航海中も彼は朝夕の祈りを欠かさない。「朝夕の祈りこそ実に船中の生命である」と彼は一一月一一日の日記に書いている。若狭丸が地中海を横切り、フランスのマルセイユに着いたのは、一二月二日午前九時であった。日本を発って一ヶ月半のことである。当時ジュネーヴにいた三谷隆信から電報が届いており、出迎えには行けないが、ジュネーヴに来ないかとあった。そういえば、恩師新渡戸稲造も国際連盟事務次長としてジュネーヴに滞在していたので、気持ちは大いに動いた。が、まずは留学先となる最終目的地のロンドンに行くべきと考え直し、以後は汽車の旅で、陸路パリ経過でロンドンに向かう。

冬のロンドン着

一二月二日午後六時四五分、矢内原忠雄はマルセイユ発の夜汽車に乗った。翌一二月三日の日記に忠雄は、「France 田舎初冬の景色美し」と記している。むろん車窓風景である。パリは通過に留め、三日、午後四時半、ドーヴァー海峡に面した港町カレー着。五時連絡船が出港し、六時半イギリスのドーヴァーに着く。再び列車に乗って、午後九時、最終目的地のロンドンのヴィクトリア・ステーションに到着した。一高の同級生で、イギリス領事館勤務の井上庚二郎夫婦が迎えに来ており、Royal Palace Hotel に案内された。井上は世話好きで、しかも、物事に筋を通すことのできる人物であった。第四章でふれたが、一高時代新渡戸稲造校長辞任に際しての学生大会で議長を務め、井川恭（恒藤恭）をして、「議長井上君の態度は立派であつた」（井川の日記「向陵記」一九一三・四・二三）と言わせた人物である。

翌日一二月四日は、領事館にまず井上を訪ね、井上紹介の郊外の下宿へ行く。領事館には日本の妻愛子から五通の手紙が届いていた。翌一二月五日は日曜日であった。日記に「反復愛子の手紙をよみ涙禁ずるを得ず」と記す。忠雄は、まだ航海中の一一月一七日の日記に「愛子及子供を恋ふの心近来頻りなり」と書いていたが、ロンドンで接した愛子からの便りに感激したのである。若き日の矢内原忠雄は、人一倍の寂しがりやである。また、涙もろく、日本の妻と子を思って泣くこともしばしばであった。

次の日曜日、一二月一二日には、下宿近くの Union Church の礼拝に出席する。当日の日記には、「異郷にあり外国人に交りて共に父なる神を讃美し感謝の落涙禁じあへず、London に来りて実に涙脆くなりしを感ず」とある。井上庚二郎が斡旋してくれた下宿は、The Fir's, Wood-ford Green の Mrs.Lucilla Cook 方であった。ミセス・クックはクリスチャンの老婦人である。以後、旅を含めて九ヶ月のイギリス生活を、忠雄はここを本拠として過ごす。のちに彼は、「余のイギリス滞在の愉快なりしことの大半は此の Fir's に宿を与へられしことに因るなり」と日記（一九二二・九・一二）に書くことになる。井上はイギリス滞在中の矢内原忠雄の面倒を、実によく見ている。それだけにイギリスを去るに際して忠雄は、日記に「倫敦滞在中随分井上の家庭の世話になり慰めらるる処が多かった。真に感謝である」（一九二二・九・一〇）と書き留めるほどであった。

季節は冬になっていた。彼は各地の教会に出席したり、日本人の友人を訪ねたりする一方で、British Museum に行き、ギリシャ・ローマの彫刻を見、在外研究の最初の年を送った。一二月二一日の日記には、テイト・ギャラリーで多くの名画を観たことが記されている。テイト・ギャラリーは、かつて留学中の夏目漱石が日参し、ミレーの「オフィーリア」を観た美術館である。忠雄はテイト・ギャラリーの多くの名画に心打たれると同時に、美術品の収集・展示ということにも思いを馳せる。「British Nation は匆論世界万邦の民来りて之等の名画を自由に観覧するを得。之を我国多数の富豪が古今の名画を争ひ買ひて己が庫中に蔵し自己と雖も一年数回展覧するに過ぎざると比すれば如何ぞや」との感想も記される。

ブレークの絵に魅せられる

この日はワット、ターナー、そしてウィリアム・ブレークの絵に魅せられたことも記している。ブレークの絵に感動した記事は、以下のようだ。

Blake の特色ある画数点あり、多く題材を聖書及 Dante より取る。余は Dante を知らざる故その題材に関する画については感興少かりしも彼の　Satan smiting Job　及び Elijah about to go up heaven on the wagon of fire　の二画は其深遠なること測るべからず。Job 仰臥し Satan 其上に立ち苦しみの杯を注ぐ、Job の妻は Job の足下に座し髪を以て顔を掩ひてなげく。見よ Job の端然として伸ばされたる両手を！　之れ実に深き Job 記の註釈画なり。余未だ斯くの如きものを見ず。

ウィリアム・ブレーク（Blake, William）は、イギリスの詩人であり、画家であり、銅版画師としても知られる。彼は生粋のロンドン子である。矢内原忠雄は文学や絵画にも理解があり、一高時代からブレークには関心を示していた。いや彼ばかりではない。当時の日本の知的青年の多くは、ブレークに憧れていた。それは一九一〇（明治四三）年一高入学の仲間のほぼ全員にも言えることであった。雑誌『白樺』は、毎号西洋美術の紹介記事を載せており、『白樺』主催のブレークを含む西洋美術の展覧会を開催するほどだった。

一高最初の一年を、南寮十番で忠雄と共に送った井川恭（恒藤恭）にしても、その友芥川龍之介にしても成瀬正一にしても、ブレークへの憧れは同様であった。芥川はブレークの複製の銅版画、「生命との別れを惜しんで身体上を浮遊する心霊」を、田端の自宅二階の書斎に飾り付けるほど、ブレークが好きだった。芥川と親交ののあった画家の小穴《おあな》隆一は、「二つの絵」（『中央公論』一九三二・一二〜三三・一）に、「一高時代（？）神田で一枚の「ウィリアム・ブレーク」の複製を発見して金参円の全財産を投じたがために新宿まで歩いて帰らなければならなかった」という芥川のエピソードを紹介する。当時芥川家は、新宿に仮住まいしていた。小穴はさらに、「そのブレークの絵は後に彼の考案による画架にのせて死ぬまで二階の書斎の壁に掛けてあつた」と補筆している。

芥川が一九一五（大正四）年九月一九日付で、井川恭に送った書簡に書き込まれた詩の一編「希望」と題されたものには、次のように右のブレークの銅版画が詠み込まれている。

こんどこそよい子をうまうと
牡鶏のやうに私は胸をそらせて
部屋の中をあるきまはる
今まで生んだ子のみにくさも忘れて

こんどこそよい子を生まうと
自分の未来を祝福して
私は部屋のすみに立止まる
ウイリアム・ブレークの銅版画の前で

この詩は芥川が失恋の痛手から立ち直り、新しい出発をしようとの決意を親友の井川恭に示したものだ。右の作中の「子」とは、作品《テクスト》と読み替えてもよい。ブレークは若き芥川に大きな力を与えていたのである。こうした中から生まれたテクストが、「羅生門」（『帝国文学』一九一五・一一）であり、「鼻」（『新思潮』一九一六・二）であった。

また、一高基督教青年会で親しかった長崎太郎も、大のブレークファンであったことが、近年はっきりした。彼は後年日本郵船ニューヨーク支店勤務中、ブレークの版画や詩集を買いあさり、後年、日本の隠れたブレークコレクターとされた人物である。長崎太郎の買い集めたブレークの版画の中に『ヨブ記挿絵集』（Illustrations of the Book of Job）がある。(11)矢内原忠雄がテイト・ギャラリーで観たSatan smiting Jobは、『ヨブ記挿絵集』の中の一枚であったと思われる。忠雄はそれを「Job記の註釈画」と評したが、「註釈画」

とは適切な造語である。忠雄は以後もブレークに関心を持ち続けた。ヨブの絵は、以後も時々テイト・ギャラリーに入っては観ている。翌年三月九日の日記には、「William Blake の Job を見且つ彼の小伝をよみて感動したり」の文言を見出せる。

ロンドンで新年を迎える

こうした中で、矢内原忠雄のイギリス生活最初の年が終わる。一九二〇（大正九）年一二月三一日の「日記」には、「今年の大なる出来事は余の別子より大学に転じたること、光雄の出生、及留学なり。内的にも外的にも頗る意義深き一年なりき。余の為したるよき事（若し有らば）も悪しきことも凡て主イエスにゆだね奉り自己はただ恩恵のみを背負ひて心楽しく更に恵みの一年に入ること如何ばかりの感謝ぞ」とある。

一九二一（大正一〇）年一月一日、土曜日。矢内原忠雄はイギリスロンドンで新年を迎えた。この日午後二時半、忠雄はアルバート・ホールでヘンデルのメサイアを聴く。「余の胸の震ひ如何ばかりなりぞや」と彼は言い、メサイアの歌詞を抜粋して日記に印《しる》す。また、「ハレルヤ chorus の歌はるる時は聴衆総立ちとなりたり、此の Messiah は毎年元旦の Concert にてハレルヤ chorus の時は全部起立する習慣なりといふ」と記し、「終りし時は五時半なり。此の concert を聞くを得しは実に大なる幸福なり。帰宅後も心感激と愉快とに溢れて容易に眠られず。深く主の苦難と勝利について思へり」との感想を吐露する。矢内原伊作は、「ともかく彼は後年までこのときの感激をもち続けていて、太平洋戦争直後のころ、かつてロンドンで買い求めてきた古い『メサイア』のレコードを信仰上の弟子たちにくりかえし聞かせた[12]」ことを証言する。

ロンドンでも、忠雄は多くの友人たちの中にいた。若き矢内原忠雄は、自分では「非社交的」などと日記に記すが、実際は明朗な、誰からも愛される社交家であった。日本人とはよく交わり、孤独に閉じこもることはなかった。当時ロンドンには日本領事館の外交官井上庚二郎はじめ、カトリックの東大助教授田中耕太郎や内村鑑三門下の後年の盲人伝道者好本督《よしもとただす》らがおり、忠雄は彼らと交わった。また、ロンドン日本人会にも出席した。彼は積極的に友を訪ねる。そして午餐や夜食に招かれている。

ロンドン生活での読書や勉強は、British Museum の Reading Room でするのが常であった。彼は日々熱心に学んだ。

愛子からの便り

一方、彼は日本の妻を慕い、その便りを待つことが多かった。「今日は何だか愛子の手紙来て居る如き気がしたからつとめて早く起きたるも無駄なりき」（一九二一・一・五）、「愛子よりあまり手紙が来ないので心配す」（一九二一・一・八）、「余は彼女の手紙を受取らざること三週間に達す、毎週一回の手紙さへ待ち遠かりしに……余の空虚、弛緩を満たすものは彼女の手紙なり」（一九二一・一・一二）などの記事を日記に見出す。彼はせっせと手紙や絵はがきを日本の妻に出す。絵はがきの一部は残っており、『矢内原忠雄全集』第二九巻に収録されている。その一通、一九二一（大正一〇）年一月八日付のものには、「お前の手紙がもう大方二十日も来ないが病気でもして居たのではないか、或は泰《やすし》ちやんが非常にわるかつたか、何しろあまり手紙が来ないから心配して居る」とある。「泰ちやん」とは、若くして逝った愛子の弟、西永泰のことである。当時愛子は、弟泰の看病と葬儀、それに二人の子どもの世話に疲れ、自身も病床にあった。が、ロンドンの忠雄は、それを詳しく知るすべもなかった。

彼は愛子からの便りをしきりに待ち望んだ。日記にはその心情が率直に披瀝されている。一月一二日の日記には、次のような文面を見出す。

余の空虚を満たし得るものの一は愛子なり、余は彼女を愛す、「二人一体となるべし」とは実に人生の真相を喝破せるものなり。凡ての人は悉く余の外に立つ、彼女のみ余の衷に入り来るなり、彼女は余に取りて reality なり、彼女は余を充たし得、彼女の一通の手紙すら余の現在の空虚を満たし得べし。ああ淋しき哉余は彼女の手紙を受け取らざること三週間に達す、毎週一回の手紙さへ待ち遠かりしに……余の空虚、弛緩を満たすものは彼女の手紙なり。愛子手紙を書くを怠れるならんか、或は泰君の病革れるならんか、たとひ如何様のことあらんも彼女が一週一回の通信を怠るべしと思はず（彼女自身病重きにあらざる限りは）、余は彼女の愛を疑はず。思ふに郵便途中の故障にてもありたらんか。

今でもそうだが、一般的に海外に住む者には、祖国からの便りがしきりに待たれる。他方、祖国に住む者は日々の生活に追われ、海外への便りはどうしても疎くなる。まして血縁の者の死に遭い、葬儀その他の雑事と、幼い二人の子の面倒に追われた愛子には、夫への便りどころではなかったのであろう。

一月一九日、待ちに待った愛子からの便りが届く。前年一二月一四日付のものであった。この便りで忠雄は義弟西永泰の死を知る。彼は日記に「泰君昨年十一月二十九日死去とのことなり。彼遂に主を信ぜずして逝く、悲しむべし。（中略）愛子はたましひ及肉体の全力を尽して泰君の介抱に従事したる如し、彼女の悲しみ同情すべし、主彼女と共にあり給ひ凡ての事働きて彼女に益を為さんことを。西永両親の心泰君の死によりて如何ばかり痛手を負ひしやらん。主彼等の傷をいやし給はんことを祈る、而して両親の心主に向ひて開け其光を受くるに至らんことを祈る」と書き記している。忠雄は感傷的になっていた。翌日一月二〇日の日記には、「ああ時よ早く過ぎ行け、愛子の愛の胸にかへる日よ早く来れ、おゝ愛子よ、わが妻よ」と書くことになる。

大英博物館の読書室

忠雄はBritish MuseumのReading Roomで、気に入った本を読む。博物館の読書室は、広大なドームをもつ円形の大広間で、読書室を取り巻く周囲の外壁に沿って、開架式の書物が置かれていた。利用しやすい読書室である。イギリス人ばかりでなく、外国人にも開放されており、マルクスやレーニン、日本人では夏目漱石も常連の利用者であった。忠雄はロンドンの他の各種博物館にも足を延ばし、アルバート・ホールでの音楽会にもしばしば顔を出している。大学には籍を置かず、せっせと英文の書物に親しみ、芸術鑑賞に精を出した。日曜日には教会に通った。が、「説教いつも物足りず、Bibleを教へざるが故なり」と彼は二月六日の日記に記している。聖書研究の足りないメッセージに苛立っているのである。二月一四日には愛子よりの便りで、黒崎幸吉夫人「おすみさん」の死を知る。その日の日記に忠雄は、「Sad news! Very sad news!」と書きつけている。

黒崎幸吉の妻すみ子（寿美子）の死は、一九二二（大正一〇）年一月四日のことである。すみ子は旧姓高木、女子学院を卒業し、黒崎に嫁いだ。黒崎の「恩恵の回顧」(13)には、「性格は貞淑、柔和、親切という言葉は良過ぎるかも知れないが当たっていると思う」とある。黒崎の師内村鑑三は、その死を聞き、日記(14)に「黒崎幸吉夫人寿美子永眠の報に接して甚《いた》く悲んだ、彼女は余の理想の婦人であつた、柔和で、常識に富み、信仰厚く、堅実であつた。福音化されたる日本流の賢夫人であつた」と記している。

忠雄も「あの信仰あつく愛に富みやさしく親しみ深き姉妹、多くの人を助け慰め殊に余等の家庭にとりては誠の姉にもまさる深き愛を注がれし姉妹、黒崎兄の家庭にとりて大損失なるは言ふ迄もなけれど余等にとりても亦深き悲嘆なり。謙遜にて思慮深く慈愛に富みたる彼の女！　多くの近頃の女と異なり彼女は殊に「慈愛」の徳を備へたりき。その慈愛により其の常にhopefulなる言葉により如何ばかり余等の新居浜生活が助けられしぞや」と先の日記に続けて書く。黒崎幸吉は妻の死を契機に住友を退職し、独立伝道者となる。

二月二六日、神戸一中・一高・東大の先輩で、忠雄に大きな影響を与えた川西實三がロンドンに来、再会する。川西は国際労働機関日本政府代表随員として、スイスのジュネーヴに赴任のため、ロンドンに立ち寄ったのである。翌二七日の日曜日には、川西の要望でSt. Paul's Cathedralの礼拝に出た。午後はリッチモンド公園などを、二八日はテムズ河畔の城砦、ロンドン塔を案内している。久しぶりの再会で、話題は尽きなかった。三月一日、川西實三をヴィクトリア駅に見送る。

矢内原忠雄はロンドンに住んでから、いつも大英博物館の読書室で読書と勉強をするのを日課としていたが、この年三月一日から四日まで、一時Reading Roomが閉鎖されることになった。わずか四日間の閉鎖なのに、忠雄は「如何にして暮さんかと思ふ位なり」と日記に書きつけている。忠雄はロンドン到着以来、未だこの地の大学には顔を出していない。彼はひたすらBritish MuseumのReading Roomで必要な書物を読むのに専念していた。彼はそれを「仕事」と称した。

また、博物館や美術館で泰西の名画を観、Albert HallやNew Oxford Theaterでの音楽会に行くのが常であった。劇もよく観ている。日曜日には、教会に通った。三月一六日の日記には、黒崎幸吉からの便りで、彼が住友を辞め、伝道に一身を捧げるという決意を知ったことが記される。当日の日記の終わりに、忠雄は「黒崎兄のために祈りを以て之を助けざるべからず。藤井兄は別として金沢君伝道に入りて今また黒崎兄新生涯に召されたり。知らず余は何時なりや。あゝ主よ余をも召し給へ余をも召し給へ！」と書く。

ロンドン大学に顔を出す

四月二六日火曜日から忠雄は、ロンドン大学の講義を聴講する。日記には「今日よりSchool of Economics & Political Science にて Mr.Joynt の Economic development in the British Empire の講義を聞く」と記している。ロンドンに来て、はじめての高等教育機関での学習である。翌日の日記には「School of Economics にて今日は Dr.Knowles の British History of Commerce and Colonization の講義をきく。Dr.Knowles なる人の女であつたのに驚きたり」とある。ロンドン・スクール（ロンドン大学）は、矢内原忠雄の欧米留学先の一教育機関として記憶に留めたい。四月二九日の日記には、「London School of Economics にて Mr.Lees Smith の British Constitution なる lecture を聞き始む」との記事を見出す。が、彼の主要勉強部屋は、British Museum の Reading Room であることには変わりない。この留学時代の勉強に関しては、大塚久雄との対談『私の歩んできた道』(15) に出て来る。引用しよう。

　今の留学する人はなかなかよく勉強するけれども、僕らの時代の留学生には三種類のタイプがありまして、一つはコチコチになって自分の専門を勉強してくる人。それから、自分の専門は日本に帰ったら勉強できるというので、できるだけ視野を広くし、まあ、今の言葉では教養を積む——最高裁の田中耕太郎君はそれで、ピアノを習ったりして、ヨーロッパ滞在の時間を使った。それからもう一種は、専門の勉強もしなければ教養も積まない。ただ遊んでくるという部類のタイプの人たちです。舞出長五郎君というのは第一種の人なんで、よく勉強したんです。本を読みましたね。僕はむしろ第二種の方でね。しかしためになりましたね。僕は田中君ほどでないが、音楽について、絵画、彫刻、美術について、それから思想ですね。思想とか、社会運動とか、そういうものについて興味の目を開かれたのはその貴重な留学の期間です。だからそういう暮し方もそう悪くない……。

右の発言は、在外研究の意味をよく理解したことばである。ヨーロッパに滞在することは、自分の専門を勉強するだけが目的ではない。広く教養を積むことも大なる目的であってよいとの考えは、忠雄の先見性の一つを示している。

少し前の日本の大学では、英文科の教員がイギリスやアメリカに留学するのは理解しても、日本文学科の教員がヨーロッパやアメリカへ研修に出掛けるのに、拒絶反応を起こすことがあった。予算が限定されているのだから、専門の教員をこそ優先して派遣すべきだというのである。彼の地で日本語や日本文学の比較研究をするのは第二だ、否、おかしいというのだ。なんと狭い考えであろうか。それは大正期のことではない。昭和の終わりの一九八〇年代の後半、高度経済成長の直中の頃の話である。田中耕太郎や矢内原忠雄の留学への考えとその行動は、平成の今日の在外研究者にも当てはめてよいものがある。ものを見る目を養い、広い教養を付けるのは、たこつぼ的専門領域に閉じこもるよりも、はるかに有益だからである。

健全な精神と旅

イギリス滞在中の忠雄は、何度も記したように、大英博物館（The British Museum）の読書室（Reading Room）に籠り、経済学やキリスト教関係の多くの本を読み、アルバート・ホールの音楽会に行き、テイト・ギャラリーでブレークの版画をはじめとする美術品に触れることに時間を割いた。図書館・博物館・美術館・音楽堂、それにロンドン塔などの名所旧跡に足をのばした回数は、他の留学生以上のものがある。運動はテニスを定期的に行った。また、体力を維持する散歩のため、ハイド・パークなどにもよく行った。

彼の精神は在外研究中にあっても、極めて健全である。妻からの便りのないのを嘆いても、病気のせいと諦めて、読書と論文と例の処女出版となった書物『基督者の信仰』の加筆に精を出す。論文は「英国植民省に就て」（五六枚）である。また六月一〇日の日記に、彼は「lifeをenjoyせんとする享楽主義に真のhappinessは伴はず、真の幸福は義務と責任の遂行に伴ふものなることを感じた」と記している。実に健全で揺るぎない留学生活である。が、彼は寂しがりやであった。六月一五日の日記には、「夜さみしくてbedの側に跪き神様の慰めを求め泣きたり。何だか知らず此頃又非常にさみしくなつて仕舞つた」とある。留学生につきもののホームシックに、彼も時に陥っていたかのようだ。

この年（一九二二）の夏、矢内原忠雄は北ウエールズ、アイルランド、スコットランドへの旅に出る。ロンドンスクールでの聴講や大英博物館の読書室での読書や執筆もよい。しかし、彼はイギリスの各地を見ておきたかったのである。留学先での初めての長旅であった。まず下宿先のCook一族の推薦する北ウエールズのCriccieth に向かった。七月一二日、朝一〇時四〇分にEuston駅を発ち、夕六時過ぎ目的地に着く。海辺の街である。Criccieth。宿はジョージ・ホテル。翌日一三日の日記に忠雄は、「朝食前海水に浴す。真に爽快なり、海の水きれいにて魚の泳ぐ様よく見える。あこがれて居た海水につかりて一泳ぎせる時の快さ！　風涼しく水冷たく二十分ほどしたらガタ〳〵身体が震えて来た。朝食後Castleの廃墟を訪ふ。すぐ海に沿ひたる小丘なり。Rome時代の城にてEdward Iが修理せしものといふ。海風真に快し、草に坐し読書し又手紙書く」と記している。Crieciethには一九日までの八日間滞在した。

アイルランド島へ

一九日の朝九時五分、忠雄は汽車に乗り、アングルジー島のホーリーヘッドから汽船で航海約三時間、アイルランド島に上陸した。そしてキングスタウンからダブリン行きの汽車に乗り、夕方六時過ぎダブリンに着く。ウェストランド・ロウ駅を忠雄は、「頗るきたない馬糞の香り高き停車場」との印象を懐く。また、ダブリンの街の印象を「非常に貧しい服装をした人の多い土地で殊に子供は靴のなきものが多く非常によごれて居る。きものもボロボロが多い」と、その日の日記に記している。新聞の売子もはだしである。一九日の日記には「此の Ireland の貧困が英人の oppressin によるものならば誰か Sinn Feiners（筆者注、二〇世紀はじめのアイルランドの独立運動）に同情を禁ぜんや」とも記している。そして翌日二〇日の日記には、「自由！　独立！　獲得せよ Ireland 人汝の自由を！」とも書く。アイルランドは、当時イギリスの統治下にあり、自治領としてのアイルランド自由国が誕生するのは、忠雄訪問の翌年一九二二（大正一一）のことであった。旅で忠雄は、第一次世界大戦後のイギリスの植民地統治の現状を、眼にしっかり焼き付けることとなる。それは後年の彼の植民地学の素地ともなる。

忠雄はダブリンに三日いて、二一日は北アイルランドのベルファストへ移動する。立派な市役所の前に、タイタニック号沈没の記念碑のあるのに気づく。豪華客船タイタニック号は、ベルファストで建造され、一九一二（明治四五）年四月一四日の夜、サウサンプトンからニューヨークに向け出港した。そして北大西洋で氷山に衝突、世界史上最大の海難事故を引き起こしたのである。忠雄はそのことに思いを馳せた。

この地は Irish Linen の名産地ということで、テーブル・クロースなどをみやげに買う。二一日の日記には、「Belfast は非常に繁栄にて London に出しても恥かしからぬ立派な通りと商店とあり」とある。が、ベルファストは一泊もせずに、夜八時半出港の汽船でグラスゴーに向かう。忠雄は北のベルファストの繁栄は、南の犠牲の上に成り立っていると思われ、居心地が悪かったのであろう。短い滞在ながらイギリス領に所属する北アイルランドと、南のアイルランドを較べると雲泥の差があるのを彼は見て取っている。「余は

Belfast 及び Ulster の人間を好む能はざりき、彼等は富みて二枚以上の上衣を持ちながら之を持たぬ南方の隣人に分ち与ふるを拒むものなり」と日記に記す。Ulster は北アイルランド地方の旧称である。

スコットランドの旅

七月二二日、午前八時半、忠雄はグラスゴーに上陸した。グラスゴーは、クライド川の岸辺に発展したスコットランドの商業・貿易の中心地である。宿泊を Central Station Hotel に決め、市内見学に出かける。まず、グラスゴー・グリーン（公園）、大寺院（グラスゴー大聖堂）などを見る。グラスゴーの街には、偉人の銅像が多い。宗教改革者ジョン・ノックスをはじめ、ウォルター・スコット、ロバート・バーンズ、ジェームズ・ワット、デヴィド・リビングストン、カンベル・バナマン、ロバート・ピール、グラッドストーンなどの銅像などを見てまわり、ケルヴィングローヴ公園のアートギャラリーで、カーライルの肖像画を観賞する。「半日にて Glasgow 見物を終へしも疲れた」との文面を日記に残している。

グラスゴーでの忠雄は、桂冠詩人ワーズワースの故郷を訪ねたり、美しい島々を見て回ったりしている。彼はスコットランドの美しい風景に魅せられたと七月二三日の日記に書く。「山、渓流、樹木、野花、湖水等我国に似たる趣あり」というのである。二五日には、ロバート・バーンズの生まれた家を訪ねる。バーンズはスコットランドの農民詩人である。その生家は、「低い茅葺の家で Kitchen、居間、厠、納屋と四つ室が一列にあつた。Burns の生れた bed が Kitchen の隅にそのままにあつた」と記す。バーンズ博物館も訪ねている。忠雄は文学が好きだった。旅行中も文学者の遺跡を訪うのを、楽しみにしていた。彼は積極的に旅を楽しんだ。二度と来られない所という意識が彼を駆った。

二六日には、グラスゴーよりかなり北のオーバンまで足を延ばし、美しい海岸を堪能する。旅の間も彼

矢内原忠雄のイギリス旅行

は読書を欠かさない。それが生活習慣となっているので、本を手にしないでいると落ち着かないのである。オーバン近郊の山中のホテルでは、ダンテの『神曲』を読み始める。八月三日の日記には、「Dante の Purgatory 面白し。Hell といひ Purgatory といひ一寸考へると Dante は行の清浄を以て天国に入るの要件として居る様に想像せられるけれども読みて見れば Divina Commedia も亦人は信仰によりて義とせられ行によりて義とせられずとの福音の神髄を説けるものなるを知る」と記している。彼が後に矢内原事件で東大教授の職を追われ、自宅ではじめた土曜学校で『神曲』を採り上げ、講義する始原がここにあった。なお、土曜学校については第十章で詳説する。

スコットランドへの旅は、愉快で充実した旅となった。四日はオーバンから列車でさらに北のフォートウイリアムに行き、翌八月五日は、イギリス最高峰のベンネヴィス山に登る。若い頃から富士登山をするなど、忠雄は山が好きだった。彼は険しい山でも登れる体力に恵まれていた。ベンネヴィス山の印象を「岩石累々たる男性的な山でよかつた」とその日の日記に記す。六日は昼前にフォートウイリアムを出発し、カレドニア運河を北上、モレー湾に臨むインヴァネスに夕方七時二〇分に着く。投宿したホテルは、気持ちよく、「Inverness は京都の様な感じのする美しき町にて Hotel の前を川が市街を貫流し両岸樹木多く、建物は多く red-granite にて建てられて居る」と彼は当日の日記に書いている。

インヴァネスの教会

旅中でも忠雄は聖書を読み、祈ることを忘れない。八月七日の日曜日の午前は、川（ネス川）を遡り、公園で聖書を読み、一人祈る。運河に沿って、町を歩くと教会が多く、人々がどこからともなく現れ、教会に入っていく。「教会へ行く人の非常に多き町なり」と彼はこれまた日記に記している。その日の午後忠雄は、ネス川の畔を歩いていて、〈集会があるので出席しないか〉と誘われ、川沿いの River-side Church という小さな札のかかった教会に入る。忠雄を感動させたその小さな教会の様子を、彼は日記に入念に記しているので、それを直接引用しよう。

入つて見て驚きたることは正面に彼《か》のものものしきパイプオルガンのなき事であつた。長方形の小さな室で真中が通路になり左側に男子、右側に女子と分れて座し、聖句を記したる紙の札が四枚壁にブラ下げてあるのみにて他に何の装飾もなく其の質素なる様子に早くも余の批評的心持は失せてしまつた。やがて会が集り頭《ママ》の禿げた太つたネクタイの横つちよに結ばれてる五十男が司会して讃美歌をうたふにパイプオルガンこそなけれ普通の小さいピアノオルガンが前方にあるならんと察し居たるに意外にも何の music もなく響き渡るは男も女もありたけの大声にて歌ふ vocal sound のみ。而して讃美歌をうたふ前に牧師が其歌の精神につき簡単なるすゝめをなす。すべての模様が普通の教会と異り恰も自分の集りなるが如くに感じぬ。牧師の説教は詩篇一三五篇四節、馬太伝一三章四四節等により信者の“hidden treasure”なることを説き自ら主の再臨に及び黙示録のよき説き明しを為したり。その聖書に通暁し聖書のみを説き、説教の約一時間に亘りて少しもダレざる等実に余のたましひは有るべからざる処に真の宝を発見したるが如き驚喜を感じた。

忠雄はスコットランドの田舎町で出会った教会の有様に驚きの眼を向ける。そこにはロンドン郊外の教会をはじめ、これまでイギリスに来て出席した教会への批判の眼があってはじめて見出せるものであった。右の文章に続けて忠雄は、(あゝ俗化せるイギリスの教会! conventional なる礼拝、水臭き説教、organist と choir 任せのさんびか、十五分の説教にも倦怠を感ずる会衆! 何ぞ其の活力を失へるの甚だしきや!)と義憤をこめてイギリスの教会を告発している。それに対して、このスコットランド北方の教会の素朴な礼拝に、彼は感動しているのである。忠雄には旧約聖書『詩篇』一〇二の一九、

後の世代のために
このことは書き記《しる》さねばならない。

「主を讃美するために民は創造された。」(『新共同訳聖書』による)

の一句が思い浮かんだに違いない。

リバーサイド教会の夕礼拝

その日、忠雄は夕飯を抜きにして River-side Church の夕礼拝にも出席した。関連箇所を当日の日記の続きから引用しよう。

正八時に始まる。昼間の牧師司会す。説教者は三十二三歳の職工風な青年で、馬太二十五章十人の童

女の譬喩を text とし主の再臨の恵みと之に対する信者の responsibility を説いた。余は実に未だ斯くの如き明快なる再臨の論証を聞きしことなし。何故に明快なるや、彼は天然現象、歴史的事実等を援用して再臨を証明せざりしによると思ふ、彼は単純に熱心に聖書のみを説いた。これが最もたましひの深き処に触れる声である。彼は再臨の信ずべき証拠として「主は既に一度び此世に下り給うた。一度び下り給ひし主が再び下り給ふといふに何の怪しむべき事かあらん」といつた。彼は又「主は我々を receive する為めに再び臨《めぐ》り給ふ。我々に天にある主の許迄上り来よと言はるゝにあらず、自ら再び下り来り我々を携へて天に帰らるゝなり」と言った。説教約一時間、数人の熱心なる祈あり。牧師の例の註釈附にて熱心にさんびかをうたひ、入口の木箱に各自献金して静かに出て行く。最後に牧師が入口の door に鍵をかけて出る、簡単なものだ。最後に残りし牧師と一人の主立《おもだ》ちたる信者とに余は礼を言ひ、思はず夕食抜きのことを語りしに自分の宅へ来て茶をのまぬかとの事にて三人にてブラブラ歩き乍ら其人の宅に行く。

その人の家で、忠雄は日本の教会や信仰について語る。「霊の喜びにて心溢れ従て胃腑も満ち、時計の存在を恨めしく思ひ乍ら十一時過ぎ別れた」と日記は続く。牧師はじめ三人がホテルまで送ってくれた。

翌日八月八日、矢内原忠雄は朝一〇時半の汽車に乗ろうと駅に向かって歩いていると、ホテルの近くの釣橋の袂で、エプロン姿の昨日の牧師 Fraser 氏に会う。名刺をもらうと肩書きは商人とあった。「しかも服装より見れば精々荒物屋の主人公位だ、昨日の集りではドンドン司会するし外の人も minister と言つてるので本当の牧師かと思つたら merchant!　昨夜僕に“Do you Preach?”と聞いたから“Yes, often we are layman preachers”と言つて新居浜のことを話したら layman preachers! とみんなが応じたが、余は此朝 Fraser 氏のエプロン姿を見て一層彼を愛する心が百倍し其大きな手を僕の片手では足りないので両手で握りしめて別れた」という。

イギリス時代の大きな恵み

インヴァネスでの二日間は、信仰者矢内原忠雄にとって、イギリス時代の大きな恵みの体験であった。このことは、子息の矢内原伊作も『矢内原忠雄伝』で強調している。そこでの礼拝は、何と新居浜での集会に近いものだったのである。彼はさらに「何故余は Inverness 迄導かれしや。何等の知識も有せざりし此地、Caledonian Canal の終点なりといふ外何等の attraction もなかりし此地を余の旅行の北の極点とせられしは全く此地における主の民に会ふが為めであつた。主はその hidden treasure を此の insignificant place に於て余に示され単に余の霊を refresh し聖なる喜にてもてなされたる」と記す。彼はここに神の摂理を感じているのである。

忠雄のイギリス時代、否、在外研究中の大きな収穫の一つがここに見られる。彼は妻愛子に、「昨日インバネスにて、誠のクリスチャン数名と偶然に交ることが出来て生涯に数無き喜であつた。今も聖喜で心が満ちて居る」(一九二一・八・八付)の文面を含む絵はがきを出している。また、八月一五日付内村鑑三宛の便りにも、インヴァネスでのこの体験を書き記している。それは畔上賢造主宰の雑誌『霊交』第一号(一九二一・一〇)に載った。

この日、インヴァネスでのよき想い出を胸に、忠雄はハイランドを列車で縦断し、四時間余で南のパースに着く。例の如くホテルを決めると、すぐに街の探索に入る。宗教改革者ジョン・ノックス(knox, John)が度々説教したという教会や、スコットランドの詩人で、小説家でもあったウォルター・スコットの旧跡を訪ねる。パースには一泊し、翌日八月九日はローランドの中心都市エジンバラへと移動する。エジンバラでは、まず、スコットランドの象徴とされるエジンバラ城を見学した。小高い丘に立つキャスル・ロックと言われる巨大な城だ。次にエジンバラ博物館（忠雄は City Museum と書く。現、スコットランド国立博物館）、ジョン・ノックスの家、ルネッサンス様式のホリルード宮殿などを見学した。続いてスコットの業績を称えたスコット記念塔に行き、「雄大なる Gothic の塔実に立派なり」の感想を懐く。

アダム・スミスの墓を訪ねる

八月一〇日は殉教者の祈念碑、監獄、宗教改革時代の墓、エジンバラ大学の旧、新両建物を見、次にジョン・ノックスゆかりの教会（St.Giles Church）に入る。「ここは Knox の本拠にて彼の死去二週間前最後の説教をここに為すや」と彼は日記に書き留める。さらに「夭折の詩人 Robert Fergusson と経済学者 Adam Smith の墓を訪ふ、Adam Smith の此処にあること余は知らざりしも昨日住友の人が此処を訪ねんとして居たるにより始めて知りしなり、大きな墓なり、墓守の談によれば日本人沢山 Smith の墓を訪ふ由」とも記す。後年東大経済学部の忠雄の研究室が事務局となって「アダム・スミスの会」が誕生し、その会長になる忠雄の早い時期のスミスの墓との邂逅であった。

忠雄は大学二年生の時、新渡戸稲造からスミスの『国富論』の原書講読を受け、以後、アダム・スミスが好きになり、その著『国富論』から多くを学んでいた。彼の学問が実証を尊ぶのは、スミスからの影響もあるようだ。後年土曜学校で『国富論』をとりあげるのも、長年のスミスへの親しみによる。なお、忠雄の土曜学校での『国富論』講義は、言論弾圧を鑑みて速記を忠雄が禁じたので、後年みすず書房から刊行された全十巻の〈土曜学校講義〉にも入っていない。この日はさらにオールドタウンとニュータウンを結ぶ、ザ・

マウンドの土手の上にある国立スコットランド美術館を見学した。どこへ行っても矢内原忠雄は行動的であり、美術館や博物館には、せっせと足を運んでいる。

翌一一日は、観光バスに乗り、エジンバラの名所旧跡を観てまわる。この日の日記の一節に「Wordsworth の詩にて聞き及びし Yarrow の流れも今日こそ見たれ。但し英人には Sir Walter Scott 一点張りにて此国は彼の名を取りて Scotland と命名せられたかと思ふ位だ」と書きつけている。一四日の日曜日には、ジョン・ノックスが牧会したこともあるセント・ジャイルズ大聖堂の礼拝に出席する。長老教会（Presbyterian Curch）である。「Church of England よりは遙かによいけれどもどうも何派に拘らずこのあまりチャンとした教会には霊力が乏しいものだ」といかにも忠雄らしい観察を日記に残す。「チャンとした教会には霊力が乏しい」とは、矢内原忠雄の既成教派・教会への痛烈な批判であり、二一世紀の世界や日本の教会批判にも通じるものがある。それはともあれ、イギリス滞在中の忠雄が、日曜日にはどこでも礼拝に出、さまざまな教派に接したことは、後年の彼の伝道生活に資するものとなった。

旅が信仰の訓練となる

矢内原忠雄のスコットランドの旅は、恵まれた日々の連続であった。旅は彼の信仰の訓練となる。ジョン・ノックスゆかりの教会を訪ねたり、ワーズワースやスコットなどの墓や旧跡に行ったりと、彼は時間を無駄にすることなく巡り歩く。二二日には産業革命で知られるイングランド北西部の工業都市マンチェスターへ行く。例の如くホテルにチェックインすると、すぐに市内探訪に出かける。「市街主なる処を一通りあるく。Art Gallery は立派なり。その他は汚い殺風景の市街なり。大阪を日本の Manchester といへども大阪の方が遙かに Manchester よりは大都会なり」と当日の日記に忠雄は書いている。

この後忠雄は、ストラトフォード・オン・エーヴォンに向かった。途中、ラグビーで下車し、ラグビー・スクールを見学する。ラグビーやフットボールの発祥地で、パブリック・スクールの教育を刷新したトーマス・アーノルドが校長をした学校である。忠雄は「Thomas Arnold の墓石の前に立ちたる時は胸が一杯になつた」と言い、さらに「此世の fame は消え行くといふ。併し Arnold 先生の名は東海の遊子をこの処に attract しその胸の浪を異常に高めた」とも日記に書く。彼の頭には自然に一高時代の恩師新渡戸稲造が浮かぶ。彼はラグビーから、スイスにいる新渡戸稲造に、近況を知らせる絵はがきを出している。

ストラトフォード・オン・エーヴォンは、イングランド中部セバーン川の支流エーヴォン川に沿う町で、言うまでもなくシェークスピアの生地である。着いたのは、一九二二（大正一〇）年八月二三日で、ここに彼は一泊する。翌二四日の午前中は、シェークスピアの生家・墓のある教会・引退後過ごした New Place 関係図書館、美術館などを見学、夕方前には大学町のオックスフォードに着く。二五日はクライスト・チャーチ・カレッジはじめ、二、三のカレッジを見学した後、ケンブリッジに向かう。

ケンブリッジからベッドフォードへ

二六日はケンブリッジのいくつものカレッジやフィッツウィリアム博物館などを見学する。忠雄は日記に「大学の museum 及 gallery を我国大学に必要と感じた。沢山の古文書名画等を持つて居ながら土蔵の中にしまつておく程馬鹿気たことはない。宜しく立派な陳列場を設けて学生始め公衆に観せるべきだ」と記している。後年東京大学総長として、図書館・博物館・資料室の充実に尽くした矢内原忠雄の原点がここにも求められる。

この日の夕方は、ベッドフォードへ行く。王政復古期の作家で『天路歴程』などの著者ジョン・バニヤン

(John Bunyan)の生地である。バニヤンは王政復古後、改宗を拒否したため投獄され、その主著、――『聖なる町』、自伝『溢るる恩寵』、そして『天路歴程』は獄中で成った。忠雄は日記に、「Bedford は Bunyan の生れし地、福音の為めはたらきし地、十二年間牢獄につながれし地なのである」と書いている。翌日は Bunyan Meeting に行き、バニヤンの遺品を観る。また郊外のバニヤンが結婚して住んだ家や通った教会を見る。好奇心と健康あっての諸処の見学であった。八月二七日の日記には、「七月十二日から此日迄約七週間の長旅行、多くの土地と多くの人とを見た、其間恙なく壮健にて帰るを得たるを感謝した」と記している。

ロンドン郊外の下宿に戻ると、若干の手紙が日本から届いていたが、妻愛子からのものがない。忠雄は何事であるかと怒るが、一方、妻が病気かと思い、心配する。「病気なら病気と誰からでも言つて来てくれたらよささうなものだ」とも考える。旅行で留守の間に届いた郵便物で彼が一番喜んだのは、『基督者の信仰』が本になり、五冊届いていたことであった。本書誕生までのいきさつは、すでに第五章の「四　処女作『基督者の信仰』」で詳しくふれている。忠雄は内村鑑三の添えてくれた本書の「序文」を読み、感動する。その一節には、「君が法律又は経済学を棄つる時はあるとも、君が此書に於て表白する所の信仰を去る時は永久に来ないと余は信ずる」とあった。

三　ドイツでの日々

ベルリンへ

一九二一(大正一〇)年九月一二日、矢内原忠雄はイギリスを去って、夜、汽船に乗り込み、ドイツに向かった。目的地はベルリンである。ベルリンは言うまでもなくドイツの首都で、エルベ川の支流のハーフェル川とシュプレー川の合流点にある。忠雄はイギリスの次の研修地として、当初からドイツを予定していたのである。ドイツは学問のレベルの高い国として知られた。日本からの留学生の多くは、この国のハイデルベルク大学やミュンヘン大学を目指したが、忠雄は首都のベルリン大学を選んだ。

翌一三日早朝、オランダ着。七時一〇分頃ドイツ行きの列車に乗り、ベルリンの Fridrich Strasse 駅に着いたのは、午後九時一七分であった。出迎えを期待していた一高弁論部で一緒だった井口孝親（大阪朝日新聞社を経て九大教授）も東大の同僚舞出長五郎も来ていなかった。はじめての地は案内人が欲しいものである。が、彼はイギリス各地を一人で巡った後だけに旅に慣れたこともあって、支障なくベルリン駅前のホテルに、チェック・インする。

翌日井口と舞出双方の下宿を訪ねると、二人とも旅行中とのことだった。その日は水曜日だったが、次の週の一九日、月曜日から忠雄は Dahlem,Werderstrasse24 の Fraulein von Viebahn 氏の家に引き移る。キリスト教信者の家である。彼はこの家でベルリンでの生活を送りはじめた。二日前の一七日、土曜日には、マネ、モネ、ルノアールなど印象派の作品を所蔵する Nationale Galerie を見学している。

ベルリンには当時、多くの日本人が滞在していた。為替レートによるマルクの下落は、ドイツ人には痛かったが、円高の日本人には有利であったからだ。Dahlem, Werderstrasse24 の下宿先は、閑静なところにあり、忠雄はいたく気に入った。「ああ腐敗堕落せる伯林の町から此の閑静なる Dahlem に来りて恰も Satan の虎口を逃れ出でた様な気がしてホッとした」と引っ越した九月一九日の日記に彼は記す。この記事に対応するのは、二日前の一七日の日記中の、「午後はよほど危き淵まで悪魔の為めに誘はれた。然り余は神の前に大なる罪を犯した！　神は余の良心を刺戟して堕落を最後の一瞬に防ぎ給ひし」にある。「最後の一瞬」で彼は悪魔の手を脱したというのである。淫売婦の誘惑にでも遭ったのだろうか。

ハナという女性

下宿の人々は皆よい人であった。彼はイギリスでもドイツでも下宿には恵まれている。この下宿には家事手伝いの若い女性が二人いて、その中の一人Hanna Kriegsmannがドイツ滞在中の忠雄を慰めることになる。日曜日は一緒に教会に行っている。ベルリンの南西郊外にあるポツダムへ一緒に遊びに行った九月二九日頃からハナとは特に親しくなる。この日の日記に彼は、「少しさむかつたが秋の景色が美しかつた」「日暮れてから空腹を抱へて帰つた。八時半。Nahm zum erstenmal Hannas Arm!（筆者注、はじめてハナと腕を組んだ！）」とある。親しくなったドイツの若い男女のとるごく自然な姿である。以後、二人は親密の度を加える。当時の日記を見ると、「午後Hannaと植物園へ見に行つた」（一〇月四日）、「三時半頃からHannaとBerlinへ買物に行つた」（一〇月五日）、「午后Hannaを動物園に連れて行つてやつた」（一〇月一三日）などとある。ハナは忠雄にアルバムを見せたり、ドイツ語の讃美歌を教えたりした。忠雄はハナのzart（筆者注、優しい）な点が何よりも好ましく思われたのである。

一〇月一七日の日記には、「zartな彼女はいつも余がtraurig（筆者注、憂いに沈む）である時は自分も非常にtraurigになるのだ」とか、「余は余を信じ愛してくれる妻子朋友の居る日本へ帰りたく思つたといつたら彼女は非常に泣き出して何卒まだ帰らないで居て下さいと言つた。本当にHannaは僕を信じてくれる、愛してくれる、慰めてくれる。此際Hannaが居なければ僕はどんなに淋しいか知れない」とある。

この日の夜から彼はベルリン大学パウル・ロオイッシュ教授（Dr.Paul Leusch）の講義に出始めている。一〇月二一日の日記には、「今日は勉強をしたく思つたがHannaとの約束があるので午后Schlachtensse

へ散歩に行つて夕方帰つた。景色は非常によかつた。今や Hanna は愛子に次ぎて余の愛する女である」とある。

単身外国に生活する者は、誰しも寂しさを感じるものだ。しかも、忠雄は外国にあることすでに一年に及ぶ。そうした折りに、美しく、zart な若い女性がいて、いろいろ面倒を見てくれるとなると、心は自然に彼女に傾く。これは妻への背信行為というよりも、人間の自然な感情である。しかし、人は弱いことを忠雄はよく承知していた。彼はハナとの交際を「友情」と考えることで、危機を脱する。この年一一月一四日の日記には、以下のような文面を見出す。

Domane への往復途中ハナが其縁談のことを打開けて話してくれ大に同情した。今は彼女と僕とは非常に親しき友人となつて凡てを共に語りて慰めあひ励ましあふ。此の親切な zart な klug（筆者注、賢い）な女を妻とする者は真に幸福だ。しかしそれだけ又よい夫を彼女に持たしたいものと切に思ふ。彼女が余の心の動き方余の心中に思へることを察するの鋭敏なるは驚くばかりである。実に彼女は短き間の友人なれども今や世界に於ける余の最大の、最も余の胸に近き友人となつた。若し余が未だ独身であるならば彼女を妻とするかも知れぬと思ふ程だ。

忠雄はハナを愛していた。妻ある彼はその感情を「友情」と自身に思い込ませる。彼はむろん日本に残してきた妻愛子を愛していたのである。それゆえ、その便りをいつも心待ちにしていたことは、日記を読むとよくわかる。イギリス時代から彼は常に日本の愛子からの手紙を、首を長くして待っていた。が、彼女は病気勝ちで手紙を書きたくとも書けない状況にあった。金沢の実家での子育てや、結核の弟、西永 泰の介護もあった。それらはきびしい肉体労働をも伴っていた。一日を終え、さあ、手紙を書かねばと思っても眠気が襲う。

ハナとの深い精神的交流

忠雄は三〇歳を前にして、少年時代からのどこかわがままな性格を、そのまま持っていた。愛子を愛しながら、愛子が自分に十分応えてくれないことを嘆くのである。一一月一八日の日記には、手紙の来ないのを歎き、「余の感情の鋭敏なるは愛子既に熟知の筈だ。彼女がこんなに手紙を怠ることは愛の冷却、少くとも忠実の欠乏としか余には思へぬ。余が孤独留学中にて彼女の愛を最も要求する時に常より彼女の態度がこんなに不誠実なるは彼女の肉体の病気以上に余には苦痛であり心配であるのだ」と書きつけている。客観的に見てこれは忠雄のわがままさを示している。愛子が「不誠実」に忠雄に映るのは、彼女の置かれた状況への配慮のなさから来る。愛子が病気勝ちであること、また、子育てのほかに実家の病人の面倒も見なければならなかったという重荷を負っていたことは、わかっていたはずだ。忠雄はそうしたことに配慮せずに、日記では一方的に妻愛子を責めている。

ハナとの出会いは、そうした折に訪れたのである。前にも述べたが、一般的に見て、外国にいると日本からの便りは鶴首して待つが、日本にいる者は忙しさに追われ、手紙どころではないといった場合がしばしばある。愛子の場合もそうであり、愛する夫への手紙を、書きたくも書けない日々が続いたのである。子息の矢内原伊作は、当時の矢内原忠雄夫婦を論じて、「留学中の忠雄はひまで、しかも彼はもともと文章を書くのが好きで、少年時代以来ずっと文章を書き続けてきているのだから、週に一度手紙を書くことは容易だったろう。しかし愛子のほうは、文章を書くことに慣れていない上に、三歳と一歳の幼児をかかえ、おまけに病気がちだった。そう頻繁に手紙を書けなかったとしても無理はない」と書き、愛子に同情する。他方、忠雄の立場にも理解を示し、期待している愛子からの手紙が少なく、淋しさを感じていたことゆえ、「若く優しい女性ハナの存在こそベルリン滞在中の彼の最大の慰めであり支えであった」[16]とも書く。伊作のこの理解は、双方の立場をふまえた、妥当な判断だとしたい。

忠雄はハナのことを、妻愛子にも伝えていた。この年一〇月二〇日付の愛子宛絵はがきには、「今日は好天気であつたので午后三時間許り散歩をして此の国の湖水の岸を歩きました。東京の井の頭の池に似た趣があるが井の頭よりは大きくもあるし景色もすぐれて居る。樹木の秋色が何とも言へずよかつた。ハナが一緒であつた。ハナの為に非常に慰められる」とある。愛子にはもっと率直にハナのことを伝えていたとは思うが、全集収録書簡中ハナのことが出て来るのは、この一通のみである。他は破棄されたのではなかろうか。ハナとの深い精神的交際は、ベルリン滞在中続く。

ギリシャ語とカントを学ぶ

忠雄はベルリンでは大学に籍を置かず、パウル・ロオイシュの講義を聴講し、神学部の学生、Herr Schrank からギリシャ語とカントを学んだ。「報酬は一回十五麻《マルク》、此外の電車代二麻宛与ふることに約束す。今日は其第一回をやつた。いろんな事が聞けて面白い。もつと早く学生を得ればよかつたと思ふ」と一一月一五日の日記に忠雄は記している。内村門下の石川鉄雄がベルリンに来たのは一〇月下旬のことで、その下宿などの斡旋をする。

ドイツ滞在二ヶ月で矢内原忠雄は、そろそろ旅に出、新しい国へ行きたくなる。一一月二六日の日記に彼は「もう独乙にも倦きて又新しき国に行きたくなつた」と書くが、それが実現するのは、翌年四月以降となる。一一月二二日の日記には、「Herr Schrank 来り Kant をよむ」とある。また、同日の日記には、「黒崎兄より二通、愛子より一通、ハガキ二つ、安昌兄より一通手紙来りいづれも嬉しかつた」とある。黒崎兄とは言うまでもなく、黒崎幸吉のことである。

一一月二五日の日記には、「午后 Hanna と共に外出。Grunewald を一時間散歩したる後市中に行き Wertheim にて写真をうつし夕食後 Sombart を聞いて帰る」とある。男女が二人して写真を撮るのは、愛の証でもある。その写真は残っていない。一二月一四日の日記の一節には、「伯林到着後出したる手紙の返事が千代、啓太郎其他より来てうれしかつた。あい子からは一つも来ないので失望した。何故彼女はこんなに手紙をくれぬのか？　と思ふと心が重くなつてしまふ」とある。

再び記すが、外国にいると日本からの便りが待たれる。留学の身は、比較的自由で日常の拘束がない。手紙を書く時間はいくらでもある。が、日本にいると日常の仕事が多く、外国への手紙どころではない日々が続く。その上、愛子は子育てと結核の弟の介護、加えてとかく病気勝ちであった。忠雄にはその内実がわからず、理解できないのである。そうした状況下で、忠雄が若く聡明でやさしいドイツ女性ハナに気持ちが傾くのも無理はない。忠雄はそれを日記に率直に書き留めている。

待ちに待った愛子からの手紙は、一二月一七日に届く。翌日一八日の日記には、「夜余と Hanna との友情について大分考へた。注意を要する点がある」との文面を見出すことができる。忠雄は自省しているのである。ハナとの交際に、ある危機を感じていたようである。

サナトリウムに同僚を見舞う

ベルリンに留学中の舞出長五郎が、流行性感冒の疑いでサナトリウムに入院したのは、この頃のことである。肺炎が心配されたが、幸い大事に至らずに済んだようだ。忠雄はサナトリウムに舞出を見舞い、医者から軽症ではないことを告げられる。舞出は無神論者であった。一九日の忠雄の日記には、「不景気なるSanatorium に一人高熱になやみつゝ横臥せる彼を見て同情に堪へなかつた。神の愛を知らず又人の心よりの愛の看護を受くることなく病臥することは余には殆ど堪へ難き迄の痛苦ならんと思はる。切に彼の恢復の速かならんことを祈る。今日は終日彼のことを考へた」とある。誠実でやさしい忠雄の一面の見られる記述である。

留学中の国、ドイツのハイデルベルクには、東大の同僚大内兵衛も来ており、その頃ベルリンに上京し、忠雄と会うことになる。一二月二二日の日記には、「大内君の訪問を受けた。大学の同僚諸教授によせ書きした」とある。忠雄は大内が留学中のハイデルベルク大学には、ドイツを去り、フランスへ移住する寸前に行くことになる。この年（一九二一・大正一〇）の一二月三一日の日記に、「かくて一九二一年は去つた。例により怠惰と失敗と罪の一年であつた。併乍ら又キリスト我を支へ主にある新しき我の若干成長したる一年であつた」と彼は記すことになる。

矢内原忠雄の留学時代の日記は、ここで終わる。一九二二（大正一一）年以降のヨーロッパ滞在日記は、全集に見出せない。このことに関して矢内原伊作は、「『留学日記』は大正一〇年一二月三一日で途切れていてそのあとがない。彼が日記をつけるのをやめたのか、それとものちに破棄したのかそれは不明である。また留学中に頻々と彼が愛子に書き送った夥しい手紙は、すべてのちに処分されて残っていない。簡単な絵葉書だけが処分を免れて残っているだけである」[17]と記す。筆まめで、それまで日記は毎日書き、書けない日があっても、後でその日のことを思い出して当日の日付で記録に残すほどの人ゆえ、日記をつけなかったとはとうてい考えられない。恐らくは残すことに不都合なことがあって破棄されたのであろう。

不都合なことの第一には、ドイツ女性ハナのことがあったと思う。ハナは留学中の彼を慰め、労ってくれた存在である。が、男女の交際には、いつも危険が伴う。彼はそれを自覚していた。その葛藤は一九二二（大正一一）年の日記に綿密に記されていたはずである。矢内原忠雄の人生最大の悔みと、後々まで尾を引く悩みが記されていたものと思う。彼は自ら当該日記を、懺悔の気持ちをもって妻の死後に破り捨てたとしたい。そこで以下は、他の資料（全集収録「年譜」や書簡、旅行記、他者による記録など）によって、留学時代の矢内原忠雄の足跡を追うことにする。

四　パレスチナ旅行とフランス生活

プラハ・ウィーン、そしてイタリアへ

一九二二（大正一一）年一月三一日付の文部省からの連絡で、フランスを在留国に追加するという連絡を得た忠雄は、フランス行きの前に、各地を巡ることにした。三月一日にはドイツ第二の都市、ハンブルクを訪れた。ハンブルクはエルベ川河口のアルスター湖に沿った港町で、早く一三世紀にはハンザ同盟の指導的都市として繁栄していた。彼はドイツに来たからには、ハンブルクを見ておきたかったのであろう。その後、いったんベルリンに戻ったのち、四月一日には、チェコスロバキアのプラハへ行く。プラハでは一泊し、二日、オーストリアのウィーンへ。ベルリンから鉄道で南下する古都への旅であった。忠雄のことだから、それぞれの都市では、ホテルに荷物を預けるや町の観察を精力的に行ったことだろう。プラハもウイーンもヨーロッパの代表都市で、見所は多かったはずだ。

次にイタリアに入り、トリエステ、フィレンツェ、アシジ、そしてローマ、ナポリに行く。ローマでは

同じく旅をしていた大内兵衛と再会している。イタリア旅行中の愛子宛書簡が数通全集に収録されている。トリエステから出したものには、「ウィーンからユーゴ、スロバキア国の領内を通り昨夜当地に着いた。其間の景色は山が多くて日本の様であつた。田舎道に十字架の像が立てゝあるのは丁度日本のお地蔵様の様であつた。国が旧教の国だからだ。当地ツリエステはもと墺太利《オーストリア》領土なりしを欧州大戦の結果イタリヤ領となりし海港である。久しぶりで海を見た、風が寒くていやだ。今日はここを立つてベネチアへ行く」（一九二二・四・六付）とある。

フィレンツェでは、ミケランジェロ、ラファエロ、ダ・ヴィンチなど、観るものが多かった「目が回る位だ」と書いた愛子宛の絵はがき（一九二二・四・一一付）もある。イタリアは、一高時代の仲間恒藤恭と長崎太郎が二年後、一緒に旅する地でもあり、当時の留学生が必ずと言ってよいほど訪れた観光地であった。

パレスチナへの旅

イタリア旅行に続く彼の新たな旅の目的は、パレスチナ行きにあった。彼は船で地中海を横切り、エジプトのカイロに渡る。そして四月二七日、鉄道で北上し、エルサレムを目指した。在外研究中の大きな計画の一つパレスチナへの旅は、こうしてはじまった。矢内原忠雄のパレスチナ訪問は、二週間に及んだ。幸いこの旅に関しては、彼自身が「パレスチナ旅行記」と題して、畔上賢造編輯の雑誌『霊交』第一一～一二号（一九二二・八・一～九・一）に発表し、のち『矢内原忠雄全集』第二六巻（七二一～七三一ページ）に収録されたので、そのおおよそはうかがえる。

「パレスチナ旅行記」は、四百字詰原稿用紙にして約二二枚ほどの話術体の紀行文である。それによると、忠雄は一九二二（大正一一）年四月二七日午後六時一五分発の列車に乗って、エジプトのカイロを出発。スエズ運河の岸のカンタラ駅で乗り換え、荒漠としたアラビア沙漠を通り抜け、ラッドで再び乗り換えて、翌日の正午にエルサレムに着く。忠雄は「早いものです」と言い、「此道は古来隊商の往還道ですからヨセフが売られて埃及《エジプト》へ行つたのも、老いたるヤコブが愛子《あいし》を尋ねて行つたのも後のヨセフがマリヤとイエスとを労はりつゝ逃げて行つたのも此道筋に違ひありますまい。二十世紀に至つても港の悪いJaffa（昔のヨッパ）迄船で来ないとエルサレムへは行けなかつたのですが、大戦争のおかげ（?）でイギリスの軍隊が軍事上の必要から此鉄道をつけてくれたのです、途中でガザの町を通ります、サムソンが町の門の柱を引き抜いた処です（士師記十六章）」と書く。

「パレスチナ旅行記」は、エルサレムについての詳しい記述がまず来る。エルサレムは言うまでもなくパレスチナの中心都市で、ユダヤ教・キリスト教・イスラム教の聖地で、現在は世界遺産にも登録されている歴史のある街である。忠雄は以下のように語る。

エルサレムは「山の上に建てられた」城壁に囲まれた町です。ユダヤの様な山地では大きい町は山の上に建てる外に場所がありません、それに要害堅固といふ利益もあります。エルサレムは二つの山の上に跨つて建てられて居ます、東はモリアの山にてヱホバの宮、ソロモンの宮殿のありし処、西はシオンの山にてダビデの城のありし処です、其間に浅い《ママ》（筆者注、「若い」の誤植か）ヨセファスがチロポエオン（Tyropoeon）と呼んだ谷があります、今のエルサレムの町の範囲は主の御時代とは多少の相違がある様ですが大体は勿論変らないと思ひます。

「エルサレムへ来て主の御あとがしのべるかしら?」とは私が来るまで抱いて居た疑問でした、答は然りとも否とも言へます、彼のヱホバの宮の跡、ユダヤ国民生活の中心として燔祭の煙の立ち昇りし処、イエスが御生涯中最も心血を注いで働かれ其御心が最も密接に結びつかれて居たのも此の処ではありませんか。「父の家」に「子」も住まるべきではありませんでしたか（ルカ二の四九参照）。彼が御一生最後の努力として心血を注いで教へられたのは実に此の処なのです（ルカ二一の三七、二二の五三）。橄欖山に上りますとケドロンの谷を隔ててすぐ眼の下にエルサレムの町が見渡されますが中でも宮の敷地は一ばん手近に、一ばん広く著しく見られるのです。「エルサレムよエルサレムよ我れ牝鶏の雛を集むる如く、云々」とイエスが嘆ぜられた時にもヱホバの宮が御心の大部分を占めて居られた事と思はれます、その宮の跡は今はモハメット教徒の聖地となり燔祭の祭壇の置かれしと伝へられる岩と、ソロモンの宮殿の跡地とに大きなモスクが建てられ、モハメット教徒以外の者は午前七時半から十一時迄の外は此広い敷地に一歩たりとも足を踏み入れる事が出来ません。

先見性に満ちた紀行文

矢内原忠雄は聖地に立って、さまざまな感慨にふける。歴史はいま立つ地によって、確かめられると彼は思う。彼は右の聖地の現状に加え、キリスト教の聖跡カルバリの丘に建つ複雑な構造の聖墓寺（聖墳墓教会）に言及する。「主が十字架上エリエリラマサバクタニの苦しみを味はれし地はあまり美術的にもあらざる寺院に被はれ、十字架の立てられし所とか、主の屍にニコデモが油塗りし処とか、聖墓とか、天使の立ちし所とかが銀や大理石や蝋燭やランプで飾られて居ます」と言い、奇態なことにもこれらがゴルゴタの丘に建つ礼拝堂はローマ教会に、十字架の立てられた所のチャペルはギリシャ教会に、さらに主の墓のチャペルにつるされた四三個のランプまでそれぞれの教派に分属し、聖所分割の特権を持つローマ教会・ギリシャ教会・

アルメニヤ派・コプト派の四派は、「互に己の権利を主張して譲らず相争うて」いると言及する。しかも、争わないように取り締まるのは、モハメット教徒であるという現状を前に、忠雄は「ローマの兵隊が十字架の下で主の衣類を分け取りにした様に今はキリスト教がランプの数の争をしてモスレムに取締られて居るさまは何等の奇観！　何等の醜態！　天真爛漫たる主はこんな窮屈な処に留まるを欲し給はぬは明らかです」と書く。ランプ争いはベツレヘムの誕生寺（聖誕教会）でも見られると忠雄は指摘し、そうした現象は、「信仰堕落の危険を伴う」と言うのである。忠雄の面目躍如たるところだ。

けれども、いくらモスクを建てても教会を建てても橄欖山全部を寺で埋めることは出来ない。「イエスの地に於てイエスを思ひ味ふことは非常に幸いなことである」と忠雄は言い、「パレスチナ見学は私に聖書の良き説明を与へてくれました。聖書は一層私にとりて興味津々たる書となりました、歴史書としての其確実さが一層明瞭になりました。歴史は地理によりて確められる時一層確実なる印象を刻みます。聖書の現実さ確実さ、イエスキリストの嘗て我等の一人の如くして此の地上に住みし事実を最も明瞭に味ひました」と言う。これは現代のイスラエル旅行、——聖地巡礼の本来の意味にも通じるものがあろう。

忠雄はパレスチナの動物や植物にも鋭い視線を向けている。それと同時に「近年ロシヤ、ルーマニア、ポーランド等より移住し来たりたる猶太人」の姿も見逃していない。忠雄は彼らが荒地を緑の野に変えているのに深い感動を覚えたのである。彼は猶太人の植民地村を訪れ、強い印象を受ける。そして「私は聖書の預言より見てもイスラエルの恢復の必然なるを信じます」との一文を書きつけることになる。

かくて矢内原忠雄の「パレスチナ旅行記」は、先見性と預言性に満ちたものとして、高く評価できる紀行文となった。それは彼の帰国後の植民政策研究にも、大きな影響を与える旅となったのである。後の「シオン運動（ユダヤ民族郷土建設運動）に就て」（『経済学論集』一九二三・一〇）はむろんのこと、『植民及植民政策』（有斐閣、一九二六・六）や『植民政策の新基調』（弘文堂、一九二七・二）などにまとまる研究の基盤は、ここにあったと言っても、過言ではあるまい。

ジュネーヴの川西實三宅へ

二週間のパレスチナ旅行を終えた忠雄は、五月十日、アレクサンドリアを発ち、スイスのジュネーブに向かった。一五日、ジュネーヴに着いた彼は、川西實三の家に数日間世話になる。川西は当時国際労働機関帝国事務所政府代表随員としてジュネーヴに駐在していたのである。ジュネーヴでは、恩師新渡戸稲造にも会っている。日本の妻、愛子宛絵はがきに、「アレキサンドリア以後は海上二日、伊太利通り抜けの夜汽車三日の旅程を経て一昨日瑞西国ジュネヴ着。川西さんの家庭に厄介になりて居る、川西さん処では三月末男の赤ちゃん御産、皆さんは丈夫に暮して居られる。当地にて新渡戸先生にも既に度々お目にかゝり非常にうれしく、なつかしく思つた。ジュネヴは仲々きれいな落ちついた処だ。併し早く伯林へ帰つてお前のたよりを知りたい」（一九二二・五・一七付）と記している。レマン湖畔のジュネーヴは、忠雄の気に入った都市となる。

忠雄はその後チューリヒを経て、二二日にベルリンに戻った。約二ヶ月ベルリンを留守にしていたことになる。八月にはワイマールやハイデルベルクなどへの小旅行もしている。ワイマールは、ウィーラント、ヘルダー、ゲーテ、シラー、そしてリストなどが住んだドイツ精神文化の地である。ワイマール憲法でも知られる。ハイデルベルクは、ドイツ最古の大学（ハイデルベルク大学）があり、キリスト教改革派のすぐれた教理問答「ハイデルベルク信仰問答」の生まれた地である。ハイデルベルク大学には、忠雄の同僚である大内兵衛がいるはずであったが、旅行中だったため、先輩の石原謙に諸方を案内してもらった。後年石原は、その時のことを回想し、「心地よい日光を浴びながら二人でシュロッス・パルクをゆっくりと散歩し、ベンチに腰をおろして足許に小鳥の戯れる声を楽しみつつ語り合った情景を、私は今でもはっきりと思い起こす」と「矢内原忠雄君をしのぶ」[18]に書くことになる。

パリに移る

忠雄がフランスのパリに移るのは、八月二九日のことである。パリの住所は、Chez Mlle Bosq Ilbis Rue Chardin Paris 16であった。パリには三ヶ月ほど滞在した。矢内原伊作の『矢内原忠雄伝』には、一九二二(大正一一)年九月一七日パリ郊外フォンテーヌブローの森で、三谷隆信と舞出長五郎の三人で撮った写真が載っている[19]。山高帽を被った忠雄は、元気そうである。三谷隆信は、当時ジュネーヴの国際連盟事務局に勤務しており、舞出長五郎は、留学地のベルリンからパリに旅行に来ていたのである。その夜、三人はバルビゾン村に泊まり、旧交をあたためている。

パリに本拠を定めた忠雄は、相変わらず各地への旅や、ルーヴルをはじめとする美術館・博物館めぐりに日々を送る。フランス時代の日記がないので、イギリスやドイツ時代のような詳しい動静をここに記すことはできない。しかし、これまでの在外研究生活から推して、大学に籍を置き、授業にきちんと出ることなどなかったであろう。

矢内原忠雄の留学期間の二ヶ年は、こうして過ぎていった。留学期間は一二月二日(水)迄であった。彼は三ヶ月の延長を文部省に申し出、翌年一九二三(大正一二)年三月三日(月)までの期間延長が認められた。留守宅のことは心配であったが、二度とない海外生活である。彼は希望の叶ったことを喜び、美術館通いやパリ近郊の名所を見、また、各地を旅した。パリに来た黒崎幸吉と再会するのは、一九二二(大正一一)年一一月一日のことである。その夜、忠雄の妻愛子の姉で、藤井武に嫁いでいた喬子《のぶこ》の死(一九二二・一〇・二)

を聞く。忠雄は妻への便りに、「黒崎さんから始めて聞いた藤井の姉さんのことやを思つて胸が苦しくなる」（一九二三・一一・一付）と書き付けている。

注

（1）山下陸奥「新居浜時代のことなど」『矢内原忠雄全集』月報12、南原繁・大内兵衛・黒崎幸吉・楊井克巳・大塚久雄編『矢内原忠雄―信仰・学問・生涯―』岩波書店、一九六八年八月三日収録。五三～五七頁。

（2）矢内原伊作『矢内原忠雄伝』みすず書房、一九九八年七月二三日、三三六頁。

（3）田原悦子「忠兄《ただにい》さんの想い出」『矢内原忠雄全集』月報28、一九六五年六月一四日、のち『矢内原忠雄―信仰・学問・生涯―』岩波書店、一九六八年八月三日収録。六四一～六四五頁。

（4）倉田百三「生活批評―矢内原忠雄君にあたふ」『第一高等学校校友会雑誌』第二二七号、一九一三年六月一五日

（5）大内兵衛「日本植民学の系譜」『矢内原忠雄全集』月報1、一九六三年三月一一日のち『矢内原忠雄―信仰・学問・生涯―』岩波書店、一九六八年八月三日収録。七一～七五頁。

（6）大内兵衛「赤い落日―矢内原忠雄君の一生」『世界』一九六二年三月一日、のち『高い山―人物アルバム』岩波書店、一九六三年一〇月一〇日、一〇八～一一三頁所収。『矢内原忠雄―信仰・学問・生涯―』岩波書店、一九六八年八月三日収録。三～二四頁。

（7）注2に同じ三四三頁。

（8）矢内原忠雄［矢内原悦子宛書簡、封書］『矢内原忠雄全集』第二九巻、一八頁。

（9）矢内原忠雄「私の伝道生涯」『橄欖』11号、一九五二年一二月～一九五六年六月、のち『矢内原忠雄全集』第二六巻収録。一八七～一八八頁。

（10）注2に同じ。三三九～三四〇頁。

(11) 関口安義『評伝長崎太郎』日本エディタースクール出版部、二〇一〇年一〇月二〇日。一五一〜一五三頁。
(12) 注2に同じ。三五一〜三五二頁。
(13) 黒崎幸吉「恩恵の回顧」『永遠の生命』第三四七号、一九六〇年八月、のち『黒崎幸吉著作集』5収録。三六〇頁。
(14) 内村鑑三「日記二」『内村鑑三全集』33、岩波書店、一九八三年五月二四日。三三四頁。
(15) 矢内原忠雄『私の歩んできた道』東京大学出版部、一九五八年三月三一日。のち『矢内原忠雄全集』第二六巻収録。二八頁。
(16) 注2に同じ。三五六頁。
(17) 注2に同じ。三五八頁。
(18) 石原謙「矢内原忠雄君をしのぶ」『基督教新報』第三二九二号一九六二年二月、のち『石原 謙著作集』第一一巻収録。四二七頁。
(19) 注2に同じ。三五八頁。

第七章　試練の中での研究生活

一　帰国と妻の死

アメリカ経由の帰国

留学期間を三ヶ月延長した矢内原忠雄は、一九二二（大正一一）年の年末までパリに滞在した。残る視察国はアメリカである。当時の留学生の多くはヨーロッパで研修の後、アメリカ経由で帰国するのが常であった。彼も留学当初からその予定でいた。しかも、その間にフランスが滞在国の一つに加わったのは、彼にとって幸いであった。見聞を広めるまたとない機会であったからだ。彼はパリで、ルーヴルをはじめとする美術館通いの日々を過ごした後、最後の研修地、アメリカへと向かった。一九二二年の年の瀬であった。

彼はまずニューヨークへ行くことにした。当時のアメリカは、狂騒の二〇年代（Roaring Twenties）と呼ばれる時代の幕開けであった。第一次世界大戦後、世界の経済はもとより芸術・文化の中心は、ニューヨークを中心とするアメリカに移り、各都市は、経済的・文化的に繁栄し、アメリカは世界で最も富める国となっていた。自動車・映画・放送（ラジオ）、それに化学産業が急成長した時代であった。矢内原忠雄は、そうしたアメリカの現状を確認しようと、中心都市のニューヨークを訪れようとしたのである。ニューヨークは、大西洋岸のハドソン河口に位置する世界屈指の大都会で、そこには、一高基督教青年会時代の仲間であった長崎太郎がいた。仲間づきあいを大切にした忠雄は、ニューヨークに着いたらまず第一になつかしい友、長崎太郎を訪ねようと思った。筆まめな彼は、思い立つとすぐ日本郵船ニューヨーク支店気付で、到着したらただちに訪ねると知らせたに違いない。

長崎太郎は京都帝国大学法科大学政治学科を、一九一七（大正六）年七月一三日に卒業している。旧規定による卒業である。『官報』（第一四九〇号、一九一七・七・一九）によると、政治学科（旧規程）六四名中順位八番の成績である。旧規定というのは、すでに矢内原忠雄の東京帝国大学卒業とからんで、第五章で触れているので参照してほしい。卒業翌月の八月一日付で、長崎太郎は日本郵船株式会社に入社、横浜支店に勤務する。教育界で働くことを願っていた彼が、なぜ日本郵船に勤務したかの詳細は、小著『評伝長崎太郎』(1)を見ていただけるなら納得できるはずだ。かいつまんで書くなら、彼は一高時代から将来は教育界で働くという夢をもっていた。が、若い間に日本を出て外国から日本を見る必要を、校長の新渡戸稲造から教えられていた。長崎太郎の『佐々木惣一先生と私』(2)には、そのことが何度も語られている。

ニューヨークの長崎太郎

日本郵船は日本有数の大規模の船隊をもった海運会社で、当時発展途上にあった。第一次世界大戦の最中にあって、海運会社はどこも好況の波に乗っていた。船成金ということばさえ出来た時代であり、日本郵船は利益をあげた筆頭に属した。その結果西回り世界一周やニューヨーク、ニュージーランド、南米東岸、欧州航路などが開設されていた。旅は船舶の時代であり、飛行機での移動など、未だ考えられない時代であった。長崎太郎は第一次世界大戦の終わりの頃の、全盛期の日本郵船に就職したのである。それは同じ年、東京帝国大学法科大学政治学科を卒業し、有力企業であった住友の別子銅山に就職した矢内原忠雄の歩みにもどこか似ていた。

日本郵船横浜支店に勤務した長崎太郎は、海外に出られる機会をねらって英語の勉強に励んだ。英語は高知県立第三中学校（現、高知県立安芸高等学校）時代からの得意な科目であり、読むことばかりか、書くことも話すことも彼は好きだった。横浜支店に勤務して二年半、一九二〇（大正九）年に日本郵船ニューヨーク支店の開設が決まると、社は長崎太郎にニューヨーク支店勤務を命じる。彼は妻子を日本に置いて、四月二日、横浜から伏見丸に乗ってアメリカへ向かった。若い社員の妻子同伴など、これまた考えられない時代であった。

日本郵船ニューヨーク支店での長崎太郎の仕事は、新規事業の開拓と顧客の獲得にあった。彼はそれらの仕事に誠実に当たる一方で、美術館めぐりをしたり、ニューヨークの古書店を漁《あさ》っては、古書の収集に精を出す。絵や古書への関心は、一高時代からのものである。矢内原忠雄がヨーロッパ留学中、現地の大学に籍を置くこともなく、ひたすら、旅と美術館通いを日課としたように、長崎太郎も仕事に慣れると、ニューヨークの数多い美術館や古書店ばかりか、出張先でも美術館に入り、古書店街をめぐった。特にニューヨークのメトロポリタン美術館に惹かれ、週末には必ず通うほどであった。後年、京都市立美術大学（現、京都市立芸術大学）初代学長として多くの画家や陶芸家を育てた長崎太郎の力量は、ここで育てられたのである。

メトロポリタン美術館は、マンハッタン区のセントラル・パークの東側、五番街に面した大美術館である。収集品の規模はロンドンの大英博物館、パリのルーヴル美術館に匹敵する。それゆえ一日で見終えるものではない。中学時代から絵を好み、一高時代には恒藤恭から大下藤次郎ばりの水彩画の手ほどきを受け、京大時代にもしばしば絵筆を握った長崎太郎は、絵には目がなかった。恒藤恭宛はがきの何枚かには、水彩画を添えたものがある。彼は心底から絵が好きだった。

日本郵船ニューヨーク支店時代の長崎太郎の生活は、メトロポリタン美術館をはじめとする市内の美術館めぐりの日々と重なる。「費府《フィラデルフィア》より」（発表紙不明）と題した新聞切り抜きの文章が、遺族宅に残っている。そこの一節に「アメリカは金持ちの国だけに、モネ、マネ、ドガ、セザンヌ、シャバンヌ、ゴーガンなどの絵を、かなり豊富に買ひ込んでゐる。それらに接することは私にとつて嬉しいことの一つである」とある。彼は出張先のシカゴやボストンでも博物館や美術館を見てまわる。定住地のニューヨークでは、古書店めぐりも日課とするようになった。

第一次世界大戦後、世界経済の中心がアメリカに移ったこともあって、ニューヨークにはヨーロッパからの稀覯本が流れ込んでいた。彼は昼休みの一時間を利用して、毎日地下鉄で一街一街と北に上って古書店を漁《あさ》り歩いた。マンハッタン島の古書店は、いつの間にか残らず知るようになったという。そうした中で、一高時代から彼の好みだったウイリアム・ブレーク（William Blake）が、第一の収集の対象となっていく。

革命的でありながら、神秘主義的傾向を帯びるブレークは、長崎太郎好みの芸術家であった。いや彼ばかりではない。すでに述べたが、イギリス時代の矢内原忠雄もブレークには執心を示していた。また、一高同期の芥川龍之介・井川恭（恒藤恭）・成瀬正一らも、皆ブレークのファンであった。白樺派の柳宗悦・志賀直哉・武者小路実篤らもブレークに傾倒し、雑誌『白樺』主催によるブレークの展覧会すら開いている。ニューヨークで長崎太郎は、時間があると古書店にせっせと通い、ブレークの詩や版画を集めはじめた。大戦後の日本円の為替レートは高く、彼の収集に利するものがあった。後年日本のブレーク・コレクターと呼ばれるようになる長崎太郎の誕生である。

旧友との再会

矢内原忠雄がこうした状況のもとにあった長崎太郎を訪れたのは、ニューヨーク到着早々の一九二三（大正一二）年一月二日、火曜日のことである。日本では一般の会社や役所は、新年の三日、もしくは五日間は休むが、アメリカでは元旦のみで、二日からは、どこもほぼ営業する。会社ばかりか公的機関も業務を開始する。大学図書館なども、二日からは平常通り開館するのが今に至る慣行だ。忠雄はそのことを知っており、マンハッタンの日本郵船ニューヨーク支店を新年早々に訪れたのである。

一高基督教青年会に所属していた頃は、毎日のように会っていた二人が、ニューヨークで再会するのも、新渡戸稲造校長の〈若き日に外国を見よ〉の教えの賜物であった。この日の長崎太郎の日記（長年ご遺族長崎陽吉氏保存、二〇一六年夏、大阪市立大学恒藤記念室に寄贈された）には、「欧州よりの帰途にある矢内原君にあつた」にはじまる。「矢内原君は少し肥えて見えた。学者らしい風采になつた」ともある。長崎太郎には、矢内原忠雄が輝いて見えた。長崎太郎が教育界に転身するのは、忠雄やこの後訪れる京大時代の友人田村徳治（当時京大助教授）と再会したことによる。

長崎太郎は一高時代から他の仲間同様、詳細な日記をつけていた。「長崎日記」と呼ばせてもらう。かつて『評伝長崎太郎』（日本エディタースクール出版部、二〇一〇・一〇）を刊行した時は、ご遺族の長崎陽吉氏がワープロに起こした「長崎日記」の文章を利用させていただいたが、今回は日記の現物そのものをお借りすることができたので、私の責任で翻刻したものを用いる。日記帳は市販のもので、一九二三年のものには、The Year 1923 とあり、現地ニューヨークで刊行されたもの。総革表紙、天地側面金箔押し（17.5 × 10.5 cm）の立派なものである。一日一ページ、Monday Jan 1 にはじまり、Monday Dec 31 に終わる。長崎太郎は一日も休まず、時に欄外までびっしり、その日あったことを記している。わたしがお借りした滞米時代の「長崎日記」は、一九二三～二四年の二冊である。一九二四年の The Year 1924 と印刷された上部には、To my dear freiend Mr. T.Nagasaki,Hideo Iida のサインがある。それにしても、よくぞ激動の大正・昭和を経て平成の今日まで残されたものである。しかも、日記は異国の地、アメリカで記され、日本に持ち帰ったものである。故人、およびご遺族の方々に感謝しつつ、日記に記された記録の一端を使わせていただく。なお、日記帳の表紙裏には、それぞれの年のカレンダーが印刷されているので、その年の曜日も簡単に特定できる。

ウォール街と摩天楼

さて、久しぶりに矢内原忠雄と再会した長崎太郎は、ニューヨークの中心街、ウォール街を案内する。「長崎日記」には、「市原（筆者注、日本郵船の同僚か）と三人で午めしを食つて Wall Street に行き、Worworth Building に昇つた。空は晴れて居たが、ガスがかゝつてあまり遠くはのぞめなかつた。四十二丁目の City Libraly で Bible の展覧会を見た」とある。地上一〇二階のエンパイア・ステート・ビルが完成するのは、一九三一年のことで、当時はまだ建っていなかったことになる。建築ラッシュの摩天楼や市立図書館での「Bible の展覧会」など、矢内原忠雄にはぴったりの歓迎だ。その夜は Hotel Pen で夕食をし、「四十二丁目の Apolls 劇場」で観劇を楽しんだ。

長崎太郎は一高時代の旧友を心からもてなした。一日つきあった矢内原忠雄への感想は、先にも記したが、「矢内原君は少し肥えて見えた。学者らしい風采になつた」であり、その会話には、ジュネーヴで忠雄が再会した共通の恩師の消息も含まれていた。「新渡戸先生が人間は平等であると云ふ思想に到達するに至つた経路の話。同先生が今もなほ何故労働者が社会を dominate せねばならぬかの問題を理解することが出来ぬと云ふ話」などをしたという。

翌一月三日、水曜日は、雪の中午前一一時に忠雄と、太郎が招いたアメリカの社会事業に詳しい大堀という人が日本郵船の事務所に来たので、ダウンタウンの「うまい方の Restaurant」に案内し、昼食をとりながら、大堀にアメリカの社会事業について説明をしてもらう。忠雄の要求に応えてのことであったようだ。レストランでは、先の市原という日本人も加わり、アメリカのよいところや、悪いところを話し合っている。夜は忠雄と太郎、それに市原の三人は、百十二丁目の井川という在米日本人の家に招待された。家族も加わっての晩餐であった。

一九二三（大正一二）年の矢内原忠雄の日記は、遺憾ながら全集未収録である。そこで「長崎日記」によってアメリカ時代の矢内原忠雄の動静をいま少し追ってみよう。忠雄は一月四日、木曜日から雪の降り積もる中をワシントンやボストンへの旅に出かけ、九日、火曜日にニューヨークに戻っている。この年、アメリカ東海岸の都市に大雪が降ったことを「長崎日記」は書きとどめている。例えば一月四日には、「大雪が降つた。一尺程も積つた。汽車の窓から美しい雪の景色を見た」とあり、五日には、「雪がまだ深かつたか、「みかんの大きいのを三つかつて雪の中をかゝへて帰つた。古本と果物は俺の生活には欠く可らざるものである」などといった記録を見出す。

エマーソンの家を訪ねる

九日の「長崎日記」には、「今日 Boston から帰つて来た矢内原君の話に、Concord は雪にうづまつて居る。三尺程も雪が積もつて居て、Emerson の墓までは行けなかつたと云ふ事であつた。Emerson の家は、Carlyle の家と比して simple で清潔である、と矢内原君が話した」とある。どこに行っても矢内原忠雄は行動的である。「長崎日記」からすると、忠雄はボストンでは市北西のコンコード村まで出かけたようだ。アメリカの思想家で詩人のエマーソンは、この村で思索の日々を送ったのである。エマーソンは、ハーヴァード大学神学部の出身で、カントの平和主義の哲学を、アメリカに移入した思想家・詩人である。ボストンの教会の牧師をしていたこともある。忠雄の崇拝する人物の一人であった。カーライルはエマーソンに影響を与えたイギリスの思想家・歴史家であるが、忠雄にはエマーソンの方が身近に感じられたようだ。その印象がここに現れている。

翌一月一〇日の「長崎日記」には、「三時半頃矢内原君がOfficeへ来た。腹をいためたと云つて、弱つて居る様子であつた。今夜の夜汽車で発つと云ふ事でOfficeでさよう《ママ》ならを云つた」とある。ちなみに忠雄は健康には気を配る方ではあったが、何せ若いことゆえ、無理な旅程を組みがちで、食事も急いで取ることが多く、とかく腹をこわしがちであった。後年の台湾視察旅行でも腹をこわし、それが以後の彼の健康に大きく響くこととなる。

矢内原忠雄のアメリカでの生活は、慌ただしかった。一一日にはアメリカ北部エリー湖とオンタリオ湖の間、カナダとの国境をなすナイアガラの滝を見学、ミシガン湖畔のシカゴでは、リンカーンの銅像に遭遇する。後年彼はその思い出を『余の尊敬する人物』（岩波新書、一九四〇・五）に書いている。そこには「私はかなりの長い時間、一人でぶらぶら黒人街を歩いた後、相当疲れてミシガン湖畔の小公園に出た時、其処でひよつこりリンコーンの銅像に出会つたのです。彼は湖水の風に吹かれながら、質素な台の上につくねんと立つてゐました」と記して、「リンコーンよ、あなたは何をそんなに悲しんでゐますか。あなたの国の現状をですか。はた世界の現状をですか」と語りかけたという。

アメリカ各地の旅

一五日には合衆国南西部のアリゾナ州のグランドキャニオン国立公園まで行く。グランドキャニオンは、コロラド川がコロラド高原を浸食して形成した大峡谷で、壮大な景観を成す。飛行機がまだ一般化していない時代である。移動は鉄道と自動車である。第一次世界大戦後の円高は、現地勤務者や日本人旅行者の懐をふくらませていた。日本郵船社員の長崎太郎は、その恩恵でウィリアム・ブレークをはじめとする多くの書籍や版画をニューヨークの古本屋で購入しており、東大助教授矢内原忠雄は、ヨーロッパやアメリカ各地を飛び回ることができたのである。ちなみに、長崎太郎がこの時代に集めた多くの書籍の一部は、現在京都市立芸術大学附属図書館に収蔵されている。『長崎文庫目録』（一九九一・三）が編集されており、その概要を知ることが出来る。

矢内原忠雄は、ヨーロッパ時代と同様、好奇心を発揮してアメリカ各地の旅を楽しんでいた。一六日、火曜日には、カリフォルニア州のロサンゼルスに着き、市内を見学する。それにしても彼の旅は、文字通りの強行軍である。カリフォルニアでは、スタクトン市郊外の牛島農場に行く。ここで彼は、後年著名な神学者となる桑田秀延に会う。桑田の後年のエッセイ「折々の人 矢内原忠雄」（『朝日新聞』一九六七・七・一〇）に、そのことが書き留められている。桑田は「私は男ぶりもよく、背たけもあって、貴公子然として、いかにもエリートの名にふさわしい姿をした矢内原助教授を、そのとき心にとどめた」と書く。この時二人は、ここで働く日本人労務者のために短い話をしたという。また、同州の州都サクラメントで共同墓地を視察した忠雄は、「欧州各国よりの移民の墓地は公園の如くに美しく整頓して居たに反し、邦人墓地は雑草蓬々《ほうほう》たる荒野の如き地区に漬物石の如き標石が置かれてあるを目撃して、長嘆之を久しくした」(3)との感想を懐いている。

忠雄には、続いてアメリカ西海岸の旅を楽しむ計画があったのかも知れない。留学期間は三月三日迄となっていた。が、一月一九日、サンフランシスコに到着したところで、彼は妻愛子の病の重いことを知らせる日本からの電報を受け取り、急遽帰国を決心するのであった。

急遽帰国、妻を見舞う

一九二三(大正一二)年一月二三日、火曜日、矢内原忠雄はサンフランシスコ港を出港、日本の横浜に向かった。「愛子病む」の電報は、彼を打ちのめした。アメリカで、のうのうと旅の生活を続けていた我が身が反省されたのである。むろん彼には生涯一度の留学期間を用いて、多くの体験を積み、将来の研究と教育のために備えておきたいとの願いがあった。それゆえ留学期間を延長してまでアメリカに来て、各地をめぐり、見聞を広めていたのである。それは決して責められるものではあるまい。

そうは言っても、二年以上も日本を留守にし、二人の幼子を妻の愛子ひとりに任せていたのが、心苦しかった。船は太平洋を横断し、二月九日、横浜港に着く。一八日間の長く感じた船旅であった。義兄(妻愛子の姉喬子《のぶこ》の夫)藤井武が出迎えた。忠雄は義兄から愛子の病状が重いことを聞き、入院先の東京信濃町の慶應病院へ直行し、重病の彼女を見舞った。その一ヶ月半後の三月二六日、忠雄の妻、矢内原愛子は世を去る。二児(伊作と光雄)を遺し、満二四歳という若さの死であった。

子息の矢内原伊作は、「愛子の病気は腎盂炎といわれていた。今日でも愛子の妹である私の叔母たちは「愛姉さんの病気は腎盂炎だったのでしょう」と言っている。そうだったのかもしれない。しかしどうやら腸結核だったらしい。忠雄の弟の啓太郎氏は「愛子の病気は腸結核だった」ということを忠雄の口からきいたことがあるそうである。当時結核は人に嫌われる難病であり、そのために表面上は腎盂炎ということにしてあったものと思われる」(4)と言う。そういえば愛子の実家、金沢の西永家では、長男公一、それに愛子の弟、泰が結核で死亡。また愛子の姉で、藤井武に嫁いだ西永喬子《のぶこ》も、前章（第六章四）でふれたように、肺結核で半年間の病床生活後亡くなっていた。結核は慢性伝染病である。今は各種の抗結核薬によって治癒するようになったが、当時は不治の病であった。西永家は、それにとりつかれていたかのようである。

妻愛子を亡くして、忠雄は自分がいかに彼女を愛していたかを知る。留学中は手紙の来ないのを歎き、「彼女の怠慢に対して腹が立つて仕様がなかつた。僕が愛子を思ふ程愛子が僕を思つて居ないことは事実だ。僕の手紙やハガキを受取り乍らその返事も出してくれないのだ。僕も愛子流に三週間も一ヶ月も無沙汰してやらうかと思ふ」（一九二一・一〇・一三）と日記に書き、ドイツ女性 Hanna Kriegsmann の優しさに惹かれていた自分を思い、反省することしきりであった。愛子の死による心の痛みは、以後の忠雄に終生つきまとうこととなる。

妻愛子の死を悼む

二四歳の若さで死んだ妻への哀惜の想いは、尽きなかった。彼は妻を置いてひとり外遊生活に行き、留守中の妻の立場を十分理解できなかったことを神に懺悔した。それは簡単に忘れ去ることのできるものではなかった。後年の「第二イザヤ書講義」(5)には、以下のような文面を見出すことができる。

今から二十年も前に、私は或る問題を非常に苦しみ悩んだ事がある。そして浅間山麓の離山《はなれやま》を、泣きながら何度上つたり下りたりしたか解らない。自分の涙で以て離山が解けてしまふかと思ふぐらゐであつた。さうしてゐる中に突然「なぐさめよ汝らわが民をなぐさめよ、その服役の期すでに終り、その咎既に赦されたり」といふ第二イザヤの始めの言葉が私の心にささやかれた。どうして赦されたのか、どうして終つたのか解らない。けれどもそれは「どうして」といふことを問ひ返すことのできない圧倒的な天からの慰めの言葉として、私を占領してしまつた。それで私は涙を拭つて山から降りたことがある。それ以来イザヤ書第四十章一節二節は私の言葉となつたのであつて、今迄何十回之によつて助けられて来たか解らない。神の赦しを得る、神からの解放を得ることは、自分の小さい経験でも解る様に、全く神の憐み、神の側より出づる恩恵である。

これは一九二三（大正一二）年の愛子の死の際のこととしてよい。離山は長野県軽井沢町のほぼ中央にある、なだらかなかたちの山である。イザヤ書第四十章一節二節は、忠雄の暗記していた文語訳の『舊新約聖書』では、次のように翻訳されている。――「なんぢらの神いひたまはく、なぐさめよ汝等わが民をなぐさめよ　懇《ねんご》ろにヱルサレムに語り之によばはり告よ、その服役《ふくえき》の期すでに終り、その咎《とが》すでに赦されたり、そのもろ〳〵の罪によりてヱホバの手よりうけしところは倍《ばい》したりと」。

右の文章に見られる「或る問題」とは、妻の死によって引き起こされた激しい自責の念である。それは、むろん直接には妻の立場を十分考慮することなく、手紙の来ないのに腹を立てたり、ハナというドイツ人女性に、心惹かれたことにあったろう。同時に、矢内原伊作の言うように、「そんなことよりも遥かに痛烈深刻な罪についての自責であり、涙である」(6)としたい。自己の行動をも含めた人間のどうしようもない深い罪に、彼は泣いたのである。彼は妻の死という厳粛な事実を受け入れるのが怖かった。忠雄は愛子の亡骸に取りすがって泣きに泣いたという。二人の夫婦生活は、わずか六年ほどに過ぎなかった。しかも、忠雄の在外研究のため、二年三ヶ月ほどは別居生活であった。忠雄は愛子を深く愛していたことを、その死を前にして知らされたのである。彼は、このむごい現実をなぜ与え給うたのかと神に問わずにはいられなかった。

矢内原愛子の葬儀・告別式は、一九二三（大正一二）年二月二八日、午後三時、メソジスト派の九段坂上教会で行われた。義兄藤井武が司式をし、藤井と舞出長五郎が告別の辞を読んだ。舞出は無神論者であったが、生涯忠雄を理解し、この時も教会の葬儀で弔辞を読み上げるなど、大事な役割を果たしている。愛子の亡骸は、多磨墓地（多磨霊園）に葬られた。墓石は横長で、「清き岸べに／矢内原家」と刻まれた清楚なものである。

忠雄に「春三月」と題した四連から成る詩がある。若くして逝った愛子を後年追悼したものである。『矢内原忠雄全集』第一七巻に収録されている。その第二連を次に引く。

わが愛する者の墓は、
御国の園の入口に立つ。
そこから梯子が天に直通し、
御使たちが昇り降りした。
父なる神のみさをしを我にもたらし、
わがいのりを父にたずさえ上る。
墓の彼方に昇る陽は、
その光を此方に投げ、
重き荷を負うてこの世を歩む
わが足もとを照す。

忠雄の愛子への想いの深い詩である。愛子は彼の晩年に至るまで、その心に生き続けることになる。

二　植民政策研究と再婚

大学の授業と帝大聖書研究会

時は留まらず、無情にも過ぎ行く。愛子は伊作（五歳）と光雄（三歳）の二人の子を残して逝った。忠雄は当面二人の子を金沢の西永家に託し、大学の仕事に就くことになる。一九二三（大正一二）年度は、予定されていた経済学部および法学部での植民政策の授業に加えて、東京女子大学での経済学講座の授業も受け持つことになる。忠雄の東京での住まいは、愛子が生前夫の帰朝後に住むために用意した東京府荏原郡大井町四七〇二の家に定めた。たまたま弟の啓太郎が六高を終え、東大医学部に入学したので、同居することになる。妹の悦子が幼稚園の仕事をやめて、しばらく忠雄家の家事を手伝った。が、彼女は七月に医師田原茂と結婚、大井町の家を離れたので、その後はウメさんという若い女性（忠雄の書簡には、「梅子」と出て来る）が以後約一年間、家事を担当した。

この困難な時期、彼は帝大聖書研究会（のちの東大聖書研究会）の創設に携わっている。試練の中でも、「何か福音のために積極的な態度をとりたいといふ気持が私の衷に動いて居た」と彼は言い、その一つとして、「私が留学から帰つた翌年から毎週一回、山上集会所の一室を借りて、「帝大聖書研究会」を始めたのである」(7)とその創設由来を語る。が、「留学から帰つた翌年から」というのは忠雄の記憶違いで、「翌々年から」が正しい。

研究会の出発と回数に関しては、右の文章を収録した『全集』の編集者注にも、「大正十四年開始、月一回が正しいようである」とある。また、近年刊行された鴨下重彦他編『矢内原忠雄』（東京大学出版会、二〇一一・一一）に収められた川中子《かわなご》義勝「「宗教改革論」と東大聖書研究会」が、発足当時の帝大聖書研究会に触れていて参考になるが、ここでも一九二五（大正一四）年説をとる。創設から東大教授辞職によって会を閉じるに至るまでの歩みは、右の川中子の論に譲る。

なお、一九二七（昭和二）年に東大経済学部に入学した大塚久雄に、「東大聖書研究会のこと(8)」の一文がある。そこで大塚は忠雄の指導ぶりにふれ、「この聖書研究会に対して先生が示された熱心はひじょうなもので、先生が欠席されたことを、どうしても思いだせないほどである。毎月の例会がおわるのはいつも十時近く、つまり山上御殿の灯がきえることになる時間」と記す。戦後復活した東大聖書研究会については、石館守三・原島圭二ほか三二名による回想文、東大聖書研究会編『信仰と生活の中から(9)』が詳しい。この本を読むと、忠雄の蒔いた信仰の種が、いかに大きく育ったかが分かる。

さて、忠雄は悲しみを紛らわすかのように、授業と研究に没頭した。授業は「植民政策」と題されたものである。当時学生として大内兵衛の「財政学」と忠雄の「植民政策」を聴講した美作《みまさか》太郎は、後年『戦前・戦中を歩む　編集者として』という回想記の中で、次のように書く。

　大内兵衛教授の「財政学」と、矢内原教授の「植民政策」の二つから、私は実に多くのものを学びとることができた。「植民政策」の講義は、ローザ・ルクセンブルクの資本蓄積論を中心とする経済原論と、レーニンの「帝国主義論」への導きの指標となった。

熱心な研究と講義

若き矢内原忠雄は熱心に研究し、講義に当たった。テーマの植民政策とは、日本はどのようにして植民地を統治してゆくかの研究と言ったらよかろうか。それは恩師新渡戸稲造の講義を引き継いだもので、学問的研究の未だ本格的鍬入れのない分野であった。忠雄はそれを学的に確立しようとした。彼は在外研究中、イギリスの植民地に等しいアイルランドに行き、イギリス領の北アイルランドとの差を見ていた。そうした体験が研究の原動力となっていく。

妻愛子の死は、やりきれないものがあった。が、彼は亡妻のおもかげを振り払うようにして机に向かった。二年三ヶ月ほどの外国滞在は、日本の生活に戻るのに若干とまどうこともあったものの、彼は妻の死という哀しみを研究上のエネルギーに転化し、精進する。書くことはいくらでもあった。彼はよく勉強し、それを論文にして、次年度以降次々に発表するようになる。なお、この年八月三〇日付で、忠雄は東京帝国大学経済学部教授に昇進している。彼は未だ三〇歳、研究者としての前途は洋々としていた。帰国後発表した最初の論文は、「シオン運動（ユダヤ民族郷土建設運動）に就て」（『経済学論集』旧第二巻第二号、一九二三・一〇・一五）であった。掲載誌の『経済学論集』は、東京帝国大学経済学部の機関誌である。この論文は、のち『植民政策の新基調』（弘文堂、一九二七・二）に収録された。

「シオン運動（ユダヤ民族郷土建設運動）に就て」は、忠雄の処女論文とも言われる。(11) 本論文には、前年のパレスチナ旅行が深く関わる。矢内原忠雄に「パレスチナ旅行記」という紀行文があることは、前章に記した。その後半部は「近年ロシヤ、ルーマニヤ、ポーランド等より移住し来りたる猶太人」に焦点を合わせていた。忠雄は帰国後最初の論文を、「パレスチナ旅行記」で扱った移住ユダヤ人問題に関連させて論じたのである。「シオン運動（ユダヤ民族郷土建設運動）に就て」は、現在『矢内原忠雄全集』第一巻に収録されている。四百字詰原稿用紙にして百枚余、一　シオン運動の背景　二　シオン運動の主張並に批評　シオン運動の植民的方面　四　シオン運動の政治的方面　五　シオン運動の文化的方面の五章を立てての本格的論文である。発表後百年近く経っても、依然、ユダヤ民族問題の参考になる論文だ。

処女論文

以下にこの処女論文を、やや詳しく紹介したい。巻頭の「一　シオン運動の背景」は、次のように書き出される。『矢内原忠雄全集』第一巻収録文をテクストに見ていきたい。

シオン（Zion, Sion）とはエルサレムの丘の一つにして、ダビデ王がエブス人より取りたる要害であつた。後転じてエルサレム全市を指すにも用ひられた。エルサレムはパレスチナの都で、ユダヤ国民生活の中心であつた。ユダヤ国の滅亡、ユダヤ国民の四散の後にも、エルサレムは少くとも彼等の宗教生活の中心であつた。ユダヤ人の会堂では全世界何地に於ても、エルサレムの方向に面して礼拝を行ふ。再びエルサレムの神殿に於て神を拝し得る日までは、モーゼ律に定められたる犠牲による祭式をも彼等は敢て為さないのである。彼等は今なほパレスチナを以てエレツ・イスラエル（Erez Israel）、イスラエルの地と呼び、パレスチナ以外の地を総称してディアスポラ（Diaspora）、離散客寓の地と呼ぶ。客寓の地よりその郷土に帰還せんとするは彼等の歴史的欲求である。嘗てユダヤ国家の多数がバビロンに捕へ行かれし時、彼等の詩人は歌つて言つた。「われらバビロンの河のほとりにすわり、シオンを思ひ出でて涙をながしぬ。われらそのあたりの柳にわが琴をかけたり、そはわれらを虜にせしものわれらに歌を求めたり、われらを苦しむる者われらにおのれを歓ばせんとてシオンのうた一つうたへといへり、われら外邦にありていかでヱホバの歌をうたはんや、エルサレムよもし我れ汝を忘れなば、わが右の手にその巧みを忘れしめ給へ、もしわれ汝を思ひ出でず、もしわれエルサレムをわがすべての歓喜の極となさずば、わが舌をわが顎《がく》につかしめ給へ」（詩篇一三七篇）と。美しきシオンの都！　パレスチナの山河！　何時の日か我等が郷土に帰り、われらを政治的社会的に虜にせし者より解き放されて、真実に「自己の生活」を営むを得んか。これ時代を通じてのユダヤ民族の憧れであった。而してシオン運動（Zionism, Zionismus, Sionisme）はその近代的発現であり、パレスチナに於けるユダヤ民族郷土建設の具体的活動である。

矢内原忠雄は処女論文を、シオン運動をもってはじめる。彼はイスラエル史におけるシオン運動がいかなるものかを、分かりやすく、格調高く説明する。神戸一中時代から日本語表現に抜群の才をもっていた彼の文章表現技術がここに遺憾なく発揮される。彼は読める文章の書ける学者であった。続けて彼は「シオン運動を了解せん為めには、その背景としてディアスポラに於けるユダヤ人寄寓の事実、即ちユダヤ民族の特殊的存在を研究せねばならない」と言う。再度言うが、忠雄の文章は的確で分かりやすい。今日の聖書学者の研究論文や翻訳ものに見られない文章表現の巧みさがある。素人の読者をも引きつける力に満ちている。

シオン運動の背景

彼はユダヤ人の離散客寓の歴史を顧み、シオン運動の背景に言及する。「紀元七〇年にエルサレムがローマ軍によりて破壊せられてユダヤ王国が全く滅亡し、一三七年ハドリアン帝がユダヤ人のパレスチナ居住を禁じたる以来、ユダヤ人は世界に四散したるが、其大部分は Aschkenasim および Sephardim の二派に分

郵便はがき

料金受取人払郵便

小石川局承認

6313

差出有効期間
2026年9月
30日まで

112-8790

105

東京都文京区関口1−44−4
宗屋関口町ビル6F

株式会社　新教出版社　愛読者係
行

<お客様へ>
お買い上げくださり有難うございました。ご意見は今後の出版企画の参
せていただきます。
ハガキを送ってくださった方には、年末に、小社特製の「渡辺禎雄版画
ダー」を贈呈します。個人情報は小社、提携キリスト教書店及びキリス
書センター以外は使用いたしません。
●問い合わせ先 ： 新教出版社販売部　tel　03−3260−6148
email：eigyo@shinkyo-pb.com

お求め頂いた書籍名

め頂いた書店名

め頂いた書籍、または小社へのご意見、ご感想

前	職業

〒

随時小社の出版情報をeメールで送らせて頂きたいと存じますので、
支えなければ下記の欄にご記入下さい。

ル

図 書 購 入 注 文 書

書 名	定 価	申込部数

れ、前者はドイツ、ポーランド系にして北欧諸国（ドイツ、ポーランド、ロシア、ガリシヤ、ルーマニア等）に客寓し、後者はスペイン、ポルトガル系にして一四九二年スペインより追放せられし後は、トルコ、イタリー、オランダ、其他英仏等西欧及南欧諸国に転寓した。而して彼等の各地に於ける運命は一言にして言へば寄寓者の運命にして、往昔彼等の先祖がエジプトの国ゴセンの地に於て嘗めたる運命は亦彼等がDiasporaに於て繰返したる処であつた」と。Diasporaとは、パレスチナから他の国々に離散したユダヤ人を言う。彼らはローマ帝政下やスペインの一五世紀末のユダヤ人迫害を経ている。矢内原忠雄は、イスラエル史を念頭に、現代のシオン運動に至った背景にしっかりと眼を注ぐ。そこには師内村鑑三が早く「聖書の預言とパレスチナの恢復」（『聖書之研究』第二二六号、一九一八・七、この論は、内村鑑三述、藤井武記となっている）で述べたことが、どこかに影を宿しているように思われる。

前年のパレスチナ旅行でユダヤ人問題に目覚めた矢内原忠雄は、帰国後その方面の文献をも漁り、ここに彼自身の問題意識と重ねる形で、「シオン運動（ユダヤ民族郷土建設運動）に就て」を書いたのである。彼はパレスチナ旅行で、ロシアやルーマニア、ポーランドなどから移住してきたユダヤ人の青年が、植民地村で荒地を緑の野に変えているのを見、深い感動を覚える。彼のシオン運動への関心の始原は、パレスチナ旅行にあった。否、シオン運動ばかりではない。彼の植民政策論の根底を支えるものが、ここにあったと言ってもよい。

矢内原忠雄のヨーロッパ留学の成果は、ヨーロッパの大学における講義の聴講にあったのではない。各地をめぐり、美術館や博物館に入り、音楽会に出、旅行をするという中にあったことが、改めて想起される。本論は近世ユダヤ人問題、――シオン運動の背景を現地調査と文献調査をもって的確に示す。彼はロシアをはじめとする東欧諸国（ルーマニア、ポーランドなど）のユダヤ人迫害史に眼を留め、迫害の凄まじさを、数字をあげて説明する。さらにドイツ・イギリスのユダヤ人迫害に及ぶ。ロシアの迫害を逃れたユダヤ人が大量に移住したアメリカでさえ、ユダヤ人の増加と共に「好ましからざる移民」として取締りが厳重になる。ユダヤ人は常に一定の地域に落ちつくことが許されなかったのである。それが「ユダヤ人の最大悲劇」であったと忠雄は言う。そして「ユダヤ人の民族的郷土の恢復がシオン運動の目的である」として、「二　シオン運動の主張並に批評」の章に入る。

ユダヤ民族の郷土建設運動

矢内原忠雄は「シオン運動は十九世紀後半東欧諸国に於けるユダヤ人迫害を直接の刺戟として起りたるユダヤ民族郷土建設の運動である」と言う。彼は、国が滅んで各地に流浪の運命に置かれたユダヤ人の安住の地を求める情は、ディアスポラの歴史と共にあるとする。ユダヤ人迫害は南欧西欧をめぐって東欧に及ぶ。ユダヤ人は迫害を避けるために、受け入れてくれるなら、何処へでも移った。彼らの多くは、経済的に豊かなアメリカ合衆国に渡った。その中のある者は、パレスチナに移住し、ロスチャイルドやヒルシュなどヨーロッパの富豪となったユダヤ人の援助で植民地を創設する。イギリスやフランスなど先進資本主義国には、有力なユダヤ人資本家がいたのである。「シオン運動には政治的文化的経済的の三方面がある」と矢内原忠雄は言い、一つ一つ説明を加える。

現実のパレスチナ植民地を見てきた彼は、文献で得た知識をも挙げながら論を展開する。彼は第一のシオン主義運動として、ピンスカーらの活躍をあげる。「政治的シオン運動の魁《さきがけ》として挙ぐるべきはロシア系のユダヤ人ピンスカー（Leo Pinsker,1821-1891）である」と彼は言う。ピンスカーは一八八二年『自助的解放』という本を出し、ユダヤ人の民族的自覚に訴え、生活を安らかに営むことのできる地域を得ることを主張した。が、ピンスカーの書は、東方ユダヤ人を動かしたものの、西欧には及ばなかった。

続いて政治的シオン運動を実際に組織し、東欧・西欧のユダヤ人をこの旗の下に統一したのは、オーストリア系のユダヤ人ヘルツル（Theodor Herzl）であると忠雄は言う。ヘルツルは、ユダヤ系の砲兵大尉アルフレッド・ドレフュス（Alfred Dreyfus）が冤罪を受けた事件に際し、自由の国フランスにおいてもユダヤ人問題が政治的に解決されていないことや、文明国の同化主義に絶望し、『ユダヤ人国家』という本を著し、ユダヤ人問題は、国際法的に保証される地域の存在の必要性を主張した。ヘルツルはその実現のため、シオン同盟を組織し、第一回シオン主義者大会を一八九七年、スイスのバーゼルで開催、バーゼル綱領を採択した。第一次世界大戦はシオン運動に利し、一九一七年一一月二日、イギリスはバルフォア宣言（宣言にあたったイギリスの外相バルフォアの名にちなんで命名された）で、ユダヤ人のパレスチナにおける民族的郷土建設の要求を是認した。そして一九二四年八月、ローザンヌ条約の批准によってイギリス委託統治地としてのパレスチナの国際法的地位が確立し、シオン運動は認められ、「今は実際的活動によりて如何に其の実現を計るべきやが問題たるのみである」と彼はまとめる。忠雄はバルフォア宣言の限界を認めながらも、その先見性を認め、後はその運用を如何にすべきかに思いを巡らす。

第二の文化的シオン主義の代表は、アハド・ハアム（Achad Ha'am）であると忠雄は言う。アハド・ハアムはヘルツルの『ユダヤ人国家』の思想に反対する。それは国際法団体としてのユダヤ国は、外交と軍事で他国の圧迫に対抗して生存することができない、またパレスチナに収容する人口数は、全ユダヤ人の一部に過ぎないので政治的シオン主義は無理だというのである。アハド・ハアムは、シオン運動は精神的なものであるとした。矢内原忠雄はこうしたシオン運動の二つの主張を紹介した上で、「文化的シオン主義と政治的シオン主義とは互に提携補充すべきもの」との考えを示す。そして「政治的シオン主義と文化的シオン主義とは相混和してシオン主義の内容を為せるものとなつた」とする。

フィールドワークの成果

シオン運動は「迫害より逃避する消極的動因によりて始められた」と矢内原忠雄は言い、続いて「併乍《しかしなが》らその活動は今や甚だ積極的建設的なる内容を有する。ユダヤ文化の復興発揚、並びに在来の資本主義的経済組織と異る原則に立つ新社会の創設、之等の基礎に立つ民族的郷土の建設、この理想この目的の為めに彼等は起つて居る」と書き、それは「正に一のユートピア」とまで言う。こうした言説の背景には、再び記すが、前年のパレスチナ旅行があったことは言うまでもない。本論は、フィールドワークの成果でもあるのだ。

矢内原忠雄の在外研究は、旅と図書館・美術館通いにあったことは、これまで再三記した。それが帰国後の研究生活に、その著述に反映して行く。処女論文「シオン運動（ユダヤ民族郷土建設運動）に就て」は、前年のパレスチナ旅行抜きには考えられないのである。また、この処女論文に期せずして反映された矢内原忠雄の学問姿勢が、以後も机上の文献研究に終わらず、徹底した現地研究を伴うものであったことも見逃すことができない。また、記述は常に客観的で、しかも批判的にあるべきことを意識する。『植民及植民政策』（有斐閣、一九二六・六）や『帝国主義下の台湾』（岩波書店、一九二九・一〇）などは、その典型的業績である。

矢内原忠雄はシオン運動に理解を示しながら、そこに反対的批評があることも書き添え、論破を試みる。第一は、ユダヤ人中の同化主義者の主張である。彼らは各国において、その民族と同化し、差別待遇の撤廃を得るのがユダヤ人問題の解決の道であるとする。が、そのような人は、おおむね社会的地位を得ており、シオン運動がユダヤ人排斥熱を刺戟し、自己の地位を不安にすると考えている。が、ユダヤ人で同化した者は少なく、同化論は机上の空論であると忠雄は言う。

シオン運動に対する第二の反対は、ユダヤ人をして一つの宗教団体に過ぎないとする考えである。「その使命は精神的にして政治的にあらず」というのである。それに対して忠雄は、ブルンナー（Brunner, C.）などのシオン運動否定論を排し、「パレスチナの地がユダヤ人の宗教に重要なる密接の関係を占むるを思へば彼の見解は甚だ不透明である」とする。第三の反対は、社会主義の立場からのシオン運動の批判である。カウツキー（Kautsky, K.）の『種族とユダヤ主義』がそれに当たる。カウツキーは、ユダヤ人問題は無産階級の革命に、虐げられているユダヤ人が参加することで解決するという。これに対して忠雄は、無産階級のユダヤ人が解放運動に参与して階級的解放を得ても種族的・民族的対立関係が消えるわけではないと断言して、カウツキーの見解をはっきりと否定する。いずれも説得力ある反論で、シオン運動への理解ある考えだ。「三シオン運動の植民的方面」は、現地を見た者にしてはじめて書ける内容である。次のような書き出しにはじまる。

パレスチナの自然的及び社会的条件は必ずしも植民に有利なる状況を呈して居らぬ。ユダヤ人植民の開始当時に於ては殊に左様であつた。「乳と蜜の流るゝ」と歌はれし国土も顧みられざること二千年にして今は磽瘠《こうせき》沼沢多き地に退歩し、シャロンの野、下部ガリラヤの平野も非常なる資本と労力とを加ふるにあらざれば穀倉の実を恢復することは出来ず、繁茂せしタボルの山今は禿頭《とくとう》と化し、葡萄の壇に飾られしユダヤの山地今はその土洗ひ流されて石肌露はである。その沼沢地はマラリヤの巣窟である。かくの如き土地を農業的に恢復するは決して容易の業ではない。又国内、鉄を産せず石炭を産せず、石油も噴出して居らない。

矢内原忠雄は前年のパレスチナ旅行を通し、その地の現状をしっかりと把握していた。パレスチナは今や荒れ果てている。かつての豊かな産地は荒廃し、今や石肌が露わである。そして沼沢地は、マラリヤの巣窟と化している。しかもこの地は、鉄や石炭や石油を産出しない。原料品の産出もなく、市場もない。運輸交通の便にも恵まれない。従って商工業の興る条件がない。彼は「パレスチナの経済的誘引は殆ど零に等しい」と延べ、カウツキーがシオン運動の植民事業成功の見込みを否定したのも、無理からぬこととも言う。が、経済的環境が人間事業の成否を決める唯一の事情であるならば、ユダヤ人のパレスチナ植民など一の空想に過ぎないとし、ユダヤ人のパレスチナ植民の話に及ぶ。その経緯を彼は農業植民に見ようとする。前年のパレスチナ旅行で、彼はロシアやルーマニアやポーランドから移住してきたユダヤ人の青年が、荒れ地を緑の野に変えているのを見てきた。それが論を根底で支えているのである。ここでは資料をもってパレスチナにおけるユダヤ人の農業植民を四期に分けて説明する。矢内原忠雄はこの章を、実に根気強く、調べ抜いて書いている。

植民とは何かを問うた論

さて、次の章「四　シオン運動の政治的方面」は、列強の保証の下にパレスチナにユダヤ文化中心の民族的自主社会の建設が、第一次世界大戦の機会に生じたことに入る。一九一七（大正六）年二月七日、イギリス政府とシオン同盟代表団との間に結ばれた取り決めや、その後のバルフォア宣言などに触れ、パレスチナの統治がイギリスに委託されたことを記す。矢内原忠雄はパレスチナ居住民の八割以上はアラビア（アラブ）人であるとし、そのシオン運動反対にも目を向ける。彼は「ユダヤ人はこゝに於てもディアスポラに於けると同様依然少数者たる地位を繰り返すのみ」と言い、アラビア人のシオン運動反対の理由をも事細かに共感も交えて書き上げる。

その上で「ユダヤ民族のなげきはその民族的浮浪者たるにある。彼等も他の民族の如く自己の足を立つべき地を地球上に求むるものにして、其目的地は歴史的に必然にパレスチナに決定せられたのである。ユダヤ民族現実の必要がシオン運動の動因であつた。而して彼等は資本と労働とを自らもたらし、その活動力によりてパレスチナを経済的に恢復しつゝある」と言う。さらに「資本と労働とが人口稀薄なる地域に投ぜられ、人類の努力を以て土地の自然的条件を改良し、地球表面に荒野なきに至らしむるは植民活動の終局理想である」とも言う。

「五　シオン運動の文化的方面」の章は、「シオン運動はユダヤ文化の復興運動である」にはじまる。ユダヤ人は二千年来世界各地に散り、母語を忘れた。それがパレスチナに住むユダヤ人教育は、今や全部ヘブル語となったことを忠雄は指摘し、「ヘブル語の復興はユダヤ文化の復興を促進、各国よりパレスチナに移入するユダヤ人の為めに共通なる日用語を供給したるものとなつた」とする。さらにパレスチナの教育の現状にふれ、ヘブライ大学の創設の意味にも及ぶ。最後に彼は、「私がこゝにシオン運動の過去と現在、理想と事業について記述せる処によりて、ユダヤ民族郷土建設運動の性質とその世界歴史上の意義を知るに足らば幸である」と書く。

以上にやや詳しく本論を紹介した。なぜなら、この「シオン運動（ユダヤ民族郷土建設運動）に就て」は、矢内原忠雄の処女論文であるばかりでなく、現在から見ても先見的ユダヤ人国家論、ユダヤ開拓植民論と見なされるからだ。この論文は、一九四八（昭和二三）年五月のイスラエル国誕生二五年前の一九二三（大正一二）年一〇月一五日発行の『経済学論集』に発表されたものである。当時の反応は、矢内原忠雄の『私の歩んできた道』の「処女論文—シオン運動論」と小見出しを立てたところでは、「自分ではおもしろいと思って書いたけれども、これが『経済学論集』に載ったかといって、ずいぶん、人がびっくりした」[12]という。そ矢内原は留学してきたのに経済学や植民政策の勉強をしていないと長老の教授たちが心配したのである。その心配とはうらはらに、本論は先見性に満ちたユダヤ植民論であった。イスラエル国建設二五年前の東大経済学部の長老たちには、理解できなかったことも何となくわかる。彼がこの処女論文を専門領域での最初の本『植民及植民政策』（有斐閣、一九二六・六）に収録しなかったのは、そうした周囲の眼を慮ってのことかも知れない。が、矢内原忠雄の担当科目は、植民政策である。担当講座の内容とも決して関係のない論文ではなかったのである。むしろ将来に向けての課題性のある優れた論文で、植民とは何かの鋭い問いかけに満ちた論文であったのだ。

先見性と批判精神

処女論文「シオン運動（ユダヤ民族郷土建設運動）に就て」には、矢内原忠雄の以後書かれる植民政策論の基本的骨格につながる特色があった。第一は先見性と批判精神である。彼には先を見通す優れた能力が備わっていた。そして対象を批判的に見る眼があった。それがはやくも処女論文に現れていたのである。が、前述のように、当時の東京帝国大学経済学部の長老教授連には、それがわからなかったので、心配したり、勉強が足りないと思ったりしたという。第二は直感と実証という相対立する方法が、バランスよく共存しているところにある。彼の植民政策に関する諸論考は、まずは直感から出発している。ここに何かの問題があるとの認識が先行する。その直感を基に、徹底した現地調査と文献調査で対象を相対化し、学問化していくのである。第三は論述を支える明快な文章表現である。その基礎は早く神戸一中時代に養われたもので、本書の第一章で詳しく述べたところである。以後書かれる彼の多くの植民政策論には、いずれもこの三点の特色が反映している。

東京帝国大学経済学部での矢内原忠雄の担当は、植民政策であった。彼はその講義ノートに精魂を傾ける。彼は講義のない日も研究室に閉じこもり、講義ノートの作成に励む。そしてノートを『植民政策講義案』と題して、一～三の三分冊として刊行（有斐閣、一九二四・一）している。それがやがて右に挙げた彼の専門領域での最初の本、『植民及植民政策』となるのをはじめ、『植民政策の新基調』（弘文堂、一九二七・二）、『人口問題』（岩波書店、一九二八・二）に結実する。この頃の矢内原忠雄の奮闘を同僚だった大内兵衛は、以下のように回想する。(13)

彼は毎日朝から晩まで研究室に立てこもって熱心に講義案を作ったばかりでなく、実に多くの専門の論文を次々に発表した。彼の『植民及植民政策』『植民政策の新基調』『人口問題』はこの数年間の彼の努力を記念するものであるが、いずれも格調の高い名著である。彼はこうして彼自身のシステムをたてたが、一つのシステムの正しさは事実によってのみ実証せられるというのが彼の説であった。そこで彼は、昭和のはじめから十年間にわたって日本の植民地各地の行政の研究を企て自らそこに出かけて行くことにし、それぞれの地であらゆる人と資料とについて事実を学んだ。彼の著名な四部作(1)『帝国主義下の台湾』、(2)『満洲問題』、(3)『南洋群島の研究』、(4)『帝国主義下の印度』はこうしてできたものである。このいずれもが形の上で学問的な大作であるばかりではない。実質において日本植民政策のほんとに実証的な批判であった。それがいかに科学的なそれであり、それがいかに当局を震撼させたかについていろいろの語り草もあるけれども、これらの本の大部分はそれぞれの植民地への移入を厳禁されたこと、また、これらの本が中国やロシアでほんやくされたこと、その(3)のごときは戦後進駐軍のスタッフの唯一の参考書となったことなどは、この本の価値を裏から評価したといっていい。

また、経済学者の中村勝己は、この時期の矢内原忠雄の厖大な執筆量にふれて、「(これらの著作が)夫人が召された、人生のもっともグルーミィーな時期をも含めたほぼ三年間に書き上げられているのであって、その精進のすさまじさはまさしく肌に粟を生ずるばかり」(14)と評する。

関東大震災

妻の死の悲しみを乗り越えるために、矢内原忠雄は授業と研究に没頭した。一方、妻の死後、幼い伊作と光雄は、引き続き妻愛子の実家、金沢の西永家に託していたものの、そういつまでも西永家の好意に甘んじることは出来ず、彼は二人の子を、自身の手許で育てることを決意する。時は一九二三(大正一二)年の初秋であった。八月の夏休みを最終期限とし、忠雄は二人の子を東京の自宅に引き取ることになる。そこで二人の子を愛子の叔母原幾世とともに、金沢から連れ帰る計画を立て、九月一日、早朝金沢駅を発ったものの、昼頃、列車がストップし、動かない。相模湾を震源地とする関東大震災に遭遇したのである。

地震はマグニチュード七・九~八・二という大きなものであった。東京行きの忠雄たち一行の列車は、途中でストップし、折り返し運転となり、仕方なく金沢に引き返した。翌日になって列車が東京まで行けると知るや、責任感の強い忠雄は、大学をはじめ気がかりな所も多いので、単身東京に向かい、九月三日の夜遅く、中央線経由で新宿駅に到着した。東京の惨状は予想以上であった。地震に続く火事が被害を大きくしていた。火事は各所から発生し、手が着かない状況であった。地震が起こったのが、昼食時間と重なり、食事のための火を各家庭が用いており、その上に街の薬屋その他での薬品の爆発もあって、東京の各所から猛火が燃え上がったのである。猛火の旋風は、随所に死人の山を築いた。

忠雄は東京に立ち戻り、呆然と立ちすくむほかなかったのである。そうした中で朝鮮人や中国人、そして日本人の社会主義者を標的とした自警団の人々による弾圧が行われ、無辜の民が殺された。忠雄は震災のどさくさに紛れ、多くの朝鮮人が殺されたというニュースに心を痛めた。矢内原忠雄の関東大震災への直接的言及は、今は資料探索が行き渡らないため、確たる言及が出来ないのを遺憾に思う。もしもあって、それが発掘されるなら、一高同期の芥川龍之介が震災に際して残した多くの記録文などと照らして、論じることが出来るからである。もっとも、芥川は大阪毎日新聞社の中国特派員を体験後、ジャーナリストと重宝がられていたのに対し、矢内原忠雄はいまだ走り出しの大学教授である。マスコミが期待した地震に関する感想を書く舞台は、遠かったのであろう。彼が時局に対する批判者として、マスコミに華々しく登場するのは、この後、歴史の舞台が激しく回りはじめる昭和十年代以降のことである。

忠雄の住む東京府荏原郡大井町四七〇二の家は、幸い火災は免れたものの、半壊の状況で、住むのは到底無理だった。そこで忠雄は、同じ大井町の五一一一番地の家を借りて引っ越すことになる。大学も図書館をはじめ被害を多く被っていた。彼は孤軍奮闘、地震の後始末に当たる。それにしても、子ども二人を、いつまでも、亡妻の実家、金沢の西永家に預けておくわけにも行かなかった。そこで震災後一か月余の一〇月上旬には、金沢から子どもたちを、引っ越し先の家に連れ帰っている。原幾世がしばらく同居し、子らの面倒を見た。なお、この月から忠雄は東京帝大農学部での植民政策の授業も担当することになる。

再婚の話

こうした状況の忠雄に、再婚の話が起こったのである。彼は未だ三〇歳、二人の子をかかえて難渋していた。相手は内村鑑三門下の宇佐美六郎の妻信子の妹、堀恵子である。宇佐美は一九一〇（明治四三）年九月、一高第一部甲類の無試験検定入学組で、忠雄とは同期、一高基督教青年会や柏会や読書会を通しても、親しい友人の一人でもあった。宇佐美は当時大阪地方裁判所の判事で、兵庫県の芦屋に住んでいた。ちなみに宇佐美六郎は、後年極東国際軍事裁判で、A級戦犯で終身刑となった平沼騏一郎の弁護人を担当したことでも知られる。

宇佐美六郎は忠雄が妻を亡くし、二人の幼児を抱えて苦労しているのを知っていた。一方、堀恵子は未だ独身であった。双方をよく知った友人の仲立があって、困難と思われた忠雄の再婚が曲折はあったものの実現することになる。忠雄は堀恵子と以前に一度会ったことがあった。それが幸いした。

一九二〇（大正九）年の忠雄留学の折、神戸で黒崎幸吉夫婦らが、ささやかな送別会を開いてくれた時に、何と堀恵子は同席していたのである。忠雄の一九二〇年一〇月一五日の日記に、「黒崎兄宅泊、黒崎夫婦、江原、宇佐美各夫婦、斎藤夫婦（洲司）、堀夫人、恵子、和一の諸氏にてうつくしき送別会」とある。ここに名が出て来る「恵子」が、堀恵子なのである。恵子は実業家（宝石時計店堀米商店経営）堀米吉の四女であった。彼女に関しては、これまで生い立ちや学歴などがまったく知られていなかった。そこで以下に記すことは、東京目黒の今井館資料館の福島穆《あつし》氏を通し、忠雄の三男勝《かつ》の夫人、矢内原瑶子《ようこ》さんからうかがった情報であることを断ったうえで、その略歴を記しておこう。

堀恵子は一八九八（明治三一）年九月一八日、大阪市南区末吉橋通りに生まれた。忠雄とは五歳ほどの年齢差があった。恵子は兵庫県御影師範附属小学校を経て、大阪梅田高等女学校（現、大阪府立大手前高校）を卒業していた。当時の女性の学歴としては申し分なかった。父堀米吉は街路大時計の作成者として知られるが、無教会主義にも一脈通じるキリスト同信会の熱心な会員でもあった。キリスト同信会とは、『日本キリスト教歴史大事典』（教文館、一九八八・二）の記述（執筆・藤尾正人）によると、一八八八（明治二一）年にアメリカの宣教師ブランド（Brand, Herbert George）が単身来日して伝道をはじめたプロテスタント宗派である。ブランドはプリマス・ブレズレン（Plymouth Brethren）の平信徒伝道を尊び、超教派的伝道を行った。教会組織や会堂を持たず、聖職制度もなく、すべての信徒を兄弟と呼んだ。第五章の三ですでに記したが、黒崎幸吉や矢内原忠雄に洗礼を施した牧師松本勇治もここに所属した。

堀恵子は、当時兵庫県武庫郡住吉村畔倉に父母と共に住んでいた。父の影響もあって、キリスト同信会の信者で、芦屋会集会のメンバーであった。絵を描くことが好きな少女時代を過ごし、それは生涯に及んだ。彼女はそれまであまたあった縁談話を、一切断っていたという。が、義兄宇佐美六郎から妻に先立たれた矢内原忠雄の許に行く気はないかと問われると、「神のみ心と思うから行きます」と答えたと、これは忠雄の子息矢内原伊作が『矢内原忠雄伝』(15)に書いている。前述のように、以前一度会ったことが、この場合役立った。外遊の途につく忠雄の颯爽とした姿は、彼女の瞼に依然鮮明であった。結婚に至るまでの忠雄の心境は、幸い堀恵子宛書簡のいくつかが、『矢内原忠雄全集』第二九巻に収録されているので想定がつく。

愛子の死後一年後あたりから二人の仲は、急接近する。三年半前の忠雄の欧米行きの「うつくしき送別会」で会った際、恵子には忠雄が多分に輝いて見えたことだろう。一方、忠雄は恵子の育ちのよさや知的な容姿の美しさを、初対面で強く印象にとどめていた。それが結婚を前提とした交際の中で、愛を確認するまでになる。忠雄の堀恵子宛便りの一つを紹介しよう。

恵子さん二十一日の御手紙今日届きました。チャン〳〵とあなたのお便りいただけるので非常にうれしいのです。

あなた今頃はもうスヤスヤ御やすみでせう。鳩の夢でも御覧ですかしら。私あの御夢の御話を忘れることが出来ません。度々思ひかへして居ります。今はねもう午前一時に近いのです。私今まで勉強して居りました。近処の松の山で風がゴーッとなつて居り、二階の雨戸もガタガタ言つて居ますがそれが一層しづかさを増します。私こんな静かな時に一人居るのが一番うれしいのです。皆眠つてしまひました。机の上にはランプが暖かさうに輝いて居ます。愛子の写真があります。私をジッと見て慰めてくれて居ります。恵子さんの御写真ありませんけれども御顔はちやんとわかつて居ります。私一人で居る時一番愛するものの愛を感じて賑やかなのです。（一九二四・二・二三付）

愛の便り

これはもう完全なラブレターである。矢内原忠雄には、きびしい時代の中での弾圧を耐えた人、謹厳実直の学者のイメージが常につきまとう。が、それは後半生の彼の姿であって、若き日の矢内原忠雄とはだいぶ異なる。若き日の彼は、学校の成績が抜群であったばかりか、冗談を好み、時におどけた態度をとって、人を笑わせることの得意な好青年であった。彼は何事にも目立つ態度をとりがちな人であった。女性との関わりにおいても、当時の一般男性以上にませており、先を行っていた。一六歳での初恋の相手増井艶子と彼の間にキスや抱擁があったことは、すでに第二章でふれた。第一の妻西永愛子は、紹介された女性とはいえ、相愛の関係で結ばれ、新居浜で幸せな新婚時代を送った。留学先のドイツでは、下宿先のハナ（Hana Kriegsmann）という若く美しく、しかも優しい女性に慕われていた。忠雄は女性運には恵まれた人であったと言えよう。

女性にもてた彼は、三〇歳で妻を失うと悲嘆に暮れたとはいうものの、一年後には堀恵子という、これまた理想的な素晴らしい女性にめぐり合う。彼女は残された何枚かの若き日の写真で見る限り、小柄ながらスマートなスタイル、容姿端麗な知的美人である。忠雄は三〇を越えたとはいえ、未だ二〇代の青年といってもよい風貌であった。身長は高く、頭髪は豊かで、眉目は秀麗、鼻下に髭をたくわえ、依然貴公子然としていた。その頃の彼には、純情さを宿した青年学徒の面影が漂っていたのである。堀恵子はそうした忠雄に惹かれたとしたい。二人の結婚は神の定めたものと、忠雄も恵子も次第に思うようになる。

さて、男女がたとえ婚約関係にあろうと、そう頻繁に会うことの出来なかった時代に、威力を発揮したのは手紙である。矢内原忠雄が神戸一中時代、奥村奥右衛門という名の優れた国語教師の指導もあって、抜群の文章表現力の持ち主となったことは、これまでも再三再四言及してきた。それは堀恵子への愛の手紙《ラブレター》からもうかがえる。わたしはつい忠雄と一高同期の芥川龍之介とを並べ、二人ともラブレターに抜群の才を発揮したことを想起してしまう。芥川が婚約中の塚本文に宛てた便りは、ユニークさに於いて愛の便りの見本のようなものだ。

一方、矢内原忠雄のラブレターも奮っている。右の堀恵子宛便りもなかなかのものだが、この年六月二日付の長文の便りも素晴らしい。また、同月四日の恵子宛書簡の一節には、「夕方帰つたら六月二日附の御手紙が来てゐました。あなたに心配をかけました、といふよりもあなたがわたしと一しよに苦しんで下さいました。大浪の様な試練を乗り越えて私は再びあなたの愛の胸にしつかと受けとめられました。私此度は愛の競争であなたに美事にまけました。しかし負ける方が本当かも知れません」とある。これも相手の心を見事に捉えた愛の便りである。

さまざまな曲折

それでも結婚に至るまでには、さまざまな曲折があった。忠雄の義兄でもある藤井武は、自身を含め、離婚はむろんのこと、再婚にも否定的態度を示していた。藤井の「私が再婚を否定する理由」[16]では、再婚を五つの理由から否定している。その五つを簡略に紹介するなら、第一に一夫一妻は天地の公道である。、第二に自分は妻の人格の品格を信じる。第三に死は暫時の不在に過ぎない。第四に子どもの「母意識」を傷つけることが出来ない。第五に自分の心もちが再婚を否定するというのである。

忠雄は右のような藤井の考えを十分承知していたが、神の意志に従うかのように[17]堀米吉・つるの四女恵子と再婚することを決心したのである。結婚の日は、一九二四（大正一三）年六月七日である。式は大阪の基督同信会集会所であげた。忠雄は再婚、恵子は初婚である。そのため恵子の実家近くの集会所が式場に選ばれ、招待者も恵子側が多かった。忠雄は再婚、恵子は初婚である。そのため恵子の実家近くの集会所が式場に選ばれ、招待者も恵子側が多かった。神戸一中以来の先輩で、初婚の際には何かと世話になった川西實三にも、事前の報告をしていない。もっとも、川西は当時国際労働機関日本事務所政府代表随員としてスイスのジュネーヴ駐在であり、旅の手段が船舶であった時代ゆえ、一時帰国などできない状況にあったのである。結婚一か月後の七月六日付で川西實三宛に出した印刷された結婚通知状の追い書きには、「さて私は表記の如く結婚をしました。勿論その前には沢山の苦慮と祈りとがありましたことを御推諒下さい。結局これが私に対する聖旨と信じて決心をした次第です。今後のこと凡て神様の手中にあります」とある。忠雄は堀恵子との結婚を、あくまで神の「聖旨」と考え、再婚に踏み切ったのであった。

恵子夫人は、後年「身近かにあった主人のこと」というエッセイを書いている。その冒頭には、「私は主人に対してはすべてが感謝で御座いました。まず最初に主人のところへまいりました時には七輪に炭のおこしかたからお風呂のたきかたまで教えられたやっかいな私で御座いました」とある。堀米商店という関西の宝石時計店の令嬢として、深窓に育った恵子は、家事にはまったく疎かったことがよくわかる。けれども彼女はすぐ家事をマスターし、夫を支え、前妻の子伊作と光雄を愛し、以後の数奇な人生を送ることになる。激動の時代の中で孤立せざるを得なかった矢内原忠雄の性格が次第に変わり、きびしい人となることは、すでに記したが、その最大の被害者は、恵子夫人なのである。そのことは後章（「第九章　暗い時代を生きる」）で、さらに詳しく述べることにする。ついでながら、恵子は、忠雄生存中も、その死後も、忠雄と矢内原家のために誠心誠意尽くすこととなる。忠雄没後直後に刊行された『矢内原忠雄全集』全二九巻（岩波書店、一九六三・三〜一九六五・七）が実現したのも、ひとえに彼女あってのことなのだ。恵子は忠雄没後も信仰をもって生き抜き、一九八八（昭和六三）年一月一八日、天に召される。

三　朝鮮・満洲調査旅行

研究出張

再婚した年、一九二四（大正一三）年の九月下旬から一〇月下旬までの一ヶ月、矢内原忠雄は朝鮮・満洲の調査旅行に出かけている。届け上は、いわゆる研究出張である。旅先から忠雄はいくつかの便りを、新婚間もない妻の恵子宛送っている。これらは幸い全集に収録されているので、旅の様子が瞥見できる。九月三〇日、東京の品川を発った忠雄は、一〇月一日、大阪に到着。二日夜大阪を出発、三日、下関港から連絡船に乗り、釜山《プサン》に着いた。『矢内原忠雄全集』第二九巻に付せられた詳細な「年譜」には、釜山に着いた日に早くも百キロ弱離れた大邱《テグ》まで行き、泊まったことになっている。翌四日には、これも同「年譜」によると、女子普通学校・男子普通学校・市場・片倉製糸工場参観とある（以下の旅程も主として、全集収録「年譜」

による)。

六日付矢内原恵子宛忠雄書簡には、「昨日は大邱を見物して大田《テジョン》迄来て泊りました」とあるので、五日は大邱の市内観光をしたようである。大邱は今日韓国第三の都市で、「りんごと美人の街」として知られるが、李氏朝鮮の時代から慶尚北道《キョンサンブクド》の経済・交通・文化の中心都市であった。大邱の市内観光の後、北西の大田に列車で移動、一泊する。大田は忠清南道《チュンチョンナムド》の道庁のある、交通の要衝地である。

翌六日は早朝大田を出発、全羅南道《チョルラナムド》の三郷駅栄和農場へ行く。ここには妻恵子の弟堀和一がおり、出迎える。農場には三日いて、八日は木浦《モッポ》へ。木浦は全羅南道の西南端にある港町である。日本の植民地時代には、日本人が多く住み、穀物や木綿の集積地であった。木浦では日本基督教会系の教会で講演をする。恵子宛の便りには、「夜のあつまりは小さな教会堂一杯の人であつた。僕は詩篇第三篇につき述べた。皆一生懸命に聞いてくれた。こんな聴衆を持つたことは僕は生れて始めてであつた」(矢内原恵子宛、一九二四・一〇・九付)と書いている。旅に出ても忠雄はよく聖書を読み、乞われるままに教会や家庭集会で話をし、キリストの真理を伝えるのに余念がなかった。

九日は京幾道《キョンギド》の水原《スウォン》に行き、山陽旅館に一泊。翌日、水原で農場視察を済ませ、京城(現、ソウル)へ向かう。京城には一〇月一五日まで滞在し、各地をめぐり、視察や調査に時間を費やす。総督府殖産局・商品陳列館・景福宮・京城帝国大学・総督府調査課・住友林業出張所・ベネディクト修道院などを訪れる。京城でも知人宅での祈祷会に出席したり、福音のメッセージを、「鮮人の青年会館」(鐘路の基督教青年会館)で行っている。恵子宛書簡には、「キリストの愛の証しを致しました。沢山の聴衆でした。此の青年会館は所謂不穏分子の巣窟と見られて居り、日本の政治に対する敵国の観がある処ですが、ここにて日本人が講演をしたのは一九一六年以来の出来事だといふ事でした。キリストの愛はうるはしいものと感じました。／信者以外の人も皆親切にして下され官庁側も会社側も色々と視察の便宜を与へてくれました。大学時代一つ下宿で親しくした人で相当に成功してる実業家等居ました」（矢内原恵子宛、一九二四・一〇・一六付）とある。隣の港町仁川《インチョン》にも行き、市内を視察している。

一六日は平壌《ピョンヤン》に行く。右の恵子宛便りには、「平壌は景色のいゝ町です。役所の自動車で方々案内して貰ひました。大同《テドン》江といふ川が流れて居ります。明日の夜半当地を去りて新義州《シニジュ》へ向ふ予定。それからは満洲へ入ります」とある。平壌では海軍練炭工場・朝鮮電気興業会社・大日本製糖・靴下ゴム靴工場などを精力的に視察した。公立普通学校・長老系のミッションスクール崇実《スンシル》大学（朝鮮戦争後ソウルに再建）を視察し、神学校も見ている。

二度目の満洲

新義州は鴨緑江をはさんで中国と国境を接する街で、満洲は目の前である。忠雄は列車で国境をわたり、一九日、奉天（現、瀋陽《シェンヤン》）に着く。満洲は二度目であった。一度目は一高二年の終わりの夏、一高の興風会という団体の企画したプログラムに参加しての旅であった。この旅のことは、すでに第四章で取り上げている。奉天は満洲（中国東北部）における最大の都市で、漢族ばかりでなく満洲族・回族・朝鮮族・モンゴル族なども住む。忠雄は到着翌日の二〇日、城内宮殿（瀋陽故宮博物館）や普通学校を見学。二一日は撫順へ赴く。

撫順は炭坑の街として知られる。彼は大山坑やモンド瓦斯発電所、それに露天掘を見学した。その日は奉天に戻り、翌日は大連へ行く。大連は遼東半島の最南端に位置し、東に黄海、西に渤海、南は海を隔てて山東半島に面する。中国東北部第一の商港である。日露戦争を経て、当時は日本の直接統治（租借地）となっていた。二三日は大連市に本社のある満鉄（南満洲鉄道株式会社）を訪問、柏会の先輩、石川鉄雄に会う。他に地質研究所・中央試験所・窯業試験場などを見学している。二四日には満鉄で「朝鮮旅行雑感」の講演をする。翌二五日には、ハルビン丸に乗って大連を出帆し、帰国の途に着く。

矢内原忠雄の旅は、常に無駄なく、反面、強行軍との印象が常に伴う。欧米留学も、そして今回の朝鮮・満洲の旅にしても然りである。いまだ若く、生来頑健な彼は少しぐらい疲れても、寝ることですぐに元気を回復してきた。が、奉天や大連ではご馳走責めにあい、しかも脂っこい中華料理が主とあって、腹をこわす。恵子宛の手紙にそれが読み取れる。例えば「ホテルでは朝の食事をするだけで、昼も晩もいつもご馳走ばかりになつてきた。しかし大連では稍暖い陽気であつたのと、用心したのとで奉天でわるくしたおなかがやつと昨日から平常に近く恢復をしました」（一九二四・一〇・二五、ハルピン丸にて）などとある。前にも記したが、忠雄はこの後も、よく腹をこわした。

恵子宛の手紙と言えば、忠雄は旅行中、しばしば便りし、文中で恵子を「恵ちゃん」と呼び、その愛を語り、神に感謝している。いくつか例を挙げると、「恵ちゃん、御恵みにより元気にくらして居ますか。子供等も変りありませんか。さみしいだらうと思つて気毒になります。僕もさみしい時があります」（一九二四・一〇・九付）、「恵ちゃんどうして暮して居ますか。僕は昨夜十時五十分京城を立ち今朝早く平壌に着きました。京城では三日及七日付の恵ちやんの手紙を貰ひました。十日位に出されたのがもう一通あるかと思つて度々郵便局へ行つたがとうとう得られずにしまつたので誰か具合でもわるいのでは無いかと心配になりました。どうぞ神様の御守りのうちに皆安らかである様にと祈ります大連へ行つて又お手紙を見るのをたのしみに致して居ます」（一九二四・一〇・一六付）、「恵ちゃんとうとう恵子のところへ帰つて行く時が来た、一時間一時間とあなたの処へ近くなつて行きます、これ迄故障なく旅行がつゞけられ今なつかしい家へ帰つて行くことの出来るのを神様にあつく御礼申し度い」（一九二四・一〇・二七付）といった具合である。彼は恵子を心から愛する自分を、旅に出て再発見したかのようである。

三・一独立運動への理解

矢内原忠雄の旅の収穫は、その植民政策論に一部ながら反映することとなる。彼の学術書『植民政策の新基調』（弘文堂、一九二七・二）の巻末に収められた二つの論文が相当する。その一つ「朝鮮産米増殖計画に就て」（初出『農業経済研究』第二巻第一号、一九二六・二）では、朝鮮に於ける資本主義的植民の限界を説く。そして「朝鮮人の社会的必要は朝鮮人自ら最もよく之を知る。朝鮮人の社会的経済的生活に直接影響すべき政策の決定に、朝鮮人自身の意思の参加せしめられざる現状に於ては、如何に善意なる政策の遂行といへども彼等の満足を期待することは性質上の困難事である」(19)との見解を示す。これは文献上のさまざまな分析とともに、現地研究の実感に支えられてのことばなのである。忠雄は植民地問題に誠実に、積極的にかかわっている。いま一つの「朝鮮統治の方針」（初出『中央公論』一九二六・六）は、より朝鮮民衆の立場に立っての論となる。冒頭の箇所を引用しよう。

明治四十三年八月二十二日日韓併合条約第一条、「韓国皇帝陛下は韓国全部に関する一切の統治権を完全且つ永久に日本国皇帝陛下に譲与す」。かくて「最後の韓国皇帝陛下」であられた李王が、本年（大正一五年）四月に薨去せられたのである。新聞によれば多数の朝鮮人が早朝より昌徳宮外に集まり来たつて、哀号したといふことである。薄明の李花地に墜ちて、白衣の民衆之がために哀哭す。聞く者をして感動せしむるの情景である。然るに騎馬巡査を始めとして警官隊は、之等の哀号の民が多人数同時に宮殿外に落ち合つて、一大群集となるに至らしめないやうに骨折つたといふ。彼等の間に馳駆して群集を分散せしめたといふことである。こゝに至つて何たる殺風景!

私共は当然大正八年時の李太王《りたいおう》が薨ぜられたる当時を聯想回顧する。そのとき多数の民衆が哀悼のため京城に集まり来たつた。之を機会として、葬儀に定められし日の二日前、即ち三月一日を期してかの独立万歳事件が勃発したのであつた。京城パゴタ公園に於ける万歳唱和を第一声として、この運動は忽ちにして全鮮に蔓延し、四月半頃までに騒擾箇所四百以上に達した。この運動は非常に巧みに秘密裡に計画せられたものであつたから、官権の驚愕は一層甚だしく、各地に於て流血の惨事をみたのは、返す返すも遺憾であつた。この事件によりて総督府の武断政治に対する不信任は最も明白に暴露せられた。寺内総督は善意の武断政治家であつた。長谷川総督も同じ統治の方針であつた。行政官吏も学校職員も制服帯剣であつた。かくてサーベルの威力の下に朝鮮十三道は静謐であると思つて居た。何ぞはからん、突如たる独立万歳の声!もとより力弱き朝鮮民衆、しかも元来が平和的方法によりて独立の、或はむしろ独立希望の、意志を表明せんとしたるに過ぎざるこの運動が、蜂起箇所が四百であらうが五百であらうが、順次わが軍隊と警察とによりて鎮圧せられてしまつたに不思議はない。併し乍らこの事件は朝鮮民衆の勝利であつた。総督政府の敗北であつた。サーベル政治の破滅であつた。

三・一独立運動に関する、右に見られるような論が当時書けたのは、文献による朝鮮統治の実態を知り得たことと、現地調査あってのことなのである。矢内原忠雄の学問は、徹底した実証主義に立つ。それが出発時からの特色となっている。

同化政策は誤謬の指摘

矢内原忠雄は時の政府の肩を持つことなく、朝鮮民衆の実態に沿っての考えを公表する。彼には三・一独立運動の必然性が理解できた。それは朝鮮社会の実情をしっかりと見つめていたからのことであった。彼は植民政策研究の一学徒として、現実を直視し、先行の理論にも学び、植民問題を考えようとしていたのである。

植民地統治政策には、①従属政策　②同化政策　③自主政策の三つに分かれると忠雄は言い、「朝鮮に対する我が国の統治政策は上述三種のうち何れたるべきか」の問いを発し、イギリスやフランスの例を引きながら、考察を深める。彼には③の自主政策が最善であることが分かっていた。彼は言う。「要するに朝鮮に社会上及び政治上自主的発展を遂げしめ、自主的地位を容認することは、正義の要求する処である」と。この三分類に関しては、忠雄没後浅田喬二ら一部ラジカルな研究者からの批判もあったが[20]、一九二四（大正一三）年当時に、徹底した現地調査と文献調査によって裏付けられた推論は、そう簡単には否定できない重みを持つ。当時の激しい内務省の検閲問題などを考慮せず、戦後の自由な時点での矢内原批判は空しい。その頃の矢内原忠雄は、検閲を意識し、それと闘いながら、日本政府の同化政策を否定し、朝鮮議会の設置を訴えたのである。

矢内原忠雄は朝鮮旅行中、小学校や中学校、そして大学も見学していた。そうした体験をも踏まえて、「我国の植民地統治政策は一般的に同化主義の色彩を帯ぶ」と言う。続いて「法律も漸次内地法を延長するの形成である。教育もその骨子は内地教育である。朝鮮の普通学校（小学校に当る）の教科書は内地の国定教科書、又は之を基礎とせるものである。歴史も地理も内地の歴史地理を主とし、之に朝鮮の材料を点綴せるに過ぎない。教授用語は朝鮮語の時間以外は悉く日本語を強制せらる」と彼は書く。これではダメだと彼は直感的に感じているのである。民族の誇りとしての言語、朝鮮語による教育なくしては、植民政策としては失格であると彼は声を大にして言うのだ。

朝鮮視察旅行における見聞は、文献調査を補強し、彼の文章にリアリティーをもたらす。「法制慣習教育言語等の内地化即ち同化主義が朝鮮人の生活秩序を攪乱し、社会的不安を醸成したることは争はれない」との重要な指摘ができたのは、朝鮮民衆の生活をしっかりと見つめていたゆえのことだ。彼は「朝鮮は日本と別個の歴史的社会として取扱はねばならない。政策による同化は不可能である。故に同化政策は誤謬である」とはっきり言う。

これは当時にあっては勇気ある発言と言わねばならぬ。さらには「朝鮮に社会上及び政治上自主的発展を遂げしめ、自主的地位を容認することは、正義の要求する処である」とも書きつけている。それは当時の日本政府の進めていた朝鮮植民政策に、真っ向から対立する見解であった。このような忠雄の植民地論は、こんにち気鋭の歴史学者成田龍一によって、「仮定ではあれ「分離独立」をいう点に、矢内原のリベラルな性格が示されている」(21)として高く評価されるところでもある。

四　台湾取材の旅

『植民及植民政策』の刊行

堀恵子と再婚し、朝鮮・満洲調査旅行を行った年の翌年一九二五(大正一四)年六月、矢内原家は東京府荏原郡入新居町大字新井宿二一九二番地に引っ越した。大森八景坂上である。再婚二年目、生活はようやく落ち着き、矢内原忠雄は研究に没頭する。三男勝《かつ》が生まれるのは、一九二六(大正一五)年三月一三日のことである。三児の父となった彼は、東京女子大学への出講の日を除くと、授業がない日も本郷の大学に出かけ、一日中研究室に籠もって植民政策研究の講義準備と論文作成に全力を費やす。それが『植民及植民政策』（有斐閣、一九二六・六）以下の書物に結実するのであった。

『植民及植民政策』には、「愛敬と感謝とを以て本書を／新渡戸稲造先生／に献ず――生徒の一人たりし著者」との献辞がある。忠雄は恩師新渡戸稲造の学恩を終生忘れなかった。「新渡戸先生の学問と講義」[22]の一文では、「学者としての新渡戸先生がわれわれに残した最大の遺産は、特定の学説というよりも、むしろ人道主義を基調とする「人間」としての学問のあり方であろう。先生の植民政策の結論は、「原住民の利益を重んずべし」ということにあった」と言っている。矢内原忠雄の植民政策論の基調も、師譲りの原住民の利益優先にあった。処女論文「シオン運動（ユダヤ民族郷土建設運動）に就て」（『経済学論集』一九二三・一〇）以来、矢内原忠雄は常に現地研究を尊び、怠っていない。徹底した文献調査と現地研究によって、理論は客体化されるのである。

他方、大学での講義は、準備が徹底していること、内容が豊かなこと、さらには声量・滑舌とも申し分ないことから、人気の的となる。彼は講義と外国語と演習とを担当した。当時の忠雄の授業を受けた後年の東京都知事美濃部亮吉は、「講義は理論と実際問題に分かれていた。理論の方では、ローザ・ルクセンブルグの再生産方式のはなしをされ、帝国主義諸国の植民地への進出が必然的なものであることを理論的に立証されようとしておられたようである。実際の問題としては、アイルランドのはなしをうかがった。こちらの方は、その後発展して、『帝国主義下の台湾』などの名著になったのだと思われる」[23]と回想する。忠雄は「理論と実際問題」との統合のうえに、己の植民政策論を打ち立てようとしていたのである。

台湾植民政策を研究対象に

大正天皇が崩御し、時代は激動の昭和を迎えていた。一九二七（昭和二）年七月二四日の未明、一高・東大で同期だった芥川龍之介が東京田端の自宅で、劇薬（筆者注、近年は睡眠薬自殺ではなく、青酸カリ説が有力である）[24]自死した。それは時代の苦悩を暗示するような死であった。こうした状況の中で、矢内原忠雄は台湾植民政策を次の対象に決め、己の研究テーマをより深めようとしたのである。当時の日本の植民地には、朝鮮・満洲・台湾・南樺太・南洋群島などがあったが、忠雄はまず台湾に着目した。

『植民政策の新基調』（弘文堂、一九二七・二）が刊行された頃、忠雄は大阪豊中に住む妹悦子宛の便りに、「僕の著書がまた一つ出ました。「植民政策の新基調」といふ書名で京都の本屋から出版しました。今度は十冊しか本屋がくれませんので、あなた方へ差上げる余裕がありません。学校の同僚達に進呈する分にも足りません。／僕は三月中頃から台湾へ行くはづです。約一ヶ月位の予定で。」（田原悦子宛、一九二七・二・五付。なお、全集収録のこの書簡は、大正一五［一九二六］年のところに入れられているが、昭和二［一九二七］年が正しい）と書いている。

矢内原忠雄は一九二七（昭和二）年三月一八日、東京を発ち、一九日神戸港を出帆、台湾に向かった。船中東京帝大法学部生の陳茂源とことばを交わす。陳はのち忠雄の集会の常連となり、第二次世界大戦後、国立台湾大学教授となった。船は二二日に基隆《チーロン》港に着いた。基隆は台湾北部の港町で、船旅時代の当時は台湾の玄関口であった。台湾人の蔡培火《さいばいか》らが出迎えた。蔡培火は東京高等師範学校在学中に植村正久の影響を受けたクリスチャンで、台湾民族解放運動の幹部として台湾議会設置運動に尽力していた。彼は忠雄の『植民及植民政策』を読み、大森八景坂上の矢内原邸を訪ねて、忠雄に議会請願運動の相談に乗って貰うことがあった。そういう関係から忠雄は、台湾各地の案内役を依頼したのである。蔡培火には、「神の忠僕矢内原忠雄先生を憶う」[25]の一文がある。

台北から台南に

基隆に上陸した矢内原忠雄は、まず台北《タイペイ》へ行く。そして三井物産・台湾総督府などを訪問する。総督府では米や水利事業や金融などについて聞く。最初の十日ほどは、台北を中心に北投《ペイトウ》・桃園《タオユエン》なども視察する。北投は台北の北に位置する台湾最大の温泉郷である。ここでは周辺の水田などを視察。桃園は台北と新竹《シンツー》の中間地にあり、古くから交易都市として栄えたところ。その後、四月一日は午前中、大渓《ターシー》郡役所を訪問する。大渓は台北の南西約三〇キロ、樟脳や茶・柑橘類を特産品とする自然に恵まれた歴史のある街として知られる。午後、列車で桃園経由夕方台中《タイツォン》に着く。

台中駅には、台湾人の葉栄鐘《ようえいしょう》らが出迎えた。駅からはすぐに台湾民族解放運動の指導者林献堂《りんけんどう》をその自宅に訪問する。林献堂を忠雄に紹介したのは、蔡培火だとされている[26]。林は「品格高潔」の台湾人であり、日本の植民地下の台湾で人望を集めた人物である。忠雄は視察予定の竹山《ツーサン》行きを考え、現地入りに必要な紹介状を書いてもらいたかったのであろう。

台中は台北と高雄《カオシオン》の中間に位置する大都市である。忠雄の視察旅行では落とせない重要な街であった。台中には歴史的建造物も多い。四月二日には台中洲庁をはじめ、彰化銀行・大東信託・帝国製糖などを訪問する。葉栄鐘は台中到着後の忠雄の手足となって各地を案内した。葉は台中駅に忠雄を迎えたのが初対面であったが、彼は実に誠実に忠雄の調査旅行に協力した。葉栄鐘の「矢内原先生と台湾」[27]に、忠雄の旅の様子が詳しく記されている。三日は豊原《フォンユエン》方面を調査し、四日は大肚《タートゥー》に行く。大肚では農民総会に出席し、無料開墾および保管林問題の話を聞く。現場視察の後、台湾中部の穀倉地帯の中心地彰化《ツァンホア》に寄る。寺や廟の多い街である。ここでは青果同業組合・青果会社の調査に当たる。この日は台中に戻る。
四月五日は台中から鉄道で南下し、林内《リンネイ》で下車、葉栄鐘の案内により台車で竹山《ツーサン》へ。竹山は竹材とタケノコの産地で、竹林事件の起きた山中の町である。(28)忠雄は事件の背景を考えるため、竹山の竹林の実地調査をし、地元の有力者林月汀らから聞き書きをしている。その日は竹山に泊まった。六日は竹山を早朝出発、林内を経て嘉義《チアイー》へ。七日は嘉義の洲庁で資料を貰い、製塩会社・専売局製塩所などを視察の後、台南市に移動して泊まる。台南は台湾に最初に首府が置かれた台湾最古の街である。八日は台南から南下し、高雄《カオシオン》へ行く。ここは台湾南部の中枢都市で、台湾海峡に面する良港がある。日本政府により本格的築港がされ、産業都市として発展中であった。忠雄は例によって、まず洲庁に行き、資料を貰い、港と壽山《ソウサン》を見学した。壽山は珊瑚性石灰岩でできた海抜三六五メートルほどの山と言うよりも、小高い丘である。萬壽山とも言われ、全山が公園になっている。九日は鳳山《フォンサン》へ足を延ばす。

気苦労の講演

一〇日は高雄の東、約二五キロの屏東《ピントン》へ。砂糖の生産で知られた街である。ここでは屏東台湾製糖会社などを訪問し、調査に当たった。夜は図書館で講演、蔡培火が通訳をした。一一日は屏東を発って北上、再び台南に寄り、台湾長老教会のマックロード宣教師を訪ね、その学校を視察した。また、孔子廟や開山神社を見物、夜は公会堂で講演をした。一二日は台南を去って嘉義に戻り、嘉義公会堂庭園でも講演。以後、いくつもの箇所での講演をこなす。屏東以後、矢内原忠雄は各地でしきりに話をする羽目に陥っていた。しかもそれは、急進左派の妨害もあって、決して心地のよいものではなかった。矢内原恵子宛書簡(一九二七・四・一六付)に、このことの釈明があるので、煩をいとわず引用しよう。

僕は今、礁渓といふ処に来て居ます。こゝは台湾の東北部で宜蘭《イーラン》といふ町の北方二里の温泉場です。こゝで一日、旅行の疲れを静養しました。これまでといふものは毎日本当に忙しい旅行でありました。ずつと南部の屏東といふ所まで行きましたが、それ迄は格別のことも無かつたのですが、講演を承諾して十日には屏東十一日台南、十二日嘉義十三日は彰化と台中と二ヶ所、十四日には新竹、十五日には宜蘭と連日の講演のためすつかり疲れてしまひました。殊に僕の講演に対しては警察側よりの注意と、台湾人側よりも少数者の反対的妨害運動が起つたゝめ、一方ならぬ気苦労でありました。僕は台湾を愛する心と蔡培火氏に対する友情とから此の講演を承諾したのですが、結果は苦痛を刈り取つたものでした。途中から止めたくなりましたが各地とも準備ずみのことゝて最後の数日は全く十字架にでもつく位の気持ちで引つぱりまはされました。講演場は何処でも一杯の聴衆で多い処では千四五百人を越えやうといふ有様、門前にはいろんな物売りが集つてきて縁日のやうに賑やかでしたよ。

講演を引き受けたことは実際失敗でした。東京を発つ前から頼まれたのですがずつと断つて居たのです。それを終に承知したのは例の僕の気質で、勇気余つて思慮足らぬ結果でした。僕はこの講演のため随分各方面より誤解も批難もにくしみも受けました。しかしすんだ事は仕方がない、之も一つの経験でした。之によりて始めて学び得た処も尠くはないのです。キリストは最も深く人を愛し国を愛せられました。そしてキリストほど多くの人に誤解され攻撃された方もありません。彼は深く愛したるが故に世から領解せられませんでした。彼は全く孤独であられました。屡々人無き処に退いて祈られました。十字架は深く愛する人の孤独を象徴するものと言ひ得ませう。

台湾視察旅行中の矢内原忠雄の苦渋と孤独を語る便りである。こうしたことは忠雄の以後の研究生活に、しばしば起こった。よかれと思って引き受けた講演で誤解と非難を受けた彼の心情が、ここには素直に語られている。忠雄はその後、一七日夜、台北幸町長老教会で説教をし、一八日は台北の中央研究所・植物園・農事試験場などを視察している。一九日からは台湾東海岸を視察のため、台北から列車で、東海岸の蘇澳《スーアオ》に出、そこから撫順丸に乗り、二〇日、台湾東部最大の都市花蓮《ホワリエン》に上陸する。花蓮では大理石の峡谷、太魯閣《たろこ》峡谷（タツキリ渓谷）を見物している。二一日は鉄道で南下し、玉里《ユイリー》へ。翌日はさらに南の台東《タイトン》まで行く。台東では台東製糖会社・馬蘭社・卑南社・台湾浮浪人収容所などを視察した。二三日は台東から帰途に就き、里壠《リラン》で泊まる。二四日花蓮港から船出し、二五日台北に戻る。休む暇もない視察の旅であった。四月二七日には長官官邸で「民族運動と階級運動」と題して講演。二八日、基隆から帰国の途に就いた。

一ヶ月半の旅

約一ヶ月半に及ぶ旅を通し、矢内原忠雄は実によく台湾各地を視察したことになる。西海岸から東海岸の町々を鉄道の通っていないところは台車に乗って行った。まさに台湾の津津浦浦をめぐったことになる。が、それは調査研究ばかりでなく、前述のように講演活動がいくつも飛び込んで、抗日運動の分裂時代(29)という政治にも巻き込まれ、厳しい旅となった。こうしたあまりに強行軍の台湾の旅は、以後の忠雄の健康に大きな影響を与え、慢性的な腹痛（腸の痛み）が持病となる。

後年『葡萄』(30)に連載した「思ひ出（五）」（『葡萄』八号、一九三九・五）に、彼は「元来私は何も病気をもたぬ身体で、健康体であつた。かういふ身体に生んでくれた父母に対し、私は感謝の念を抱いてゐる。それを今のやうな身体にしてしまつたのは、私の責任である。併しそれは私の生活がふしだらであつたからではなく、公の事の為めの過労からであつた。／私が最初に健康を損じたのは、昭和二年の台湾旅行からである。私は蔡培火氏の志に感じ、氏を援助する為めに、台湾各地で数回の公開演説をした。之は全く私の予定外の行動であつて、その為めに非常に心身を疲労させた。四十日間の激しい旅行を終へてやつと海上に解放された私は、基隆から乗船した翌日から突然腸が痛んだ。之が今に至つても尚全治せず、私を困らせてゐる疾患の始まりである」と記している。

帰国に際して、基隆港には蔡培火が見送りに来た。二八日付蔡培火宛船中からの便りには、「台湾は私の愛する土地となりました。あなたあるが故に私は台湾を愛します。私の台湾に対する愛はあなたに対する愛です。私はあなたを友として与へられて内地へ帰つて行きます。あなたを識るが為めに神様は私を台湾へ導き下されたものと思はれます」と書いている。何とも心温まるうるわしい便りである。蔡培火が感激したことは言うまでもない。

蔡培火は台湾のため闘っていた。議会請願運動を日本政府に求め、私服警官の尾行の就く身であった。忠雄はそうした状況にあった蔡培火に同情したのである。彼の「寂寞孤独」を共に味わいたいと言っている。が、忠雄自身がやがては同じ身になろうとは、まだ予測もつかないことであった。矢内原忠雄の台湾行きは、のち『帝国主義下の台湾』（岩波書店、一九二九・一〇）に結実する。この本は先の『植民及植民政策』とともに、矢内原忠雄の植民政策研究の代表的著書としてよい。『帝国主義下の台湾』に関しては、次章（第八章）冒頭で取り上げる。

注

（1）関口安義『評伝長崎太郎』日本エディタースクール出版部、二〇一〇年一〇月二〇日。一三九頁。
（2）長崎太郎『佐々木惣一先生と私』私家版、一九七〇年六月一日
（3）矢内原忠雄「大陸経営と移植民教育」『教育』一九三七年一月一日。のち『矢内原忠雄全集』第五巻収録。一一一頁。
（4）矢内原伊作『矢内原忠雄伝』みすず書房、一九九八年七月二三日、三六一頁。
（5）矢内原忠雄「第二イザヤ書講義」『嘉信』第二巻第一〇号（一九三九・一〇）～第三巻第二号（一九四〇・二）、のち『矢内原忠雄全集』第一二巻収録。五一八頁。
（6）注4に同じ。三七二頁。
（7）矢内原忠雄「私の伝道生涯」『橄欖』12号、一九五三年六月、のち『矢内原忠雄全集』第二六巻収録。一九〇～一九一頁。
（8）大塚久雄「東大聖書研究会のこと」『経友』20・21合併号。一九六二年五月、のち『社会科学と信仰の間』図書新聞社、一九六七年一〇月一日収録。三三三～三三七頁。
（9）東大聖書研究会編『信仰と生活の中から』東京大学出版会、一九五八年一二月一五日
（10）美作太郎『戦前・戦中を歩む 編集者として』日本評論社、一九八五年一一月一〇日。一三〇頁。
（11）矢内原忠雄『私の歩んできた道』東京大学出版会、一九五八年三月三一日、のち『矢内原忠雄全集』第二六巻収録。そこには「処女論文―シオン運動論」の小見出しのある箇所がある。二八頁。
（12）注11に同じ。二九頁。
（13）大内兵衛「赤い落日―矢内原忠雄君の一生」『世界』一九六二年三月一日、『高い山―人物アルバム』岩波書店、

一九六三年一〇月一〇日所収。一一二～一一三頁。のち南原繁・大内兵衛・黒崎幸吉・楊井克巳・大塚久雄編『矢内原忠雄―信仰・学問・生涯―』岩波書店、一九六八年八月三日収録。三～二四頁。
(14) 中村勝己「矢内原忠雄と経済学」『内村鑑三と矢内原忠雄』リブロポート、一九八一年一月三〇日収録。二一三頁。
(15) 注4に同じ。三七四頁。
(16) 藤井　武「私が再婚を否定する理由」『旧約と新約』一九二五年七月、のち『聖書の結婚観』岩波書店、一九二五年一二月二五日収録。一一四～一一八頁。
(17) キリスト教神学においては、人間の歩む道はあらかじめ神によって定められているとされる。カルヴァン(Jean Calvin)は、『キリスト教綱要』(初版、一五三六)においてそれを理論化した。
(18) 矢内原恵子「身近かにあった主人のこと」『矢内原忠雄全集』月報29、一九六五年七月二九日、のち南原繁・大内兵衛・黒崎幸吉・楊井克巳・大塚久雄編『矢内原忠雄―信仰・学問・生涯―』岩波書店、一九六八年八月三日収録。六六七～六七〇頁。
(19) 矢内原忠雄「朝鮮産米増殖計画に就て」『農業経済研究』第22巻第11号、『植民政策の新基調』一九二六年二月五日収録。のち『矢内原忠雄全集』第一巻に収録。七二三頁。
(20) 浅田喬二『日本知識人の植民地認識』校倉書房、一九八五年四月二五日。一九頁。
(21) 成田龍一『大正デモクラシー』岩波書店(岩波新書)、二〇〇七年四月二〇日。一四九頁。
(22) 矢内原忠雄「新渡戸先生の学問と講義」『書斎の窓』第20号、一九五五年二月、のち『矢内原忠雄全集』第二四巻収録。七二四頁。
(23) 美濃部亮吉「矢内原先生」『矢内原忠雄全集』月報10、一九六三年一二月、のち南原繁・大内兵衛・黒崎幸吉・楊井克巳・大塚久雄編『矢内原忠雄―信仰・学問・生涯―』岩波書店、一九六八年八月三日収録。八一頁。
(24) 山崎光夫『藪の中の家　芥川自死の謎を解く』文藝春秋、一九九七年六月三〇日。二一四～二四五頁。

（25）蔡培火「神の忠僕矢内原忠雄先生を憶う」南原繁・大内兵衛・黒崎幸吉・楊井克巳・大塚久雄編『矢内原忠雄—信仰・学問・生涯—』岩波書店、一九六八年八月三日。九二～九九頁。

（26）若林正丈「台湾との関わり—花瓶の思い出」鴨下重彦・木畑洋一・池田信雄・川中子義勝編『矢内原忠雄』東京大学出版会、二〇一一年一一月二日。一〇八～一二九頁。

（27）葉栄鐘「矢内原先生と台湾」『矢内原忠雄全集』月報26、一九六五年四月、のち南原繁・大内兵衛・黒崎幸吉・楊井克巳・大塚久雄編『矢内原忠雄—信仰・学問・生涯—』岩波書店、一九六八年八月三日収録。九九～一〇八頁。

（28）竹林事件　台湾中部の竹山《ツーサン》で起こった事件。竹山を中心に、台中・台南両州には、豊かな竹林が広がり、五千幾百戸もの地元民が竹材やタケノコなどを採取して生計を立てていたが、主権不明確をもって官有地に認定された。一九一〇（明治四三）年、台湾総督府は林内《リンネイ》に設立された三菱製紙会社に、この竹林の経営を委託した。そのため地元民の竹林利用が禁止され、生計の途を失う者が生じた。竹林事件というのは、この処置に不満を持った民衆が、一九一二年、巡査派出所を襲撃した事件にはじまり、一九二五（大正一四）年の秩父宮殿下の台湾行啓林内駅通過の際の大衆直訴などを含めて指す。竹山は一九三〇（昭和五）年に起きた、日本統治下の台湾最大の悲劇、霧社《むしゃ》事件の霧社にも近い。

（29）許世楷『日本統治下の台湾—抵抗と弾圧—』東京大学出版会、一九七二年五月三一日

（30）『葡萄』という謄写版刷りの通信紙は、一九三八（昭和一三）年一〇月刊。当初月一回のペースで刊行され、八号でいったん休刊し、一九三九年一〇月復刊。以後不定期刊で第二次世界大戦後の一九四七（昭和二二）年七月まで続く。謄写版刷りの原本は、東京目黒の今井館資料館にあり、活字復刻版がみすず書房から一九六七年一〇月二五日付で刊行されている。この時期の矢内原忠雄を知るのにきわめて重要な文献である。

第八章　時代の重圧に抗して

一　『帝国主義下の台湾』の刊行

直感と現地調査

東京帝国大学教授としての矢内原忠雄は、教育と研究で忙しい日々を送るようになる。彼は教育と研究を分離したものとは考えなかった。すぐれた教育をするには、よい研究が伴わなくてはならないと考えていた。それゆえ彼は研究と教育が乖離しないよう、授業の準備に全力を注いだ。留学から帰国し、はじめて授業に臨んだ時には、留学時に得たことを努めて話題にした。美濃部亮吉が授業で聞いたという[1]「アイルランドのはなし」など、その早い時期の例である。再婚間もない時期の一九二四（大正一三）年秋の朝鮮・満洲旅行の朝鮮にかかわる成果は、経済学部の授業で取り上げ、「朝鮮産米増殖計画に就て」（農業経済研究」一九二六・三）と「朝鮮統治の方針」（『中央公論』一九二六・六）の二つの論文に書き、『植民政策の新基調』（弘文堂、一九二七・二）に収録していることはすでに述べた。また、統計を駆使した『人口問題』（岩波書店、一九二八・二）という労作も生まれる。

単行本『帝国主義下の台湾』は、一九二九（昭和四）年一〇月一〇日、岩波書店から刊行された。前章で詳しく述べたように、矢内原忠雄は二年前の一九二七（昭和二）年三月一八日から五月六日まで、台湾調査旅行を行っていたが、本書はその収穫であった。彼の学問は、直感を重んじながら現地調査によって論を構築するという、実証を重視するところにある。

現地調査は彼の学問の中核であり、外すことはできない。それゆえ必要とあれば、再婚したばかりの妻恵子を日本に置いて、朝鮮や満洲に出かけ、徹底的調査をあえて行ったのであった。四〇日にもおよぶ台湾の現地調査旅行では、中央高地と澎湖《ポンフー》列島などの島嶼を除いた地には、ほとんど行っている。台北を中心とした北部、台中を中心とした中西部、高雄と台南エリアの南部、そして太魯閣《たろこ》峡谷をメインとする東部とよくぞ回ったものである。鉄道のないところにも足を延ばしている。まだ三〇代半ばで、健康に恵まれていたからこそ出来たのであろう。とにかく標的とした台湾を調べるのに、一週間程度の視察旅行では済ませず、徹底した現地調査を四〇日程かけて行ったのである。その努力たるや尋常でない。

矢内原忠雄の台湾視察旅行は、当時台湾の植民地統治を担当した拓務省や台湾総督府の引いたレールには乗らず、蔡培火や葉栄鐘という台湾の民間人に頼って行った。二人とも忠雄の研究調査に協力を惜しまず、誠実に心からのもてなしをもって助力した。むろん総督府には顔を出し、資料を得るということもしているが、その旅程はあくまで上からの視察というようなものでなく、純粋な研究を第一とした調査旅行であった。忠雄自身のことばで言わせるなら、「昭和二年に台湾にいったのですが、行くときに、台湾総督府へいきなりいかなかったし、拓務省の紹介ももらわなかった。台湾人の知り合いがありまして、それで行ったのです。ですから私が、台湾にきたということは、行ってから初めて台湾総督府の人がしったようなわけです(2)」ということになる。

台湾に於ける政治的自由

一九二七（昭和二）年五月六日に帰宅した彼は、すぐ旅のまとめと整理にとりかかる。彼は感興の湧き上がるまま、身近な『帝国大学新聞』に旅の感想、「台湾に於ける政治的自由」を書いて送った。それは五月二三日付の同新聞、第二一〇号に載った。現在は『矢内原忠雄全集』第二三巻に収録されているので、新聞の復刻版を探すまでもなく読める。これは率直な台湾印象記である。はじめの部分を以下に引用する。


私は三月末より四月末にかけ約四十日間台湾を旅行して来た。

台湾の事情は多く内地に知られて居ない。朝鮮ほども知られて居ない。そして台湾在住者はそのことを極めて遺憾とし、台湾紹介に努めて居られる。台湾は今日でも生蕃が馘首《くわくしゆ》にやつて来たり、マラリヤが多かつたりして住むに堪へない処のやうに思はれて居るが、来て見れば案外いいでせうと、度々そんな話が出た。事実、台湾の生活における生命財産健康の安全さは東京などよりか遙かに良いであらう。気候風土よりいつても誠に住み心地の好い土地である。台湾は浦島太郎の渡つた龍宮だといふ考証があるさうだが、全く台湾は龍宮だ、殊に官吏及び前官吏の龍宮城だ。

併しながら知られざる台湾はこんな方面のみではない。その政治的関係は気候風土以上に知られて居ない。行つて見て驚くことは気候風土の案外良いことよりも政治的関係の想像以上に専制的なことである。台湾にすべてのものはある、ただ政治上の自由を欠く。田総督の時にスタートせられし総督府評議会はその後全く開かれず、洲及び街庄の協議会は毎年開かれては居るが甚だしく不徹底なものである。協議会員は政府の任命によるのであるが、中には日本語を解せざる者も任命されて居るさうだ。（会議の用語は日本語である）。且つ議案の配布は会議開催の僅々二、三日前のことが多いといふ。これが大正九年に地方自治への準備として設けられし協議会制度の現在における運用の状態であるのだ。

総督府の政治に対する批評は最も嫌忌《けんき》せられて居る。台湾には内地人の発行する日刊新聞が西部に四つ、東部に一つあるが、いづれも御用新聞の名に背かない。本島人の発行する新聞は一つもない。本島人の新聞としては東京で発行せられて居る週刊の『台湾民報』あるのみ、その発行所を台湾に移転することは今以て許可せられないのである。台湾には言論の自由がないのみならず、言論の機関もない。台湾人は言論機関を許されて居ない。彼等は口のない民衆だ。昔フランスで「ルイ十四世の政治を知らんと欲するものは西印度諸島に赴くべし」といはれたが、昭和の今日専制政治の何たるかを見んと欲する学徒は台湾へ行つてみるべし。


これは当時の日本政府の台湾統治への痛烈な批判の文章である。彼は台湾で葉栄鐘と共に台湾民族運動の指導者林献堂と会っている。そして林献堂の伝言をもって、当時竹林事件として日本でも話題となった事件の現地、竹山《ツーサン》まで葉栄鐘と行って、取材をしていた。竹山は鉄道も通っていない山中の町である。台中からは五時間ほどかかった。

矢内原忠雄は現地取材を研究の大事な要素と考えていた。研究者としての直観を重視した彼は、総督府の出している資料や解説を鵜呑みにせず、自ら現地を歩き、資料を求め、実状を把握したのであった。それだけに、その文章には現実感《リアリティー》が漂う。右に引用した箇所からだけでも、そのことは言えるのである。なお、竹林事件に関しては、『帝国主義下の台湾』の「第二章　台湾の資本主義化」に詳しい。

東大経済学部の花形教授に

次に彼は、一九二七（昭和二）年秋からの東大経済学部での講義において、台湾への旅の収穫を披露する。これも彼のことばを借りるなら、「視察した結果を、学問的、科学的に整理して、台湾問題についての講義をしたのです」(3)ということになる。当時、台湾から東京に来ていた葉栄鐘《ようえいしょう》は、忠雄の勧めで忠雄の東大での講義に出席したが、その感想を「矢内原先生と台湾」(4)に以下のように書いている。

定刻の約二十分前に二十九番教室に着いたが、聴講満員の状態で辛うじて後から第二列目に座席を占めることが出来た。先生のお許しを得たとは言うものの、私は生来気が弱く、大勢の東大生、言わば天下の秀才の群集している中に独りポッツリ入り込んでいることがややもすれば自卑感に襲われて気遅れ勝ちであるが、幸いに東大医学部在学中の高天成君を発見して、知人の居ることに気を強くし、同時に聴講者の中には経済学部以外の学部からも多数来ていることを知って、異端者はあながち自分のみではないと言う同類意識も手伝って、ようやく心の落着きを取返したのであった。先生の名著『帝国主義下の台湾』は既に前学期に講義済みであり、当日はその第二篇にあたる「台湾糖業帝国主義」であってしかも第二回目の講義であった。御講義は大変調子が良く、熱弁にて台湾土地政策の沿革を述べられ、劉銘伝（清朝の台湾巡撫で稀れに見る有能な支那官吏）の土地政策を紹介して黒板に「清丈賦課」の四字を大きく白墨で書かれた。そしてあれ丈複雑な内容を持った土地政策を只四字に纏め、しかも一目瞭然にその内容を余すところなく表現しているのはさすがに文字の国であると感心なされたことは今でも尚印象に鮮やかである。その後毎週先生の講座に列するのが私にとってこの上ない楽しみであり且つ誇りでもあったのである。

新進教授矢内原忠雄の講義は人気があった。葉栄鐘の右の回想文にもあるように、受講生は経済学部の学生に留まらず、「他の学部からも多数来ている」こともあって、座席は満員である。その授業は机上の空論でも、統計頼みの数字転がしでもない。現地調査というバックグラウンドがあり、それに基づいてのものなので、リアリティーと説得力とに満ちていた。また、先にも指摘したところだが、三〇代半ばの矢内原忠雄は、おおむね健康に恵まれ、滑舌・声量とも申し分なかった。

大学での授業は、どんなに内容がよくとも、声が小さいとか、発音・イントネーションが不明確で、聴き難いようでは講義として失格である。が、忠雄は神戸一中時代から人前で話すことが多く、一高弁論部では発声法なども学んでいたから問題なく、また、人を説得する話法も自然心得ていたようだ。その成果が大学教授となって、若い学生を前にして発揮される。内容の豊かな授業が、明快な日本語で、しかもツボを心得た生きのいい語り口で語られるのであるから、多くの学生が魅せられたわけである。彼は早くも東京帝国大学経済学部の花形教授となっていたのである。

名著の誕生

さて、『帝国主義下の台湾』と題した書物は、第一篇に当たる部分を東大法学部の研究誌『国家学会雑誌』の一九二八（昭和三）年五月号から九月号まで五回に亘って連載し、第二篇にあたる部分は、経済学部の研究誌『経済学論集』第七巻第一号に「台湾糖業帝国主義」として載せ、それを一本として刊行したのである。これは現在『矢内原忠雄全集』第二巻で、容易にその全貌にふれることができる。また、その第一篇のみを収録し、現代表記によるテクストとして編集した若林正丈《まさひろ》編『矢内原忠雄「帝国主義下の台湾」精読』(5)もあり、名著へのアプローチは容易である。

『帝国主義下の台湾』の第一篇は、「第一章　台湾の領有」にはじまり、「第二章　台湾の資本主義化」「第三章　教育問題」「第四章　政治問題」「第五章　民族問題」とその構成は、間然するところがない。特に「第二章　台湾の資本主義化」は圧巻である。質量共に全五章中、群を抜く。第二篇は、「第一章　糖業と植民地」にはじまり、「第二章　台湾糖業の奨励」「第三章　台湾糖業の資本主義的発展」「第四章　台湾糖業の将来」までの全四章構成、台湾糖業発展史を経済的帝国主義の姿ととらえている。一、二篇とも章・節・項には入念に注が添えられ、巻末には詳細な索引が付く。注は当然のことながら、索引をしっかり付けているのは、ヨーロッパでの研修中、大英博物館の読書室などで、多くの現地の書物に接したことから来るのであろう。

ちなみに言えば、二一世紀の今日に及んでも、日本では学術書に索引のない書物が大手を振ってまかり通っている。索引が付くことで、書物ははじめて立体化し、威力を発揮するものであることを知らない著者や出版社が、日本には依然多い。いや、そう言うよりも、索引をつける労を惜しむと言った方がよいだろうか。が、ヨーロッパの書籍に接していた矢内原忠雄の書物は、初の研究書『植民及び植民政策』にも、入念な索引を添えているので、利用しやすい。また、章・節・項に小見出しを添え、文章はよくこなれていて難解さはない。なお、右に紹介した若林正丈編『矢内原忠雄「帝国主義下の台湾」精読』は、著者矢内原忠雄の注に続いて、「編者注」を新たに添えており、今日の時点で読むには大変役立つ。「精読」の真骨頂である。

中村勝己「矢内原忠雄と経済学」(6)は、『帝国主義下の台湾』を採りあげ、時代背景に入念に目を凝らしながら、日本支配下における台湾の土地改良や糖業の問題点に言及する。その上で矢内原忠雄の主張である一方的収奪を排し、台湾の人々の政治的権利にも応ずるべきであるという本書の内容をかいつまんで紹介しており参考になる。

台湾植民政策への手厳しい批判

『帝国主義下の台湾』は、現地で得た厖大な資料と、現地を隈無く回って農場や工場を見学し、現地人からも取材した成果であった。台北では総督府地方課で米・水利事業・金融などの資料調査、台中では帝国製糖・台湾青果会社などを訪問し、竹林事件の竹山《ツーサン》まで足を延ばして調査をする。鳳山《フォンサン》、屏東《ピントン》、花蓮《ホワリエン》、台東《タイトン》でも製糖工場を視察するが、そうした現地調査の成果は、本巻一巻に十分反映されている。本書は『植民及植民政策』と並んで、矢内原忠雄初期のすぐれた研究業績として位置づけられるものなのである。「第一章　台湾の領有」からはじまる叙述は格調高く、文献調査と事実調査（現地研究調査）が相俟って、見事なハーモニーを奏でる。しかも、あえていうなら、本書は当時の日本政府の台湾植民政策への手厳しい批判の書であった。それは国家至上主義への〈謀叛〉に重なる。

それゆえ名著ながら『帝国主義下の台湾』は、刊行後、台湾への移入が禁止された。著者矢内原忠雄が最も読んで貰いたいと願っていた台湾の人々（支配者・被支配者を問わず）が、読めない状況が、第二次世界大戦の終了時まで続いたのである。『矢内原忠雄全集』第二巻の「編集後記」には以下のように、その事情が記されている。

> 日本領有時代には台湾へは本書の移入は禁止されたが、中国語訳三種のほかロシア語訳がある。中国語訳のうち著者の蔵書の中に発見されたのは陳茂源訳『日本帝国主義下之台湾』の一種のみで、これは中華民国四一（一九五二）年台湾省文献委員会出版となっている。その他の中国語訳は楊開渠氏および

周憲文氏によるもので、それぞれ一九三〇年神州国光社および台湾銀行から出版されたものである。ロシア語訳は大塚金之助氏によってとりよせられたとのことであるが、日本税関の押収するところとなった模様である（『通信』三八号参照）。著者が生前語ったところによれば、ロシア語訳はアメリカ議会図書館に所蔵されているようである。

『帝国主義下の台湾』は、第二次世界大戦後四〇年以上を経た一九八八（昭和六三）年六月、隅谷三喜男の入念な「解説」付で、岩波書店から再刊された。隅谷はこの「解説」の最後で、「『帝国主義下の台湾』は、日本の社会科学の一つの古典であり、記念碑であり、今日でも台湾経済分析の礎石である。台湾問題が日本においても再び大きな問題となろうとしている昨今、台湾に対して歴史的に責任のある日本人として、台湾の人々の命運に深い関心を寄せるとともに、植民地時代と様相を一変して急速な発展を見つつあるアジア・ニックスの一翼としての台湾を客観的に考察する視野を持たなければならない。それこそが本書が我々に託そうとする願いであろう」と記している。

本書以後、矢内原忠雄は、内務省による著書への干渉、——検閲や発売禁止によって、表現の自由を奪われることが多くなる。それは近代日本の知識人の多くが蒙らねばならなかった問題でもあった。彼はそれと闘う。闘いは彼の場合、かつての一高南寮十番の仲間であった京大事件の恒藤恭同様、職を賭けてのものとなっていく。そのことは追い追い明らかにしていくところでもある。矢内原忠雄の以後の歩みは、国家権力が一方的に迫る激しい検閲や発売禁止との闘いといってもよいのである。この時期、——大正後期から昭和前期にかけての矢内原忠雄の奮闘、精励恪勤《かっきん》のさまとその意義を、同僚だった大内兵衛は、回想「赤い落日—矢内原忠雄君の一生」(7)に詳しく書いている。

二　恩師内村鑑三の死

樺太調査旅行

一九二八（昭和三）年の夏休みを利用して、矢内原忠雄は今度は樺太の調査旅行に出向く。往きと帰りには、北海道各地をめぐる旅となった。夏休みを利用したのは、休講を避けるのが第一の理由である。八月五日上野を発ち、函館を経、札幌へ。八日は札幌から稚内へ。そして連絡船で九日、大泊に着く。その日は樺太庁や物産陳列館や王子パルプ工場などを視察。その後知取・敷香・真縫・真岡などをめぐり、一八日豊原着。全集収録の「年譜」によると、その夜は、「植民政策上より見たる台湾と樺太」の題で講演をしたとあるが、会場や主催者などの記入はない。翌一九日は、大泊の本願寺別館で「人口問題」の講演をしている。北海道の稚内に戻るのは、二〇日であった。忠雄は植民政策の研究のため、樺太まで出かけ、それなりの取材をしているが、「樺太は小さいから、勉強はしてきたけれども、本にはならなかった(8)」と本人が言うように、著書にはなっていない。

樺太視察旅行で彼が見たものは何か。帰国後、すぐに書き、黒崎幸吉主幹の雑誌『永遠の生命』に載せた「カルメルは枯る(9)」に、旅の印象が記されているので引用する。

> 私はこの夏樺太に旅行した。而して鬱蒼たる原始林的密林を以て被はれて居たる地も、今や文字通り枯木の地と化したるもの多きを見た。その第一の原因は大正八年より十二年まで五ヶ年に亘りて猖獗《しやうけつ》を極めし松毛虫の蝕害にして、被害面積二十二万町歩、これが為め枯損に帰したる材積八千八百四十五万

石、世界森林史上空前の大被害といふことである。松毛虫の松葉を食ふ音は近隣の人家にボリ〳〵と響き、又鉄道線路の上に落ち重なりたる松毛虫の脂肪のために列車の車輪が空転したと言はれる。実に怖るべき松毛虫の大発生大襲来であつた。モーセの時代エジプトに襲来したる蝗《いなご》の話を史実なりと信ぜしむるに足るが如き事実であつた。

樺太の山の枯るゝ第二の原因は年々の山火事である。毎年延長数里に及ぶ山火事数箇所に続発し地方一帯火の海と化することは珍しくない。現に私も既に二週間燃え続け延焼面積三千五百町歩に達したりといふ山火事の、尚盛に燃え続けつゝあるを目撃したのであつた。

山の枯るゝ第三の原因は濫伐《らんばつ》である。樺太の木材は、製紙原料として毎年盛に伐採せられつゝある。今日の状勢にして継続せんか、今後卅年にして樺太の山林は坊主になるだらうと称せられる。

かくて樺太の山は枯れつゝある。その惨《いたま》しき光景と惨しき予想とに私は眼を伏せざるを得なかつた。この荒廃の真の原因は何であらうか。私は眼を挙げて周囲を観た。見よ、イギリスに三の罪あり四の罪あればヱホバは之を罰して赦さじ。アメリカに三の罪あり四の罪あれば……。フランスにも、イタリアにも。而してわが日本にも三の罪あり四の罪あればヱホバは之を罰して赦し給はない。樺太の山林は国民の罪の故に枯れるのである。

タイトルの「カルメルは枯る」の「カルメル」とは、パレスチナ北部の丘陵の名で、地中海に突き出た緑深い沃野である。旧約聖書「アモス書」一章の二節に出てくる。そこには「羊飼いの牧草地は乾き／カルメルの頂は枯れる」（新共同訳による）とある。人間の罪のゆえに、緑樹の山が枯木の山となるのをアモスが預言したのである。矢内原忠雄は右の文章に続く箇所で、「目下の不健全なる、焦燥不安なる、物質主義の横行しつゝある世にありて、わが基督教は新しき出発を必要としつゝある。そは思想善導のお先棒となることではない。却て思想善導の偽善を暴露することにある。搾取者を弁護することではない。搾取を責むることである。不義を不義と明白なる言葉を以て言ひ、わが国民の公義を立てゝ神に帰るべきことを訴ふべきである。人工を棄てゝ正直となれ。芝居を棄てゝ素面《しらふ》となれ。冷淡を棄てゝ誠実となれ。国民の不義についての無関心を棄てゝ神の公義の為めに熱心なれ」と言う。

矢内原忠雄は、現地調査によって樺太植民の真実を見抜いていた。矢内原伊作はこの箇所を引いて、「昭和三年に書かれたこの文章に私たちは、以後次第に旗幟を鮮明にしてくる預言者の基本的姿勢をすでに窺うことができる」(10)ことを指摘する。

内村鑑三死す

一九三〇(昭和五)年三月二八日、矢内原忠雄の終生の師、内村鑑三が心臓病で世を去った。鑑三の死は、忠雄には大打撃であった。すでに第三章の「三　内村鑑三門に入る」に記したように、矢内原忠雄が内村鑑三から受けた影響は、はかりしれないものがあった。若き日の衝撃的出会いと再臨運動への共感、欧米留学後の今井館での聖書研究会から受けた影響、それは忠雄をして、「私は小学校より大学卒業に至る迄数多くの教師に就て学んだ。しかしそれらすべての学校教師より受けしことの総計も、内村先生より教へられし処に比すれば、其重要さに於て九牛の一毛にも当たらない」(11)と言わせるほどのものがあったのである。

内村鑑三は前年の四月頃から病んでいた。日本赤十字社病院での診察では、心臓肥大が指摘されていた。一旦は快方に向かったものの、年初再び病床につくようになる。が、一月二二日の聖書研究会では、「パウロの武士道」について語っていた。三月二六日は鑑三の六九歳(数え七〇歳)の誕生日であった。七〇歳は杜甫の詩「曲江詩」の一句、「人生七十古来稀」にちなんで、古稀の祝いをするのが一般的である。そこで内村鑑三の弟子たちは柏木の今井館に集まった。古稀感謝祝賀会であった。が、鑑三は心臓の発作のため、すでに重態であった。忠雄の『続余の尊敬する人物』（岩波書店、一九四九・一二）の「内村鑑三」の項には、鑑三の古稀感謝祝賀会から召天までのことが、以下のように記されている。

彼の天に召される二日前、すなはち昭和五年三月二十六日は彼の古稀の誕生日でありました。その祝賀感謝の会を私共は今井館で催し、重態の病床にある先生のために祈りました。この日も発作的の心臓衰弱が襲ひ来つて先生の病苦を著しく増しましたが、その発作の最中に、右の祝賀感謝の会に集つてゐる人々に伝へてくれといはれて、

「万歳、感謝、満足、希望、正義、すべての善きこと。」

といふ単語だけをならべて先生の心を表現し、なほつけ加へて、

「聖旨にかなはば生きのびてさらに働く。しかしいかなる時にも悪しきことはわれわれ及び諸君の上に未来永久に決して来ない。宇宙万物人生悉く可なり。いはんと欲すること尽きず。人類の幸福と日本国の隆盛と宇宙の完成を祈る。」

といはれました。死の苦しみの発作の中から内村鑑三の唇を出たこの二つの言葉が、小さき紙片にうつしとられ、私どもの集うてゐた場所にもたらされて一同の前に読まれた時、私どもは先生の霊魂の偉大さにぢかに触れたやうな厳粛な感動に満たされました。

この二日後、内村鑑三はその生涯を閉じる。葬儀は三月三〇日に今井館附属聖書講堂で行われた。矢内原

忠雄は内村鑑三の生涯を右の『続余の尊敬する人物』において、「教会と戦ひ、教育界と戦ひ、藩閥財閥と戦ひ、貧と戦ひ、病と戦ひ、誤解と戦ひ、孤独と戦つた内村鑑三」と評した。的確なことば選びによる内村評である。

なお、後年森有正は内村鑑三を論じて、「内村の信仰告白はこの様な、数十年に亘る、生涯をかけての人格的プロセスだつたのである。それは、西欧文明の過程においては、パウロ、アウグスティヌス、ルター、更にパスカル、キェルケゴールによって辿られた道に比較することの出来る高い歩み、人間が真に人間として自覚的に歩む歩みであつたといふことが出来よう。近代日本の先覚者の一人が、この様な、全人格的歩みを、キリスト教信仰接受のプロセスの中に、数十年を費して現実化していつたといふこと、その中に、私は、日本におけるキリスト教の真の受容の一つの姿を見ることが出来ると思ふのである」(12)と書いている。

『羅馬書の研究』

内村鑑三は生涯、聖書研究に全精力を注いだ。『内村鑑三信仰著作全集25』(教文館、一九六六・二)に付された「総索引」中の「聖句索引」は、旧約三九巻、新約二七巻のすべてに、彼の言及が及んでいることを証す。正宗白鳥は「この聖書研究は彼の一生の大事業と云ふべきで、社会罵倒論や、教会攻撃文や、人物評論や、戦争反対論などよりも、この聖書研究が、彼が世に残した価値ある作品なのだ。これだけ完備した聖書研究は、日本では他に類がないのではないか」(13)と言う。間違いのない、的確な評言だ。

そうした中でも多くの識者が口をそろえて絶讃するのが、『羅馬書《ロマしょ》の研究』である。わたしの周辺にも、早く『内村鑑三』(構想社、一九九四・四)の著書を持ち、二〇一一(平成二三)年の鑑三生誕一五〇年に際しては、『内村鑑三 1861-1930』(藤原書店、二〇一一・一二)を編んだ新保祐司(文芸評論家、都留文科大学教授）がいる。新保は『羅馬書の研究』を通し、内村鑑三に出会い、鑑三の声をはっきりと聴き取ることになる。鑑三の文章には、人の心に迫る熱気がある。福音の証がある。それが最もよく現れたのが『羅馬書の研究』であった。

『羅馬書の研究』は一九二四（大正一三）年九月十日発行。奥付によると、発行者は古我合名会社古我貞周、取次所は向山堂書房と聖書研究社が並記されている。古我貞周という人は、鑑三ファンの財閥で、赤字覚悟の出版であったようだ。Ａ５判、四隅と背は皮製、題字は金文字を箔押し、本文七一二ページの堂々たる本である。定価は五円五拾銭。本文第一ページに「羅馬書の研究　内村鑑三講述／畔上賢造編纂」とあるように、本書は鑑三が東京大手町の衛生会館（大日本私立衛生会講堂）で講義したものを、門下生の畔上《あぜがみ》が記録したことがわかる。題箋裏に「余と同時にキリストを信じ、一生涯を通うして／信仰を共にし来れる、同校同級同室の友なる、北海道大学教授理学博士ドクトル宮部金吾君に／旧友の渝《かは》らざる愛を以て此書を献ず。／著者」の献辞が記されている。初出は鑑三主宰の雑誌『聖書之研究』で、「東京講演＝羅馬書の研究」と題して、第二四七号（一九二一・二・一〇）から第二六八号（一九二二・一一・一〇）まで連載されたものである。

いま右の『聖書之研究』第二四七号を手にすると、第一講には本文に先立ち、リードに「本稿は内村の東京講演を基本として畔上が自己の研究をも加へて編纂したるもの、或意味に於て二人の共作と云ふべきものである」と記されている。編纂者の畔上賢造は、一八八四（明治一七）年一〇月二八日、長野県小県郡《ちいさがたぐん》上田町（現、上田市）の生まれ。一九〇六（明治三九）年早稲田大学英文科卒業。在学中から内村鑑三の聖書研究会に出席し、卒業後、県立千葉中学校の英語教師となる。一九一一（明治四四）年上京し、聖書研究社の社員として、鑑三の助手を務めた。この時代畔上は、鑑三から校正の大切さを学ぶ。彼は聖書研究に熱心で、文筆に優れた能力を持っていた。こういうよき編纂者を得て、『羅馬書の研究』は世に出たのである。

ところで、後年『ロマ書の研究』《ママ》（教文館、二〇〇二・一二）に「解説」を書いた山本泰次郎は、「もしこの大講演が全部、あの『ガリラヤの道』『十字架の道』のように著者自身の簡潔な、明確な、力強い高貴な文で、親しくつづられていたら、本書の迫力と価値とはいやが上にもあがっていたであろうに、とのなげきとうらみを覚えさせられる」との見方を示したが、それは望蜀の歎きと言うものであろう。

すぐれた助手畔上賢造

畔上賢造は一九三八（昭和一三）年六月二五日、志《こころざし》半ばで没した。没後、三谷隆正・黒崎幸吉らの手により『畔上賢造著作集』全一二巻（畔上賢造著作集刊行会、一九四〇・七・二五〜一九四二・一・二五）が刊行された。その第一一巻には「内村先生をおもふ」（初出、『日本聖書雑誌』第八八号、一九三七・四）という文章が収録されている。中の一節で畔上は、「開拓者としての先生の道は、まづ苦難と孤独との重囲のうちに始まつた。建設はもちろんその目的であるが、建設のまへにまづ破壊がなくてはならない。この破壊作用こそ先生の敢行した教会攻撃であつた」と書く。内村の近くにいてその行動を見極めた者にして、はじめて言えることばであった。

矢内原忠雄に畔上賢造を弔した一文「畔上賢造氏逝く」（『嘉信』一九三八・七、『矢内原忠雄全集』第二五巻収録）があることを紹介しておきたい。畔上の信仰生活を称え、彼にミルトン・バンヤン・カーライルなどの英文学研究や、日本の思想家、――法然・親鸞・西行らの研究のあることに言及したものである。

さて、内村鑑三は『羅馬書の研究』で「余は羅馬書を講じて実は余自身の信仰を語つたのである」と言う。確かにこの一巻には、パウロの信仰を語りつつ、著者鑑三自身の信仰が展開している。日本で「ロマ書」（「ローマの信徒への手紙」）の研究が隆盛を極めるようになるのは、鑑三の本書の刊行をもって嚆矢《こうし》とする。

鑑三の門下生たちもまた「ロマ書」に向かい、著書として結実させた。藤井武・黒崎幸吉・畔上賢造・金沢常雄らである。そして矢内原忠雄もまた、「ロマ書」をとりあげ、講義をし、文章にも残した。第二次世界大戦の最中のことである。それらは戦後、『ロマ書』（角川書店、一九四九・二）にまとめられた。矢内原忠雄の「ロマ書」の研究に関しては、後章（第十章）で言及することにする。ここでは内村鑑三が、困難な時代に『羅馬書の研究』を著し、その思いを吐き出したように、矢内原忠雄もまた、職を追われ、多くの人々から糾弾や誤解を受ける中で、聖書講義の対象として「ロマ書」をしっかりとりあげたことを指摘しておくに留めたい。

矢内原忠雄の内村鑑三評

矢内原忠雄の内村鑑三への想いや回想を文章にしたものは、かなりの量に及ぶ。彼が影響を受けた人物には、他に新渡戸稲造や藤井武などもいて、それらの人々にかかわる文章も多く、『矢内原忠雄全集』第二四巻に収録されている。が、忠雄がそれら尊敬する人物の中で、最も多くの文章を捧げたのは、内村鑑三に対してであった。その中からいくつかを抜粋し、紹介しよう。

先生の講演の態度は一生懸命であつた。十字架の福音に対する熱心そのものであつた。講壇に立たれし先生は日常よりもたしかに十歳は若く見えた。緊張と熱意とが斯《か》く為《な》さしめたのだと思ふ。先生の死因は講演だと医者はいふ。若し講演を止めて居られたら尚十年はたしかに生きて居られたであらう、といふ。併し乍ら十年の余命何かあらんや。先生は福音の為めに生き、福音の為めに戦ひ、福音の為めに死なれた。先生齢七十歳に達したりとはいへども、尚現役の将軍として福音の戦場に名誉の討死を遂げられたのである。先生は誠に兄弟の為めに生命を棄てられたのである。（初出「教師としての内村先生」『日本聖書雑誌』第5号、一九三〇年五月一日）

国を愛したるがゆゑに国賊と罵られ、キリストを愛したるがゆゑに異端と嘲られ、友人に裏切られ、弟子にそむかれ、あらゆる種類の非難を身に被りながら誠実をもつて世を送り、感謝に溢れて世を去りしか内村鑑三、その性格は円満を重んぜずして角稜に富み、温厚の君子にあらずして或は笑ひ或は泣き或は怒り或は悄然たる野人であつた。野の風の如く、野の花の如く、人間の中の人間らしきものたりしかれ内村鑑三。（初出「『内村鑑三全集』の発刊に就て」『東京日日新聞』一九三二年五月二五日）

職を失ひ、国賊よ非国民よといふ批難を一身に浴びて、先生は東京を去つた。フィレンツェを追はれたダンテのやうに、窮迫流浪の生涯が先生に始まつた。大阪の泰西学館、熊本の英学校等、転々として職を変へたが、どこでも長つづきがせず、宣教師もしくは校長と衝突してはその地位を棄てた。

この流浪の生活の中から、先生は文筆を以て志を述べる事を始めた。学校の教師としての教育事業に失望し、もしくはその道をふさがれた先生は、著述によつて教育と伝道の素志を果さうとしたのである。一つには日常のパンの資をかせぐ必要が痛切であつた。先生の処女作であり、又不朽の名著といはれる『基督信徒のなぐさめ』は、明治二六年（一八九三年）二月大阪で、又『求安録』は同年八月熊本で著述、出版された。その夏、先生は京都に移り、窮迫の生活の中にあつて、『路得記《ルツ》』、『伝道の精神』、『地人論』、及び英文で　How I became a Christian 等の著述をば、相次いで公にした。（社会思想研究会編『わが師を語る』一九五三年二月二〇日）

「人は教会の洗礼を受けなくても基督信者であり得る。」「人は教会に属しなくても、キリストによって救はれ得る。」之が内村鑑三によつて唱へられた無教会基督教の最小限である。それは単に教会の腐敗を攻撃してその内部的改革を促すといふに止らない。それは教会制度そのものの根本に関する革命的主張である。ルッターやカルヴィンがカトリック教会に対してプロテスタント教会を起した宗教改革の事業を、内村鑑三は更に徹底して無教会主義を主張したのである。それは宗教改革の徹底であり、世界の基督教史に新しい頁を開いたものである。キェルケゴールが北欧に対して為した以上のことを、内村鑑三は日本に対して為した。否、日本を通して世界に寄与したのである。この意味において先生は日本が生んだ世界的預言者である。先生の基督教史における宗教改革者としての偉大なる価値は、今日の日本人のよく理解し得るところでないが、それは後世史家の必ず認めざるを得ないところであると信じる。（同右『わが師を語る』）

どれもが鑑三の人と仕事とを語って止まない。しかも、核心を衝き、文章は明解である。そこには、後の矢内原忠雄の歩みにも重なる鑑三の苦難と栄光が端的に語られているとしてよいであろう。また最後に引用した文章は、無教会主義の理念と宗教改革者としての内村鑑三評価に及んだものとなっている。

近代日本の根源的な批判者

先にふれた現代の批評家新保祐司は、「今、何故内村鑑三か」の問いの下、当今の状況を踏まえて以下のように言う。(14)

明治維新から始まった日本の近代は、まず文明開化であり、敗戦を経て、戦後は高度成長、そして情報化社会であったが、その末路は、東日本大震災（天災）と福島原発事故（人災）であった。

この破局を踏まえて、日本人は、日本の近代化の問題を根本から問い直さなければならない。今日の苦境を、日本人がこれまで得意としてきた、対症療法的なやり方（例えば、「節電」というような）でやりすごそうとするならば、もっと大きな（そして、もしかすると致命的な）破局を将来に、もたらすことになるだけであろう。

このような大きな時代の変換期、いわば時代が一度、焼野原になってしまったような状況の中で、明治維新以来の文明開化による日本の近代そのものが問い直されなければならないときに、内村鑑三が偶然にも（決して偶然ではないかもしれない）生誕一五〇年を迎え、振返られることの意義は極めて深いといわざるを得ない。何故なら、内村鑑三こそ、日本の近代の最も根源的な批判者だからである。

このとらえ方は、こんにち、極めて有効である。それは「鑑三生存中から没後八十年以上を経ても」と言い直した方がいいかもしれない。

新保祐司の言う、「日本の近代の最も根源的な批判者」を、矢内原忠雄は内村鑑三に見て取ったのであった。鑑三没後の矢内原忠雄の歩みは、試練と苦難の連続であった。彼は時代の波に抗するかのように、信念を曲げず時代状況と対峙する。

三　マルクス主義とキリスト教

福音を恥とせず

一九三〇（昭和五）年五月二八、二九の両日、内村鑑三記念キリスト教講演会が東京青山会館で行われた。講演者は矢内原忠雄・塚本虎二・畔上賢造・金沢常雄・三谷隆正・黒崎幸吉・藤井武の七人であった。忠雄は第一日目に「内村先生対社会主義」の題で話す。それは一九三〇年七月刊行の金沢常雄主幹の雑誌『信望愛』第二七号に載った。いま『矢内原忠雄全集』第二四巻収録本文で、それを見ると、忠雄は内村鑑三と社会主義との関わりを、一九〇〇（明治三三）年の『聖書之研究』誌創刊から述べる。彼は「先生は国家・社会の苦難の問題より遊離して象牙の塔にこもる思想的遊戯家ではありませんでした。先生には活きた血が、活きた愛が溢れて居りました。先生は預言者の熱情を以て日本国を愛しました。愛が深刻であればある程、先生は腸《はらわた》を絞つて国民の腐敗堕落を責めました」にはじまり、社会正義のために闘った内村鑑三を称える。が、「先生は社会改良運動に身を寄せずして、聖書の研究に身を投じました」とも言う。

その最後のパラフレーズを見ると、「先生は福音を恥としませんでした。「そは総て信ずる者を救はんとの神の大能なればなり。」私はここに自己の小なる名誉の一切をかけて言ひます。社会改革は小なる問題ではありません。社会的不義に向つて我等は憤ります。併し社会改革の根本的真理は内村先生と彼の仕へしイエス・キリストとにあります。先生と別れし唯物論者たる社会主義者とその主義とにあるのではありません」とある。

矢内原忠雄は、師内村鑑三をよく理解していた。右の一編も然りである。それは自身の社会主義・マルクス主義観にも繫がるものがあった。彼の『マルクス主義と基督教』（一粒社、一九三二・三）は、マルクス主義全盛期に書かれた「キリスト教弁護論」（同書戦後版「はしがき」）である。彼はマルクス主義をよく理解した。が、その根本の理論である唯物論は、内村鑑三同様きびしく否定した。彼のマルクス主義理解は尋常ではない。彼の勤務した東京帝国大学経済学部は、高野岩三郎の門下生、――櫛田民蔵・大内兵衛・権田保之助・細川嘉六、そして一高時代からの仲間で、生涯のよき友となる舞出長五郎ら、マルクス経済学者の牙城であった。忠雄はその学風にもなじみ、科学的な思考の大事なことがよく分かっていた。

忠雄のマルクス主義理解

美濃部亮吉の『苦悶するデモクラシー』[15]には、「矢内原先生によって、マルクス主義の洗礼を受けたといってよい」のことばが見られ、外国語経済学でヒルファーディングの『金融資本論』をテキストに使うようになった一場のエピソードを記す。以下のようだ。

外国語経済学のテキストについては、教授会の承認を得なければならないことになっていた。矢内原先生は、教授会において、マルクスの『資本論』をテキストに使うことについて承認を求められたそうである。これに対し、山崎（筆者注、覚次郎、経済学部の長老教授）先生がまっこうから反対された。大内、舞出先生が矢内原先生を支持したことはいうまでもない。テキストの決定については、助教授も参加し得るから、教授会は混乱状態に陥り、その日の教授会では何らの決定を下すこともできなかった。教授会の閉会後、矢作（筆者注、栄蔵、経済学部教授）先生は大内、舞出の両先生をつかまえて、なぜ君たちはマルクスなどの著書をテキストに使うことに賛成するのかと言って大いに叱ったそうである。

そして、自分が行って矢内原先生を説得するからというので、大内、舞出の両先生を従えて大森の矢内原先生の自宅に向われた。ここでまた矢内原先生との間に、小一時間もはなばなしい論争が展開された。しかし矢内原先生は、マルクスの『資本論』はよい本だからテキストに使うのだと言ってどうしても譲歩しない。これでは、どうにも結論に達しようがない。その時、舞出先生が、では『資本論』の代りにヒルファーディングの『金融資本論』を使ったらどうでしょうと妥協案を提出された。矢内原先生はそれに賛成された。というのも、『金融資本論』は、マルクスの理論に基いて、高度に発展した資本主義を理論的に分析した本であったからである。矢作先生も、それに同意された。おそらく矢作先生は、『金融資本論』がどういう本か知っておられなかったのではないかと思われる。知っていたら、やはりマルクスの理論を展開している『金融資本論』の採用に同意されるはずはないからである。

矢作栄蔵は経済政策を専門とする古参教授である。一八七〇（明治三）年七月、埼玉県北足立郡伊刈村（現、川口市）の生まれ。美濃部亮吉に「おそらく矢作先生は、『金融資本論』がどういう本か知っておられなかったのではないかと思われる」と言われたように、新しい学説を学ぼうとしない、否、受け付けない学者であった。

科学と信仰

矢内原忠雄はマルクス主義の学説をよく理解したものの、科学と信仰という点では、信仰を優先する立場を終生離れなかった。そこが忠雄の原点であったからだ。彼は自身のキリスト教とマルクス主義との関係を「私の人生遍歴」(16)で振り返っている。そこでは社会の変動期にあたってマルクス主義の研究が盛んになった時代を振り返り、「当時の経済学は、社会科学の最先端を行くものとしてマルクス主義の科学的な研究方法によって強く影響されました。科学は実証的な分析の態度を必要とするものであって、単なる感情や感想では研究できない。科学的な分析の方法によらなければならない、と言われた。これは至当のことでありまして、私も、そうでなければならんと思っております。ところで、信仰というものは科学的な分析を越えたものので、そのようなア・プリオリ的（先験的）な、独断的な思想を前提としていることは、すでに科学的でない。それ故に、信仰をもったものは科学の研究には不向きである。矢内原君がキリスト教の信仰をもっている限り、彼は社会科学者として徹底することはできないだろう、ほんとうの学者になれないだろう、と言わんばかりの批評がありました」と言っている。

そうした批判に応えて彼が著したのが、『マルクス主義と基督教』である。初版は一九三二（昭和七）年三月、名古屋の一粒社という小出版社から刊行され、版を重ねた。が、第二次世界大戦によって一粒社は罹災し、紙型を焼失したため、戦後、長崎次郎の経営するユニークなキリスト教出版社、新教出版社から付録の四編が除かれて一九四七（昭和二二）年五月に再刊された。長崎次郎は、忠雄の一高基督教青年会時代の学友長崎太郎の弟である。

戦後のキリスト教ブームとマルクス主義の浸透もあって、この新教出版社本は知識人によく読まれた。さらに一九五六（昭和三一）年七月には、この新教出版社版が角川文庫の一冊となり、大塚久雄の解説付きで刊行された。角川文庫になるに際し、タイトルが『マルクス主義とキリスト教』と、「基督教」が「キリスト教」に変更された。本書は比較的息の長い刊行物である。特に第二次世界大戦を挟んでの刊行であることに注意したい。初版以来、「戦ひの先がけ／藤井武兄に／此の小著をささぐ」の献辞が扉裏に刷り込まれている。以下、本書の引用は、角川文庫版を底本とした『矢内原忠雄全集』第一六巻収録本文による。

唯物史観にメスを入れる

忠雄はこの書で、マルクス主義とキリスト教の違いを鮮明に告げる。「序論」にそれを見よう。忠雄は「マルクス主義の思想体系としての特色は第一に唯物的たること、第二に社会的たること、第三に歴史的たること、に要約しうるであらう」という。的確なマルクス主義理解である。それに対してキリスト教は、「救主イエス・キリスト」にすべてを負うものとする。それ故「マルクス主義とキリスト教とは絶対に妥協せしむるをえない」ものだと言う。忠雄はマルクス主義を安易に否定しない。彼は「序論」の二で、「マルクス主義者について感心せられるのはその主義に対する忠実、その理想に対する不撓《ふとう》の熱誠、その実行に関する勤勉努力である」とし、対する今日のキリスト教会が「妥協的にして惰気満々たるに対して好個の対照である」とまで言う。さらに「かれらは貧窮を恐れず牢獄を恐れず、一生を不遇の間に過してなほその道の勝利を信じて疑はない。かれらはその意気と確信とにおいて初代教会に比せらるべきものである。マルクス主義の主張およびマルクス主義者の行動に対する賛否は別として、その主義のために忠実なるは敬服せざるをえない」と彼はマルクス主義信奉者の長所をあげる。そこには昭和初年代にはじまる、国家権力の弾圧にも屈せず闘う人々が、マルクス主義者にいることが意識されていた。

その上で社会主義者の歴史観である唯物史観にメスを入れる。「社会主義者の歴史観は即ち唯物史観である」と忠雄は言い、「唯物史観の要領」を以下のようにまとめる。

> 即ち今日の資本主義的生産社会について言へば、資本家的搾取経済の終了は資本主義経済の進行に伴ふ必然なる運命である。それは時満つるまでは完全に行はれないが、時来れば必然に行はれるものである。しからば個人または階級の努力による闘争は無意味であり不必要であるかといふのにけつしてしか

らず。第一に社会的生産の進展は人類の意志を決定し人類の意識を通じて働く。第二に歴史的発達の方向に一致して人々の努力するといなとは歴史の進行に対する障害を除き、犠牲を減少し、もつて円滑なる発展をえせしむる所以である。しかして今日の資本家的社会形態が無産階級の勝利をもつて終ることにより搾取掠奪の時代は終り「人類の歴史前期は終結を告げ」、生活らしき生活、歴史らしき歴史はこれより始まるものとなすのである。

キリスト者の歴史観

こうした社会主義者の唯物史観に対し、キリスト者の歴史観はどうなのかを、忠雄は次のように説明する。

キリスト者は信ずる――人類の歴史は神の御手にある、歴史の進展および将来は神の導き給ふところであって個人を超越せる力が真に歴史を作るのである。神は一定の御経綸に従ひて人類の歴史を指導し給ふ。即ち神の国の実現である。マタイ伝第二十四章に示さるるごとく、神の国は時満たねば完全に実現せられず、しかして時来たらば必ず実現せられる。しかして神の国実現の問題は既にこれを解決すべき条件が存在し、あるひは少くとも発生しかけてゐるのである。かく神の国実現の方向に人類の歴史は導かれる。しかしてその偉大なる歴史の動力は個人の意識を刺戟して不信者をしてこれがために奮起せしめる。ここに不信者と信者とは神の国実現のために闘争する。キリスト者が神の国のために働くは、神に対する信仰がかれに迫りてやむをえざらしむるものであり、またそのことの結果は神の国実現のための障害をとり除き神の国実現のみちを坦《たいら》かにする所以である。「キリストの体なる教会のために我身をもてキリストの患難《なやみ》の欠けたるを補ふ」（コロサイ書一の二十四）。しかしてこの罪の世の終了とともに人類は始めて真の生活、生活らしき生活をなすをうる。この意味においてこの世の終末とともに人類の「歴史前期」が終結を告げ、人類としての真の歴史が始まるのである、と。

「序論」の「三　キリスト教とマルクス主義」では、「キリスト教は歴史上内外度々の試練をへて来た。最近においては世界大戦がそれであつた。しかしてマルクス主義もまたその一である」と言う。忠雄はマルクス主義の長所を十分認める。それ故「いま、マルクス主義を見よ。かれらは貧民の友、搾取抑圧せられてゐる者のための闘士として立つ。かれらは社会における抑圧搾取の事実を鋭く認識し、これを攻撃し、民衆を解放して自由を獲得せしめんために戦ふ。現代キリスト教会にはそれだけの認識と理想と戦闘力とありや。教会は自ら問うて見るがよい、強者と弱者と相争ふ際教会はしらずしらずの間に強者の側に立ちてゐるではないかと。かれらは圧迫に対する反抗を苦々しく思ひはするが、圧迫そのものの不正不義なることを攻撃することはなしえない」とも言う。また、次のような本質を衝いた見解も披瀝する。

マルクス主義の思想は根本において唯物論である。かれらは理想の働きを認めるけれども、窮極において理想もまた物質より派生するところ、物質世界の規定し指導するところと認める。唯物史観の解釈には種々あるも、その根柢は唯物論であると見ねばならない。しかしてこの思想が実践に現はれる時、所謂境遇改善の主張となる。即ち、人の善悪は境遇の所産であるから、境遇をよくすることは人を改善する根本的条件である、といふ議論である。しかして奇態なることには、現代キリスト教会はしらずしらずの間に、この点においてマルクス主義と同じ立場に立つ。現代教会の努力は霊の救の問題よりむしろ境遇改善運動に重きを置いてゐるのではないか。かれらは聖書の研究を怠る。かれらは祈祷よりもスポーツを愛する。贖罪復活等信仰の根本問題を説かずして社会的事業を高調する。教会に人を吸引する策としては福音を説くよりも音楽映画に着眼する。何よりも、かれらが教会を尊重すること自体がその唯物思想を暴露する。

ここで矢内原忠雄は、キリスト教がマルクス主義と異なるのは「聖書の研究」にあり、霊の救いが大事で、「信仰の根本問題」である贖罪や復活を説くところに、その違いがあるとする。そしてキリスト教会を革新する道は、「イザヤ、エレミヤ、アモス、洗礼者ヨハネへの復帰である」と言う。さらに「信仰の客観性に立つ」ことと、「霊の救の福音に立つこと」を強調する。以下本論で彼は、「一　科学と信仰」にはじまり、「宗教は阿片なりとの論」「真理」「道徳」「自由」「社会運動」「階級闘争」「弁証法」「革命論」「キリスト教批判」などの項目を立て、マルクス主義とキリスト教の違いを截然《せつぜん》と述べる。

「結論」の箇所で忠雄は、「世との妥協を排斥して戦闘的たれ、合理主義を排斥して神の一切の摂理を信ぜよ、罪の意識を重んぜよ、霊と来世とを信ぜよ、エクレシヤの観念に徹底せよ、預言者的精神を恢復せよ。キリスト教はキリスト教であることによりてのみ、またそれによりて十分に、すべての人間的思想にうち勝ちてあまりがあるのである」と言う。ここに真の信仰者矢内原忠雄を認めることができよう。

三木清の書評への反論

本書を読んだ哲学者の三木清は、『帝国大学新聞』第四二九号（一九三二・四・二五）に「宗教改革か社会改革か　矢内原忠雄氏著『マルクス主義と基督教』」と題しての批評文を載せた。三木は『マルクス主義と基督教』

を実に丁寧に読みこなした上で、「矢内原教授の思想は自から神秘主義的傾向をとり従つて現実の世界の問題には無関心とならないであらうか。『生産手段が私人の所有に属しようが社会の共有に属しようが、キリスト教はそのいづれを以て真理なりと断定する立場にもあらず興味を感じない。』このやうな無関心はやがて社会からの逃避となる危険を含まないだらうか」と言い、矢内原教授は、「宗教を社会運動から分離して一の神秘的境地に満足することを本領とせよといはれるのであらうか。いづれにせよ、我々はこの書を問題の書として読者の研究に勧めたい」と結ぶ。

　実は、矢内原忠雄の以後の困難な歩み自体が、三木清の書評への的確な反論となるのだが、そのことは別にして、矢内原忠雄は同紙次号の第四三〇号（一九三二・五・二）に、「三木清氏の拙著批評に答ふ——『マルクス主義と基督教』に就て——」を書く。本格的な反論である。ここで忠雄は、三木清が「極めて真し《ママ》なる態度と言辞をもつて批評せられし事は特に感謝に堪へない。これに対して一言するは読者に対する礼儀であると思ふ」と言い、反論を展開する。忠雄は三木清が「矢内原教授の思想は自から神秘主義的傾向をとり従つて現実の世界の問題には無関心とならないであらうか」と問うたのに対して、二つの点を質そうとする。忠雄自身のことばで示すなら、以下のようだ。

　第一は宗教の本義は神秘的なるものであるや否や。

　第二はこの神秘的本質を有する宗教は現実の世界の問題に無関心たるや否や。

　いかにも矢内原忠雄らしい反論である。彼は続けて「神秘（霊）のなき所に宗教そのものゝ固有の存在はあり得ない」と言い、さらに以下のように論駁する。

信仰が知識の問題であるなら、知識の進歩によつて宗教は消滅するに至るかも知れない。マルクス主義の宗教観はその如き主張であると思ふが、私のこれに反対する所以も、又こゝにあるのである。第二に霊的信仰が現実の世界の問題に無関心であるとすればそれは修道院的信仰であつて、少くともプロテスタントの信仰はさうでない。現実の世界の問題に処する生活力生命力の根本として、霊的信仰を重要視するのである。然して斯《かく》の如き霊的信仰に立つキリスト教は具体的なる社会組織、社会運動に対してそれ自身として一定の態度を固有するものでないといふのが私の主張である。

説得力のある反論である。後年、矢内原忠雄没後になるが、大塚久雄は、本書にふれて次のように書いている。(17)貴重な証言なので、引用しておきたい。

大塚久雄と家永三郎の証言

『マルクス主義と基督教』の初版が公刊されたのは昭和七年三月のことであって、いまでは、それからすでに三十余年を経過している。この三十余年の時間的経過をへだてて、いまわれわれは、とくに社会科学の側からみて、この書物をどのように考えたらよいのであろうか。その間、マルクス主義者によるマルクス理論の解釈にもさまざまな変遷があった。とくに、この三十余年の間にはスターリン体制の確立と崩壊が含まれている。そうしたことからでも判かるように、いまからみれば、この書物にはすでにさまざまな問題がはらまれていることは否みがたい。しかし、それにもかかわらず、世界観と科学の峻別、そしてこの両者の相関のうちにみられる激しい緊張の関係、この点を明瞭に指摘された矢内原先生の眼はやはり正しかったと、いまわれわれはいわなければならない。というのは、世界観と科学の峻別や両者の間に生ずる緊張関係の存在をみとめないはずのマルクス主義思想のなかにも、近来ようやく「人間」の問題が公然と論じられるようになって来たからである。

そうした意味連関において、そしてまた、とくにキリスト者にとって、矢内原先生の『マルクス主義と基督教』はいまもなお十分な生命力をもって生きているのであり、今後も生きつづけるであろうと思う。

大塚久雄は右の文章の別のところで、「矢内原先生は全身全霊を傾けてキリスト教の真理を弁証しようと試みられた」とも言う。マルクス主義を安易に否定するのでなく、キリスト教と対比しながら双方の違いを説く矢内原忠雄の論述を評価しているのである。大塚の論が発表されてからも、はや半世紀近く経つが、その言説の意味は重い。

日本思想史研究の家永三郎は、矢内原忠雄の〈キリスト教とマルクス主義〉の見解を、「通常は到底あい容れない思想とされているキリスト教の信仰とマルクス主義の科学とを主体的に統一することにより、日本の現実に鋭い批判を加えた」(18)と評したが、これまた忠雄の営為を的確に見抜いたものである。なお、後述するところだが、家永三郎は生涯を通して、矢内原忠雄のよき理解者であった。

四　反動の波に逆らう

金融恐慌と芥川龍之介の死

時代は大きく変わろうとしていた。矢内原忠雄が台湾調査旅行を行った一九二七（昭和二）年春、日本の社会では金融恐慌が起こり、銀行預金の取付け騒ぎが各地で生じていた。大企業の鈴木商店の破産にはじまった金融恐慌は、三月末には日本統治下の台湾の中央銀行が鈴木商店への不良貸付などのため資金難に陥り、四月には近江銀行とそろって休業する事態を迎える。貴族銀行と言われた十五銀行も四月二一日に整理休業に追い込まれる。恐慌にからんで若槻礼次郎内閣は総辞職し、陸軍大将田中義一が政友会に迎えられ、首相となった。恐慌騒動が一段落した五月二八日、田中内閣は世論の反対を押し切り、中国山東への出兵を敢行した。前途の見えない不安な時代の到来であった。

矢内原忠雄はまさにこの時期、台湾に取材旅行に出かけ、帰国直後、前述の「台湾に於ける政治的自由」（『帝国大学新聞』第二二〇号、一九二七・五・二三）を書く。そこには台湾銀行事件も取り上げられている。彼は言う。「台湾の専制政治的威力は最近最も明瞭に発揮せられた。台銀事件之である。台銀問題に関しては台湾の新聞は之を掲載せざるのみならず、内地新聞はその関係記事をば鋏で切り抜きたる上移入せられたのである。台湾の新聞を見て居たのでは内閣更迭の原因すら知らないのであつた。かくの如き総督の威力を以て台湾民衆は殆ど何も知らずに台湾銀行を事件の中心とする財界恐慌の一ヶ月を経過したのである」と。忠雄はここで日本統治下の台湾における「政治的自由の問題」を提起しているのである。

一九二七（昭和二）年七月二四日の早朝、前章でふれたように、一高で同期だった芥川龍之介が自死した。芥川は「唯ぼんやりとした不安」を遺稿「或旧友へ送る手記」で訴えて、自らの命を絶った。早すぎる死であった。忠雄の芥川の死に関する直接的言及は見出せない。が、芥川もまた、忠雄同様、しっかりと日本の現実を見つめ、粗雑な軍国主義への道を歩む祖国の行き方に、小説や評論で異議申し立てをしていたのである。特に一九二一（大正一〇）年の中国視察旅行、一九二三（大正一二）年の関東大震災を経ることで、それまでの作風とは異なった現実凝視と批判に満ちたテクストが多くなる。「母」（『中央公論』一九二一・九）にはじまり、「将軍」（『改造』一九二二・一）「桃太郎」（『サンデー毎日』一九二四・七・一）「湖南の扇」（『中央公論』一九二六・一）、それに紀行文『支那游記』（改造社、一九二五・一一）などには、日本の現実への芥川の鋭い批評眼、不条理な世界へのやりきれない思いがにじみ出ているのを見逃すことはできない。[19] そうした中で、彼もまたキリスト教に接近、「西方の人」（『改造』一九二七・七）、「続西方の人」（遺稿、『改造』一九二七・九）のイエス伝を残した。

激動の昭和史のはじまり

矢内原忠雄のこの世との厳しい闘いは、芥川の死の後に来る。激動の昭和史は、中村政則の言うように、「芥川の死とともにはじまる」[20] としてよいのである。時代のいっそうの右傾化を前に、忠雄はそれを黙って見ているわけにはいかなかった。彼はそうした流れに立ち向かい、帝国主義日本の専制政治を糾弾する。朝鮮や満洲や台湾で見た日本人の横暴、――それは彼をして、日本政府批判へと向かわせるのであった。

一九二八（昭和三）年は、小林多喜二の小説「一九二八年三月十五日」（『戦旗』一九二八・一一〜一二）で知られる事件の起こった年である。この年三月一五日、日本共産党への大弾圧が行われ、政府は一道三府二〇県の関係者千数百名を一斉検挙した。弾圧は党員以外の同調者や労農党などの活動家、それに各大学の社会科学研究会会員も含まれていたことから、文部省の左翼教授追放策が浮上した。京大の河上肇が大学を追われるという事件は、その余波であった。『京都大学百年史　部局史編1』（財団法人京都大学後援会、一九九七・九）には、河上事件に関する以下のような記述がある。

昭和三（一九二八）年三月十五日、日本共産党への大弾圧が行われた（三・一五事件）。この中には京大をはじめ各大学の社会科学研究会の会員も多数含まれていたことから、文部省では学生の処分、「左傾」教授の進退、社会科学研究会の解散を四月十二日に省議決定し、総長らに方針の徹底を図った。それから二週間、全国の大学で「左傾」教授の追放と社会科学研究会解散の嵐が吹き荒れ、東京帝大の大森義太郎・九州帝大の向坂逸郎《さきさかいつろう》らとともに、本学の河上肇が四月十八日付で大学を辞するに至った。また、同日には京大社会科学研究会も、総長命令により解散を余儀なくされた。

世にいう「河上事件」は、当時、ファシズム化への歩みを速めていた政府・文部省による本格的な大学・思想統制の一端であった。

それはまた次に来る京大事件の予兆でもあったのだ。一九三一（昭和六）年の九月一八日、柳条湖の鉄道爆破事件を契機として起こった日本の中国東北部への侵略戦争（満洲事変）は、政府の不拡大方針にもかかわらず、現地軍が独走し、戦線は拡大した。軍部は一気に勢力を強め、大学は危険思想を生む場として攻撃の対象となるようになる。

藤井武の死

内村鑑三が没して四ヶ月もたたない一九三〇（昭和五）年七月一四日、矢内原忠雄の先妻愛子の姉喬子《のぶこ》の夫藤井武が胃潰瘍で没した。四二歳の若さであった。葬儀は七月一六日、新宿柏木の今井館聖書講堂で行われた。忠雄は藤井主催の雑誌『旧約と新約』最終号（一九三〇・八）に、「預言者の生涯と死」を寄せ、その死を悼んだ。矢内原忠雄の時代との闘いを語る時、藤井武の死とその全集刊行のことは、避けて通ることが出来ない。忠雄は早くから藤井の人と信仰を尊敬してやまなかった。忠雄の「藤井武小伝」（第一次『藤井武全集』第一二巻に、塚本虎二の「跋」と共に収録され、『藤井武君の面影』藤井武全集刊行会、一九三二・一一・一〇にも収録）は、格調高い文章で藤井武の生涯を描いた、すぐれた評伝文学ともなっている。

藤井武は一九一五（大正四）年一二月、内務省官僚を辞して上京、伝道を志し、内村鑑三の助手として、『聖書之研究』の編集に携わり、同誌に寄稿するようになる。一九二〇（大正九）年六月には、独立して雑誌『旧約と新約』を創刊し、編集と執筆に打ち込んでいた。その頃の著作に『永遠の希望』（岩波書店、一九二二・一二）がある。当時在外研究中の忠雄は、ベルリンでこの書を受け取り、喜びにふける。なお、東京目黒の今井館資料館所蔵の矢内原忠雄旧蔵『永遠の希望』の扉には、「一九二三年二月　独逸伯林にて／矢内原忠雄」の書き込みがある。

藤井には、一九二七（昭和二）年一二月二五日の日付で岩波書店から刊行した、『イエスの生涯とその人格』など、名著の名に値するものがいくつもある。まさにこれからという時に、彼は天に召されたのであった。矢内原忠雄は、藤井武にかかわるいくつもの追悼文や回想を書いているが、以下に二つの雑誌から引用する。

彼の信仰は神を絶対に義とし、神に絶対に信頼する生活そのものであつた。彼の信仰は概念とか思想とか信条とかいふものではなかつた。絶対信頼の思想にあらず、その感情にもあらず、絶対信頼の生活そのものであつた。生活の中心、生活の内容、生活の態度であつた。彼は生活中心と共に生活態度を重んじた。神を信ずると共に神を信ずる生活態度の誠実性を要求した。彼は最近私に語つて言つた、「若し信仰と真実といづれか一つを選ばねばならぬとするなら、自分は真実を選ぶ、何故なら真実なる心は神を知ることが出来るが、真実のない信仰はパリサイ主義に陥るから」と。彼が人生観の根柢を問題にするときは、それは単に人生の観方だけではない、又同時に人生の行き方の問題である。真実こそ彼の人生の根柢であつた。真実を愛したる彼は一切の虚偽と打算を憎んだ。彼は厳かなる存在であつた。（「預言者の生涯と死」『旧約と新約』第一二二号（終刊号）、一九三〇年八月五日）

彼は恩師の屍を越えて戦ふといつた。あらゆる真理の敵に向つて宣戦を布告すると叫んだ。その声はなほ吾人の耳朶に残る。しかも彼その人が早くも戦死してしまつたのだ。何たることであるか。地上の戦は我等に遺された。我等は彼の剣を拾ひあげて敵に向ふ。彼の屍を乗り越えて真理の敵と戦ふ。余は彼の死を悲まない。余は彼の剣を拾ひあげて敵に向ふ。内村先生は死しても藤井が戦ふと宣言したやうに、藤井も死しても我等が戦ふことを、人類に向つて宣言せんと欲するものである。（「真理の敵」『永遠の生命』第六〇号、一九三一年二月一五日）

『藤井武全集』の編集

矢内原忠雄は「真理の敵」と闘うことをここに決意する。「真理の敵」という表現は、藤井武が最初の内村鑑三記念キリスト教講演会（東京青山会館、一九三〇・五・二九）で用いたことばであった。藤井は「近代の戦士内村先生」[21]と題した講演の結びで、「私どもはすべての真理の敵にむかつて、新に宣戦を布告します」と述べたが、忠雄の言う「真理の敵」は、藤井の用いたこの印象的なことばに負うている。その具体的な闘いの第一は、『藤井武全集』の編集であった。忠雄は企画力と実行力に優れた資質を有していた。矢内原がやるならと人々はついてくるのが常であった。それは自分を殺しても人を立てる、というリーダーとしての資質が彼にあったことをも示す。そうした自己犠牲を顧みなかった点が、この場合にも機能した。彼は藤井武全集刊行会を作り、藤井と同級だった塚本虎二が乗り気なのを知ると、二人してその代表者となった。

藤井武全集刊行会は、一九三〇（昭和五）年一一月、矢内原忠雄の自宅を事務所に発足し、第一巻を翌一九三一年二月二五日に刊行した。忠雄執筆の「刊行の辞」（塚本虎二との連名で発表された）の書き出しには、「預言者はその故郷に於て尊ばれない。藤井武君も亦武蔵野の一角に立ちて叫ぶこと十年、遂に国人は彼に耳をかさなかつた。／しかし知る人ぞ知る、彼は大正・昭和のエレミヤであった。我等は彼の如くに預言者らしく生きまた死にたる人を多く知らない。また彼の如くにキリストの十字架の信仰を高唱したるプロテスタント的勇者を見ない。日本は確信を以て彼を世界に誇ることが出来る」とある。まことにふさわしい「刊行の辞」である。以後、藤井武全集刊行会は毎月一冊の配本を守り、一九三二年一月二五日、全一二巻の刊行を終える。『藤井武全集』刊行の苦心は、『私の歩んできた道』[22]には、次のように回想されている。

睡眠時間が非常に少なくて、五百ページないし六百ページの本の編集を毎月して、校正も自分でやり、予約募集をし、書物を包装して郵便局へ持って行くまで自分でした。そういう教授本来の仕事じゃないことをするために、講義や論文を書くのを怠って人から非難を受けてはならないと思い、零細な時間を惜しんでやりました。電車の中でとか、夜おそく校正をするので目を悪くした。今でも、よくやったものだと思うんです。僕の家内の父親が危篤という電報がきたのですが、どうしてもやりかけている校正をやってしまわないと発行日に本ができないというわけで、もうちょっと、もうちょっとと思って、朝の汽車に乗らないで午後の汽車に乗ったために、家内の父親の死に目に会えなかった。非常に残念だったけれども、許してくれるだろう。

まさに寸暇を惜しんで、忠雄は『藤井武全集』の刊行に当たった。恐るべき執念ともいえるものが、そこにはあった。義父堀米吉の死は、一九三一（昭和六）年七月一九日であり、忠雄は第六巻の校正中で、その臨終にも会えなかったのである。このことは、返す返すも悔やまれた。それは七月二四日付の矢内原恵子宛、忠雄書簡からも読み取れる。一部を抜粋する。

今度のことはほんたうに悲しくありました。僕は松村、宇佐美両兄のやうに行き届いた御世話をする能力も無く其の地位にもありませんのでお父様に取りて全く役に立たぬ子でした。僕の持つてるものはただイエス様の福音だけで、僕に出来る事と言へばただ信仰の点でお父様を慰め助けまゐらすだけですのに、お父様が死の苦しみと難戦苦闘せられてる際に、その最も必要とせらるる慰め助けの一言もお耳に入れて差上げずその御苦しみの一端にも与《あづか》らず、その苦しき御身体の指一本さすつて差上げることも出来なかつたのは実際残念でたまりません。

『藤井武全集』の編集・校正・刊行の仕事は、忠雄がほとんど一人で行っていた。子息の矢内原伊作に、「（全集刊行会の）代表者は塚本虎二と矢内原忠雄の二人だが、塚本はいわば相談役であり、実際の仕事は忠雄がほとんど一人で遂行したのである。その仕事たるや煩雑膨大を極めるものだったが、彼は獅子奮迅の勢いでこの仕事に心血をそそいだ」(23)との証言もある。ともかく彼はこの大仕事を成し遂げた。彼は『藤井武全集』の編集が、「真理の敵」との闘いであることを信じて、時に家庭を犠牲にしてまでも、まっしぐらに突き進んだのであった。

自由ヶ丘への転居

一九三二（昭和七）年四月、矢内原家は東京府荏原《えばら》郡碑衾《ひぶすま》町大字衾二四七六番地（のち、東京市に編入の際の地番変更で、東京市目黒区自由ヶ丘二九四番地となる）に転居した。以後生涯を送った家である。矢内原伊作によると、「自由が《ママ》丘は渋谷と桜木町を結ぶ東京急行電鉄東横線（以前は東横電車といった）と、大井町から二子玉川方面に通じる田園都市線（以前は目蒲電車大井町線といった）との交叉するところで、今日では比較的高級な住宅が密集し、駅の周辺は一種の繁華街になっている。が、私の一家が引越してきたころはまだ全くの田舎で、商店などもかぞえるほどしかなく、武蔵野特有の雑木林と畑がひろがっていた」(24)とのこと。

自由ヶ丘駅（現、自由が丘駅）まで徒歩約六分、都心に出るにも便利なところである。わたしは発展した現在の自由ヶ丘駅から矢内原邸までを何度も歩いて見たが、駅にも近く利便な地である。一九三五（昭和一〇）年には、新宿柏木の故内村鑑三宅にあった今井館聖書講堂（第二次世界大戦後、忠雄の聖書講義の拠点会場となる）も、近くの目黒区中根に移ってくる。忠雄はよい場所に家を得たことになる。むろん当時は、例に漏れず土地は借地で、戦後購入することになる。忠雄死後も、恵子夫人とその子で慶應義塾大学教授となった矢内原勝《かつ》（二〇〇三・一一・二七没）は、この自由ヶ丘の家に住んだ。現在はアパート形式の家となった旧矢内原忠雄邸の入口には、「矢内原勝」と書いた門札が、相変わらず架かっている。忠雄はこの地で「真理の敵」との闘いを継続するのであった。

忠雄は『藤井武全集』の仕事に全力で当たり、ともかく全一二巻をこの年一月二五日に完成させていた。二月一一日、東京神田の学士会館で刊行完了の感謝会がもたれた。忠雄はその模様を「藤井武全集の刊行を終りて」(25)に書いている。その中で彼は次のように言う。

○全集刊行は戦ひであつた。青山会館に於ける内村先生記念講演会に於て彼自身が宣言したる真理の敵への戦闘をば実行せるものであつた。併し私はつくづく感じた。戦ひといへば強く響くが、慰めも亦大なる戦ひであることを。藤井全集によりて多くの弱き者病める者が慰められた。傷める葦を折る者がある、煙れる亜麻を踏み消す悪の霊がある。傷める者の心に送る慰めは、この悪の霊、この痛ましめる者を打ち挫く。最も柔和なる慰め手が最も勇敢なる戦士なのだ。
○戦ひは終つた。私は激戦の後一人広野に立つ思ひである。満身痛手。四周薄暮。

忠雄は苦しかった日々を振り返り、このように言った。が、「戦ひ」は終わっていなかった。時代と、それにからむ深刻な闘いが、彼を待ち受けていたのである。

満洲調査旅行

一九三二（昭和七）年八月二六日から九月二一日までの約一ヶ月、彼は満洲国視察旅行に出かけている。旅のことは、彼の「匪賊《ひぞく》に遭《あ》つた話」(26)をはじめ、『満洲問題』（岩波書店、一九三四・二）収録の「満洲見聞談―昭和七年八～九月」（初出は『改造』一九三二・一一）などの紀行文によって伺うことができる。これらは内務省の検閲が一段と強まる中でのもので、慎重な配慮が諸方に見られるものの、総じて国に対する批判に満ちた文章となっている。

すでに記したところだが、日本は一九三一（昭和六）年九月一八日、奉天（現、瀋陽）郊外柳条湖の鉄道爆破事件をきっかけとした満洲事変を起こし、翌年（一九三二）三月一日、清朝最後の皇帝溥儀《ふぎ》を執政に、満洲国を中国東北部に建国した。日本の傀儡政権の国家である。矢内原忠雄はそうした動きに懐疑的であった。それだけに現地に行き、現状をしっかり見たいと願っていた。が、この年（一九三二）二月に届いた、関東軍特務部からの出張依頼には、直ちに電報で断っている(27)。彼は関東軍のお雇いによる御用学者の立場を避けたのである。けれども満洲に行き、現状を見てきたい、事実調査をしっかりとした上で、文章にしたいという念は高まっていた。それが殖民政策という授業を担当する者の使命とも考えたのである。そこで彼は、勤務先の東京帝国大学経済学部からの研究出張という手続きをとって、満洲へ旅立つ。

五年前の台湾調査の際には、拓務省や台湾総督府の世話にならなくとも、蔡培火や葉栄鐘はじめ現地の人々の強力な支えがあった。しかし、今回の満洲への旅は、関東軍特務部の招聘を断っての視察の旅である。知人の協力も期待できない。彼は満洲国からの依頼によるひも付き出張をさけ、関係筋からは白眼視される旅を覚悟で出かけたのである。それゆえこの時の忠雄の満洲旅行は、腰を落ち着ける場も、親しく付き合ってくれる人もない、孤独なわびしい旅となった。そうした中で、匪賊に襲われるという事件にも遭遇する。

そのことを書いたのが、「匪賊に遭つた話」である。題材が題材だけに、彼は慎重の上にも慎重を期して書いている。

神の摂理

「匪賊に遭つた話」は、「この夏私は満洲を旅行して匪賊に遭ひました。その記事が新聞に出ましたので、皆様に一方ならぬ御心配をおかけしたことと思ひます」（引用は『通信1』一九三二・一一による。以下同様）にはじまり、彼の出会った出来事について書いている。「匪賊」ということばは、現在ほとんど使われないが、「徒党を組んで出没し、殺人・掠奪を事とする盗賊」（『広辞苑』）である。中国東北部の新京（現、長春）からハルビンに向かう列車が、夜の一〇時三〇分頃匪賊に襲われ、かなりの犠牲者の出た中で、「列車の中央にあつた私共四人の一部屋だけは完全に見落されて、身体の怪我の無い事は勿論、持物の被害もなく、ピストルも突きつけられず、否、賊の顔も見ず又見られもせずに済んだ」というのである。忠雄はこの事件に、以下のような注釈を加える。

皆さんは私が運がよかつたと言つて喜んで下さいます。併し運ではないと私にははつきり言へるのです。私は前にも申した通り、この事件の最初から少しも恐怖危険の感じが起りませんでした。大丈夫な安全な場所に隠されて居て、少しの危険も身に及ばぬといふ安心が初めからありました。賊が来て部屋の前を通り過ぎた時には、丁度大きな方が袖を拡げて後にうずくまつてゐる私どもを掩ひ隠したが為に、賊が気付かずに過ぎて行つた様な気がしました。昔モーセがイスラエルの人をエジプトから救ひ出す時、ヱホバの使が剣を抜いて町々を歩きましたが、イスラエルの家の門口には小羊の血を塗つて置いた為、それが目印しとなつて、ヱホバの使はイスラエルの家の前を過ぎ越して禍を加へなかつたといふ話でありますが、何だかその時の様な心安らかさが感じられたのです。確かにこれは神様が私を賊の目から掩ひ隠して下すつたのです。神様が一寸袖の端を拡げられると、それで私は危地に居りながら絶対安全であつたのです。

忠雄はここで神の摂理を持ち出す。運命や宿命ではなく、摂理（providence）である。彼のキリスト教信仰は、この事件によっていっそう確固としたものとなる。なお、満洲視察旅行中に生じたこの事件を、忠雄は心配してくれた友人たちに知らせ、感謝を共にして貰いたいと思って小冊子『通信』を刊行、その創刊号に本文を載せたと「思ひ出　一」（『葡萄』一九三九・一）で語っている。

『通信』は後の彼の伝道にとって大きな役割を演じた『嘉信』の前身誌である。忠雄はまた、のちに「戦の跡」[28]という文章で満洲旅行について回想し、「この旅行中、私の乗つた列車が匪賊の襲撃を受けて遭難した事件は、満洲問題に対する私の公の態度に何らの影響をも与へなかつたが、之が動機となつて『通信』が生まれた事を思へば、そこにも神の大なる摂理の御手がはたらいていたのであつた」と書く。

ついでながら、右の「思ひ出　一」には、次のようなエピソードめいた記事が見られる。先の関東軍特務部からの専門家会議招聘状に関してである。引用しよう。

この時私の外に大内教授と土方教授とにも、同様の招電が来たのであつた。大内教授は一週間ほど経つてから手紙で鄭重に断つてやつたさうだ。土方教授は丁度台湾へ行つて居たが、台湾から大連へ直行し、会議に出て、「財源には人頭税こそ然るべし」てな愚論を吐いて帰つたといふ噂である。三人三様の態度は各自の性格にもよるが、時局との関係に於ける三人の運命はこの出発点で既に決つたやうなものである。

言うまでもないことながら、大内教授とは、矢内原忠雄を終生よく理解した大内兵衛であり、土方教授とは、のち東京帝大経済学部長として忠雄の言動を批判し、辞職に追い込む工作をした土方成美《ひじかたせいび》である。忠雄は人の批判をあまりしないが、ここではかつての土方のやりきれない行為に対し、ちくりと皮肉を言っている。忠雄の東京帝大経済学部辞任に至る経緯は、次章（第九章）で取り上げ、詳しく述べることにする。

京大事件

一九三三（昭和八）年一月、ヨーロッパのドイツでは、ヒットラーの指導するナチスが政権を取る。日本では同年五月、京都大学で瀧川幸辰《ゆきとき》教授の罷免問題、――いわゆる京大事件が起こった。京大事件の詳しい経過は、小著『恒藤恭とその時代』[29]に記したので、ここには概略のみを記す。この年四月、内務省は瀧川の著書『刑法読本』（大畑書店、一九三二・六）と『刑法講義』（弘文堂書店、一九二八・六）の二著を発売禁止処分とした。文部省はそれを受けて、その学説が国の安寧秩序を乱すとして、翌月、瀧川を休職扱いとした。それに対して京大法学部は、学問・研究の自由を奪うものだとして、佐々木惣一を中心に教授一五名が、辞職申し合わせ状に著名した上で抵抗する。事が瀧川教授の分限（身分）にまで展開していたからであった。

瀧川幸辰の休職に関する文官高等分限委員会は、五月二五日午後首相官邸で開かれ、満場一致で休職処分が可決された。理由は「瀧川教授の根本思想はマルクス主義を多分に取り入れており、刑法各論の内乱罪、姦通罪などに関し刑罰否定的立場をとつており、わが国の家族制度ならびに公の秩序を害することははなだしい」というものであった。現在からすると実にたわいない理由であるが、時代の右傾化の中では、これが正論とされたのである。なお、最近の『大阪市立大学史紀要』第9号[30]は、「今、あらためて滝川《ママ》事件を考える―非常時下大学の抵抗と苦悩―」の特集で、三つの重要論考を載せている。西山伸「滝川事件とは何だったのか」、久野譲太郎「滝川事件と恒藤恭―「市民的自由」の視点から―」、広川禎秀「大阪商科大学と滝川事件」である。二一世紀の今日的視点からの論考で、参考になるところが多い。

京大事件は最終的に七教授（佐々木惣一・宮本英雄・森口繁治・末川博・瀧川幸辰・恒藤恭・田村徳治）の抗議の辞任で終わった。辞任教授の中に一高南寮十番で同室だった恒藤恭がいたことを、矢内原忠雄は新聞報道で知り、感慨を深くする。忠雄は恒藤恭が事件にふれて書いた文章のいくつかを読んでいたに違いない。恒藤恭が記した京大事件についての文章を発表順に示すなら、以下のようである。

①「瀧川事件の経過から見た大学自治の問題」『帝国大学新聞』一九三三年六月五日
②「京大問題について」『東京朝日新聞』一九三三年六月二八日～三〇日連載
③「死して生きる途」『改造』一九三三年七月一日
④「或る京大学生に送る書信」『改造』一九三三年八月一日
⑤「総長と教授と学生大衆」『文藝春秋』一九三三年八月一日
⑥「京大問題の種々相」『読売新聞』一九三三年九月六日
⑦「京大問題を記念するために」『日の出新聞（夕刊）』一九三三年九月一〇日

右の①などは、忠雄が当時しばしば寄稿した『帝国大学新聞』であるから、目につかないことはなかったろう。また、『改造』は彼の愛読雑誌の一つで、評判になった③の「死して生きる途」など、読まないことはあり得なかったはずだ。彼は後述する南洋群島調査旅行寸前の忙しい中、この一文を読んだとしたい。

恒藤恭の「死して生きる途」は、京大事件の最中に書かれたものである。『改造』の小特集「京大事件の真相と批判」に載った。官憲の介入による伏字の多い文章である。伏字は一一カ所にも及ぶ。検閲制度による伏字は、大正期の芥川龍之介の「将軍」（『改造』一九二二・一）などのばあい、×××で示され、何字が伏せられたのかがわかったが、昭和のこの時期になると………で示されるに過ぎず、長短はある程度わかるものの、何字が省略されたかはわからない。一九三三（昭和八）年には、内務省の検閲もこのように度を越したものとなっていた。後述するところだが、矢内原忠雄もまた、この検閲という言論弾圧によって、多大な被害を被った表現者の一人として記憶されるのである。

恒藤恭は「死して生きる途」で、瀧川幸辰の論を弁護する。「刑法学上の理論は、私の専攻する法理学の立場にとつて多大の関心に値ひするものであるから、年来私は瀧川教授の刑法学上の論文や著述を興味深く読んでゐる」と言い、「同氏の見解は、社会の健全なる進歩発達をねがふ熱烈なる精神にみちあふれてこそ居れ、その中から、わが国体と相容れざるやうな思想を見出すことは、全く不可能の事に属する」と断言する。さらに「政府の………………（この間何字か伏字）圧迫が暴風のごとく襲ひ来つたとき、学園の平和を熱愛する者も、起つて大学の本質の擁護のために抗争せざるを得なかつた」と言う。タイトルの「死して生きる途」に関しては、以下のように書いている。

大学教授としての職を去ることが、真に大学教授として行動する所以であるとは、矛盾であつて、矛盾でない。外部から…………………（この間何字か伏字）大学の本質が否定されようとするとき、大学は進んで死することによつて自己の真の生命に生きる途をえらぶ外はない。西田幾多郎博士がわが京大の講演においてしばく力説されたやうに、死することによつて生きるのは、実に実践の根本義ではあるまいか。

西田幾多郎から示唆されたという「死して生きる途」には、新カント派の哲学が、そして一高時代には反発したキリストのことばが反映されている。かつて否定したキリストの教えは、苦難の中で恒藤恭の指針となる。彼の心には、キリストのことばが生きていた。矢内原忠雄はそれを見抜く。時代の波に抗して生きるかつての友人に、忠雄は便りを書く暇はなかったが、心中で拍手を送っていた。けれども、反動の高波は、忠雄自身にも押し寄せていたのである。

注

（1）美濃部亮吉「矢内原先生」『矢内原忠雄全集』月報10、のち南原繁・大内兵衛・黒崎幸吉・楊井克巳・大塚久雄編『矢内原忠雄―信仰・学問・生涯―』岩波書店、一九六八年八月三日収録。八一頁。
（2）矢内原忠雄『私の歩んできた道』東京大学出版会、一九五八年三月三一日。のち『矢内原忠雄全集』第二六巻収録。三六〜三七頁。
（3）注2に同じ。三七頁。
（4）葉栄鐘「矢内原先生と台湾」『矢内原忠雄全集』月報26、南原繁・大内兵衛・黒崎幸吉・楊井克巳・大塚久雄編『矢内原忠雄―信仰・学問・生涯―』岩波書店、一九六八年八月三日収録。一〇三頁。
（5）若林正丈編『矢内原忠雄「帝国主義下の台湾」精読』岩波現代文庫 学術62、岩波書店、二〇〇一年八月

一七日
（6）中村勝己「矢内原忠雄と経済学」『内村鑑三と矢内原忠雄』リブロポート、一九八一年一月三〇日。二三三～二四五頁。
（7）大内兵衛「赤い落日―矢内原忠雄君の一生」『世界』一九六二年三月一日。のち『高い山―人物アルバム』岩波書店、一九六三年一〇月一日所収。一一二～一一三頁。のち、南原繁・大内兵衛・黒崎幸吉・楊井克巳・大塚久雄編『矢内原忠雄―信仰・学問・生涯―』岩波書店、一九六八年八月三日収録。三～二四頁。
（8）注2に同じ。三七頁。
（9）矢内原忠雄「カルメルは枯る」『永遠の生命』第三三号、一九二八年一一月一日、のち『矢内原忠雄全集』第一四巻収録。二九六～三〇二頁。
（10）矢内原伊作『矢内原忠雄伝』みすず書房、一九九八年七月二三日、四〇〇頁。
（11）矢内原忠雄「教師としての内村先生」『日本聖書雑誌』第5号、一九三〇年五月一日、『内村鑑三追憶文集』聖書研究社、一九三一年三月所収。のち『矢内原忠雄全集』第二四巻収録。四四〇～四四一頁。
（12）森有正「内村鑑三―近代日本におけるキリスト教的人間形成の範型―」筑摩書房『現代日本文学全集51』一九五八年八月五日。なお、森有正には、別に講談社学術文庫版『内村鑑三』一九七六年九月一〇日（初出は『展望』一九五〇年二月号）、のち『森有正全集7』筑摩書房、一九七九年二月二五日収録がある。
（13）正宗白鳥「内村鑑三―如何に生くべきか―」『社会』一九四九年四月一日～五月一日、のち『正宗白鳥全集』第二五巻、福武書店収録。一九八四年六月三〇日収録。二〇九～二六一頁。
（14）新保祐司「今、何故内村鑑三か―キリスト教は西洋の宗教ではない―」『別冊環⑱内村鑑三 1861-1930』藤原書店、二〇一一年一二月三〇日。三七～三八頁。
（15）美濃部亮吉『苦悶するデモクラシー』文藝春秋新社、一九五九年三月一〇日。一〇九～一一〇頁。
（16）矢内原忠雄「私の人生遍歴（第五回）」ＮＨＫ放送、一九五八年一一月二六日、のち『嘉信』（22－7）掲載

を経て、『人生と自然』東京大学出版会、一九六〇年一〇月二五日所収。のち『矢内原忠雄全集』第二六巻収録。二四〇頁。

(17) 大塚久雄「矢内原先生における信仰と社会科学」『矢内原忠雄全集』月報16、一九六四年六月、のち南原繁・大内兵衛・黒崎幸吉・楊井克巳・大塚久雄編『矢内原忠雄―信仰・学問・生涯―』岩波書店、一九六八年八月三日収録。一二四～一二五頁。

(18) 家永三郎「日本思想史上の矢内原忠雄と私の接触した矢内原先生」『矢内原忠雄全集』月報7、一九六三年九月、のち南原繁・大内兵衛・黒崎幸吉・楊井克巳・大塚久雄編『矢内原忠雄―信仰・学問・生涯―』岩波書店、一九六八年八月三日。六三三頁。

(19) 関口安義『芥川龍之介新論』翰林書房、二〇一二年五月一一日。第Ⅵ、Ⅶ章、三八九～四九四頁。

(20) 中村政則「昭和の開幕」『昭和の歴史　第2巻』小学館、一九八二年六月二六日。二一～二四頁。

(21) 藤井武「近代の戦士内村先生」『旧約と新約』第一二〇号、一九三〇年六月一日。のち『藤井武全集』第一〇巻、岩波書店、一九七二年二月一五日収録。一八七頁。

(22) 注2に同じ。四四頁。

(23) 注10に同じ。四一六頁。

(24) 注10に同じ。一〇頁。

(25) 矢内原忠雄「藤井武全集の刊行を終りて」『永遠の生命』第七三号、一九三二年三月一五日。のち『矢内原忠雄全集』第二四巻収録。八三七～八四一頁。

(26) 矢内原忠雄「匪賊に遭つた話」『通信』創刊号、一九三二年一一月、同文が『経友』第20号、一九三二年一二月二八日に載る。『私の歩んできた道』東京大学出版会、一九五八年三月三一日所収。のち『矢内原忠雄全集』第二六巻収録。以下引用は、初出『通信』による。

(27) 矢内原忠雄「思ひ出一」『葡萄』第四号、一九三九年一月、のち『矢内原忠雄全集』第二六巻収録。一四九頁。

（28）矢内原忠雄「戦の跡」『嘉信』第八巻第一二号、一九四五年一二月。『私の歩んできた道』東京大学出版会、一九五八年三月三一日所収。のち『矢内原忠雄全集』第二六巻収録。一〇四頁。引用は『嘉信』による。

（29）関口安義『恒藤恭とその時代』日本エディタースクール出版部、二〇〇二年五月三〇日。二九三～三〇四頁。なお、京大事件に関する近年の収穫に、広川禎秀『恒藤恭の思想史的研究』大月書店、二〇〇四年二月二七日、松尾尊兊《たかよし》『滝川事件』岩波書店（岩波現代文庫）、二〇〇五年一月一八日などがある。

（30）大阪市立大学大学史資料室編『大阪市立大学史紀要』第9号、二〇一六年一二月二五日。五一～一〇九頁。

第九章　暗い時代を生きる

一　「真理の敵」との闘い

時代の右傾化と蓑田胸喜の登場

時代は急速に右傾化・ファッショ化の道を歩みはじめた。ドイツでヒットラー率いるナチスが政権を取ったのは、一九三三（昭和八）年一月である。日本は中国で熱河《ねっか》作戦（筆者注、張学良ら中国義勇軍の勢力を叩くため、日本の関東軍が実施した作戦）を展開し、英米中心のワシントン体制を嫌い、国際連盟脱退という挙に出た。国内では前章で扱った京大事件が起こっていた。一高入学の年、南寮十番で一緒だった恒藤恭（井川恭）が、気骨ある態度を示した事件である。恒藤恭は文部省の強引な大学人事への介入に最後まで反対し、辞任した七名の教授の一人であった。

京大事件は対岸の火事では終わらなかった。東京帝国大学関係では、一九三五（昭和一〇）年二月、まず、前年まで教授で、当時貴族院議員となっていた美濃部達吉の天皇機関説が右翼から攻撃される。天皇機関説とは、国家の統治権は法人である国家にあり、天皇はその最高機関であるとする学説で、大日本帝国憲法（明治憲法）の解釈として画期的なものがあった。が、統治権は天皇一人にあるとする天皇主権説を唱える上杉慎吉らと対立し、右翼代議士（貴族院議員）菊池武夫からは、国体に反する学説で、「美濃部は学匪」と本会議で攻撃された。結局美濃部は不敬罪で告訴され、貴族院議員を辞職、その著書は絶版に追い込まれる。菊池は軍人出身（元陸軍中将）の代議士で、京大事件の際には、瀧川幸辰《ゆきとき》の『刑法読本』と『刑法講義』を危険思想であると攻撃した人物である。

瀧川幸辰の京大事件、美濃部達吉の天皇機関説事件は、まず、時流に乗った右翼の国粋主義学者の論文が、時の権力者に利用されるという道をたどって展開した。つまり、軍民ファシストたちが、その存在を誇示するために、時の権力者に働き掛けたというべきか。右翼の思想家は、安易な論法で、時の政府に都合の悪い学者を攻撃することで名を成していった。その代表が蓑田胸喜《みのだむねき》という、超国家主義に立つ右翼の人物であった。蓑田は一八九四（明治二七）年一月二六日、熊本県八代郡氷川町の生まれ。矢内原忠雄より一歳若い。熊本県立八代中学校、第五高等学校を経て東京帝国大学文科大学を一九二〇（大正九）年に卒業。さらに法学部政治学科に編入学（学士入学）したが、中途退学している。のち慶應義塾大学予科の講師、国士舘専門学校の教授となり、師事した三井甲之《こうし》と共に『原理日本』（一九二五・一一創刊）という雑誌を刊行、原理日本社を主宰した。

なお、蓑田胸喜に関しては、竹内洋《よう》『大学という病　東大紛擾と教授群像』[1]に詳しい。また、竹内洋ほか編『蓑田胸喜全集』全七巻（柏書房、二〇〇四・一一）があることも記しておこう。近年の中公新書の一冊、将基面貴巳《しょうぎめんたかし》『言論抑圧　矢内原事件の構図』[2]も蓑田胸喜にかなりのページを割く。なお、この本の問題点に関しては、後で詳しく述べる。蓑田は当時雑誌『原理日本』で著名な学者を次々と攻撃し、失脚させたり、著書を発売禁止に追い込むことに情熱を傾けていた。

『原理日本』が標的とした学者は、東京帝大法学部の末弘厳太郎《いずたろう》・美濃部達吉・横田喜三郎・田中耕太郎・

宮澤俊義・矢部貞治・南原繁らであり、経済学部では大内兵衛・河合榮治郎、そして矢内原忠雄であった。他にも京都帝国大学の瀧川幸辰《ゆきとき》・西田幾多郎・田辺元《はじめ》、法政大学の三木清、早稲田大学の津田左右吉などが槍玉に挙げられた。こうして書き並べると、皆リベラルな学者や批評家である。時流というものは恐いものである。時流に乗るのも、逆らうのもそれなりの覚悟がいるからである。蓑田胸喜は時流に乗り、右のリベラルな学者や批評家は、時流に逆らったと言える。この場合乗るはやすく、逆らうは難かった。時流に乗った雑誌『原理日本』には、「軍部の資金が相当つぎ込まれていた」とは、右の竹内洋の著書や近年の鴨下重彦の言である。(3)

検閲との闘い

矢内原忠雄は満洲事変以後の時代の重圧の中でも、自身の学問的主張を曲げずに研究に励む。むろん厳しい言論統制の下では表現の自由などないから、検閲というばかげた制度を切り抜けるための表現上の工夫はしている。例えば忠雄の回想「戦の跡」(4)には、「当時すでに言論の自由がいちじるしく束縛せられていたため、「日本帝国主義」と言ふべきところを「日本帝国発展主義」と記す等、表現上に苦心を払つてゐる」とある。内務省（一八七三年設置、一九四七年廃止）の検閲という表現の自由の制限は、苛烈を極めていた。近代日本の良心的知識人——文学者や思想家は、皆、検閲との闘いを経験している。範囲を一九一〇（明治四三）年九月一高入学の忠雄の仲間にしぼってもよい、芥川龍之介・恒藤恭・藤森成吉らは、皆きびしい検閲をいかにかいくぐり、自己の思いを伝えるかに苦しみ、何かと工夫を凝らし、闘っていたのである。それは近年の研究が明確に示すようになったところだ。

しかしながら、彼らの当時における権力との闘いを、〈現実妥協の態度〉として、安易に論じる傾向が近年の研究には目立つようになる。対象人物の置かれた立場や時代という大状況をとかく無視し、研究者としての自己を特権化し、上から目線で論じることからくる弊害である。

矢内原忠雄の場合は、専門が植民地論であり、そこでの統治の間違いや腐敗堕落を指摘せざるを得なかっただけに、検閲との闘いは熾烈を極めた。検閲を無視しては、書物の刊行すらできなかったからである。伏せ字や発売禁止が大手を振ってまかり通った時代である。重ねて言う。こうした検閲問題を抜きには、矢内原忠雄をはじめとする近代日本の知識人の著作や、その思想を的確に検討することはできない。表現の自由が認められるようになった第二次世界大戦後の感覚で、戦前・戦中の思想家の闘いを安易に斬るのは、論者の研究不足、その歴史認識を露呈する以外の何ものでもない。このことは、はっきりと言っておきたい。

満洲視察旅行から帰国した矢内原忠雄は、一九三二（昭和七）年度の冬学期、および一九三三（昭和八）年度の夏学期の経済学部特別講義（植民政策講義）で、満洲問題を扱っている。それが翌年刊行された『満洲問題』（岩波書店、一九三四・二）の中核を占める論文となる。京大事件以後いっそう右傾化した社会にあって、内務省の言論弾圧を十分意識して忠雄は筆を運ぶ。彼の検閲との闘いは、以後、日中戦争・太平洋戦争時代を経て、一九四五（昭和二〇）年八月一五日の敗戦時にまで及ぶのである。

『満洲問題』の刊行

研究書『満洲問題』は、矢内原忠雄の前著『帝国主義下の台湾』（岩波書店、一九二九・一〇）に継ぐ、現地調査に基づく厳密な実証的研究となった。忠雄は満洲事変に関して調査しようと思い立ち、自由な立場で現地調査をしようとした。忠雄の学問の特質が、ここにもはっきりと示されている。それは自己の直感を重視し、現地調査によって実証を踏まえた論にもっていく方法である。そこに批判的視点が加わる。忠雄は満洲事件を調査しようと、ひも付きでない自由な立場から現地調査に臨んだのである。その結果、「最初の直感通り満洲事変が日本側の作為であることを私に確信せしめ、爾来私の学問と私の信仰とは一致した力となつて、私をして満洲事変に対立せしめた」(『嘉信』第八巻一二号、一九四五・一二)と後年回想するような学問的状況を迎えるのであった。

本書の「序言」で矢内原忠雄は、「今尚ほ継続しつつある満洲事件の性質、内容、及び影響は、科学的研究の対象たるべく余りに新しきものであるが、同時にそれだけ活きたる学問の材料である」と言い、続けて「余がここに諸君に提供せんとするものは資料にあらず、数字にあらず。資料数字は世上に其の文献豊富である。余の提供せんと欲するところはただ一の批判的精神にあるのみ。蓋し批判の欠乏するところ、盲目の危険は最も大であるが故に」とつづる。ジャーナリスト矢内原忠雄の面目躍如といったところか。批判精神の標的は、「真理の敵」にあった。

『満洲問題』は全十一章と、附録として『改造』『中央公論』、東西の『朝日新聞』などに発表された六つの文章から成る。文献調査と事実調査による満洲問題に対する切り込みは鋭く、説得力に満ちている。例えば「第四章　特殊権益・其の機関」では、南満洲鉄道株式会社・関東庁・関東軍・領事館の四つが「四頭政治」として採り上げられ、詳細に論じられる。「第七章　満洲国の成立」では、満洲国が日本軍の活動により生まれ、現地民の広範な「国民運動の成果ではない」ことを指摘する。また移民・貿易・統制経済などの問題にも批判的観点から鋭く切り込んでいる。

むろん検閲を意識せざるを得ない箇所があるのは致し方ないことであった。しかしながら、全十一章は附録の諸文章とも相まって、満洲問題を浮き上がらせる。それは前著『帝国主義下の台湾』同様、決して当時の国の為政者に喜ばれる内容ではなかった。それゆえに休版という処置がとられることとなる。忠雄はその処置を察知してか、『通信』13（一九三四・一）の最終ページに本書の予告を出し、「学問の本でありまして、信仰の書ではありません。但し、買はうと思ふ人は急いで御買取りを御勧めします」と書くことになる。

第二次世界大戦後編集された『矢内原忠雄全集』（全二九巻、岩波書店）の第二巻に、本書は収録されている。その「編集後記」の一節には『満洲問題』の休版に言及し、「言論の自由の著しく制限された当時の著作として、その論述および表現に特別の注意が払われていたにもかかわらず、その後時勢はますますきびしさを加え、昭和十三年二月には『帝国主義下の台湾』とともに、いわゆる「当局の内意により自発的休版」の処置を講ずるのやむなきにいたった」とある。

時間と労力とかなりの費用もかけて成した仕事なのに、酬われるどころか、休版処置である。以後、矢内原忠雄はしばしば書物や論文が、国家（内務省）の干渉で発売禁止や全文削除処分を受けることになる。やり切れない思いが彼にはあった。けれども彼は筆を折ることはなかった。書物は刊行された限り、どこかに残るものだ。官憲がいくら躍起になっても、完全に消せるものではない。矢内原忠雄と検閲の問題は、今後詳細に検討されねばならぬ大きな課題としてよい。

南洋群島への旅と江原萬里の死

前後するが、一九三三（昭和八）年一月二七日、矢内原忠雄は満四〇歳の誕生日を迎えていた。この年の夏、彼は第一回南洋群島調査旅行を実施する。マリアナ諸島・西カロリン群島・カロリン群島・マーシャル群島・ヤルート島などへの旅である。旅の期間は、七月三日から九月一六日までの二ヶ月半に及ぶ。翌年四一歳の夏には、第二回南洋群島調査旅行を、六月二四日から七月三一日までの一ヶ月余行っている。主としてヤップ島の実態調査であった。忠雄の度重なる長期研究出張は、夫の留守中三人の子を抱えた恵子夫人に重荷となっていた。が、恵子はそれに耐えて、毎回、留守をしっかりと預かった。帰国しても彼は旅の整理に追われた。恵子の母堂堀つるが世を去ったのは、一九三三（昭和八）年一二月一日であったが、忠雄はその葬儀にも出られなかった。

少し前の一〇月一六日には、忠雄は恩師新渡戸稲造のカナダでの客死の通知に接していた。彼にとって新渡戸稲造は内村鑑三と並ぶ大事な師であった。彼は「新渡戸先生を憶ふ」の一文を即座に書き、個人誌『通信』の翌年一月の第13号に載せた。この年はまた、一高・東大の一年先輩で、東大助教授も務めた江原萬里が八月七日に亡くなった。忠雄は取材旅行中のパラオで、家からの便りによって江原の死を知る。彼は帰りの船の中で筆を執り、「江原萬里君の死を聞きて」を一気に書き上げる。それは江原の個人誌『聖書之真理』終刊号（一九三三・一〇）に載った（のち『江原萬里全集』月報2，一九七〇・三収録）。

この追悼文の終わりに忠雄は、「江原君。黙示録第二章九、一〇節の言葉を以て僕は君を送る。否、反対に君がその言葉を僕に送ってくれてるのかも知れない。可矣《よし》、僕も僕の道程《みちのり》を歩き終るであらう。切に願ふ処は最後まで君の様に信仰の善き戦ひを戦ひ、よく忍びよく望んで、天国再会の幸福を恵まれんことである」と書く。

「黙示録第二章九、一〇節」とは、現代の新共同訳『聖書』で示すと、「わたしは、あなたの苦難や貧しさを知っている。だが、本当はあなたは豊かなのだ。自分はユダヤ人であると言う者どもが、あなたを非難していることを、わたしは知っている。実は、彼らはユダヤ人ではなく、サタンの集いに属している者どもである。あなたは、受けようとしている苦難を決して恐れてはいけない。見よ、悪魔が試みるために、あなたがたの何人かを牢に投げ込もうとしている。あなたがたは、十日の間苦しめられるであろう。死に至るまで忠実であれ。そうすれば、あなたに命の冠を授けよう」となっている。

忠雄は右の聖句を噛みしめ、邁進するのであった。同年（一九三三）一二月三日、「江原萬里記念キリスト教講演会」が東京駅前丸ビル八階集会所で開かれた。忠雄は「日本的基督教」と題して講演をする。その結びで忠雄は、きびしい時勢を論じて、次のように言う（引用は『通信』12号による）。

今日軍国的空気の非常時に於きまして、我々の同志の中からも基督教信仰に立つ真の愛国の故に、打たれ傷つけられた人が既に一人ならず出ました。之が今の時勢であります。ステパノは出ました、之からも出るでせう。深傷《いたで》であります。併し皆名誉の負傷であります。そして斯《か》く日本国を愛するために傷つけられた其の犠牲が、即ち日本的基督教であります。

矢内原忠雄は、日本の現実に照らして、初代キリスト教の殉教者ステパノの如き人が、同志の中から一人ならず出たし、今後も出ることを予見している。

丹念に記録されたメモ

ところで、『矢内原忠雄全集』第二三巻の巻末に、「南洋群島旅行」と題した大学ノート二冊に、丹念に記録したメモが影印翻刻されている。本巻の「編集後記」には、「著者の死後書斎から探し出された大学ノート二冊をそのままの形で再現したもので、その内容の大部分は一九三三〈昭和八〉年七月の第一回南洋群島旅行当時の見聞録である。これは後の『南洋群島の研究』のための素材をなしたものと思われ、その点から興味あるばかりでなく、記録の丹念克明さは原住民の家屋・衣服などのスケッチとともに、それだけとしても興味深いものがあると思われ、あえて原形のまま収録したのである」とある。

単行本『南洋群島の研究』が岩波書店から刊行されるのは、一九三五（昭和一〇）年一〇月のことである。『通信』26（一九三五・九）の消息欄には、「三年四ヶ月かかりましたが、今までの著述の中で一番骨が折れました」とある。フィールドワークの成果でもある本書は、今以て問題を投げかける研究となっている。今泉裕美子の「南洋群島研究」(5)が、その意味を説き、再評価している。なお、続く『帝国主義下の印度』（大同書院、一九三七・三）は、忠雄最後の植民政策研究の成果である。附録に「アイルランド問題の沿革」が収録されている。

経済学を基盤とした植民地研究を続ける一方で、矢内原忠雄は『通信』を舞台に、自身の行ってきた聖書研究の活字化に乗り出す。日曜家庭集会での講義を活字化するという形でのもので、後述する『嘉信』と題する個人誌時代に本格化する。また、この頃から彼は各地への伝道旅行に積極的に出かけるようになる。一九三七（昭和一二）年の夏は、恵子夫人の病気入院など家庭内問題をかかえた中で、鳥取・米子・大山《だいせん》・津山・岡山、それに四国各地・長野県松本などをめぐり、講演をした。

米子では月刊『求道』主宰の藤澤武義に会い、その応援の意味もあって、「国家の理想」と題した講演をする。同年（一九三七）九月号の『中央公論』に寄せた論文と重なるタイトルである。『中央公論』の「国家の理想」に関しては、後述する。藤澤武義は一九〇四（明治三七）年六月一八日、鳥取県米子市の生まれ。県立米子中学校を経て横須賀の海軍機関学校に入学、軍人を目指した。が、江田島の海軍兵学校時代に結核に感染し帰郷。内村鑑三や矢内原忠雄の著作に導かれて信仰に入ったという人物である。大山講演については、篠田一人の「無教会主義キリスト者の抵抗―藤沢武義を中心として―」(6)に詳しい。そこには、忠雄は大山で二〇歳を越すか越さぬかの若者を対象とした講義で、詩篇一二〇～一三四篇を用いて、日本の現実に対するきびしい批判をしたとある。

二　批判の矢面に立つ

『民族と平和』の発売禁止処分

一九三三（昭和八）年一月号の雑誌『理想』に、矢内原忠雄は「日本精神の懐古的と前進的」という論文を発表している。京大事件の起こった年である。この論はのち、単行本『民族と平和』（岩波書店、一九三六・六）に収められたが、一年半後、本書は出版法第十九条により発売禁止処分を受ける。

「日本精神の懐古的と前進的」は、四百字詰原稿用紙にして二八枚、五つの章から成っている。冒頭、忠雄はヨーロッパで勃興する民族主義を問題とし、「民族主義は一面に於ては難関打開の為めの前進的自覚であり、反面に於ては国際的連関より超脱せんとする懐古孤立反動の思想である」と言い、次に文部省の思想問題研究会が出している数種の冊子の中から、吉田熊次『国民理想の確立』、田中義能《よしとう》『日本文化の特色』、紀平正美《きひらただよし》『国体の真意義』、安岡正篤《まさひろ》『日本の国体』の四つを採り上げ、詳細に吟味し、批判する。

忠雄はそれぞれの論の内容を的確に紹介したうえ、「以上の四説を通観するに、何れも我民族文化、日本精神の根柢は国家本意であり、国家の中心は天皇であり、而して天皇は或は国民の真自我としての至善、或は実行力の根源としての人格、或は国家の至尊であると為すのである。従つて我日本精神の中心は、天皇に統率せられ天皇に帰一する国家至上主義であると解せられる」とする。その上で、「現人神《あらひとがみ》」である天皇に統率された日本は、「宇宙の道義を実現する絶対的価値をもつ」という神憑《かみがか》り的論を論破する。彼は藤井武の『聖書より見たる日本』などを援用し、「民族的道義」よりも「宇宙的道義」の必要を主張した。忠雄は最後に「日本精神運動は単なる反動として、一方には躁狂他方には嘲笑の間に、己が姿を見失つてしまふであらう」と厳しく突き放す。先見性に満ちた警告の論であった。

矢内原忠雄の天皇中心の国家至上主義への警告・反論を集めた文章は、『民族と平和』に集約される。この本には、過去四年間に彼が発表した二三編の論文が収録されているが、先述のように発禁処分を受ける。以後敗戦に至るまで、彼は検閲との闘いに明け暮れすることになる。表現の自由が保障されない時には、沈黙を守ることも抵抗の一典型であろう。が、彼は沈黙せず、毅然としてペンを持って闘った。

どんな困難が襲おうと、彼はペンを投げ捨てなかった。世の雑誌・新聞への発表が困難となると、『通信』を引き継いだ個人誌『嘉信』が主要舞台となる。敗戦までの彼の文筆上の仕事は、『嘉信』のである。他に東京帝大経済学部を退職した後も『帝国大学新聞』は、彼にしばしば発表の機会を与えている。専門とする植民政策研究が、検閲の強化でままならなくなっても、筆の人矢内原忠雄は、『通信』とその後継誌『嘉信』誌上に、政府批判の文章をしばしば書くようになる。

「日本精神の懐古的と前進的」を収録した『民族と平和』が発禁処分を受けた時、彼は「之《これ》（筆者注、「日本精神の懐古的と前進的」）は是非とも私が一言せねばならぬ問題であると思つて、よく考を練り、腹をきめて書いたものである。問題は基督教と国体との根本的関係である。この論文は『民族と平和』の中に収められたが、右の書物が司法処分に廻されたとき、一番問題にせられたのはこの一文であつた。私自身この論文を最も重んじてゐる」(11)と書く。以後、矢内原忠雄は国家至上主義の下に侵略戦争を続ける政府の政策を、きびしく批判するようになる。その次第を以下に見ていくことにしよう。

悲哀の人

「日本精神の懐古的と前進的」で日本の国家至上主義への警告を発した矢内原忠雄は、『通信』第6号

（一九三三・四）に「悲哀の人」という論文を載せた。これは内村鑑三没後三周年記念講演（東京朝日講堂ほか）での要旨を、「悲哀の人」の題下にまとめたものである。忠雄は神ご自身が悲哀の人であり、イエスがエレミヤが、そして内村鑑三が悲哀の人であったと言う。鑑三が日露戦争当時、世の主戦論の渦巻きの中で、非戦論を唱へたことなどをあげ、「先生は衆の見ない真理を見、衆の言はない真理を言ひました。そしてその為に売国と罵られ、迷信と嘲罵されました。悲哀の人の運命は常に斯くの如くであります。併し彼等は真理と共に見、真理と共に語り、而して真理と共に迫害せられたのであります。彼等によりて真理は世に維持せられたのであります」と高らかに言明する。

次に満洲事変の問題に及ぶ。忠雄は言う。「一昨年九月十八日夜に於ける満鉄線路爆破事件は、日本側ではあれは支那兵がやつたのだといひます。支那側では自分たちがやつたのではないと言ひます。而してリットン調査団は両国の言ひ分を並べて、日本軍の行動は自衛権ではないと断じました。凡ては雲霧の中に包まれて我々には何が何だかわかりません。併し事実は一つしかないはずです。この混沌の中にありて若しほんたうの事実を知つて居る人があれば、その人は悲哀の人たらざるを得ないでせう。『天知る、地知る、人知る、我知る』といふ諺がありますが、事実は遂に欺くべからずであります」と。

忠雄は後年『続余の尊敬する人物』（岩波書店、一九四九・一二）で、『旧約聖書』の預言者イザヤを取り上げ、「預言者はその召命の初端から、悲哀の人たるべく約束せられてをります。それは国民に対する神の愛があまりにも強く、それに対して国民の心があまりに頑固だからです。この二つの事実に挟まれまして、神の言を己が国民に告げる預言者は悲哀の人たらざるをえないのです」と書くが、ここに至ってわたしたちは、忠雄自身も「悲哀の人」であったことを悟るのである。

右の講演「悲哀の人」を東京朝日講堂で聴いた桑田秀延は、後年の随想「折々の人 矢内原忠雄」（朝日新聞、一九六七・七・一〇）に、次のように記している。

彼の講演は、旧約聖書のエレミヤを引用した話で、預言者とは世の中の人々が黙ってしまって何も語らないときに、敢えて語る人だと説き、内村がまさにそのような人であったと語り、そして大胆に満州《ママ》事変に言及し、日本が満州でやっていることがいかなることか、それを欧米の識者がどのように見て批評しているか（ウォルター・リプマンの手になるという有名な論文はその時すでに出ていたであろう）を、植民政策専攻の教授として、国を愛し国のために憂える赤心を吐露して述べたものであった。

それは当時の日本の政情下にあっては、今にも警官が出てひっぱってゆくのではないかとはらはらさせられるような批判的なもので、真に勇気にみちた預言者的な発言であった。

軍国主義の台頭は、昭和が二桁になるに及んで流れを止めることが出来ないほどになる。一九三六（昭和一一）年二月二六日には、陸軍の皇道派青年将校二二人が、下士官と兵千五百人を率いて反乱を起こし、首相官邸などを襲撃した。いわゆる二・二六事件である。反乱は無血で鎮定されるが、以後軍部の支配力が一段と強まる。矢内原忠雄はそうした世相の中で、時勢と対峙し、自己の考えを曲げなかった。むろんこれまでも度々書いてきたが、検閲制度との闘いでは、ストレートな物言いはしにくかった。彼はことばを慎重に選び、表現に工夫を凝らして、検閲に立ち向かう。それでも右翼思想家や右翼化した内務省や文部省の目をかいくぐるのは、難しかった。

山中湖畔に別荘を求める

ところで、矢内原忠雄が山梨県南都留郡山中湖村の湖畔に別荘を求めたのは、一九三五（昭和一〇）年の夏のことだ。彼は前々から夏の仕事場として涼しい山に家を持ちたいと願っていた。たまたま一高・東大時代からの先輩で、新居浜の住友時代には一緒だった黒崎幸吉が、山中湖畔に家を建てたので、それに倣ったのである。矢内原伊作の『若き日の日記　われ山に向ひて』(7)には、「昭和十年以来父は山中湖畔に小さな別荘をもち、夏はそこで仕事をしていた」とある。また、後年黒崎幸吉は、忠雄の葬儀に際して「式辞」(8)を読み上げるが、中に忠雄の山中湖の別荘にふれた個所がある。そこには「昭和十年頃私は山中湖畔に私の夏の仕事場として小さい家を建てたのですが、矢内原君も私の隣地に家を求められ、それ以来、毎年夏は山中で過されましたので、一年のうち夏の二ヶ月は、殆んど呼べば応える程の近い距離に住んで居ったのでありまして、そんな訳で矢内原君とは死なれるまで非常に親しくしていただいた訳であります」とある。別荘の購入費用は、給与の貯蓄と原稿料収入によった。以後、忠雄は別荘を神から与えられたものとして、研究と伝道に活用することとなる。

山中湖は富士山の東麓にある湖で、いわゆる富士五湖の一つで、面積はもっとも広い。昭和初期から避暑地として、南岸の旭日ケ丘をはじめ、湖の周辺に別荘地ができはじめていた。『矢内原忠雄全集』第二九巻の書簡集を見ると、最初に山中湖畔から出した便りは、一九三六（昭和一一）年七月二五日付の矢内原恵子宛となっている。また、同年七月三〇日付山下陸奥宛便りには、山中湖畔の家の場所を説明し、「吉田から御殿場に抜ける街道は山中湖に沿ふて、先づ山中の村を通ります旭ヶ丘（筆者注、旭日ケ丘）は新開の別荘地で、ホテルや名士の住居のある処です。私共の居るのはその方ではなく、古い山中の村はづれ、広い湖水の水が桂川となつて落ちるたつた一つの出口である梁尻《やなじり》といふ土地で、北に大出山《おおでやま》を背ひ、南が湖水に向つて拓けて居る閑静な場所です。それは静かで、今でも日がな一日うぐひすが鳴いて居ますよ」と書いている。すると別荘の位置は、山中湖北西、桂川の水源の近く、梁尻であったことがわかる。

桂川は相模川の上流部を言い、都留市・大月市など、山梨県の郡内《ぐんない》地域を流れ、やがて相模川となる。わたしは郡内地方の旧谷中町（現、都留市）に所在する都留文科大学に長年勤務したので、この辺の地理には比較的詳しい。現在、中央線の大月と富士吉田市を結ぶ富士急行線は、当時富士山麓電気鉄道と呼ばれていた。まだ、中央高速道路などのなかった時代で、山中湖へ行くには、新宿から中央線で大月へ行き、そこから下吉田（現、富士吉田）に出、さらにバスで山中湖へ向かうのが、一般のコースであった。東京の自宅からはかなりの時間を要したが、以後この別荘は、忠雄にとってなくてはならぬものとなる。彼は別荘を「梁山荘」と称し、研究と伝道に励む。それは第二次世界大戦を経て、戦後、その死に至るまで続く。この地で書いた研究論文や翻訳、それに聖書研究は、枚挙にいとまがないほどである。

真理と戦争

さて、二・二六事件があった年、一九三六（昭和一一）年一月号の『中央公論』に、矢内原忠雄は「真理と戦争」と題する論文を発表し、『民族と平和』（岩波書店、一九三六・六）に収めた。発禁の書籍とはいえ、戦後、新版が出たし、現在は全集にも収録されているので、読むのは容易である。本論文は「一　真理の探究」「二　真理の属性」「三　真理と戦争」「四　戦争の将来」の四章から成る。論文の構成はがっしりしており、起承転結の論理に破綻はない。本論で矢内原忠雄は、真理とは何かをまず問う。真理とは論者によれば、「証明するを要せざる自明の公理」であり、「真理が存在するや否やは学問の対象たるものではなく、却つて学問の前提たる公理であり、アプリオリである」と言う。

ここには新カント派の哲学の影響を見ることもできる。新カント派は一九世紀末からドイツを中心に栄えた哲学で、矢内原忠雄と一高同期の恒藤恭や藤岡蔵六なども、日本への紹介者の中に入る。この派の哲学の影響を受けた西田幾多郎の『現代に於ける理想主義の哲学』（弘道館、一九一七・五）や『自覚に於ける直観と反省』（岩波書店、一九一七・一〇）などは、芥川龍之介やその友松岡譲らも書簡で話題にしており、忠雄の愛読した書物であった。忠雄は真理に対する感受性の喪失、無関心の態度を「実に真理研究の最大の敵」とする。次に彼は真理の属性（特徴・性質）について言う。彼は「秩序と理想」がそれに相当するとする。

本論が高調するのは、〈転〉に相当する「三　真理と戦争」に於てである。彼は検閲を意識し、慎重に筆を運ぶ。それ故、例を日本の軍部には直接向けず、「現今軍国主義が政治権力に対し最も重要なる決定的勢力を振へることは、ナチス独逸を始めとして殆んど世界的現象とも言ふを得るであらう」と書くように、一般化・普遍化した方法をとる。その上で「軍国主義の下に於て保護せらるる学問は自然科学、殊に軍事に直接的応用ある学問であり、社会科学の領域に於ては国家主義国粋主義及戦争是認讃美の思想である。若しも戦争が真理の属性に適ひ、人類進歩の原動力であるものならば、軍国主義は即ち真理探究の保護者であらう」と、反語めいた屈折した表現をとる。彼は戦争を真理の名において是認することを拒否する。彼は言う。「戦争そのものは秩序の破壊であり生命の喪失である。それが秩序と生命とを属性とする真理に遠きものたることは明かである」と。そして「真理の道は戦争になくして平和にある。蓋し平和は秩序であり生命であり、真理の属性は其の中に完全に発揚せらるるが故に」とし、イギリスの名士の戦争観を紹介する。

結びの「戦争の将来」では、戦争は「歴史的現実」ながら、その事が「戦争を是認し、戦争を擁護する理由とはならない」と言う。「戦争は害悪である。反真理である。凡そ真理の属性は秩序を愛して混沌を嫌ひ、生命を愛して殺戮を憎む。真理は平和を愛し、戦争を嫌ふのである。従つて戦争を挑発する如き制度及思想に対抗することは真理探究者の自明の任務と言はねばならない」という彼の見解は、真っ当である。さらに「日本の教育界宗教界は平和の為めに何かを言ったか」と問い、「真理の探究、何ぞその名の高遠にしてその道程の峻険なる。併し何人か之が為めに精進し、真理の燈火を暴風の中に守護せねばならない。現代日本はかかる真理の探究者を要求する」と、忠雄らしい格調高いことばで結ばれる。

本論が発表されると、すぐ例の蓑田胸喜が反応する。『原理日本』の一九三六（昭和一一）年二月号に載った「矢内原忠雄氏の「真理と戦争」批判」である。蓑田は同誌一月号では、「矢内原忠雄氏の神話思想と時事批判との不実無根」と題した矢内原批判も書いていた。蓑田はこの年九月号の『中央公論』に載った忠雄の「国家の理想」にかみついた文章などを含めて、三井甲之との共著の『真理と戦争：東京帝大教授矢内原忠雄氏の『真理と戦争』の批判に因みて』（原理日本社、一九三七・一二）を刊行する。いま、その本を手に取って確認すると、本と言っても一〇四ページほどの片々たる安直な造りの小冊子である。大部分を蓑田胸喜が書き、巻末に三井甲之が「文教当局の看過すべからざる事実＝東京帝大矢内原教授の国体破壊思想意志の学術的批判＝」を書いている。

三井甲之の矢内原批判

三井甲之（本名甲之助）は、一八八三（明治一六）年一〇月一六日、山梨県中巨摩《こま》郡松島村（現、甲斐市）の生まれ。東京帝国大学文科大学出身の歌人であり、評論家でもあった。彼は若き日、正岡子規の短歌革新に賛同し、伊藤左千夫の指導を受けるという経歴を持っていた。その万葉調の歌には、見るべきものもある。「友に」と題した短冊のうた「海の波よせてはかへすと思ふよりもよせてはかへすうねりと見たまへ」（山梨県立文学館蔵）など、その代表である。

けれども、彼は次第に右傾化し、一九二五（大正一四）年に右翼団体日本原理社を結成、『原理日本』を創刊する。激動の昭和期に入ると、彼は思想的に極端に反動的となり、デマゴーグに成り果てていた。その内容のデマゴギーぶりと文章の空疎さを知るには、右の本の巻末に寄せた文章の、冒頭十数行を引用するだけで十分である。左に示そう。

矢内原忠雄氏は『民族主義の復興』といふ論文に次の如く述べて居る。

『ロシヤ革命による新時代の自由解放思想は各国の進歩的思想家の共鳴を呼び起こした。（矢内原氏著『民族と平和』七ページ。）

ロシヤ革命に対しては故吉野作造氏、牧野英一氏、スヱヒロ嚴太郎《いずたろう》氏等を始めとして東京帝大法経済学部教授が挙つて共鳴的態度を示しロシヤ革命を『二十世紀の事始』（牧野氏）と讃美し、ロシヤ革命憲法第三條の土地無償没収の日本農村への適用を奨導する（スヱヒロ氏）に至つたのであるが、彼等は進歩的思想家でもなく、又ロシヤ革命のマルクス・レニン思想は新時代の自由解放思想でもなく、それらは時代遅れの誤謬思想危険意志の迷信盲動であつたことは当時からわれら同志の文献引用誤謬指摘の学術的批判に基く当局への警告となり、帝大同僚教授中敢然此の赤化教授の妄説を批判するもの殆んど一人も無く、遂にも蓑田胸喜氏のスヱヒロ氏告発となり、ミノベ達吉氏への学術的批判終結の宣言となり、その対策は遂に政治的に転向して所謂機関説問題として国体明徴問題に開展したことによつて世間に周知せられて居るところである。それにも拘らず矢内原氏は昭和十一年初刷の上記著書に此の如き言を弄し、東京帝大内部の赤化持続を実證しつゝあるのである。

またロシヤ革命指導思想としてのマルクス共産主義とそれに加勢する容共意志者（矢内原氏をその中

に見出す東京帝大教授の多数の如き）に対する対外的膺懲が現下支那事変の戦争目的であることは政府によつて宣言せられ、また国民一般によつて了解せられて居るに拘らず、容共抗日意志に対する対内的膺懲は行はれざる跛行政治に乗託して矢内原氏は帝大教授として公然此の共産主義革命と容共意志とを『新時代の自由解放』思想であり、それに共鳴する容共意志者を『進歩的思想家』であると強弁しつゝあるのである。これは由々しき事態である。

今となっては、まさに読むに耐えないアナクロニズムの駄文である。一文の非常に長い、読みにくい文章だ。思わせぶりの△△△印や傍点が目立つ。

蓑田胸喜の狂信的理論

蓑田胸喜の本書の「序文」もまた、振るっている。それはただ矢内原忠雄を追い落とそうとする悪意に満ちたものであった。冒頭のフレーズ六行を写すと、「東京帝大教授矢内原忠雄氏は自著『民族と平和』の『真理と戦争』と題する論文中に、『戦争は害悪であり、反真理である』といつてゐる。この徹底反戦主義の批判は本文に譲るが、戦争は反真理であるといふ如き語法思想法は、現代に於いて認識論、学術論理学の全く初歩的知識もない科学的非常識、致命的無哲学の不随意表白であつて、科学や真理を論ずる資格を欠いたものである。いふまでもなく単に真理といへば、そのうちには精神科学哲学的真理の外に、数学的真理もあれば自然科学的真理もあるから、戦争は反真理であるといふ如き粗雑空想思想は、それこそ反真理である」――ここに蓑田胸喜の作戦があった。

まず、ねらいを定めて、定めた対象をこき下ろす。そして雑誌『原理日本』に書き、次に百ページほどの簡便な書物に仕立て上げる。名の知られた三井甲之と共著の形をとって箔をつけ、政治家（主として貴族院議員）や文部官僚や内務省警保局に送る。ことさらに事を大きく見せようとしたのである。時代の嵐の中で、論理を無視した狂信的文章が、一部に共感を呼んだのも事実である。

　本章冒頭に挙げた竹内洋《よう》『大学という病 東大紛擾と教授群像』は、このような蓑田胸喜の暗躍を「悪魔的情熱としかいいようがない」と言い、「こういうこともできる。急速な近代化にともなう欧化と国粋との葛藤による自家中毒は近代日本の宿痾《しゅくあ》だったが、そうした病が蓑田の身体にのりうつったのである、と。こう解釈すれば蓑田の跳梁跋扈《ちょうりょうばっこ》は蓑田個人の病でも蓑田個人の狂気でもないことになる。蓑田的なるものは近代化（する）日本のバックラッシュだったのである。蓑田胸喜が跳梁跋扈しなくとも、蓑田的なものは、ほかの誰かの身体を乗りものにして表出、爆発したはずである」とまとめる。

　わたしは竹内のこのまとめ方には、賛同できない。一読もっともらしいが、大局的観点からの歴史認識を欠く記述だからだ。竹内はまた、後述する矢内原忠雄の東京帝国大学経済学部教授の辞任（矢内原事件）を、大学内の派閥抗争の犠牲者という立場の強調で、終始解釈するが、それにも承服できない。ちなみに、竹内の中公文庫版『大学という病 東大紛擾と教授群像』は、巻頭に「主要登場人物」として、それぞれの派閥に教授連をグループ化し、土方派とか河合派五人組とかに分類、その上に顔写真まで添えている。これは明らかに売らんかな主義の、読者に媚びた、研究者としては避けるべき興味本位の記述である。

　忠雄の東大教授辞任には、いくつかのことが重なったとはいえ、時代の嵐、――これまで述べてきたような、世界共通のファシズムが介在したことが、第一の要因であった。贅言するならば、第一次世界大戦後、イタリア・ドイツ・スペイン、それに南米諸国・東欧諸国に出現した全体主義的・国家主義的独裁という歴史的事象は、日本でも猛威を振い、京大事件を、美濃部達吉の「天皇機関説」事件を、そして、当面の課題である矢内原事件を生んだと考えるのが自然である。それが歴史にかなった見方であるとしたい。

時代の嵐と歴史を見る眼

矢内原事件を東大経済学部内の派閥次元に重きを置いて裁く論は、竹内洋一人にとどまらない。美作太郎『戦前・戦中を歩む 編集者として』（日本評論社、一九八五・一二）における事件の回想（「29　東大経済学部の内紛」）にしても、竹内論に大きく頼る将基面貴巳《しょうぎめんたかし》の『言論抑圧 矢内原事件の構図』における事件のまとめ方（同書「第三章　東京帝国大学経済学部をめぐる抗争」）にしても然りである。この本に至っては、「派閥抗争がどのように矢内原を辞職に追い込むに至ったのかを、詳しく検討してみたい」（同書　序章）として、事件を矮小化し、「派閥」次元にウエイトを置いて論じる。そして矢内原忠雄の「愛国」に対し、蓑田胸喜の跳梁も「愛国」の一つの姿であったとするのである（同書　終章）。本書の致命的欠陥は、「蓑田にとって、自分の言論活動は、矢内原に限らず、すべての「侮日的」言論人による攻撃から「日本」を防衛する行為だったに違いない。蓑田の主著が『国防哲学』と題されている点は、その意味で示唆的である」（同書第二章　九七頁。）などと得々と説明し、結果的には当時の蓑田胸喜を肯定し、評価するような言い方をするところにある。

コンピューター操作による文献調査は徹底しているものの、論者の歴史観・歴史認識は極めて脆弱である。そのためか蓑田や、この後ふれる土方成美《ひじかたせいび》を、歴史に照らしてはっきり否定・断罪できないのである。それゆえ彼らの主張も一つの「愛国論」、「あるがままの日本に対する愛国」（同書終章、一九八ページ）であったなどという、実に奇妙な論理を振り回すことになってしまう。それは歴史的文脈に立った解釈を否定するもので、矢内原忠雄のもっとも嫌った「真理の敵」をのさばらせる理論だ。

中公新書の将基面貴巳の本が刊行された時、『朝日新聞』をはじめとする日刊各紙は、こぞって絶賛したものだが、皆、右に指摘した点を見逃していた。管見に入ったところでは、唯一異議を呈していたのは、忠雄の郷里、愛媛県今治市の「矢内原忠雄顕彰」実行委員会が発行した講演会記録（二〇一五・三・二五）に載った西永頌《たたう》の「矢内原忠雄の生涯をきめたもの」である。そこで西永は、「蓑田の愛国は、天皇を元首とする国、すなわち当時の国体を擁護しようとする愛国であった」として、将基面貴巳の見解を、はっきりと否定する。歴史認識をめぐって、再び危機を迎えているこんにち、こうした未熟で危険ともとれる論に対しては、当然のことながら敏感に反応し、誤りをはっきり否定する視点が必要であることを強調しておこう。

矢内原忠雄は、もともと学内派閥にかかわるような人ではない。竹内洋にはある程度それは判っていたようである。が、当時の東京帝国大学経済学部には、「河合派」と「土方派」の派閥対立があったとしたうえで、忠雄を「大内派」ならぬ「少数派」という、何が何だかわからぬ名称のくくり方をしている。たとえ派閥抗争があったとしても、それが矢内原事件の主因ではなかったことを、わたしは、ここではっきりと言い切っておこう。それが歴史を見る眼であると固く信じるからである。

『中央公論』一九三八（昭和一三）年一月号に、菅野司郎という人（経歴は定かでない。恐らく仮名であろう）が、「大学騒動楽屋話」という記事を書いている。これは事情に通じた人が書いたとすぐに分かる内容だ。矢内原事件を「かゝる羽目にいたるまでには東大経済学部教授間に複雑な事情が介在してゐるのである」として、それを学部内派閥に求め、「今度の如き矢内原事件の原因ともなつてゐる」と書くが、竹内論にどこか重なる。竹内論は菅野司郎の「楽屋話」に、かなり頼っている。竹内論ばかりではない。右の美作太郎や将基面貴巳のものも、そして他の多くの矢内原事件に関する論もそうなのである。『中央公論』同号一五四ページ以降には、土方成美の「時局と大学」という論文が載り、菅野司郎の「大学騒動楽屋話」は、土方論文の脚部に相当する箇所（ページの下三分の一）に配置されている。事情通の打明け話の感があるものの、書き手の歴史認識は希薄である。小状況としての「楽屋話」としては、おもしろいものの、事件をめぐる大状況としての時代把握・歴史認識を欠くのである。

竹内洋の『大学という病 東大紛擾と教授群像』の特質と限界も、ここにあることだけは、しっかり指摘しておこう。資料によく当たった折角の労作が、歴史認識を欠くと、単なる興味本位の週刊誌的記事と化す典型的例である。今一度、はっきりと書く。これから述べる矢内原事件は、世界的な激動の時代が生んだ悲劇であって、東京帝国大学経済学部内の単なる派閥抗争という低次元の問題で終わるものではないと。確かに大学という組織には、派閥がはびこる。しかし、そんなことで一教授を追放できるものではない。当時にあっても大学の自治は、それなりに存在したのである。しかも、矢内原忠雄ほど世に言う派閥と縁のない人間は稀だ。彼は神戸一中時代から友人は多くいた方だが、利益中心に結びつく派閥を作るなどという行動はとっていない。それはこれまでの本論（一～八章）が実証しているところだ。

一人で闘う

時代の嵐は、日中戦争の開始とともに、とめどもないものとなっていた。矢内原忠雄は、日本の軍国主義化に反対し、平和主義の旗を掲げて、時代の嵐に立ち向かい、一人で闘った。二・二六事件に際しては、「憮然として私は立ち上つて理髪店に趣き、戒厳司令部発表のラヂオ報道を耳にしつつ、口髭を剃り落した。独逸留学の時以来十五年間私の鼻下を飾つたものであつた。昔の預言者が衣を裂き、麻を着、灰をかうむつたのに比すべくもないが、時局に対する憤激と悲哀のしるしを身に帯びたのである[9]」という態度で、正義と平和のための闘いに、一人立つ。そのバックボーンは、むろん内村鑑三から学んだ、キリスト教の信仰に立つ平和主義にあった。

一九三七（昭和一二）年九月号の『中央公論』に、矢内原忠雄は「国家の理想」という論文を発表した。盧溝橋事件が起こり、国中が大騒ぎの中で発表したものである。彼は検閲を十分意識して書いた。けれどもそれは、「安寧秩序ヲ紊乱《びんらん》スル」という理由で、一部削除処分を受け、その上に伏せ字の多い論となった。すでに何度かふれたが、検閲という障壁を抜きに、当時の学者や文学者、そしてジャーナリストの文章を論じることはできない。それゆえ、言論の自由が保障されるようになった今日の感覚で、当時の論考を、上から目線で断罪するほど空しいものはないことも付言したい。

本論の結びに忠雄は、「無批判は知識の欠乏より来るのみでない。それは理想の欠乏、正義に対する感覚の喪失より来る。直観の貧困、啓示の枯渇より来る。ここに於てか国家非常時に対する哲学・宗教の任務の特に重要なるを知るのである」と書き付ける。彼の信条のにじみ出た実に真っ当な見解である。後年、忠雄は大塚久雄を聞き手とした『私の歩んできた道』[10]で、論文「国家の理想」について次のように言っている。

矢内原　昭和十二年の夏休みに入った頃ですが、中央公論から私に論文を書いてくれ、テーマは何でもいいと言ってきたんです。それで「国家の理想」というのを書いた。六月頃書いて九月号に載ったのです。ちょうど蘆溝《ママ》橋事件の起った直後それに刺激されて一気呵成に書いた。それが、九月号の『中央公論』といっても、八月にはもう発売になったが、すぐ発禁になってしまった。表ざたになったのはそれからですね。それまでは私の言論や論文、講義をおもしろくないと思っていたでしょうが、直接私にはかかってこなかった。

大塚　その論文で一番当局の忌諱に触れたのはどの点だったのでしょう。

矢内原　国家の理想は正義と平和にあるということ、戦争という方法によって弱者をしいたげることではないということです。国内においても国際的にも強者が弱者をしいたげるために用いる手段が暴力で、それが戦争政策になる。国家の理想というか、いかなる国が立派になり、栄えるかということは、理想にしたがって歩むかどうかということだ。理想にしたがって歩まないと国は栄えない。一時栄えるように見えても滅びるものだという議論が問題となった。

特に戦争は国家の理想に反するということころでしょう。もちろん、私は気をつけて書きましたから、日本の現状を直接に指摘したような言葉はないのです。理想論として書いておる。最後に旧約聖書のイザヤの預言を引いて解説をした。ですから、読む人によっては、あまり抽象論に過ぎるじゃないかという批評もあったくらいです。

矢内原忠雄追放の「火付け役」蓑田胸喜は、前述のように『真理と戦争：東京帝大教授矢内原忠雄氏の『真理と戦争』の批判に因みて』と題する一書をまとめて矢内原忠雄攻撃に乗り出していた。彼は忠雄の「宗教と科学と政治」（『中央公論』一九三五・三）をも、「国体破壊思想と徹底非戦論」だとして論難する。「クリスト教とユダヤ教とを無批判に結合しマルクス主義にも媚態を示す」とか、「非戦論・無抵抗主義とニセ・クリスチャンの無反省驕慢思想」などという見出しでの居丈高で、幼稚な矢内原忠雄攻撃であった。蓑田には内村鑑三門下で、聖書研究に徹した本格的キリスト者矢内原忠雄が、まったく理解できていなかった。とまれ蓑田胸喜は、一冊の書物まで出して、矢内原忠雄を攻撃したのである。こうした外濠攻撃の末に来たのが、職場である東京帝大経済学部内での矢内原忠雄批判という直接攻撃、内濠の埋め立てであった。引き金となったのが、右の論文「国家の理想」である。彼は批判の矢面に立たされたことになる。

「国家の理想」

「国家の理想」は、矢内原忠雄を大学辞任に追い込む、いわゆる筆禍事件の引き金となった論文である。発表誌の『中央公論』には、多くの伏せ字の箇所がある。『矢内原忠雄全集』第一八巻に収録された本論末尾の「編集者注」には、「本論文が『中央公論』に発表されたときには、多くの伏字があったが――本文8ポイント組の箇所がその部分である――、後『日本の傷を医す者』に収められたさい、著者自身の手によってこれらの伏字は埋められた。本文はこれを底本としたが、外に著者私家蔵本の『中央公論』には、ペン書を以て伏字が埋められてあり、本文とは若干の相違があるので、その相違の箇所に〔　〕を以て囲んだ数字を付し、私家蔵本の該当語句を以下に掲げた。傍線の箇所である」とある。

ここで矢内原忠雄は、〈国家の理想〉というものは、正義と平和にあり、挙国一致の戦争にあるのではないと言う。理想とは、欲望のままに生きる動物とは異なり、人間を人間たらしめるもので、国家もまた理想を求めなければならないと彼は主張する。また、彼は少数者の声にも耳を傾けよと呼びかけ、『旧約聖書』の預言者イザヤを例にとって説明する。「正義と平和とが、イザヤの啓示せられたる国家の理想であった」とするところには、イザヤに自身が重ねられているかのようだ。近年の赤江達也『矢内原忠雄 戦争と知識人の使命』（岩波書店、二〇一七・六）は、「国家の理想」を取り上げ、「矢内原はこの論説の結論部で、今や重要なのは「学者よりも預言者」である、と論じている。それは矢内原自身の「預言者」意識とも対応している」と書く。的確な指摘だ。忠雄はもはや学者ではなく、預言者として日本国という国家の行く末を案じているのである。矢内原忠雄は、この論文を次のような文章で結ぶ。

現実に没頭し、現実に引きずられて行く限り、事情に通ぜざる国民は到底現実政策の批判者たるを得ないが、一たび国家の理想に自己の立場を置く時、その正邪の判断は国民中最も平凡なる者にも可能である。無批判は知識の欠乏より来るのみでない。それは理想の欠乏、正義に対する感覚の喪失より来る。直観の貧困、啓示の枯渇より来る。ここに於てか国家非常時に対する哲学・宗教の任務の特に重要なるを知るのである。

矢内原忠雄は、理想を持つことと、批判力の大切さを言う。が、本論を載せた『中央公論』一九三七（昭和一二）年九月号は、一部削除や伏せ字問題に終わらず、発売と同時に全文削除になってしまう。以後、矢内原忠雄は官憲による要注意人物として当局の監視下に置かれ、その措置は日本の敗戦時に至る。論文「国家の理想」は、次に忠雄の所属する東京大学経済学部でも取り上げられ、問題視されることになる。

三　東大教授の辞任

辞任まで

当時の東京帝国大学経済学部の学部長は、土方成美《ひじかたせいび》であった。彼は一八九〇（明治二三）年七月一〇日生まれで、旧姓町田成美、矢内原忠雄の三歳年上である。岡山の第六高等学校を経て、東京帝国大学法科大学経済学科を首席で卒業、大学に残った。専門は理論経済学である。のち東大教授土方寧《やすし》の女婿となり、土方姓を継ぎ、政略結婚などと噂された。彼は国家主義的考えの持ち主で、元より矢内原忠雄のキリスト教信仰に立った国家観や植民政策論を理解できる学者ではなかった。短絡的に物事を判断するところがあり、学内政治には熱心であった。先にも記したところだが、矢内原忠雄と大内兵衛と土方成美に、関東軍特務部から電報で満洲国経営の助言依頼の招聘状が届いた時、矢内原と大内は断ったが、一人出張中の台湾から駆けつけ、人頭税などという珍説を主張したという人物である。

土方はこの年（一九三七）年一一月三日の明治節（明治天皇の誕生日）には、教授の本位田祥男《ほんいでんよしお》や助教授橋爪明男らと学生を引率し、明治神宮へ参拝するという時局迎合の態度を示していた。彼が矢内原忠雄の「国家の理想」を、教授会で問題ありとして取り上げたのは、同月二四日の教授会であった。忠雄が当時書いた「大学卒業から大学辞職まで」[11]という文章がある。そこにはこの日付がしっかりと書き留められている。大学辞職に関する本人自身の当時の記録なので、信頼できる日付である。以下に該当箇所を掲げる。

私は公に戦つたつもりです。併し彼等は密かに企《たくら》みました。今年九月号の『中央公論』誌に掲載せられた私の論文「国家の理想」は其筋から発禁処分になつたのみならず八月の臨時議会で某右翼代議士の質問により政治問題化されようとしました。併し其時は表面無事に済み、私は十月からの新学期でまた例年の通り植民政策の講義を始めて居たのであります。然る処帝大教授の悪罵を事とする札付きの某という男が、その主宰する新聞、雑誌、単行本等で、前記論文を中心として執拗に私の攻撃を始めました。私は何の気にも留めないで居ました。処が十一月二十四日の経済学部教授会で、全く突然に「矢内原教授の『国家の理想』といふ論文は甚だ不穏当であつて、外部から問題とせられた時教授会としては擁護出来ないものと思うが如何」との議題が学部長から提出されました。しかも過半数の教授はこの提案に賛成する形勢が察知せられましたので、私は直に辞意を決しました。併し事は私一己だけの問題でなく、大学としての公の立場から骨を折つてくれる同僚達もあり、また総長も心配してくれましたので、私は暫く静観の態度を取つて居ました。併し学内外の動きが激しく、事態が紛糾を重ねる様子なので、遂に十二月一日午前総長に辞表を呈出し、同日午後の教授会で私の所信を披瀝して同僚諸氏に決別した後、新聞社を通して左のステートメントを発表しました。

自分は本来日本国を衷心熱愛する者であるが、発表の言論に関し問題を惹起したことを遺憾に思ふ。自分として此上在職するのは大学に対しご迷惑をかける所以なる事を知つたので、本日総長に辞表を呈出した。

確認の意味で今一度言うが、右は辞職直後に書いて、個人誌『通信』に載せたものである。忠雄の問題とされた論文は、『中央公論』の「国家の理想」と著書『民族と平和』、である。要は戦時において平和を述べたのがよくないというのであった。忠雄は右の一文の続きで言う。「「理想の大学」は私を必要としても、「現実の大学」には私の存在が却つてお邪魔となることが解つたので、自分から御暇を願出た次第であります」と。『私の歩んできた道』には、この文章のほか、他に『帝国大学新聞』（一二月六日付）に寄せた「矢内原教授別れの言葉」に加筆した「終講の辞」、それに「学生からの手紙」二通を添える。

大内兵衛の別れのことば

大内兵衛はこの年一二月六日発行の『帝国大学新聞』に「矢内原君に別れる」(12)という一文を書いている。辞任のいきさつなどには、一切触れていない。当局の検閲を慮ってのことである。時代の圧力や趨勢が、なぜ辞任なのかを語らせなかったのである。後年大内兵衛は、この一文を自著『高い山―人物アルバム―』（岩波書店、一九六三・一〇）に収録するに際し、はじめに序文を添えて、「昭和十二年十二月一日は矢内原君が大学を追われた日であった。それに対しては友人も学生も公然と別れを惜しむことができなかった。粛然として声をひそめて、この愛国者を目送するしかなかった。これは、そのとき、『大学新聞』にわたくしが書いた送別のことばである。彼がなぜ大学をやめなければならなかったについての説明が一言もないのは、それをすることが許されなかったからである」と書いている。

「矢内原君に別れる」の内容は、友情に満ちた、心のこもった送別のことばであった。結びの文章は、「ぼくの一軒置いて隣が空家となるのである。このさみしさを僕はどうしたらいい。窓外を望めば葉の落ちた銀杏のたくましい並木がある。ああその一本が倒れたような空虚である」とあって、読者の心を打つ。

なお、大内兵衛には当時を回想した「矢内原教授辞任のいきさつ(13)」という詳細な記録文もある。これはもののが自由に言えるようになった第二次世界大戦後に、一九三七年当時のメモをもとに記した矢内原忠雄追放劇の詳細を語ったものだ。その骨子を紹介するなら、一一月三日(明治節)に経済学部長の土方成美は本位田祥男教授や橋爪明男助教授などと学生数百名を連れて明治神宮へ参拝する。大学行事としては、当時にあっても異常である。そうした中で一一月二四日に、「日本の大学の歴史にとって恐らくは類例のないほどに重要なものであった」とされる東大経済学部の教授会が開かれる。大内によると土方学部長は紫の風呂敷から突如『中央公論』九月号を取り出し、教授会メンバーの意見を問うと言った。

突如問題を切り出し、魔女裁判よろしく、ある人物を糾弾するというのは、ファシストのやる手である。すぐ部長の意を汲んだ連中が勇ましく同調する。彼らはあらかじめ話し合い、矢内原忠雄糾弾の教授会の段取りを決めていたかのようである。背景には重ねて言うが、大状況としての右翼化する世の動きがある。そうした中では何でも罪に貶めることができるのである。忠雄はまったく準備ができていなかったので、多少まごついたであろう。当日の教授会は、『中央公論』九月号の論文を読んでいない連中も多く、問題は次の教授会に持ち越されたというものである。

矢内原事件

矢内原問題は蓑田胸喜らの暗躍もあって、文部省や内務省でも問題視する。危機を察した大内兵衛や舞出長五郎が長与又郎《ながよまたお》総長と面談し、事態をこじらせず、矢内原を護るよう進言する。が、『通信』一〇月号（47号）に出た忠雄の、藤井武追悼講演速記「神の国」での末尾の一文、「日本の理想を生かす為に、一先づこの国を葬つて下さい」（引用は、初出『通信』による）の一文が問題とされ、総長もさじを投げたという。この講演は、東京日比谷の市政講堂で行われ、忠雄は藤井武の詩『羔《こひつじ》の婚姻』を紹介しつつ、理想を失った日本の現状を嘆いたものであった。

近年、長与又郎の日記（小高健編『長与又郎日記』学会出版センター、（上）二〇〇一・三、（下）二〇〇二・六）が刊行されたことで、総長の長与の立場も知られることになる。長与日記は、長与が矢内原問題を穏便に解決しようと努力していたことを語る。そして最終的には、右の『通信』の一文を知って断念した経緯が述べられている。後年、矢内原忠雄は長与総長を評して、「善人ではあるが、いささか勇気に乏しい人」と、「戦の跡」（『嘉信』一九四五・一二）に書いている。そういう面が長与又郎という人物には確かにあって、忠雄を最後まで護りきれなかったのである。

一二月一日の教授会で忠雄が辞任理由を述べ終わった時、長老の森荘三郎教授が、矢内原教授に謝意を表したいと申し出たのを本位田教授が制した、と大内は右の「矢内原教授辞任のいきさつ」に記している。これが京大事件と並び、日本の大学史上落とすことのできない矢内原事件の輪郭である。

それにしても当時の学部長土方成美なる人物は、矢内原忠雄にとって不可解な、やりきれない人物であった。いくつかの証言があるが、土方は教授会を魔女裁判にするために、「紫の風呂敷」につつんで雑誌『中央公論』を教授会に持ち込み、おもむろに開けた（大内兵衛・美濃部亮吉・有沢広巳・脇村義太郎らの証言がある）。こうしたところからして、演技じみている。そして、あらかじめ気脈を通じていた教授会メンバー（本位田祥男・田辺忠男ら）に発言させ、忠雄を追いつめた。なお、「紫の風呂敷」（「紫のふくさ」と書いた証言もある）について土方は、後年の回想記『事件は遠くなりにけり』（経済往来社、一九六五・三）で、「全く噴飯に値する」として、「私は、むらさきのふくさなどもってはいない」と強く否定している。

立花隆は矢内原忠雄が最終講義（『帝国大学新聞』一九三七・一二・六掲載）の最後に、「私は身体を滅して魂を滅すことのできない者を懼れない。私は誰をも恐れもしなければ、憎みも恨みもしない。ただし身体ばかり太つて魂の痩せた人間を軽蔑する。諸君はその様な人間にならないように……」と語ったことを採り上げ、これは忠雄の土方成美に対する皮肉だとする。(14) その見方には、土方の右の『事件は遠くなりにけり』の「矢内原氏は学生に対する告別の講義で『豚の如く肥って、魂のやせた人間を軽蔑する』とか、『行列の先頭に立って歩くことを好まぬ』とか、さんざん私に対する皮肉をいって東大を去って行かれた。魂の肥った人のいい分はちがったものである」の言説を採り上げる。その上で立花は、後年大河内一男が、東大総長として卒業式に臨んで行った式辞における「太った豚になるより、痩せたソクラテスになれ」の名演説は、両者のやりとりを背景にしているという自説を説得力豊かに展開する。

平賀粛学

土方成美は、のち平賀粛学で東大を辞める。長与総長の後を継いだ平賀譲《ゆずる》は、経済学部紛争の元凶と見なされた土方成美と河合榮治郎の二人を休職処分としたからである。ちなみに「粛学《しゅくがく》」とは、忠雄の一高基督教青年会時代に一緒だった長崎太郎の造語である。彼が京大学生課長時代に、学内の不正事件処理に対して、使ったことばにはじまる。京大では一九三七（昭和一二）年六月に、理学部内の会計不正事件が発覚した。その際、総長の浜田耕作と学部長の松山基範とは、「英断」を以て迅速に事に当たり、関係した当事者を処分し、事件の処理をした。それに対し、学生課長の長崎太郎が、事件の処置を肯定的に受け止め、「粛学」と名付けて、事情説明に用いたものであった。(15) それがジャーナリズムで採りあげられ、「粛学」ということばは、以後一般化したのである。あまり知られていないことなので、特記しておきたい。

平賀粛学では、総長となった平賀譲が一九三九（昭和一四）年一月、経済学部の紛糾の責任を問うかたちで、河合榮治郎を「学説表現の欠格」で、土方成美を「綱紀の紊乱」などの理由で、学部教授会にはからず休職処分にした。それを不服とし、土方・河合の二人は辞表を提出、土方に同調する者九名、河合に同調する者四名も従うという事態に発展する。経済学部は助教授以下の辞表撤回と補充人事で辛くも存在することとなる。なお、河合榮治郎は、経済学部の教授時代から日本の国家主義を批判し続け、一方で青年教育に力を尽くした。そして『学生と教養』（日本評論社、一九三六・一二）にはじまる〈学生叢書〉の編集と執筆に打ち込むが、敗戦を見ずに病死した。土方成美は戦争を生き延び、戦後、中央大学や獨協大学の教授を務めている。土方の下で勢力を振るった本位田祥男《ほんいでんよしお》は、平賀粛学に抗議して東大をやめ、大政翼賛会の経済政策部長などを務め、そのためか戦後公職追放を受ける。追放解除後、立正大学や明治大学教授を歴任した。

忠雄は本位田に関しては何も書いていない。本位田祥男のことは、本論「第四章　生と死」の「三　一高卒業前後」で採りあげているが、忠雄の一高・東大の一年先輩に当たった。若き日の本位田は秀才の勉強家で、忠雄も一目置いていた。彼はマックス・ウェーバーの日本への早い時期の紹介者として知られ、将来を期待された人物であった。が、四十代半ばの本位田祥男には、かつて後輩の学友に好印象をとどめた姿はなく、権力者に追従する役割を担っていた。彼もまた時代に翻弄された人物だったのである。本位田に比べると、土方成美はより政治的で、人が悪い。すでに述べたが、忠雄は土方に対しては時々、そのダメぶりを揶揄している。それは直感に支えられた印象ながら、核心を衝く。

最後の授業

『東京朝日新聞』は一二月三日付夕刊の紙面に、「最後の授業に落つ涙／切々の言・学生も暫しの拍手／去り行く矢内原教授」の三行見出し、写真入りで報じた。妥当な記事と判断できるので左に引用する。

銀杏並樹にお別れの日——辞表を提出した東大矢内原教授の「終講の辞」は二日午前十時から法経七番教室で行はれた、前日来から伝へ聞いた経済学部の学生はもとより法、文それに先輩も入り交つて、七番教室は満員、青白い緊張と興奮が漲る中を同教授は前屈みの姿勢で平静な語気で約一時間植民政策の残余の講義を済ました後、

大学の使命を私は批判的精神に在りと信ずる、大学は一段と高い所に在つて、生起する様々な社会現象を分析し、批判し、真に国家的立場から是を是とし、否を否とする事だと思ふ。在職十七年無骨な自分は芝居も見ずゴルフも興なく研究室を唯一の本拠とし、この信念を以て進んで来たが、これ以上大学に御迷惑をおかけするのも如何かと思ひ辞表を提出した、今こゝに顧みて私は諸君に対し必ずしも親切な校友であり得なかつた事を謝したい。諺に「肉体は滅びるも精神を殺す勿れ」といふ、私のこの一言を諸君にお贈りしたいと思ふ……

と結べば学生は拍手を以て送り、涙ぐましい情景であつた。

同じ内村門下であり、法学部教授となっていた南原繁は、「Y君の辞職きまりし朝はあけて葬《はふ》りのごとく集ひゐたりき」（歌集『形相』）とうたに詠んだ。かくて矢内原忠雄は東大教授の職を投げ打った。否、追われたのである。

『帝国大学新聞』一九三七（昭和一二）年一二月六日号は、「矢内原忠雄教授／自発的に辞職す／経済学部情勢急激に変化」の見出しで事件を報じたが、内実は、きびしい周囲の情勢に耐えられなかったのである。当時の忠雄をめぐる状況を、後年友人の三谷隆信が「座談会　わが友　わが父」(16)で語っている。三谷は「これはいまだから言ってもいいんだろうけれど」と前置きし、以下のように発言する。

実は大内兵衛君やなんかも引っぱられたね。そして矢内原も少しあぶないということが新聞に出てまして、私、自由ヶ丘の自宅へ行ったんですよ。聞いてみたら、だいぶ情勢は悪いらしい。それで、ぼくは翌日内務省へ行って当時の情報局長は知人じゃなかったけど名前を聞いて知ってたからどうなんだと聞いたんです。そしたら、情報局長の返事は矢内原さんはやめればそのままでいいけれども、もしいれば引っぱるようになるということだった。これは大変なことだと思った。あの当時のことですから、情報局長がそう言うのならそうなるに違いないと思ったから、翌日矢内原がやってきたのでそのことを伝えたんです。ぼくはまずいことを伝えたんだけれども（笑い）、それが非常にショックだったらしい。ぼくの親類の者が自由ヶ丘に住んでいて、駅なんかで矢内原さんに会っても非常に沈んでいるということを聞きました。

「大内兵衛君やなんかも引っぱられた」とは、三谷隆信の記憶の前後関係の誤りであって、矢内原事件二ヶ月後の一九三八（昭和一三）年二月一日、大内兵衛・有沢広巳・脇村義太郎らが治安維持法違反の容疑で逮捕されたことを指す。いわゆる人民戦線事件の第二次検挙である。この時土方成美は、教授会に大内の即時休職を提案したが、河合榮治郎らの反対のため否決された。が、同年一二月、大内らは起訴されたことで休職処分となる。

「退官願」を総長に

忠雄にも生活がある。妻子がいる。面倒を見なければならない藤井武の子ども五人もいる。引っ張られると、数ヶ月の留置場生活を覚悟しなくてはならぬ。自分が東大教授という肩書きと給与・研究費・研究室その他もろもろの権利を放棄するならトラブルは回避される、そう思うと彼はすぐに相談にきてくれた大内兵衛と舞出長五郎を前にして、辞表を書く。

「退官願」は「昭和十二年十二月一日」の日付で、「内閣総理大臣公爵近衛文麿殿」に宛てられている。それは長与総長に提出された。日本の大学での「退官願」は、普通ならば教授会の同意を得て、学部長を通して総長（学長）に出すのが筋だが、学部長の土方成美を通さずに、直接総長に出したところに忠雄の抵抗の意地があった。前述のように、一二月二日の授業が最終講義となる。退職辞令は四日に出た。「東京帝大教授　矢内原忠雄／依願免本官」という簡単なものである。以後しばらくの間（一九四三年春頃まで）、東京帝大図書館が忠雄の研究室となった。

大学を辞めて、忠雄ははじめて「いかに自分が研究室を愛していたかということを意識した」という。大学は自分の家のようなもので、辞表提出後も図書館の一室を研究室として論文や翻訳に携わり、昼には自然に足が向いて山上御殿の食堂に昼食を食べに行った。小野塚喜平次前総長は、君は破廉恥なことで大学を辞めたのではないから、これからもやってきたまえと言い、文学部の桑木厳翼教授も自分の席を立って、一言慰めてくれた。「私は非常にそのことを感謝して今なお両先生の恩情を忘れない」(17)と忠雄は回想している。孤立無援の忠雄には、二人のことばは、よほど嬉しかったのであろう。

矢内原忠雄の東大教授の辞任は、世界的な反動の嵐の中での出来事であった。台頭する右翼勢力、それに結託した軍部、学内の土方成美や本位田祥男ら時代迎合者、――彼らと、これ以上同じ職場にあって闘うのは無理という判断が、忠雄の中に次第に芽生える。蓑田胸喜らの『真理と戦争：東京帝大教授矢内原忠雄氏の『真理と戦争』の批判に因みて』が出たのは、この年、一九三七年一一月一日である。この日付は奥付によるものだが、実際には一〇月下旬には印刷・刊行され、各方面にばらまかれたに違いない。

世間の人々から白眼視される

忠雄は原理日本社刊の右の本を手にし、悪意に満ちた内容のひどさにあきれる。自己顕示欲と酔いしれたような文章は論外だが、恐いのはこうした狂信的考え・理論が、右傾化を強める時代風潮の中で、一般の善良な市民にも受け入れられてしまうことだ。世間の人々は実情を知ることもなく、国の方針に反した著作を書き、東京帝国大学の教授職を追われたということで、矢内原忠雄を白眼視した。東京目黒区自由ヶ丘の自宅周辺の人々も矢内原忠雄を非国民とみなし、敬遠した。当時の時勢にあっては、致し方なかったとはいうものの、忠雄は寂しかった。後年の回想の一つに、次のようなものがある(18)。

余談でありますけれども、東京で私の家の隣人が往来で私を見ると、文字通り「避けてのがれる」でありまして、私の姿を見るとそっと横丁に入ってしまう。入る横丁がなく、擦れ違う時には横を向いて通ってしまう。これは私を誹《そし》っているわけではないけれども何となく気まずいんでしょう。自分を敵とし自分を誇るものがそういう態度をとるとすれば、随分気持ちが悪い、辛いことです。

忠雄はただ辛かった。近所の人々はむろんのこと、この評伝の第一章で紹介した、郷里今治の富田小学校時代の幼友だち窪田佳津見でさえ、「昭和十二年、忠雄さんの著書が反戦的だと軍部ににらまれて、東大の教壇を去られたとき、私は忠雄さんに「君はお父さんから子供のとき毎日きかされた忠孝の訓《おし》えを忘れたのか、私は亡き小父さんや小母さんに御気の毒で申訳ない、君がいまのような考えでは残念ながら絶交する」というような手紙」を出している。(19) 忠雄は東大を追われ、世間からは誤解され、幼なじみの友まで失うことになる。しかも彼を擁護する声は少なかった。

彼は孤独だった。寂しかった。眠れない夜が続き、体重は落ち、目はくぼんだ。体調はきわめて悪くなる。下痢が続き、歯痛が襲う。こうした中で、本論でしばしば述べた、若き日の純情さや、冗談を言っては回りを笑わせる社交的性格は次第に失せ、寡黙で厳格な、気むずかしい性格が形成される。容貌もきびしさを増した。東京目黒の今井館資料館には、近年ご遺族から寄託された忠雄の写真が多数ある。わたしは資料館の福島穆《あつし》さんに当時の忠雄の写真を解説付きで見せて貰ったが、この頃から忠雄の頭髪は薄くなり、顔の皺が増えている。

事件前までの写真は、鼻下に髭をたくわえ、頭髪も豊かで、壮年学徒の雰囲気が見られるが、事件後は早老の学者の風貌である。顔はきびしくなり、目つきが若き日とはまったく異なる。人はかくも変わるものかと思わせるような変わり方であった。然《さ》もありなん、回りはすべて無理解者の集団である。退職当時、忠雄には周囲がすべて敵に見えた。彼の腹立たしい思いは、打ち消しがたいものがあった。教授会での土方学部長の尊大な役者めいた言動、それに追従する何人もの経済学部教授会メンバーのしたり顔。彼はやり切れない思いに駆られていたのである。

蓑田胸喜のあくどい手口

事件のきっかけとなった蓑田胸喜の尊大で、居丈高な文章が、頭に浮かぶ。「然しながら矢内原氏は、その思想内容の断じて放置せらるべからざる反国体性を措きて、単にその思想法学術方法論人生観だけからいつても、それが余りにも幼稚低級にして致命的誤謬を含むものであるといふ点のみからしても、帝国大学教授たる資格なきものである」（傍点蓑田）という一文など、許せるものではなかった。しかも、重ねて言うが、ファシズム支配体制の中では、こういう言い方が許容され、特に「反国体性」などというキャッチフレーズによる攻撃は、追従者を生むものなのである。忠雄は「帝国大学教授たる資格」とは何か、を逆に問いたかった。

けれども、矢内原忠雄は蓑田胸喜のあくどい手口に直接反論していない。同じ土俵で論じ合うことなど出来ない下劣さを、その威丈高で、反感に満ちた拙い文章に感じたからであろう。彼は賢かった。蓑田に反論し、論争するほどの意味はないし、第一、時間がもったいないばかりである。反論することは、彼には野暮な行為と見なされたのであろう。そうではあっても、一歳年下の右翼思想家蓑田胸喜によって、自己の尊厳が蹂躙された思いは、拭い難いものとして残った。してやったりという得意顔の蓑田胸喜を思うにつけ、心がうずいた。が、反論してもわかる人物ではない。そういう人物を相手にしても、逆に自分が傷つくだけだと記憶の外に追いやり、彼は新たな仕事に邁進することになる。聖書に拠って立つ彼は、「復讐」は神のすることとして、自ら反論することを押さえた。これは正しい選択、歩みであった。なお、矢内原事件を追った文献は極めて多いが[20]、忠雄がこの事件によっていかに傷つき、その性格までが変わってしまったことに言及したものは、この後に引用する矢内原恵子「身近かにあった主人のこと」があるのみである。

東京帝国大学の教授職を辞めた数日後、矢内原忠雄の許に岩波書店の岩波茂雄が訪れ、金一封をそっと置き、新しくはじめる岩波新書に、アブラハム・リンカーンの伝記を書くよう勧めた。これは忠雄にとってありがたい申し入れであった。東大在職中の彼の出版物は、それなりに売れた。が、辞任以降は予想がつかなかったからである。物書きとして本が出せないことほど辛いことはない。彼が辞任後出した本に『民族と国家』（一九三七・一二）があるが、これは自費出版である。そうした折の岩波からの申し入れゆえ、嬉しかった。忠雄はリンカーンだけでなく、エレミヤ・日蓮・新渡戸稲造を加えて、『余の尊敬する人物』[22]を書くことになるが、巻頭の「エレミヤ」の章には、『旧約聖書』の預言者エレミヤに当時の彼の悲憤の思いが託されることになる。

エレミアに托して蓑田を斬る

忠雄は言う。「エレミヤは決して円満な人間ではありません。彼に欠点がありました。その最大欠点は、おそらく敵に向つて激語を浴せかけた事でせう。併し彼の激語は虚偽よりは恕すべき欠点です。彼は怒によつて敵をつくつたでせう。彼の憎悪を増したでせう。併し悪を怒ることの出来ない打算家よりは、彼の方が愛すべきではありませんか[23]」と。そういえば忠雄も「私は教授会の席上、あまりのことに同僚教授を面責面罵したことも時にあつたという[24]。彼はここでエレミヤに自己を投影する。そして自らをエレミヤに、蓑田胸喜をニセ預言者パシュル、ハナニヤの輩に擬して、次のように書く。

> 真理を愛して、真理の戦に倒れたる汝エレミヤよ。汝の生涯は敗北の生涯であつた。汝は国民に踏み付けられ、婦女だ《ママ》ちに嘲笑されつつ悲哀の生涯を閉ぢた。併し汝によつて真理は今日に維持せられたのだ。而して真理と共に、汝は永遠に勝つたのだ。卑怯なること蓑虫の如く、頑固なること田螺の如く、胸に悪意を抱き、人を陥るを喜とする汝らパシュル、ハナニヤ輩よ。エレミヤを非愛国者として誣告し中傷し迫害したる偽預言者、偽政治家らよ。彼の言に聴き従はず、彼をして悲憤の涙を飲ましめたる国民よ。汝らこそ真理を紊《みだ》し、正義を破壊し、国に滅亡を招いたのである。（傍点筆者）

矢内原忠雄は、文章表現に秀でた詩人的資質の豊かな学者であったことは、すでに何度も言及した。神戸一中時代から彼の文章は、巧みで超一流であった。彼のそうした側面をうかがわせるに足る『通信』や『嘉信』に載った詩歌は、現在『矢内原忠雄全集』第一七巻に収録されている。

右の文章は、文学的資質を持った彼の一面が、見事に発揮されたものとなっている。忠雄も人の子である。直接反論しなくとも、彼はきちんと蓑田胸喜を斬っていた。

解説を加えよう。「真理を愛して、真理の戦に倒れたエレミア」の生涯は、「敗北の生涯」であった。けれども、真理はエレミアによって維持されたのである。それに対して、蓑虫のように卑劣で、田螺のように頑固・頑迷で、胸に悪意を抱いて、人を苦境に貶《おとし》めるのを喜びとする卑怯な人間がいる。彼は学者を名乗って人を裁く、やりきれない存在の「偽預言者、偽政治家」である。

右に引用した文章の当該箇所に傍点を振ったが、蓑田胸喜の姓名を四つに引き裂いて文章に織り込ませる技法は、尋常でない。また、その底に流れる憤激は読者を捉える。忠雄はやり切れない気持ちを大ひねりにひねって、「エレミヤ書」の人物に転位しているのである。それはストレートに蓑田胸喜に反論を書くよりも、はるかに有効な文学的営為であった。

岩波新書の一冊である『余の尊敬する人物』は、太平洋戦争開始の前年である一九四〇（昭和一五）年五月、蓑田胸喜が未だ猛威をふるっていた頃の刊行であった。この狂信者に同じ土俵での闘いを仕掛けても意味がない。そこで忠雄は、右のような文学的やり方で蓑田を「筆誅」[25]したのである。ちなみに蓑田胸喜は、日本が戦争に敗れた五ヶ月後の一九四六（昭和二一）年一月三〇日、精神に異常を来し、故郷の熊本県八代郡氷川町で首つり自殺した。哀れな末路であった。

預言者の孤独

蓑田胸喜に踊らされた右翼エピゴーネンは、矢内原忠雄を国賊と称した。彼らの言う国賊とは、国を乱す者、体制に対する反乱を企てる者を言う。一体何時自分が国を乱し、反乱を企てたというのか、自分は日本のことを誰よりも愛し、心配し、真実を語っているのに国賊とは何事か……。こんな理不尽なことがあってよいわけがない。やりきれない思いは、忠雄を追い込んだ。考えれば考えるほど、おかしい、ひどい。前述のように、彼は眠れない日々を過ごす。自分を追いつめるため、「エレミヤ書」に出てくるパシュルやハナニヤのようなニセ預言者、ニセ学者、ニセ政治家が跳梁し、わが者顔に政界・学界・論壇を謳歌している。自分をやっつけるために、徒党を組んで国賊扱いする。

同じ職場で、近くにいた学部長土方成美などは、忠雄を護るどころか経済学部教授会を魔女裁判の場に仕立て上げようと、実に巧みに計画的に準備し、忠雄を追いつめた。土方の言動を思い出すにつれ、彼は腹が立った。あの時、もっとよく考えて反撃すべきであったのに、との思いも胸をよぎった。彼は精神的に、神経的に痛めつけられたのである。彼にはすべての人間が敵に見えた。それは預言者の孤独であった。

一番近くにいた忠雄の妻恵子に、当時を振り返った前述の文章、「身近かにあった主人のこと」がある。そこで彼女は、「主人の若い時は子供にはまことに優しいお父様で御座いました。大学から帰りますと、毎日のように一家でそこここにお散歩に出かけました。雨の降る日はお座敷の真中で子供達とドタンバタンとおすもうを致しました。またメンコもいたしました」と言い、以下のように書く。


満洲事変が起り大東亜戦争と化しまして、世の中が切迫するにつけ、主人の血相まで変りました。厳しい人となりました。激しい性質となりました。常に何ものかを睨みつけておりました。時には私の顔までが敵に見えるのではないかと思われました。私はその中にあって子供達を大変ふびんに思いましたが、どうにもならないので御座いました。未だに当時のことを思い出し、私は子供にすまなかったと思っております。　主人は寂しかったので御座いました。独り荒野に立つ自分に誰れか一人味方がなければやりきれなかったので御座いましょう。主人は決して強い人ではありませんでした。淋しがりやで優しいデリケートな神経質な人で御座いました。その主人をお動かしになったのは神様で御座いました。イザヤのように、エレミヤのそうであったように、弱い優しいその口に神様は火をなげ入れられました。

戦争酣《たけなわ》で国を挙げて勝利を謳《うた》う時、戦争の不正を、そして必ず日本が敗北することをちまたに叫びました。そうした時に疲れて家に帰ってどなりもしたかったでしょう、なえた足をなげ出したい事でしたでしょう、今更ながらに思います。

性格・風貌まで変わる

恵子夫人のこの回想は、まことに貴重である。当時の人間矢内原忠雄を的確に観察し、捉え、発言している。事件は先にも記したように、矢内原忠雄という人間の性格・風貌までも変えてしまったのである。特に東大辞任直後がひどかった。子息の矢内原伊作は、当時の忠雄について、「ファシズムに対する戦いが熾烈の度を加えるにともない、ますます父は心身を労し、神経質になり、不機嫌になり、「こわさ」を増した。父は些細なことでしじゅう母に文句を言い、あたりちらしていた」[26]という。また、次男の光雄は、その頃の「恐かった父」を、「随分叱られたものです。家から放り出されたり、手を縛られて浴室に閉じこめられたり叩かれたり……」[27]と回想する。今なら、児童虐待として訴えられても仕方ないことまで、彼は行っていたのである。矢内原忠雄もやはり弱い一人の人間であったのだ。このことは、彼を偶像視しないためにも、しっかり書き留めておきたい。

忠雄は、恵子夫人が言うように、「独り荒野に立つ自分に誰れか一人味方がなければやりきれなかったので御座いましょう」ということになる。前述のように、若き日の純情で、やさしかった忠雄の性格は次第に失われ、家にいることの多くなった彼は、ふさぎ込み、口やかましい父親となった。それは三人の子ども(伊作・光雄・勝)にとっては、こわい、こわい存在の父として映った。また、弟子たちからは、きびしく厳格な師表として畏れられた。忠雄は動揺の中で生きていた。神の教えの理想に生きることを願った彼は、時代の現実と誰よりも激しく衝突せざるを得なかったのである。妥協の道はなかった。それ故の苦悩は大きかった。

繰り返すが、彼の性格は完全に変わってしまったのである。性格ばかりか風貌も変わった。それはすべての繋縛から自由になった敗戦後の生活に於いても、簡単には戻らないものがあった。彼は正義と信じたものからは、一歩も引かない妥協なき厳格な人となった。それは東大総長時代の学生運動対策にも及ぶこととなる。後述する矢内原三原則などが該当する。妻の恵子は、「激しい性格」となった忠雄に辟易した。が、彼女はそうした夫の気持ちを理解し、支えた。恵子は理想的賢夫人だったのである。

絶望の中で彼は神に祈り、問いつめた。〈このやりきれなさ。自分が何をし、どんな罪を犯したというのですか。日本のために真実を叫んで何が悪いのですか〉と。彼は植民地論の研究者として、帝国主義日本の台湾・満洲・朝鮮・樺太・南洋群島などの統治方法に疑問を呈し、戦争の間違いを言い、日本の敗北を預言者のように叫んだ。時代の為政者が、職場の学部長が、同僚が、旧友・知人が、加えてマスコミが、近隣の人までもが、彼を非国民呼ばわりした。幼なじみの友だちまでもが彼を批判し、「絶交する」という手紙を寄越した。回りがすべて敵に見えたのも当然である。そうした中でも彼は真実を叫んだ。それは旧約の預言者が、そして、洗礼者ヨハネが、イエス・キリストが荒野で叫んだのとどこか似ていた。苦しく、切なく、さらには腹立たしさが彼を駆った。

四　荒野に叫ぶ

古本屋を計画

東京帝国大学経済学部を辞任した矢内原忠雄は、兼任していた第一高等学校の非常勤講師も解任された。そのため矢内原家の家計は、一時苦しかった。貯えなど、すぐ失せる。妻子四人に加え、義兄藤井武の残した子、五人の養育費もあったからである。彼は生活を如何にすべきかに思いをめぐらす。一九三七（昭和一二）年の『東京朝日新聞』（縮刷版）をめくっていたら、一二月二〇日の社会面に「筆禍転じて　古本屋さんになる矢内原氏」の見出しでの、忠雄の写真入り記事が目にとまった。そこには、「筆禍事件で辞職した東大経済学部元教授矢内原忠雄氏は目黒区自由ヶ丘の自邸にひきこもり読書と思索に紛らしてゐるが、最近氏の学友らが氏の念願たる学生ホーム兼古本屋を本郷に開設してやらうといふ話が進められてゐる」とあり、取材した記者に忠雄が以下のように語ったとある。

古本屋の事ですが、私はネ、前から喫茶店のついた学生ホームといふ形の古本屋を大学正門前附近に欲しいと思つてゐたんです。学生の読書の相談をしたり話し相手になつてやつたり……カサカサした今の学生生活に少しでも潤ひを与へてやりたいのです、学生の安息所があつてもいゝと思ふのです。……もとより処世的には拙劣な、金のない僕の事ですから、ラスキン文庫の様な事は勿論、これも一つの夢想として終つてしまふかも知れません……大学を辞めてから痛切に感じたこと「研究は続けたい、家族は養はねばならない」といふ事です……

この記事の書き手は、直接忠雄に取材して書いているから、これは単なる噂ではない、信頼できる記事である。忠雄は大学辞職後、一時はこの記事に見られるような古本屋の開業を真剣に考えていたのである。忠雄に会って、その談話をまとめた『東京朝日新聞』の記者は最後に、「語る氏の横顔には深く「生活の翳《かげ》」が刻まれてゐた」との実感のこもった一文を添えている。定職を失った矢内原忠雄は、今後の生活を如何にすべきかを真剣に模索していたのである。恩給（年金）だけでは、とうてい生活できない。

矢内原忠雄に師事した藤田若雄の『矢内原忠雄 その信仰と生涯』(28)には、「大学を去った矢内原は、これまでの三百円家計を百円家計（恩給七十円、著作収入三十円）にきりかえることを妻恵子に命じ」とある。これまでの三分の一の金額で、家計をやるようにということだからかなりきつい。恵子の苦労は人並みではなかったろう。が、彼女は少しも文句を言わず、忠雄の言に従った。後年、忠雄は回想し、「私の家内が少しもうろたえないで、家計のことについては神様が守ってくださるから必ずどうにかなる。こういうハッキリした信仰をもって、うろたえなかったということが、私にとって大きな力でありました(29)」と言っている。

物書きとしての再出発

東大辞任の年、矢内原忠雄はまだ四四歳、翌一九三八（昭和一三）年一月二七日の誕生日が来て、満四五歳という年齢であった。健康は昔ほどではなく、かなり弱ってきたといえども、休養をとればなんとかなる。世間的にも四十代は働き盛りである。彼は物書きとして再出発しようと思った。もとより彼は書くことが好きだったが、定職としての大学教授時代は、授業や会議、研究出張などに精力を奪われ、書くことの時間が不足していたのは否めなかった。そうした時に起こった退職という現実は、彼に厖大な自由時間と書くためのエネルギーを与えることになった。

彼はまず、恩師新渡戸稲造が英文で発表した『武士道』を翻訳、岩波文庫の一冊として刊行（一九三八・一〇）した。これも岩波茂雄の好意から出た出版であった。『武士道』は、新渡戸が一八九九（明治三二）年一〇月、アメリカ滞在中に英文で書いて出版したもので、明治時代に櫻井鴎村が翻訳出版（丁未出版社、一九〇八・三）していたが、文語文で固い調子の訳文であったため、口語訳を試みたものである。忠雄は「訳者序」で、「櫻井氏の訳はなかなかの名訳である。しかるに私が敢えて新たに本書の翻訳を試みたる理由は、同氏の訳書がすでに久しく絶版であつて容易に発見せられないことのほかに、氏の訳書が漢文漢字の素養の一層乏しくなれる現代日本人にとりて難解であることを恐れるのと、内容上の瑕瑾《かきん》もまた絶無と言へざるが故であ

る」と記している。岩波文庫本『武士道』はよく売れ、平成のこんにちも、その改版が版を重ねている。(30)

忠雄は並行して、伝道医師クリスティーの『奉天三十年』(31)の翻訳をはじめていた。前述のように、彼は『余の尊敬する人物』を岩波書店から先に頼まれていたが、その後、岩波から翻訳を先にしてほしいとの要望を受けて、急遽取りかかったのであった。

『奉天三十年』は岩波書店刊行の岩波新書第一、二冊となる。上巻の「訳者序」で忠雄は、「私が本書を訳したのは、岩波茂雄氏の慫慂によつた。氏は本書を読んでクリスチーの無私純愛なる奉仕的生涯に感激し、今や満洲及び満洲人に対し従来よりも遙かに大なる責任を取るに至りし我が国民に本書を提供し、以て満洲をして真に王道楽土たらしむるに資せしめようと欲せられたのである。而して私が敢て不慣れの翻訳を試みることを承諾したのは、満洲及び支那問題に就いて関心を有つ一人の学徒として、満洲及び支那伝道に対して興味を持つ一人の基督者として、並に私の父は医者であつたし、私の弟は現に同仁会医院の医師として長く支那青島《チンタオ》で働いて居るといふ個人的関係によつたのである」と書いている。

訳書『武士道』と『奉天三十年』は、大学を離れた矢内原忠雄の最初の仕事としてふさわしかった。前者は恩師の著作、後者は彼の関心を持つ満洲奉天(瀋陽)が舞台で、そこに遣わされたスコットランド人医師の医療とキリスト教伝道の回想である。二つの仕事とも大学を辞めた忠雄が、その辞任にまつわる悪夢をぬぐい、打ち込む仕事としては、実にふさわしかった。後者には、満鉄奉天図書館長衛藤利夫の『満洲生活三十年・奉天の聖者クリスティの思出』(大亜細亜建設社、一九三五・七)という訳書に等しい文献あってのことながら、よくぞやったという感がある。

一九三八(昭和一三)年の夏は、山中湖畔梁尻《やなじり》の別荘で、これら翻訳の仕事に集中した。当時矢内原家に寄寓していた藤井偕子《ともこ》(藤井武の長女)が炊事係として随行した。偕子の回想「叔父の面影」(32)に、「昭和十三年の夏山中湖畔の家で「奉天三十年」の翻訳にとりくんで居た時、私は炊事係として随行したが、朝食後間もなく机の前に端座して仕事にかかると、それこそ食事時間以外は脇目もふらずに精励した。その真剣な気迫と集中ぶりには、見ている私の方まで気疲れするほどだった」とある。

近代日本のエレミア

東大を辞任してからの矢内原忠雄は、『藤井武全集』の再刊や、個人誌『嘉信』の刊行に力を注ぐことになる。が、当初の主要な仕事は、生計を維持するための翻訳と、『余の尊敬する人物』という、四人の人物（エレミヤ・日蓮・リンコーン・新渡戸稲造）の評伝の執筆であった。後者は題名が魅力的で、時代の閉塞感にとらわれていた人々に訴えるものがあった。特に巻頭の「エレミヤ」は、古代イスラエルの預言者エレミヤの生涯を描き、そこに当時の苦しい忠雄自身の思いを込めたものとなったことは、すでに述べた。

　エレミヤとユダ王国のことを書きながら、忠雄は戦争に突き進む日本と、悲哀のどん底にいる自身の姿を重ねる。「愛する国の運命は、エレミヤの心にますます大なる問題となりました。神はこの国を滅し給ふのであらうか、救ひ給ふのであらうか、滅亡の徴候《しるし》は明かに見えてゐる。かくも神に背き正義を押し枉《ま》げて居ては、表面を如何に飾つても、内部は欠陥と腐敗に満ちて脆弱そのものであるが故に、外部よりの少しの圧力を以て国は崩壊せざるを得ないであらう」の一節など、矢内原忠雄のここ二、三年前からの日本への思いと何と重なって見えることか。彼は自身の想いをここに転位しているのである。近代日本のエレミヤ矢内原忠雄の面目躍如といったところか。それは検閲を逃れ、真実を語る見事な文学的方策でもあったのだ。

　後年忠雄は『私の歩んできた道』で当時を回想し、「『奉天三十年』も、『余の尊敬する人物』も相当部数出まして、私の生活をささえてくれるものになったのです」[33]と言っている。岩波新書は矢内原忠雄のこれらの翻訳や評伝を盛るにふさわしい新しい書物形態（173×105mm）でもあった。新書判はそれまで古典を中心とした岩波文庫に対し、書き下ろしを中心に話題性を売りにした編集として出発した。

岩波新書のモデルとされたのは、前年の一九三七（昭和一二）年にイギリスで創刊された一般教養書シリーズのペリカン・ブックスである。このような新しい革袋を得た矢内原忠雄の三冊の岩波新書は、自身「私の生活をささえてくれるものになった」というほどよく売れた。彼は伝道に専念することができる条件を得たことを神に感謝した。けれども出版による収入は、一時的なものであり、定職としての東大教授時代の給与に較べると、ならすならやはり少なく、忠雄一家の生活は、倹約を余儀なくされた。

『嘉信』の創刊

個人誌『嘉信《かしん》』は、東大教授を辞任した翌月の一九三八年一月の創刊である。「人生の転機」[34]というエッセイで、忠雄は「先年私が東大を去つた時（一九三七年）は、私の為すべき事がすぐにはつきりと示された。私はそれまで不定期・非売品であつた「通信」の代りに、月刊雑誌として「嘉信」を創刊したのであつた。／今度は私は何をなすべきか。東大の任期が満了する前から、私は時折考へた。そのあかつきには「嘉信」を毎月百ページ位の大雑誌にして、聖書の講義や、信仰問題の解明や、古典の研究や、時事についての預言などを満載し、これまで紙面が狭いために消化しきれなかつた原稿をどしどし発表しやう」（引用は初出の『嘉信』による）と書いている。

誌名の『嘉信』とは、「嘉《よ》き通信」、または「信仰を嘉《よみ》す」、さらには双方の意をこめての命名であったのではないか。書く内容はいくらもあった。が、雑誌発行の経費のことを考えると、理想の実現は難しい。そこで無料配布の『通信』を『嘉信』と名を変え、三〇銭ほどの低額で、定期刊行するだけでも善しとした。

『嘉信』は以後、近代日本のエレミヤ矢内原忠雄の、重要な発言舞台となっていく。それは内村鑑三の主張した「紙上の教会」の役割を果たすものともなる。『嘉信』に関しては、次章（第十章の一）で詳説する。

他方、彼は家庭集会や公開聖書講義、それに各地への伝道旅行にも力を注いだ。キリスト教で言う家庭集会とは、一家庭で行われる聖書研究を中心とした集会を指す。矢内原家での家庭集会は、大森時代に台湾の留学生二名を対象に開いていた。それは陳茂源「大森の家庭集会の頃」(35)を通して知ることができるが、自由ヶ丘に転居してからは、自然消滅していた。それが渡部美代治という青年の願望で新たに開かれることになる。渡部の回想「自由ヶ丘家庭集会の頃」(36)に聞こう。

私はすでに自由ヶ丘に転居しておられた先生のお宅を訪ねて、先生の教えを受け度い旨、率直にお願いしたのである。先生は私如き者の願いを入れて集会を開いて下さることになった。これが自由ヶ丘家庭集会の始めであありました。そのメンバーは先生の奥様と三人の御子様、及び藤井先生の御子様方、それに私と妻、野津樸君とであった。其後次々と兄姉が加えられ、昭和十二年頃は二十名余りとなった。先生は「この集りは、内村先生記念講演会の産物であって、単に起源に於てだけでなく、その精神をも受け継いだものである」と後に記して居られる（『葡萄』五号所載「思ひ出」）。

集会では、始めに全員の聖句の暗誦が課せられた。各自の暗誦が終る毎に、大きく「ウン」とうなずかれたり、つまると「ヨシ、次」と先生の応答があった。これは師と弟子との真剣なやりとりであって、私どもはこれによって聖書を生きて把握することを教えられたように思う。先生の聖書講義は、いわゆる訓詁注釈ではなくて、生ける神の言として説いて下さった。イザヤやエレミヤは先生を通して、現代に語りかけるイザヤやエレミヤであった。そしてイエスは、現代の学者、パリサイ人と激しく戦い、顔を堅くエルサレムに向けて進むイエスであった。私どもはイエスの十字架によって先生の十字架を理解し、先生の十字架によって、イエスの十字架を一層深く知ることが出来たように思う。先生の大学辞職はまさに十字架だったのである。

戦闘の小集団

矢内原忠雄の大学辞職は、「まさに十字架だった」という渡部の評は正しい。忠雄は十字架を負って、家庭集会に精を出す。集会は日曜日の午前一〇時から一二時まで、二階の八畳と六畳の部屋のふすまをはずして行われた。忠雄は家庭集会に全精力を注ぎ込んでいたのである。自由ヶ丘の家庭集会への出席者は、忠雄が「思ふ存分叱り得る」ことのできる、彼よりも「十年以上年齢の若い者」が厳選された。その上に集会への出席には、「両親の許諾」が要求された[37]。

当時、この家庭集会に参加していた奥山清四郎に、ある夜、忠雄から呼び出しを受け、自由ヶ丘の矢内原家で厳しい詰問にあったことを書いた一文がある[38]。その一節には、忠雄の弟子をしごく様子が精細に回想されている。そこには「スタンドの明かりをうけて闇に浮ぶ容姿のもの凄さ、眼は縦につき、眼光は針のよう、しごくペーパーナイフは降魔の剣か、隙をゆるさない剣幕でした」とある。忠雄は真剣だったのである。

西村秀夫によると自由ヶ丘家庭集会は、「彼にとって単なる伝道・教育の機会というよりも、むしろ青年と共に祈り、聖書を学び、神の霊をうける機会であり、戦闘の小集団、戦うエクレシアの形成の機会となった[39]」のだという。忠雄自身の回想には、「自由ヶ丘集会は昭和八年春から始まつた。最初は渡部君、野津君たち三、四名藤井武の遺児たちと、私の家族と、すべてで十二、三名であつた。その後一人二人と入会を希望するものがあつて、昭和二十年の暮に解散した時には、私の家の二階二室の収容し得るだけの最大の人数になり、二階が抜け落ちはしまいかと心配されるほどであつた。四十二、三名も居たであらうか」[40]とある。忠雄の三男矢内原勝《かつ》の「自由ヶ丘家庭聖書集会について」[41]にも、「二階が落ちなかったのは、私には神の恩恵としか思えない」との証言がある。

家庭集会のほかに、忠雄は月一回お茶の水（神田駿河台）の基督教女子青年会（ＹＷＣＡ）で、公開聖書講義を行い、また、毎年七月下旬には山中湖で聖書講習会を開いた。山中湖での集会の内容は、現在『山中湖聖書講習会講話・講演・感想』[42]に見ることができる。巻頭の「人物論」一、二と、「満支旅行談」一～三が特におもしろく、全集の欠を補う。さらに一九三九（昭和一四）年からは、土曜日に土曜学校を開くようになる。戦中の矢内原忠雄にとって重要な意味を持つ土曜学校のことは、次章（第十章の一）で取り上げる。

講演旅行にも招かれるまま、しばしば出かけた。行き先は日本の各地にとどまらず、当時外地と呼ばれた朝鮮にも及んだ。一九四〇（昭和一五）年八月のことで、これは忠雄の戦中の伝道旅行としては、特に重要だった。一ヶ月ほどの旅の途次では、京城基督教青年会館で「ロマ書」の講義を行っている。それは次章（第十章の二）で取り上げることにする。矢内原忠雄は、きびしい時代の中でキリスト者としての自己の信念・立場を放棄することなく、荒野に叫ぶ預言者のように突き進んだ。

注

（1）竹内洋『大学という病　東大紛擾と教授群像』中央公論新社、二〇〇一年九月二〇日。なお、この本の文庫版（中公文庫、二〇〇七年七月二五日）には、初版にはない詳細な人名索引と事項索引が付いている。

（2）将基面貴巳『言論抑圧　矢内原事件の構図』中央公論社、二〇一四年九月二五日

(3) 鴨下重彦「昭和初期からの風雪の人」鴨下重彦・木畑洋一・池田信雄・川中子義勝編『矢内原忠雄』東京大学出版会、二〇一一年一一月二日。二七頁。
(4) 矢内原忠雄「戦の跡」『嘉信』第八巻第一二号、一九四五年一二月、『私の歩んできた道』東京大学出版会、一九五八年三月三一日所収。のち『矢内原忠雄全集』第二六巻収録。一〇四頁。
(5) 今泉裕美子「南洋群島研究」鴨下重彦・木畑洋一・池田信雄・川中子義勝編『矢内原忠雄』東京大学出版会、二〇一一年一一月二日。一三〇～一六二頁。
(6) 篠田一人「無教会主義キリスト者の抵抗―藤沢武義を中心として―」同志社大学人文科学研究所編『戦時下抵抗の研究Ⅰ』みすず書房、一九六八年一月一〇日。五〇～五九頁。
(7) 矢内原伊作『若き日の日記 われ山にむかひて』現代評論社、一九七四年五月二五日。九頁。
(8) 黒崎幸吉「式辞」『清き岸べに』嘉信社、一九六二年六月二五日。六二頁。
(9) 矢内原忠雄「落飾記」『通信』第32号、一九三六年三月、のち『矢内原忠雄全集』第一七巻収録。四六頁。
(10) 矢内原忠雄『私の歩んできた道』東京大学出版会、一九五八年三月三一日所収。のち『矢内原忠雄全集』第二六巻収録。四八頁。
(11) 矢内原忠雄「大学卒業から大学辞職まで」『通信』終刊号、一九三七年一二月、「大学辞職の日」と改題、『私の歩んできた道』東京大学出版会、一九五八年三月三一日所収。のち『矢内原忠雄全集』第二六巻収録。九二～九三頁。引用は初出『通信』終刊号による
(12) 大内兵衛「矢内原君に別れる」『帝国大学新聞』一九三七年一二月六日。のち『高い山―人物アルバム』岩波書店、一九六三年一〇月一〇日収録。一三四～一三八頁。
(13) 大内兵衛「矢内原教授辞任のいきさつ」『矢内原忠雄全集』月報17、一九六四年七月、のち南原繁・大内兵衛・黒崎幸吉・楊井克巳・大塚久雄編『矢内原忠雄―信仰・学問・生涯―』岩波書店、一九六八年八月三日収録。二三一～二四一頁。

（14）立花隆『天皇と東大 大日本帝国の生と死（下）』文藝春秋、二〇〇五年一二月一〇日。三三九～四〇〇頁。
（15）長崎太郎『佐々木惣一先生と私』私家版、一九七〇年六月一日。二二五頁。
（16）矢内原伊作・川西實三・三谷隆信「座談会　わが父　わが友」『朝日ジャーナル』一九七五年三月二八日、のち矢内原伊作『矢内原忠雄伝』みすず書房、一九九八年七月二三日収録。四五五頁。
（17）注11に同じ。五三～五四頁。
（18）矢内原忠雄「詩篇」『矢内原忠雄未発表聖書講義 ヨブ記・詩篇』新地書房、一九八六年三月一五日。二二五頁。
（19）窪田佳津見「忠雄さんの追憶　竹馬の友」『矢内原忠雄全集』月報7、一九六三年九月、のち南原繁・大内兵衛・黒崎幸吉・楊井克巳・大塚久雄編『矢内原忠雄―信仰・学問・生涯―』岩波書店、一九六八年八月三日収録。二八頁。
（20）美作太郎『戦前・戦中を歩む 編集者として』日本評論社、一九八五年一一月一〇日、竹中佳彦『日本政治史の中の知識人』（上）木鐸社、一九九五年一二月二〇日。竹内洋『大学という病　東大紛擾と教授群像』中央公論新社、二〇〇一年九月二〇日、赤江達也『「紙上の教会」と日本近代　無教会キリスト教の歴史社会学』岩波書店、二〇一三年六月二六日、将基面貴巳の『言論抑圧　矢内原事件の構図』中央公論社、二〇一四年九月二五日など
（21）矢内原恵子「身近かにあった主人のこと」『矢内原忠雄全集』月報29、一九六五年七月二九日、のち南原繁・大内兵衛・黒崎幸吉・楊井克巳・大塚久雄編『矢内原忠雄―信仰・学問・生涯―』岩波書店、一九六八年八月三日収録。六六七～六七〇頁。
（22）矢内原忠雄『余の尊敬する人物』岩波書店、一九四〇年五月三〇日
（23）注22に同じ。五四頁。
（24）矢内原忠雄「戦の跡」『嘉信』第八巻第一二号（一九四五年一二月）、のち『矢内原忠雄全集』第二六巻収録。一〇六頁。
（25）矢内原忠雄「伝道旅行記」（『嘉信』一九五六年二月、のち『矢内原忠雄全集』第二六巻収録。六七二～

六七三頁。
(26) 注7に同じ。五頁。
(27) 矢内原光雄「父」『矢内原忠雄全集』月報29、一九六五年七月二九日、のち南原繁・大内兵衛・黒崎幸吉・楊井克巳・大塚久雄編『矢内原忠雄―信仰・学問・生涯―』岩波書店、一九六八年八月三日収録。六六二〜六六四頁。
(28) 藤田若雄『矢内原忠雄 その信仰と生涯』教文館、一九六七年一二月二五日。四二頁。
(29) 矢内原忠雄「私の人生遍歴」NHK「人生読本」一九五八年一二月二七日放送、『人生と自然』東京大学出版会、一九六〇年一〇月二五日所収、のち『矢内原忠雄全集』第二六巻収録。二四五頁。
(30) 新渡戸稲造著・矢内原忠雄訳『武士道』は、矢内原伊作による改訳が、一九七四年一一月八日に出、二〇一二年一二月五日付で第九九刷が刊行されている。
(31) クリスティー著・矢内原忠雄訳『奉天三十年』上・下、岩波書店、一九三八(昭和一三)年一一月二〇日、上下巻同時刊行
(32) 藤井偕子「叔父の面影」『矢内原忠雄全集』月報28、一九六五年六月一四日、のち南原繁・大内兵衛・黒崎幸吉・楊井克巳・大塚久雄編『矢内原忠雄―信仰・学問・生涯―』岩波書店、一九六八年八月三日収録。六五九頁。
(33) 注10に同じ。五七頁。
(34) 矢内原忠雄「人生の転機」『嘉信』第二一巻第一号、一九五八年一月、『私の歩んできた道』東京大学出版会、一九五八年三月三一日所収。のち『矢内原忠雄全集』第二六巻収録。一二七〜一三五頁。
(35) 陳茂源「大森の家庭集会の頃」『矢内原忠雄全集』月報6、一九六五年七月、のち南原繁・大内兵衛・黒崎幸吉・楊井克巳・大塚久雄編『矢内原忠雄―信仰・学問・生涯―』岩波書店、一九六八年八月三日収録。一〇九〜一一四頁。
(36) 渡部美代治「自由ヶ丘家庭集会の頃」『矢内原忠雄全集』月報1、一九六三年三月、のち南原繁・大内兵

衛・黒崎幸吉・楊井克巳・大塚久雄編『矢内原忠雄―信仰・学問・生涯―』岩波書店、一九六八年八月三日収録。一七七～一八一頁。
(37) 矢内原忠雄「私の伝道生涯　第四回　自由ヶ丘集会」『橄欖』一九五四年六月、のち『矢内原忠雄全集』第二六巻収録。一九六～一九七頁。
(38) 奥山清四郎「あのころのこと」『矢内原忠雄全集』月報4、一九六三年六月、のち「あの頃のこと」と改題、南原繁・大内兵衛・黒崎幸吉・楊井克巳・大塚久雄編『矢内原忠雄―信仰・学問・生涯―』岩波書店、一九六八年八月三日収録。一八七～一九〇頁。
(39) 西村秀夫『矢内原忠雄』日本基督教団出版局、一九七五年七月一〇日。一三九頁。
(40) 注37に同じ。一九六頁。
(41) 矢内原勝「自由ヶ丘家庭聖書集会について」『矢内原忠雄未発表聖書講義　エゼキエル書』付報、新地書房、一九八四年三月三〇日
(42) 矢内原忠雄『山中湖聖書講習会講話・講演・感想』新地書房、一九九一年六月二〇日

第十章　戦中から戦後へ

一　『嘉信』と土曜学校

『通信』を廃刊し、『嘉信』を創刊

一九三八（昭和一三）年一月二〇日、矢内原忠雄は新たな出発を目指し、前章で触れたように、それまで不定期・非売品だった個人誌『通信』を廃刊し、新たに月刊雑誌『嘉信《かしん》』を刊行する。一冊三〇銭、一年分送料とも三円六〇銭であった。(1)『通信』最終号（49号、一九三七・一二）に、「『通信』を憐む」という短言が載っている。そこで矢内原忠雄は、『通信』を擬人化し、「汝『通信』よ、」と呼びかける。そして、「汝軽快な鳩の翼に『言』をのせて国の四方、地の極に迄も運び、汝の一言善く孤児寡婦を慰め、汝の一句は大臣総長を震駭《しんがい》させた。汝が強く敵の頭を打つたから、敵は汝の主人の踵《きびす》を噛んだ。汝の故に汝の主人は傷ついた。併し悄気《しょげ》るな、汝はよく戦つた。／汝既に号を重ねること七の七倍した。我れ今汝を元服せしめ名を『嘉信』と命ずる。我は白馬に乗りて出で行く。汝『言』の槍を携へ、わが善きサンチョーとして我に従ひ来れ」と誇らしげに命じるのであった。

いかにも矢内原忠雄らしい、文学的修辞を凝らした『通信』への惜別のことばである。ここに言われてい

るように『通信』は「孤児寡婦を慰め」、他方、文部大臣や東京帝国大学総長を「震駭させた」忠雄の言説の発表舞台であった。ここには「日本の理想を生かす為めに、一先づこの国を葬つて下さい」（「神の国」『通信』47号、一九三七・一〇）の一文が意識されているのは、言うまでもない。忠雄は「白馬に乗りて出て行く」ドン・キホーテよろしく、〈戦闘〉の宣言をしているかのようだ。

『通信』を「元服」させ、『嘉信』に成長させた矢内原忠雄は、以後この雑誌を本拠にキリスト教伝道と聖書研究、そして時局批判に全力を尽くす。『嘉信』第一号に載った「創刊の辞」を以下に引用する。[2]

> 昭和七年九月私は満洲旅行の際匪賊に襲はれて列車遭難の事故があつた後、感ずる処があつて『通信』と題する小紙片を発行し、自分の消息・感想等を知友に伝へ、併せていささかなりとも基督の福音による慰めを世に送ることとした。之は不定期の発行ながら既に号を重ねること四十九に達し、又非売品であるが段々希望者も増えて来た。然るに今回私の平和論が禍して、列車ならぬ私自身の地位が顛覆《てんぷく》し、東京帝国大学教授の職を退くことになつたので、之を機会に前の『通信』を止めて代りに『嘉信』といふ月刊雑誌を出すことにした。
>
> 私が信仰に基く自分の言論及び生活態度の故に大学教授の地位を失ふに至つたことは事実であるけれども、伝道若くは聖書研究に従事することを目的としてこの地位を棄てた者ではない。私は宗教家になり度くない。ただ之れ迄に比し身分も時間も自由になつたから、一人の平信徒として啓示せられる神の愛と智慧とをば、一層広く、深く、且つ豊かに人々に頒ちたいと希ふのみである。

単独編集・執筆の雑誌

『嘉信』は、矢内原忠雄単独執筆の個人雑誌であった。大学を辞めたとはいえ、彼は忙しかった。『通信』最終号には、先の「『通信』を憐む」に続き、「『通信』の廃刊と『嘉信』の創刊」という文章があり、「私は今度大学を辞めて収入が無くなつた」ので、『通信』のようにタダで配ることができないとの理由が記されている。一冊三〇銭は、それで多少の利益をあげるには、妥当な金額であったと見なされたのであろう。もし『嘉信』が一般の雑誌のように、何人もの執筆者に依頼して成り立つものであったら、長くは続かなかったに違いない。原稿料を払う必要もなく、編集・執筆を一人でしたからこそ長続きしたのである。

それに彼は、第一に書くことが好きであった。神戸一中時代に育まれた文才は、『嘉信』でも十分発揮された。第二に彼は、編集という作業が得意だった。創刊号には口絵にピエロ・デラ・フランチェスカの「イエスの受洗」を用い、第三号の口絵にはミレーの「種播く人」を用いるなど、名画で紙面を飾る楽しみを彼は好んだ。不定期刊の『通信』時代から編集の喜びを知っていた彼は、以後、月刊雑誌『嘉信』の編集を楽しみながら行った。一九三八年一月刊行の『嘉信』創刊号の目次は、次のようである。

口絵　イエスの受洗
創刊の辞
◇
イエス伝講話（一）
最初の奇蹟
神の国の預言に就て

自由と統制
◇
祝詞

これらをすべて忠雄が一人で書いている。この中で「イエス伝講話」は、連載ものである。二〇回の連載となった。現在『矢内原忠雄全集』第六巻に収録されている「イエス伝 マルコ伝による」は、戦後の角川書店版を底本としている。その「序」に彼は、「『嘉信』の創刊は前年（筆者注、一九三七）十二月私が東京帝国大学教授の職を辞した結果であつたが、その前後の嵐の中で私は新約聖書のマルコ伝の講義（筆者注、家庭集会等で）を続けた。それは日華事変の起つた直後であつて、基督教の信仰と平和思想に対し政府と国民の取つた、あの狂気じみた迫害・誹謗の真唯中に於てであつた。その中にありて、私はこの講義によつて、サタンの跳梁に対して真理を擁護し、キリストを信ずる者が迫害を怖れて世と妥協することなく、信仰の純粋性を維持すべきことを勧めたのであつた」とある。また、「私は右の講義を集め、『イエス伝講話』と題し、嘉信文庫第一冊として、昭和十五年六月に自費出版した」と記す。それは向山堂書店から刊行された初版を指す。

「序」には続けて、「私は専攻の聖書学者ではなく、また神学校出身者でもない。私は一介の平信徒である。故に私は神学者のごとく語らず、牧師のごとくに説教しない。私はただ一人の人間として、私の信ずることの出来た聖書の真理を単純率直に語る。私の念願とするところは唯一つ、それはわが愛する同胞がこの小著によりていくらかでも聖書に親しみ、聖書を知り、聖書を信ずるに至り、それによつて人類の将来と、国民の復興と、各自の人生について確固たる希望をもつことである。その事を祈つて、私の心は熱せざるをえないのである」とある。

イエス伝講話

『イエス伝 マルコ伝による』は、黒崎幸吉の主宰していた『永遠の生命』という雑誌に、まず三回（一九三七・一〇〜一二）寄稿し、続編が『嘉信』創刊号から「イエス伝講話」として二〇回の連載となった。いま、角川書店版『イエス伝』を底本とした『矢内原忠雄全集』第六巻によって、その内容を見てみよう。本書は、以下のような章立てをとる。

序
第一章　福音の始
第二章　伝道の始
第三章　戦闘の始
第四章　伝道第二段
第五章　湖水の彼岸此岸
第六章　地方伝道
第七章　ゲネサレ行
第八章　異邦の彷徨
第九章　ヘルモン山
第十章　エルサレムに向ふ

第十一章　最後の入京
第十二章　最後の論戦
第十三章　最後の預言
第十四章　葬の備へ
第十五章　最後の晩餐
第十六章　ゲッセマネ
第十七章　イエスの裁判
第十八章　イエスの十字架
第十九章　イエスの復活

こうして章立てを記して見ると、これは「マルコによる福音書」を対象とした講義ということになろうか。話術体の語りは親しみやすく、間然する所がない。第一章の「一　マルコ伝の特徴」の語り始めは、「イエスの伝記は新約聖書の中に四つ、マタイ伝、マルコ伝、ルカ伝、ヨハネ伝と四つの福音書がありますが、その中、マルコ伝によつて私はお話します。右四つの伝記は各々に特色があります。それを総合して立体写真の様にイエスの姿を構成するのも、イエス伝を学ぶ一つの方法でありますが、その中一つの伝記だけを見ても、個性のある見方でイエスの姿を学ぶ事が出来ます」となっている。「マルコによる福音書」のやや分かりにくい内容が、分かりやすく語られているのである。『通信』時代から忠雄は、聖書講義や講演を助手に採用した若い有能な女性の速記に託していた。

二人の有能な女性速記者

矢内原忠雄の回想記「思ひ出　四」（『葡萄』第七号、一九三九・四）によると、『通信』時代は久保田ちと子に、『嘉信』時代は籾山《もみやま》民子に、口述を速記して貰い、それに忠雄が手を入れて成ったという。二人とも速記術を習得し、久保田はペン習字まで習って、忠雄の講義を原稿用紙にきれいに清書してくれた。『通信』の原稿ばかりか、著書や他の論文の原稿の手伝いまでした。久保田は忠雄の出講していた東京女子大学を一九三二（昭和七）年に卒業すると同時に忠雄の助手となり、献身的に忠雄に尽くした。

矢内原伊作の『矢内原忠雄伝』には、「彼女（筆者注、久保田ちと子）は昭和一二年まで、ほとんど毎日彼の身辺にあって助手として働いた。二人のあいだにはあたたかい愛の交流があった。昭和七年から昭和一二年までといえば、ファシズムに対する忠雄の戦いが対社会的に最も鋭く激しく戦われた時期であり、彼の繊細な神経は痛み、ささくれだっていた。ますます「こわい」人間になっていた。怒り、傷つき、疲労していた彼の心は、この大柄で優しい若い女性の存在によって大いに慰められたのである。彼女は私の家にも始終出入りしていて、家族とも親しく、中学生だった私は彼女に英語の勉強を見てもらったりした」(3)とある。世間から糾弾され、孤立無援の忠雄の寂しい心を久保田ちと子は、仕事の支援を通して慰めていたのである。

他方、籾山民子は久保田ちと子の後を受けて、忠雄の助手となり、彼の死に至るまで、これまた献身的に忠雄の仕事を助けた。藤田若雄の「悲境にあつて福《さいは》ひの日を／想ひかへすに優る悲しみなし」(4)には、「久保田ちと子（現姓平井）さんにかわって籾山民子さんが筆記をはじめたのは、昭和十二年十月のことであった。以来、矢内原先生の召されるまで聖書講義も講演も籾山民子さんの速記によって残された。そのうちのある部分は、生前矢内原先生が、さらに書き直して『嘉信』その他に発表された」とある。

籾山民子は本名民、東京日本橋の生まれ。五人姉妹の長女であった。彼女も東京女子大学を一九三四（昭和九）年に卒業した忠雄の教え子である。久保田ちと子の二年後輩ということになる。陳茂棠編『野に匂う花のように―籾山民子さんの信仰と生活』（私家版、二〇〇九・一）に付された略歴によると、彼女は東京女子大学を卒業後、一時洗足高等女学校の英語の教師を務め、退職後、一九三五（昭和一〇）年に矢内原家で行われていた家庭集会（自由ヶ丘家庭集会）に出席を許され、のち久保田ちと子の仕事を引き継いだという。生涯独身を通し、信仰に厚かった。彼女は忠雄を敬愛し、その仕事を助けるのを喜びとした。彼女が忠雄の仕事にかかわったのは、忠雄が人生の最もきびしい試練の季節《とき》を迎え、東京帝国大学の教授を辞職する二ヶ月前のことである。以後、彼女は筆の人としての矢内原忠雄の手足となって献身的に働く。一九三七（昭和一二）年一〇月から忠雄の召される一九六一（昭和三六）年一二月までの二四年間、彼女は助手、そして速記者とし忠雄を支えた。

　籾山民子抜きに戦中・戦後のおびただしい量の矢内原忠雄の著作を考えることはできない。講演会その他の集会で忠雄の話したことを、籾山民子は間違いがないよう、内容をよく調べ、文章のリズムにまで気を配り、忠実に紙に書き起こした。忠雄への敬愛の念あってはじめてできる仕事であった。そうして出来上がった初稿の文章に手を入れるのはたやすく、忠雄には楽しい作業であったろう。彼は朱筆に染まった原稿を、印刷に回したのである。『嘉信』ばかりか、家庭集会の個人雑誌『葡萄』の原稿も、こうして成った。

　パソコンはおろか、携帯の録音機さえない時代のことゆえ、速記し、内容に間違いがないかを精査し、原稿に起こすのは容易ではない。速記者の教養や信仰も問われる作業であり、よほど勉強しなければ原稿の形態にすることは出来なかったろう。今井館資料館には、民子の清書した速記起こしの大量の忠雄の原稿が残されている。二〇〇字詰めの原稿用紙に記された聖書講義は、癖のない文字で記され、読みやすい。彼女は『嘉信』が『嘉信会報』と改題し、印刷所が空襲で焼けた際には、速記した忠雄の原稿をガリ版に切り、謄写版印刷し、『嘉信』の継続刊行に力を尽くすことにもなる。

久保田ちと子と籾山民子の協力なしには、忠雄の後半生の仕事は、あり得なかったとしてよいのである。これは忙しい忠雄の原稿作成方法としては、最適なやり方であった。ちなみに一高同期で、法哲学者となった恒藤恭も、京大事件で辞任し、ジャーナリストとして活躍しはじめると、忙しい時には妻の雅《まさ》（雅子）や娘の百合子に原稿の清書をさせていた。忠雄の場合は、教え子のプロまがいの二人の有能な女性に、速記起こしの原稿を依頼していたのである。自分の講義や講演が、すぐさまきれいな文字で原稿用紙に書き写されて届けられる。それを元に彼は推敲し、完全原稿に仕上げたのである。

それは師内村鑑三が、藤井武や畔上賢造というすぐれた弟子に、講演を筆録させたのにどこか似ている。先の回想記「思ひ出　四」で忠雄は、「『通信』はちと子との合作であり、『嘉信』は民子との合作であると言つてよい」と書き、「要するに私は善い助手をもつたから、自分の健康上の能力に数倍する仕事を為すことが出来たのである」とも書いている。これは誇張でも何でもなく、筆の人矢内原忠雄の真実であった。むろん忠雄のことである。彼は師内村鑑三に倣って、二人の有能な筆録者に相応の報酬を支払っていたにちがいない。が、忠雄本人も、また、『矢内原忠雄伝』を著した子息の矢内原伊作も、このことに関しては口を閉ざして語らない。

雑誌と集会

忠雄に「嘉信について―私の伝道生涯（第七回）―」（『橄欖』17、一九五五・一二）という一文がある。そこで彼は、「雑誌と集会は内村鑑三先生以来無教会の伝道方法であつて、内村先生は「おれの真似をするな」と言はれたけれども、弟子たちの伝道の形式は大体この伝統に従つて居る」と書く。近年の赤江達也『「紙上の教会」と日本近代　無教会キリスト教の歴史社会学』（岩波書店、二〇一三・六）は、資料博捜の上に立った労作であり、無教会主義の流れを「雑誌と集会」の検証を通して見ようとしたものである。矢内原忠雄の歩みもむろんこの伝統の流れの中にある。ただ、彼のばあい、量が桁違いに多く、対社会のジャーナリスティクで批判的発言も、他の無教会主義に立つ人々に比べ、いっそう目立つ面があった。

東大退職後の矢内原忠雄は、岩波書店から出した二つの翻訳（『武士道』『奉天三十年』）と『余の尊敬する人物』の執筆のほかに、日曜日ごとの家庭集会での聖書講義と、土曜学校が主たる仕事となる。どちらも自由ヶ丘の自宅を開放してのものであった。聖書講義の方は、「イエス伝　マルコ伝による」が最初である。先に示した章立てのように、彼は「マルコによる福音書」の叙述に従って、イエスの生涯を忠実に述べようとする。よく調べ、よく考えられた講義は、説得力があった。彼は「マルコによる福音書」に書かれたイエスの生涯を忠実に語る。

その講義が高調するのは「第三章　戦闘の始」あたりからである。「イエス・キリストの御生涯は戦闘の生涯でありましたが、その戦闘はイエス様の方から挑んだのではない。彼は平和の人でありました。併し不真実な世界に真実の人間が来る時、彼は自分で真直に歩んで居るだけの事であるのに、世界は敵意を抱いて彼を眺める。イエス様は求めざるに戦闘の人たるを余儀なくせられたのであります」には、矢内原忠雄自身の、当時受けた受難が重ねられているかのようだ。本書を収録した『矢内原忠雄全集』第六巻の「編集後記」には、「本書はまとまった聖書講義として公刊された最初のものであり、かつ著者みずからが序文の中で述べているとおり、日華事変の直後、職を賭した信仰の戦いの中で行なった講義として著者の戦闘的気迫が横溢しており、著者の聖書講義を代表するものの一つ」とあるが、それは初期『嘉信』の収穫であった。「イエス伝　マルコ伝による」に並行して「アウグスチヌス『告白』講義」の連載（一九三九・三〜

一九四一・一一）もはじまっていた。これは土曜学校における講義をもとに連載したものであった。『嘉信』には「山上垂訓講義」もこれらに並行して載る（一九三九・九〜一九四〇・七）。『嘉信』は東大教授退職後の彼の主要な活動舞台であり、敗戦に至るまでの研究と伝道の場となった。まさに矢内原忠雄の戦時中の歩みは、個人誌『嘉信』とともにあったのである。『嘉信』の危機に関しては、後節で扱うことにしたい。

土曜学校の開校

他方、土曜学校は一九三九（昭和一四）年一月一四日に開講され、以後毎土曜日に自宅で行われた。『嘉信』第一巻第一二号（一九三八・一二）の「歳末雑記」に、土曜学校の趣意と学校運営の簡単な規定が記されているので紹介しよう。

> ○今の学校は職業的技術教育の機関としては立派である。しかし真理探究の香気はますます失はれて来た。そこで私は試みに自分の学校を開いて見やうと思ふ。その特色は基督教の信仰による人格教育であることと、哲学科学文学の諸領域に亙る万有学の講義であることとに置きたい。すべて端緒は小なるを以て善しとするから、左の規定によりごく内輪に開始する。
>
> 一、名称　土曜学校
> 二、時間　毎週土曜日午後二時―四時（昭和十四年一月十四日開講）
> 三、場所　自由ヶ丘自宅（東横線自由ヶ丘下車）
> 四、講義（第一期）　アウガスチン『告白』、並に『神の都《ママ》』
> 五、月謝　一月一円

六、人員　三十名以内
七、資格　嘉信読者
八、申込　住所氏名職業年齢を記し、返信料を添へ、十二月末日までに申込のこと。

土曜学校は、教育者矢内原忠雄を自ら実践によって示したものとしてよい。土曜学校の名称は、忠雄自身が名付けたという。彼は研究者であると同時に、教育者としてのよき資質に恵まれていた。天皇制ファシズムの時代に、不幸にも理想の教育の場を逐われたものの、幸いその資質までは奪われなかった。彼は東京目黒区自由ヶ丘二九二番地の自宅二階書斎を教場とし、嬉々として講義にあたった。その講義を速記し、清書した籾山民子に当時を回想した文章がある。(5) その中で籾山は「『告白』を勉強された当時の矢内原忠雄先生は、四十歳台の中ごろで、ことに第一回のお講義のときは、お心がはずまれて、冒頭のところをラテン語で読んで下さいました。お宅のお二階で、黒板をお使いになりながら、元気なお魚が大海を泳ぎ回るように、溌剌としていらっしゃいました」と書いている。忠雄は根っからの教師であったのだ。

大学の教壇を離れて一年、教えることの好きな彼は、まさに水を得た魚のようであった。神戸一中・一高以来、彼は常に人の先に立ち、人を引っ張るのに才を示した。彼には人を教導する天賦の才が備わっていた。それが時に、他者には目ざわりな存在に写ることがあり、一高時代には倉田百三から「生活批評―矢内原忠雄君にあたふ」（『校友会雑誌』第二二七号、一九一三・六・一五）という批判さえ受けたこともある（「第三章　向陵の青春」で詳説した）。が、若き日の気障と思われた態度も、きびしい時代の風雪の中で鍛えられ、次第に彼の自然の所作と化し、そうした能力が東大在職中は講義やゼミの指導に、そして辞任後は家庭集会や土曜学校での指導において発揮されることになる。彼の教育者としての力量が最も問われるのは、第二次世界大戦後東大に戻り、経済学部長や教養学部長、そして総長として学生運動の集団と対決、指導に当たった時期である。

西洋古典文学の重視

「アウグスチヌス『告白』講義」の冒頭に、矢内原忠雄は「開講の辞」を載せている。後半部の箇所を引用する。

ここに我らはささやかなる土曜学校の講筵を開く。規模は小なりといへども志は大である。我らの学ばんとするは、哲学及び科学の全領域に亙る古来の偉大な思想と学問とである。その根本精神である。人我らを笑つて誇大妄想といはんか。我らも亦自ら拈華微笑《ねんげみしょう》して永遠の生命を目指さんのみ。

我らは先づアウグスチヌスの『告白』を学ばうとする。『告白』は「人」とは何であるかについて、我らを教へるであらう。アウグスチヌスが『告白』を書いたのは、満四十六歳の年であつた。それは正に今年の私自身の齢である。能力と素養とに於いて私はもちろんアウグスチヌスの足下にも寄りつけない。併しながら半生を回顧して神の恩寵を讃美し、地上に残る生涯を挙げて神の真理の証明のために働かうといふ志は、ヒッポの監督と異らないであらう。

忠雄は土曜学校の講義を毎回、祈祷をもってはじめ、祈祷をもって終えた。彼は真理探究の意気に燃えて講義に臨んだ。土曜学校ではアウグスチヌス講義に続き、ダンテの『神曲』、ミルトンの『楽園喪失』の講義が続いた。それらは籾山民子という優れた筆記者によって厖大な量の原稿として残された。「アウグスチヌス『告白』講義」のみは、早くキリスト教出版の教文館から一九四三（昭和一八）年一〇月一日の日付で刊行され、全集にも収録された。その後、矢内原伊作・藤田若雄編集の『土曜学校講義』全十巻が、全集とは別にみすず書房から刊行（一九六八・六〜一九七二・二）されている。それを手にすると、膨大な量の講義録に圧倒される。どの巻も決してかいなでのものではない。

なお、アダム・スミスの『国富論』の講義は、忠雄が速記を拒否したので、活字としては残らなかった。アダム・スミスは忠雄の慕うイギリスの経済学者であり、イギリス留学時代には、その墓参りまでしていたことは、第六章の二でふれている。戦中の彼は、いまだ十分熟さない講義を、記録に残したくなかったのか、否、「検閲」という関門を慮ったのかも知れない。ともあれ、彼が西洋古典を重視したのは、その解釈の方法や技術を学ぶことに意義を見出したからであった。矢内原忠雄は、壊れやすい社会を支え得るのはなにか、という不可避の問の中で、〈聖書と西洋古典〉を学ぶことの意義を見出していたのである。聖書研究と西洋古典の学習は、戦時中の忠雄にとって、車の両輪と化していた。

柴田真希都の「伝道者・牧会者・聖書研究者」[6]は、忠雄の土曜学校での講義をとりあげ、「おしなべて時局に同調するかのような学問言説が林立する時代において、静かに着実に真理への探究にいそしむことを旨とするものであった。さらにキリスト教の立場から、言論において時代思潮へ立ち向かい、現実を越える希望を失わなかった先達たちの姿勢に学ぶことが意図されていた」とする。土曜学校での地味ながら着実な講義は、忠雄にとっては時局への批判でもあったのだ。それは戦時下抵抗の一つの姿として高く評価できるものなのである。

土曜学校は一九三九（昭和一四）年一月一四日にはじまり、一九四七（昭和二二）年五月一八日まで続く。太平洋戦争前夜から敗戦までの時期、矢内原忠雄は孜孜《しし》として、アウグスチヌスの『告白』にはじまる講義に当たった。東大を追われた忠雄は、家庭集会での聖書研究、土曜学校での古典研究の準備などで、相変わらず忙しかった。そうした中にあって、速記を担当した籾山民子の文章は、きわめて的確で忠雄を喜ばせた。それが矢内原家に届けられると、忠雄は封を切るや、すぐさま朱筆を入れ、完成稿にして『嘉信』に載せた。

他方、一九三八（昭和一三）年四月から、忠雄はお茶の水の女子基督教青年会館で、月一回の公開聖書講義をはじめるが、その記録も『嘉信』に載り、のち『矢内原忠雄全集』第八巻に「ガラテヤ書講義」「エペソ書三講」「ピリピ書三講」として収録された。以後も、戦時中の矢内原忠雄の活動とその記録の多くは、『嘉信』に載る。同年（一九三八）七月には、第一回山中湖畔聖書研究会が開かれ、「山上の垂訓」「ダニエル書」などを講じ、これらも『嘉信』に遺された。忠雄の聖書研究は、内村鑑三譲りのものであり、『舊新約聖書』の多くの巻に及ぶ。

藤井武全集の再刊

『嘉信』刊行と並行して忠雄は、前にふれたように『藤井武全集』の再刊に乗り出していた。旧版は塚本虎二との共同編集であったが、塚本の諒解のもと、今度は忠雄一人の単独編集となった。『嘉信』第一巻第三号（一九三八・三）に、「『藤井武全集』再刊に就て」(7)が載っている。その前文は忠雄の再刊への強い意気が感じられるものなので、引用しよう。

その人格の真実さ、信仰の深さ、文章の清さに於て、藤井武は今日こそ多くの世人が知らないけれども、必ず後世に残り、世界に伝はるべき思想家である。彼の全集は絶版である為め、人之を求めて得ず、極めて稀に古本屋に出づれば原価に数倍する高価を呼んだ。それで私もこれの再刊は或は社会に対する義務ではあるまいかと薄々《うすうす》思ふ様になつて居たが、最初の刊行が私の健康、時間、労力に課した苦痛の記憶が未だ去らざる為め、之を再びする勇気は到底無く誰か私に代り責任を有ちて刊行の任に当つてくれる人の出現を待つのみであつた。

然るに図《はか》らずも昨年暮私は大学を辞職して身体が自由になつたので、右の責任を辞する最大の口実を失つた様に感じた。その後祈祷と熟慮数十日を経て、遂に左の如く再刊の具体的計画を発表することに決したのである。願くは神の恩恵と諸君の応援とによりて、此の事業の支障なく成就せられんことを。

刊行元は目黒区自由ヶ丘二九二の忠雄の自宅に置く「藤井武全集刊行会」である。再刊の動機は種々あるが、「類稀なる真実の人格、真実の信仰、かくの如き人物が現代の日本に居たことは一の奇蹟である。私は今彼の全集の再刊を企てて居る。彼をして自ら語らしめよ。之は畑の中に秘められたる宝である事を、後世の人は益ゝ知るであらう」（『嘉信』第一巻第八号、一九三八・八）と記すところが第一であり、他には再刊による多少の利益が、藤井の五人の遺児の養育費の一部になるのではないかという計算もあった。矢内原忠雄がいかに藤井武の遺族一家のために尽したかは、武の子息藤井立《たつ》の「叔父の想い出」(8)に詳しく記されている。右に引用した「『藤井武全集』再刊に就て」にもあるように、藤井全集は絶版であり、古本屋では「原価に数倍する高価」なものとなっていたことから、一定の採算見込みもあったに違いない。けれども、ここでも「検閲」という大きな壁が立ちふさがった。

日中戦争の激化とともに、内務省の検閲も厳しさを増していた。彼は全集から「唯物史観の研究及び批判」を除き、『ロマ書研究』の第九「神の絶対主権」を「神の絶対権」に直すなどの手当をすることで何とか乗り越えることとなる。「藤井武全集の完了」（『嘉信』第三巻第六号、一九四〇・六）には、その苦労が次のように述べられている。

検閲の方は、始めから私が一身に責任を負ふつもりであつたが、昨年夏更に決心を新にする必要の時が来て、心騒ぎて平安を得ず、忘れもせぬ九月十二日、日蓮隠遁の地たる身延山を訪れ、薄暮杉林の中に立ちて祈つた。而して「仏教の日蓮でさへ恐れなかつたことを、基督を信ずる者が怖れることはない」。その声が私の心を全く静かならしめた。

日本のキリスト教界を断罪する

時代がますます反動化・ファッショ化する中で、日本のキリスト教界は、その流れに抗することができず、黙認どころか、流れに棹さす面すらあった。南京大虐殺が起こったのは、忠雄の大学辞任の一九三七（昭和一二）年一二月であり、日本の各派キリスト教会は、それに何らの抗議の声も挙げられなかったのである。それどころか二年後の一九三九（昭和一四）年一一月三日（旧明治節）に開かれた東京青山での「基督教徒大会」では、南京占拠の最高指揮官松井石根《いわね》陸軍大将（筆者注、松井は戦後東京裁判でA級戦犯となり、処刑された）を迎え、出席していたキリスト者全員が起立して迎え、挨拶をさせるという愚行まで行っていた。忠雄はそれに対し、同年一一月二六日に行ったお茶の水の女子基督教青年会館での「第二イザヤ書講義」の中で取り上げ、きびしく断罪する。『嘉信』第三巻第一号（一九四〇・一）に載った「政治的解放者と霊的解放者―第二イザヤ書講義第三講」に見られる忠雄の歎きを、以下に引用する。

去る十一月三日東京青山にて基督教徒大会なるものが開かれ、午前には基督教講演があり、午後には文部省宗教局長の講演を聴き、且つ某陸軍大将の挨拶に先だち司会者は大将閣下の臨席を非常に光栄とし、一同特に起立して大将を壇上にお迎へする事を要求した。それで一同起立したといふことである。

この局長や大将は、現代社会の基督者に対する解放者としてこの席に来たか。否、決してさうではない。その陸軍大将は南京事件当時の最高指揮官であつた。南京陥落の時に、アメリカのミッションで建ててゐる基督教の女学校に対して、一つの大きな間違が犯された。そのことが報道されて、外国殊にアメリカの排日的感情に油がそそがれたのである。若しもさういふ事実を基督教徒大会の主催者が知らなかつたとするならば、之は甚しき怠慢である。知つてゐたとするならば、何といふ厚顔無恥であるか。その事件の責任者たる者は、手をついて基督教会の前に謝《あやま》らなければならない。基督教徒大会は、日本の基督教徒の名に於いて謝罪を要求すべきではないであらうか。それを全会衆が起立して迎へるとは、之ほど逆《さか》さまの事がありますか。

時代の嵐の中で、日本のキリスト者も翻弄され、戦争協力に走った。彼らは聖書研究に時間を割くことなく、教徒大会とか信徒大会の名目の集会に、疑問を感じることなく参加した。そこではキリストの福音が宣べられること少なく、国威宣揚が叫ばれた。しかも、それを参加者は当たり前のように思っていたのである。そうした中でも、矢内原忠雄の眼は曇りなく、ひとり冴えていた。彼は世の動向（時流）を思うに付け、腹立たしい思いは消えなかった。それが時に妻や子らへの八つ当たりともなるのであった。

一九三八（昭和一三）年四月、忠雄の長男伊作は、一高理科から父忠雄の反対を押し切り、京都帝国大学文学部哲学科へ進学した。伊作は西田幾多郎門下の少壮哲学者の集う京大文学部にあこがれると同時に、ますます「こわい」存在となった父から離れたくて、京都での生活を選んだのである。ついでに他の子らの消息に触れると、次男光雄は当時中学生、翌々年の一九四〇（昭和一五）年、明治学院高等商学部に入学している。後妻の恵子との間に生まれた三男勝《かつ》は小学生、のち府立一中を経て、慶應義塾大学経済学部に進む。

戦中の忠雄は子どもたちにとっては、「こわい」父であった。それはすでに述べたように、南原繁他編『矢内原忠雄―信仰・学問・生涯―』（岩波書店、一九六八・八）収録の光雄や勝の回想記や伊作の『若き日の日記 われ山に向ひて』（現代評論社、一九七四・五）が、口をそろえて言っていることでもある。

二 朝鮮訪問と「ロマ書」講義

朝鮮伝道の旅

一九四〇（昭和一五）年八月二二日、矢内原忠雄は東京を発ち、朝鮮伝道の旅に向かった。『嘉信』第三巻第三号（一九四〇・三）に忠雄は、「神若し許し給はば今年八月下旬より九月中旬に至り、朝鮮へ伝道旅行をしたいと考へて居ます。詳細は他日発表の機会がありませう。私の夢は朝鮮、満洲、台湾、支那、米国への伝道旅行であります」と書いていたが、その一部が実現したのであった。長男伊作、故藤井武の息子で忠雄が保護者となっていた藤井立《たつ》、それに書記として籾山民子が同道した。伊作は京都帝国大学文学部哲学科の学生、藤井立は東京帝国大学経済学部の学生であった。

朝鮮は忠雄の若き日からの関心の深い地であった。大学時代に講義を受けた吉野作造の著作のあらかたに目を通し、その「朝鮮論」に触れていたことは、すでに第五章の一で述べた。なお、最近の中村稔『私の日韓歴史認識』（青土社、二〇一五・七）には、「吉野作造『朝鮮論』」の章があり、参考になる。忠雄の朝鮮に関する著作は、吉野張りの朝鮮総督府を批判的な眼で捉えたものが多い。日本が植民地とした一九一〇（明治四三）年以降の朝鮮を、特にその統治の間違いを、この頃忠雄は、しばしば『嘉信』で取り上げていた。「朝鮮基督教会に関する事実」（『嘉信』一九三八・八）や「同化政策」（『嘉信』一九四〇・三）が相当する。彼は早く、三・一独立運動を専制政治に対する民衆の「不信任」（「朝鮮統治の方針」『中央公論』一九二六・六）として、朝鮮の人々に同情を示していたが、この時期には一歩進んで、同化政策を強い批判の対象とするようになる。

「朝鮮統治上の二、三の問題」（『国家学会雑誌』一九三八・一）では、日本政府の同化主義政策に対し、「同化主義により果して善く朝鮮人を日本人化し得べきや否や」との問を発する。彼は「同化主義の植民地統治は軍隊及び警察的監視の下においてのみ行はれる」として、朝鮮総督府の同化主義政策をきびしく批判する。忠雄は朝鮮人に対する伝道を自己の責務とも考えていた。彼には植民政策研究から知り得たこうした知識があり、朝鮮の人々の窮状を知るだけに、彼らへの伝道の思いは深かった。この年は内村鑑三没後十年にあたった。彼はそれを記念し、朝鮮での伝道旅行を思い立ったのである。朝鮮には半年ほど前、黒崎幸吉がおなじく内村鑑三没後十年を覚えての伝道旅行をしていた。忠雄はこの先輩の旅にも刺激されるところもあって、朝鮮行きを決意する。

ところで、矢内原忠雄の朝鮮訪問の膳立てをしたのは、京城《けいじょう》（現ソウル）に住むアララギ派の歌人で、当時、朝鮮総督府財務局に勤めていた村山道雄である。村山は忠雄の神戸一中の後輩に当たるキリスト者であった。彼は忠雄の朝鮮訪問の希望を聞くや、その実現に向けて、何かと奔走することになる。村山道雄は第二次世界大戦後、山形県知事や参議院議員を勤めるという政治家の資質に恵まれた人物であった。一九四〇（昭和一五）年七月三〇日付山梨県山中湖畔より京城府旭町一丁目官舎一九号、村山道雄宛忠雄書簡があり、

『矢内原忠雄全集』第二九巻に収録されていて参考になる。そこには旅行日程も記されている。

　また、京城在住の金教臣《キムギョシン》が協力した。金教臣は日本の植民地時代に、内村鑑三の影響を受けた無教会主義のクリスチャンであった。彼は生涯、朝鮮の自由と独立を願って闘い、一年間の牢獄生活の末、発疹チフスにかかり、祖国解放を見ずに一九四五（昭和二〇）年四月二五日に没するという経歴の人物である。近年、日本でもこの人物への関心が高まり、新堀邦司《にいほりくにじ》著『金教臣の信仰と抵抗』（新教出版社、二〇〇四・四）という評伝も刊行されている。

各地での講演

　八月二二日東京を出発した忠雄と伊作・藤井立の三人は、下関から連絡船に乗り、二三日釜山《プサン》に着く。書記の籾山民子は遅れて出発し、のち京城で合流した。八月二四日、忠雄は日本基督教会釜山教会で、「基督教の論理と倫理」と題して講演する。言語は日本語である。植民地下の朝鮮では、日本語が強制されていたから、現地の朝鮮の人々も日本語が理解できたのだ。二六日は、慶州《キョンジュ》へ。慶州は紀元前五七年から九三五年まで、新羅《しらぎ》の首都として栄えた都市である。点在する古墳と寺、そして栄華を誇った時代の遺物に古都の趣を残す。忠雄は大学時代に朝鮮と日本のかけはしになろうと考えたこともあって、この国の文化と人々に愛着を持っていた。それゆえ慶州は第一に訪問したい都市であった。

　二七日は、慶州の中心から一六キロメートルほどのところにある仏国寺を見学、山の斜面に立つ大伽藍に心をうばわれる。その夜は慶州の西約五五キロメートルの大邱《テグ》に泊まる。大邱は一六年前の一九二四（大正一三）年の秋にも来ており、二度目のことであった。そこで市内見学などはせず、翌二八日は、早朝大邱を発ち、列車で平壌《ピョンヤン》に移動した。その夜は、メソディスト教会でエペソ書二章一一〜一二節を用いて講演をする。「平壌では鮮人関係だけの講演会をしたが、之は後で関係者がケイサツへ呼ばれ、又僕のところへもやつて来たが、大した事でなく済みさうである」（一九四〇・八・二九、矢内原恵子宛）との書簡が残っている。二九日は金剛山を視察し、九月一日の日曜日は、午前は咸興《ハムフン》の集会で朝鮮人に、夜は興南《フンナム》のメソディスト教会で一般の人々に講演《メッセージ》をした。九月四日は元山《ウォンサン》に行き、以後南下して七日京城に着く。京城駅には金教臣らが出迎えた。

京城では、総督府官吏宿舎の村山道雄宅に十日まで滞在して、一一日からはＹＭＣＡのアパートに移った。きびしい警察の眼の光るソウルでの宿泊先について川中子義勝は、「植民地政府の懐深く入り込んでしまうことによってかえって難無きを得た」[9]と言う。

京城での「ロマ書」講義

いつものことだが矢内原忠雄の旅は、無駄なく、強行軍である。が、若き日のヨーロッパやアメリカでの旅とは異なり、彼はすでに四七歳、体力的には厳しかった。書簡には「毎日疲れて旅をしてゐる」（矢内原恵子宛、一九四〇・八・二九付）の文字も見られるようになる。京城では九月八日に組合教会などで講演、九日は村山道雄と当地の神戸一中同窓会に出席した後、京城基督教青年会館で「ロマ書」の講義をする。以後五日間に及ぶ講義の開始であった。後年矢内原忠雄は『聖書講義2　ロマ書』（角川書店、一九四九・二）を刊行するが、この時の講義が基になっている。その「序」で、忠雄は以下のように記す。

私は一九四〇年九月の初め朝鮮に渡り、京城のキリスト教青年会館で日本人及び朝鮮人の混合した会衆にむかつて、五日間にわたりロマ書の講義をした。当時朝鮮はいはゆる「皇民化」運動の渦中にあり、キリスト教の伝道は弾圧の下に置かれてゐた。殊に私自身は、私の思想と言論の故に、総督府の歓迎せざる人物の一人であつた。それ故に私の友人である一人の総督府官吏は、私に対する警察の監視を避けさせるために、私の京城滞在中私をその官舎に宿らせたのである。

かかる状況の下に私が朝鮮に渡つた事は、いくらか身辺の危険の予期せられなかつたことではなく、私として決心を要した事柄であつた。併しキリストの愛が強く私に迫つて、警察政治の弾圧下にある朝鮮の人々に対し、個人の救と民族の救についてキリストの福音を宣べ伝へることを圧倒的な使命と感ぜしめた。それ故に私は「異邦人の使徒」と自らを称したパウロのロマ書を携へて、朝鮮海峡を渡つたのであり、五日間にわたつてこれを講じた時、私の血管の中の一ドランマの血液もキリストの熱心に燃えざるものはなかつたのである。本書に収めた「ロマ書講義」はこの京城講演の速記に基いて執筆したものであり、嘗て私の個人雑誌である『嘉信』に連載せられたものである。

右の文中の「私の友人である一人の総督府官吏」が村山道雄であることは、言うまでもない。すでに記したように「ロマ書」（「ローマの信徒への手紙」）は、恩師内村鑑三が『羅馬《ロマ》書の研究』を、そして彼の周辺の人々では、黒崎幸吉が『註解新約聖書・ロマ書』を、畔上賢造《あぜがみけんぞう》が『ロマ書註解』を、金沢常雄が『ロマ書講解』を刊行していた。鑑三門下以外では、聖書学者の山谷省吾《やまやせいご》が『新訳と評釈・ロマ書』を出していた。

そうした中で「ロマ書」をあえてとりあげる必然性を、忠雄は「「ロマ書講義」はしがき」（『嘉信』第四巻第一号、一九四一・一）で、「過去の宗教改革はすべてロマ書から始まつた。現代の宗教改革も亦ロマ書を以て始めることによつてのみ、行はれ得るものと私は信ずるのである」と述べている。忠雄は一九四〇（昭和一五）年九月九日から一三日までの五日間、京城基督教青年会館（現ソウルキリスト教青年会館、略称ソウル

YMCA）で講義をした。それを忠雄言うところの「私の忠実なる速記者」籾山民子が記録する。内村鑑三の『羅馬書の研究』が畔上賢造というよき門下生を得て成ったように、矢内原忠雄の『聖書講義2　ロマ書』も、籾山民子という彼を慕う速記者がいてのことであった。

夕方七時からの開講

講義は毎日の夕方、七時からはじまった。村山道雄の回想「昭和十五年京城聖書講習会の想い出」[10]によると、「はじめは定員七十名とするつもりで会員を募集されたが、申込人員がこれをはるかに超過して結局百四、五十名に達した。その内約三分の二が朝鮮人、三分の一が内地人であった。京城はもちろん北は鴨緑江、南は釜山に至る朝鮮各地の人々が集り、満洲の吉林や大連、内地の東京からも来会するものもあって先生も感動された様子であった」という。内容は前述の角川書店版『聖書講義2　ロマ書』や、それを底本とした『矢内原忠雄全集』第八巻に見ることができる。講義の調子を知るために、冒頭の部分を左に引用する。

どなたもお聞き下さい。問題は「救の原理とその適用」であります。耳のある人は聴いて頂きたい。この講義は一つの譬話であります。

この書の著者は使徒パウロであります。彼は小アジアのタルソに生れた一人のユダヤ人であります。タルソといふところは、当時エジプトのアレキサンドリアに次いで、ギリシャ・ロマの文化の中心地でありました。其所に生れて成長したパウロは、エルサレムに参りまして、碩学ガマリエルの門に学んで、ユダヤの律法を修めたのであります。彼は生れながらのロマの市民権を有つてゐたものでありまして、彼の父でありますか、祖父でありますか、市民権をロマから与へられてゐたのであります。この様に、ユダヤ教の精髄、ギリシャ文化の教養、そしてロマの市民権、この三つのものがパウロに集つたのであります。御承知の通り彼は青年時代、激しき基督教の迫害者でありました。ステパノを石で撃つたとき、背後にあつて之を煽動した者は彼でありました。かかる人間を神様は捉へたまうて、キリストの僕となしたまうたのであります。

非常にわかりやすい、しかも格調高い導入である。このような導入による「第一章　序論」にはじまり、「第二章　罪の問題」「第三章　義の問題」「第四章　潔の問題」「第五章　選の問題」「第六章　徳の問題」「第七章　結語」と続く。恩師内村鑑三の『羅馬書の研究』は、「第一講　羅馬書の大意」にはじまり、「第六十講　羅馬書大観」に終わるが、忠雄の場合は五日間という講義日程の制限もあり、七章にコンパクトにまとめられている。『嘉信』に載った「ロマ書講義」は、京城の講義が主体とはいえ、山中湖畔での聖書講習会や、お茶の水の基督教女子青年会館で行った講義で補強している。

「ロマ書」を登山にたとえる

「第七章　結語」には、「内村鑑三先生はロマ書の構造を建物に譬へて、表門あり、廊下あり、本館三棟あり、裏門あり、而してロマ書を研究するのは、恰《あたか》もこの一大建築物を表門より入りて裏門に出るまで巡覧するやうなものであると言はれましたが、私は之を登山に譬へました」とあり、まとめに入る。「ロマ書」の構造を「大建築物」（大伽藍、大殿堂）にたとえたのは、内村鑑三の独擅場であるが、矢内原忠雄は〈登山〉にたとえたのである。

その述べるところに従うなら、あいさつ（一・一〜一七）という麓から登りはじめて、日常生活での「罪の問題」という裾野を経《へ》て、「義の問題」「潔の問題」「選の問題」という三高峰の頂を窮める。その後、実際生活上における「徳の問題」という「長い美しい裾野」を下り、麓の平地に立つ。それが一五章一四節以下のあいさつに相当するという。彼はパウロがこの手紙を書いたわけを述べ、神が異邦人への使者としてパウロを立てた、そこに使命が生じたからだとする。パウロは異邦人への伝道を特別の使命と考え、ローマへ行ってキリストの福音を伝えたい、そこで近くイスパニアへ行く途中に、ローマに寄ることを知らせた（一五・二二―三三）。忠雄は、パウロがまだ見ぬローマの教会に対し、いかに暖かい親愛の情を抱いているかが、紙面に躍動しているとする。一六章は個人個人についてのあいさつである。

ローマ人もいればユダヤ人もいる。奴隷の所有者もいれば奴隷もいる。ギリシャ名の人もいればローマ名の人もいる。男もいれば女もいる。パウロはそのすべての人々に対して、一様に主にある兄弟としての暖かい愛を注ぎ、一人一人、その特徴と長所を挙げて安否を問うている、それを忠雄は、「実に美しい信仰の交であります」という。さらに「そこにはもはやユダヤ人もなく異邦人もなく、自主もなく奴隷もなく、すべて主にありて新に生れた者としての兄弟姉妹であります。殊に婦人の名と奴隷の名の多いのが著しく目につきます。ここに従来の世界と異るところの全く新なる一つの社会が生れて居る。それが「義と平和と聖霊によれる歓喜」の神の国であるのです」という。矢内原忠雄は「ロマ書」を「雄大な手紙」と言う。

「ロマ書」の現代的意義の確認

角川書店版『聖書講義2ロマ書』には、「附」として「終講の辞　一九四〇年九月十三日京城に於けるロマ書講義の終講に際して。（速記）」が収められている。忠雄の言いたかったことの骨子を抜き書きしよう。

○ロマ書十六章を僅か五回の講義でもつてお話することは、或る意味に於いて非常に冒険でありまして、大変急いで大変大切な問題を述べましたから、諸君の御諒解に不便であつたかもしれません。けれども、けれども、この私としてはロマ書の全体をお話したいと思つて参つたのでありまして、ほぼ其の目的を達する事が出来ました。自分の言ひ度いと思ふ事は凡て申しました。

○私は朝鮮に来まして、皆さんに聖書を講義することの出来る日を本当に待つてをりました。その日の与へられる事を実に長く待つてゐたのでありましたが、パウロではありませんが、多くの事に邪魔されてそれが出来ませんでした。今度は神様の許しによつて、その事が許された。

○私が大学を辞めた事を悲しまないで下さい。悲しまないでいいんです。私は今でも学問を愛し、自分のした学問を愛してをります。けれども、神様はもつと広い、もつと高い、もっと深いものを私にお与へ下すつた。私は、植民政策といふ学問をもつて諸君の前に立つ事は出来ませんでした。併しながら、それ以上のものをもつて、それよりも大切なもの、それよりも永遠的なものをもつて、諸君の前に立つ事が出来た。立つ様に、神様からさせられたのであります。之は悲しむべき事ではなくして、むしろ神様の為したまふところの、神の智慧、神の富、神の恩恵は測り難きかな。かう言はざるを得ません。

○多くの私の友人どもは、この講座の為めに本当に祈つてくれました。遠き所は日本の東京から、また満洲の吉林から、大連から、朝鮮内でいへば、南は釜山から北は鴨緑江から、各地からここに出席し、私を助け、私を守り、私の話を聴いてくれた。況んや電報とか手紙とか、それから祈を以て私を沢山の人が助けてくれたのでありまして、いはば之は天の使たちが私を守つたと等しきものである。

速記を起こしたものながら、文章は無駄なく、張り詰めている。忠雄は師内村鑑三同様、「我は福音を恥とせず」という短いフレーズの中に、パウロの全生涯が入っていることを確信を持って指摘する。彼は「序論」の最後で、「神の義の成就せられる途は、神の側からいふと恩恵、人からいふと信仰。恩恵より始まつて恩恵に進む。信仰より始まつて信仰に進む。之がロマ書の脊髄骨であります」と言う。分かりやすいことばで以下「罪の問題」から「徳の問題」までを詳説するのである。例えば、パウロは神の権威を論じ、ロマ書一三章で、「上に立つ権威に従うべき」ことを説く。忠雄はそれを認めた上で、「国家権力が神より出たものであることを知つて之を重んずればこそ、それが濫用せられる時預言者は黙さない」との厳しい、しかし、真っ当な考えを打ち出す。

十五年戦争時代を言論弾圧の迫害の中に生きた矢内原忠雄の考えは、どことなく旧約聖書のイザヤやエレミアにも重なる。それは彼の信条ともなっていく。それゆえに彼は黙することなく、大胆に戦争の間違いを指摘してやまなかったのである。忠雄はロマ書を語ることで、当時の日本をめぐる、東アジア問題に眼を向ける。

こうした意味では講義は、誤った道を歩む帝国主義日本の「譬話」ともなる。藤田若雄は忠雄のソウル講演に関して、「矢内原がロマ書によって述べたことは、日本の敗戦によって証明された。矢内原は、日本の植民地研究で朝鮮を書かなかった。いや書くことができなかった。しかし、このとき彼の考えを明白に人びとの前で述べたのである」(11)と言う。ソウル講演は矢内原忠雄にとって大きな意味を持っていた。それは「ロマ書」の現代的意義の確認でもあった。

三　弾圧と抵抗

東奔西走の生活

一九四〇（昭和一五）年一月二七日に、矢内原忠雄は四七歳の誕生日を迎えていた。時代は日中戦争の最中、太平洋戦争の前夜に当たる。大学を追われて二年余、相変わらず彼は忙しく暮らしていた。休んではいられないとの思いが彼を駆った。時代の緊迫する中で、彼はひたすら努力し、前進する。

翌年一二月八日の太平洋戦争を前に、日本はこの年（一九四〇）九月二七日、日・独・伊三国軍事同盟に調印する。国民統制組織の大政翼賛会発会式が行われたのは、一〇月一二日のことであった。大政翼賛会とは、「一国一党（あるいは組織）の強力な政治体制を目指す」という主張で、どこかドイツのナチスの独断政治に通うものがあった。

矢内原忠雄に引きつけて考えるなら、彼は前々からヒットラーのナチスを戒め、理想もなく、欲望のままに走るドイツを批判していた。「国家の理想」で忠雄は、国は理想を求めることが大事で、武力で他国の主権を侵害することではないと主張した。

この年は、各地での内村鑑三昇天第十年記念講演会（四～五月）をはじめ、藤井武全集完成晩餐会（六・一四）、同十周年記念基督教講演会（一〇・一）などのほか、日本各地と朝鮮での講演旅行の敢行など、忠雄は何かと忙しい日々を送った。『嘉信』第三巻第一二号（一九四〇・一二）の「『嘉信』短言」に彼は、「見よ、四月大阪京都名古屋の戦、五月仙台の戦、七月山中湖、九月朝鮮、十月東京、十一月西宮。いくたびか危機を孕んだ。併しながら到る所神の守護は鮮《あざや》かであり、奇蹟は度々行はれたのであつた。まことに古《いにしへ》の詩人の歌へる如く、我が世にあらん限りはかならず恩恵と憐憫と我にそひ来るであらう」と書く。「古の詩人」とは、『旧約聖書』「詩篇」のダビデのことである。

右の『嘉信』の記事に書かれた仙台というのは、五月二九日の仙台聖書研究会主催の講演、山中湖というのは、七月二〇日から二五日までの第三回山中湖畔聖書講習会、一一月西宮というのは、関西学院での講演をさす。彼は神の守護のもと、東奔西走の充実した伝道生活を送っていたことになる。

連作短歌に想いを寄せる

長期化した戦争を背景に、彼は国の将来を思い、憂えていた。政府は国民にひたすら耐乏生活を強いる一方で、見通しのない戦争の扱いに苦慮していたのが現実である。『嘉信』第一巻第二号（一九三八・二）の「短言」に彼は次のような連作短歌を載せている。

ひたむきに国を思ひて歩みしが到れる見ればこれの荒野か
冬枯の多摩の川原に居つくして入日見つむるわが身となりぬ
東京帝国大学教授の肩書をすてて見放《さ》くる天は広しも
踏み入るる途は荒野かさもあらばあれ主《きみ》に寄り添ひ心足らひぬ

矢内原忠雄は文学の才に恵まれ、短歌ものした。現在、彼の詩歌は『矢内原忠雄全集』第一七巻にほぼ収録されている。同じ内村鑑三門下の南原繁には『形相《けいそう》』（創元社、一九四八・三）という歌集があることは、広く知られている。今は岩波文庫にも収録されているので、簡単に手にすることができる。南原の「「兵に告ぐ」と戒厳司令官の声いへどわれの心に徹《とほ》らざるものあり」の一首は、二・二六事件に取材した作である。南原は一方で、「さもあればあれわれ神を信じつつありのままなる命を遂げむ」という、信仰に立ったうたを同じ年に詠んでいる。内村鑑三の門下生には、小山内薫・有島武郎・志賀直哉・鶴見祐輔・藤井武・三谷隆正ら文学的才能に恵まれた人が多くいたが、矢内原忠雄もその一人であったことは、これまでもしばしば言及した。忠雄にも二・二六事件に取材した歌がある。「誰人をうたんとはせし砲兵か／帰るをみれば涙したぎる」である。右に掲げた短歌の一、二首については、第二次世界大戦後、忠雄自身が解説した文章「私の歌」（『文藝春秋』一九五八・二）があることも記しておきたい。

　それによれば、最初の「ひたむきに」の歌の「到れる見れば」は、「私自身の到達した境遇を意味するのか、それとも私の憂いた滅亡・廃墟を予見させる事態に国が到達したというのか、歌としてはあいまいであるかもしれぬが、私の意味したところはこの両者共であって、私の辞職は国の滅亡の象徴のように思われたのであった」とのことである。また、「冬枯の」の歌には、「私は朝から夕方おそくまで研究室に残っていて、ゆっくり好きな散歩をする時間もなかった。それが急にひまになって、終日多摩川の枯草の中にねころび、秩父連山のかなたに沈む冬の入日を心ゆくまでながめる身になった。これは自分の境遇の変化を悲しむあわれな歌のつもりではなく、時勢をなげく気概とともに自分の自由をよろこんだ意味であるが、読む人にはどのように受取られるであろうか。本当の歌を作ることはむつかしいものだ、ということがわかる」とある。彼は右の連作短歌の第四首にあるように、「踏み入るる途は荒野」であろうと、きびしい昭和十年代を良心的知識人として、弾圧に屈することなく、自己の信念に基づく生活を送るのであった。

きびしい情勢と教会合同

世界の情勢が緊迫化する中で、日本では宗教団体法の施行に伴い、プロテスタント教会の合同が進められ、一九四一（昭和一六）年六月、三〇余の教派が合併し、日本基督教団が成立する。そうした下で、日本的キリスト教の研究が奨励された。赤江達也は『「紙上の教会」と日本近代　無教会キリスト教の歴史社会学』(12)で、無教会主義は、「その〈精神性〉や〈純粋さ〉において、日本基督教団のものとは区別されてきた。その精神性の高さにおいて、あるいは制度制の欠如において、異なるとされるのである」と客観的評価を下す。矢内原忠雄は時局に流されることなく、聖書研究を中心とした信仰に立って、困難な時代を生きようとした。無教会の「制度制の欠如」は、この場合プラスに働いた。

一九四一（昭和一六）年六月二二日、独ソ開戦。同年一二月八日、日本はハワイ真珠湾の奇襲攻撃によって、アメリカ・イギリス・オランダをはじめとする連合国との戦争を開始する。宣戦布告四日後の一二月一二日の閣議では、「支那事変をも含め大東亜戦争と称呼する」ことが決定され、日本は「大東亜共栄圏建設」という美名のもとに、陸海軍諸部隊が一斉に軍事行動を起こす。近年の吉田裕『アジア・太平洋戦争』(13)から、その状況を確認の意味もあって抜粋引用する。

> 一九四一（昭和一六）年一二月八日、日本陸海軍の諸部隊は、いっせいに行動をおこした。日本軍の作戦計画では、開戦と同時に、マレー半島とフィリピンに進攻して両地域を占領し、その後、東西からまわりこむようにしてボルネオ・セレベス・スマトラ島を攻略、最後に蘭印（オランダ領インドネシア）の中心であるジャワ島を占領して、蘭印の豊富な石油資源を手に入れるという計画だった。この南方作戦の主役は、海軍の支援をうけた陸軍の諸部隊である。（中略）

他方、海軍の場合、最大の作戦は、四一年一二月八日の真珠湾攻撃である。六隻の正規空母を集中使用したこの奇襲攻撃によって、日本海軍はアメリカ太平洋艦隊の戦艦群に致命的な打撃を与え、太平洋艦隊による南方作戦の阻止行動を不可能にした。しかし、アメリカの空母群は、真珠湾に在泊していなかったため攻撃を免れ、主力艦や飛行場への攻撃だけを重視して、ドックや石油タンクなどへの攻撃を疎かにしたため、真珠湾の基地機能に大きな打撃を与えることはできなかった。また、交渉打ち切り通告前の奇襲攻撃は、「だまし討ち」としてアメリカ国民の憤激を買い、孤立主義的な空気の強かった世論を一変させた。これによりアメリカ国民は、第二次世界大戦へのアメリカの参戦を強く支持するようになった。政治的には、この奇襲攻撃は、アメリカ国民の結束をかためさせたのである。（中略）

開戦と同時に、中国戦線の日本軍は、抗日運動の拠点となっていた上海などの租界を接収するとともに、香港攻略戦を開始し、四一年一二月末には、同地を占領した。同時に、香港攻略戦に策応するため、一二月下旬からは第二次長沙作戦が開始され、中国軍の激しい抵抗を排して日本軍は長沙に進入したが、逆に中国軍によって包囲され、撤退を余儀なくされる。悪戦苦闘の末、日本軍は原駐地に帰還したが、この第二次長沙作戦は、中国軍の戦力と戦意には、あなどりがたいものがあることを示したのである。

戦争の初期作戦は、大本営発表という虚偽の報道もあって、日本軍の圧勝のように見えた。日本軍は東南アジアと太平洋の広大な地域を占領し、国民は勝利に酔うことになる。が、事実は現地民の抵抗もあって、どの戦線もきびしい状況に置かれていた。こうした中で、矢内原忠雄はお茶の水公開聖書講義、日曜家庭集会、そして土曜学校、さらには毎夏の山中湖畔聖書研究会を誠実にこなしていた。彼には聖書研究に徹し、西洋古典に学ぶことが、時局との対決・批判であることが解っていた。しかも、植民地研究を専門とした彼には、日本の帝国主義的支配が占領地で長続きしないことも予見できた。

時局批判と検閲

早くお茶の水公開聖書講義で、彼は「或る人が私に言ひますのに、「貴方は時局問題に就てもつと言つたらどうですか」。――言つたではありませんか。満洲事変の最初から言つて来たではありませんか。言つたけれども、人が聞かなかつた。山の上から大きな勢を以て転がつて来た石は或る処迄往かなければ止まらないものと見える。それを途中で止めようと思つて身を投げ出した者は、或は死に或は傷つき、或ははね飛ばされました。今はただその石が往きつく処まで転がつて往くのを、見まもつてゐるだけであります」と語っていた。[14]

彼は当初はストレートな言い方で時局批判をした。「藤井武満七年記念講演会」での講演（『通信』47号、一九三七・一〇）中の「日本の理想を生かすために一先づこの国を葬つて下さい」のことばなど最たるものだ。が、その講演を載せた号が発売禁止処分を受け、続いて『帝国主義下の台湾』と『満洲問題』が増刷禁止に、『民族と国家』と『民族と平和』が、発売禁止処分になる。出版法や新聞紙法による検閲は、多くの文学者や思想家を長年悩ませてきたものだが。一九三〇年代あたりから苛烈を窮めるようになる。思うことは自由に言えず、文章の一部が伏せ字にさせられることにはじまり、行き着くところは、全文削除に等しい発売禁止である。

言いたくとも言えないということほど、物書きにとって苦しいものはない。読み手の問題で言うなら、知りたくとも知りえないことほど辛いものはない。検閲、さらには発売禁止という措置は、書き手の自由の侵害にとどまらず、読み手の知る自由をも奪うものであった。多くの表現者は、しぶしぶ時局に迎合した。一方で、休筆する、密かに書きためる、日記に憤懣をぶちまけるというケースもあった。文学者では、永井荷風や谷崎潤一郎の例があげられる。

矢内原忠雄の専門とする植民政策での研究論文は、在職中にその主要なものは活字化されていた。退職後は「大陸経営と移植民教育」（『教育』一九三八・一、第六巻第一号）ほか、二、三あるものの、本格的なものは見ることがない。「大東亜戦争と英国植民政策」（『帝国大学新聞』一九四二・一・一九）という小論がある。そこで彼は「余は官を辞してから四年を経た。官を辞した時余は思つた、今後再び植民政策を論ずることをなさざるべしと。それは、余が此の学問を以て国家に奉仕することを、無用であるとなされたからである」と書いている。これは彼の抵抗の一文なのであるが、そうは言っても未練があった。彼は専門の学問の出来ないわびしさを、聖書研究や土曜学校での西洋古典研究で満たしていた。

わたしは忠雄が戦時下清野剛《せいのつよし》という矢内原ゼミ所属の卒業生の援助で「大東研究室」という研究会を立ち上げ、専門の植民政策研究を教え子と共にはじめたことを、楊井克巳の文章で知った。[15] 一九四二年（昭和一七）年五月のことである。九人のメンバーが初顔合わせをし、研究室は発足した。が、これは忠雄が言っていることでもあるが、多くの資料を小石川に書庫として借りていた家で、アメリカ軍の空襲で焼いてしまう。「焼けた時には、ある意味においては、自分のそういう方面の研究や仕事にも一段落ついたというような感じがした」[16] ということで、以後、彼はこの面での研究を絶つこととなる。

戦中の講演会と三谷隆正の死

同じ年（一九四二）の一二月六日（日曜日）、太平洋戦争勃発一周年の午後二時、矢内原忠雄は東京赤坂の溜池三会堂四階大講堂で開かれた特別講演会で、「基督教の主張と反省」という講演を行う。これはいま

『矢内原忠雄全集』第一八巻に収録されている。内容は重く、戦中の忠雄を考えるのに落とすことの出来ない重要文献である。忠雄には、この講演会に関して書いた「十二月六日講演会記」という『嘉信』（第五巻一二号、一九四二・一二）に載った文章もある。それによると当日の講演会は、「超満員であつた。通路に坐り、両側に立ち、入口の外廊下にまで人垣が厚く重なつた。会費（筆者注、三〇銭）を払つた者だけで八八七名、整理がつかなくて会費を受取ることの出来なかつたものが百名はあつたらうといふ。この外満員の為め引返した者が五、六十名は居た。正に私の講演会としては記録破りの盛会であつた」という。

講演は正味二時間、彼は五年前の東大教授辞任のいきさつから話し始め、時代の中でのキリスト者としての自身の歩みを淡々と語る中で、当日の主題である「基督教の主張と反省」に入っていく。彼は国民の道徳を清め、高めるためには、キリスト教の信仰の受け入れが必要であることを格調高く、分かりやすく語った。講演の最中に「さうではない」と言う叫びをあげた学生がおり、「黙れ」「出て往け」等の怒声が乱れ飛んだというが、講演そのものは成功裏に終わった。

この講演で彼は、戦争中旗色の悪かったキリスト教について真剣に語り、「基督教は悪いものではありません。基督教は人を義《ただ》しくするものである。正義を愛し憐みを施すものであります」と言い、結びでは、「私は諸君に対してかう言ふのであります、キリストによるまことの福音を信じて、諸君自ら救ひの確信を得、それによつてわが国をば神の喜び給ふ義しき国と為す為めに、臆するところなく希望を懐いて勇往邁進して頂き度い」と語りかけた。彼は考えていたこと、言おうと思っていたことを皆言ったので、思い残すところはないと、右の「十二月六日講演会記」に書いている。

戦争は苛烈をきわめていた。一九四二（昭和一七）年四月には、アメリカ空軍の日本本土空襲も計画されていた。翌年二月には、ガダルカナル島争奪戦に敗れた日本軍は撤退を決め、敗戦も予想されるようになる。

一二月には学徒出陣も開始された。忠雄の尊敬する三谷隆正の五五歳での死は、敗戦前年の一九四四（昭和一九）年二月一七日のことであった。隆正は若き日の忠雄の親友三谷隆信の兄である。三谷兄弟のことは、すでに第三章の二で、その家系のことも含めて詳しくふれた。

三谷隆正は、東京帝国大学からの教授職の誘いを断り、病で辞めるまで生涯を一高教授（のち、病のため、責任の軽い講師となる）で送った人物である。忠雄同様内村鑑三に師事し、信仰厚き生涯を送った。語学力に秀でた、しかも高貴な精神の持ち主であった。その業績は現在『三谷隆正全集』全五巻（岩波書店、一九六五・九〜六六・一）に収録されている。隆正は若き日結婚して一児をもうけたが、妻も子も早世した。その上、自身は胸の病で苦しんでいた。けれども信仰に立った存在は、光を放っていた。女子学院講堂で行われた告別式で、忠雄は司式を担当し、式辞で「私は三谷君の柩《ひつぎ》を揺さぶって、君を揺さぶり起して、君の遺族と又我々の手に取戻したいのであります。何となれば君は現在の日本国に必要な人間であります」と述べている。(17) 忠雄には国難の時代に三谷隆正の存在は、日本の良心と映ったのである。

戦時下の弾圧

ところで、戦時中の矢内原忠雄は、官権の介入による表現の自由への弾圧を、いかに多く受けたことか。アジア・太平洋戦争下の彼の歩みは、それとの闘いにあったのである。警視庁や検事局による検閲は、矢内原忠雄の場合、少部数の個人誌『嘉信』にも及んだ。いや、忠雄へのこうした弾圧は、『通信』時代からあったのである。それを確かめておきたい。『矢内原忠雄全集』第二九巻に付された「年譜」は、実に詳細なもので、使いやすい。この部類の全集収録「年譜」にあっても群を抜く。本評伝もこの「年譜」にいかに助けられたことか。「年譜」の記述と忠雄の回想記に従って、一九三七（昭和一二）年一一月から敗戦までの官権の矢内原忠雄に関わる弾圧の記事を見ていくと、以下のようだ。

一九三七（昭和一二）年

一一月一〇日　『通信』一〇月号発禁、碑文谷警察より残部押収に来る。残部皆無。警察は発行部数などを聞いて帰る。

一二月一二日　警視庁刑事二名一四日の講演会（筆者注、「時局キリスト教講演会」）に関し来訪。

一九三八（昭和一三）年

一月二〇日　『民族と国家』発売禁止処分を受ける。

二月七日　『帝国主義下の台湾』『満洲問題』の出版社岩波書店が、当局より自発的増刷中止を指示される。

二月二一日　警視庁に出頭を命じられる。

二月二三日　『民族と平和』発売禁止処分を受ける。

七月二一日　検事局に出頭、八時間半にわたり訊問を受ける。

七月二二日　検事局に出頭、八時間にわたり訊問を受ける。

九月二三日　『嘉信』「送別歌」削除処分を受ける。

一九四〇（昭和一五）年

八月二八日　朝鮮平壌監理教会で講演。責任者警察に召還され、刑事旅館に来る

一九四三（昭和一八）年

二月一三日　警視庁に呼び出される。『嘉信』一月号発売禁止処分を受ける。

四月　『嘉信』四月号掲載「『嘉信』の発行について」で注意処分を受ける。
五月　『嘉信』五月号一部に削除処分を受ける。

一九四四（昭和一九）年

一月七日　警視庁に呼び出され、『嘉信』一九四三年十二月号につき注意を受ける。
六月二日　警視庁の青木警部『嘉信』に対し、企業整備による廃刊届提出を要求したが、拒否する。
六月一二日　薄田警視総監に意見書を手渡す。
六月一七日　警視庁坂本検閲課長に呼び出される。七月一日警視庁検閲係長に呼び出される。『嘉信』の十二月終刊を申し渡される。

一九四五（昭和二〇）年

六月一六日　憲兵隊司令部から人が来て、『嘉信会報』第三号を要求する。一～六号を持ち帰る。

言論弾圧と用紙削減

当局の矢内原忠雄とその著書や個人誌『通信』『嘉信』『嘉信会報』への弾圧は、忠雄自身敗戦間もない一九四五（昭和二〇）年一二月刊行の『嘉信』第八巻第一二号の「戦の跡」（『私の歩んできた道』収録）でも回想している。かいつまんでその骨子を述べよう。まず『通信』への弾圧は、例の「日本の理想を生かすために一先づこの国を葬つて下さい」（『通信』47号、一九三七・一〇）に対してであり、碑文谷警察は、残部押収という挙に出る。が、残部皆無のため、発行部数などを聞いて帰ったという。続いて『民族と国家』と『民族と平和』の発売禁止に際しては、司法処分も伴い、「警視庁に召喚されて調書」を取られる。さらに検事局に出頭を命じられ、思想検事の取り調べを受ける。が、彼は「爾来、発禁、削除、若しくは注意の処分を受けた事何回なるやを知らず、毎年四、五回警視庁に喚び出されない年とてはなかつたが、真理の言を弾圧する処分は神の前には無効であるとして、私は一切これを意に介しなかつた。しかるに日本出版文化協会は、かかる処分の度毎に『嘉信』に対する用紙の割当を大幅に削減した」（18）という。

内務省警保局の『特高月報』は、この頃の矢内原忠雄を要注意人物としてマークしていたことを示す。一九四一（昭和一六）年一二月の同月報には、無教会主義キリスト者として忠雄の名を記し、「従前と何等変らざる空想的・独善的平和観の下に我今次聖戦目的を誹謗抹殺するが如き所説を流布しつつあるを以て、同一派の運動に対しては格別厳重なる警戒取締を加ふるの要ありと認めらる」とある（『昭和特高弾圧史3』太平出版社、一九七五・九）。

『嘉信』は日本出版文化協会に設立当初から加入していたが、あまりの仕打ちに自発的に退会していた。その後用紙の割当は、警視庁情報局の「Aという検閲課の警部」（筆者注、青木という名の警部）が暗躍し、『嘉信』の印刷を依頼していた学園事務所へ一九四三年一月号のための用紙を回さず、『嘉信』を「暗殺」しようとした。忠雄は『嘉信』も止める時がきたのかと、二、三の友人の意見を聞く。後輩の村山道雄（後年、山形県知事・参議院議員、忠雄は朝鮮伝道訪問の旅で世話になった）が、警視庁の検閲課長に会って、真意を問うと、検閲課長はこのことを知らず、A警部の独断であることが解る。

「嘉信の印刷続刊差支なし、」という検閲課長の言明によって、ひとまず危機は脱した。が、一九四三年一月号の『嘉信』は、出るとすぐ発売禁止処分を受ける。巻頭の「年頭の辞」と「アモス書大意」とがいけないというのであった。「年頭の辞」は、「愛する日本よ、宇宙の神を信ぜよ。世界の神を信ぜよ」にはじまり、「愛する日本よ、大なる試煉が汝に臨みつつある。汝如何なる力に恃《たの》んで、之に耐えんとするか。恃むべきは永遠の神である。恃むべからざるは人の謀略である。汝恃むべき者に恃んで、国を富嶽の泰《やす》きに置け」で結ばれる。また、「アモス書大意」は、旧約聖書の小預言書の一つ「アモス書」の全体像をわかりやすく六つの視点から述べたもので、どこが発禁の理由であるのか定かでない。

四月号も注意処分を受ける。今度は「嘉信の発行について」の前半がいけないというのである。これまたどこがいけないのか判然としない。強いて言うなら、「まこと『嘉信』は紙に乏しくせられ、印刷を脅かされ、検閲に狭められて、死の陰の谷を歩んで居るのである。併しヱホバ我と偕《とも》に在すが故に我は禍害を怖れず、汝の笞《しもと》汝の杖われを慰め給ふのである。先に一月号の印刷将に成らんとした時某方面からの妨害によつて『嘉信』の発行継続が困難に陥り、既に討死を覚悟したが、『嘉信』の為めにもシャパンの子アヒカムあり、ネリヤの子バルクありて、無事発行を続くるを得たことは、『嘉信』とその読者の為めに幸福であつた。されど『嘉信』の著者はあはれなる哉、神は彼の苦労を緩め給はず、刀折れ矢尽くるまで前進を促し給ふ」の箇所が、当局の忌避にふれたのかも知れない。引用箇所に出て来るアヒカムとバルクは、エレミヤを助けた『旧約聖書』中の人物である。

狂った時代は、狂った人物を生む

忠雄は事実を書いているのである。けれどもそれは受け入れられず、注意処分である。狂った時代は、狂った人物を生む。ドイツではヒットラーが、イタリアではムッソリーニが暗躍した時代である。日本では陸軍大将東条英機の下で、太平洋戦争が準備されていた。蓑田胸喜のようなエセ学者がいたかと思うと、下積みの官僚「A警部」(青木警部)のような、執拗に矢内原忠雄の言動を監視し、敵視する人物がいたのである。彼は忠雄にとって、ヴィクトル・ユゴーの『レ・ミゼラブル』のジャベール刑事のような存在であった。時代の生むそうした悪魔的人物とも忠雄は臆せず闘った。なお、矢内原忠雄の戦中の抵抗に関しては、金田隆一「戦時下における矢内原忠雄の抵抗」(19)が参考になる。

一九四三（昭和一八）年五月号（第六巻第五号）の『嘉信』は、一部に削除処分を受ける。忠雄の回想記「戦の跡」（初出、『嘉信』一九四五・一二）には、「黙示録講義中、「地上における現実の自然的災害と社会的動乱との中にありて、我らは自らかく問ひかく嘆く」という一句は、国家を呪詛するものだというのである。当局の口より出たこの「呪詛」という言葉は、極めて強く私の神経を刺激した。これまで「自分の言うことは言う、しかしそれに対する当局の処置には抗議せず、」ということを原則とした私も、今は黙って引込むわけに往かなかった。警視庁の玄関を出た私は、その足で情報局の検閲課を訪れ、係官に会って呪詛云々を詰問した。彼は私の問に対してまともに答えることを為し得ず、……」とある。忠雄は困難な時代の直中で闘った。

この年七月、北海道で『喜の音《よろこびおとづれ》』を主宰していた浅見仙作が、札幌警察署特高課に召喚、留置された。忠雄はこのニュースを知り、『嘉信』第六巻第九号（一九四三・九）の埋め草欄に、「祈れ」のタイトルを用い、「北海道に於ける無教会福音の老使徒浅見仙作翁、七十余歳の老齢の身を以て、去る七月三十日以来留置所に在りと聞く。我らは今ピリピ一の一二～二〇、二の一二～一八を翁よりの言葉として読む。友よ、翁の為に祈れ、翁の事《つか》ふる福音の為に祈れ」と書く。浅見仙作は内村鑑三の弟子で、無教会の立場で北海道で福音を説いた人であり、忠雄も一目置いたキリスト者である。時代はこうした老いた人をも弾圧するに至る。

弾圧に屈せず

一方で、戦後、良心的知識人とされた人々も、当時においては、時勢におもねった発言をしていた。半藤一利の『昭和史』(20)には、例として五人の知識人が、真珠湾攻撃の勝利に対して、いかに肯定的発言をしたかを例文付きで示す。五人とは、中島健蔵・本多顕彰《あきら》・小林秀雄・亀井勝一郎、そして横光利一である。いずれも、当時すぐれた評論家・作家とされた人々である。他方、賢く、また、生活も何とか維持できる気骨ある一部の文化人は、書くことをやめ、沈黙した。が、忠雄は最後までペンを折ることがなかった。

彼には生活があった。妻と三人の子、それに亡くなった藤井武の遺児五人の生活と学費の面倒を見ねばならなかった。東大退職当時は、『余の尊敬する人物』や訳書『奉天三十年』などが売れたからまだよい。が、それは一時的収入に過ぎなかった。戦争の進展とともに本の売り上げは減じていった。結局は『嘉信』による購読料が、唯一の収入源になっていたのである。前章でちょっと触れた古本屋にも今さらなれない。生活をどうすべきかは、戦争中の矢内原忠雄の大きな課題であった。彼は自分なりの方法で生きるほかなかったのである。それには書くこと以外考えられなかった。彼を慕い、支持する人はいた。彼らに『嘉信』を送り、誌代で収入を得る、それが戦時中の彼の生活であった。それは神に示された、賢い戦中の生きる途であった。

戦争はこの年（一九四三）には、泥濘にはまりこみ、敗戦の色も濃くなった。九月には、三国同盟の一角、イタリアが連合国に無条件降伏した。翌一九四四（昭和一九）年七月、東条内閣は戦線不利をもって総辞職。一一月一日にはサイパン島から発進したB29によって東京が偵察され、同二四日には、初空襲を受けている。戦場も後方も区別のない国民総動員の時代の中で、雑誌『嘉信』は危機を迎える。敗戦一年前の一九四四年の夏のことである。先の「戦の跡」には、「政府は出版企業整備統合の法律を制定し、雑誌の廃刊を強要するの挙に出た」とあり、六月二日に警視庁検閲課に行くと、応接した例の青木警部から「もう廃めてはどうか」と言われる。

忠雄の闘いは、ここから本格化する。彼は自主廃刊を拒絶し、「これを廃するは、自分として国に忠なる所以でない」とし、警視総監に面談して、その志を述べ、「意見書」を手渡す。「戦の跡」には、「昭和十九年六月十二日」の日付で、薄田警視総監宛に出した「意見書」の全文が載っている。薄田警視総監とは、薄田義朝《すすきだよしとも》のことである。薄田は秋田県出身。一八九七（明治三〇）年一月一六日の生まれ。二高を経て東大法学部を卒業、内務省に入り、警察畑を歩いた後、群馬や鹿児島の知事をつとめ、東条内閣時代の一九四三（昭和一八）年四月、警視総監に就任した。戦後は北海道選出の衆議院議員となり、北海道開発審議会委員や裁判官訴追委員などを歴任している。

薄田への忠雄の意見書のさわりの部分を引用すると、「余は退官後月刊個人雑誌『嘉信』を発行し、基督教聖書の研究及び伝道に従事して今日に及べり。その間検閲の難を蒙ること数次に上りたりと雖も、字句の末端によらずして精神の所在を酌まるるに於ては、余の言論のすべて一片憂国の至誠に出づるを察知せらるるに難からずと信ずるものなり」「『嘉信』は実に国民の正しき信仰を培ひ、その精神力を旺盛ならしめ、道徳心を堅実ならしむることを目的とするものなり」「近頃当局は企業整備の一般的方針に基き、『嘉信』に対しても廃刊を勧告せられたり。『嘉信』は形小なれども国民の良心也、国の柱なり。『嘉信』を廃するは国民の良心を覆し、国の柱を除くに等し」などとある。忠雄はこの「意見書」を持って警視庁に出頭し、薄田総監に面会し、所信を表明した。

忠雄の「戦の跡」によると、「総監の態度は慇懃」であったという。そうであろう。忠雄の四歳下、東大法学部出のこの後輩は、忠雄が法学部をトップで卒業したことや、その退官理由もわかっていたろうから、何も知らない青木警部などとは違う。二人は四〇分ほど話をしたが、「要件に関しては下僚をして研究させるという答弁であった」という。数日後警視庁検閲課長から面会を求めてきたので行くと、「廃めてはどうか、」という。忠雄は前言を繰り返す。会談は一時間に及んだ。日を経て、今度は検閲係長から呼び出しがあった。会談の結果は、一二月末まで続刊を認めるというものであった。これは特別中の特別の扱いなので、それで止めてくれとのことであった。が、忠雄はねばりにねばった。彼は太平洋戦争中、なぜ、かくも闘い、耐え抜くことができたのか。そこには彼の徹底した聖書研究から来る信仰と、西洋古典文学から学んだ知恵があった。それだからこそ堪え忍ぶことができたのである。

『嘉信』を『嘉信会報』に

『嘉信』は一九四四（昭和一九）年一二月号（第七巻第一二号）まで刊行し、一九四五（昭和二〇）年一月から名を『嘉信会報』と変えて継続刊行されていく。誌名の変更は言うまでもなく当局への配慮であった。実際には『嘉信会報』として『嘉信』の下に「会報」の二文字を小さく印刷したという変更に過ぎないので、外見には雑誌名が変わったとは思えない。ここにも忠雄の意地が、否、戦時下抵抗の強い意識が感じられる。

四月一三日の空襲で、印刷先の東京市豊島区西巣鴨四―一二六の学園印刷所が空襲に遭うと、忠雄は謄写版印刷で雑誌の刊行を続け、敗戦に至る。東京目黒の今井館資料館には、謄写版刷りの原本が保存されている。忠雄によると、敗戦の年の六月には、「憲兵隊司令部から私の家に人が来て、『嘉信会報』殊に第三号を要求したが、何事も起らずして終戦を迎えた。戦争中「今度は矢内原を引張るぞ」という警察の威嚇的言辞が、私の耳に伝ったことも二、三度あったが、私は何の恐怖も感じなかったし、彼らは遂に一指をも私の身辺に触れることを得ず、『嘉信』の発行を一回も阻止するを得なかった」（「戦の跡」）とのことである。

戦中のこのような矢内原忠雄の闘いを、歴史学者の家永三郎は、「太平洋戦争期の暗黒時代に圧迫に屈せず思想的抵抗をつづけた事実。多くの知識人が進退をあやまったこの時期の彼の思想活動は、日本人の良心のともしびの吹き消されるのをかろうじて守り抜いたものとして、高く評価されねばならないであろう」[21]とする。家永三郎は、矢内原忠雄の戦時下抵抗を的確に評価し得たすぐれた歴史学者であった。

こうした中にあっての矢内原一家の朗報は、長男伊作と故江原萬里の長女鋤子《すきこ》との結婚であった。『嘉信会報』第一号（一九四五・一）に、「私の家では長男伊作と故江原萬里の長女鋤子とを去る十二月二十六日に結婚せしめた。イサクは言ふまでもなくアブラハムの子であって、平和の人であり、鋤子はイザヤ書二の四から得られた命名である」との記事が載っている。「イザヤ書二の四」とは、新共同訳『聖書』には、「主は国々の争いを裁き、多くの民を戒《いまし》められる。／彼らは剣を打ち直して鋤《すき》とし／槍を打ち直して鎌とする。／国は国に向かって剣を上げず／もはや戦うことを学ばない」とある。鋤子とは、一見見慣れない名であるが、平和への願いが託された命名であったのだ。忠雄は故人からその命名のいわれを聞いていたのであろう。

四　敗戦と大学復帰

敗戦を山中湖畔で知る

一九四五（昭和二〇）年七月二六日、アメリカ・イギリス・中国（中華民国政府）は、日本に無条件降伏を勧告する旨の「ポツダム宣言」を発表した。日本は当初これを黙殺したが、八月六日広島に、同九日長崎に原子爆弾が投下され、その混乱の中でソ連が突如、対日参戦するに及んで、八月一四日これを受諾した。戦争で矢内原忠雄は、優秀な教え子の秋山宗三をガダルカナル島で、二宮健策を広島の原爆で失った。

八月一五日、敗戦の日を、忠雄は山中湖畔で迎える。『嘉信会報』第八号に忠雄は「戦争終了」と題した感想を記している。長くなるが忠雄の敗戦直後の心境が語られているので、以下に全文を引用する。

余は日曜集会と土曜学校をば、七月二十九日の日曜を最後として三週間の暑中休暇に入ることとし、翌三十日、心身の疲労休養の為め当地（山中湖）に来た。此処で『嘉信』八月号の原稿を書き、推敲を重ねた後、全く脱稿したのは八月十五日午前であつた。その正午、隣家のラヂオで戦争終了の事を知つたのである。

顧れば昭和十二年七月、蘆溝橋《ママ》事件の直後、やはりこの山中湖畔の家で、余は沸騰する思ひを以て「国家の理想」と題する一文を書いた。それから中国、四国方面へ講演旅行に出たのであるが、岡山駅頭にて測らずも右論文が発売禁止処分を受けた事を知つた。日支事変と共に、余自身の戦も始まつたのであつた。

爾来満八箇年にして、此の地にて戦争終了の報を聞く。今更何が成功であつたとか失敗であつたとか、誰に責任があるとかないとか、何人の預言が適中したとかしないとか、かかる事を論《あげつら》ひたりとして何かせん。余はそのやうな事柄に興味を有たない。余はただわが国民が此の機会に於いて真に謙遜となり、己が罪を悔改めてイエス・キリストを受け容れんことを求む。而して真に正義と平和を愛する国民となりて、神がこの国に与へ給ふ大任を果さんことを希ふ。生来の人の慾を棄て、新たなる人として生れ更《かは》るのでなければ、戦争終了も戦争開始と同様、国に何らの光をもたらさないのである。それにつけても余は、大東亜戦争開始以来俄かに「日本的」に転向した基督教会が、戦争終了と共に急に親米的媚態を呈する如き醜状を示さざらんことを、希望せざるを得ない。

信仰により、如何なる心構を以て戦争終了を迎ふべきか、余は屡々本誌に説いて来たつもりである。『嘉信』八年の筆陣を指導し且つ守護し給うた神の恩恵を、余はここに衷心感謝する。余はもう何時死んでもよいと思ふ。神よ、願はくは余の霊を受けいれ給へ。

夕食後、余は一人湖辺に出た。上弦の月富士山頂の上空に照りわたり、星は明かであるが光薄く、大気は秋のやうに冷え、漣は軽く音を立てた。余は人なき渚に踞し、歩き慣れた湖畔の道を歩き、長き時を一人で過したが、祈も歌も思ひも皆短かく、きれぎれであつた。併し頭は冴え、心は溢れて居た。ようやくにして家に帰り、燭を点じて湖辺の思ひを文に認む。

何ごともなかりし如く月の夜に
しづもり立てり富士の神山

（昭和二十年八月十五日午後十時廿分、山中湖畔梁山荘にて）

戦争はようやく終わった。長かったの思いが彼の胸をよぎった。戦争は彼の生活を激変させた。大学教授という安定した職場を失い、研究者の道は絶たれた。当初は生活の糧をどうすべきかにさえ迷った。健康も慢性下痢と歯痛に悩まされ、いたく衰えた。が、不思議にも彼は路頭に迷うことも、栄養失調で倒れることもなかった。信仰が彼に勇気を与え、執筆生活は彼と一家を支えた。引用した右の文中の「『嘉信』八年の筆陣を指導し且つ守護し給うた神の恩恵を、余はここに衷心感謝する」は、心からのものであった。失職後、敗戦に至るまで、忠雄は「野に叫ぶ」者として、個人誌『嘉信』に依り、沈黙することも媚びることもなく、抵抗の声をあげ続けた。矢内原忠雄は、最後まで時代と時の権力とに立ち向かった希有な思想家でもあった。

山中湖畔の別荘で詔勅のラジオ放送を聞いた時の感想を、後年忠雄は『私の歩んできた道』では、「僕は昭和二十年八月十五日に、終戦の詔勅を富士山麓の山中湖畔で聞いたんです。隣りの家のラジオで。そのときに感じたことは、今でも忘れないな。これから新しい時代が来たのだから、平和のために働かなきゃいかんということを強く自覚したですね」(22)と言っている。彼は敗戦時、満五二歳になっていた。まさに働き盛りの年齢であった。

講演活動に精を出す

敗戦で検閲制度は消滅した。苦しい思いの連続で、敗戦の年の一九四五（昭和二〇）年一月号から『嘉信会報』と名を変え刊行してきた個人誌も、九月号からは元の『嘉信』に戻った。謄写版刷りの雑誌は、第八巻第八号（一九四五・八）で終わり、九月発行の第八巻第九号からは、活字に戻った。

一〇月号（第八巻第十号）の「短言」に、忠雄は「走馬燈」の小見出しの下、次のように言う。「大正年代民本主義・自由主義の流行に次いでマルクス主義が風靡し、それから軍国主義・全体主義の横行に代つて今また民主主義・自由主義の再流行を見やうとして居る。若し永遠の真理たる聖書の言を学んでその上に立つにあらざれば、走馬燈の如く移り変る時代思潮の流行の中にありて、我が国民は終に無思想・無性格の民として終る危険がある」と。これは先見性と預言性に満ちたことばとしてよい。敗戦後七十年を越えた現在でも、今もって日本人一人一人に迫るものがある。

敗戦後、矢内原忠雄は講演活動に精を出す。一〇月二～三日、長野県木曾福島国民学校に於いて、「日本精神への反省」という題で講演をしたのにはじまり、一一月六、七日には、長野県松本市郊外の東筑摩郡広丘国民学校で、「平和国家論」と題した講演を行う。『嘉信』の同年一一月号（第八巻第一一号）に、その記録を見出せる。そこには「遠近より参集の熱心なる溢堂の聴衆、殊に多数の国民学校教員諸君の前にこの問題について語り得たことは幸福でありました。広丘の地は桔梗ヶ原と称し、地勢高爽、秋気凛烈、志操高潔の士を参するに適します。日本新生について私は大都会に期待せず、地方に期待します。既存の大学に期待せず、国民学校に期待します。貴族と官僚に期待せず、平民と児童に期待します」とある。

木曾福島国民学校と松本郊外の東筑摩郡広丘国民学校での講演は、『日本精神と平和国家』の題下、岩波書店から岩波新書の一冊として、一九四六（昭和二一）年六月二五日に刊行され、のち『矢内原忠雄全集』

第一九巻に収録された。速記の文章をもとに、手を加えたものである。忠雄の〈敗戦講演〉とも言ってよいこれら一連の講演は、「日本精神への反省」というタイトルにも見られるように、敗戦に至った日本人を支配したスピリット（民族精神）の反省にある。いま『矢内原忠雄全集』第一九巻収録の「日本精神への反省」の目次を記すと、「民族精神とは何か」にはじまり、「日本精神の特質」「本居宣長の思想」「本居宣長批判」を経て、「太平洋戦争と日本精神」、そして「日本精神を嗣ぐ者」で終わる。忠雄は宣長の思想、その「神ながらの道」を徹底的に批判する。その上ではじめて新国家の建設はあり得ると言う。

いま一つの「平和国家論」は、カントの『永久平和論』などを例に、平和国家建設はいかに在るべきかを論じたものであった。「国是としての平和」の章は、七十年後の今日の政治状況をも撃つものがある。佐藤全弘《まさひろ》に『矢内原忠雄と日本精神』(23)という一書があるが、矢内原忠雄の戦後の出発を、共感をもって語ったものとなっている。

敗戦の年から翌年にかけて、矢内原忠雄は実に多くの講演を、依頼されるまま各地で行っている。彼はもともと旅が好きだった。戦後の交通事情は極度に悪かったが、彼はそれをものともせずに、九州から北海道まで日本各地に出向いている。西村秀夫の評伝『矢内原忠雄』(24)によると、「一九四五年十月二日から翌年十月六日までの一年をとってみると講演回数は約五二回、次の一年間にも四〇回以上」とのことである。単純計算すると毎月四回、週にすると一回になるから大変な回数である。

東大に復帰する

一九四五（昭和二〇）年一〇月三〇日、ＧＨＱは教育関係の軍国主義者・超国家主義者の追放、調査機構の設置などを指令した。また、一一月二日、文部省は自由主義教授で戦中に大学を逐われた人々の優先復帰と、軍国主義者および占領政策に反意を示す者の解職を通達した。それに伴い一一月四日、東京帝国大学経済学部教授会は橋爪明男・灘波田《なにわだ》春夫らの退職と大内兵衛・矢内原忠雄・山田盛太郎ら七人の復職を決める。同月一九日、京都帝国大学の総長鳥養利三郎《とりがいりさぶろう》は京大事件（瀧川事件）以前の状態に戻すという趣旨に基づき京大再建方針を示し、瀧川幸辰や恒藤恭・田村徳治らが教授に復帰することになる。

当時の東大経済学部の学部長は、忠雄の一高時代からの友人舞出長五郎であった。舞出は戦中の厳しい時代も耐えて、学部長の重責にあった。教授会の決定に基づき、舞出はさっそく忠雄の経済学部教授復帰を要望した。復帰の経緯は、これまでしばしば引用した「戦の跡」に忠雄自身も書いているので、次に初出の『嘉信』（第八巻第一二号、一九四五・一二）から引用する。

> 戦争終了後、思想問題で大学を追われた諸教授の復帰問題が起り、舞出経済学部長から私へも交渉があつた。私は次の諸理由によりこれを辞退した。
>
> 一、一度広い野に出て自由の空気を吸うた者が、また狭い囲いの中に帰るのは面白くないこと。
>
> 二、私はこの八年間基督教伝道に従事して来たので、今後も之に専念する考であること。
>
> 三、伝道と教授と二つの職務を果すには、自分の体力に自信なきこと。
>
> 四、私は自分の専攻した植民政策関係の蔵書を、大部分空襲によって焼失したこと。（之は小石川に部屋を借りて、置いてあつたものである。）
>
> 固辞すること四度、懇請せられること五度、遂に私も舞出君の努力に免じて復帰を内諾した。但し左の条件をつけた。
>
> 一、『嘉信』其の他伝道上の仕事は之を継続すること。

二、理由の何たるを問はず伝道と教授とが両立せざるに至つた時は、何時でも教授を辞職すること。

忠雄は信念に生きていた。右に続く文章で彼は言う。「大学教授としての私の地位と仕事とが福音伝道の妨げとならず、却つて真理証明の武器として神の祝福を蒙るやう、切に祈り希ふ。神の僕たる以外に私のこれまでの生涯もなく、今後の生涯もないのである」と。彼の信念とは、「神の僕」として生きることであった。彼は同じ内村鑑三門下で、東大法学部長となっていた南原繁を部長室に訪ねる。南原は学内事情を詳しく説明し、復帰を強く勧めた。(25) かくて忠雄は右の条件をつけ、舞出の熱心な勧誘を承諾する。なお、忠雄の東大復帰に関しては、竹中佳彦の『日本政治史の中の知識人（下）』(26)に資料を博捜した記述がある。

植民政策論を国際経済論に

一九四五（昭和二〇）年一一月二八日付で矢内原忠雄は東京帝国大学教授に復帰した。むろん経済学部勤務である。実際に研究室に足を踏み入れたのは、この年一二月一日であった。(27) ちょうど八年間のブランクがあったことになる。実際に復帰すると、彼は担当の植民政策論を、国際経済論と名称を変更した。日本はもはや植民地をもつ帝国主義国家ではなくなった。しかし、国際経済に依存する必要は、より強まるとの認識が彼にはあった。それが担当科目の名称変更の主な理由であった。

戦時中忠雄は土曜学校を主宰し、アウグスチヌスやアダム・スミスを論じることで、学問への渇を癒していた。植民政策論での彼の目指す実証を重んじた方法は、公表出来なかったからである。検閲という難題は、彼のそれまでに発表した著作をすら差し押さえ、発売禁止とした。ひそかにはじめた「大東亜共栄圏の批判的研究」の母胎「大東研究室」は、前述のようにアメリカ軍の空襲で資料を焼いてしまう。あと少しで「完結することになっていた「帝国主義論」の原稿も焼けてしまった」[28]という。が、彼は悲観はしなかった。戦後はじめた国際経済論は、今後の経済学という学問の中核となるであろうことが、わかっていたからである。一方、戦中・戦後の彼に、研究対象として新たに浮上したのは、内村鑑三の衣鉢を継ぐ聖書研究であった。「イエス伝 マルコ伝による」にはじまる聖書講義は、戦中の彼の主要な仕事となっていた。それは戦後の大学行政で忙しい生活を送った時期にも継続されて行く。

注

（1）矢内原忠雄「『通信』の廃刊と『嘉信』の創刊」『通信』第四九号、一九三七年一二月、のち『矢内原忠雄全集』第一七巻収録。五八頁。
（2）矢内原忠雄「創刊の辞」『嘉信』第一号、のち『矢内原忠雄全集』第一七巻収録。七九～八〇頁。
（3）矢内原伊作『矢内原忠雄伝』みすず書房、一九九八年七月二三日、四三一頁。
（4）藤田若雄「悲境にあつて福《さいは》ひの日を／想ひかへすに優る悲しみなし」『土曜学校講義　月報Ⅶ』一九七〇年一一月。二～三頁。
（5）籾山民子「庶民のもつ最大の宝物」『土曜学校講義』月報Ⅶ、一九七〇年一一月、日付なし。一～二頁。
（6）柴田真希都「伝道者・牧会者・聖書研究者」鴨下重彦・木畑洋一・池田信雄・川中子義勝編『矢内原忠雄』東京大学出版会、二〇一一年一一月二日。二四一頁。
（7）矢内原忠雄「『藤井武全集』再刊に就て」『嘉信』一九三八年三月、のち『矢内原忠雄全集』第二四巻収録。八四七頁。
（8）藤井立「叔父の想い出」『矢内原忠雄全集』月報27、一九六五年五月一四日。のち南原繁・大内兵衛・黒崎幸吉・楊井克巳・大塚久雄編『矢内原忠雄―信仰・学問・生涯―』収録。六五一～六五六頁。

（9）川中子義勝「「宗教改革論」と東大聖書研究会」鴨下重彦・木畑洋一・池田信雄・川中子義勝編『矢内原忠雄』東京大学出版会、二〇一一年一一月二日。二〇四頁。
（10）村山道雄「昭和十五年京城聖書講習会の思い出」『矢内原忠雄全集』月報6、一九六三年八月一二日。のち南原繁・大内兵衛・黒崎幸吉・楊井克巳・大塚久雄編『矢内原忠雄―信仰・学問・生涯―』収録。三一六～三二〇頁。
（11）藤田若雄『矢内原忠雄　その信仰と生涯』教文館、一九六七年一二月二五日、四三頁。
（12）赤江達也『「紙上の教会」と日本近代　無教会キリスト教の歴史社会学』岩波書店、二〇一三年六月二六日。一九〇頁。
（13）吉田裕『アジア・太平洋戦争』（シリーズ日本近現代史⑥）岩波書店、二〇〇七年八月二一日。五四～六二頁。
（14）お茶の水公開聖書講義第一講「ガラテヤ書の熱心」『嘉信』一九三八年一〇月（第一巻第一〇号）、のち「ガラテヤ書講義」として、他のガラテヤ書関係講義とともに『矢内原忠雄全集』第八巻収録。四二五頁。
（15）楊井克巳「『大東研究室』のころ」『矢内原忠雄全集』月報9、一九六三年一一月、のち南原繁・大内兵衛・黒崎幸吉・楊井克巳・大塚久雄編『矢内原忠雄―信仰・学問・生涯―』収録。三四八～三五三頁。
（16）矢内原忠雄『私の歩んできた道』東京大学出版会、一九五八年三月三一日、のち『矢内原忠雄全集』第二六巻収録。五六頁。
（17）矢内原忠雄「三谷隆正君告別式辞」刊行委員会編『三谷隆正の生と死』新地書房、一九九〇年七月三〇日より引用。一七～二三頁。なお、初出は『三谷隆正誄辞集』（私家版、一九四四・四、日付なし）である。この私家版追悼集は、今井館資料館が架蔵している。
（18）矢内原忠雄「戦の跡」『嘉信』第八巻一二号、一九四五年一二月二〇日、『私の歩んできた道』東京大学出版会、一九五八年三月三一日所収。のち『矢内原忠雄全集』第二六巻収録。一〇三～一一七頁。引用は『嘉信』

による。

(19) 金田隆一「戦時下における矢内原忠雄の抵抗」『戦時下キリスト教の抵抗と挫折』新教出版社、一九八五年一〇月三一日。一〇六〜一七九頁。

(20) 半藤一利『昭和史』平凡社、二〇〇四年二月一〇日。三九〇〜三九一頁。

(21) 家永三郎「日本思想史上の矢内原忠雄と私の接触した矢内原先生」南原繁・大内兵衛・黒崎幸吉・楊井克巳・大塚久雄編『矢内原忠雄―信仰・学問・生涯―』収録。六三三〜六三四頁。

(22) 注16に同じ。六一頁。

(23) 佐藤全弘『矢内原忠雄と日本精神』キリスト教図書出版社、一九八四年一〇月一〇日

(24) 西村秀夫『矢内原忠雄』日本基督教団出版局、一九七五年七月一〇日。二四〇頁。

(25) 山口周三『南原繁の生涯　信仰・思想・業績』教文館、二〇一二年九月二五日。二〇七頁。

(26) 竹中佳彦『日本政治史の中の知識人（下）』木鐸社、一九九五年二月二〇日。五二七〜五三〇頁。

(27) 注16に同じ　六二頁。

(28) 注11に同じ。七三頁。

第十一章　教養学部長から東大総長へ

一　経済学部再建と教養学部の創設

学問的精神とは

敗戦の年の秋、一一月二八日付で東大に復帰が決まった矢内原忠雄は、三日後の一二月一日、経済学部研究室に出勤した。八年ぶりのことであり、さすがになつかしかった。その頃の思いを、彼は「戦の跡」(1)に「私は大学への復帰を自分の名誉とも愉快とも思はない」と書いている。同時に「大学教授としての私の地位と仕事とが福音伝道の妨げとならず、却つて真理證明の武器として神の祝用を蒙るやう、切に祈り希ふ。神の僕たる以外に私のこれ迄の生涯もなく、今後の生涯もないのである」とも書き付けている。すべては神のためという願いが、彼には終生伴った。この信仰あって、はじめて彼の生涯は意味をもつ。

前章で記したように植民政策関係の蔵書は戦災で失っていた。また、敗戦で植民地もなくなった日本では、さしあたり、その学問も意味を失っていた。これもすでに触れたところだが、彼は「植民政策」という講座名を、「国際経済論」(国際関係論)と改名した。授業は翌一九四六(昭和二一)年三月からはじまるので、それまでは研究室で準備に当たることになる。矢内原忠雄に「学問的精神と大学の使命」(2)という重要な論文がある。これは忠雄自身が最後のフレーズで、これが自身の「学問についての考」で、「去る三月再び大学の講壇に立つた時、学生に対《むか》つて述べた開講の辞」と言っているように、一九四六（昭和二一）年の新学期開講に際して、受講生に語ったものである。論は五つのパートから成り立つ。「一　日本の復興と学問的精神」「二　学問的精神の実態」「三　学問的態度」「四　学問と政治」「五　大学の使命」である。

ここで彼はまず「学問的精神」とは何かを問う。欧米の学問的精神は、ギリシャ哲学とキリスト教信仰によって養われてきたが、日本は欧米文化の成果を輸入したけれども、その根柢にあるキリスト教を取り入れなかった。が、「敗戦は明治維新以来八十年間の日本国民の歩みを反省させ、その間に於ける誤謬を清算し、新なる国家としての再出発を要求してゐるのである。その根本的問題の一つとして、日本国民は学問的精神を養ふことに心がけねばならない」と彼は言う。そして「真理に対する愛、即ち『真理愛』こそ学問的精神の実体である」とする。彼の大学人への要求はきびしい。学問の態度として彼は「具体性を有《も》つべきこと、事実の分析たるべきこと、戦闘的たるべきこと」の三つをあげる。

大学の使命

「大学の使命」を論じて忠雄は、「大学は真理探究の最高学府である。従つて大学の学問的自由は絶対的でなければならない」とする。ここには彼自身が体験した、かつての苦しかった学問生活の体験が反映している。この考えは翻って、次のようなきびしいことばともなる。

このやうに大学の自由は絶対的であるが、その事は当然大学が真理探究に忠実であることを要求する。外に対《むか》つて大学の自由を主張する者は、内に於いては大学内の学問的規律の粛正を計らねばならない。

学問的精神に乏しき教授あらば之を放逐せざるべからず。学問的自由を解せざる教授あらば之を免職せざるべからず。教授が相互に切磋琢磨し、真理顕揚といふ共通目的の為めに学問に精励し、学問的精神の澎湃として横溢するところ、そこに始めて大学の自由は存在する。

右のようなきわめて真っ当な考えすら、戦時中のみならず、平時の大学にあっても守られないことを彼は見抜いていたのである。こうした考えがあってはじめて、「大学は社会の一部である。故に社会の波動は大学にも及び、大学は社会と共に苦悶し、社会と共に戦闘すべきものである」とか、「大学は社会の苦しみを最も深きところに於いて苦しみ、之に対して一時的なる間に合せの解決でなく、永遠的意味を有する合理的解決の道を示し、苦闘する社会の希望となり良心となるべきものである」などのことばが生きてくる。学問の象牙の塔からの脱出と、社会の中での大学の意味がしっかりと述べられている。「学問的精神に乏しき教授あらば之を放逐せざるべからず」とか、「学問的精神の澎湃として横溢するところ、そこに始めて大学の自由は存在する」などのことばは、二一世紀のこんにちの大学にも必要な「大学の使命」であろう。

経済学部には同じく戦中に思想問題で大学を追われた大内兵衛・有沢広巳・脇村義太郎なども復帰した。学部長は前章でふれたように、戦中を経済学部で何とか耐え抜いた舞出長五郎であった。一高時代からの同窓で秀才として知られた舞出は、戦中を首をすくめるようにして送り、戦後初期の経済学部再建に力を尽くした。この親友がいなければ、矢内原忠雄の経済学部復帰はあり得なかったかも知れない。

大学に復帰した矢内原忠雄は、一九四六（昭和二一）年三月三日の日曜日から、それまで自由ヶ丘の自宅で行っていた家庭集会を、近くの今井館聖書講堂（東京都目黒区中根一～一四～九）に移して「日曜公開聖書講義」として行うようになる。今井館でのこの「日曜公開聖書講義」のことは、次章（第十二章）で採り上げ、詳しく述べることにする。

国際経済論の講義とゼミ

東大での国際経済論（国際関係論）の講義とゼミは、四月からはじまった。復員学生の多かった時代である。中の一人で、後年東大教授となった川田侃《ただし》は、矢内原ゼミの様子を「戦後の矢内原演習」(3)で、以下のように伝える。

矢内原先生の演習の題目はアダム・スミスの『国富論』であり、学生にかわるがわる報告させたり、先生が学生に設問させたりして、丁寧に読み進んだ。ことに先生は『国富論』のなかの一見大筋と関係のない、うっかり読みすごしてしまうような、こまごました具体的事実についてのスミスの叙述に目をとめて、学生の注意を喚起され、そのような個所がもっている意味についていろいろな説明を加えられた。そして、先生はスミスのこういう個所をスミスの枝論とよび、スミスの枝論は実に面白い、『国富論』の一つの特徴だから諸君も繰り返して読んでみたまえ、というような趣旨のことをよくいわれた。

「スミスの『国富論』は先生の愛読書中の愛読書であったといってよい」とは、右の川田侃が続く文章で証言する。東大を追われた後に自宅で開いた土曜学校で、忠雄はアウグスチヌスに続き、アダム・スミスを取り上げ、講義をしたが、前章でふれたように、時局とのかかわりで速記を中断させたため、活字起こしが出来ないでいた。東大復帰最初のゼミでアダム・スミスを取り上げたのも、こうした戦時中のことともかかわろう。その後「アダム・スミスの会」が出来ると忠雄は推されて会長に就任している。(4)

川田はまた別の文章「厳格な指導と緻密な研究」(5)で、忠雄の授業でのきびしい指導と、その反面の実生活での指導のやさしさを次のように記す。

先生についての私の印象をいうと率直にいって何よりもまず、こわい先生であった。学問のことだけでなく、あらゆる面できびしく厳格であったといってよいように思う。事実、私は一、二度こっぴどく叱られたことがある。しかし、反面、実にやさしいところがあり、今から思うと、万事につけてまことに行き届いた指導を受けたように感ずる。アメリカ留学中、何回か先生より心のこもった手紙をいただいたときの嬉しかったこと、小さな論文でもおみせすると必ず何かこまかい批評を下さったことなど、今では、先生のやさしかった面が不思議に強く思い出されてならない。

忠雄は講義とゼミに精を出すが、その指導はきびしかった。それは本論第九章でふれたような、弾圧と抵抗に深くかかわる。すでに述べたように、十五年戦争期に忠雄の性格は一変した。生来の明朗で穏やかな性格は失せ、常に身構え、きびしく他者の失敗を許せない厳格な人格が形成されてしまったのである。風貌にも厳格さはにじみ出ていた。長谷川町子の漫画『サザエさん』の「思いでの人29　矢内原忠雄先生」(『サザエさん　うちあけ話』長谷川町子全集第32巻収録、朝日新聞社、一九九八・八収録)の描く忠雄像も、右の川田侃の証言と響き合い、当時の矢内原忠雄の実像をよく捉えている。

社研所長から経済学部長に

東大復帰翌年の一九四六(昭和二一)年三月二六日、忠雄は帝大聖書研究会(のち、東大聖書研究会と改称)

を復活させる。このことは、すでに第七章の二でふれている。一方、大学に戻った矢内原忠雄には、次々と重職が押し寄せた。まずは学部選出の資格審査委員会・追放委員会・憲法研究委員会・教育制度研究委員会といった各種委員会委員にはじまり、一九四六年八月には、南原繁総長の発案で発足した社会科学研究所の初代所長に就任、研究所の創設に携わることになる。

研究所は、無からの出発であった。建物の確保から科研費の請求、年間予算の策定、それに机から椅子、さらに人員の配置まですべて所長の忠雄が行った。こうした実務能力には、忠雄は長《た》けていたとしてよい。彼は大学教授としての学問的能力ばかりか、事務や行政能力にも優れたものを持っていたのである。「天は二物を与えず」とはいうものの、矢内原忠雄の場合は例外であった。

社会科学研究所の正式発足は、翌一九四七年の二月一日であり、忠雄はその日の開所記念講演会で、「社研の任務と抱負」と題して講演をしている。ついでに記すと、彼が東京大学から経済学博士の学位を得るのは、同年一二月五日のことである。目まぐるしい日々であった。

前章でもふれたが、戦後の矢内原忠雄は、全国各地からの講演依頼にも応えるべく精を出していた。戦時下抵抗のシンボル矢内原忠雄には、一時、学問分野を超えての人気が集中したのである。加えて今度は、大学行政での仕事が次々に加わった。一九四八(昭和二三)年一〇月には、舞出長五郎の任期切れに伴い、彼は経済学部長に選出されている。社会科学研究所がようやく軌道に乗った時のことである。社会科学研究所所長の任務は、兼任としては翌年六月まで続く。

東大経済学部長就任に関して忠雄は、『私の歩んできた道』(6)で聞き手の大塚久雄に対し、「私は、戦後いろんな地位につかされましたけれども、自分でなりたいと思ったのは経済学部長だけなんですよ。経済学部は、私もう、それは長くいたところですから、自分のうちみたいに思っていたし、それに改革意見ももっていたんです。だからね、経済学部長は、私志願したんです。そうしたらまあ、舞出君の次は、年齢からいって私ですから、選挙してくれたんです。それで私は、前から意見を持っていたから、すぐに改革に着手した」と語っている。

鴨下重彦によると、「経済学部の再建は上野（筆者注、道輔）、大内、舞出、矢内原の四長老によって進められた」[7]というが、中心になったのはむろん学部長の矢内原忠雄であった。右の『私の歩んできた道』でも回想されているように、経済学部は忠雄の東大就任以来「長くいたところ」であり、「自分のうちみたいに思っていた」ところである。特にヨーロッパでの研修を経、帰国後本格的に研究と授業に取り組むようになってからは、授業がない日も大学に行き、大内兵衛のことばを借りるなら、「毎日朝から晩まで研究室に立てこもって熱心に講義案を作ったばかりでなく、実に多くの専門の論文を次々に発表した」[8]のであった。

理想を掲げて前進する

けれども、時代はそういう彼を経済学部から追放した。その原因が伝統を誇る法学部のような、強固な内部結束による運営や、それを保障する組織や慣行がなく、とかく派閥に頼った教員人事の採用方法にあったことも、彼には体験的に分かっていた。そこで彼はさまざまな委員会を作り、討議し、経済学部の未来像を打ち出そうとしたのである。再建の容易でないことは、彼には分かっていた。が、彼は理想を掲げて前進する。忠雄の学部長在任中に、経済学部では三〇周年記念講演会を催している。彼が学部長としてあいさつをするのは、一九四九（昭和二四）年四月三〇日のことである。

東大経済学部では三〇周年を記念し、『東京大学経済学部創立三十周年記念論文集』（有斐閣、一九四九・七～一一）四冊を刊行する。その「序」に忠雄は以下のような文章を寄せている。簡潔に過去を振り返り、未来を思い遣った、すぐれた一文である。引用しよう。

本年四月を以て東京大学経済学部は創立三十年を迎へた。大正八年四月一日、旧法科大学の中から新らしい学部として分離独立して以来、わが経済学部の歩んだ道は苦難の連続であったと言ってよい。第一次世界大戦終了後の長い不況期から、昭和六年以降の満洲事変、日華事変、太平洋戦争へかけての十数年は、新生日もまだ浅いこの経済学部を最初から思想問題の危機の中に投げ込んで了つた。そして思想の危機はまた大学の危機でもあつた。多くの先輩や同僚が相次いで教壇を去つて行き、一時経済学部そのものの存在が危殆《きたい》に瀕《ひん》したやうに思はれた。戦争の進展とともに経済学それ自体の窒息状態がはじまつたが、学問を軽蔑したものはやがて歴史の審判を受けなければならなかつた。平和の到来とともに、我々の学部もまた長い学問的沈滞から甦つたが、日本経済のきびしい現実と今後とを想ふとき、経済学の将来もまた多端ではなからうか。このやうな時に当つて創立三十年を迎へる我等は、過ぎし日を顧み来るべき日を想ふて寔《まこと》に感慨深いものがある。ここに同僚相諮り記念論文集四冊を上梓して世に送る所以である。

名文である。書き写していて、筆の人としての矢内原忠雄のすぐれた資質を再発見する思いすらある。「わが経済学部の歩んだ道は苦難の連続」ということばには、実感がこもっていた。「思想の危機はまた大学の危機でもあつた」のことばも重い。矢内原忠雄は経済学部から追われた者ながら、学部への愛着がいかに深かったかがわかるような「序」である。

なお、この『東京大学経済学部創立三十周年記念論文集』の第三部に、彼は戦中に土曜学校で講じたアダム・スミスを取り上げ、「アダム・スミスの戦争論」を書いている。戦中にはとても活字化できなかったものである。

兄の死を乗り越え、教養学部長に

矢内原忠雄が学部再建に心血を注いでいた一九四九（昭和二四）年一月一九日、故郷の愛媛県越智郡富田村（現、今治市）で、兄安昌が死んだ。安昌は忠雄の手引きでキリスト者となり、平穏な晩年を過ごした。「兄の死」(9)という兄安昌を悼んだ忠雄の一文がある。「兄は『嘉信』の最も善き読者の一人であった。『嘉信』の届く度毎に兄は一度も欠かさず受取の通知をよこした。時には長く、時には短く、感想と感謝がいつもかきそえられてあった」と忠雄は書いている。

兄の死を乗り越える中で、忠雄は同月二〇日、日本学術会議会員に、秋、一〇月一日には、終身会員の日本学士院会員に推薦された。戦後の混乱期で、大学は将来像を模索していた時代である。が、矢内原忠雄は経済学部長在任七ヶ月にして、今度は新設の教養学部長に補せられた。南原繁総長からのたっての願いであった。

丸山眞男・福田歓一編『聞き書南原繁回顧録』(10)で、南原は教育学の寺崎昌夫の教養学部成立に関わる質問に答えて言う。「まず教養学部長に誰を選ぶかということが問題になった。はじめての試みですから、それで委員会なりで考えまして、それで大内兵衛さんに相談しまして、それで矢内原君に白羽の矢を立てたわけです（中略）。幸いあの人は熱心でよくやってくれた。そんなわけで今日のあれができたのは初代学部長の矢内原君と下準備をされた麻生君（筆者注、麻生磯次）はじめ、旧一高の先生方の努力の賜物です」と。

発令は一九四九（昭和二四）年五月三一日のことである。忠雄は同時に旧制第一高等学校と東京高等学校長を兼任した。経済学部の再建は軌道に乗ったばかりであり、こちらもしばらくは兼務である。大学全体の立場からするなら、彼の識見と行動力とが必要とされたのであった。教養学部というのは、新制東京大学発足とともに誕生した新学部である。他の大学がすべて教養部であったのに対し、こちらは教養学部である。前年五月、矢内原忠雄は教養学部設立委員会委員を委嘱され、その中心メンバーとして働いていた。新学部とはいえ新制東京大学の最大の学部で、新しく組織立ててゆく必要があったのである。そういう重要な新学部ということもあって、彼は南原総長からの学部長委嘱を断れなかった。また、彼自身新しい理念の新学部に期待していた面もあったのである。

忠雄の教養学部長時代

矢内原忠雄の教養学部長時代に関しては、比較的多くの資料が存在する。近いところでは、鴨下重彦・木畑洋一・池田信雄・川中子義勝編の『矢内原忠雄』（東京大学出版会、二〇一一・一一）中の二つの論文、池田信雄「教養学部の船出」と川西進「思い出の矢内原忠雄と教養学部」がある。また、東大の『教養学部報』に載ったいくつもの矢内原部長にふれた論は、南原繁他編の『矢内原忠雄―信仰・学問・生涯―』（岩波書店、一九六八・八）に収められている。

東大の教養学部は、人文科学科・外国語科・社会科学科・自然科学科・体育科の五科体制から成っていた。教養学部所属の教員は、そのいずれかに所属し、一般教育科目を担当するのである。それは旧来の日本の大学教育の反省の上に立った、総合的視点を重視した教育課程であった。東大ではその上に立っての教養学科の構想も立てられ、実施されることになる。池田信雄の右の「教養学部の船出」には、「教養学科の成立」の項があり、以下のように説明されている。

教養学部が本郷の諸学部に対等に伍していくためには、三、四年次の学生を駒場のキャンパスで育て卒業生として送り出すことが喫緊の課題となった。三、四次の学生が学ぶシニア課程である教養学科の設置準備は、矢内原学部長のもと、麻生磯次（国文学）、木村健康（経済学）、玉蟲文一（化学）、前田陽一（フランス語）の四人が中軸を担って進められた。最初の教養学部入学生が三年次に進む前に、本郷の既存の学部と重複しない独特の学科を立ち上げるという難題に取り組んだ四教授は、旧制高校のよさをどう新体制の中で活かすかに腐心した。早くから専門化せず、教師と密に接しながら教養を身につけることのできた旧制高校の長所を残したいとの考えから、教養学科をレイトスペシャリゼーションと少人数教育によって特徴付ける方針が打ち出された。また、広い視野に立つ人材を世に送り出す目的にかなうよう、社会・人文・自然科学を包摂したインターディシプリナリな分科案が構想された。

池田信雄の言う「レイトスペシャリデゼーション」とは、「米・英・仏・独の文化と社会、国際関係論・科学史及び科学哲学という六分科から成る」学問とされた。

また、川西進の「思い出の矢内原忠雄と教養学部」には、「矢内原先生が、新渡戸・内村から受け継いだ教育理念は、リベラル・アーツ・カレッジの理念と通じるものであり、それが先生の教養学部の構想の母胎で在ったと言えるのではないだろうか」とある。師内村鑑三が若き日に学んだアマースト大学が、忠雄の教養学部、そして教養学科創設理念のどこかに生かされているかのように思われる。こうした学問の理念のもと生まれた教養学科からは、やがて「初期駒場学派」と呼ばれる平川祐弘・芳賀徹・高階秀爾ら、すぐれた人材が育つことになる。

宗教と民主主義

矢内原忠雄は新設の教養学部のために全力を注いだ。一九四九（昭和二四）年の夏は、夏休み返上で新学部創設のための教授会や委員会の開催に当てた。が、公務多忙の中にあっても、彼は相変わらず全国各地でのキリスト教の伝道講演をこなしている。ここに一人の人間の能力を超えた力が発揮される。戦後のキリスト教ブームもあって、彼は引っ張りだこの存在となっていた。新学部を構想し、学部長となり、経済学部長も兼ねるという超多忙の中にあっても、彼は頼まれれば各地での講演に出かけた。一九四九（昭和二四）年の夏も、長野県や北海道や東北各地、それに愛知県に出向き、キリスト教の講演をし、さらに西の広島女学院や京都大学では、平和や国際関係に関する講演を行っている。繰り返すが、戦中を弾圧に耐えた一人の学者の声価は、戦後のこの時期、とみに高まっていたのである。

この頃彼が書いた論文に、「近代日本における宗教と民主主義」がある。これは現在『矢内原忠雄全集』第一八巻に収録されており、簡単に読むことができる。初出は国際出版社刊の *Religion and Democracy in Modern Japan*（一九四八・五・二八刊）で、翌年四月一五日付で、日本太平洋問題調査会編『日本社会の基本問題』に収録された。ここで矢内原忠雄は、宗教と民主主義の問題を提起し、新憲法の九条に及ぶ論を展開する。全文はⅠ国家と宗教　Ⅱ近代日本における国家と宗教の問題　Ⅲ宗教の民主主義化　Ⅳ宗教による民主主義化の四章から成る。起承転結によるすっきりした構成の論である。

忠雄の戦中体験が踏まえられた本論は、一八六八（明治元）年の明治維新にはじまる近代日本の歩みを、歴史に沿って点検し、日本は西洋の文物制度を輸入するに際し、キリスト教を併せ採りいれることをしなかったことの弊が論じられる。その上で国家と宗教の問題へと入る。

彼の師内村鑑三が被った、明治時代の不敬事件のような事例も、彼に言わせるなら、西洋の文物制度のみ採り入れ、その根を培養するキリスト教を併せ採り入れることをしなかったからということになる。明治二〇年代の帝国憲法・教育勅語の制定、それに伴う反動の時代は、教育勅語への最敬礼の強要をもたらした。その流れは加藤弘之や井上哲次郎らのキリスト教排撃の言説を生み、やがては軍部のファッシズム化にも繋がることになる。

忠雄は敗戦日本を省み、「明治維新以来学ぶべくして不徹底に終った民主主義政治を再びイロハから学び直さねばならなかった」と言う。他方、戦中の神社参拝の強要は、朝鮮・台湾など、外地において甚だ深刻な結果をもたらしたことも指摘する。彼は「皇民化政策がいかに信教自由に対する迫害であり、ファッショ的暴圧であったか」とも言う。その上で、制度や思想は、輸入してたやすく学べるが、真の民主主義的人間は、キリスト教の普及に待たねばならないとする。その結論は、漱石の「現代日本の開化」（『朝日講演集』大阪朝日新聞社、一九一一・一二）を思わせるものがある。以下のようだ。

西洋諸国が文芸復興と宗教革命とを経由し、数世紀の長きに亘って養つてきた民主主義精神を、明治維新による開国以来八十年間に、日本が十分体得しなかつたことには無理のない点もある。それは学ぶに「時」を要する歴史的経験の成果だからである。それにしても明治維新以来日本の政府と国民とが基督教を学ぶについて示した頑固と不熱心とは、見のがさるべきではない。その意味においては、「基督教は日本の国体に合はない」などと唱道した智者学者輩こそ、第一級の戦犯であると言へよう。

矢内原忠雄の右の論は、今日改めて考えられてよい視点を含む。憲法改正論が安易に叫ばれる前に、丁寧に読まれるべき論なのである。その試みのごく近い例に、二〇一六（平成二八）年五月三日の『朝日新聞』

に寄せた憲法学者石川健治の「9条　立憲主義のピース」があげられる。ここで石川は、忠雄の右の論文を採り上げ、詳しく論じた後、今日横行する無造作な憲法論を排し、「私たちが生命・自由・幸福を追求する枠組み全体を支える9条をもっと慎重に扱うことが、国家の安全保障を論ずる前提条件になっている」ことを説得力豊かに展開する。

二　東京大学総長に就任

アメリカ出張

東大教養学部長時代の一九五〇（昭和二五）年春、彼は日本学術会議よりアメリカ合衆国への出張を命じられた。当時はまだ飛行機は一般化しておらず、船旅であった。「私の渡米」（『嘉信』一九五〇・二）という文章には、「私は日本学術会議から米国に派遣されることに内定し、関係方面の許可があれば、五月早々出発し、往復共船で、向ふに四十五日滞在、七月中旬日本帰着の予定である」とある。なお、『嘉信』の同年八、九月号には「米国日記」という記録文が載っていて参考になる。それによると旅の目的は、「米国における学術研究及び教育の視察」となっている。

いまその記録によって、彼のアメリカ旅行の大要を見てみよう。出発は五月一二日、横浜港からアメリカ海軍の輸送船フリーマン号に乗って忠雄はアメリカに向かう。穏やかな航海であった。日本学術会議関係者は三名。中の一人は、沖縄出身の早稲田大学の総長大濱信泉《のぶもと》であった。二二日にアメリカ西海岸シアトル着。現地到着後は、それぞれの日程に従って行動した。その日忠雄は、シアトルのワシントン大学と美術館を見学、翌日夜半の一二時五〇分、シアトル・タコマ国際空港から首府のワシントンに向かった。忠雄は「私にとっての初めての空中飛行であつた」と書く。日本では、まだ飛行機での移動が一般化していなかった時代である。

五月二五日から六月四日までは、ワシントンに滞在。国会図書館、ハワード大学、米国社会科学研究会議、ホワイトハウスなどを視察する。国会図書館には日本語の書物が多いのに驚く。自身の発禁本『帝国主義下の台湾』のロシア語訳も見出す。六月五日から七日までは、テネシー州ノックスヴィルに行く。ワシントンからの往復は飛行機である。ノックスヴィルでは、テネシー大学やメリーヴィルカレッジを視察。八日から一二日までは、フィラデルフィアに滞在。名門ペンシルベニア大学や周辺の諸学校を視察した。スワスモーアには、新渡戸稲造の夫人の弟が住んでおり、忠雄をよく世話してくれたという。

六月一三、四の両日は、ニュージャージー州のプリンストン大学を視察。一四日夜、ニューヨークに着き、二五日の昼まで滞在した。ここではコロンビア大学やニューヨーク大学、国連本部他を視察、多くの人と会い、日本人教会では講演もした。忠雄にとってニューヨークは二度目である。一九二三（大正一二）年一月、ヨーロッパでの研修からの帰国途次、この大都会を訪れ、一高基督教青年会で一緒だった、日本郵船ニューヨーク支店勤務の長崎太郎（後年京都市立美術大学学長）を訪れたことは、第七章の一でふれたところだ。冬のニューヨークであった。

が、今度は初夏のニューヨークである。彼は「ニューヨークは大都会である。ロックフェラー・センターの一番高い建物（筆者注、エンパイア・ステート・ビルディング）の頂上から見わたしたニューヨーク市街は、米国文明の模型であると言ってよい。ニューヨークの印象や感想は多くある。何といつても大きな都会だ」（「米国日記」）との感想を述べている。

アマースト大学ほかを視察する

二五日の午後は、ニューヨーク北西のコネティカット州ニューヘヴンへ。二六〜七の両日は、イェール大学を視察し、二七日の夜、ボストン到着。七月一日までケンブリッジに滞在する。当地ではハーヴァード大学、マサチューセッツ工科大学などを訪問、七月二日の夕方、アマースト到着。五日まで滞在した。その間アマースト大学とディアフィールド・アカデミーを視察した。

アマースト大学は言うまでもなく新島襄・神田乃武《ないぶ》、そして忠雄の恩師内村鑑三らが学んだ全米屈指のリベラルアーツ・カレッジである。内村鑑三は、ここで史学・ドイツ語・聖書・文学・鉱物学・地質学・ヘブライ語・心理学・哲学などを学んでいる。忠雄は後年『続余の尊敬する人物』（岩波新書、一九四九・一二）の「内村鑑三」の項で、アメリカ留学中の鑑三「最大の出来事」として、「シーリー総長から十字架の福音について貴重な暗示をえた」ことをあげ、それは「己の衷《なか》を省みることを止めてキリストの十字架を仰ぎ見るべきこと」を諭されたことだと言っている。

アマースト大学を視察した忠雄は、「学生数一、二〇〇名ばかりの小さい大学だが、内容は相当に善い学校のやうだ。芝生の美しい校庭で、中央の丘の上にチャペルがあり」（「米国の印象[11]」）云々と書いている。忠雄には、「ある小さな大学の理想」（『文藝春秋』一九五一・二、のち『銀杏のおちば』東京大学出版会、一九五三・一一収録に際し、「アマースト・カレッジ訪問記」と改題）というエッセイもある。これは読みものとしてすぐれた文章だ。なお、同時に訪問したディアフィールド・アカデミーは、アメリカの全寮制名門高校である。大学並みの広いキャンパスとすぐれた施設でも知られる。ここは今回のアメリカの旅での唯一の高校訪問であった。

七月六日、ミシガン州のアン・アーバー到着。ミシガン州立大学その他を視察。八日夜、シカゴ着。一三日午後まで滞在した。忠雄はシカゴの印象を、「ニューヨークの市街が立体的に伸びたのに対し、シカゴの市街は横にひろがって、その区域の広いことに驚いた」と「米国日記」に書いている。シカゴでは、シカゴ大学やノースウエスタン大学を視察した。以後、七月末から八月初旬にかけて彼の訪問、視察したアメリカの大学は、イリノイ州立大学・テキサス州立大学・デンバー大学・カリフォルニア大学ロサンゼルス校・同バークレー校、それにスタンフォード大学などである。とにかく短い期間に、アメリカ各地の大学をよくぞ巡ったものである。この体験は、やがて東京大学総長となった際に生かされる。

若い時から彼の旅は強行軍をものともせず行われたが、五〇歳半ばを過ぎたアメリカ旅行でも、変わらなかった。サンフランシスコから船で帰国の途に着くのは、八月九日のことである。一四日午前八時、ホノルル入港。ＹＭＣＡ国際会館で昼食後、日本人有志のために話をする。その日午後一〇時ホノルル出港、二三日横浜港に着く。予定より長くなった八〇日間の旅であった。

東京大学教養学部長時代の矢内原忠雄の訪米体験は、実り多いものであった。それは若き日の欧米での研修とは別の意味ながら、その後の矢内原忠雄の財産となっていく。第二次世界大戦後のアメリカは、世界最強の経済力と軍事力を保持する超大国として繁栄を誇っていた。冷戦という新たな事態の中でアメリカは同盟国の盟主として君臨する。他方、忠雄は旅行中、アメリカの物質主義・拝金主義をもしっかりと見つめていた。「米国の印象」には、「テクノロジーの進歩だけでは人間は幸福にならず、世界は平和になれない」と書いている。先見の明あることばだ。

帰国翌月の『嘉信』九月号（第一三巻第九号）の短言には、「米国の不幸」と題しての文章も見られる。ここには「米国の不幸はその幸福な点にある。国土は広く、資源は豊富であり、経済は富み、生活程度は高い。かかる国民はイエスの福音を信ずるに最も不適当な境遇にある。それはイエスの福音は貧しき者、悲しむ者、柔和な者のための福音だからである」との逆説による鋭いアメリカ批判があるのも見落とせない。真実を見極めようとする矢内原忠雄の眼は、第二次世界大戦後の繁栄の国アメリカを旅し、少しも曇っていない。

朝鮮戦争

アメリカ旅行中の一九五〇（昭和二五）年六月二五日、朝鮮戦争[12]が起こった。帰国の船中で書き、『嘉信』九月号に同時に載った、「日本に帰る」「平和の道」「モリヤの山」の短言三編は、矢内原忠雄の平和観を考えるのに貴重なものとなっている。

朝鮮戦争を契機とした日本の右傾化に、矢内原忠雄は強い懸念をもち、絶対平和、中立、再軍備反対を強く唱える。「日本に帰る」では、戦中のにがい体験からして、平和を唱えることがいかに難しいかを語っている。

　私は日本に帰る。死ぬために帰る。
　私がヱホバの神によりたのむ平和の道を固執するならば、国民は私をとらへてむち打ち、殺す日が来るであらう。しかし私はそのために死ぬる以外は、日本を救ふ道がないのである。そのことがはつきりした時、私の眼に涙が泉《ママ》み、私の心は単純になつた。その日以来、変貌の山を降りてエルサレムに向ひ給うたイエスが、私の前に立つて歩み給うてゐる

また、「平和への道」では、日本国憲法を取り上げる。特に「第九条」を高く評価し、以下のように言う。

戦争と敗北の犠牲を払ふて日本の獲得した貴重な理想は、「平和国家」である。一切の軍備を持たず、一切の交戦権を放棄した憲法をもつ国家は、古今東西日本が唯一つあるだけである。我らの先輩が軍備の全廃を論じて「空想」と笑はれたことが、現実の事実となつて日本憲法に規定されたのである。日本憲法の草案が米人の手によつて成つたか日本人の手によつて成つたかを問はず、いづれにせよ日本国会の審議を経てこの憲法は成立したのであつて、それは神の啓示による平和国家の理想を日本国民の意思によつて受けいれたものに外ならない。彼らはこの事実を忘れてはならない。

第二次大戦終了後満五年の間に国際情勢は大いに変化し、殊に朝鮮事件の勃発は日本の国際的地位にも大影響を与へずにおかない。日本再軍備の声は、五年前に日本の徹底的非軍備を主張した国民の間からさへも聞かれるやうになつた。日本が絶対的平和の立場を取ることは、現実的意味をもたぬ空想であるとして嘲笑する声が、国民の指導者の間からさへも聞かれるやうになつた。「平和国家」としての日本は、今や重大なる危機に立ちつつあるのである。

矢内原忠雄の平和論

右の文章は、こんにちの二〇一〇年代の憲法論争においても想起されてよい、重要なことばである。続く「モリヤの山」の小見出しの付せられた文章は、矢内原忠雄の平和論を知るのに大事なので、以下に全文を書き写す。

日本が再軍備せず、外国の軍隊の保護をも求めず、平和国家の理想に忠実に生きるとして、もしもその為めに他国軍隊の侵略を蒙り、国の独立を失ふとすればどうであらうか。私は米国旅行中この問題を深く考へた。而して平和の理想を守るために日本が他国の軍事的侵略を被り、それによつて国の独立が滅びるとするならば、私は愛する日本を燔祭として神の祭壇にささげようと心をきめた。日本が平和の道に殉じて国家の独立を失ふことが仮にあるとしても、日本民族は永く存続して、平和の理想を世界に輝かすであらう。日本は自らの国家の滅亡といふ絶大の犠牲によつて世界に平和を維持する役割を果すであらう。個人の生命がその肉的生存にあるのでなくて、永遠の生命にあるとするならば、国民の生命も亦地上国家の繁栄にあるのでなく、霊的真理の歴史的把握者たる点になければならない。

アブラハムはモリヤの山の祭壇の上に独子イサクを燔祭としてささげることによつて信仰の絶対性を人類の前に明かにした。この信仰の絶対性に従つてイサクをささげた時、彼は復活を信ずる者の如くであつた。

私は日本に帰る。而して神がそれを欲し給ふならば、私は自ら平和のために死ぬるだけでなく、私の愛する国をも平和のために燔祭として神にささげる。ここまでつきつめられて、私は神を信じた。而して始めて私の胸の波は静まつた。

これらのことばは、戦中の弾圧を体験した矢内原忠雄にして、はじめて言い放つことができたものと言えよう。その平和論は、「絶対的平和論」で、国連安保理の「制裁のための戦争」すら否定するものであった。それは体験に根ざしたもので、かいなでのものではなく、揺るぎないものがあった。彼の「絶対的平和論」を、単に理想論として退ける研究者は依然多い。が、死をも辞さない右のことばには、強烈な信念が宿り、時代を超えて迫るものがある。

学生運動の高まり

アメリカから帰った教養学部長矢内原忠雄がすぐに直面したのは、学生運動の高まりであった。いわゆるレッドパージ反対闘争の一環としての試験ボイコットである。レッドパージとは、共産党員やそのシンパを公職や民間企業から追放する政策であった。ＧＨＱの指示により前年一九四九（昭和二四）年あたりから朝鮮戦争の時期にかけて行われ、多くの公務員・労働者・ジャーナリストが、その地位を追われた。

東大教養学部学生自治会では、レッドパージに反対し、九月二九日からはじまる試験のボイコットを決議した。この時矢内原忠雄は、学生のピケラインに体当たりして学内に入るが、試験は結局延期されることになる。教養学部長時代の矢内原忠雄の苦い体験であった。後年彼は『私の歩んできた道』(13)で、「あれはなかなか大事件だった」と回想している。

彼は学生の試験ボイコットを認めない、他方、学生は戦中の彼の信念に立った抵抗を知らない、知ろうともしない。ただ、学部長は権力者、敵だとばかり信じて、彼の説得に応じない。彼を「キミ」呼ばわりする常識のない学生すらいたという。それはつらいことであった。これまで何度も引用してきた『私の歩んできた道』には、次のように語る彼がいる。

私のことになるけれども、あの試験ボイコットの際に運動していた学生に向って、大学はレッド・パージなんかしない、大学は破防法に反対だ、東京大学の先生方は、総長初め、みんな平和のために熱心なんだといいますと、今でも記憶しているけれども、僕に「先生は平和のために何をしたか。何にもしないじゃないか。それでいて学生を押えつけるのはよくない」と、こういうことをいうんだ。「君は私のことを調べたことがあるのか」と聞いたら、「そういうふうに聞いている、」という。つまり何も事実を調べてもいないで、ただ一方的にそういうことをいう。科学的精神の欠乏だね。総長になってから後にも、学生運動は幾度かあったですけれども、まあそういうことです。

戦前・戦中の時代に、権力に徹底的に対峙した矢内原忠雄の言動を知っていたら、学生は恐れ多くて、こんな浮薄な質問などとうてい出来なかったろう。が、職を賭して真理を叫んだ矢内原忠雄、――太平洋戦争中も節操を曲げず最後まで闘った人が目の前にいる人とは、不勉強ゆえに知らないのである。ただ一般論で、組織の上に立つ人間は悪と決め込んでいる。それは忠雄に言わせるなら、世代論などに還元できない、「科学的精神の欠乏」から来るのであった。戦後の革命運動の限界を彼は見抜いていたのである。

忠雄には、戦中に国民が大本営発表によってだまされたように、戦後の左翼学生が右と左の違いがあっても、同じように上からの指令の誤りに気付かず、騒ぎまくっているようにさえ見えた。けれども、学生のリーダーの中には、数は少ないものの優れた人材がいたのを、忠雄は見逃さない。右の『私の歩んできた道』には、高橋英典と吉川勇一の場合が記されている。二人とも自治会役員で、人格的にも非常に優れた学生であった。彼はこれらの学生に好感を抱いた。

総長就任まで

一九五一（昭和二六）年八月二五日から二八日まで、忠雄は第一回妙高聖書講習会を新潟県妙高山の妙高逓信保養所を会場に開く。それまで山梨県の山中湖畔で行っていた聖書研究会が会場の都合もあって出来なくなったので、変えたのである。まだ、戦後の食糧難の影響もあって、出席者は「米を三合づつ要する」（『嘉信』雑報、一九五一・七）という条件が付いていた。妙高での聖書研究会は、以後毎年夏に開かれるようになる。その十年間の記録は、各年『妙高聖書講習会記録』と題され、残されることになる。東京目黒の今井館資料館には、合本が保存されているのをわたしは確認している。忠雄はこうした集会での記録を大切にした。例に漏れず、籾山民子の速記が生かされている。

一九五一（昭和二六）年一二月一四日、矢内原忠雄は南原繁の後を継ぎ、第十六代東京大学総長に就く。『嘉信』一九五一（昭和二六）年一二月号（第14巻第12号）の「短言」に「東大総長」の小見出しで、その心境が語られている。「私は総長のやうな地位と仕事に就くことを期待せず、いはんや希望せず、そのやうな事にならないことを神に祈り求めた。私が選挙の結果をまぬかれる方法は、あらかじめ教授を辞職する外ないことがわかつた。しかもそれは私の現在もつてゐる教養学部長としての責任上、為し得ないことであつた。／結局私は成り行きにまかせ、神の為し給ふところに従ふことにした。選挙は十二月一日行はれ、私が当選した。私は諾否を留保し、この新しい地位と仕事が従来の福音伝道上の仕事と両立するか否かを確めた後、十二月三日に至り、受諾の旨返事したのであつた」とある。

矢内原忠雄が東大総長に選出された背景を、思想史研究の竹中佳彦は、「戦時中のファシズム的な潮流に最後まで抵抗した数少ない人物の一人であるということが、一九五一年の総長就任の意義でもあったのである。まさしく矢内原忠雄という人物が近代日本思想史の中で高く評価されるのは、この戦時中の姿勢によるものである。それと同時に彼は、朝鮮や台湾など当時の日本の植民地に対して深い理解を示した。そのことが、戦時中の彼の姿勢と相俟って矢内原のイメージを高めている」[14]とまとめる。まずは調査の行き届いた的確な批評と言ってよいであろう。就任までのいきさつは、南原繁の「信仰と学問」[15]に詳しい。そこで南原は、以下のように言う。

昭和二十六年十二月某日、東大中央大講堂内の評議会室で、総長選挙の投票が開票され、その結果、教養学部長矢内原忠雄君が多数をもって戦後二代目の総長に当選した。その瞬間、拍手とともに一同の眼は同君の上に注がれた。白皙の顔を少しく紅潮させた彼は、受諾の挨拶をするかと思いのほか、沈んだ声で暫く考えさせて貰いたいと言った。私は選挙管理者の立場上、もし出来たら別室で懇談してはどうかと勧めてみたが、即答が得られそうもなかったので、選挙協議会はそのまま閉じた。

その翌日、下落合の茅屋を庭の落葉を踏んで、彼は飄然訪ねて来た。いうまでもなくきのうの結果についての相談であった。矢内原君が私に訊きたかったのは、総長に就任することによって、その宗教活動は妨げられはしないだろうかということであった。彼は終戦とともに大学に復帰して後も、大学を罷めてからの八年間と同じように、宗教的個人雑誌『嘉信』の発行はもとより、毎日曜の集会を持っていた。大学校内では学生の信仰団体である「聖書研究会」の指導もしていた。そのほか、時に地方の伝道旅行にも出かけた。彼はこれらの伝道活動が出来ないようであれば、当選を辞退するつもりであったらしい。国立大学では、ことに戦後、宗教と教育とは厳密に分離されたが、個人としての宗教的信仰や活動は一層自由であり、そのことは教授の場合そうであるように、総長になっても相違はない筈である。ただ、総長は相当の激職であるから健康に留意する必要があるであろうと言って、私は就任を促した。

大内兵衛のエール

戦後東大に復帰してからの矢内原忠雄は、とにかく忙しかった。役職は常につきまとった。社会科学研究所長、経済学部長、教養学部長、しかも、これらを兼務した時期もあった。それに加えて、日曜日ごとの今井館聖書講堂での聖書講義と毎月の『嘉信』の発行、さらに全国各地への講演旅行。彼はそれらを誠実にこなしてきた。が、総長という大学を代表する者の職責が、いかなるものかは、理解できかねた。

南原繁の右の一文に対応する文書が、矢内原忠雄にある。六年後の『嘉信』第20巻第12号（一九五七・一二）に載った「感謝」と題するものである。そこには「私は最初総長に選挙されたとき、総長の職務と日曜日の聖書集会並に毎月の『嘉信』の発行とが両立するものであるか否かを、南原総長に聞きに行つた。法規や慣例の上では差支ないと思ふが、事実問題としては大変だらうよ、といふ答であつた」とある。

矢内原忠雄は祈り、慎重に考慮して、総長職を受諾した。『嘉信』第14巻第12号（一九五一・一二）で、彼は「総長になつたからとて、私がえらくなつたと思ふやうな人は『嘉信』読者の中にはゐないであらう。しかし私が堕落したと思つても貰ひたくない。これは私の十字架なのである」と書いている。

彼はいかに忙しくとも、神の導きがあるならやれるとの結論を祈りの中で得たのであった。右の「感謝」の一文は、任期満了の時点での回想であるが、そこでは「私にとつては総長の仕事は集会と雑誌を刺戟し、集会と雑誌の仕事は総長の職務に智慧と力を供給したやうに思はれる。必ずしも二倍の労働ではなく、二つの分の聖霊の働きがあつたとして、感謝を大にするものである」とある。信仰者矢内原忠雄の面目躍如といったところか。

生涯の盟友大内兵衛は、東京大学教授を定年退職後、法政大学総長に就任していたが、矢内原忠雄の東京大学総長就任を知り、「フレー！　ヤナイバラ」[16]という一文を書いている。忠雄をよく理解した友情溢れる文章である。大内は感慨を込めて言う。「矢内原教授罷免の辞令は昭和十二年十二月一日に出た（筆者注、第九章の「三　東大教授の辞任」に記したが、正確には「退官願」が一二月一日付で出され、辞令は一二月四日付で出ている）。同じ一二月一日に同じ矢内原が歓呼と期待のうづまきにかこまれて同じ大学の総長に当選した。

この間、十四年、大学にとっても矢内原にとっても暗明幾変転であった」と。以下、大内兵衛のことばに聞こう。

矢内原は新渡戸稲造と内村鑑三の衣鉢をつぐものである。学問においては前者、信仰においては後者、世界主義においては前者、日本主義においては後者。といっても、新渡戸と内村とはある点まで相似である。

かくして矢内原は両者の総合による新種である。その秋霜烈日においては内村色であるが、その春風タイトウにおいては新渡戸流である。しかし彼の著『植民及植民政策』以下十指にあまる学術書はむろん新渡戸の線をはるかに超えている。『イエス伝』以下等身の宗教的著作もまた多分内村とちがった面をもつことだろうとぼくは想像する。いずれにしても青年矢内原はより多く内村的であったが、老熟矢内原は新渡戸により近くなったようである。説をなすものいわく、「矢内原さんもアメリカへ行ってきてからたいへん柔かになりましたね」と。そうではない。本来、「太平洋の橋」は彼の真面目である。本来なかなか柔和なのである。

この矢内原が南原についで東大総長となった。南原は、改めていうまでもなく東大中興の名総長であった。東大をして日本の教育の大本山たることに新しい重味を加えたのみではない。彼はそれを「世界の大学」にした。この偉大な総長のあとを受けるものは、だれであっても個人的にはいいめぐり合わせではない。いわんやその思想においてその風格においてよく似たような先輩の後をうける矢内原は役者的意味ではずいぶん損である。『東大学生新聞』はこの更迭を評していう、「講和会議以後の新しい状勢は南原総長の就任の時とは異った困難性をもっているといえよう。いいかえれば、南原総長時代は大学秩序の民主革命期ということができるならば、矢内原総長期はファッシズムとの闘争期といっていいのではないか」と。そのとおり。

ファッシズムに追われた矢内原を総長にしたものはファッシズムに対する東大の警戒である。総長受諾の日のインターヴューにおいて矢内原はきわめてことば少なかった。彼はその任務の前に戦々兢々《きょうきょう》たるがごとくであった。そしてただ「万一不幸にもファッシズムの攻撃があるならば、真理の権威と学問の自由のために戦うであろう」とだけのべた。ことばは静かであったが声には金鉄のひびきがあった。

矢内原忠雄をよく知った者のことばである。大学総長はもともと激務である。しかも敗戦後の混乱の中で、「真理の権威と学問の自由のために戦う」とは容易ならぬことであった。が、矢内原忠雄は理想を掲げて突き進んだ。

恒藤恭と矢内原忠雄

それは一足前に大阪商科大学の学長を引き受け、教授の半数を入れ替えるという、画期的人事刷新を行い、新制大学大阪市立大学の初代総長（のち教育公務員特例法によって「学長」と改称）になった恒藤恭の場合とも重なる。

一高南寮十番で一緒だった恒藤恭（当時井川恭）は、一九三三（昭和八）年の京大事件で大学の自治と学問の自由のために、教授職を抛《なげう》たざるを得なかった。彼は文筆で立とうとした。京大事件は彼の隠された才能を世に示すこととなる。京大事件の年から恒藤恭の著作は俄然多くなる。前年までの執筆活動をはるかにしのぐ活躍がはじまるのである。詳しくは小著『恒藤恭とその時代』(17)の巻末に収録した「著作目録」を参照していただきたい。それは矢内原忠雄が一九三七（昭和一二）年に東大を追われた後の多産な執筆活動に重なる。二人とも事件をきっかけにジャーナリストの才能を開花していったのである。

これまでは矢内原事件に光を当てても、少し前の京大事件での恒藤恭とを対比して考える論考はないに等しかった。しかし、共に一九一〇（明治四三）年九月に第一高等学校に入学し、最初の学年を南寮十番で生活した二人の行程を併せて考えることは、きわめて大事な視点である。それは日本の知識人のよき面の精神史を辿《たど》ることになるからだ。矢内原事件を当時の東大経済学部内の派閥抗争という小状況にのみ目を奪われ、それが大状況という時代と社会への闘いであったということを忘れた近年のいくつかの矢内原論からは、こうした見方は生まれない。

西洋法制史の栗生武夫（当時、東北帝国大学教授）は、恒藤恭の活動を評し、「法理学者としての恒藤元京大教授は、その学識の豊富、知識の深遠、考察の天才的鋭利さにおいてナンバー・ワンである。かりに彼の全作物が、欧州語で発表されてゐたとしたら、とうに彼は世界的法理学者の栄名を獲得してゐたであらう。それほど彼は、日本の学者的地平線を高く抽《ぬき》んでてゐるのである」と評する一方で、「彼は非凡なジャーナリストでもある」とする。(18) この評言は矢内原忠雄にもあてはまる。矢内原忠雄はすぐれた学者であると同時に、「非凡なジャーナリスト」でもあった。それはほぼ同時期に一高文科に学んだ豊島与志雄や山本有三や芥川龍之介らにも言えることだ。彼らは「学識の豊富、知識の深遠、考察の天才的鋭利さにおいて」一級の学者・文学者であると同時にジャーナリストでもあったと言えよう。

当時の恒藤恭を評した大森義太郎の評言があることも紹介したい。「論壇の文章 ブルジヨア学者一べつ」(19) である。そこで大森は、「極く最近盛んに筆をとられる恒藤恭氏の文章は、うまい。恒藤氏の文章をとほりいつぺんの評論家なみに扱つては氏も不服であらうが、たしかに本格の文章である。そして、言葉の選び方、調子の整へ方に、いろいろと気をくばつてあることがわかる。あの滑らかな文章は相当の苦吟の結果なんだらうと思ふ」と言う。

文章の巧みさ、うまさは、矢内原忠雄とて同様である。それは恒藤恭のばあい島根一中、矢内原忠雄のばあい神戸一中時代からの文章修行の成果であった。ジャーナリストとしての二人の才能がもっとも輝くのは、第二次世界大戦後のこととしてよい。検閲時代は二人とも苦労しており、自由な表現活動は制限されていた。特に戦争末期は、書きたくとも書く場が限定されていた。それだけに戦後は、水を得た魚のような文筆上の活躍がはじまる。二人とも激務の大学トップの座にあって、マスコミ界の寵児となっていく。

三　ポポロ事件

大学の自治をめぐる事件

東京大学総長に就任した矢内原忠雄が最初にぶつかった困難な問題は、ポポロ事件と呼ばれる大学自治をめぐる事件であった。総長就任二ヶ月の一九五二（昭和二七）年二月二〇日に事件は起こった。当日、東京大学本郷キャンパスの法文経二五番教室では、文化系学生団体「ポポロ劇団」が、松川事件をテーマとした演劇、『何時《いつ》の日にか』（藤田晋助作）を上演していた。大学の許可を得ての上演であった。

ところが、その日、会場に観客に混じって本富士警察署の私服警官四人がいるのを学生が発見、そのうち三人を学生が身柄を拘束し、警察手帳を奪い、謝罪文を書かせた。その際、学生が警官に暴行を加えたとして、二人が「暴力行為等処罰ニ関スル法律」により起訴された。警察手帳のメモには、一部教授の講義内容・思想調査が記されており、警察の明らかな越権行為、否、スパイに等しい行為であった。新聞・ラジオ

（筆者注、テレビは未だ普及していなかった）は、この事件を大きく報道した。

総長就任間もない矢内原忠雄は、以後事件の後始末に苦労することになる。特に警察手帳の返還に関して、学生を支持する共産党の方針が、返す・返さないで揺れたため、返還が遅くなり、忠雄を悩ませた。当時の東大自治会中央委員会議長（委員長）は、先に矢内原が信頼した学生の一人として名を出した吉川勇一（のち、ベ平連事務局長）であった。後年吉川は「矢内原忠雄総長のこと」[20]という矢内原忠雄回想の一文を書き、手帳事件にふれている。そこでは「手帳事件で一番困ったことは、警察手帳の返還問題でした。手帳は大学に返した上で、その内容（驚くべき学問の自由の権利の侵犯の記録でした）を暴露して闘うという方針を、その後、共産党は返還しないと変えたからです」と言っている。なお、吉川はこの一文で、教養学部長時代の矢内原忠雄にはじまり、ポポロ事件を共に闘った矢内原忠雄の国会審議での堂々たる態度に言い及ぶ。ポポロ事件は、学生が教室に侵入していた警察官の身分を確かめるため、警察手帳を取り上げ、その上で謝罪文を書かせるというプロセスの中で、前述のように暴力行為があったとして、翌日一人の学生が逮捕された。その時の状況がひどかったため、学生や教職員を憤慨させることになる。その後、二人の学生が「暴力行為等処罰ニ関スル法律」により起訴されたが、東京地方裁判所、および東京高等裁判所の一、二審では、無罪とされた。けれども時代の流れの中で、検察側の上告は最高裁に持ち込まれ、裁判は二〇年以上に及び、懲役六カ月と四カ月、執行猶予二年で結審した。

国会での陳述

事は国会でも問題となり、事件の起こった翌月三月三日の衆議院法務委員会にはじまり、以後五回も矢内原忠雄は衆参各種委員会（三月三日衆議院法務委員会、三月四日参議院法務文部連合委員会、三月一三日同文部委員会、三月一四日同法務委員会、六月一四日衆議院行政監察特別委員会）に、参考人または証人として呼び出されている。彼はそのうちの第一回の衆議院法務委員会における陳述を委員会会議録をもとに整理し、自著『大学について　一九五二年三月三日、衆議院法務委員会における陳述』（東京大学出版会、一九五二・一〇）に収録している。「国会と大学　一九五二年三月三日、衆議院法務委員会における陳述」と題した一文である。

右の一文の「はしがき」によると、「三月三日の衆議院法務委員会では、私一人に要した時間だけでも午後二時から八時半頃までかかり、翌日の参議院法務文部連合委員会は午前十一時から午後九時までに及んだのである。この間、委員である国会議員は出入自由のようであったが、私ども参考人もしくは証人として喚問された者は、長時間釘づけにされたままであった」とある。

そうした過酷な条件下、彼は大学の自由や学問と教育の大切さを語った。彼は国会の証人喚問を、「学問の自由、思想、言論の自由」を説明するよき場と考え、「大学自由の原則」――〈学問の自由〉と〈大学の自由〉が不可侵のものであることを堂々と述べる。その一部を引用するなら、「どうして大学は自由を要求するかといえば、第一に、大学は学問研究並びに教育の府であるからです。学問というものは真理の探究でありまして、ある特殊の政治的権威とか宗教的権力によって阻害され、あるいは一つの方向を強要されるということでは、学問は発達しないのであります。政治的権力と宗教的権力から学問を守るということが、世界における大学自由の歴史である」と彼は出席している国会議員に、言い含めるように語りはじめる。続いて、大学が教育の場であることなどを、理路整然として述べ、「大学自由の制度」や「学内秩序と学生運動」にもことばを費やした後、「二月二十日及び二十一日の事件」に及ぶ。

これは詳細きわまる「ポポロ事件」の報告とでも言えようか。矢内原忠雄は筆の人である。神戸一中時代から彼は書くことが好きであり、検閲時代にあっても筆を曲げることも、折ることもなく、とにかく自己表現に全力を尽くしてきた。他方、口頭での語り方は、一高弁論部以来の修練が生きていた。彼の表現能力は抜群であった。その実証に即した植民政策研究をはじめとする学的な仕事は、世界的な評価を受けるほどであったが、こうした陳述においても、彼の研究的方法は威力を発揮する。彼は十分準備して、脇を固め、国会審問に臨んだ。ここに「非凡なジャーナリスト」矢内原忠雄の一面が、実によく発揮される。

状況証拠に基づく証言

ポポロ事件には、事件の当事者であった当時の学生千田謙蔵《ちだけんぞう》の『ポポロ事件全史』（日本評論社、二〇〇八・五）という本も近年刊行され、事件の全貌はかなり明らかになっている。千田は秋田県横手市出身。ポポロ事件後経済学部を卒業、のち横手市市議会議員となり、三期一二年務める。その後、一九七一（昭和四六）年には、市長選に社会党から出馬し、自民党候補を破り、初当選を果たした。市民の根強い人気に支えられ、市長として五期、二〇年に及んだ。

いま、矢内原忠雄の「国会と大学 一九五二年三月三日、衆議院法務委員会における陳述」をめくると、「二月二十日及び二十一日の事件」は、ポポロ劇団の劇の発表会が、何ら政治的な目的を持つものでなく、正規の手続きを経ての上演であったことを明かす。また、五時半開幕、大学からは厚生部長の下の巡視一名、教室管理の法学部の事務官一名がいたこと、本富士署の刑事は学内から署に電話をかけて、「会衆約二百五十ないし三百、至って静穏無事である、という報告を署にいたした」とある。

これには念を入れて「証人がいます」と付け加える。さらにそれが六時五〇分であったとか、七時一〇分に第一幕が終わり、電燈がともったとき「不幸にして一人の刑事が学生に見つけられました」という風に、時間軸に沿って説明がなされる。三名の警察官が警察手帳を学生に取り上げられ、始末書を書かされたという状況説明も巧みである。

その上でＦ（筆者注、衆議院法務委員会議事録の陳述では、福井俊平となっているが、当時の『東京大学学生新聞』、のちの『東京大学新聞』）に、本人が寄稿している文章「おふくろにもらった歯」という文章では、駿平と署名している）という経済学部の学生が逮捕された二一日、午後四時一〇分以降のことが詳しく語られる。「Ｆの逮捕されたのはそれから何分かの後でありましょう。時刻が時刻でありますから、そして場所が場所でありますから、東京大学の教授、助教授、学生、職員、非常にたくさんのものが見ておりました。目撃者はたくさんおるのであります。手錠、足枷という話がありましたが、足かせのことは私は信じておりませんでしたが、先ほど本富士署長の言明によって足かせをはめたということであります」とある。矢内原忠雄の状況説明は、本富士署長の言明をも逆手にとって説得力を伴う。単なる印象や感想ではなく、状況証拠に基づいての発言であるからなのであろう。それは彼の学問の方法とも重なる。

右の福井駿平という経済学部の学生の逮捕の状況は、『東京大学学生新聞』一一二号（一九五二・二・二八）に、くわしい記事として報道されている。証言の席で、本富士署長が「職権をもって逮捕する」と言ったことを聞いた矢内原忠雄は、翌日、学生委員長・逮捕された学生の所属する経済学部長、それに厚生部長の三名を本富士署に派遣し、抗議する。さらに文部大臣と警視総監にも報告させるという念の入った抗議活動を展開した。これは下部組織ではらちが明かないことを、戦時中の『嘉信』への弾圧で体験してきた矢内原忠雄らしいやり方であった。

福井駿平は逮捕の際に、「前歯を一本折られ、手首と足首が内出血でみゝずばれになっていた。足錠をかけられた」と右の『東京大学学生新聞』の「某君血まみれ　付添弁護士語る」という記事が伝える。この記事は、当時東京大学文学部自治会委員長で、同新聞の編集長だった西田勝の筆になるとされる。なお、福井駿平の「おふくろにもらった歯」と題したエッセイは、当時の学生弾圧が如何なるものであったかを伝える。福井はその後、密航船（漁船）で未だ日本と国交の成立していなかった中国へ行き、北京放送を通じ、日本国民に連帯のメッセージを送っている。それは『東京大学学生新聞』一三四号（一九五二・一〇・二）に、「福井君、北京から挨拶」として載った。

学問の自由と大学の自治を主張

忠雄の冒頭陳述の結びは、「こういうことが今度の事件でありまして、そのことから一般的に大学の自治と警察権との関係云々というところまで皆さんのご検討が広がったわけでありますが、事件そのものは、そういう状況のもとに行われた事件でありまして、これは大学の建前から申しますと、実に遺憾な事柄でありますす」となっている。矢内原忠雄の説得力ある陳述は、議員をも動かしたようである。

が、翌日三月四日の参議院法務文部連合委員会での木村守江という参議院議員の質問はひどいものだった。先に紹介した千田謙蔵の『ポポロ事件全史』にも、これは「総長吊し上げ」として出てくる。また、国会の議事録にも残っているので確認できる。最初から「あなたの陳述と実際は全く相反しております」などというとぼけた質問にはじまり、全体が悪意に満ちたものであった。彼は難癖をつけた発言で、矢内原東大総長をへこまそうとした。いわゆる〈為にする発言〉の連発である。矢内原忠雄はそれに対して、誠実で的確な答弁で、大学側を貶めようとする木村の見え透いた質問をかわす。それは同席した東大学生自治会議長吉川勇一をして、「矢内原さんの態度は実に堂々たるものでした。与党代議士の悪口雑言に対して毅然として学問の自由、大学の自治を主張したのです」(21)と言わせるものがあった。矢内原忠雄は警察や国会の権威に対して、敢然として学問の自由や大学の自治にかかわる自己の主張を述べてやまなかった。それは十五年戦争下での、虎の威を借りた議員や下っ端官僚のひどさを身にしみて体験したところからくる彼の強さであった。

なお、この時、矢内原忠雄に品のない質問を繰り返した木村守江という議員は、慶應義塾大学医学部の出身。日中戦争時代は、南京大虐殺を行った「歩兵65連隊」の軍医を勤め、第二次世界大戦後、開業医を経て、政治家に転じた。ポポロ事件当時は、参議院議員であった。彼はその後衆議院議員に鞍替えし、三期連続当選、のち福島県知事となり、権勢を誇り、原子力発電所の誘致を進めた。木村には土地開発にからむ疑惑が絶えずつきまとい、結局、収賄罪容疑で福島地方検察庁に逮捕され、仙台高等裁判所で懲役一年六ヶ月、執行猶予五年の有罪判決を受けている。戦後の公選知事として、はじめての収賄罪による有罪であった。

大学の自治と学生の自治

ポポロ事件は「暴力行為等処罰に関する法律違反」で、東京地方検察庁によって起訴された。その結果、前述のように一、二審は学生の行為を大学の自治を守る正当のものと認定し、学生を無罪とした[22]。矢内原忠雄は東京地方裁判所の一審無罪判決のことを知り、判決文の写しを送ってくれた千田謙蔵に祝福の短い便りを送っている[23]。しかし、検察側の上告により争いが最高裁に持ち込まれ、裁判は長期化した。そして原審を破棄、審理が東京地方裁判所に差し戻され、被告人は有罪と判決された。なお、控訴・上告も棄却された[24]。それらは矢内原忠雄没後のことになる。時代の変転が、判決にも反映する典型的事例と言ったらよいであろうか。

ポポロ事件にかかわる矢内原忠雄の文章に、事件のあった一九五二(昭和二七)年六月号の雑誌『希望』に載った「大学の自治と学生の自治」と題したものがある。参考までに一部を引用する私は国会というところに初めて入ったのであるが、われわれ大学人と国会議員と警察とは頭脳の構造と回転の仕方においてかなり相違のあることがわかり、よい経験を積んだ。

国会の委員会での議論が重ねられてゆくうちに、次の点は国会議員も——自由党の議員さえも——また警察側も確認したようであった。

一、学問の自由、大学の自治は尊重する。

一、特高警察は復活しない。

一、次官通達は存続する。

ところでどんな主戦論者でも口さきでは、或は観念的には、平和の愛好者でないものはないように、学問の自由、大学の自治をいかなる方法で具体的に保障するかが、実際問題として重要である。学長官選論や、法学部廃止論や、或は次官通達解消論などの変怪物は世論の風に当って幸に消え失せたが、特高警察的な活動の復活に対してはひとり大学だけと言わず、一般社会も十分警戒しなければならないのである。それは、日本の社会の現在置かれている国際的及び国内的情況を、警察的な眼で見た場合に写る一つの映像が、想像されるからである。(中略)

大学として学生に望むところは、感情にかられて群集心理的に動揺しないことである。そのような心理状態がいかに少数煽動者の好餌となるか、そして、それによって起った騒擾がいかに警察権介入のおそれを増すかは、過去の経過の経験によってよく知られて来たところである。学生の自治は大学自治の一部であり、大学自治を守る方向にはたらかねばならぬ。学生生活の秩序の維持は学生自らその責任に当るのが、学生自治の本義であろう。学内における非合法の活動を学生自身の力で制止するとか、或はその目的のため学校に協力するとか、そういう責任感を伴わないならば、学生の自治はかえって大学の自治を危殆《きたい》に陥れるおそれがあろう。大学は外部の政治的権力に対して大学の自由を守ると共に、学内管理の責任をもつ。そのように、学生は学校当局に対して自治を要求すると共に、学生秩序の維持について自ら責任をもたねばならない。

前半は政治家や一般社会への要望であり、後半は学生への要望である。なお、国会証人（または参考人）として喚問された期間中に行われた東京大学の卒業式での式辞「蛇のごとくさとく」[25]では、「学問的精神」を持ち出し、「真理の為には何物をも恐れぬ」ことを強調する。彼は言う。「世の権力者の圧迫にも迫害にも屈せず、世間の評判と人気をも恐れず、真を真とし、正を正として主張する精神であって、これはしばしば少数者の精神であるが、この精神の旺盛でないところには健全なデモクラシーはあり得ない。自由のための戦いはこの精神の産物である。この精神によってこそ真理の権威は世に維持されるのである」と。ここには彼自身の戦中の苦い体験と、ポポロ事件が反映しているとしてよい。

歴史の教訓を重んじる

それは同じ年の入学式（一九五二・四・一二）の式辞「歴史の教訓を重んぜよ」[26]にも連動する。この式辞の中で、彼は言う。

大学は外部の政治的・行政的権力の介入に対して、大学の自由を擁護すると共に、大学自身の力を以て学内の秩序を維持しなければならない。大学の自由を利用して、社会の公安秩序をみだすことがあってはならないことはもちろん、研究及び教育の場としての大学の機能を害し、任務を妨げるごとき活動が、学内において行われることを許すことは出来ない。大学が特定の政党を支持し又はこれに反対する政治教育、その他政治的活動をしてはならないとする教育基本法第八条はこの趣旨に基づくのであり、また大学が学内における政治的活動を許容しないのもまた、この理由によるのである。それは、大学が政治的闘争の場となることは、大学本来の任務とするところの学問的研究及び教育を妨げるからである。

このように、大学は自ら学内の秩序を設定して、学問及び教育の場にふさわしき環境を維持しなければならない。しかし大学は自ら警察力をもたず、ただ学生諸君の理性と良識に信頼して、学生諸君自らが学内の秩序を尊重することを以て、最善の教育と信ずるものである。学生生活における自治を認めるのは、それが大学教育における最善の教育方法だからである。しかるにもし学生自治の名の下に、大学本来の機能であり任務とするところの研究及び教育を阻害する行動をなすならば、それは学生自治の趣旨を裏切り、且つ本学の信用を傷つくるに至るものであって、厳にこれを戒めなければならない。目的は手段を美化しない。正しき目的は、正しき手段によってのみ達成されるのである。私は諸君が本学の秩序を愛し、本学所定の諸規則を守り、自ら責任を以て秩序を維持し、大学の自治に関し学外からのあなどりを招くことなきよう自重されることを、強く要望する。

入学式でのこうした発言は、西村秀夫の言うように、その「経歴と地位とは、かれの発言を社会的に重からしめた」(27)一面が確かにあり、ジャーナリズムはこぞって報道した。右の式辞には、後に「矢内原三原則」と呼ばれるようになる学生対策の原型も見られる。「大学はストライキを認めない」は、学問の府としての掟として従来からあったが、総長としての矢内原は、さらに「ストライキを議題とする学生大会は認めない。スト決議を緊急の議題として取り上げることも認めない」の二項目を加えたのである。

矢内原忠雄の大学自治の考えは、学外からの「政治的・行政的権力の介入」を退け、「学内の秩序を設定して、学問及び教育の場にふさわしき環境を維持」するというものである。それは大学としては当然のことながら、学生自治会にとっては、厳しいものとなった。具体的にはストライキを計画指導した学生自治会委員長・学生大会議長、それにストライキの議案提案者の三名は、原則として退学処分にするというのだから尋常でない。この「矢内原三原則」は、のちの大学紛争で廃止に至るまで存在した。

『キリスト教入門』の刊行

ポポロ事件の起きた年の一九五二（昭和二七）年一一月、矢内原忠雄は角川書店から『キリスト教入門』(28)という本を出している。大学行政のトップにあって、しかも、ポポロ事件という難題を抱えた年に、彼のキリスト教関連書の中で、もっともよく読まれたとされる書物が誕生したことに眼を留めねばならぬ。国会の証人喚問の続く春頃から書きはじめ、八月半ばに書き終える。彼は本書の「序」の終わりに、「昭和二十七年（一九五二年）八月十五日、終戦記念日。山中湖畔において」と書きつけている。山中湖畔とは、山梨県南都留郡山中湖村梁尻《やなじり》の矢内原家の別荘をさす。

彼は日本人の日常に、キリスト教がより浸透することの大切さを慮って本書を書いたと言う。「それにしても日本国民は、未だあまりにキリスト教を知らなさすぎる。西欧文明の内容及び基礎を知るためにも、民主主義的精神を理解し之を身につけるためにも、ひろく日本国民は一般にキリスト教のことを知らねばならない。しかしそのやうな知識の問題としてだけでなく、宗教の本来の意味であるところの信仰を得て、人生の生き甲斐と依り頼みを知るためにこそ、キリスト教を学ぶことが一層必要なのである」とは、「序」の中の一節である。忙しい中にあっても、彼は大学生に語りかけるかのようにして、本書を一気に書いた。ポポロ事件を体験し、高まる学生運動を前に、彼はキリスト教精神による教育を真剣に考えていたのである。

激動期の大学総長として、学生運動にいかに対処するか、矢内原忠雄は常に苦慮し、祈りの中で事を断行した。彼が総長の任期を終えるに際して、「学生に望む」と題して『朝日新聞』（一九五七・一二・一四〜一八）に連載した文章がある。そこで彼は学生自治会のスト提案と決議に関し言及し、「学生各自が自分の責任において授業を休み、学外団体の催しに参加するのは自由であるが、スト決議に一般学生の行動に拘束を加え、学校と学生を引きはなそうとするのは、学生自身が大学の自治の原則を侵しつつあるのである」との考えを述べる。これは大学管理者としては当然の考えながら、社会改革に突き進もうとする学生からは、受け入れられるものではなかった。ここに彼の総長時代の悩みがあった。

四　平和問題への発言

朝鮮戦争と平和主義

矢内原忠雄は第二次世界大戦後、一貫して平和問題を問い詰めていた。戦後早い時期の一九四八（昭和二三）年一二月に発足した安倍能成・大内兵衛・末川博・恒藤恭・矢内原忠雄ら学者で構成する平和問題談話会は、一九五〇（昭和二五）年一月一五日、「講和問題についての声明」を発表、全面講和・中立不可侵・国連加盟・軍事基地反対・経済的自立を主張した。

この年六月二五日にはじまる朝鮮戦争で、日本はアメリカ軍の補給基地として重要な役割を演じ、特需によって経済再建の機を得る。一方、在日米軍の朝鮮派遣により、日本国内の治安維持を必要としたGHQの指示を受け、同年八月、警察予備隊令が公布された。こうした情況は、日本社会に反動化の風潮を生むことになる。

前述のように矢内原忠雄は、総長就任前年の一九五〇（昭和二五）年五月一二日から八月二三日までの約一〇〇日間、学術研究・学術交流のためアメリカ各地を巡った。朝鮮戦争はその間に起こった。朝鮮戦争は、矢内原忠雄に改めて戦争と平和の問題を考えさせることになる。そうした中で、彼は日本の最高学府とされる東京大学の総長職に就き、就任二ヶ月目にポポロ事件に遭遇した。彼は大学自治の問題をはじめ、自由や平和や独立といった問題を考えざるを得ない場に、立たされたのである。東大総長時代の彼には、そうした面に関する発言が多い。その多くは『大学について』（東京大学出版会、一九五二・一一）、『日本のゆくえ』（同、一九五三・四）、『銀杏のおちば』（同、一九五三・一一）などに収録されている。

一九五二（昭和二七）年一月一五日の成人の日に、忠雄は総長就任後はじめての学外講演を静岡県清水市（現、静岡市清水区）の公会堂で行い、一五〇〇人の新成人たちを前に、「日本の将来」と題して熱の籠もった平和論を展開した。『東京大学学生新聞』（第一〇八号、一九五二・一・二四）に、その演説要旨（全集未収録）が載っている。[29] ここで彼は「民族の歴史が民族を形成する」とし、「軍隊の力で築き上げた日本は、全面的に崩壊した」と言い、「われわれは軍隊が強かったことが、日本を亡ぼした第一の原因であることを知らねばならない」と明言する。その上で「天皇中心主義こそ日本を亡ぼしたのである」と問題の核心に迫る。これは新日本の行くべき道を示した力の籠もった演説であった。

また、『日本のゆくえ』の「序」に彼は、「占領下の六年有半も、サンフランシスコ平和条約発効後も、東大総長就任の前も後も、時を得ても得ないでも、私は日本民族の復興と世界平和のために、私の立場において、私なりに、祈り、考え、論じ、訴えた。事この問題に及べば、私の心は熱しないではいられないのである」と書いている。彼は根っからの平和主義者であった。

平和と教育

同年一一月二九日、諏訪市で開かれた長野県教育会臨時総会での矢内原忠雄の講演は、「平和と教育」と題されたもので、『信濃教育』第七九二号（一九五三・一）に載り、のち『日本のゆくえ』に収録された。これはいま読んでも何かと教えられるものがある。ここで彼は、まず、教育とは何かについての考えをめぐらす。教育には二つの大きな面があると彼は言う。そして一つは職業教育であり、いま一つは人間教育だとする。人間の能力は無限であり、その種類も限定されない、これが職業教育の基本的命題であると彼は言う。

そこから「一人の生徒に対して、お前はだめだ、お前のような才能のないものはだめだということを断定できない。どんなごろごろした粗野な石と見える者でも、その中に金銀の成分を含んでいないとも限らない。人間の能力について、お前はだめだという断定をしないということ、即ち一人の人間からどれだけの才能が伸びてゆくかわからない、引き出されてゆくかわからないということが、職業教育の第一前提であるように思うのです」という結論が導き出される。

次に人間教育についての考えが述べられる。彼は「人間というものは一種特別な生物であって、単なる動物でもなく、単なる天使でもない。肉体を持った天使である。それが狂えば、肉体を持った悪魔になる。肉体的な存在と霊的な存在との結合された一種特別な生物である。そう考えまして、このような人間を、できるだけ人間らしく養ってゆこうというそのときには、どの人間、この人間ということではなくて、人間というものは、いかなる一人の人間も無限の発達の可能性を含んだ人間である」と言う。そして、人間教育の大前提は、「そういう可能性をすべての人がみんな持っている」という考えにあると、口を極めて述べる。その上で「教育の目的は平和」という持論が展開されるのである。

人間性の尊重

矢内原忠雄は戦争中の〈鬼畜英米〉教育を批判し、「教育によって人を憎むことを育て養う。戦争に勝つためには人を憎むという精神を鼓吹する。戦争のために人を犠牲にすることを美化する。そういうことを教育するのは、教育のだらくである」と言う。逆コースということばが言われはじめた時代である。彼は「教育の目標は平和であり、人間性の尊重である」という信念を、こまごまと述べる。また、彼は教育の限界にも言及する。人間の生活や思想や考えには、理性で処置のできない面がある、その及ばないところを補充するのに一つの立場、すなわち実行行為、問答無用という暴力行使がある。けれどもこれは教育の立場からは否定されなければならない。それは人間性を養うということに抵触するからだとする。彼は「暴力を否定する力は何であるかといえば、それは宗教です」と言い、次に「教育と宗教」の問題へと進む。

彼は「宗教は一応理性を否定するけれども、しかし人間の生活の中において理性のあることを認め、これを尊重し、これを育て、引き延ばしてゆく力が、宗教の世界からくる」と言う。また、「人間に理性をあたえたものは神である」との見解も見出せる。それはさらに「我々が理性を疑い、あるいは理性の努力の効果についてみずから動揺し、失望し、煩悶し、人類の前途について絶望を感じそうになる時に、否、絶望してはならない、否、暴力的になってはならない、理性の立場を堅持して、忍耐して努力をつづけなければならない、ということを我々に確認し、その立場を示すものが真正の宗教である」と言う。

一九五二（昭和二七）年一二月一〇日、矢内原忠雄は東京日比谷公会堂で行われた世界人権宣言週間記念講演で、「世界の危機と人間の権利」と題して講演をした。これは『日本のゆくえ』に収録されている。この講演は忠雄の平和論を考える上で重要な意味をもつ。内容は「一　日本における人権尊重の問題」「二　米国での問題」「三　人権尊重は戦争を否定する」「四　人間よ、人間であれ」のこれまた〈起承転結〉四つの章から成り立ったもので、論者の言いたいことが明確に伝わってくる。彼は日本やアメリカの人権問題にふれた後、三章で人権尊重が戦争を否定するものであることを説得的に主張する。

彼は言う。「私は考えるのですけれども、第二次大戦を防止するものは何であるか。力に対するに力をもってするという方法によっては、この大戦を防止することは出来ない。人間の権利の尊重は、戦争を否定いたします。戦争こそ最大の人権蹂躙者であります。言論・思想の自由も、信教・学問の自由も、欠乏および恐怖からの自由も、すべて戦争の準備および戦争によって破壊されるのであります。それ故に戦争に反対し平和を念願するということは、人間が人間として持つところの権利であり、かつ義務であります」と。

最後の章で彼は戦前の苦い体験にふれる。それは一九三七（昭和一二）年一〇月一日の藤井武記念講演会で、「日本の理想を生かすために、一先づこの国を葬つて下さい」との一文を含む講演をし、東大教授の職を抛つことになったことを指す。そうした事例をあえて挙げ、「私が今日ここに立って、諸君にむかって、否、諸君の背後にある全世界にむかって、「人権宣言を、世界人権宣言を、無視し蹂躙し理性と良心の声に聴かずして、戦争の準備と戦争の煽動をするこの世界を一度葬れ」といいましても、それは人間を愛するが故に、世界を愛するが故に、新しい世界を生れ出でしめんがために私が叫ぶのである」と人間の権利、人間の自由の尊さを強調する。

絶対平和主義者

矢内原忠雄は「絶対平和主義者」として、生涯を送った。一九五四（昭和二九）年一月号の『中央公論』に、彼は「民族と平和」と題する論文を寄せる。このタイトルには、強い執着があった。それは一九三六（昭和一一）年六月、同名の単行本が岩波書店から刊行されたものの、発売禁止になるという苦い体験をし

ていたからである。(30)

この論文で彼は、「今日日本国民がその自主独立の歩みをなすために必要なものは、アメリカ依存の再軍備ではなくして、正しきものを守る神への信頼である」と言う。さらに語を継いで「世界に向って平和の理想を堅持し、平和こそ国家存立の根本方針であるという立場をば固く保つことが、不幸にして今日二つの世界にわかれている国際社会において、日本の果すべき最も名誉ある役割であるといわなければならない。けだし無軍備の国民にして、初めて真に平和国民たり得るからである」と高らかにその主張を述べる。最後の段落を引用する。

独立国お互の間の外交交渉は強制によらず、同意によるべきであり、そして国民の同意は民主的方法によって決定され、かつ表明されねばならない。そして国民的意思がいかように決定されようとも、戦前におけるような平和の言論に対する弾圧が再びくり返されることのないように、そしてまた仮りにそのような弾圧が再びくり返される時が来るとしても、平和を愛する者がその思想的節操をまげることのないように。これが私の心からの念願である。

ここに矢内原忠雄の平和への強い願いが込められていることは、もはや言うまでもないことである。これは二一世紀の世界や日本へのメッセージでもあるかのようだ。彼はきびしい時代の中で、「思想的節操」を曲げることなく歩んだ。忠雄は二度と「平和の言論に対する弾圧」などあってはならない、と思いを新たにしているのである。

この年（一九五四）一月一日の『朝日新聞』に、矢内原忠雄は「われらの課題」と題した年頭所感を寄せる。そこで彼は三つの課題を持ち出す。第一は、日本の民主化の事業を成し遂げることだという。「民主化ということの根本は、個人の自由と責任の自覚にある。少数の専制的権力者の言いなり放題になって、長いものには巻かれろ、という卑屈な思想は非民主的である。その反対に、大衆の威力にたのんで、少数者の自由を抑圧する暴力的なやり方もまた、非民主的である」と彼は言い、民主主義の思想は未だ日本の社会に根付いていないとする。

第二は、日本民族の自主独立性の維持の課題だ。彼は「日本国民の自主独立の立場からいって、米軍の基地が今なお数多く日本国土の上に設けられている現状は、決して満足なものではない。こういう状態が永く続けば、それは日本国民の心理に相反した二つの影響を与えるであろう。一つは、反米的感情を刺激することであり、他の一つは、米国依存の迎合的気持を強くすることであって、二つとも日本国民の自主独立の精神からいって、好ましいことではない」と言いきる。

第三は、「世界の平和である」と彼は言う。そして「日本が世界の平和に寄与する道は、軍備放棄、交戦権放棄の憲法を維持することにある」とし、そういう憲法をもつ国が一つでもあることが、世界平和のための燈台となると断言する。これら三つの課題は、いまもって色あせない。

現代の危機とキリスト教

同じ年の五月三日の憲法記念日に、忠雄は九州大学医学部講堂で、「現代の危機とキリスト教」のタイトルでの講演(31)を行った。その日、彼は憲法改正の気運の生じる、いわゆる逆コースの動きを意識し、それを現代日本の危機としてとらえ、以下のような発言をしている。

基本的人権の尊重と、平和条項の維持とは、戦後に出来た日本国憲法の二大原則であります。憲法といふものは、申すまでもなく国の存在の基本的な原則でありまして、国の基本的な性格とあり方を表明して居るものでありますが、その大原則が今や揺いで来つつある。一方では、情勢の変化に伴うて憲法を改正する必要があると主張する人々があり、他方では憲法の大原則を維持すべきであると主張する者があり、また形の上では今の憲法のままにしておいて実際は憲法の原則を修正したと同様の政治をしようとする者もあり、何かガタガタして来た。安定感を失つて来た。これが現代日本の危機意識といふものであるのです。

矢内原忠雄は戦後日本の民主主義に、危機意識を懐いているのである。彼はここで「基本的人権の尊重と、平和条項の維持とは、戦後に出来た日本国憲法の二大原則」と言い、それが揺らいでいるのを懸念する。時代を超えた危機意識である。それは二〇一〇年代の「現代の危機」とも重なることに留意したい。彼はこうした危機を越えるためには、キリスト教の精神が必要である、それが国を救うと主張し、「キリストによる救の原理をよく学んで頂きたい」とした。彼は講演を「我々は現代の危機を解消するために、科学とか民主主義とかの道ではなく、別の道から有効な救を発見することが出来る、と信ずるのであります」で結ぶ。「別の道」とは、彼が理想に掲げるキリスト教の信仰に立った道であった。

矢内原忠雄は、生涯非戦論の立場をとった。彼は歴史を支配する神のことばに常に耳を傾け、反動としての国家と向き合ったのである。困難な現実の中で、彼は理想を高く掲げて前進する。

注

（1） 矢内原忠雄「戦の跡」『嘉信』第八巻第一二号、一九四五年一二月、のち『私の歩んできた道』東京大学出版会、一九五八年三月三一日所収。『矢内原忠雄全集』第二六巻収録。一〇三〜一一七頁。引用は初出『嘉信』による。

（2） 矢内原忠雄「学問的精神と大学の使命」『世界文化』一九四六年七月一日。『矢内原忠雄全集』第二一巻収録。三八一〜三九八頁。

（3） 川田侃「戦後の矢内原演習」『矢内原忠雄全集』月報9、のち南原繁・大内兵衛・黒崎幸吉・楊井克巳・大塚久雄編『矢内原忠雄—信仰・学問・生涯—』岩波書店、一九六八年八月三日収録。四二三〜四二六頁。

（4） 「アダム・スミスの会」のことは、大河内一男の「矢内原先生と「アダム・スミスの会」」『矢内原忠雄全集』月報8参照。本論はのち南原繁・大内兵衛・黒崎幸吉・楊井克巳・大塚久雄編『矢内原忠雄—信仰・学問・生涯—』岩波書店、一九六八年八月三日収録。四三二〜四三七頁。

（5） 川田侃「厳格な指導と緻密な研究」『教養学部報』一九六二年一月、のち南原繁・大内兵衛・黒崎幸吉・楊井克巳・大塚久雄編『矢内原忠雄—信仰・学問・生涯—』岩波書店、一九六八年八月三日収録。四三八〜四四〇頁。

（6） 矢内原忠雄『私の歩んできた道』東京大学出版会、一九五八年三月三一日。のち『矢内原忠雄全集』第二六巻収録。六四頁。

（7） 鴨下重彦「昭和初期からの風雪の人」鴨下重彦・木畑洋一・池田信雄・川中子義勝編『矢内原忠雄』東京大学出版会、二〇一一年一一月二日。三九頁。

（8） 大内兵衛「赤い落日—矢内原忠雄君の一生」『世界』一九六二年三月一日、のち大内兵衛著『高い山—人物アルバム』岩波書店、一九六三年一〇月一〇日所収。一〇八〜一三三頁。南原繁・大内兵衛・黒崎幸吉・楊井克巳・

大塚久雄編『矢内原忠雄—信仰・学問・生涯—』岩波書店、一九六八年八月三日収録。三〜二四頁。

（9）矢内原忠雄「兄の死」『嘉信』一九四九年二月、第一二巻第二号。のち『矢内原忠雄全集』第二六巻収録。四三六〜四三七頁。

（10）丸山眞男・福田歓一編『聞き書南原繁回顧録』東京大学出版会、一九八九年九月二〇日。三七〇〜三七一頁。

（11）矢内原忠雄「米国の印象」『読売新聞』一九五三年七月二四、二七日、八月二二、二五日、『銀杏のおちば』東京大学出版会、一九五三年一一月二〇日所収。のち『矢内原忠雄全集』第二六巻収録。七四六〜七六〇頁。

（12）朝鮮戦争　一九五〇年六月二五日未明、三八度線全域で南北朝鮮軍が全面的な戦争状態に入り、北朝鮮軍は三八度線を越えて南へ進撃した。国連安全保障理事会は、アメリカの提訴を受けて北朝鮮を平和破壊者とし、三八度線への撤退を要求、アメリカを中心とした国連軍を大量に投入した。戦争は当初北朝鮮軍が圧倒的に優勢であったが、九月、国連軍は仁川上陸作戦に成功して反撃を開始し、中国国境付近まで北進した。一一月中国は義勇軍を募り、一九五一年春、三八度線まで奪還。一九五三年七月二七日、板門店で休戦協定が成立した。

（13）注6に同じ。六七頁。

（14）竹中佳彦『日本政治史の中の知識人上』木鐸社、一九九五年二月二〇日。二七頁。

（15）南原繁「信仰と学問」南原繁・大内兵衛・黒崎幸吉・楊井克巳・大塚久雄編『矢内原忠雄—信仰・学問・生涯—』岩波書店、一九六八年八月三日収録。五〇一〜五〇三頁。

（16）大内兵衛「フレー！　ヤナイバラ」『信濃毎日新聞』一九五一年一二月一二日。『高い山—人物アルバム』岩波書店、一九六三年一〇月一〇日所収。一三九〜一四二頁。のち南原繁・大内兵衛・黒崎幸吉・楊井克巳・大塚久雄編『矢内原忠雄—信仰・学問・生涯—』岩波書店、一九六八年八月三日収録。四九八〜五〇一頁。

（17）関口安義『恒藤恭とその時代』日本エディタースクール出版部、二〇〇二年五月三〇日。四六九〜五〇一頁。

（18）栗生武夫「論壇時評」『読売新聞』一九三三年七月二九日

（19）大森義太郎「ブルジョア学者一べつ」『東京朝日新聞』一九三三年七月二六日

(20) 吉川勇一「矢内原忠雄総長のこと」『思想の科学』一九六七年四月一日

(21) 注20に同じ

(22) 一審、東京地方裁判所一九五四年五月一一日判決。二審、東京高等裁判所、一九五六年五月八日判決。

(23) 千田謙蔵『ポポロ事件全史』日本評論社、二〇〇八年五月一〇日。三一二～三一三頁。なお、千田謙蔵宛矢内原忠雄書簡は、『矢内原忠雄全集』第二九巻の書簡集には収録されていない。右の『ポポロ事件全史』に収録された千田謙蔵宛矢内原忠雄書簡には、「拝啓／貴君の事件公判にて無罪の判決にありたる旨御速報下され、安心いたしました。／尚、判決書写御送付下され確かに落手致しました。／御健在を祈る。／一九五四・六・二／千田謙蔵様」とある。

(24) 差し戻し審、東京地方裁判所、一九六五年六月二六日判決。上告棄却。東京高等裁判所、一九六六年九月一四日判決。最高裁判所一九七三年三月二二日判決。

(25) 矢内原忠雄「蛇のごとくさとく　一九五二年三月二十八日、卒業式のことば」『大学について』東京大学出版会、一九五二年一一月一日、のち『矢内原忠雄全集』第二一巻収録。二四五～二四七頁。なお、「蛇のごとくさとく」とは、『新約聖書』「マタイによる福音書」10章16節に見られるイエスのことばによる。

(26) 矢内原忠雄「歴史の教訓を重んぜよ　一九五二年四月一二日、入学式のことば」『大学について』東京大学出版会、一九五二年一一月一日、のち『矢内原忠雄全集』第二一巻収録。二四八～二五五頁。

(27) 西村秀夫『矢内原忠雄』日本基督教団出版局、一九七五年七月一〇日。二六二頁。

(28) 『キリスト教入門』は、版を重ね、のち「キリスト教早わかり」と「イエスの生涯」を加え、一九六八（昭和四三）年九月二〇日付で角川書店から新版が刊行された。この新版もよく読まれ、一九八五（昭和六〇）年一〇月二〇日には二二版に達している。新版の「解説」を担当した坂井基始良は、ポポロ事件のあった年の執筆を重視し、「キリスト教信仰を学生たちに伝えたいとの熱誠が本書執筆の動機をなしている」とする。

(29) 矢内原忠雄「日本の将来―清水市における演説要旨」は、『矢内原忠雄全集』には収録されていない。『東京大学学生新聞』には、「本紙通信員が筆記したものを要約した」とあるので、全集に収録されなかったと思われるが、矢内原忠雄の歴史観や平和観を考えるには、重要な文献である。

(30)『民族と平和』は、岩波書店から一九三六年六月二五日刊行。翌年増刷の際、発売禁止となる。「戦の跡」(『嘉信』一九四五・一二、のち『私の歩んできた道』収録)には、「警保局長安倍源基氏は私の著書『民族と平和』を発禁処分に付して、」とある。

(31) 矢内原忠雄「現代の危機とキリスト教」。(上)(中)(下)三回に分けて『嘉信』第一七巻第六～八号(一九五四年六月～八月)に連載され、のち、『矢内原忠雄全集』第一六巻に収録。四九九～五一六頁。

第十二章　闘う宣教者

一　総長と伝道

総長の仕事

東京大学総長としての矢内原忠雄の仕事は際限なく、多忙を極めた。が、そうした中でも彼は個人誌『嘉信』の刊行を続け、日曜日の聖書講義（今井館聖書講堂）も引き続き行っていた。その努力たるや尋常でない。総長の仕事はあらゆる面にかかわっていた。東京大学所属の施設巡りだけでも大変である。が、彼はもともと好奇心旺盛な人であり、興味や関心があると、どこへでも出かけた。ここに一通の便りがある。「山梨県山中梁尻《やなじり》より」東京の自宅（目黒区自由ヶ丘）の妻恵子宛のものである。(1)「梁尻」とは、山梨県の山中湖西北の地名で、そこに忠雄は戦前から仕事場としての別荘を持っていた。そのことは第九章の二で、すでに詳しく触れている。

便りは、総長の仕事としての東大農場や東大演習林視察の際に記したものだ。視察旅行中も『嘉信』の原稿を書き、聖書講義を考える矢内原忠雄を垣間見ることのできる書簡である。長くなるが当時の忠雄の仕事の一端が窺える大事な書簡なので、あえて全文を引用する。

自由ヶ丘の家から二宮の東大農場（筆者注、田無演習林）まで一時間四十分、十二時についた。ここは果樹の農場で、本郷の農学部から農場長の野口教授以下先着で、余の到着を待つてくれた。ここで二時間あまり昼食と視察に費し（温室にメロンがたくさん出来ていた。但し未熟）、そこからは演習林長の案内で、自動車二台を連ねて、籠坂峠から山中の東大演習林まで一時間四十分。午後四時到着した。一寸事務所に休んでから、ヤナジリの家へ行き、荷物をおろして、又演習林に引き返し、寮を視察などして、ここで皆さんと夕食を共にし、九時辞去して、ヤナジリに落ちついた。雨は大したことはなかったが、涼しくて、寒い位。もつて来た中の一番厚いシャツを着て、タビをはいた。今朝は四時から嘉信の原稿を作り、やつと昼前に完成。昼すぎ立つて東京に帰る本間秘書にもたせて清水印刷所に届けることにする。

右の歯が大分よく成つたと思つたら、今度は左の歯グキがはれてしまつた。二、三日前から怪しかつたのだが、昨日自動車の中で痛み出し、今朝は口をあけることも困難な位。物がかめないので、食事に困つた。しかし左の方は歯根膜炎でなく、歯グキがはれたのだから、二三日すればよくなるだらう。

身心とも、骨の髄から疲れているやうに感ずる。

千葉、伏木両嬢とも、元気で、忠実、よく世話してくれます。黒崎さん、夫婦だけで来ていられる。まだお会ひしない。市田さんは風邪で休んでいられるさうだが、まだお尋ねしません。今日午後、両家とも訪ねるつもりだが、本当は誰にも会はずに、フトンをかぶつて寝ていたい。

大出山《おおでやま》の中腹、市田さんの家の奥の方に、大森さんのバンガローが十いくつ建つた。まだ誰も来ていないが、夏はウルサイ事だらう。

「総長」は、どこへ行つても、お供や案内が多くて、ウルサイ。本当にお前の言ふ通り「いい気になつては、いけません」だ。

ボンヤリしていて、馬鹿になりたい。

「仕事」「仕事」つて、仕事が何だ。何もかも、おつぽり出してしまひたい。と思ふが、さうもいかないね。

これから「詩篇講義」の原稿を整理して、「聖書講義」として出版の準備をするつもりです。

この手紙は本間君にたのんで、東京でポストに入れて貰ひます。

山中にて

（原文のまま）

右の便りは、総長として東大所属の農場や演習林の視察の記録でもある。時は一九五二（昭和二七）年七月一一日、大学は夏期休暇中であった。総長就任七ヶ月、忠雄にはようやく大学の全貌が掴めはじめたころのことだ。

冒頭の「二宮の東大農場」は、西武新宿線田無駅北口から歩いて八分ほどの所にある（現、西東京市緑町一―一―一）。忠雄は当日、自由ヶ丘の自宅から「二宮の東大農場」まで電車と徒歩で行った。ここでは二時間あまり農場視察と昼食に費やし、午後、東大関係者の一行は、自動車二台を連ねて、演習林長の案内で、山中湖近くの東大演習林へ行く。

東大は千葉・秩父・田無・富士・北海道などに演習林を持っている。その中から東京からは比較的近い田無と、自身の別荘もある山中湖の富士演習林（現、富士癒しの森研究所）が、選ばれたようだ。高速道路の中央自動車道開通以前のことゆえ、旧道を走って、田無から一時間四〇分もかかっている。午後四時に事務所に着いた忠雄は、ちょっと休んだ後、山中湖畔にある梁尻の別荘に荷物を置きに行き、また、演習林に引き返し、寮を視察する。夕食は一行と共にし、九時にその日の仕事を終える。夜は梁尻の家に泊まる。

多事多難の日々

総長就任以来、多事多難の日々を送り、忠雄は疲れ切っていた。彼は「身心とも、骨の髄から疲れているやうに感ずる」と言い、「本当は誰にも会はずに、フトンをかぶつて寝ていたい」とぼやき、「仕事が何だ。何もかも、おつぽり出してしまひたい。と思ふが、さうもいかない」と苦しい心情を妻恵子に吐露している。その上歯の痛みに苦しめられる。歯が悪くなったのは、戦中からのことであり、戦後は食糧難の中、いっそう悪化していた。便りには「右の歯が大分よく成つたと思つたら、今度は左の歯グキがはれてしまつた。二、三日前から怪しかつたのだが、昨日自動車の中で痛み出し、今朝は口をあけることも困難な位。物がかめないので、食事に困つた」とあるように、かなりひどい。重症である。

夫人の恵子は、こうした状況の忠雄を気遣い、よく支えた。精神的にも忠雄の立場をよく理解した賢妻である。「「総長」は、どこへ行つても、お供や案内が多くて、ウルサイ。本当にお前の言ふ通り「いい気になつては、いけません」だ」には、夫をそれとなく諫める妻の目を感じることも出来る。

演習林視察という公務にあっても、彼は早朝四時には起きて『嘉信』の原稿を書き、次に刊行する聖書講義をまとめた本を考えている。東大総長の仕事という行政職と、研究論文を書くことや聖書講義とは、全く異質の世界である。が、彼はそれをやり抜く。

ポポロ事件後、学生運動は高揚し、総長矢内原忠雄を悩ましていた。彼はそうした状況にも真摯に当たり、悩みながらも前進した。この年彼は雑誌『世界』九月号に、学生運動に対する所感「私はこう思う」（のち「学生及び学生運動について」と改題、『大学について』収録）を寄稿している。すでにふれた学生運動に対処する大学側の考え――いわゆる「矢内原三原則」を敷衍したものと言えようか。今一度確認するという面持ちで彼は、「私の考えるところによれば、大学当局者が学生に示すべき明確な線は、第一に、大学は学問の自由を守るという原則、第二には、大学は暴力及び非合法の行動を容認しない、ということである。いろいろの事件の処理に対して、この二つの原則を明確に維持することが、学生運動を指導するために大学側のもつべき責任であって、そのために三つめの原則、――時に学生に対する懲戒処分のやむなきに至ることもある」とする。

要するに「学の内外に対して真理の探究者としての毅然たる態度を維持することが必要」というのである。さらに「いかなる思想傾向の学生であっても偏り見ることなくして、学生に対して愛と理解と同情と親切をもつことが、教育者としての大学当局者の心構えであるべきであり、しかも一方大学の自由と学問の権威に関し、守るべきところを毅然として守らなければならない」と言う。学生運動の終息した時点では、これはきわめて真っ当な見解に見える。が、当時はこうした考えは、反動扱いされかねないものであった。「矢内原三原則」が、守れなくなっていくところに当時の日本の大学の現実があったとしてよかろう。戦後の国際情勢、それに国内情勢がからんで、大学の自由・自治を守ることの困難さを、総長になった矢内原忠雄は、痛いほど感じていたのである。

今井館聖書講堂での聖書講義

前章で述べたように、一九四六（昭和二一）年三月の第一日曜日（三日）から、矢内原忠雄はそれまで手狭な自宅で行ってきた日曜家庭集会を、自宅近くの今井館聖書講堂に移し、以後日曜日毎に公開聖書講義を行うことになる。今井館聖書講堂は東急東横線・都立高校駅（現、都立大学駅）下車、鉄道に沿って自由ヶ丘駅（現自由が丘駅）方面に向かって徒歩約七分の地にある。静かな住宅地の一角である。自由ヶ丘の自宅からも近い、木造平屋建て五十坪ほどの講堂である。これもすでに述べたところだが、もともとは大阪の香料商人の今井樟太郎が、内村鑑三に献じた建物である。新宿淀橋町柏木（現、新宿区北新宿）の内村邸に建てられ、そこで鑑三が終生聖書講義を行った。が、一九三五（昭和一〇）年の区画整理の際に現在の地、東京都目黒区中根一―一四―九の地に移転していた。(2)

矢内原忠雄が日曜日に聖書講義をするのに、今井館聖書講堂は実にふさわしい場であった。師内村鑑三ゆかりの建物だからである。しかも、閑静な住宅地にある。現在は隣に今井館資料館が建ち、内村鑑三はむろんのこと無教会主義に立つキリスト者関係の書籍や参考資料が集められ、ＮＰＯ法人今井館教友会の手で運営されている。

ところで、『嘉信』第九巻第二号（一九四六年二月）に、「公開聖書講義」と題した関連記事を見出すことが出来る。引用しよう。

　私はもう十年以上も自宅で聖書講義の日曜集会をして来たが、それは厳重な銓衡をした上ごく少数の青年の入会を許すだけであつた。然るに昨年八月終戦以来私はこの家庭集会を開放して、何処かもつと広い処で公開聖書講義を開きたいと考へた。之まで密室にて語りたるところを屋上より宣べ伝へ、弟子の中に束ねたる教を弘く世に展開する時が来たのである。この戦争に生きのびた我らは、声を大にし、力を尽して聖書の真理の証明に従事しなければならない。世界はそれを要求し、日本はそれを必要とする。今は福音高唱の絶好の機会であつて、空しくこの好機を逸してはならないのである。幸に私の家の近くにある今井館聖書講堂の借用を許されたので、来る三月の第一日曜日（三日）以後毎週日曜日午前十時より約二時間、同所に於いて公開聖書講義を開き、路の傍、垣の辺の人をも招きたく思ふ。但し真理を求むる真実の心を持つて来聴せらるることが絶対必要である。

交通は東横線都立高校駅下車、広い道路を約十分、左側、材木置場と町会事務所との中間の横町を左折、すぐまた左折、左側二軒目。（目黒区中根町一九五　今井館聖書講堂）

若しくは自由ヶ丘駅下車、露店の出て居る道を真直に約十分、前記の広き道路に出で、右折、すぐ町会事務所の先の横丁を右折、後は前に同じ。都立高校駅からでも略ゝ等距離です。

聴講料は毎回五十銭

開会時刻（午前十時）厳守。

聖書讃美歌持参の事。但し所有せざる者は受付に申出づること。

履物は脱いで上る事。

最初の今井館での聖書講義の開講の辞の概略は、「路傍の人　今井館聖書講義開講の辞要旨」として、『嘉信』第九巻第四号（一九四六・四）に載っている。1～3という章句切りが見られるこの「開講の辞」で、矢内原忠雄は家庭集会から今井館での公開聖書講義に切り替えるに至った動機を述べる。終戦がその決心を促したとのこと。彼は言う。「終戦と共に従来の警察的な弾圧と束縛とが取り除かれ国民の基督教に対する態度も偏見的でなくなり、伝道には非常に都合のよい時となつたのである。将来或ひは反動が来るかも知れないが、今は福音宣伝の絶好のチャンスである。愚図愚図してこの好機を逸すべきではないのである」と。今井館聖書講堂は、彼の伝道のよき場となったのである。

前章（第十一章）の一でもちょっと触れたが、当時の矢内原忠雄を巧みに描いた長谷川町子の漫画「思いでの人　矢内原忠雄先生」(3)は、戦後の忠雄の人となりを活写して圧巻である。今井館資料館では、この箇所をコピーして入館者に受付で無料配布している。わたしは第九章において、彼が戦時下の弾圧の中で、生来の優しく、ジョークを解する人から、厳格で恐い人となり、妻子や弟子たちからも怖がられた人となったことに言及した。その余波は戦後にも及ぶ。日曜集会においては、遅刻は絶対に許さず、定刻になると扉を閉め、入室を許さなかった。彼は出席者に緊張して聖書講義に臨むよう求めた。それゆえ、聴講生には恐い先生のイメージが終始つきまとった。右の長谷川町子の「矢内原忠雄先生」は、そのような「厳格で恐い」先生、アクビをした聴講者を講壇から叱りとばす先生の姿を描く一方で、親切で、やさしく、人に尽くすことに常に思いを秘めた人間矢内原忠雄を巧みに描き出す。

新たな伝道の季節

最初の講義日に彼は「マタイによる福音書」22の1～14節と「ルカによる福音書」14の15～24に見られる「「婚宴」のたとえ」（「「大宴会」のたとえ」）をとりあげる。そして「モーセの律法と預言者の教訓とを受け来つた学者・パリサイ人等ユダヤ人指導者階級は辞を構へてこの招待を断りイエスに来ることを為さなかつたから、神は彼等を捨て給うた」と言い、「而してユダヤ人中軽蔑せられた貧者・不具者などをその代りに招き、更に田舎の路傍の人にも譬ふべき異邦人をも強ひてこの宴会に呼び入れ給うたのである。併し新に招かれた者も礼服だけは着用して来なければならない。礼服とは「真実な心」である」とする。これによってイエスの福音がいかに革命的であり、恩恵的であり、清新なものであったかが分かるとも彼は言う。「柔和にして寄るべなき弱者に対して如何に温きか」とも言い添える。

矢内原忠雄は日本のキリスト教伝道を顧み、今、新たな伝道の季節《とき》が来ていることを言う。そして「我らは過去の指導者階級や、名ありて実なき基督教徒に何の期待をも有《も》たない。我らの招く者は罪人、貧者、不具者、路傍の人。己が弱きに泣く人、基督教について未だ知るところなき新人である。何の希望もなく、光のあるところを知らずして路傍にたたずむわが同胞の腕を取りて、私は無理矢理にでも此処へ連れて来たいと思ふ。それはキリストの福音だけがこの暗澹たる敗戦日本にありて人に希望をあたへ、国に復興の生命を供給するものだからである」とも言う。矢内原忠雄は確信を持って戦後日本の伝道に取り組んだのである。日曜の今井館聖書講堂での集会と『嘉信』の刊行は、彼の伝道における車の両輪として存在した。それは東大総長という激務に就いても変わらなかった。前章でふれたように、結局は「私にとつては総長の仕事は集会と雑誌を刺戟し、集会と雑誌の仕事は総長の職務に智慧と力を供給したやうに思はれる」（「『嘉信』短信」一九五七・一二）と書くように、忙しくはあっても伝道と東大総長職は両立し得たのである。

他にも彼は戦後東大に復帰してから、東大聖書研究会（戦前の帝大聖書研究会）を復興している。帝大聖書研究会は、すでに述べたことながら彼がヨーロッパ留学から帰って、内村鑑三の聖書研究会員中の有志と作ったサークルであり、一九三七（昭和一二）年一二月に大学を追われたあと、解散していた。その再開は、彼にとっての念願であった。

前章で述べたように、一九四六（昭和二一）年三月二六日に復興を記念した集会を持ち、忠雄は「民主戦線と基督教」と題した講演を行っている。東大聖書研究会は、矢内原忠雄の伝道の一拠点であった。一九五七（昭和三二）年一二月二二日の東大聖書研究会主催クリスマス講演で、彼は「知ると信ずる」と題して講演をするが、そこで彼はこの研究会の成立から中断・復活までの歴史を振り返り、「少数のクリスチャンの教授と学生のおることが大学の塩となり光となって、大学を腐敗と堕落から救うものである」と語っている。今日にも通じる貴重な提言と言ってよい。

戦後のめざましい伝道活動

矢内原忠雄の戦後の伝道活躍はめざましい。一九四六（昭和二一）年三月三一日、今井館聖書講堂での内村鑑三記念講演会で、忠雄は「内村鑑三の十の戦い」と題した講演を行う。『嘉信』一九四六（昭和二一）年四月の「雑報」欄には、「三月三十一日の今井館に於ける内村鑑三先生記念講演会は会衆二一八名、座席足らず、収容に困難した。この建物が此の場所に建てられてから、恐らく初めての盛会であつたと思はれる。私は藤井武の霊をよび起し、彼の助けを得て、彼と二人で語つたから非常に楽であつた」とある。

他方、忠雄の伝道活動の一環としての山中湖畔聖書講習会は、一九三八（昭和一三）年から洗心楼という旅館を会場として行われていた。(4) が、一九四四、五（昭和一九、二〇）年は、宿舎の洗心楼が学童疎開のためにふさがり、開くことが出来なかった。戦後第一回に当たる一九四六（昭和二一）年の山中湖畔聖書講習会は、第七回ということになる。会場は従来通り洗心楼であった。忠雄の記した「第七回山中聖書講習会記」（『嘉信』第九巻第九号、一九四六・九）によると、「講義はエリヤ伝、箴言大意、詩篇（第一四三篇及一四七篇）。前二つを毎日午前、詩篇は午後とし、午後の講義は大出山《おおでやま》の林の中、湖水の見える傾斜の草の上に坐してした。足もとに百合がほほえみ、小鳥は枝の上に耳をかたむけた」とある。大出山（標高九八九メートル）は矢内原家の別荘の北側にあり、忠雄の散策の場でもあった。

矢内原忠雄の戦後の伝道活動は、毎日曜日の今井館聖書講義を中心に、東大聖書研究会、夏の山中湖畔聖書講習会、さらには新潟県の妙高、鳥取県の大山《だいせん》、岡山県の吉備《きび》、静岡県御殿場など、全国各地におよぶ。

それは東大総長在任中も退任後も、その死に至るまで続いた。特に敗戦直後の一九四六、七年の伝道旅行は、目を見張るばかりである。彼はその記録を『嘉信』一九四六（昭和二一）年十～十一月号（第九巻第一〇～一一）の「南車北車記」その他に書いている。彼は東大総長となっても、大学行政とキリスト教の伝道という重い二つの使命を両立させて邁進する。しかしながら、矢内原忠雄にとって優先すべきは、何よりも信仰であり、伝道であった。量義治《はかりよしはる》はこうした矢内原忠雄を評して、「矢内原においては、信仰が他の一切のものの「源泉」であり、学問ですら、信仰の「一部分」となっている、と言っても差し支えないであろう」(5)と評している。

二　無教会主義

無教会主義とは

ここで矢内原忠雄の寄って立った無教会主義(6)の伝道に関して考えておこう。無教会主義とは、矢内原忠雄の師内村鑑三によって唱えられた牧会・伝道のあり方をいう。宣教師を通しての助成金に頼った伝道、また教派至上主義による伝道のさまざまな弊害は、内村鑑三という無比なキリスト者によって断罪され、ここに日本独特の無教会主義という、キリスト教の集いを誕生させたのである。

矢内原忠雄に「日本の基督教」(7)という評論がある。そこで彼は無教会主義を説明し、「無教会主義の主張は、「人は教会に属しなくても基督者であり得る。」といふにある。それがどれほどの革命的意義を有つ主張であるかを知るためには、教会といふ制度について説明しなければならない」と言う。そして「無教会の信仰は『純福音』である。教会も理論的・抽象的には「信仰のみ」で人の救はれることを承認するけれども、実際問題としては教会の会員となることを要求し、若しくは教会から脱退する自由を容易に認めず、そのため信者に束縛と圧迫を感ぜしめる場合も少くない。この教会といふ制度からの解放を宣べ伝へるものが無教会主義であるのだ」と断言する。明快な無教会主義の規定である。さらに彼は次のように言う。

ロマ・カトリックでは、教会制度は最も厳重で、世界にはロマ法王を首長とする一つの教会しか有り得ず、カトリックでない者は基督者ではないと主張して居た。これに対し、人はカトリックでなくても基督者たり得るを主張したのが、ルッターの宗教改革であつた。然るにルッター自身教会制度をつくつたから、其の点では彼はカトリック主義を脱却し切れず、人はカトリックでなくても救はれるが、教会員でなくては基督者と認められない、といふ解釈の伝統を残したのである。このルッターの宗教改革を再改革して、基督者の自由を前進せしめ、人は信仰のみによつて救はれるといふ聖書の教へを徹底させたものが、内村鑑三の無教会主義である。内村鑑三はこの教へを外国から学んだのではない。彼自身が聖書にもとづき、彼の体験を通して神から啓示せられたのである。

内村鑑三は無教会主義を、「監督なし、牧師なし、伝道師なし、憲法なし、洗礼なし、聖餐式なし、按手礼なし、楽器と教壇とを備へたる教会なし」と「新教会」(8) と題した断章で述べた。制度や建物やオルガンなどの楽器を持たなくとも、信仰の集いそのものが教会だというのである。ここにはイエスの教え、「二人またはは三人がわたしの名によって集まるところには、わたしもその中にいるのである」（新共同訳『聖書』「マタイによる福音書」18・20）が、意識されている。

『日本の花嫁』事件

日本のプロテスタント各派は、伝道開始後、各派の信仰告白や憲法・規則などが整うとともに問題も噴出した。一例をあげよう。旧日本基督教会の教職であった田村直臣《なおおみ》は、一八九三（明治二六）年にニューヨークの出版社から *The Japanese Bride* という本を出す。直後、邦訳が一二三館《ひふみかん》から出版されたが、「風俗壊乱」の理由で、一〇月八日に発売禁止になった。

田村直臣には『信仰五十年史』[9]という自伝もあるが、一八五八（安政五）年九月一五日、大阪堂島の生まれ。東京一致神学校を卒業、銀座教会牧師となる。一八八二（明治一五）年アメリカに留学、オーボン神学校およびプリンストン神学校に学び、帰国後銀座教会に戻り、数寄屋橋の地に大教会を建築移転し、数寄屋橋教会と改称する。この時期田村から洗礼を施された信者に、詩人・評論家の北村透谷がいた。

右の自伝における田村自身の説明によると、この本では、「日本と米国の婦人の地位の相違を論じ、私の持論なる男女同権論を主張し、日本の風俗習慣を破壊し、新日本に於いて、新ホームを作るの必要を高調し、キリスト教の力でなくては、男女の貞潔を守る事も出来ず、婦人の地位を高めることの出来ないことも極論した」のだという。それは当時の日本の花嫁の姿を、次のような全八章の章立ての下、やや誇張して綴り、その悲惨な状況を訴えたもので、一種の啓蒙の書であった。

一、何故に彼等は結婚するか
二、嫁探し
三、媒介者
四、結婚の支度

五、結婚式
六、結婚旅行
七、家庭における花婿と花嫁
八、母と祖母

ところが、本書に対し、一八九三（明治二六）年七月二二日発行の *Japan Weekly Mail* が最初に疑問の声を上げ、次いで新聞『日本』、『萬朝報《よろずちょうほう》』などが、これを日本の恥として報道した。続いて日本基督教会の機関誌『福音新報』をはじめ『女学雑誌』など、キリスト教系ジャーナリズムが、*The Japanese Bride* を日本人の恥辱を公表し、日本人を貶めたものとしてきびしく批判することになる。

『福音新報』（主幹植村正久）は、第一二七号（一八九三・八・一三）の巻頭言で、『日本の花嫁』を批判したのにはじまり、田村批判を執拗に行った（第一二九号、一三〇号など）。その上で田村の属する第一東京中会では、こうした流れを受けて、この本が「虚実ヲ混淆シ妄リニ日本人民ノ恥辱トナルコトヲ記載」したものとして、「日本基督教会教師ノ職ヲ汚シタルモノ」であるという理由で譴責処分（戒規）を打ち出した。田村は教派の憲法・規則に基づき、大会に上告したが、翌一八九四（明治二七）年七月の大会でも、同様の理由と、さらに「反省セズ悔悟セザル」と追い打ちを掛け、田村直臣の牧師としての資質を問題視した。その結果は「教師の職に適せず」という動議が可決され、田村の日本基督教会教職の身分を剥奪するという事件となる。

内村鑑三の見解

内村鑑三は日本基督教会大会でのこの処置を知り、直ちに「豈惟り田村氏《あにひと》のみならんや」を『國民之友』

（第一五巻三三二号、一八九四・七・一三）に投稿（「時事欄」）し、「若し「日本の花嫁」を書きたる程の過失を以て之れを売国奴なりと罵るべくんば、日本の言論界は極めて狭隘なる者也。吾人は平生必ずしも田村氏に感服する者に非るも、日本基督教会が名を之れに藉りて、氏が教師職を剥奪したるをば正当の処置なりと信ずる能はず」と書いた。また、外国人宣教師のバラ（J.H.Ballagh）やフルベッキ（Guido.F.Verbeck）らも、これに反対であることを表明した。これは「『日本の花嫁』事件」[9]として知られるものである。

　欧化主義の風潮の中、各方面から注目される時の人として華々しい活躍をしていた田村直臣が、なぜ、*The Japanese Bride*を刊行したことで、日本基督教会大会から「教師ニアルマジキ軽佻浮薄ナル著述ヲナシテ同胞ヲ侮辱シ……」という処分判決を受け、牧師の地位を追われたのか。真の理由は判然としない。明治二〇年代の反動の時代にあった当時の日本の教会が、革新的書物とも言える本書を受け入れなかったと言ってしまえばそれまでだが、そこにはやはり教会制度や運営する人間に問題があったと言わざるを得ない。それはまさに悪しき宗教裁判であったのだ。彼が日本基督教会に復帰が認められるには時間を要し、何と三二年後の一九二六（大正一五）年のことであった。なお、この問題を扱った武田清子の『人間観の相剋』（弘文堂、一九五九・八）には、失意の田村直臣を見舞ったのは、内村鑑三一人であったという田村夫人の証言が引かれている。

　田村直臣には、『子どもの権利』（警醒社書店、一九一一・九）という先見性に満ちた本もある。この本の「自序」で田村は、「不肖ながら私が『子どもの権利』と題して一冊の書物を著述致しました事は、多分世界に於て私が初めてであらうと思ふ」と記している。田村は弱者としての女性や子どもの権利を省みた、時代の先を行く牧師・評論家であった。他にも田村の仕事には、東京一致神学校に教鞭をとりながら、日本伝道学校を興したり、自営館という苦学生のための寮の経営、さらには教育関係のさまざまな著作の刊行がある。

『子供の権利』もその一つであった。聖書研究や文学上での仕事、中でも聖書コンコルダンスの編集と聖書注解、それに日曜学校生徒を意識した児童文学関係の仕事は、とかく忘れがちだが、落とすことができない。

田村直臣は『信仰五十年史』の中で、「私の文学界に於て、最も誇りとすべき事は、言文一致で『童蒙《こども》道しるべ』と題する児童の書物を公にした事である。日本に於て、児童の文学に筆を下した者は、誰よりも私が最先である」と自負している。確かにリチャード・ニュートンの翻訳から成る彼の〈童蒙もの〉は、日本の児童文学の先駆として位置づけられる。それは巖谷小波らの活躍に先立つ仕事だったのである。(11)

既成教派へのアンチテーゼ

本筋に戻ろう。内村鑑三は「『日本の花嫁』事件」を引き起こすような日本の教会の現状を知るにつれ、一九〇〇（明治三三）年頃から積極的に無教会主義を主張するようになる。前述のように無教会主義では、聖書とキリストの贖罪による信仰のみが大事とされる。それ故さまざまな式文や教職制度、礼典などは、必要不可欠とはされない。そして何よりも聖書研究が重視される。けれども、実際には内村鑑三も矢内原忠雄も洗礼を受けており、既成教会を全否定するものではなかった。矢内原忠雄は台湾や朝鮮旅行中、旧日本基督教会はじめ、多くのプロテスタント教会でキリスト教の講演《メッセージ》を行っている。要は無教会主義では、神によって召し出された者の集まるところに、神の教会《エクレシア》は成立するというのである。この原理は、既成教派の指導者が軽々に否定できるものではなかった。

現実の日本の諸教派は、教勢が伸び、制度が整うにつれ、各教派の憲法・規則に縛られ、その違反者を糾弾することに熱心であった。どの教派にも教条主義者とでも言ってよい牧師がいる。また、教派の組織を維持するための、各種委員会が教職中心に生まれる。その結果、そうした委員会の出席に時間と労力を奪われ、肝心の聖書研究という原点を見失っていく。それは第二次世界大戦後の今日のプロテスタント各派の組織にも言えることであろう。無教会主義には、そうした既成教派組織へのアンチテーゼとしての精神が、脈打っていたのである。

無教会研究会編『無教会史Ⅲ』(12)には、日本基督教団の論客竹森満佐一(当時東京神学大学教授)の「キリストの身体《からだ》なる教会―『無教会キリスト教』をめぐって―」が収められている。これは右のような考えに立つ無教会主義への疑問を投げかけたものである。この論は、無教会主義に立つ関根正雄の『無教会キリスト教』(アテネ文庫44、弘文堂、一九四九・二)への疑問を投げかけたものである。竹森は「関根氏の新著『無教会キリスト教』を読んでさまざまな感慨にうたれた」にはじまり、無教会の人々が、〈いかにこの世における教会を知らないか〉を衝く。これは率直な言辞で無教会主義を批判した文章で、現実の世における教会の意味を問うている。関根正雄の「世俗性の問題―竹森氏の批判に答う」(初出『基督教文化』39、一九四九・九)という論理に貫かれた反論が、竹森の文章とペアになって右の本に収録されている。双方の主張はかみ合わないものの、論争そのものには学ぶところが多い。

内村鑑三は『基督信徒の慰』(警醒社、一八九三・二)で、最初に「無教会」ということばを用いた。キリスト教の発展と共に教会という組織には、さまざまな問題が入り込んできた。キリストの権威ならぬ人間の権威・世の権威がまかり通ったり、堕落した組織のみが幅を利かすということも確かにあった。無教会主義は、組織としての世俗教会の権威からの脱却を目指す主義と言ったらよいのであろう。それはルターの宗教改革における聖書のみ・万人祭司の主張とも重なる。

忠雄の無教会主義の説明

前述のように内村鑑三は「監督なし、牧師なし、伝道師なし、憲法なし、洗礼なし、聖餐式なし、按手礼なし、楽器と教壇とを備へたる教会なし」と無教会主義を規定した。それは矢内原忠雄が若き日のイギリス留学中に、スコットランドのインヴァネスの小さな教会に見出したものでもあった（本書第五章の二参照）。忠雄に「無教会主義論」と題した論文（『矢内原忠雄全集』第一五巻収録）がある。初出は、黒崎幸吉が主宰した月刊雑誌『永遠の生命』（一九三二・四、五、六、八）である。その冒頭に「無教会主義」という名称にふれた個所があるので。引用する。

無教会主義とは先生（筆者注、内村鑑三）独創の語である。凡てが翻訳である我国基督教史に於て、之は又何と大胆なる新語であらう乎。それは単に日本の基督教会の欧米基督教会よりの独立といふに止まらない、実に教会そのものよりの独立である。言ふ迄もなく無教会主義なる語は消極的否定的であつて、積極的建設的ではない。併し乍らそれは教会主義に対する戦闘の語であつた。而して戦闘の語はおのづから否定的消極的たらざるを得ない。敵を否定するもので無ければ戦闘語にはなり得ないのである。カトリックに対するプロテスタント（抗議者）、それは否定的名称であるが、正にその故にこそ戦闘的であるのだ。英国国教会に対するノン・コンフォーミスト（不一致派）、それも亦消極的名称であるが、正にその故にこそ戦闘精神を表現し得たのである。内村先生の無教会主義も同様である。それは戦の語であるから、是非とも否定的名称を取らなければならなかつた。之をその信仰の積極的内容より見て十字架主義又は純福音主義と呼んだのでは内村先生の戦を表現するに適しないのである。先生の歴史上の意義を明確にし、先生の存在を平凡化せざらんが為めには、是非とも無教会主義の名を固執しなければならない。無教会主義は内村先生の信仰であり精神であった。併し若しそれが神の霊によりて動かされし信仰であり、現代の基督教界に対し特別の使命を以て神より出でし警告であるとするならば、それは内村先生よりも大なるものでなければならない。

実に巧みな無教会主義の説明だ。無教会主義なる語は、消極的否定的名称ではあるが、戦闘的表現となり得た。それは「カトリックに対するプロテスタント（抗議者）」「英国国教会に対するノン・コンフォーミスト（不一致派）」と同様であるという指摘など、明快で、説得力に満ちている。

忠雄の「其後の無教会主義」（『矢内原忠雄全集』第一五巻収録。初出『基督信徒之友』第一二号、一九三五・三）では、内村鑑三没後の無教会主義を展望し、第一に独立伝道に従事する同志が輩出し、多くの集会と雑誌があること、第二に聖書の学問的研究の水準が高くなったこと、第三にギリシャ語とヘブル語研究が普及したこと、第四に内村鑑三記念講演会が数度開かれ、大成功をおさめたことの四点が強調される。忠雄の無教会主義論は一九三〇年代半ばに完成を見たと言えようか。

忠雄は右の「其後の無教会主義」で、「併しただ一つだけ先生の独占がある。それは愛する国民から国賊呼ばはりをせられたことである」と言う。内村鑑三の無教会主義の特色は、ここにあったと言わんとするかのようである。最後に彼は、「先生の凡ての長所が多くの弟子達によつて受け継がれても、右の点だけは今尚先生の独占的名誉（?）である」と書くが、右の論文発表二年後、自らも「愛する国民から国賊呼ばはり」されようとは、思いもよらぬことであった。この点でも矢内原忠雄は、内村鑑三と同じ道を歩んだ弟子と言えよう。

典型的な無教会伝道者

「宗教改革論」（『嘉信』一九四〇・一二）で忠雄は、無教会主義の歴史的役割について簡潔に語る。そこでは「人は信仰のみによりて義とせられ、教会員たるを必要としないこと。神を絶対に義として、自己をむなしくする生活態度。国家の道徳を強調する預言者的愛国心。而してエクレシヤの霊的意義を明かにするものとして、一切の教会制度的障壁廃止の主張。之らはすべて無教会主義の信仰の特色を為すものである」とされる。政池仁は「無教会信者・矢内原忠雄」[13]で、「矢内原先生は最も典型的な無教会伝道者であった」と言い、内村鑑三の「闘い残した闘い」を闘ったとする。

国家至上主義を謳う日本は、やがて太平洋戦争への道を歩み出す。矢内原忠雄の「宗教改革論」は、こうした時代背景を考慮に入れないと、その真意は理解できない。日本のキリスト教界は、戦争や神社参拝に強い反対を示し得ず、一九三八（昭和一三）年六月、日本基督教会大会議長だった富田満は朝鮮に行き、神社参拝を勧めるという大きな過ちを犯していた。

全体主義国家日本は、宗教団体の国家統制を考えはじめる。政府は国会に一九三九（昭和一四）年一月、宗教団体法案を提出、三月二三日成立、四月八日に公布された。続いて同年一二月二三日には、勅令により宗教団体法施行令が公布され、翌年四月一日施行と定められる。文部省は一九四〇（昭和一五）年一月、省令で宗教団体法施行細則を発令、日本のキリスト教は、カトリックが一九四一年五月三日付で日本天主公教教団として設立認可、プロテスタントは三〇余の教派が同年六月に合流して日本基督教団を結成し、日本基督教会大会議長の富田満が教団統理者に就任した。

こうして成立した日本基督教団は、その後戦争を教団の名において是認し、反対の態度を示し得なかった。その上、国家宗教（神道）としての神社参拝を容認するばかりか、それを推進したのである。キリスト教各派の合同は、戦時体制への貢献という結果をもたらしたことになる。そうした中で矢内原忠雄は、右の「宗教改革論」の末尾で、「真に国を愛し、人類の歴史を愛し、神の国たるエクレシアを実現する為めには、身を以てこの信仰の純粋性を守護し、且つその純粋なる信仰的展開を期さねばならないのである」と高らかに宣言する。

聖書研究を第一とする

いわゆる十五年戦争開始の時期から矢内原忠雄は、純粋な信仰を求め、その上に立って身を賭して日本帝国主義を批判し、全体主義と闘った。彼は苦難の中で旧約聖書の預言者エレミヤ同様、崩壊の後に復興が来るとして「日本の理想を生かすために、一まづこの国を葬つて下さい」（『通信』一九三七・一〇）との叫びをあげることで、東京帝国大学教授の職を失ったばかりか、非国民・国賊として非難の嵐に立ち向かわねばならなかったのである。世間の人々は、彼を国の方針に背く危険人物とさえ見なした。彼の苦しみは、エレミヤの苦しみにも通じた。

彼が悲惨のどん底で書いた『余の尊敬する人物』（岩波書店、一九四〇・五）の巻頭に、「エレミヤ」を取り上げたのも故なしとしない。彼はエレミヤに自己を投影する。「愛する国の運命は、エレミヤの心にますます大なる問題となりました。神はこの国を滅し給ふのであらうか、救ひ給ふのであらうか、滅亡の徴候《しるし》は明かに見えてゐる。かくも神に背き正義を押し枉《ま》げて居ては、表面を如何に飾つても、内部は欠陥と腐敗に満ちて脆弱そのものであるが故に、外部よりの少しの圧力を以て国は崩壊せざるを得ないであらう」とは、当時のイスラエルを語っているのだが、それは太平洋戦争突入前夜の忠雄の「愛する国の運命」への思いと何と似ていることか。

矢内原忠雄はイスラエルの滅亡を取り上げて、日本の破滅への道を語っているかのようだ。暗く重苦しい時局の下、彼はひたすら聖書研究に集中する。それらは日曜家庭集会・お茶の水公開聖書講義・山中湖畔聖書講習会・各地（ソウル・松本・仙台など）の講義・講演に生かされ、個人誌『嘉信』に次々に発表されていく。日本のキリスト教会（具体的には日本基督教団に吸収された既成の諸派キリスト教会を指す）が、宗教報国を謳い、国策に協力し、聖書やキリストが脇に置かれる状況にあって、矢内原忠雄はひたすらパウロの言う「人は信仰のみによりて義とせられる」ことを信じ、一切の制度的束縛を離れた無教会主義を標榜し、己の信仰を護り、反戦・平和の声を絶やすことなく、思想的抵抗を続けたのである。

矢内原忠雄の無教会主義は、むろん終生の師内村鑑三譲りのものながら、戦時下日本のキリスト教界の現状とも深く関わっていた。最大教派であった日本基督教会を中心とした教会合同は、日本基督教団を誕生させた。が、その行うことは教団統理富田満が伊勢神宮を参拝し、天照大神に教団の設立を報告したことに見られるように、矢内原忠雄の考えるキリスト教とは大きく離れたものであった。彼の「宗教改革論」は、当時の日本基督教団の宗教報国の対極に存在した。彼は時局を無視するかのように聖書研究に集中した。「聖書研究が第一」は、忠雄の信条であった。東京帝大教授を追われたことは、反語的言い方になるが、彼に幸いした。彼は大学教授の特権は奪われたものの、報国を絶えず口にする戦時下の教授会や学内の各種委員会から解放され、日々聖書研究に没頭し、その成果を各地での聖書講演会に生かすことが出来たのである。

紙上の教会

マスコミという発表舞台を奪われた矢内原忠雄の活躍の場が、『嘉信』という個人誌によって支えられたことは、特筆しなければならない。彼の全体主義的国家への〈謀叛の叫び〉や無教会主義に立つ伝道は、

『嘉信』抜きには語れない。それは師内村鑑三が『聖書之研究』を拠り所に、国家批判や聖書研究に励んだのに学んだかのようである。また他の無教会主義に立つ人々が同じように個人誌を刊行し、国の前途を憂い、伝道と聖書研究に向かったのにも通う。内村鑑三の言う「紙上の教会」は、鑑三門下では、矢内原忠雄の『嘉信』と塚本虎二の『聖書知識』が双璧をなす。東京帝大辞職後、敗戦までのことは前章までに詳しく述べたところだが、ここで矢内原忠雄自身の口から、個人誌『嘉信』のことを語って貰おう。以下は『私の歩んできた道』(14)からの引用である。

私は前にいったように、昭和七年満洲で事件にあったあと、『通信』というのを出したが、昭和十二年の十二月に辞職したときに、すぐに私は、自分の道を示され、その『通信』というのを拡大して、キリスト教主義の月刊雑誌を出すことにした。昭和十三年一月にその創刊号を出したのですが、これが『嘉信』です。それから、私の家で、最初は十二、三人、後には三十四、五人くらいの青年が来まして、日曜日ごとに聖書の講義をした。

個人誌『嘉信』とともに、戦争中の忠雄の大きな仕事に土曜学校があったことは、すでに述べた。確認の意味も込めて、右の文章に続く忠雄の証言を聴こう。

もう一つは、土曜学校と私は名づけたのですが、毎週土曜日に、これも青年・学生の希望者——そうですね、やはり三十人もいましたか——を集めて古典の講義を始めた。アウグスチヌスの『告白』を最初にやった。アウグスチヌスを三年やりました。『神の国』とか『三位一体論』とか。次にはダンテの

『神曲』を三年かかってやって、それからミルトンの『パラダイス・ロスト（楽園喪失）』をやった。それから第二部として、アダム・スミスの『国富論』を講義した。これも三、四年もかかりましたね。それから、同じくミルトンの『パラダイス・リゲインド（楽園回復）』をやろうと思っていたときに、終戦になった。それが戦争中のおける私の仕事のおもなものです。

忠雄も言っていることだが、彼は大学を追われた時、それを試練とは受け止めても、「少しも落胆することなく、かへつて伝道上の仕事については前よりも自由になり、積極的な気もちになつて活動した」(15)のである。多くのクリスチャンが教団の勧めるがままに、神社参拝に走った。クリスチャンと称しながらも、家には神棚を置いた時代である。それは迫害から逃れるための申し開きの方便であったこともあろう。けれども、忠雄は逃れることも、ひるむこともなく無教会主義を高らかに宣言し、伝道に力を注いだ。土曜学校も広い意味では、その一つであった。それは軍国調教育に流される、日本の高等教育への異議申立でもあったのである。

開かれたキリスト教

すでにふれたが、一九四三（昭和一八）年七月三〇日、北海道で伝道に励む無教会主義の浅見仙作が非戦論のため、札幌警察署特高課に召喚・留置される。忠雄は浅見の懲役三年という不当判決を知り、書簡（一九四四・八・二六付）で、彼を励ます。そればかりか、忠雄は大審院での控訴を傍聴し、その無罪を見届けることになる。無教会主義はきびしい時局の下で、より真価を発揮した。「日本の基督教」(16)で矢内原忠雄は、戦時下の日本のキリスト教界を批判し、次のように言う。

戦争中日本の基督教は大なる試煉を受け、その多くの者が政府の強要に屈して迎合的態度を取り、ただ少数の者だけがその信仰を純粋に守ろうとして政府の弾圧と迫害とを蒙つた。中にも不幸であつた事は、プロテスタントの諸教会が政府の要求に応じて『日本基督教団』といふ統合体を造つたことである。プロテスタント諸教派の合同は理論的には望ましい事であるにしても、此の場合は教会内部からの機運が信仰的に熟して合同したのではなく、明白に政府の統制政策によりて強要せられた合同であり、信仰的には不純なものであつた。それはただ政府の戦争政策徹底の機関として利用せられたに過ぎなかつたのである。

日本基督教団の成立はこのやうに信仰そのものの純粋性の喪失、戦争遂行政策への協力といふ二つの過誤を犯したのみでなく、教団に加入しなかつた基督者に対して政府の弾圧の下される契機となつた。それは教団への非加入者は、政府の戦争政策への非協力者として見られたからである。

戦後矢内原忠雄は、水を得た魚のように無教会主義に立つ伝道を行った。敗戦二年後の一九四七（昭和二二）年三月三〇日の今井館講演「無教会早わかり」（『嘉信』第10巻第4号、一九四七・四掲載）で、忠雄は「人は制度教会に連ならなくても、基督者であり得る。そのことだけははつきりさせて置かなくてはなりません」と言っている。この指摘は、今日においても重い意味を持つ。それは開かれたキリスト教につながるからだ。

すぐれた日本文学の研究者であり、透谷や漱石、そして芥川龍之介や宮沢賢治の文学に造詣の深かった佐藤泰正は、最後の著作となった『文学の力とは何か』（翰林書房、二〇一五・六）で、「〈ひらかれた宗教〉の可能性とは、まさに今も残る教義《ドグマ》と教団・教派という制度や組織がおのずからに生み出す権威、権力の強制、圧迫という矛盾を、いかにとり払って行くかという一点にあろう」と書くが、ここにはカトリック作家で『沈黙』を書いた遠藤周作の営為を想起してもよいものがある。さらに言うならば、それは内村鑑三や矢内原忠雄が目ざしたものとも重なる。

矢内原忠雄は「宗教改革論」で述べた、「真に国を愛し、人類の歴史を愛し、神の国たるエクレシアを実現する為めには、身を以てこの信仰の純粋性を守護し、且つその純粋なる信仰的展開を期さねばならない」という信念の実現のため、新たな闘いに臨む。東京大学総長という激務をこなしながら、彼は聖書講義を続け、各地への講演に赴き、伝道月刊雑誌『嘉信』を休むことなく死に至るまで刊行し続けたのであった。

エミール・ブルンナーとの交流

ところで、矢内原忠雄の晩年、その戦後の歩みを検証していて落とすことのできないのは、スイス出身の改革派神学者エミール・ブルンナー（Emil Brunner）との交流があげられる。ブルンナーは一九二四（大正一三）年からチューリッヒ大学の神学部で組織神学・実践神学の教授（一九四二〜一九四四年は同大総長）を勤めた神学者である。

ブルンナーは、日本がファシズムの勃興を招いた要因が、キリスト教の宣教の不徹底にあったとして、第二次世界大戦後来日し、一九五二（昭和二七）年九月以降、東京三鷹の国際基督教大学の教壇に立つことになる。この時期に忠雄はブルンナーと知り合いになり、短い期間ではあったが、深く交わることとなる。忠雄はブルンナーを「親しい友人の一人」（「日本とキリスト教」）と呼んでいる。ブルンナーは日本に永住するつもりだったが、夫人の病のため一九五五（昭和三〇）年春、帰国した。ブルンナーのキリスト教理解は、

「出会いの神学」と呼ばれた。神が人と対峙する時、人は「否」か「然《しか》り」を問われる。その時、人は「然り」と応えることで、「新しい人」となり得るというのである。彼は日本の無教会主義に強い関心を示した神学者であった。カール・バルト（Karl Barth）との「自然神学論争」でも知られる。

矢内原忠雄のブルンナーとの交流やその神学に言及した文章に、「ブルンナー博士を送る」（『嘉信』第一八巻第七号、一九五五・七）と、「日本とキリスト教 一九五五年六月十二日、日比谷公会堂、エミール・ブルンナー博士訣別講演会における講演」（同）がある。双方とも『矢内原忠雄全集』第一五巻に収録されているので、簡単に目を通すことができる。前者で忠雄は、「博士は日本の無教会を正しく理解し、これに大きい望を嘱された。伝統的な教会の壁の中では生きたキリスト教の生命は栄えぬこと、牧師任せでなく平信徒各自が福音の証明と宣教に当たるべきことを博士は力説され、その意味で博士は教会に失望し、無教会に友を見出したことを、会の場で率直に告白された」と言う。

また、語を継いで、「ブルンナー博士が説かれたキリスト教の把握と伝道の方法について、私どもは格別に新しいものを見出さなかつた。それらはすべて内村鑑三先生が我々に教へ、遺して行かれたものに外ならなかつた。むしろブルンナー博士が日本の無教会に接して、喜悦と共鳴を感じた点が多くあつたのではあるまいか」とも言う。忠雄はブルンナーが、日本の無教会主義の宣教を正しく認識し、世界に紹介してくれたことを喜んでいたのである。

後者で忠雄は、ブルンナーは「教会と無教会との融和・提携といふ問題」をめぐり、「教会と無教会との為に「橋をかける」といふこと」を提起していたとする。ブルンナーの問題提起に対して忠雄は、「教会も無教会も真実に謙遜に純粋にキリストの福音を信ずるならば、橋どころか、土台が一つでありますから、その間に何も問題はなくなる。ただ問題はいかに純粋に、いかに真実にキリストを愛し、キリストの福音を守るかといふ、その一点に帰するのであります」と明確に応じている。

さらに忠雄は「キリスト教は外国の宗教ではありません」と言い、「キリスト教は世界の宗教であります。キリストの福音は人類の福音であります。それ故にまた日本のものでもあるのです」と言う。忠雄はインターナショナルの宗教としてキリスト教を位置づけようとしていたのである。無教会主義も日本で生まれたものであっても、世界宗教としてのキリスト教であるとの自負がそこにはあったと言えよう。

三　平和への思いと沖縄旅行

平和問題談話会

東大総長矢内原忠雄の生活は、多忙を極めた。もっとも忙しさは、戦争の終了と共にはじまっていた。東大に復帰し、社会科学研究所長・経済学部長・教養学部長を歴任し、総長職に就いた頃には、忙しさはピークに達していた。毎日曜日の今井館聖書講堂での聖書講義、全国各地での講演、大学でのさまざまな仕事、それに月刊誌『嘉信』の編集と執筆、さらには新聞・雑誌への寄稿と、彼は休みなく働いた。「私がいかに多忙な日々を送つてゐるかは、恐らく諸君の想像の外にあるであらう。十月一日経済学部長に補せられて以来、更に多忙を増し加へた」と書いたのは、記録によれば一九四八（昭和二三）年一〇月二四日の未明のことである。[17]大学人には、それぞれの学問分野での社会への貢献が求められている。また、総長ともなれば、さまざまな事象や事件に対し、見解を求められることもある。彼はそれらに誠実に対している。特に平和問題には積極的に発言するようになる。

すでにふれたところだが、一九四八（昭和二三）年一二月に発足した安倍能成・大内兵衛・末川博・恒藤恭・矢内原忠雄らの平和問題談話会は、一九五〇（昭和二五）年一月一五日、「講和問題についての声明」を発表した。そこでは全面講和・中立不可侵・国連加盟・軍事基地反対・経済的自立が主張された。これは雑誌『世界』三月号に掲載されたほか、『日本評論』『世界評論』『潮流』『評論』『人間』などの各誌にも載った。岩波書店の雑誌『世界』の初代編集長吉野源三郎は、平和問題談話会にかかわる学者の組織づくりに積極的にかかわった。戦時中に屈することなく国家権力と対峙した矢内原忠雄に、吉野は一目置いていた。彼は京大事件で最後まで闘った恒藤恭や日本政治思想史研究の丸山眞男らも含めた学者の組織づくりを進めたのである。

この頃、矢内原忠雄は『講和問題と平和問題』（河出書房、一九五〇・三）という一書を刊行していた。内容は講演「講和問題と平和問題」と論文「相対的平和論と絶対的平和論」とから成る。本書の中で忠雄は、〈永世中立に対する反対論〉を意識して、世界平和の達成のためには、〈必ずしも武力若しくは経済力〉による必要はなく、〈その掲げる理想の高きことと、その理想を達成する努力の熱誠なること〉によるとしている。この考えは、改憲論の起こる度に想起してよい平和論の古典ともなっている。

総長就任前後の矢内原忠雄は、時代の流れに常に敏感に反応していた。それは一高南寮十番の仲間であった恒藤恭の歩みとも連動する。恒藤恭は戦後大阪商科大学学長を経て、一九四九（昭和二四）年四月から一九五七（昭和三二）年一〇月まで、二期八年大阪市立大学の学長を勤めた。これは矢内原忠雄の東大総長在任期間と重なる時期を含み、矢内原忠雄より二年半長い学長期間であったことになる。大阪商科大学学長時代から通算すると、何と一一年と一〇ヶ月もの長きに亘る。恒藤恭はなぜかくも長く公立大学の学長職にあったのか。それは選挙方法をめぐって、学内の文化系と理科系とが対立し、学長選挙内規がいつになってもできなかったことによる。そのため彼は一時万年学長の地位に置かれていたのである。

戦前のファシズムに職を賭して抵抗し、気骨あるところを示した恒藤恭は、創設期の都市型大学である大阪市立大学にとってなくてはならぬ存在となっていた。同様のことは、京大事件を恒藤とともに闘い、戦後立命館大学に二〇年以上も総長として君臨した末川博についても言えるのである。二人とも関西の知識人の代表として、憲法擁護・反復古思想との闘いに奮闘した。彼らは東京の矢内原忠雄や丸山眞男らとの共同戦線を組んだ。なお、平和問題談話会に関しては、広川禎秀の「恒藤恭と平和問題談話会―時代の傍観を拒否した法哲学者」(18)が参考になる。

十大学長声明

一九五六（昭和三一）年一月一六日、自民党文教制度調査特別委員会は、教育委員会制度改正要綱を発表、教育委員会は公選制から任命制へと変わる。また、教科書検定の強化を目指した法案が政府によって提出された。この教育二法（「地方教育行政の組織及び運営に関する法案」と「教科書法案」）の改正法案に、東京大学総長の矢内原忠雄は教育の危機を感じ、他の同志、――南原繁・木下一雄・大内兵衛・大濱信泉・安倍能成・内田俊一・蝋山政道・上原専禄・務台理作と諮って「文教政策の傾向に関する声明」、いわゆる十大学長声明を三月一九日付で出す。声明冒頭には、「教育は時の政治の動向によって左右されてはならず、教育の制度と方針は政争の外において安定させるべきだが、最近、文教政策の傾向はこの原則をあやうくするように思われる。たとえば、教育委員会について、あるいはまた教科書制度について、そのいわゆる改正案をみると、いずれも部分的改正ではなく民主的教育制度を根本的に変えるようなものであり、ことに教育にたいする国家統制の復活をうながす傾向がはっきりしているのは、容易ならぬことといわねばならない」とある。その上で、こうした改革は慎重審議されるべきもので、改正案を急に作成し、国会通過をはかることは、厳に戒められなければならないという内容であった。
この声明は、同月二三日、恒藤恭や末川博ら関西十三大学長によって支持されることになる。恒藤恭や末川博は、彼らが戦前にかかわった京大事件のにがい体験などもふまえ、学問の自由や平和問題を真剣に考えていた。二人とも民主的な理想的大学建設に努力しながら、日本国憲法と教育基本法を守るところに、真の平和教育が成り立つとした。恒藤恭は一九五四（昭和二九）年二月一〇日の『中部日本新聞』（『西日本新聞』同一三日付）に、「平和教育の課題」と題して、時の権力に左右されない教育の理想を語っていた。以下のようである。

学校教育の目的は、それからそれへと変動してゆく政権担当者の意向によって左右されることをゆるさない。平和を愛する学校教師が学校における平和教育のために努力する自由は、つねに十分に尊重されねばならぬ。政府は今年から始めて三ヶ年の間に自衛力を十九万人前後に増強することをもくろみ、一方では保安庁法に重要な修正をほどこすとともに、他方ではいよいよ米国とのＭＳＡ協定の締結に乗り出している。このように当面の政治情勢は平和憲法の精神をかろんずるような方向に沿うて展開しているのであるが、教育、ことに学校教育の目的と理想は決してそうした政治情勢によって影響されることなく、学校教育にたずさわる全教師諸君の一致した努力によって堅持されなければならぬ。とりわけ平和教育の理想はあくまで貫徹されねばならぬ。

恒藤恭・末川博らの支持

恒藤恭も末川博も戦後早くから教育の大事なことを、折りにふれて語っていた。そして憲法や教育基本法に則った教育の必要性を訴えていたのである。矢内原忠雄らの教育二法反対声明支持を関西の十三大学学長と表明した直後の一九五六年四月五日付『人類共栄新聞』に、記者の質問に答えた恒藤恭の談話が載っている。彼はここで明治以来の教育の歴史を振り返った後、「日本の教育が戦後新しく再出発するにあたって、教育の理想、教育の方法が学校教育、社会教育と共に根本的に改められた。その一つの現われが教育委員会制度であり、国定教科書を廃した検定教科書制度である」と戦後の教育改革を評価する。そして、以下のように言う。

所が、今度政府が行なおうとする教育委員会制度の改正法案にしろ、新しい教科書制度にしろ、教育の基本精神に反しているし、教育の非民主化の方向へいくおそれがある。
どうして教育制度を、今簡単に急いで改めようとするのか全く了解に苦しむところである。例えばフランスあたりでも教育制度が問題になって、戦後いくつもの内閣をへているが未だ正式な方向がきまっていない。日本では簡単に考えていく。きわめて危険なことだ。
また官公立の大学長の発言に対しての非難もあるが、私はそれは間違っていると思う。何故なら私たちも同じ国家の役人であって、言論の上では全く平等であり、同じ立場から批判すべきは当然だからである。

恒藤恭もまた、戦前・戦中の日本の暗い現実と闘ってきただけに、教育二法改正法案に黙っていることができなかったのである。憲法を教育に生かすことは大事である。彼らの教育二法改正法案反対のよって立つところは、日本国憲法「第二十三条　学問の自由は、これを保障する」と、教育基本法「第一条（教育の目的）　教育は、人格の完成をめざし、平和的な国家及び社会の形成者として、真理と正義を愛し、個人の価値をたつとび、勤労と責任を重んじ、自主的精神に充ちた心身ともに健康な国民の育成を期して行わなければならない」にあったことは言うまでもない。当時京都に住んでいた恒藤恭が、一高以来の旧友矢内原忠雄はじめ、東京の十大学長の教育二法に反対する声明に、末川博らと即座に支持するとの声明を、関西十三大学長連名で出すことができたのは、こうした背景があったからなのである。

第二次世界大戦後、矢内原忠雄は平和がいかに大事かを実感していた。平和は自由と結びつく。彼にはおびただしい量の自由や平和に関する論考がある。それらは彼の著作に収録され、『矢内原忠雄全集』にも収められた。その平和論は、「絶対平和主義」であり、学問（科学）に結びつく。この点でも彼は生涯の師内村鑑三の衣鉢を継ぐ。これまでもしばしば引用した『私の歩んできた道』で、彼は聞き手の大塚久雄と次のような問答をしている。(19)

大塚　今おっしゃられた精神の充実といいますか、高揚といいますか、そういう中で、講義でも、お書きになったものでも、あるいは聖書研究会でも、私どもの一番印象に残っているのは一貫して「平和」を強く主張されたことですね。この点やはり同じく時代の動きに屈しなかった人々の中でも、何か特殊な印象を受けたように感じております。

矢内原　平和についても、やはり信仰と学問、その両方からでしたね。その両方が私には矛盾しないで一つのものになっていた。私は信仰も幼稚だし、科学や学問だって未熟な者ですが、私には私なりにその二つが一つの力になっておる。よく譬えに「一本の縄は弱いけれども、より合わせた縄は強い」と言われている。私にも信仰と科学がより合わされて、私の力になっておる。

一つはもちろん内村鑑三先生や新渡戸稲造先生の信仰の影響ですね。それから学問の方では吉野作造先生の政治史にしても、新渡戸先生の植民政策にしても、自分の研究した植民地論にしてもそうだが、とにかく権力を持っている者が弱者をしいたげるということが行われているのは、科学的な研究からみても知識と正義に適うものではなく、決してよい社会を、ほんとうの意味の人類の発達をもたらさないものだということを知り、それがちょうどキリスト教の信仰と合致した。そういうことが私の平和についての考えの根本にあった。

ジャーナリスト矢内原忠雄

戦後の矢内原忠雄の学問的仕事を俯瞰すると、戦前からの仕事の延長線に立つ業績に『帝国主義研究』（白日書院、一九四八・四）があり、国際経済論と講座名を変えてからの仕事としては、楊井克巳との共著『国際経済論』（弘文堂・一九五四・四）がある。本書の第一部（矢内原忠雄執筆）は、戦後の東大での講義を活字化したものだ。彼は学問的著作を、この時期も戦前同様もっと刊行したかったに違いない。が、小石川に部屋を借りて保存していた厖大な関係書籍を戦災で失うという不運、それに社会科学研究所長・経済学部長・教養学部長・総長と続いた激務は、専門分野での書物刊行の時間を奪うことになる。

が、彼は書くことはもともと好きで、その文章表現力は、若き日から抜群のものがあった。しかも、時代は彼にジャーナリストとして肩書きを与え、その発言を重視し、舞台を与えた。忠雄はそうした時代の要請に応じて、多くの大学論や平和論を書き継いだ。著作目録を一見すると、驚くばかりの旺盛な評論活動である。それらは『日本精神と平和国家』（岩波書店、一九四六・六）、『日本の傷を医す者』（白日書房、一九四七・七）、『講和問題と平和問題』（河出書房、一九五〇・三）、『大学について』（東京大学出版会、一九五二・一二）、『日本のゆくえ』（同、一九五三・四）、『銀杏のおちば』同、一九五三・一一）などに収録される。東大総長退任直後に刊行された『主張と随想』（同、一九五七・一二）には、これから述べる沖縄訪問における講演七編が収録されている。

矢内原忠雄は一九五五（昭和三〇）年一二月に、東京大学総長に再選されている。ちなみに国公立大学の総長（学長）の任期は、各大学の「選挙規定」によれば、一般に四年であり、再選可能が多い。ただしその場合は二年で、通して六年を越えることはない。ポポロ事件にはじまった矢内原総長の人気はまずまずであった。当初は就任を尻込みしたほどの総長職も、再選の頃には板に付き、彼は本腰を入れて大学改革に取り組むようになる。彼は学内外のことを熱心に学び、大学行政家として四年を経て、一流の実務家となっていた。再選は当然であった。

もともと矢内原忠雄には、リーダーとしての素質があり、神戸一中や一高時代にも、その才能は輝いていた。戦後、東京大学の総長という大学トップの座に就き、公務を無難にこなす中で、彼の指導力・統治力は磨かれていった。彼は再選されたことを神の御心と信じ、職務により精を出す。

沖縄への旅

東大総長在任中、矢内原忠雄は一九五六（昭和三一）年五月から七月までの約五十日間、フランス・イギリス・ドイツ・スイス・イタリア、それにインドに出張している。「欧州遊記」[20]は、その記録である。この旅では、若き日の在外研究時代の下宿跡も見て回っている。西ドイツでは、なつかしいDahlem, Werderestrasse24の下宿先まで出かけている。本論第六章三で述べた若き日の想い出の地である。彼は「昔ヴェルダー通、今は改名してハーベル・シュウェルター街といっている通りの二四番地は、私が留学中寓居していた処で、そのあたりは戦災を受けず、家も昔のままであった」と書いている。

一九五七（昭和三二）年には、沖縄（一月）、次にアメリカとカナダ（一〇月）を訪れることになる。彼は旅を厭わない。若き日から旅は彼と共にあり、旅は彼の思索の源泉であった。旅に出ることで、筆の人矢内原忠雄は考えを深め、輝いた発言をする。沖縄旅行もそのような彼の思索の旅となった。

当時沖縄は未だアメリカの統治下にあり、パスポートの申請や検疫などもあって、外国へ行くようなものであった。忠雄の戦前からの専門は、植民政策である。そうした彼はアメリカの沖縄統治がいかなるものかに、強い関心をもっていた。そこで沖縄教職員組合と琉球大学の招きに、よろこんで承諾したのである。文部省からは「南西諸島（沖縄本島）への出張を命じる」との言質《げんち》を取っての旅であった。一九五七（昭和三二）年一月は、沖縄で「島ぐるみ闘争」と言われた、大規模の抵抗運動が展開されて半年後という時期に相当する。忠雄は沖縄の脱植民地化に、日本国はどう責任をもつかを短い旅の中で考えることになる。

矢内原忠雄の「沖縄旅行」[21]と題した文章には、旅の大要が記されている。一九五七年一月一五日の夜一一時三〇分羽田発の日航機で、矢内原忠雄は沖縄に向かう。飛行機は翌朝四時、那覇空港に着く。琉球ホテルで小憩後、彼は直ちに琉球政府行政主席と南方連絡事務所長を訪問した。矢内原忠雄の旅は、今回も強行軍であった。この日も到着した一六日の午後二時から首里の琉球大学で屋外講演をしたのにはじまり、視察と講演に明け暮れしている。琉球大学での講演は、「世界・沖縄・琉球大学」[22]と題して行われた。内容を紹介しよう。

全文は四百字詰原稿用紙にして約四八枚、「私と沖縄」「移民問題と沖縄」「植民地問題」などという小見出しが付き、読みやすい。「私は今朝早く那覇の飛行場に着きました。当地に来たのは初めてであります」にはじまる。会場は校庭であり、多くの聴衆が詰めかけた。聴衆は「沖縄旅行」によると、「全学生一、五〇〇名の外、高等学校生徒や一般市民を合せて約五、〇〇〇名」とある。聴衆はグランドに座って、マイクを通して話を聴いたようだ。「私は今日みなさんにお話するについて、こういう広いところでお話するとは思っていなかったのです。その上に琉球大学の学生諸君のほかに、高等学校の生徒さんたちもたくさんお見えになっておるのでありまして、私の予想とは変ります。少しお話がむつかしくなるかも知れませんけれども、皆さんのお尻があまり痛くならないうちにやめますから、御辛抱おねがいしたいと思います」と彼は語り出す。

矢内原忠雄は移民問題と植民地問題から話をはじめる。特に後者の植民地問題は、彼の戦前からの研究課題だけに熱を帯びる。彼は沖縄の三問題を、一　移植民の問題　二　沖縄自体の島内における政治、経済、文化についての問題　三　世界の軍事的な勢力関係における沖縄の位置の問題として示す。彼はこうした問題整理をしたうえで、平和問題を持ち出す。「今日の国際問題を考えてみると、どうしても世界の平和は必要である。世界は平和でなければならない」という持論を展開するのであった。その上で大学の任務と使命に及び、学問の自由と真理探究の精神にふれて論を結ぶ。

翌一七日は、午前九時半ホテルを出発し、南部戦跡めぐりをし、ひめゆりの塔・魂魄《こんぱく》の塔・健児の塔などを歴訪した。案内をしたのは、琉球大学副学長の仲宗根政善《せいぜん》であった。仲宗根は東京帝大卒業後、沖縄第一女子高等女学校や沖縄師範学校女子部で教え、ひめゆり学徒隊の引率教員となった経歴の持ち主であった。「氏が言葉少なに語るところによって、戦渦のいかにむごいものであったかが窺われた。戦争のいかに罪悪であるかを知ろうとする者は、沖縄の南部戦跡を来て見るのが最も捷径であろう」と忠雄は「沖縄旅行」に書いている。

午後は那覇に戻り、一時半から沖縄教職員組合の教育研究集会で講演をした。会場は那覇で最も多くの人員を収容できる映画館で、会員二、五〇〇人のほか一般聴衆を合わせると四、五〇〇人にも達し、立錐の余地なく、場外にはみ出た人も多くいたという。

沖縄での講演

講演は「教育の基本問題について」(23)であった。この講演でも民主主義と平和問題が強調された。活字化された「教育の基本問題」からその中核的な個所を引用すると、「平和主義は、人間と人間とが交際するに際して相互の人格を尊重すれば当然平和になる。力をもって、腕力をもって、暴力でもって、武力でもって、他の人間を打ち倒すということが、平和の反対で、暴力闘争であります。人格を尊重するという人間観からは、当然人間対人間の交際は平和でなければならない。暴力闘争、暴力手段は否定する。これは民族と民族との交際に応用しても、原理的には同じであります。だから民主主義の教育と平和主義の教育とは、人格を尊重するという同じ根本理念から生じている二つの目標でありまして、内面的に関連のあることなのです」とある。彼はこの立場に立った教育の必要を、「教育と政治」「教育と経済」「教育と文化」などに分けて語った。この日の夜は、矢内原東大総長を囲むというかたちでの東大出身者二十数氏との懇談会があった。

一八日は午前に沖縄教職員会館、それに民芸的手工業の紅房漆器店と、つぼ屋陶器店などを視察した。午後は沖縄中部のコザ市（現、沖縄市）のコザ中学校で沖縄教職員会のために講演をする。教職員のほか高校生や一般市民も加わり、ここでも聴衆は多かった。コザは米軍基地の中心で、典型的な基地の街である。講演は、「教育の基本理念としての人格観念とそれに基づく民主主義と平和主義を主とし、沖縄人が日本民族としてもつべき自覚と希望について付け加えた」（「沖縄旅行」）という。短い沖縄滞在中、忠雄は講演に明け暮れした。首里キリスト教会での主日礼拝でのメッセージなど、教会関係のものを含めると七回にも及ぶ。声がかかれば都合の付く限り彼は出かけた。

この日は、講演終了後、東海岸沿いを北に車を走らせ、石川・金武《きむ》・宜野座《ぎのざ》・久志《くし》を経て、山地を西に横断し、名護町（現、名護市）に出て、厚養館という旅館に泊まる。一九日は名護の中心部から北へ車で三〇分ほどの屋我地《やがじ》の国頭《くにがみ》愛楽園を訪問する。

矢内原忠雄とハンセン病

国頭愛楽園（現、国立療養所沖縄愛楽園）は、一九三八年一一月一〇日開園のハンセン病療養所である。初代園長は塩沼英之助で、「沖縄旅行」にも、「ここは癩療養所で、戦前塩沼英之助君が初代園長として赴任経営に当ったところであり、戦後井藤《いとう》道子さんが数年働いたところである」と出てくる。塩沼英之助は一九〇三（明治三六）年生まれの医師である。井藤道子は忠雄と同じ愛媛県の出身、一九一七（大正六）年生まれの看護婦で、歌人でもあった。塩沼も井藤も共に熱心な無教会主義のクリスチャンであり、忠雄とは親しく、愛楽園のことも二人から何かと聞いていたのであろう。特に井藤道子は忠雄を師と仰ぎ、若き日からその指導を受けていた。『矢内原忠雄全集』第二九巻には道子宛の忠雄書簡が一四通収められていて参考になる。

忠雄は十五年戦争時代から何度か香川県のハンセン病施設の大島青松園を訪れている。石本俊市「生きることを教えられて」(24)によると、一九四四（昭和一九）年五月一九日に来園した忠雄は、職員と患者を前に話をし、「この騒々しい気狂いじみた世の中にあって諸君こそ真に国家の前途を憂慮し、世界平和のために静かに祈ることができる場におかれている。またその祈りこそもっとも大切である。諸君にはまだ社会の誰にもできない尊い残された使命がある。祈りの伏兵としてこの所で熱心に祈っていただきたい」と諄々と説いたという。「祈りの伏兵」とは、実に巧みな言い回しである。

本論の第一章で、忠雄に大きな影響を与えた祖母とよにふれたが、彼女は四国巡礼のハンセン病患者を家に泊めるなど、この難病に対する理解と同情が深かった。それは後年の忠雄に伝播したかのようだ。鴨下重彦は「矢内原の伝道で、他の無教会伝道者にみられない、際立って特殊なものの一つは、ハンセン病（ライ）療養所への伝道である」(25)と書く。この指摘は矢内原忠雄のキリスト教伝道を理解するに役立つ。忠雄は愛楽園訪問以前にも第二次世界大戦後の一九五六（昭和三一）年一一月に、鹿児島県鹿屋《かのや》市の星塚敬愛園を訪れるが、それはハンセン病者への深い関心と同情あってのことであった。

早く矢内原忠雄に、「全国癩療養所の各位に」（『通信』第4号、一九三三・二）という文章がある。これを読むと、この病に他人事《ひとごと》でない同情を示していることがよくわかる。「私と癩病」と小見出しの付された箇所に、「私の郷里は四国の愛媛県で、四国八十八箇所巡礼の通り路になつて居ります。気の毒な癩病患者の巡礼姿を、私は小供の時からよく見ました。暑い日に喘ぎながら荷物を背負つて行く姿や路傍の草の上に足を投げ出して休む姿や、私の家の門口に立つて喜捨を乞ふ姿や、時には又吠えかかる犬に杖をふり上げる有様など度々見たのであります。其の様子を見て小供心にも気の毒に思ひました。私の祖母は仏教信者で門口に立つ癩者の巡礼にも差別なく憐憫を施しましたから、それが私にも多少の感化を及ぼしたのでせうが、若しさうでなかつたら私も或は石でも投げつけたかも知れません」と彼は書く。

また、この文章では、「癩病を穢れとして隔離することが神の目的ではありません」とも言う。当時、ハンセン病は伝染する、不浄だということで、病者は差別され、療養所でわびしい生活を強いられていた。忠雄はそうした国の政策に大きな疑問を抱いていたのである。そして、イエス・キリストと「重い皮膚病」とされた人々とのかかわりにも言及し、イエスこそが「人生の希望と力の源である」ことを説いた。

『通信』、そして後続誌『嘉信』の読者には、ハンセン病患者が何人もいた。国頭《くにがみ》愛楽園にも『嘉信』読者が多数いた。彼らに希望と勇気を持って生きることを、忠雄はいつも願い『嘉信』の記事にも反映させていた。それ故、彼は沖縄訪問の目的の一つに、この療養所訪問を考え、日程に組み込んでいたのである。当時、ハンセン病患者には、右に記したような隔離政策がとられ、彼らは世の人々と遮断される生活を余儀なくされていた。

「らい予防法」が一九九六年（平成八）年四月一日に、「ハンセン病問題解決に関する法律」（法律第28号）の成立で、廃止されるはるか以前に、矢内原忠雄は隔離政策に疑問を抱いていた。患者たちは、忠雄の『嘉信』に載るハンセン病問題の記事によって、励まされることが多かった。そのことを知っていた忠雄は、忙しい沖縄旅行の日程の中に、国頭愛楽園訪問をあえて取り込んだ。そして世話人の新崎盛敏《あらさきせいびん》に申し入れ、(26)園にはあらかじめ連絡をとっての訪問となった。「沖縄旅行」には、「患者総代古見君や、青木（恵哉）君、徳田（祐弼）君など、前々から名を聞いていた古い患者たちに迎えられた時は、兄弟か親類に会ったような心安さを覚えて、親しさの感情をおさえることができなかった」とある。

愛楽園では、「講堂で患者・職員一同に話をした。私は諸君を「慰問」に来たのではなく、同じ人間として、兄弟としての愛の交りのためであると前ぶれして、人のかえりみない種類の人々を特に愛されたイエスの愛について、三〇分ばかり語った」という。続いて「在園者から歓迎の句や歌や詩の朗読があり、総代の謝辞があって、一同、讃美歌四四一番「神ともにいまして」を涙とともに心から歌った。私だけでなく、同行の琉球大学仲宗根副学長や、教職員会の屋良会長などにも、この愛楽園での一時間は深い感動を与えたようすであった」と忠雄は書く。

なお、矢内原忠雄とハンセン病に関する文献に、早く非売品の『野菊　矢内原忠雄先生とらい療養所』（野菊刊行会、一九六五・一）があったことを記しておきたい。これは稀覯本ながら、今井館資料館にはある。また、荒井英子『ハンセン病とキリスト教』（岩波書店、一九九六・一二）もあり、そのかかわりの深さを語る。なお、近年の松岡秀隆『矢内原忠雄とハンセン病』（友月書房、二〇一六・五）は、沖縄旅行における愛楽園訪問をも含めて、矢内原忠雄のハンセン病者への思いと関わりがいかに深かったかを詳しく考察した労作で、参考になる。

盛んな、厳かな集会

さて、愛楽園訪問を終えた忠雄一行は、今帰仁《なきじん》の半島を巡る。本部《もとべ》あたりからは基地のための接収で問題のあった伊江島を海上に眺め、名護に戻り、二時からの名護中学校での講演に臨む。ここも聴衆が多く詰めかけていた。彼は教育の基本問題を中心にし、外国軍のため土地と国を失ったイスラエル民族の歴史を引いて、希望とはなにかに及ぶ話をした。どこに行っても、忠雄には強行軍の日程が待っていた。

この日は午後四時過ぎに名護を出発、西海岸を南下して六時頃那覇のホテルに着く。そして、夕食もそこそこにして夜の八時から那覇のプロテスタント教会各派合同の講演会（会場、那覇商業高等学校）で、「ミカ書」第四章を用いて平和の預言を宣べ、キリストの救いについての証言をした。聴衆は場外に溢れ、二、五〇〇人ほどだったという。「盛んな、厳かな集会であった」と彼は「沖縄旅行」に感想を記している。

二〇日は日曜日であった。忠雄は午前一〇時から首里（筆者注、現那覇市の北東部に当たる）のプロテスタント各派連合合同礼拝（首里キリスト教会）で、「平和の福音」と題して五〇分ほどの講演《メッセージ》をする。普段は一〇〇人ほどの礼拝は、この日は八〇〇名を数えたという。「沖縄旅行」によると、「キリストの再臨し給う時、社会的物質的にも神の国は沖縄の島にも現れるべきことを宣べて、沖縄の兄弟姉妹を励ました」という。さらに語を継いで、「昨夜と今朝と二度のキリスト教講演において、私は聖書の言をもって米国をさばき、沖縄に救いの希望を宣べ伝えたつもりである」とその真意を語る。彼はどこにあっても、福音を恥とせず、宣教に従っていた。彼の平和論は沖縄の現状を見、沖縄に叫ぶ民の声を聴くことで、より強固なものとなる。帰国後すぐに筆を執り『朝日新聞』（一九五七・一・二八）に寄せた「現地に見る沖縄の諸問題―不安定な生活の基礎、国際問題として解決を―」には、「沖縄は悲劇の島であり、矛盾のかたまりである」の一文も見出せる。彼は誠実に沖縄の当時のきびしい現状を語ってやまない。

五日間（厳密には四日半）で、前述のように七回の講演を彼は沖縄で行った。どの会場も満員である。季節は沖縄のゴールデンシーズンとされる一月、彼は休む間も惜しむかのように、各地をめぐり、平和と神の国の到来を語った。最後の日は、講演を終えると首里の教会から直接飛行場に向かい、午後一時三五分発の飛行機に飛び乗っている。

後年、矢内原忠雄の植民地関係資料が琉球大学附属図書館に、子息矢内原勝《かつ》（当時慶應義塾大学教授）によって二度に亘って寄贈されたのも、忠雄の沖縄訪問の縁によるのである。大河原礼三編『矢内原忠雄研究文献リスト』(27)巻末に寄せた斎藤英里「矢内原忠雄関係資料の豊かな遺産―矢内原忠雄文庫の意義―」という解説に、その経緯と所蔵資料のおおよそが記されている。なお、現在琉球大学附属図書館の矢内原忠雄文庫の詳細は、データーベース化されているので、パソコン上でも容易に見ることができる。斎藤英里は右の解説文で、一一項目に分類された矢内原資料の内容を簡潔に紹介し、その意義を述べている。

四　死とその前後

最後の卒業式式辞

一九五七（昭和三二）年一月二〇日、矢内原忠雄は無事沖縄旅行から帰宅する。その十日後、彼はまたも旅に出る。東海への旅である。『嘉信』第二〇巻第二、三号（一九五七・二、三月）に、その旅行記「東海の旅」を見出すことが出来る。伝道旅行であった。

各地での講演は、二月一日午前の奈良県榛原町《はいばらちょう》（現、宇陀市）の榛原高等学校にはじまり、午後の名古屋聖書研究会主催キリスト教講演会では、「平和の福音」と題したメッセージを語った。会場の名古屋大学医学部講堂には、八百名を越える聴衆が集まり、盛会だったという。静岡では静岡大学で午後一時から「学生と人生」と題して講演をした。続いて、同じ場所での静岡『嘉信』読書会主催の講演会に出る。

矢内原忠雄は相変わらず精力的である。各地をめぐり、講演や聖書講義をするのが己の使命であるかのように伝道旅行に精を出す。この年は東海地方のほか、群馬県沼田町（二月）、長野県野沢町（五月）、仙台・大阪・京都・名古屋（六月）、札幌・小樽・妙高・松本・木曾（八月）、茨城県東海村（九月）、甲府・長崎・群馬県桐生市（一一月）と席の暖まる暇もないほどであった。未だテレビは十分普及しておらず、講演会全盛の時代とはいえ、多いところでは八百人、時に千人を超える聴衆を集めるのだからすごい。平成の今日においては、考えられない数である。

彼は今や講演者として引っ張りだこであった。なぜ、一キリスト者矢内原忠雄は、講演者としてこのような人気を得たのか。戦中の抵抗者としての強いイメージ、そして現職の東京大学総長の肩書きもさることながら、彼には伝道という使命感があり、常におごることなく謙虚に語るので、喜ばれたのである。彼は講演を依頼されると、伝道のよき機会として都合がつく限り、断ることなく各地に出かけた。他方、執筆活動も依然衰えを見せず、諸新聞や『世界』などの総合雑誌への寄稿、それに個人誌『嘉信』も定期刊行を守っている。

一九五七（昭和三二）年三月二七日、午前一〇時から東京大学で第八〇回卒業式が行われ、忠雄は総長として最後の卒業式式辞を述べる。当日の『毎日新聞』夕刊が、「総長かこみ恒例ビール会」の見出しで、写真を添えて報じている。記事は「会場には早くも背広姿が目立って多く、学生運動の闘士もこの日ばかりは喜びを胸に包んで神妙に待望の卒業証書をいただいた。学生総代には故三木清氏の遺児三木洋子（二三）（筆者注、のち永積姓となり、東大文学部教授）が選ばれて証書を受け満場の拍手を浴びた」とあり、以下忠雄の式辞を次のように伝えている。

矢内原総長は『日本という船のカジは近ごろ急に転換の傾向が見え、政界、財界の腐敗には目をおおいたくなるものがある。このような社会に諸君はどんな心構えで出て行こうとするのか……』と述べたのち、イギリスの詩人ワーズワースがジョン・ミルトンをしたったソネットにならい『ミルトンよ、汝いま生きてあれかし。日本は汝を要す。彼女はいまや汚水の沼なり』と新卒業生を激励した。

いかにも忠雄らしい文学的修辞に満ちた式辞であったとしてよい。しかも内容は相変わらず批判力に満ちたもので、衰え知らぬ気力を感じることができる。

インド首相歓迎のことば

同年一〇月八日、インド初代首相ネール（Jawaharlal Nehru）が、東大を訪問した。ネールは、ガンディー（Mohandas Krrmchand Gandhi）と共に民族運動を指導し、高い理想を掲げ、非同盟諸国の中心的存在として世界平和を説いていた。インドは当時貧しい国ではあったが、ネールの掲げる高き理想は、矢内原忠雄の平和主義にも重なるものがあった。忠雄は大学を代表して歓迎のことばを述べる。

『矢内原忠雄全集』第二一巻に「インド首相ネール氏歓迎のことば　一九五七年一〇月八日、東京大学図書館貴賓室において」と題された一文が収録されている。「解題」には、自筆原稿からの採録とある。この一文の中で忠雄は、「我々日本人がインドを知るのは多く欧米人の研究を通してであり、又インド人が日本を知るのも同様であつて、両国民が直接にお互を知ることはそんなに多くあつたとは言へません」と言い、今後は「もつと直接に知り合つて、互の国民的興隆を助け合ふと共に、互に協力して世界の平和を維持する為めに努力することを必要とします」との先見的提言を口にしている。かつて『帝国主義下の印度』（大同書院、一九三七・三）を刊行した忠雄にとって、インドは決して遠い国ではなかったのである。

ネールを東大に迎え、歓迎あいさつをした翌日、一〇月九日から二五日までの約半月、前述のように、忠雄はアメリカおよびカナダへの出張を命じられ、各地を歴訪した。東大総長としての最後の大きな勤めであった。アメリカは三度目の訪問である。彼の好奇心は依然旺盛ゆえ、旅することは大きな喜びでもあった。『嘉信』（第二三九号、一九五七・一一・二〇）の「雑報」によると、主な訪問先はスタンフォード大学とカリフォルニア大学（バークレー校とロスアンゼルス校）、ユタ州立大学、ブリガム・ヤング大学、それにカナダのブリティッシュ・コロンビア大学である。スタンフォード大学では、「日本の高等教育」と題した講演を行った。大学ばかりでなく、一三日の日曜日には、午前はサンフランシスコの教会で、夜はバークレーの教会で講演。また、二〇日の日曜日には、ロサンゼルスの岩永友記という人の懇請で、その庭園に完成した岩山の完成を祝う献山式、「神の御用にささげるための式」の司式を行っている。[28]

東大総長を辞す

この年（一九五七）一二月一四日、矢内原忠雄は東京大学総長を任期満了で辞任する。しぶしぶ引き受けた総長職ながら、辞任に際してはいささかの感慨も無きにしもあらずであった。六年間は長いようで短かったと彼は思う。満五八歳から六四歳までの日々を、彼は東京大学総長として一日も休むことなく働いた。「東大総長の六年」[29]という文章では、六年間を振り返り「前任者の南原総長はいわば家康みたようなもので、戦後の混乱期にあって新制大学としての東大の基礎をすえた明君であったが、私の位置はいわば二代将軍秀忠で、外にむかって威を張るよりむしろ内をよく治めて、以前の落ちつきを取りもどした住みやすい学園にしたいというのが私の念願であった」と書く。

翌年の一九五八（昭和三三）年三月四日、一高時代からの友人金沢常雄が心臓麻痺で逝く。忠雄はすぐ筆を執り、「金沢常雄君召さる」の一文を書き、『嘉信』（第21巻第3号、一九五八・三）に載せている。中に「君は預言者エレミアを愛した」の一文があり、印象に残る。

東大総長退任後も、矢内原忠雄には各地での講演、新聞・雑誌への寄稿依頼が、次々に舞い込む。彼はそれらに誠実に応えている。一九五八（昭和三三）年六月には、自由ヶ丘の家庭集会以来の同人雑誌『葡萄』、――それは戦後今井館聖書講堂での集会に際して『橄欖《かんらん》』と改題されていたが、それをさらに発展させるべく『山鳩』と改題刊行をはじめた。『嘉信』が全国区的雑誌なら、『山鳩』は今井館のある東京地方区の雑誌の意味があった。彼はその思いを「創刊のことば」[30]として、『山鳩』1号に記している。引用しよう。

私が自由ヶ丘の家で家庭集会をしていた頃、会員の同人雑誌として『葡萄』というものを出していた。毎号四十部か五十部ぐらい製作していた。終戦後、家庭集会をやめて今井館の集会を始めた時、『葡萄』の代りに『橄欖』を出すことにした。これは『葡萄』の会員をそのまま受け継ぎ、それに新しい会員を加えて、最後には三〇〇人に近い会員数になった。しかし創刊後十年を経過したので、会員に更新の機会を与え、はつらつたる信仰態度をもって再出発することを適当と信じて、『橄欖』を解散し、新に本誌を創刊することにした。

東京大学総長の任期満了は、責任を下ろした安堵感と一抹の寂しさをもたらしたものの、矢内原忠雄は次々と来る仕事に追われることになる。翌年（一九五八）は、内村鑑三記念キリスト教講演会（三月三〇日、大阪、電気クラブ。四月五日、東京、女子学院）は無論のこと、依頼されるまま各地での講演に赴いている。五月だけを取り上げても、群馬県安中町の新島学園（五月二日）、神戸高校（五月七日）、大阪大学（五月一〇日）、東京女子大学（五月二一日）、岩手大学（五月二九日）などである。各地での講演は、以後、死の年まで続く。なお、この年二月一八日、彼は長年の功績によって、東京大学より名誉教授の称号を授与されている。

学生問題研究所の創設

総長退任後、矢内原忠雄は学生問題研究所の創設を提案、教育学部の教授沢田慶輔などと相談し、アジア財団の援助を得て、研究所の誕生に尽くした。忠雄は所長として週何回か通うようになる。矢内原忠雄晩年の仕事の一つであるこの学生問題研究所に関しては、海後宗臣《かいごときおみ》の「矢内原先生の創設した学生問題研究所」(31)

に詳しい。それによると、研究所は学生問題を多角的に考える機関で、当時アメリカでも考えられるようになった教育事業とのことである。海後はここで「学生問題研究所は矢内原先生の晩年四年間の仕事の一つであって、病床にあってもこの研究所の活動を考えておられた」と書く。

一九六〇（昭和三五）年は、日米安全保障条約改定の反対運動が、全国的に展開した年であった。いわゆる六〇年安保反対闘争である。年初の一月一六日、岸信介首相ら条約調印全権団がアメリカへ出発した。当時の全学連主流派学生約七百人が羽田空港ビルに座り込み、警官隊と衝突した。忠雄はこうした社会の動きには、相変わらず敏感である。彼は日本の将来を思い、東大総長時代から日米安保体制には批判的であった。それ故、折からの国会を取り巻くデモにも、無関心ではいられなかったのである。

前後するが、この年、一九六〇（昭和三五）年一月一日〜三日は、新年聖書講習会がイザヤ書40〜55章（第二イザヤ書）をテキストに葉山のレーシー館で行われた。忠雄は一日午後四時からの開校式に臨み、夕食後第一回の講義を終えて就寝した。翌二日の未明、上背部に痛みを感じた。何はともあれ、講習会を何とか終え、帰宅した忠雄は、三日夜半には、かつて経験したことのない激痛を同部に感じ、以後その発作に苦しむことになる。以後も病状は変わらず、七日には黄疸の症状が加わる。九日、医者となっていた弟啓太郎が鎌倉から来診、絶対安静・面会禁止の処置をとった。一一日、東大病院田坂内科に入院となる。胆嚢炎と診断され、月末まで二〇日ほど入院している。

病床雑記

忠雄に「病床雑記」[32]という記録文がある。そこにはこの時の病状とその処置が的確に記録されている。それによると彼は日々「無理が過ぎぬよう気をつけながら走っていた」とある。さらに三日間の新年聖書講習会を終え、帰宅した日の夜半過ぎ、「講習会の時に感じたと同じ部位に、生れてこの方経験したことのない激痛に襲われ、明け方まで一人で苦痛と戦った」と告白している。四日には医師陳茂棠《ちんもどう》の来診を求め、痛み止めの注射を受けている。以下、五日以降一一日までの病状は、「病床雑記」に見られる本人の記録を、そのまま引用する。


五日、激痛発作に苦しむ。

六日、左側上下背部に激痛あり、右上腹部にケイレン性激痛あり。明け方三時、突如として生れてこの方経験したことのない全身の震えに襲われ、激痛のため大声を発す。

七日、投薬の結果、痛みを感じなくなった。黄疸の症状現わる。

八日、夜、劇しい精神的衝撃に襲わる。死と格闘の苦しみであった。

九日、鎌倉の弟（医師）の来診を求む。午後来り、絶対安静と面会禁止を命ぜられた。

十日、本年最初の今井館集会であるが、外出を禁じられたので残念ながら行けない。集会は山田幸三郎君に頼んだ。これまで激しい下痢の時も歯痛の日も、病気のため一度も休んだことのない集会であるが、休むことも神の命であれば、おとなしく従わんのみ。胆嚢部に不快を感ず。
○十一日早朝、鎌倉の弟来《ママ》診。相談の結果、直ちに東大田坂教授（筆者注、田坂定孝）の来診を求めた。風邪のため患者を見るのを遠慮しているとの事で、その推薦に従い吉利助教授の来診を求めた。すぐに来てくれ、即時入院と決定し、午後四時東大病院田坂内科に入院した。それから毎日主に肝臓、胆嚢、胆管部の検査と治療を受けている。
今では痛みは全然去り、黄疸の症状も早く消え、経過は甚だ良好で、自覚的にはほとんどどこも悪くない。ただ内臓各部の機能検査と、今度の病気の正体をたしかめ治療の方針を立てるためと、医学的には残っている病状を除くために、なお数日の入院治療をつづける事になっている。六十七年間、使い通しに使って来た身体だから、神は強制休息を命じ給うたのであろう。

矢内原忠雄は、ここに至っても筆の人であった。末尾には、「一月二十三日、東大病院田坂内科にて」とある。すると彼は入院中に、この文章を書き上げているのである。冷静な自らの病状観察記録と言ってよい。しかも、すべてを神の手に委ねるという信仰が脈打っている。この文章もそうだが、忠雄は病床にあっても個人誌『嘉信』の原稿書きの手を休ませていない。続く文章で「昨日から少し気分がよくなったので、医師の許可を受け、病床でクリスマス講演の速記に筆を加え、また病床聖句と病床雑記を書いて、原稿をつくった」とあるのがそれだ。文中昨日というのは、一月二二日のことであろう。退院は一月三〇日であった。

内村鑑三没後三十年

この年一九六〇（昭和三五）年は、内村鑑三没後三〇年の記念すべき年であった。その記念講演会は、大阪（中ノ島公会堂）と東京（女子学院講堂）で開かれ、忠雄はそれぞれの会場で元気に講演をしている。大阪の演題は「主の僕」、東京の演題は「宣教百年と無教会運動」であった。五月三日の憲法記念日には、東京共済会館で開かれた憲法問題研究会講演会で「内村鑑三の非戦論」と題して講演をする。

日米安全保障条約改定に反対する国民的運動は、この年五月から六月にかけて、最高潮に達していた。連日、日米安保反対デモが国会を取り囲んだ。彼は国の未来を憂えていた。六月一五日には、当時の全学連主流派が国会に突入、警官隊と衝突し、東大生樺美智子が死亡するという痛ましい事件も生じた。樺美智子は旧神戸一中が戦後男女共学となって、神戸高等学校と名称を変えた八回生であり、忠雄のはるか後輩に当たる。彼はその死にやりきれない想いを抱く。

忠雄は襲いかかる病の中で、後輩の死や国の行く末を考え、じっとしてはいられなかった。六月一二日には、憲法問題研究会の「民主政治を守る講演会」（文京公会堂）に出席、我妻栄・大内兵衛・南原繁・宮澤俊義らと日本の政治を憂える発言をしている。一方、彼はこうした政治の季節にあっても、自らに課せられた宣教を忘れない。夏は七月二四日から二九日まで御殿場東山荘《とうざんそう》第一回聖書講習会で「ロマ書」を講じ、八月二一日から二四日までの第十回妙高聖書講習会（妙高逓信保養所）では、「イザヤ書」56〜66章（第三イザヤ書）を、一〇月一〇日から一六日までの山中湖畔小聖書講習会では、「ミカ書」の講義を行っている。とにかく彼は病に侵されながらも、最後までエネルギッシュに立ち回っていた。

一〇月二一日は山形大学で「学問と教養」と題して講演。前後には山形の『嘉信』読者と読書会を持っている。矢内原忠雄と山形とのかかわりは、戦前からのもので、『矢内原忠雄先生と山形』（山形聖書研究会、一九六二・一二）という追悼文集が、山形県在住の有志の手でまとめられている。翌一一月の五日には、静岡県の県立沼津東高校60周年記念講演で「世界の将来と青年の任務」を、一二日から一六日までは、兵庫県姫路市、それに大阪豊中などで講演や『嘉信』読者の集まりに出席する。

姫路野里教会

姫路では、一二日夜、姫路市公会堂（姫路駅前、現、市民会館）で、「日本民主化の将来」と題して、一三日午後は、日本自由メソジスト教団所属の姫路野里《のざと》キリスト教会（姫路野里教会と略称される。姫路市八代富士才町七一六）で、「生死の問題」と題して、ピリピ書一章二〇〜三〇節を用いて説教《メッセージ》を行っている。ピリピ書（新共同訳「フィリピの信徒への手紙」）は、忠雄晩年の慰安の書であった。

姫路は忠雄にとってはじめての地である。姫路野里教会（現存）は、『嘉信』第二七四号（一九六〇・一〇・二〇）には、姫路駅から自衛隊行きバスで一五分とある。わたしはこの記事と、姫路在住で、大著『魔界の住人 川端康成上・下』（勉誠出版、二〇一四・九）を持つ友人森本穫の折りにふれての姫路だよりを頼りに、この教会に行くことにした。なぜ最晩年の矢内原忠雄が、東京から遠く離れた西方の地、姫路の教会でメッセージをしたのかを調べるためであった。

ＪＲ姫路駅北口から姫路獨協大学行きのバスに乗ったわたしは、野里というバス停で降りた後、ちょっと迷ったものの、何とか行き着くことができた。二〇一四（平成二六）年一二月七日の日曜日のことであった。日本の教会での主日礼拝は、多くは一〇時半から始まるので、その時間に到着するように行った。この教会は、今は礼拝堂近くまで住宅が迫っているが、忠雄が訪れた戦後一五年の時点では、「野里」の地名通り、野辺の村里の面影を残した地であったに違いない。右の森本穫は、高校時代をこの近くのカトリック系の学校で過ごしたそうで、一九七〇年代ごろまではここは鄙《ひな》びた田園で、教会の前を通る度に、その建物の優雅さに惹かれたと言う。確かに礼拝堂は、木造ながら瀟洒な造りの美しい建物である。

姫路野里教会の現牧師は、誠実さあふれる女性牧師の中嶋嗣《つぐみ》美氏であった。礼拝後中嶋牧師から、この教会のことや、病弱の矢内原忠雄が、なぜ姫路にまで来て、メッセージをしたのかをうかがった。それによると、姫路野里教会は、中嶋氏の父永井貞雄氏がはじめた開拓伝道が淵源であり、現存の会堂は、一九五八（昭和三三）年四月に完成したものという。永井貞雄牧師にかかわる永井春子（筆者注、貞雄の長男永井修の妻、当時、日本キリスト教会香里園教会牧師）編、『我が魂は塵につきぬ』という記念集（私家版、一九八三・五）も出ていて、一冊戴くことができた。この本の「選びは動かず—老牧師の召命告白—」によると、永井貞雄牧師は小学校教師時代に内村鑑三の『基督信徒の慰』によって信仰的に目覚め、河辺貞吉の自由メソジスト伝道学館の門をくぐった経歴の人で、無教会主義の聖書研究に徹する精神を多分に持った方である。永井貞雄牧師は、忠雄の姫路来訪を知り、ついでに姫路伝道を応援して欲しいと忠雄に要望し、それは実現したのであった。前夜の姫路市公会堂での「日本民主化の将来」のタイトルの集会は、多くの聴衆を集め、大成功に終わったのに続き、翌日午後二時からの姫路野里教会での集会への参加者も予想以上に多かったという。

講演「生死の問題」

当日の忠雄のメッセージがどのような内容だったのかは、幸いにも『未発表講演記録 生死の問題　矢内原忠雄』（私家版、初版一九九三・七）と題された小冊子があることを、わたしは今井館資料館の福島穆《あつし》さんから教えられた。これは岩波書店刊行の『矢内原忠雄全集』全二九巻にも、新地書房刊行の『矢内原忠雄『信仰と学問―未発表講演集―』』（一九八五・五）にも入っていない。が、忠雄晩年の重要文献である。そこで少し解説を加えておきたい。

この講演のテープ起こしをして小冊子にしたのは、山田渼子《なみこ》という婦人の方であった。忠雄の講演を姫路野里教会で聴いてから四分の一世紀以上を経、当時の感激を噛みしめるかのようにして、録音テープから原稿化したものである。冊子巻末の山田渼子の「テープ起こしを終えて」には、講演当日の感想を「ああ、その時の感動感謝は深く、とても筆に書き記すことはできません。ただ小なりとも私もまた、まことのキリストの生命に生きる者でありたいと決意したのでした」とある。講演記録はしっかりとしたもので、まず講演会の次第が以下のように記される。

日　時……一九六〇年十一月十三日午後二時
場　所……姫路野里教会
司　会……永井貞雄牧師
讃美歌……二八四、三三七、五三四番

日時と場所、演題などは、『嘉信』にも記されているが、司会者と讃美歌は、この講演記録ではじめて確認した。司会は姫路野里教会の当時の牧師永井貞雄であり、讃美歌は二八四、三三七、五三四番が選ばれ、歌われた。矢内原忠雄の推薦曲なのか、教会側が決めたのかは、定かでない。が、その歌詞はいずれも当日の演題にかかわる生と死の問題を読み込んでいる。特に三三七番の「わが生けるは　主にこそよれ、／死ぬるもわが益《えき》、また幸《さち》なり」など、この日の演題にふさわしい歌曲であった。

教会での説教や講演では、当日の話にかかわる『聖書』の箇所を決め、司会者が朗読する。この日の箇所は、ピリピ書（新共同訳「フィリピの信徒への手紙」）一章二一〜三〇節で、小冊子『生死の問題』の冒頭に、文語訳聖書の該当箇所が引用されている。讃美歌三三七番の歌詞が、ピリピ書一章二〇〜二一節に負うていることは言うまでもない。矢内原忠雄は、すでに死を意識していた。そうした中で、長年愛読してきた『聖書』の「ピリピ書」が、彼に生と死の問題を考えさせるのであった。

「ピリピ書」は「喜びの書簡」と言われるほど、「喜び」ということばが多用される。「主において常に喜びなさい。重ねて言います。喜びなさい」（新共同訳「フィリピの信徒への手紙」４・４）は、本巻のハイライトでもある。「ピリピ書」には、〈希望をもって生きよ〉のメッセージが託されている。一年後の忠雄の死を想うと、彼はパウロのフィリピの信徒に寄せた手紙が、自身にも宛てられたものとして、理解できたに違いない。

矢内原忠雄は姫路野里教会に集まった人々に、「生という問題と死という問題、いかに生きるかということと、いかに死ぬるかということは、結局一つの問題であります」と言い、「使徒パウロのピリピ人《びと》への手紙について」語ることで、その要諦を伝えようとしたのである。姫路には忠雄の妻恵子が、健康を害している夫を心配し、同伴していた。薬を服用しての講演であったとは、先の中嶋嗣美牧師の証言である。その後、中嶋牧師の令嬢中嶋野花さんから、当日の写真集を送っていただいたが、恵子夫人が絶えず寄り添い、介護している様子がうかがえるものであった。

「生死の問題」の内容

以下内容を、小冊子『生死の問題』に見ながら、いま少し考えることにしよう。忠雄は、パウロがギリシャの町の一つであるピリピの教会の人々に便りをした第一は、「「生きるにも死ぬるにも、わが身によりてキリストの崇《あが》められることを自分は願っている」と、これが第一の点です」とする。生きる目的は、「キリストの栄光を現わすためにある」というのである。パウロが、そして終生の師内村鑑三が例話に巧みであったように、矢内原忠雄もまた、それに劣らない。当時起こった浅沼稲次郎殺傷事件や、姫路で知られる小学教師小出小平治の死にまつわるエピソードを紹介しながら、展開する。ちなみに、忠雄には『小出一家信仰記録』（三一書店、一九五三・七）という編著がある。信仰の継承を示した一家の記録で、忠雄としては珍しい書物だ。この本を編集することで知り得たことも生かされている。

キリストを信じることが人生において如何に大切かを、忠雄はパウロ書簡を踏まえて、懇々と語る。ピリピ書三章一三〜一四節の「後《うしろ》のものを忘れ、前のものに向かってからだを伸《の》ばしつつ、目標を目ざして走り、キリストにおいて上に召して下さる神の賞与を得ようと努めているのである」（当日用いられた口語訳『聖書』による）という、よく知られた箇所の説明には、「これはパウロ時代のギリシャ、ローマの世界において、極めて盛んだったスポーツの引例でありまして、パウロの書いた書簡には、たびたび出てくる陸上競技の例えであります」と言い、信仰とはキリストを見ることだとも言う。自己反省は信仰に益をなすものではない、自分をいくら反省的にみても、そこから出てくるのは雑念や妄想に過ぎない。キリストを見ればこそ、わたしどもの罪は赦され、新しい希望が与えられて成長していくと忠雄は言うのである。

忠雄は偶像礼拝をきびしく断罪する。彼の生涯尊敬した内村鑑三の扱いも、「内村鑑三その人は人間でありまして、拝むこともできないし、模範とするにも足りない。模範とすべきものは内村鑑三を信仰によって救った神様そのもの、神を私どもは見なければならない」と断言する。彼は「人を崇めるということは偶像崇拝の一種であって、これは間違い」とも言い、さらに「人物崇拝は偶像崇拝である。人物崇拝、偶像崇拝に行く人は、必ず信仰さえも、自分の信仰さえも失って行く危険があるわけです」とまで言う。当時の彼は「三不可」ということばで、このことを個人誌『嘉信』第二七五号（一九六〇・一一・二〇）の巻頭に書いていた。以下のようだ。

後ろを見るべからず、前を見よ。
おのれを見るべからず、上を見よ。
人を見るべからず、神を見よ。

「ピリピ書」に学ぶ

これは「ピリピ書」の基本精神でもある。矢内原忠雄は死を意識する中で、改めてパウロ書簡の一つ「ピリピ書」に学ぼうとしていたかのようである。姫路野里教会でのメッセージには、そのことが色濃く現れていた。新幹線という便利な交通機関がないころ、東京からはるか西方の姫路までの旅は、病身の身にとって容易ではなかった。が、彼は乞われるままに姫路に来て、市の公会堂（現、市民会館）と姫路野里教会で話をした。忠雄はメッセージの中で、彼の体を心配する人々に対して「神の御言《み》葉に従ってなす行動は必ず成し遂げられる」とし、「神の御《み》心に従う者は、どんな危険にあっても死ぬることはない。けれども神の御心の時が来れば、どんなに生かしておきたくてもこの世を去る」と言う。続けて彼は「地上の生涯」に関して、次のように語る。

私どもの死というものは、生からさらに大きな生への囲いを、敷居をまたぐだけのことなんだ。一つの部屋におりまして、そして次の間のふすまをあけてみれば、さらに光輝く大広間が展開されているように、私どもが信仰を持って地上の生涯を送りまして、そして死という幕をまたいでみれば、さらに輝く世界が、さらに輝く充実した生がそこに展開している、待ち受けられておりまして、私どもは生より生へと進んでいく。これが信仰の力、そういう望みを私どもが与えられているから、地上において私どもの立場というものがちゃんと確立するわけです。地上の生活を正しく生きるということも、希望を持って生きるということも、そこで初めてできる。キリスト信者というものは、そういう恵みを与えられておりますから、地上において戦う戦闘力もそこから出てくる。希望も勇気も出てくる。すべてのことが絶望的で駄目だ、駄目だと思う時にも、キリスト信者には絶望ということが絶対にないということも、そこから出てくる。こういう信仰を持つ者が、「汝らは地の塩、世の光である」とキリストによって、この世における位置づけを与えられているのです。

矢内原忠雄は初めての地、姫路において自身の一年後の死をも意識して、「生死の問題」を真剣に語った。五層六階の美しい白鷺城は、当時修復中でカバーに蔽われ、見ることができなかったものの、忠雄は気持ちよく胸の中にたまった問題、「生死の問題」を人々に訴えたのであった。

姫路からの帰途の一六日は、京都で下車、同志社大学で「日本で民主主義は育つか」を講演している。体の衰えを意識する中での、講演活動であった。

生存最後の年

こうした忙しさの中で、矢内原忠雄は生存最後の年、一九六一（昭和三六）年を迎える。年初一日から三日までは、神奈川県の真鶴新年聖書講習会に出席。「ホセア書」を講義する。毎日曜日の今井館聖書講義でも「ホセア書」の講義を開始した。この年は内村鑑三生誕百年記念講演会が東京・名古屋・大阪で開かれ、忠雄は三月二六日の午後女子学院講堂で「日本の思想史上における内村鑑三の地位」と題して講演したのにはじまり、四月八日の名古屋での講演会（名古屋工業大学講堂）では、「内村鑑三と日本」を、四月九日の大阪講演会（大阪中央電気倶楽部）では、「罪の問題」を講演する。四月一六日からの今井館聖書講堂での講義は、「出エジプト記」となる。同二三日には、ＮＨＫテレビの「内村鑑三先生を想う」に出演した。

五月一五日には東北地方の旅に出、各地で講演をする。山形県の基督教独立学園高等学校はじめ、作並温泉河合ホテルを会場とした聖書講習会などで話をする。最後の東北旅行であった。忠雄はかなり衰弱していたが、神よりの召命意識に衰えはなかった。同行した山形県の『嘉信』読者の庄司源弥によると、「そのときの先生はすっかりお疲れになって、「出エジプト記」の講義も非常に小さい弱々しい声であった。神のため、人のため、精魂をつくして働らく人の姿を私はこのときの先生において見たのであった」(33)と記している。

六月二三日、忠雄は東大教養学部で、「人生の選択」を講演。駒場の九〇〇番教室が満員だったという。七月七日は現職の肩書き「学生問題研究所長」として空路札幌に行き、翌八日の午後、市民会館で「内村鑑三とシュワイツァー」の題の講演をする。九日は札幌聖書研究会の日曜集会で「出エジプト記の教訓」について語り、十日に帰京。この旅も忠雄の健康のこともあって、恵子夫人が同伴した。

旅の疲れが十分とれないまま、翌月八月四～七日の御殿場東山荘《とうざんそう》での第二回聖書研究会に出席した矢内原忠雄は、会終了後、山中湖畔の別荘に泊まるが、排尿時に激しい痛みに襲われる。東京の家に帰宅後の一七日、前年厄介になった東大病院田坂定孝教授の診断を受けて入院、レントゲン検査の結果、胃噴門部の癌が発見された。もはや内科の範囲内ではなく、手術による癌細胞撤去の必要があり、三〇日に東大病院本木外科に移った。

開腹手術

九月六日、開腹手術が行われた。手術前後のことは忠雄の「発病記」(34)に詳しい。この文章の最後に彼は、「みこころならば再び体力を取り戻す日のくることを信じ望んでいる」と書いていたが、その望みは達せられなかった。九月一五日、東京芝白金の伝研付属病院に移るも、一七日に「前立腺肥大に原因する猛烈な尿閉と激痛に襲われ、一週間非常に苦しんだ」(「発病記」)という。以後病勢は、日毎に進む。が、精神は最後まで研ぎ澄まされていた。

この頃、若き日に、新居浜の住友別子鉱業所で共に働いた歌人の山下陸奥が、菊の花束を持って見舞いに訪れ、忠雄と旅の話をする。山下の記すところによると、その時忠雄は、「「当分だめだね」といって自分で毛布をとって足を見せた。両足は骨ばかりのように痩せていた。「よくなればすぐ太るさ」と私は目をそむけながら言った。そうして「治ったら、仕事を今の三分の一に減らす事だね」というと「そうだね」と答えて微笑したが、死ぬまで、神と人類と学問の為に働くという信念はその痩せ衰えた顔面に、まざまざと現われていた」[35]とある。

一〇月一〇日付で『教育と人間』が東京大学出版会から刊行された。生前最後の著書である。忠雄は自著の刊行には、いつも自身で、校正には厳格に当たることを責務としていたが、今回は東大病院に入院中でもあり、「近くの者」（坂井基始良《きしろう》・矢内原勝《かつ》）に任せることになる。こうした状況の中でも『嘉信』の発行は続いた。が、刊行はかなりきびしい状況に追い込まれていたのである。『嘉信』一九六一（昭和三六）年一一月号の巻頭に、忠雄は「『嘉信』の危機」と題して、戦中の弾圧が第一の危機なら、今病気のため足腰立たずの状況は第二の危機だと書いている。この頃の忠雄の原稿の多くは、口述筆記（速記、籾山民子）であった。

一二月二日、今井館集会の有志（藤田若雄・富田和久・大塚久雄ら）が、忠雄の信仰五十年を記念しての講演会（明治大学第9号館講堂）を開く。忠雄は出席は出来なかったものの、挨拶文（「信仰五十年記念講演会への挨拶」）を病床から口述筆記で送っている。それは会場で代読された。講演会の記録をまとめた書物『真理への畏敬』（藤田若雄・富田和久・大塚久雄著、みすず書房、一九六二・四）が、刊行されている。

「病床苦吟」と召天

忠雄の病因は、胃癌であった。が、当初は泌尿器系の病と診断されていた。上背部や胸部の痛み、それに前立腺肥大による頻尿時の痛みもあって、胃癌とはなかなか断定されなかったのである。自宅に近い目黒の東大伝研附属病院（現、医科学研究所附属病院）に移ってからは、食事は喉を通らず、体力は日に日に衰えた。伝研附属病院に移り、最後の日々を過ごした忠雄については、北本治の「矢内原先生御入院の百日間」(36)に詳しい。それによると「激しい腹痛、背中の痛み、胸部や腰の痛みなど、全身の痛みが出現しました時には、麻薬を使用する以外には有効な治療がなかった」という。彼はそういう状況の中にあって、じっと耐えた。「その苦痛を罪との戦いと受け止めていた」（鴨下重彦(37)）のである。

「病床苦吟」(38)は、死の二ヶ月ほど前の詩である。量義治《はかりよしはる》はこの三連詩の歎きの詩《うた》を「六十八年の矢内原の生涯におけるもっとも凄絶な罪との苦悶の姿である」(39)と評した。それは「ヨブ記」の主人公の歎きにも重なる。激しい痛みの襲う中にあっても、彼は具合がよければ人に会い、談話し、また原稿を書いた。病状悪化でペンを持つこともままならぬ時は、口述筆記に変えた。病は思考を時に中断させることもあったが、彼は薬を飲んでも書くことにこだわった。「病床苦吟」に続いて、忠雄は「迫害と病気」(40)というエッセイを発表する。ここでも自身の罪がきびしく問われている。「罪のゆるし」は、忠雄終生の課題であった。

一二月二五日、一三時四〇分、矢内原忠雄はこの世を去った。クリスマスの日の召天である。ハンセン病患者支援に生涯を捧げ、忠雄を師と仰いだ井藤《いとう》道子に、「別室にて我ら祈祷を終へし時師の臨終を聞く十二月二十五日午後一時四十分」（歌集『いいぎり』私家版、一九九三・三）のうたがある。二六日、東京都目黒区の今井館聖書講堂で納棺式が行われる。司会は臼田斌《うすださかる》、奏楽は渡部恵一郎であった。追悼集『清き岸べに』(41)の「あとがき」によると、「納棺式には慟哭が激しく、そのため涙は手巾をぬらし、嗚咽はやまなかった」

とある。

葬儀

一二月二七日、東京都千代田区の女子学院講堂で葬儀が行われた。葬儀委員長は黒崎幸吉、司式は西村秀夫。この日、「弔辞」を述べた大内兵衛は、中で「学者としての矢内原忠雄、教育者としての矢内原忠雄、この偉大さはもちろん彼自身の人格の偉大さでありました。その人格の偉大は彼の魂の偉大によるものでありました。その魂の偉大は真理への忠誠、平和と人道への愛情によるものであります。そしてこの勇気と、この力は、この人が聖書の真実に従うところの神の使徒であったからであります(42)」と語った。大内兵衛は生涯をマルクス経済学者として送った無神論者であったものの、矢内原忠雄を知るに及んで、キリスト教思想の影響を多分に受けた学者となった。矢内原忠雄は師内村鑑三同様、パウロの言う「我は福音を恥とせず」(文語訳『舊新約聖書』「ロマ人への書」一・一六)に生きた人であった。立場は違うというものの、大内兵衛は矢内原忠雄の生き方が「聖書の真実」にあることを見抜いていた。

同じく「弔辞」を述べた大塚久雄は、矢内原忠雄が「社会科学者としての鋭い眼とキリスト者としての鋭い良心をもって、昭和初年以来この国の歩みに対して、たじろがず妥協のない批判と警告の言葉をなげかけられ、その為に、さまざまな苦難の道を歩まなければならなかったこと」に、「むしろ摂理というべきものを深く考えさせられている(43)」と言った。大内・大塚の二人とも、この地上で果たした矢内原忠雄の仕事と役割を十分理解していたのである。

一二月二八日、告別追悼式が東京都文京区の東京大学安田講堂で行われた。こちらの葬儀委員長は、忠雄の後を継いだ総長の茅誠司《かやせいじ》がつとめた。司式は経済学部教授の安藤良雄であった。茅総長の「式辞」で明らかにされているのは、第二次世界大戦後の矢内原忠雄の、学外での功績である。学内行政ばかりでなく、学外での活躍を、茅は以下のようにまとめる。本評伝が掬いきれなかった部分なので、以下に引用[44]させていただく。

先生はまたとくに戦後、学外においても日本学術会議会員、中央教育審議会委員、国立大学協会会長、全国大学教授連合会長、国際経済学会理事長および同会長等を歴任され広くわが国学界教育界のために貢献されるところ大なるものがあったのであります。

総長ご退任後先生は静かな書斎の生活と熱情をこめた信仰の生活に戻られましたが、かたわら学生問題研究所を興してこれを主宰され自ら学生に面接してその相談に応じておられましたことは総長ご退任後も学生に対する講演のためしばしば本学に来学されたこととともに先生が教育と学生に対していかに強い愛情を最後まで持ちつづけられていたかということを示すものと存じます。

後半の学生問題研究所のことや、教育への熱意は先にふれたが、前半の各種公的会合の委員なり、会長職の仕事があったこと、その評価は、今後明らかにされねばならぬことだ。

続く「弔辞[45]」で経済学部長木村重義は、忠雄の研究を「植民政策学を植民地統治の技術から解放し、帝国主義の理論的、実証的研究を中心に体系化」させたとして評価し、さらに帝国主義下の植民地の人々に対して温い愛を、また、その植民地を統治する日本の不正と不義とに対して、激しい怒りを抱かれていたとまとめる。矢内原忠雄の学問と人間性を的確に評価した弔辞である

南原繁の追悼のことば

友人代表南原繁は「追悼のことば」[46]で、『嘉信』の一九六一（昭和三六）年一〇月号を取り上げ、「あたかも処女作『基督者の信仰』に対応する、君が最後の著述といっていいでありましょう。その中の「病床苦吟」と題する一連の詩は、君が生涯の過去のいずれの時期にもまさって、ヨブの告白をも想わしめる信仰の例示として、また詩篇にも似た美しい作品として残るでありましょう」と称えた。南原は『形相』という歌集をもつ歌人でもあったことは、すでに再三ふれた。その面からの的確な「病床苦吟」評である。右の詩は、旧約の詩人ダビデの切なる祈り（「詩篇」38篇など）と重なるとしてよいであろう。彼はさらに語を継いで、次のように遺影に語りかけた。

クリスマスの日に、君の魂は最後の輝きの後に、静かに天上に移されました――もはやいかなる強敵の攻撃の矢もとどかぬ遙かなる永遠の園に。

君は生前、しばしば自ら書きもし、語りもしました。「われわれの国籍が天に移され、生命《いのち》の書《ふみ》にわが名が記されること――それこそが人生最高の目的と最大の幸福である」と。今その最大の幸福と目的が君において達成されたことを信じるとともに、私もそれを目ざして、君の範に倣って、死に至るまでわれわれの信仰に忠信であらんことを願うものであります。

内村鑑三門下生として、長き日々を共に歩んだ南原繁の、矢内原忠雄を天に送るにふさわしい「追悼のことば」であった。

注

（1）一九五二年七月一二日付、東京都目黒区自由ヶ丘　矢内原恵子宛書簡、封書。『矢内原忠雄全集』第二九巻収録。三八二～三八三頁。なお、この手紙は、歴史的かなづかいと現代かなづかいが混合しているが、いまは全集本文のままとする。

（2）鴨下重彦「昭和初期からの風雪の人」鴨下重彦・木畑洋一・池田信雄・川中子義勝編『矢内原忠雄』東京大学出版会、二〇一一年一一月二日。五七～五九頁。

（3）長谷川町子「思いでの人29　矢内原忠雄先生」「サザエさん　うちあけ話」『長谷川町子全集』第32巻、読売新聞社、一九九八年八月一日。

（4）第一回山中湖畔聖書研究会は、一九三八年七月二四日から三一日までの八日間に亘って行われた。「山上の垂訓」「ダニエル書」、それに「カーライルの「衣服哲学」」の講義であったことが「［第一回］山中湖畔集会記」（『嘉信』第一巻第八号、一九三八年八月）に見られる。約三〇名が出席した。

（5）量義治『無教会の展開―塚本虎二・三谷隆正・矢内原忠雄・関根正雄の歴史的考察他―』新地書房、一九八九年一一月二〇日。二四八頁。

（6）無教会主義に関する文献は数多い。関根正雄は「無教会主義について」東大聖書研究会編『信仰と生活の中から』東京大学出版会、一九五八年一二月二〇日収録で、「今日無教会主義は日本の社会乃至キリスト教界で無視し得ざる力であり、スイスの神学者ブルンナーを始め、欧米に於いてもこれに注目する者が二、三に留まらない。日本の社会の秀れた指導者が、無教会主義の陣営から出たのみでなく、聖書の学問的研究の水準に於いても教会のそれに決して劣らないのである」と言う。また、注5に掲げた量義治『無教会の展開―塚本虎二・三谷隆正・矢内原忠雄・関根正雄の歴史的考察他―』新地書房、一九八九年一一月二〇日は、無教会主義の歴史にふれていて参考になる。特に「序章 無教会の展開」が有益である。他にも高橋三郎の『無教会主義の探求』新教出版社、一九七〇年一月二〇日、同『なぜ無教会か』教文館、一九八〇年七月一〇日、同『無教会とは何か』教文館、一九九四年九月三〇日、高木謙次『高木謙次選集4 無教会史研究』キリスト教図書出版社、二〇〇六年七月一日などがある。なお、近年の無教会主義に関する研究には、豊富な資料を駆使した赤江達也『「紙上の教会」と日本近代 無教会キリスト教の歴史社会学』岩波書店、二〇一三年六月二六日がある。

（7）矢内原忠雄「日本の基督教」『朝日評論』第一巻第一〇号、一九四六年一二月一日、のち『矢内原忠雄全集』第一五巻収録。二一八～二二六頁。

（8）内村鑑三「新教会」『新希望』第74号、［福音とは何ぞ他］『内村鑑三全集』第14巻収録。六六頁。

（9）田村直臣『信仰五十年史』警醒社書店、一九二四年一〇月二八日。田村直臣の生涯を知ることのできる貴重な書物である。

（10）「『日本の花嫁』事件」に関する参考文献には、佐波亘編『植村正久とその時代』第五巻、教文館、一九三八年九月一八日、七五九～七六四頁。、井深梶之助とその時代刊行委員会編『井深梶之助とその時代』第二巻、学校法人明治学院、一九七〇年五月五日、三四一～三九〇頁。それに武田清子「田村直臣に見る家族主義道徳批判―『日本の花嫁』事件をめぐって」『思想』一九五五年五月一日、のち『人間観の相剋』弘文堂、一九五九年八月一〇日収録。二八一～二九七頁。大田雄三『内村鑑三―その世界主義と日本主義をめぐって―』研究社、一九七七年八月二五日。土肥昭夫『日本プロテスタント・キリスト教史』新教出版社、一九八〇年七月三〇日。一二〇～一二六頁。などがある。

（11）関口安義「田村直臣『子供の権利』解説」、上笙一郎編『日本〈子どもの権利〉叢書1』久山社収録。一九九五年一〇月一一日

（12）無教会史研究会編『無教会史Ⅲ 対論―教会と無教会』新教出版社、一九九五年一二月五日。一三二～一六一頁。

（13）政池仁「無教会信者・矢内原忠雄」『矢内原忠雄全集』月報15、一九六四年五月、のち南原繁・大内兵

衛・黒崎幸吉・楊井克巳・大塚久雄編『矢内原忠雄―信仰・学問・生涯―』岩波書店、一九六八年八月三日収録。五八〇〜五八四頁。
(14) 矢内原忠雄『私の歩んできた道』東京大学出版会、一九五八年三月三一日、のち『矢内原忠雄全集』第二六巻収録。五四〜五五頁。
(15) 矢内原忠雄「私の伝道生涯　第五　土曜学校と駿河台」『楡欖』15号、一九五四年一二月、のち『矢内原忠雄全集』第二六巻収録。一九九頁。
(16) 矢内原忠雄「日本の基督教」『朝日評論』一九四六年一二月一日、のち『矢内原忠雄全集』第一五巻収録。二二三〜二二四頁。
(17) 矢内原忠雄「忙人忙語」『楡欖』3号、一九四八年一二月、のち『矢内原忠雄全集』第二六巻収録。三三四頁。
(18) 広川禎秀「恒藤恭と平和問題談話会―時代の傍観を拒否した法哲学者―」『戦後日本における行動する知識人』同志社大学人文科学研究所、人文研ブックレット42、二〇一三年一月二五日
(19) 注14に同じ。四四〜四五頁。
(20) 矢内原忠雄「欧州遊記」『嘉信』第一九巻第七〜一二号、一九五六年七〜一二月、第二〇巻第一、三、四、六、七号、一九五七年一、三、四、六、七月、『人生と自然』東京大学出版会、一九六〇年一〇月二五日。のち『矢内原忠雄全集』第二六巻収録。七六一〜八〇二頁。
(21) 矢内原忠雄「沖縄旅行」『嘉信』第二〇巻第二号、第六号、一九五七年二月、六月、『人生と自然』東京大学出版会、一九六〇年一〇月二五日、のち『矢内原忠雄全集』第二三巻収録。五〇〇〜五〇八頁。
(22) 矢内原忠雄「世界・沖縄・琉球大学」『主張と随想』東京大学出版会、一九五七年一二月一五日。のち『矢内原忠雄全集』第二三巻収録。三六六〜三九一頁。
(23) 矢内原忠雄「教育の基本問題について」は、『主張と随想』東京大学出版会、一九五七年一二月一五日に収

録された際、「教育の基本問題」と改題され、のち『矢内原忠雄全集』第二三巻に収録。三九二～四一九頁。
(24) 石本俊市「生きることを教えられて」『矢内原忠雄全集』第一三巻、月報13 一九六四年三月一一日、のち南原繁・大内兵衛・黒崎幸吉・楊井克巳・大塚久雄編『矢内原忠雄―信仰・学問・生涯―』岩波書店、一九六八年八月三日収録。三八八～三九〇頁。
(25) 鴨下重彦「昭和初期からの風雪の人」鴨下重彦・木畑洋一・池田信雄・川中子義勝編『矢内原忠雄』東京大学出版会、二〇一一年一一月二日。四七頁。
(26) 新崎盛敏《あらさきせいびん》「矢内原先生と沖縄」『矢内原忠雄全集』第一三巻、月報23 一九六五年一月一日、のち南原繁・大内兵衛・黒崎幸吉・楊井克巳・大塚久雄編『矢内原忠雄―信仰・学問・生涯―』岩波書店、一九六八年八月三日収録。四九一頁。
(27) 大河原礼三編『矢内原忠雄研究文献リスト』自家版、二〇一二年三月（日付なし）。
(28) 矢内原忠雄「献山式」『嘉信』第二〇巻一一号、一九五七年一一月。『人生と自然』東京大学出版会、一九六〇年一〇月二五日所収。のち『矢内原忠雄全集』第二五巻収録。二二一～二二九頁。なお、東京目黒の今井館資料館に岩永友記編『矢内原忠雄先生のかたみ』と題された小冊子（非売品、一九六二・一二・一）が見出せるが、「献山式」と大内兵衛の「矢内原忠雄の一生―赤い落日」（原文は「赤い落日―矢内原忠雄君の一生」『世界』一九六二・一二）が収録されている。
(29) 矢内原忠雄「東大総長の六年」『毎日新聞』一九五七年一二月一五日。『主張と随想』東京大学出版会、一九五七年一二月一五日。のち『矢内原忠雄全集』第二六巻収録。二一三～二一七頁。
(30) 矢内原忠雄「創刊のことば」『山鳩』1号一九五八年六月、のち『矢内原忠雄全集』第二六巻収録。三七七～三八一頁。
(31) 海後宗臣「矢内原先生の創設した学生問題研究所」『矢内原忠雄全集』月報21、一九六四年一一月、のち南原繁・大内兵衛・黒崎幸吉・楊井克巳・大塚久雄編『矢内原忠雄―信仰・学問・生涯―』岩波書店、一九六八年八月三日収録。五三五〜五三八頁。

(32)　矢内原忠雄「病床雑記」『嘉信』第二三巻第一号、一九六〇年一月、のち『矢内原忠雄全集』第二六巻収録。四八六〜四八九頁。

(33)　庄司源弥『矢内原忠雄―時流に抗言する学者、たたかう基督者の生涯と思想―』東北まねぶ社、一九九一年七月一〇日一二四頁。

(34)　矢内原忠雄「発病記」『嘉信』第二四巻第一〇号、一九六一年一〇月、のち『矢内原忠雄全集』第二六巻収録。四九一〜四九二頁。

(35)　山下陸奥「新居浜時代のことなど」『矢内原忠雄全集』月報12、一九六四年二月、のち南原繁・大内兵衛・黒崎幸吉・楊井克巳・大塚久雄編『矢内原忠雄―信仰・学問・生涯―』岩波書店、一九六八年八月三日収録。五三〜五七頁。

(36)　北本治「矢内原先生御入院の百日間」『矢内原忠雄全集』月報29、一九六五年七月、のち南原繁・大内兵衛・黒崎幸吉・楊井克巳・大塚久雄編『矢内原忠雄―信仰・学問・生涯―』岩波書店、一九六八年八月三日収録。五六八〜五七一頁。

(37)　注2に同じ。六二頁。

(38)　矢内原忠雄「病床苦吟」『嘉信』第二四巻第一〇号、一九六一年一〇月二〇日。のち『矢内原忠雄全集』第一七巻収録。八〇一〜八〇六頁。

(39)　注5に同じ。一七五頁。なお、ここで量義治は「病床苦吟」を論じて、忠雄を「詩人・矢内原」と呼び、「詩人は罪人として「ヱホバの怒り」の矢面に立たされている。しかしかれは、「ヱホバの怒り」から、その審きの御手から、逃れようとはしないのである。かえって、審きの御手のもとに、怒っているヱホバのもとに飛び込み逃れようとしているのである。そのことは、「我が避所わが力なる全能の神よ」というこの詩の冒頭の呼びかけにおいて表われている。詩人にとって、怒りの神、審きの神自身が憐みの神、赦しの神なのである」

とし、続いて「詩人は怒りと憐みとが、審きと赦しとが二つにして一つであることを知っているのである。しかしながら、この詩においては、この知がまだ現実化していないのである。詩人はまだ神の憐みのなかに、神の赦しのなかに入れられないのである」とする。その上で次の「迫害と病気」（『嘉信』一九六一・一一）こそが、矢内原忠雄の「「ドン底」からの告白」である」とし、「わたくしはここに矢内原忠雄という人の全生涯の原点があると思う。かれの信仰の確信があると思う」とする。さらにことばを継いで、「矢内原忠雄の信仰の確信は十字架の贖いの信仰である。この信仰こそ無教会の信仰の核心でもあるのである。矢内原は内村鑑三から教えられたこの信仰を生涯堅持して放さなかったのである」と記す。

(40) 矢内原忠雄「迫害と病気」『嘉信』第二四巻第一一号、一九六一年一一月二〇日。のち『矢内原忠雄全集』第一四巻収録。六九一～六九三頁。

(41) 清き岸べに刊行会、代表者奥山清四郎編『清き岸べに』嘉信社、一九六二年六月二五日。

(42) 注41に同じ。七八頁。

(43) 注41に同じ。八〇頁。

(44) 注41に同じ。一〇四頁。

(45) 注41に同じ。一〇九頁。

(46) 注41に同じ。一一七頁。

あとがき

芥川龍之介研究が専門でライフワークであると自他共に許してきたわたしが、なぜ矢内原忠雄の評伝なのか。このことにひとまず応えておきたい。わたしは確かに芥川をメインに研究上の仕事をしてきた。が、その先には、近代日本の知識人の精神史・思想史研究があった。それは漱石の「現代日本の開化」にもつながる日本の近代化の問題をも含む。彼らの生きた時代には、いくつもの戦争があった。その戦争の時代を、彼らがいかに生きたかにわたしの関心はあった。

わたしはこのような問題意識に立って芥川ばかりか、その周辺の豊島与志雄・松岡譲・成瀬正一・恒藤恭・藤岡蔵六・長崎太郎らの評伝を書き、菊池寛・山本有三・久米正雄・佐野文夫らについても、一冊の本にはなっていないものの、いろいろのところに書いてきた。つまり、わたしの研究は、狭い意味では芥川龍之介の研究であり、広い意味では近代日本の知識人の精神史・思想史を究明するものであった。

こうした研究は、より広いフィールドに進出するので、個別の作家研究も収穫は大きくなる。わたしの宮沢賢治研究『賢治童話を読む』（港の人、二〇〇八・一二）と、『続 賢治童話を読む』（港の人、二〇一五・七）が、芥川と対比しながら賢治テクストを語っていることを知っている人は、少ないであろう。が、『論叢児童文化』という小さな同人誌を中心に書き継いだ賢治研究も、実は近代日本の知識人の精神史・思想史研究の一つとして存在したのである。また、これらの人々と芥川龍之介とを、世界文学や思想とのかかわりで考えたものに、『世界文学としての芥川龍之介』（新日本出版社、二〇〇七・六）や『芥川龍之介新論』（翰林書房、二〇一二・五）などの仕事がある。

それにしても芥川龍之介研究家のレッテルを貼られているわたしが、十数年前から矢内原忠雄の評伝執筆を志向し、何人かの文献探索の喜びを知る友人に、関連古書の探索を依頼すると、彼らは一様に違和感を覚えたらしい。これまでの仕事とあまりに違う、そう簡単に書けるものではないと忠告めいたことを言ってくれた方もいた。

が、少し立ち止まって考えてもらえるなら、矢内原忠雄と芥川龍之介は、一九一〇（明治四三）年九月、第一高等学校に無試験検定入学した同期であり、進学先も同じ東京帝国大学である。専攻は異なるものの、若き日を同じ教育環境・同じ仲間と送っているのである。それに、わたしはキリスト者であり、長年聖書に親しみ、矢内原忠雄の徹底した聖書研究やその生き方に共感を抱いてきた。無教会主義に立ち、制度化した日本の教会へのプロテストを終生行った人として、その発言には関心があった。そして、十五年戦争の時代を最後まで節操を守り、闘った一人の知識人の存在は、高く評価してよいとの認識を懐いていた。

ところで、先に名を挙げた一人、恒藤恭は芥川龍之介の一高時代の親友として知られるが、彼は一高の最初の一年間を、南寮十番で矢内原忠雄と一緒に暮らしている。入学半年後には、二人とも徳冨蘆花の「謀叛論」を一高第一大教場で聴き、その記録を両人は、共に日記に入念に記録していた。そして後年、京大事件や矢内原事件を通して、天皇制中央集権国家の強権政治に〈謀叛の叫び〉を上げることとなる。また、いま一人の同学年生長崎太郎は、一高基督教青年会で矢内原忠雄と親しく、共に信仰を語った仲間であった。近年、恒藤恭や長崎太郎の一高時代の日記が出現するに及び、一高時代の矢内原忠雄の姿が、わたしの中で大きくふくらむことになった。

研究は新資料の発見と、それを用いての新しい見方・視点があってはじめて進展する。わたしは恒藤恭の評伝『恒藤恭とその時代』（日本エディタースクール出版部、二〇〇二・五）を刊行し、続いて『評伝長崎太郎』

（日本エディタースクール出版部、二〇一〇・一〇）をまとめた。後者を書く過程で長崎太郎の一高時代の日記をご遺族から提供され、また矢内原忠雄の欧米留学最後の地、アメリカにおける動静を語るニューヨーク時代の「長崎日記」二冊も預かるということになる。研究にも時がある。折しも言論の自由が懸念される季節《とき》を迎え、わたしは、十五年戦争時代に信念を曲げずに闘った矢内原忠雄を採りあげる意味を、より強く感じるようになったのである。

　わたしが芥川を中心とした、一九一〇年前後に一高に入学した文学青年にのみ眼を留めて、近代日本の知識人の精神史・思想史を語るとしたら、それは痩せたものとなったであろう。わたしの研究は、当然のことながら帝国主義下の植民地研究、そして無教会主義に立つキリスト者としての矢内原忠雄に向かうことになった。彼の『植民及植民政策』や『帝国主義下の台湾』、それに『イエス伝』や、旧約聖書の「イザヤ書」「エレミヤ書」をはじめとする厖大な量に及ぶ聖書講義を抜きに、激動期の知識人の抵抗意識を考えることはできない。きびしい時代の中で、現実としっかり向き合い苦闘した芥川龍之介にはじまり、信念の人矢内原忠雄に至るわたしの研究の歩みは、必然の行程であったのだ。

　それはまた、先に言及したように、ほぼ同時代を当時辺境とされた東北花巻を中心とする地で活躍した、同世代の宮沢賢治を視野に入れることともかかわる。山折哲雄・栗原敦編、斎藤宗次郎『二荊自叙伝』（岩波書店、上、二〇〇五・三、下、二〇〇五・六）の出現は、内村鑑三門下のキリスト者斎藤宗次郎が、宮沢賢治と深いかかわりがあったことを語る。わたしは、東京都目黒区中根の今井館資料館に通う中で、ここに未刊行の厖大な『二荊自叙伝』をはじめとする斎藤宗次郎関連資料があることも知った。斎藤宗次郎は内村鑑三の高弟の一人とまで言われた。そして、言うまでもなく内村鑑三は矢内原忠雄の終生の師である。斎藤宗次郎はまた、内村門下の南原繁が終生信頼し、その東大総長就任の際や、困難に際しての祈りの会（総長室での）に招いた人物でもあった。

　このように、当初は芥川龍之介を中心に置きながら、わたしの研究は次第にその周辺の人々に向かった。それは芥川という存在を確認する意味でも大事な行程であったし、必然の成り行きであった。かくて、これまで芥川とのかかわりが、まったく無視されてきたような矢内原忠雄にも眼を向けるようになったのである。研究者の中には、芥川を研究対象としながら、矢内原忠雄が芥川と一高同期で、芥川の親友恒藤恭とその歩みに深い関わりがあったのを知らない人すらいる。テクストの言説研究だけを自己目的化し、新資料の発見や学際研究に無関心な研究者は、意外と多い。それはたこつぼ的日本の近代文学研究の弊害とも言えよう。

　しかしながら研究の進展はそうした限界を乗り越える必要性を強く求めるようになる。学際性《インターディシプリナリ》と国際性《インターナショナル》が強く意識されるようになった近年の文学研究では、新たな研究方法が模索されはじめたのである。小説の研究を基とした近代日本の知識人の精神史・思想史の検討も、隣接科学の哲学・心理学・宗教学・歴史学の研究成果を吸収しながら進められるようになってきた。わたしが芥川龍之介をはじめとする同時代一高青年群像を調べてきたのも、矢内原忠雄の評伝を書くためにあったのかと、ここにきて思う。三十冊を優に超える芥川龍之介の研究をはじめとする、それらわたしの仕事がなくば、本書の成立はあり得なかったと、今は自信を持って言い切れる。

　再び言う。研究にも時があると。わたしは時に恵まれて、『芥川龍之介とその時代』や『恒藤恭とその時代』、それに『評伝豊島与志雄』や『評伝松岡譲』や『評伝長崎太郎』を刊行した。ここに矢内原忠雄の生涯と業績を近代日本の知識人の精神史の一環としてとらえ、実証的に検証することが出来たことを感謝しなくてはならぬ。この対象人物を叙述しながら、わたしは実に多くのことを学んだ。

　資料に関しては、上笙一郎《かみしょういちろう》氏をはじめとする古書愛好家の友人諸氏、それに先述の今井館資料館に負うところが多かった。この資料館がなければ、本書は存在しなかったと言っても過言ではない。矢内原忠雄の研究は、岩波書店刊行の全集だけでは、十全ではないのである。ここに収蔵されている厖大な無教会関係資料抜きには、その生涯の検証は不可能であったろう。利用に際しては、福島穆《あつし》氏や荒井克浩氏をはじめとする方々に何かとお世話になった。記して心から感謝したい。

そのほか、本書執筆に際しては、多方面の方々の協力を得た。特に日本キリスト教文学会の方々からは、「抜刷」をお渡しする度に、有効な助言を得た。また、わたしの所属する日本キリスト教会浦和教会の大和文彦氏からは、常に励ましを受けたことを、感謝の意を込めて記しておきたい。氏は若き日埼玉県庁に勤務しながら、夜間制の日本聖書神学校に学んだ人である。聖書研究の大切さを信条とし、その立場から無教会主義に立つ矢内原忠雄に接近し、目黒の今井館聖書講堂の集会にも、しばしば出席されたという。氏はわたしの研究のよき理解者として、お持ちの資料を見せてくださったり、矢内原忠雄に関する新聞切り抜きを、礼拝後にそっと手渡してくださったりした。

刊行に際しては、原稿の入念な点検をはじめとし、新教出版社の小林望氏にすべてをお任せした。新教出版社は、第二次世界大戦下の企業整備令で、プロテスタント系出版社十社が統合して生まれた出版社である。その初代社長の長崎次郎は、先述の長崎太郎の弟である。この人と新教出版社のことは、右の小著『評伝長崎太郎』の第九章二（二三五〜二五三ページ）に詳しく述べた。参照していただけるなら幸いである。

二〇一八年三月一日

関口安義

『都留文科大学研究紀要』第75集（二〇一二・三）〜第86集（二〇一七・一〇）連載。

「私が再婚を否定する理由」（藤井武） 332, 349
「私共の家譜と生家」（矢内原啓太郎） 33, 37, 40, 67
『私の歩んできた道』 245, 269, 298, 348, 387, 397, 400, 424, 449, 454, 505, 511, 518-519, 533-534, 560, 586, 596, 631
「私の歌」 488
「私の人生遍歴（第五回）」 73, 106, 111, 373, 398
「私の伝道生涯」 235-236, 238, 247, 297, 348
「私の伝道生涯第五　土曜学校と駿河台」 235-236, 238, 247, 253, 297, 348, 631
「私の渡米」 526
『私の日韓歴史認識』（中村稔） 476
「私は如何にして基督信者となつたか」 29, 67, 171, 200, 231, 236
「渡し守」（川西實三） 71, 74, 110
渡良瀬川（関東地方） 164
稚内（北海道） 360
「我は福音を恥とせず」（文語訳『舊新約聖書』ロマ人への書」一・一六） 484, 626
「われらの課題」 557

ヱ

ヱホバの怒り 633
ヱホバの歌 316
ヱホバの神 530
ヱホバの宮 292-293

欧　文

Albert Hall 268
Apolls 304
Aschkenasim 316
Belfast 273
Boston 305
Boys, be ambitious 54
British Museum 261
Reading Room of British Museum 265, 267-269
Bunyan Meeting 282
Caledonian Canal 278
Cuore 134
Dahlem, Werderstrasse24 283, 599
Diaspora 317
Ecce Homo 134
Elijah about to go up heaven on the wagon of fire 261
Fridrich Strasse 283
GHQ 507, 533, 552
Hotel Pen 304
How I became a Christian 197, 368
Irish Linen 272
Japan Weekly Mail 577
Jessfield Park 259
Little Lord Fountleroy 134
Nationale Galerie 283
New Oxford Theater 268
Ninety-three 134
Public Gurden 259
Reading Room of British Museum
Religion and Democracy in Modern Japan 524
Riverside Church 275
Royal Palace Hotel 260
Satan smiting Job 261, 263
School of Economics 269
Sephardim 316
Sinn Feiners 272
St. Paul's Cathedral 268
St. Giles Church 279
tea-house 259
THE IMITATION OF CHRIST 148, 150, 155
The Japanese Bride 577
THE NEW TESTAMENT 131
Tom Brown's School Days 134
Ulster 273
Union Church 260
Wakasamaru 258
Walter Scott 280
We are seven 216
Zionism

歴史的文脈に立った解釈　421
歴史認識　404, 421-423
「歴史の教訓を重んぜよ」　549
歴史を見る眼　422
レッドパージ反対闘争　533
レマン湖畔（スイス）　295

ろ

ローザンヌ条約　319
ローマ　241, 290
ローマ・カトリック教会の義認論　134
ローマ教会　293, 483
ローマの兵隊　294
籠城主義　94
労働運動　226
労農党　383
蘆花演説　101, 103, 122
蘆花講演一〇〇年　97
「蘆花事件」（河上丈太郎）　98
「蘆花と次代の青年—謀叛論」をめぐって—」（関口安義）　100, 111
『蘆花日記七』（吉田正信校注）　27, 67
「蘆花の演説」（松岡譲）　98, 111
蘆花の演説　112-113, 121
蘆花の「叫び」　97
蘆花の「謀叛論」　113, 121
蘆花の「謀叛論」演説　112-113, 255
蘆花「謀叛論」の波紋　95
六〇年安保反対闘争　612
蘆溝橋事件（盧溝橋事件）　424, 504
ロサンゼルス（アメリカ・カリフォルニア州）　307
ロシア　317
ロシアとの戦争　212
ロシアの迫害　318
ロシヤ革命　418
ロックフェラー・センター（ニューヨーク）　527
六高（第六高等学校、現岡山大学）　198
六甲山（兵庫県）　177-178
露天掘　335
路傍伝道　29
「路傍の人　今井館聖書講義開講の辞要旨」　570
ロマ・カトリック　575
「ロマ書」（ローマの信徒への手紙」）　366-367, 483, 615
『羅馬書の研究』（内村鑑三）　364-367, 480-482
ロマ書の脊髄骨　485
『ロマ書講解』（金沢常雄）　480
「ロマ書講義」　480
「「ロマ書講義」はしがき」　480
ロマ書第八章　183
『ロマ書註解』（畔上賢造）　480
「ロマ書」の現代的意義　483
「ロマ書」の現代的意義の確認　485
「ロマ書」の構造　482
ロマの市民権　481-482
『論叢児童文化』（季刊誌）　636
「論壇時評」（栗生武夫）　561
「論壇の文章ブルジョア学者一べつ」（大森義太郎）　540
ロンドン　259, 264, 268-269
ロンドンスクール　271
ロンドン大学　269
「倫敦塔」　209
ロンドン塔　268
ロンドン日本人会　265

わ

ワーズワースの故郷　273
ワイマール（ドイツ、チューリンゲン州）　295
ワイマール憲法　295
若き日の衝撃的出会い　362
『若き日の日記　われ山にむかひて』（矢内原伊作）　414, 454, 476
若き日の矢内原忠雄　206, 249
若狭丸（客船）　258-259
『我が魂は塵につきぬ』（永井春子編）　616
若槻礼次郎内閣　382
「吾輩は猫である」（夏目漱石）　209
和歌山市深山　180
『わが師を語る』　368-369
ワシントン　305, 526-527
ワシントン体制　401
ワシントン大学（ワシントン州・シアトル）　526
早稲田大学　403, 526
早稲田大学英文科　365

吉野作造先生の政治史　211, 215
吉野作造の研究方法　213
吉野作造の講義　211
吉野の民本主義論　212
「欲求と力」（倉田百三）　150
米子（鳥取県）　409
『余の尊敬する人物』　89, 111, 157, 306, 442, 448-449, 455, 467, 500, 584
「余はいかにしてキリスト信徒となりしか　わが日記より」（内村鑑三）　140-141, 157
約翰《ヨハネ》伝　182
「ヨブ記」　141
『ヨブ記挿絵集』　263
「ヨブ記」の主人公の歎き　625
「ヨブ記の註釈画」　263
ヨブの絵　264
ヨブの告白　628
『読売新聞』　113
代々木の植木屋　193
代々木八幡の丘　202
『喜《よろこび》の音《おとづれ》』（雑誌）　499
『萬朝報』　103, 113, 142-143, 577
四頭政治　405

ら

癩者の巡礼　603
癩病　603
癩療養所　602
「らい予防法」　604
『楽園喪失』（ミルトン）　470
「落飾記」　454
ラグビー（地名・イギリス）　281
ラグビー（学校）　89
「羅生門」（芥川龍之介）　263
ラスキン文庫　446
ラブレター　330
濫伐　361
ランプ争い　294

り

李氏朝鮮　334
『理想』（雑誌）　410
理想　426-427
理想的賢夫人　445
李朝　175
立正大学　433
リッチモンド公園（イギリス・ロンドン）　268
リットン調査団　412
律法　243
立命館大学　593
リベラルアーツ・カレッジ　528
遼東半島（中国）　335
留学期間　256
留学時代の日記　289
留学生黄金時代　256, 258
留学生につきもののホームシック　271
琉球大学　599
琉球大学の学生　600
琉球大学附属図書館　606
琉球ホテル　599
柳条湖の鉄道爆破事件　384, 391
両国駅（東京）　187
梁山荘（矢内原家の別荘）　415, 505 →山中湖畔の別荘
遼陽（中国）　174
旅順（中国）　174
理論経済学　427
リンカーンの銅像　306
林内《リンネイ》（台湾）　344
倫理講堂（一高）　101-102

る・れ

ルーヴル美術館（フランス・パリ）　296, 299, 301
ルカ伝　293
路加伝十三章　206
「ルカによる福音書」　571
ルターの宗教改革　575, 580
『路得記《ルツき》』（内村鑑三）　368
霊　378
霊岸島（東京）　186
『霊交』（雑誌）　278, 291
冷戦　529
レイトスペシャリゼーション　523
礼服　571
例話（適用）　240
歴史観　421

矢内原問題　431
梁尻（山梨・山中湖）　414 →山中湖村梁尻
梁尻の家　567 →山中湖畔の別荘
梁尻の別荘　448, 567
『藪の中の家　芥川自死の謎を解く』（山崎光夫）　349
山火事　361
山形大学　615
山形県知事　477
山中湖　414, -415, 453, 486-487, 504
『山中湖聖書講習会　講話・講演・感想』　453, 457
山中湖の別荘　414
山中湖畔　414, 503, 534
山中湖畔小聖書講習会　482, 615
山中湖畔聖書研究会　472, 487, 490, 573, 585, 629
山中湖畔の家　449 →梁尻の家
山中湖畔の家の場所　414, 449
山中湖畔の別荘　448, 505, 623 →梁尻の別荘
山中湖村梁尻　551, 564 →梁尻
山梨県中巨摩郡松島村（現、甲斐市）　417
山梨県南都留郡山中湖村　414
山梨県の郡内地域　415
山梨県立文学館　417
『山鳩』（雑誌）　611
八幡浜（愛媛県）　33
山中の東大演習林　565

ゆ

ユーゴ　291
唯物論　372, 377
唯物論者たる社会主義者　371
友情論　118
「雄大な手紙」　483
『雄弁』（雑誌）　173
『悠々』（回覧雑誌）　197
ユタ州立大学（アメリカ・ユタ州）　609
ユダヤ　292
ユダヤ人　315-317, 321-323, 407
猶太人　294
猶太人の植民地村　294
ユダヤの山地　321
ユダヤの律法　481
ユダヤ王国　316
ユダヤ開拓植民論　323
ユダヤ教　292, 482
ユダヤ国　315, 319
ユダヤ国家　315
ユダヤ国民生活　292
ユダヤ植民論　324
『ユダヤ人国家』（ヘルツル）　319
ユダヤ人の最大悲劇　318
ユダヤ人の農業植民　322
ユダヤ人資本家　318
ユダヤ人植民　321
ユダヤ人のパレスチナ植民　322
ユダヤ人迫害　318
ユダヤ人問題　317, 319, 321
ユダヤ文化の復興運動　323
ユダヤ民族　323
ユダヤ民族のなげき　323
ユダヤ民族の郷土建設運動　318
ユダヤ民族の憧れ　316
ユダヤ民族郷土建設の具体的活動　316
ユダヤ民族郷土建設運動　323
ユダヤ民族問題　315

よ

容共意志者　418
『漾虚集』（夏目漱石）　209
要注意人物　497
「余が非戦論者となりし由来」（内村鑑三）　143
預言者　413, 426
預言者的精神　378
預言者的な発言　413
預言者の基本的姿勢　362
預言者の教訓　571
預言者の孤独　442-443
「預言者の生涯と死」　385-386
預言書　141
横須賀の海軍機関学校　409
横手市（秋田県）　544
横浜港　308, 526
予讃線　29-30, 225
吉田（地名、山梨県）　194
「義仲論」（芥川龍之介）　156

文部省の左翼教授追放策　384
文部大臣　545

や

八百万の神々　140
屋我地（沖縄）　602
ヤスナヤポリヤナ（ロシア）　106
矢内原悦子宛書簡（封書）　297
「矢内原教授辞任のいきさつ」（大内兵衛）　430-431, 454
「矢内原君と僕」（石井満）　157
「矢内原君に別れる」（大内兵衛）　429-430, 454
矢内原家の家計　445
矢内原家の別荘　551
矢内原三原則　445, 550-551, 568
矢内原事件　20, 186, 250, 274, 420-423, 431, 440, 636
矢内原事件の輪郭　431
「矢内原先生」（美濃部亮吉）　349, 397
「矢内原先生御入院の百日間」（北本治）　625, 633
「矢内原先生とアダム・スミスの会」」（大河内一男）　560
「矢内原先生と沖縄」（新崎盛敏）　632
「矢内原先生と台湾」（葉栄鐘）　343, 350, 355, 397
「矢内原先生における信仰と社会科学」（大塚久雄）　399
「矢内原先生の創設した学生問題研究所」（海後宗臣）　612, 633
『矢内原忠雄』（鴨下重彦他）　21, 313, 522
『矢内原忠雄』（西村秀夫）　21, 457, 507, 512
「矢内原忠雄関係資料の豊かな遺産―矢内原忠雄文庫の意義―」（斎藤英里）　606
矢内原忠雄糾弾の教授会　430
「矢内原忠雄君をしのぶ」（石原謙）　296, 298
矢内原忠雄研究文献　22
『矢内原忠雄研究文献リスト』（大河原礼三編）　21, 606, 632
「矢内原忠雄顕彰」実行委員会　422
「矢内原忠雄氏の「真理と戦争」批判」（蓑田胸喜）　417
「矢内原忠雄氏の神話思想と時事批判との不実無根」（蓑田胸喜）　417
『矢内原忠雄―時流に抗言する学者、たたかう基督者の生涯と思想―』（庄司源弥）　633
『矢内原忠雄―信仰・学問・生涯―』（南原繁他）　21, 476, 522
『矢内原忠雄　信仰と学問―未発表講演集―』　617
『矢内原忠雄全集』　84-85, 167, 173-174, 176-177, 180, 182, 204, 211, 237, 257, 265, 291, 311, 314-, 333, 353, 356, 358, 367, 371, 374, 406, 426, 441, 461-462, 467, 472, 478, 481, 487, 493-494, 506-507, 524, 590, 596, 602, 609, 617
『矢内原忠雄先生と山形』（山形聖書研究会）　615
『矢内原忠雄　戦争と知識人の使命』（赤江達也）　21, 426
「矢内原忠雄総長のこと」（吉川勇一）　542
『矢内原忠雄　その信仰と生涯』（藤田若雄）　21, 446, 456, 511
矢内原忠雄追放劇　430
『矢内原忠雄「帝国主義下の台湾」精読』（若林正丈）　356-357, 397
『矢内原忠雄伝』（矢内原伊作）　20, 28-30, 36-38, 41, 45, 55-57, 63, 65-67, 72, 76, 110, 116, 122-125, 149, 156, 169, 200, 219, 235, 245, 248, 254, 278, 296-297, 329, 348, 398, 464, 466, 510
「矢内原忠雄と経済学」（中村勝己）　349, 357, 398
矢内原忠雄と検閲の問題　406
『矢内原忠雄と日本精神』（佐藤全弘）　507, 512
『矢内原忠雄とハンセン病』（松岡秀隆）　41, 605
矢内原忠雄とハンセン病　602
矢内原忠雄と山形とのかかわり　615
矢内原忠雄の原点　281
矢内原忠雄の講義　356
矢内原忠雄の向陵生活　133
矢内原忠雄の最終講義　432
「矢内原忠雄の生涯をきめたもの」（西永頌）　422
矢内原忠雄の植民政策論　324
矢内原忠雄の植民地関係資料　606
矢内原忠雄の闘い　502
矢内原忠雄の徹底した聖書研究　636
矢内原忠雄の評伝執筆　637
矢内原忠雄の平和観　530
矢内原忠雄文庫（琉球大学附属図書館）　606
「矢内原日記」　116-117, 122, 169, 182, 184, 187, 199, 264

「無教会信者・矢内原忠雄」（政池仁）　583, 631
無教会の信仰の核心　634
無教会の「制度制の欠如」　489
『無教会の展開―塚本虎二・三谷隆正・矢内原忠雄・関根正雄の歴史的考察他―』（量義治）　629
無教会の伝道方法　466
「無教会早わかり」　588
向島（東京東郊の景勝地）　119
武蔵高等学校（旧制）　227
『武蔵野ペン』創刊号　98
無産階級　376
無産階級の革命　321
無産階級のユダヤ人　321
無試験検定　328
無試験検定制度　79-80
無試験検定入学　636
霧社事件（台湾の霧社で起きた先住民の武装蜂起事件）　350
矛盾のかたまり　606
矛盾を越えるもの　143
無条件降伏　503
無神論者　626
無政府主義者　96, 107
無批判　427
謀叛の声　100
〈謀叛の叫び〉　255, 585, 636
謀叛の精神　99
「謀叛論」（徳冨蘆花）　95-96, 98-100, 106, 636
「謀叛論」演説　101, 123
「謀叛論」と題した演説　97
「「謀叛論」の回想」（浅原丈平）　98

め

明治維新　514, 524-525
明治学院高等商学部　476
明治憲法　212
明治新政府　53
明治神宮　430
『明治精神史』（色川大吉）　157
明治節　428, 430, 474
明治大学　433
明治大学第 9 号館講堂　624
明治天皇暗殺計画　96
明徳軒（神戸・公会堂）　135
メキシコの革命　212
目黒区自由ヶ丘　446, 564 →自由ヶ丘
目黒区中根　389
メサイア（ヘンデル）　264
メサイアの歌詞　264
『メサイア』のレコード　264
メソジスト監督派伝道団　141
メソジスト教会　242
メソジスト派　311
メトロポリタン美術館（アメリカ・ニューヨーク）　301-302
メリーヴィルカレッジ（アメリカ・テネシー州）　527

も

モーセの時代　361
モーセの律法（モーゼ律）　315, 571
モーゼ律　315
門司（福岡県）　174, 258
黙示録（新約聖書）　166, 241, 407
モスク　293-294
モスレム（ムスリム）　294
木浦《もっぽ》（朝鮮）　334
本部《もとべ》（沖縄）　605
物書きとしての再出発　447
モハメット教徒　293-294
モハメット教徒の聖地　293
「模倣と独立」（夏目漱石）　208
「桃太郎」（芥川龍之介）　383
モリア（モリヤ）の山　292, 532
森川町教会　163
『森田浩一とその時代～日記を通して見えてくるもの～』（福生市教育委員会）　111
森田浩一の日記　99, 122
森戸事件　254
「モリヤの山」　530
モレー湾（イギリス）　274
「門」（夏目漱石）　209
モンド瓦斯発電所（中国・撫順）　335
文部省　101, 187, 189, 256, 290, 401, 413, 431
文部省視学官　187

満鉄（南満洲鉄道株式会社） 87, 175, 336, 405
満鉄線路爆破事件 412
満鉄奉天図書館 448
マンハッタン島の古書店 302
万葉調の歌 417

み

三重県立宇治山田中学校 58
『御影町史』（玉木敬太郎） 135, 157
「ミカ書」 605, 615
未刊行の厖大な『二荊自叙伝』 637
「三木清氏の拙著批評に答ふ―『マルクス主義と基督教』に就て―」 379
三木清の書評への的確な反論 379
ミケランジェロ 291
ミシガン湖（北アメリカ） 306
ミシガン湖畔の小公園 306
ミシガン州立大学 528
みすず書房 279, 471
「水の三日」（芥川龍之介） 91, 111
「三谷隆正君告別式辞」 511
『三谷隆正全集』 494
「身近かにあった主人のこと」（矢内原恵子） 332, 349, 440, 443, 455
三井 222
三井物産 343
三菱 222
箕面有馬 66, 178
『蓑田胸喜全集』 402
身延山（山梨県） 474
『未発表講演記録 生死の問題 矢内原忠雄』（私家版） 617 →『生死の問題』
宮崎丸（船舶） 202
宮津（京都府） 125
『宮本武蔵』（吉川英治） 186
ミュンヘン大学（ドイツ） 283
妙高（新潟県） 573
妙高聖書講習会 534, 615
『妙高聖書講習会記録』 535
妙高逓信保養所 534, 615
民主主義 506
民主主義精神 525
民主主義と平和主義 602
民主主義と平和問題 601
「民主政治を守る講演会」（文京公会堂） 615
「民主戦線と基督教」 572
民主的な理想的大学建設 594
『民族主義の復興』 418
『民族と国家』 440, 491, 495-496
「民族と平和」 556
『民族と平和』 19, 410-411, 418-419, 429, 491, 495-496
『民族と平和』の発売禁止処分 410
民本主義 212, 506
民本主義の発達 212
「民本主義の発達」の講義 212
民本主義論 212

む

昔の預言者 423
無教会 590
無教会関係資料 640
無教会基督教 369
『無教会キリスト教』（関根正雄） 580
無教会研究会 580
『無教会史Ⅲ対論―教会と無教会』（無教会史研究会編） 580, 631
無教会主義 41, 141, 234, 328, 369, 467, 478, 489, 574-575, 580-582, 585-587, 590-591, 617, 636
無教会主義キリスト者 497
「無教会主義キリスト者の抵抗―藤沢武義を中心として―」（篠田一人） 409, 454
無教会主義とは 574
無教会主義に関する文献 629
無教会主義に立つキリスト者 637
無教会主義に立つ伝道 588
無教会主義の考え 242
無教会主義のキリスト教伝道者 192
無教会主義のクリスチャン 125, 602
無教会主義の主張 574
無教会主義の説明 582
無教会主義の宣教 590
無教会主義の伝道者 232
無教会主義の歴史的役割 583
無教会主義への疑問 580
「無教会主義論」 581

「ポツダム宣言」 503
「坊ちゃん」（夏目漱石） 209
『ホトトギス』（雑誌） 209
ポポロ劇団 541, 544
ポポロ事件 541-542, 544, 547, 549, 551, 553, 567, 598
「ポポロ事件」の報告 543
『ポポロ事件全史』（千田謙蔵） 544, 546
堀江園 202, 207
堀米商店 328
ホリルード宮殿（イギリス・エジンバラ） 279
ホワイトハウス（アメリカ・ワシントン） 527
花蓮《ホワイリエン》（台湾） 358
本郷教会（弓町本郷教会） 28, 127-128, 163
「本校校風を論ず」 59, 69
本郷の農学部（東大） 565
香港攻略戦 490
澎湖《ポンフー》列島（台湾） 352
本富士警察署 541, 545
翻訳 449

ま

『毎日新聞』夕刊 608
前橋（群馬県） 124
『魔界の住人川端康成上・下』（森本穫） 616
マサチューセッツ工科大学（アメリカ） 528
魔女裁判 430, 432, 442
マスコミ界の寵児 541
馬太《マタイ》二十五章 276
馬太伝 13 章 44 節 275
「マタイによる福音書」 571
マタイ伝第 24 章 376
松江（島根県） 88, 131
松川事件 541
松木《まつぎ》（愛媛県今治） 28-30, 32-33, 40, 78, 134, 170, 252
松木の家 235
松木村 23
松毛虫 361
松毛虫の蝕害 360
松本（長野県） 409
松山（愛媛県） 27, 33-34, 224
摩天楼（ニューヨーク） 304
真鶴新年聖書講習会 622
『瞼の母』（長谷川伸） 126
摩耶六甲（兵庫県） 66, 178
マラリヤ 353
マラリヤの巣窟 322
マルクス経済学者 626
マルクス経済学者の牙城 372
マルクス主義 375, 377-378, 506
マルクス主義者 375, 380
『マルクス主義と基督教』（『マルクス主義とキリスト教』） 372, 374, 378, 380-381
マルクス主義とキリスト教の違い 375, 378
マルクス主義の学説 373
マルクス主義の宗教観 380
マルクス主義の長所 377
マルクス主義信奉者の長所 375
マルクス理論の解釈 380
マルクス・レニン思想 418
マルコ伝（新約聖書） 461
「マルコによる福音書」 463, 467
「マルコによる福音書」を対象とした講義 463
丸小山墓所（愛媛県今治） 170
マルセイユ（フランス） 259-260
丸ビル八階集会所 408
「満韓を視察して」（吉野作造） 213
満洲 174, 335, 352, 448
「満洲見聞談―昭和七年八～九月」 391
満洲国 391, 405
満洲国経営の助言依頼の招聘状 428
満洲視察旅行 404
満洲事変 19, 384, 391, 404-405, 413, 443, 491, 520
『満洲生活三十年・奉天の聖者クリスティの思出』（衛藤利夫） 448
満洲調査旅行 391
満洲・朝鮮への旅 173
『満洲日々新聞』 174
「満洲の旅」 173-174, 176
『満洲問題』 325, 391, 404, 491, 495
満洲問題 393, 404-405
『満洲問題』の休版 406
満洲旅行 175, 393, 459
「満支旅行談」 453
マンチェスター（イギリス） 280

文献調査と事実調査　358
『文庫』(雑誌)　57
「文章の作り方」　61, 69
興南《フンナム》のメソディスト教会　479

へ

米国依存の迎合的気持　558
米国社会科学研究会議　527
「米国日記」　526-527, 529
「米国の印象」　528-529, 561
「米国の不幸」　529
米国国会図書館　527
平和　416-417, 505, 556-557, 596
平和教育　594
「平和教育の課題」(恒藤恭)　594
平和教育の理想　594
平和憲法の精神　594
平和国家　531
平和国家の理想　531
「平和国家論」　506-507
平和主義　423, 601
平和条項の維持　559
「平和の福音」　606-607
「平和の道」　530
平和の預言　605
平和の理想　532, 557
平和への強い願い　557
平和問題　552, 591, 600
平和問題談話会　552, 592-593
平和論　459, 596, 606
平和論の古典　592
北京放送　546
別子(愛媛県新居浜市)　222
別子鉱業所　223, 227, 232, 248
別子銅山　221-227, 301
別子銅山記念館　223, 225-226
『別子銅山記念館案内』(パンフレット)　223
ベッドフォード(イギリス)　281
ベツレヘム(パレスティナ)　239
ベツレヘムの誕生寺(聖誕教会)　294
ベネチア(イタリア)　291
ベネディクト修道院(朝鮮・京城)　334
「蛇のごとくさとく」　549
希布来書《ヘブライしょ》一二章　203
ヘブライ大学　323
ヘブル語　323
ヘブル語の復興　323
ペリカン・ブックス　450
ベルファスト(イギリス・北アイルランド)　272
ベルリン　283, 289, 295-296, 385
編集という作業　460
ペンシルベニア大学　527
ベンネヴィス山(イギリス)　274
紅房漆器店(那覇)　601
弁論部　88, 105, 112, 149, 185, 192
弁論部委員　168, 172
弁論部活動　133
弁論部大会　168
弁論部の練習会　117
「弁論部部史」　106-107, 111, 187, 192

ほ

ポートサイド(エジプト)　259
ホーリーヘッド(イギリス)　271
ホーリネス教会　167
法学部廃止論　548
望蜀の歎き　366
「忙人忙語」　631
邦人墓地　307
法政大学　403, 537
房総半島(千葉県)　186
奉天(現、瀋陽)　335, 391
「奉天三十年」　449
『奉天三十年』　449, 467, 500
『奉天三十年』上・下(クリスティー著・矢内原忠雄訳)　456
『奉天三十年』の翻訳　448
暴力行為等処罰ニ関スル法律　541
北越学館(新潟)　142
北投《ペイトウ》(台湾)　343
星塚敬愛園(鹿屋市)　603
ボストン(アメリカ)　302, 305, 528
「ホセア書」(旧約聖書)　622
渤海(中国)　335
北海道　507
ポツダム(ドイツ)　284

藤井武記念講演会　556
『藤井武君の面影』藤井武全集刊行会　385
藤井武十周年記念基督教講演会　486
「藤井武小伝」　385
『藤井武全集』　387-388, 390
『藤井武全集』刊行の苦心　387
藤井武全集刊行会　387, 473
藤井武全集完成晩餐会　486
「『藤井武全集』再刊に就て」　472-473, 510
「藤井武全集の刊行を終りて」　399
「藤井武全集の完了」　473
『藤井武全集』の再刊　449, 472
『藤井武全集』の編集　387, 389
藤井武追悼講演速記　431
藤井武満七年記念講演会　491
富士演習林　566
富士急行線　415
富士五湖（山梨県）　414
富士山麓電気鉄道　415
武士的態度　120
『武士道』（新渡戸稲造）　91, 214, 447-448, 456, 467
武士道的キリスト教　143
「武士道と基督教」（内村鑑三）　143
富士登山　194, 274
伏見丸（船舶）　301
撫順炭坑（中国）　175
富士吉田市（山梨県）　415
伏せ字　404, 424, 427, 491
「二つの絵」（小穴隆一）　262
二つのＪ　140
豚に真珠　138
二人のすぐれた師　216
「二人の友」（芥川龍之介）　168
「二人の友」（森鷗外）　168
武断政治　338
武断政治家　338
復活　241-242, 244, 378
復活と奇蹟　243
復活の効果　244
復活論　243
仏国寺（朝鮮・慶州）　478
福生市郷土資料室　101, 136
物産陳列館（樺太・大泊）　360
筆の人　614
筆まめ　289
『葡萄』（雑誌）　350, 393, 451, 465, 610, 611
「太った豚になるより、痩せたソクラテスになれ」（大河内一男）　432
船成金　300
冬の時代　98
冬のロンドン　260
フライブルグ大学（ドイツ）　257
部落解放　28
プラハ（チェコ共和国）　290
フランス　598
フランスを在留国に追加　290
ブリガム・ヤング大学（アメリカ・ユタ州）　609
府立三中（現、東京都立両国高等学校）　123
ブリテイッシュ・コロンビア大学（カナダ）　610
プリマス・ブレズレン　329
プリンストン神学校　576
プリンストン大学　527
古本屋　446, 472-473, 500
「ブルンナー博士を送る」　590
ブレークの絵　262
ブレークの銅版画　262-263
ブレークの版画　270
ブレークファン　263
「フレー！ヤナイバラ」（大内兵衛）　561
プレマス兄弟団　233-234
プロテスタント教会の合同　489
文学的修辞に満ちた式辞　608
文学的方策　449
『文学の力とは何か』（佐藤泰正）　588
文化的シオン主義　319
文官高等分限委員会　394
「文教政策の傾向に関する声明」　593
「文教当局の看過すべからざる事実＝東京帝大矢内原教授の国体破壊思想意志の学術的批判＝」（三井甲之）　417
文芸部　105, 149
文芸復興　525
文献研究　320
文献調査　339-340
文献調査と現地研究　341, 405

批判的視点　404
批判的精神　405, 434
批判力　427
日比谷の市政講堂　431
美文　62
非凡なジャーナリスト　540, 544
姫路（兵庫県）　615-616, 621
姫路市公会堂（姫路駅前、現、市民会館）　617, 621
姫路中学校　49
姫路獨協大学　616
姫路野里キリスト教会（姫路野里教会）　18, 615-619, 621
ひめゆり学徒隊　600
ひめゆりの塔　600
碑文谷警察　495-496
病院伝道　236
「病気と人生」（菊名寛一）　70, 110
表現の自由　403-404, 411
表現の自由の制限　403
表現の自由の問題　254
表現の自由への弾圧　494
評伝文学　385
兵庫県武庫郡住吉村畔倉　329
兵庫県御影師範附属小学校　328
兵庫県立淡路高等女学校　58
兵庫県立神戸高等学校　49
兵庫県立神戸中学校　49
「病床苦吟」　625, 628, 633
「病床雑記」　613, 633
『評伝 豊島与志雄』（関口安義）　638
『評伝 長崎太郎』（関口安義）　69, 298, 300, 303, 348, 635, 638-639
『評伝 松岡譲』（関口安義）　638
『病間録』（内村鑑三）　184
平壌　335-336, 478-479
平壌のメソディスト教会　478
平賀粛学　186, 432-433
開かれたキリスト教　588
平信徒伝道　329
ピリピ書（新共同訳「フィリピの信徒への手紙」）　499, 616, 618-619, 621
「ピリピ書三講」　472
「ピリピ書」に学ぶ　621
「ピリピ書」の基本精神　621
広島　154-155, 503
広島県立三次中学校（現、広島県立三次高等学校）　149
広島女学院　524
広島の原爆　503
広島平和記念館　25
屏東《ピントン》（台湾）　344-345, 358
屏東台湾製糖会社　344

ふ

ファシスト　430
ファシズム　420, 539
ファシズム支配体制　439
ファッショ的暴圧　525
不安な時代　382
フィールドワークの成果　320, 409
フィッツウィリアム博物館（イギリス・ケンブリッチ）　281
「費府《フィラデルフィア》より」（長崎太郎）　302
フィラデルフィア（アメリカ・ペンシルヴァニア州）　527
フィレンツェ（イタリア）　290-291, 368
風俗壊乱　576
フォートウイリアム（イギリス）　274
鳳山《フォンサン》　344, 358
不穏分子の巣窟　334
武漢（中国）　222
福音　240, 367
復員学生　516
『福音新報』（週刊新聞）　577
福音の戦場　367
福音のメッセージ　334
福音を恥とせず　371, 606
福島原発事故　370
福島県知事　547
福島地方検察庁　547
福間博の葬儀　169
福山（広島県）　25
不敬罪　402
不敬事件　27, 142, 524
釜山（朝鮮）　333, 478, 481, 484

発禁本　527
発声法　356
発売禁止　359, 402, 404, 406, 491, 495-496, 509
発売禁止処分　410, 491, 495, 497, 504
「発病記」 623, 633
ハドソン河口（アメリカ・ニューヨーク州） 300
ハドリアン帝　316
「鼻」（芥川龍之介） 263
花巻（岩手県） 637
離山（長野・軽井沢） 309-310
羽田空港ビル　612
「母」（芥川龍之介） 383
派閥抗争の犠牲者　420
派閥対立　422
バビロン（イラク中部にあった街） 315
破防法　533
葉山のレーシー館　612
パラオ（西太平洋の島） 407
原宿駅（東京） 202
『パラダイス・リゲインド（楽園回復）』（ミルトン） 587
『パラダイス・ロスト（楽園喪失）』（ミルトン） 587
パリ　259-260, 296, 299
パリ近郊の名所　296
パリサイ主義　386
『春の水』（個人文集） 30
バルビゾン村（パリ） 296
ハルビン〈哈爾浜〉（中国） 174, 392
ハルピン丸（船舶） 336
バルフォア宣言　319, 322
パレスチナ　241, 291, 315, 317-319, 321-323
パレスチナ植民地　318
パレスチナの地　321
パレスチナの統治　322
パレスチナへの旅　291
パレスチナ旅行　295, 314, 317, 320, 322
「パレスチナ旅行記」 291-292, 294, 314
ハレルヤコーラス　264
ハワード大学（アメリカ・ワシントン） 527
ハワイ真珠湾の奇襲攻撃　489
反語　416
反国体性　439
ハンザ同盟　290
阪神電気鉄道東明発電所　135
反戦・平和の声　585
反戦論　143
ハンセン病　41, 602
ハンセン病患者　604
ハンセン病患者支援　625
ハンセン病者　603-604
『ハンセン病とキリスト教』（荒井英子） 605
ハンセン病問題　604
ハンセン病問題解決に関する法律　604
ハンセン病療養所　602
ハンセン病（ライ）療養所への伝道　603
反動の時代　525
反動の高波　397
ハンブルク（ドイツ） 290
反米的感情　558

ひ

「悲哀の人」 412
悲哀の人　144
『悲哀の人矢内原忠雄』（川中子義勝） 21
『悲運の哲学　者評伝藤岡蔵六』（関口安義） 67
東アジア問題　485
東筑摩郡広丘国民学校　506
東日本大震災　370
「悲境にあつて福ひの日を / 想ひかへすに優る悲しみなし」（藤田若雄） 464, 510
悲劇の島（沖縄） 606
非国民　437, 584
非国民呼ばわり　445
非戦論　559
非戦論者　143
匪賊　391-393, 459
「匪賊に遭つた話」 391-392, 399
筆禍事件　426, 446
「筆誅」 442
「人及び愛国者としての新渡戸先生」 94, 111
人の権威　243
「人一人」 146
人を説得する話法　356
燧灘《ひうちなだ》（瀬戸内海） 30, 223
火の柱　258

『日本の花嫁』(田村直臣) 577-578
『日本の花嫁』事件 576
「『日本の花嫁』事件に関する参考文献」 630
日本のブレーク・コレクター 227, 263, 302
日本の民主化 558
『日本のゆくえ』 553-555, 598
『日本文化の特色』(田中義能) 410
「日本民主化の将来」 616-617
日本民族の自主独立 558
日本メソジスト横浜教会 119
日本郵船 227, 252, 258, 300
日本郵船株式会社 300
日本郵船ニューヨーク支店 263, 300-303, 305, 527
日本郵船横浜支店 301
日本流の賢夫人 267
日本領事館(ロンドン) 265
ニュージーランド 300
ニューヘヴン(アメリカ・コネティカット州) 528
ニューヨーク 258, 272, 299-300, 527
ニューヨークの印象 527
ニューヨークの古書店 301, 307
ニューヨークの美術館 301
ニューヨーク時代の「長崎日記」 303-306, 637
ニューヨーク大学 527
人間教育 554
「人間」としての学問のあり方 341
人間矢内原忠雄 250, 444, 571

ぬ・ね

沼田町(群馬県) 125, 607
沼津東高校60周年記念講演 615
「猫」(「吾輩は猫である」夏目漱石) 209
ネス川(イギリス) 275
熱河作戦 401
根っからの平和主義 553
「年頭の辞」 497
「年譜」(『矢内原忠雄全集』編集委員会編) 333, 494

の

農業植民 322
『農業本論』(新渡戸稲造) 214
ノースウエスタン大学(アメリカ・シカゴ) 529
『野菊 矢内原忠雄先生とらい療養所』(野菊刊行会) 605
野沢町(長野県) 607
ノックスヴィル(テネシー州) 527
「野に叫ぶ」者 505
『野に匂う花のように―籾山民子さんの信仰と生活』(陳茂棠) 465
ノン・コンフォーミスト(不一致派) 581

は

ハーヴァード大学(アメリカ・マサチューセッツ州) 528
ハーヴァード大学神学部 306
パース(イギリス) 278-279
バーゼル(スイス) 319
バーゼル綱領 319
ハーフェル川(ドイツ) 283
バーンズ博物館(イギリス・グラスゴー) 273
俳句王国 34
「拝志川」(詩) 30-32, 67
拝志川(今治) 30-32, 199
敗戦 485, 514
敗戦日本 525, 572
敗戦の日 503
ハイデルベルク(ドイツ) 289, 295
「ハイデルベルク信仰問答」 295
ハイデルベルク大学 283, 289, 295
ハイド・パーク(ロンドン) 270
排日思想 213
榛原高等学校 607
パウロによる洗礼の勧め 234
パウロの信仰 366
「パウロの武士道」(内村鑑三) 362
伯方島(今治) 25
白雨会 186, 216
白雨会メンバー 216
「迫害と病気」 625, 634
白日書房 598
パゴタ公園(朝鮮・ソウル) 338
函館 360
発禁 411, 424, 428, 495, 498

新渡戸校長免職反対運動　187
新渡戸事件　188, 215
新渡戸事件対策実行委員　153
「新渡戸先生の学問と講義」 214, 246, 349
新渡戸先生の植民政策　211
「新渡戸先生を憶ふ」 407
新渡戸ファン　93
二・二六事件　413, 423, 488
二宮の東大農場（東京） 566
二宮橋（神戸） 49
『日本』（新聞） 577
日本が生んだ世界的預言者　369
日本学士院会員　521
日本学術会議　521, 526
日本学術会議会員　627
日本共産党　384 →共産党
日本共産党初代委員長　82, 154
日本共産党への大弾圧　383
日本基督教会　127, 577, 585
日本基督教会市ヶ谷教会　117, 148
日本キリスト教会浦和教会　639
日本基督教会系の教会　334
日本キリスト教会香里園教会　616
日本基督教会大会　577
日本基督教会釜山教会　478
日本基督教団　489, 580, 583, 585, 588
日本基督教団の成立　588
日本キリスト教文学会　640
『日本キリスト教歴史大事典』 26, 28, 67, 234, 328
日本近代文学館芥川龍之介文庫　131
日本軍の作戦計画　489
日本原理社　418
日本国憲法　530-531, 559, 594
日本国憲法第二十三条　596
日本国皇帝陛下　337
日本再軍備の声　531
「日本思想史上の矢内原忠雄と私の接触した矢内原先生」（家永三郎） 399, 512
『日本社会の基本問題』（日本太平洋問題調査会編） 524
日本自由メソジスト教団　615
日本自由メソジスト伝道学館　617
日本出版協会　185
日本出版文化協会　497
「日本植民学の系譜」（大内兵衛） 251, 297
日本植民政策　325
日本聖公会松江基督教会　131
『日本政治史の中の知識人』（竹中佳彦） 455, 509, 512, 561
『日本聖書雑誌』 366, 368
日本聖書神学校　639
『日本精神と平和国家』 506, 598
「日本精神の懐古的と前進的」 410-411
「日本精神への反省」 506-507
日本政府の台湾植民政策への手厳しい批判の書　358
日本赤十字社病院　362
『日本知識人の植民地認識』（浅田喬二） 349
日本帝国主義　584
『日本帝国主義下之台湾』（陳茂源訳） 358
「日本的基督教」 408
日本的基督教　408
「日本で民主主義は育つか」 622
日本天主公教教団　583
『日本統治下の台湾—抵抗と弾圧—』（許世楷） 350
「日本とキリスト教」 590
「日本に於けるアメリカン・ボードの伝道」（エム・エル・ゴードン、吉田勇訳） 27
「日本に帰る」 530
『日本の傷を医す者』 426, 598
日本の教育界　417
「日本の基督教」 574, 587, 630-631
日本のキリスト教界　583
日本のキリスト教伝道　572
日本の近代の最も根源的な批判者　370
日本の軍部　416
『日本の国体』（安岡正篤） 410
日本の三大財閥　222
「日本の思想史上における内村鑑三の地位」 622
「日本の将来」 553
日本の中国侵略政策　213
日本の中国政策　175
日本の帝国主義化　78
日本の帝国主義的支配　491
日本の敗北　445

那覇（沖縄） 601
那覇空港　599
那覇商業高等学校　605
那覇のプロテスタント教会各派合同の講演会　605
ナポリ（イタリア） 290
「成瀬日記」（成瀬正一） 209
南京事件当時の最高指揮官　475
南京大虐殺　474, 547
南京路（上海） 259
南山（中国東北部） 174
「南車北車記」 574
『南原繁の生涯　信仰・思想・業績』（山口周三） 512
難波（大阪） 180
南部戦跡めぐり（沖縄） 600
南方作戦の主役　489
南予（愛媛県） 33-34
「南洋群島研究」（今泉裕美子） 409, 454
南洋群島調査旅行　396, 406
『南洋群島の研究』 325, 408-409
「南洋群島旅行」 408
南洋群島旅行　408
南寮十番　84-87, 101, 112-113, 118, 122-123, 127, 136, 163, 174, 194, 209, 217, 230, 262, 401, 539-540, 592, 636
『南寮タイムス』（同人新聞） 136

に

新潟県立長岡中学校（現、新潟県立長岡高等学校） 46
新島学園（群馬県） 611
新居浜（愛媛県） 33, 221-224, 231-233, 235-236, 245, 248, 253-255, 277-278, 330
新居浜駅　225
新居浜時代　249
「新居浜時代のことなど」（山下陸奥） 233, 238, 246, 248, 297, 633
新居浜時代の矢内原忠雄　235
新居浜住友病院　224, 235
新居浜生活　268
新居浜での家庭集会　234
〈新居浜にある神の教会〉 235
新居浜のキリスト教集会　236
新居浜の住友時代　414
新居浜の住友別子鉱業所　624
『にいはま紀行』 223
『二荊自叙伝』（斎藤宗次郎） 637
『西坂のてっぺんの家で』（田上望） 216
西ドイツ　599
『西日本新聞』 594
西宮（兵庫県） 486-487
西回り世界一周　300
二〇一〇年代の「現代の危機」 559
ニセ学者　442
ニセ政治家　442
にせ預言者　162, 442
日・独・伊三国軍事同盟　486
日米安全保障条約改定の反対運動　612
日米安保体制　612
日米安保反対デモ　614
日曜家庭集会　490, 569, 585
日曜公開聖書講義　515
日曜集会　503
日露戦後の国威宣揚　55
日露戦争　19, 46, 143-144, 335, 412
日華事変　461, 520 →日中戦争
日韓条約　78 →日韓併合条約
日韓併合条約　337
「日記一」（内村鑑三） 298
日支事変　504 →日中戦争
日清戦争　19, 52, 143
「日清戦争の義」（内村鑑三） 143
日鮮の溝を埋める　220
日中戦争　404, 423, 473, 486 →日華事変・日支事変
「日中戦争への民衆の反応 33」（西田勝） 69
新渡戸稲造校長辞任　260
新渡戸稲造校長の式辞（講話） 89
『新渡戸稲造伝』（石井満） 185
新渡戸稲造のカナダでの客死の通知　407
新渡戸稲造の植民政策の講義　214
新渡戸稲造の夫人の弟　527
新渡戸稲造排斥運動　95
新渡戸・内村から受け継いだ教育理念　523
新渡戸校長の修身講話　94

東大医学部　312
東大演習林　564, 566
東大教養学部　623
東大教養学部（駒場）図書館　237
東大経済学部　237, 519 →東京帝国大学経済学部
東大経済学部内の派閥抗争　540
東大経済学部の学部長　508
東大自治会　542
東大所属の農場や演習林　566
東大聖書研究会　572-573
「東大聖書研究会のこと」（大塚久雄）　313, 348
東大総長　250, 574
「東大総長の六年」　610, 632
東大総長を辞す　610
東大伝研附属病院（現、医科学研究所附属病院）
625
東大農場　564-565
東大病院　624
東大病院田坂定孝教授の診断　623
東大病院田坂内科　612, 614
東大病院本木外科　623
統治の間違い　404
東平《とうなる》（新居浜）　224-226
東武鉄道伊勢崎線　164
東北帝国大学　540
東予（愛媛県）　33-34
東横線　389
東横線都立高校駅　570
東寮《とうりょう》十六番　135-136
「読者会」と称した集まり　109
読書会　328
「読書のおもい出」（恒藤恭）　209
特派員　176
特別養護施設　141
独立教会　140
独立伝道　582
独立伝道者　268
独立万歳事件　338
獨協大学　433
特高警察　548
『特高月報』　497
鳥取　409
鳥取県立米子中学校　409
『東十六《ととろう》』（回覧雑誌）　136, 185
東十六《ととろう》村　136
利根川　164
富田小学校時代の幼友だち　438
富田尋常小学校　41-42, 44-45, 133
富田村（愛媛県）　30, 33, 43, 250
富田村の避病院　208, 211
土曜学校　274, 279, 453, 467-472, 503, 509, 520,
586-587
『土曜学校講義』（矢内原伊作・藤田若雄編）　471
土曜学校での西洋古典研究　492
土曜学校の開校　468
トリエステ（イタリア）　290-291
都立高校駅（現、都立大学駅）　569
頓田川（今治）　30

な

ナイアガラの滝（アメリカとカナダの国境の大瀑
布）　306
内務省　394, 403, 406, 413, 431, 435
内務省警保局　420, 497
内務省の検閲　396, 473
内務省の検閲問題　339
内務省の言論弾圧　404
長崎（長崎県）　503
「長崎日記」（長崎太郎）　109, 122, 303-306, 637
『長崎文庫目録』　307
中野（東京）　254
中ノ島公会堂（大阪）　614
『長与又郎日記』（小高健編）　431
今帰仁《なきじん》の半島（沖縄）　605
名護中学校　605
名護町（現、名護市）　602, 605
名古屋英和学校　142
名古屋工業大学講堂　622
名古屋聖書研究会　607
名古屋での講演会　622
ナザレ（イスラエル）　239-240
那須温泉（栃木県）　238
なぜ矢内原忠雄の評伝なのか　635
ナチス　394, 401, 416
ナチスの独断政治　486
「なつかしくもうかぶおもい」（讃美歌）　130

天皇主権説　401
天皇制イデオローグ　143
天皇制中央集権国家　19
天皇制中央集権国家の強権政治　636
天皇制ファシズムの時代　469
天皇中心主義　553
『天皇と東大　大日本帝国の生と死（下）』（立花隆）　455
『天路歴程』（ジョン・バニヤン）　281-282

と

ドーヴァー（イギリス）　260
ドーヴァー海峡　260
ドイツ　282, 420, 598
ドイツ精神文化の地　295
「東海の旅」　607
同化主義　319, 340
同化主義者の主張　320
同化主義政策　477
「同化政策」　477
同化政策　339
同化政策は誤謬　340
同化政策は誤謬の指摘　339
同化論は机上の空論　320
東京青山会館　387
東京朝日講堂　412
『東京朝日新聞』　113, 434
『東京朝日新聞』（縮刷版）　445
『東京朝日新聞』の記者　446
東京一致神学校　576
東京共済会館　614
東京信濃町　308
東京商大　236
東京女子大学　312, 341, 464-465
東京諸大学の連合演説会　172
東京神学大学図書館　237
『東京新聞　夕刊』　97
『東京大学学生新聞』　545-546 →『東京大学新聞』
東京大学教養学部長　521, 529
東京大学経済学部　403, 411, 427, 520
東京大学経済学部長　518-519
『東京大学経済学部創立三十周年記念論文集』　519-520
東京大学出版会　598, 624
東京大学所属の施設巡り　564
『東京大学新聞』　545 →『東京大学学生新聞』
東京大学総長　281, 529, 535, 564, 589, 598
東京大学文学部自治会委員長　545
東京大学本郷キャンパス　541
東京大学より名誉教授の称号を授与される　611
東京地方検察庁　547
東京地方裁判所　547
東京帝国大学　196, 300, 401, 437, 636
東京帝国大学教授に復帰　509
東京帝国大学経済学部　215, 250, 253-254, 372, 391, 420, 422-423, 476
東京帝国大学経済学部教授会　508
東京帝国大学経済学部の長老教授　324
東京帝国大学経済学部の花形教授　356
東京帝国大学入学の手続き　198
東京帝国大学文科大学　402, 417
東京帝国大学法学部　256, 402
東京帝国大学法科大学　87, 123, 195, 211, 232
東京帝国大学法科大学経済学科　427
東京帝国大学法科大学政治学科　193-194, 217, 223, 251, 300
東京帝大図書館　436
東京帝大農学部　327
『東京獨立雑誌』（雑誌）　142
東京都庁舎　25
『東京日日新聞』　368
東京日比谷公会堂　555
東京府立第三中学校　59, 80
東京湾汽船　186
東山荘（御殿場）　615
東山荘での第二回聖書研究会　623
同志社英学校　26-27
同志社大学　53, 622
同時代青年と「謀叛論」　100
同時代知識人共通の課題　255
謄写版刷りの雑誌　506
東条内閣　501
東条内閣の総辞職　500
同仁会医院　448
同性愛　121
『同窓会誌』（兵庫県立神戸高等学校同窓会）　68

直感　404
直感と実証　324
青島《チンタオ》　448
『沈黙』（遠藤周作）　589

つ

彰化《ツアンホア》（台湾）　343, 345
「追悼のことば」（南原繁）　628
追放委員会　518
『通信』（雑誌）　393, 406-409, 411, 431, 441, 450, 458-460, 463-464, 466, 494-496, 586, 604
「『通信』の廃刊と『嘉信』の創刊」　460, 510
『通信』への弾圧　496
「『通信』を憐む」　458, 460
竹山《ツーサン》　343-344, 350, 354, 358
津島（愛媛県）　33
津島町（愛媛県）　34
つつじ　33
恒藤恭が記した京大事件についての文章　395
「恒藤恭と芥川龍之介―蘆花「謀叛論」を介在として―」（関口安義）　156
『恒藤恭とその時代』（関口安義）　131, 157, 394, 400, 539, 561, 636, 638
「恒藤恭と平和問題談話会―時代の傍観を拒否した法哲学者」（広川禎秀）　593, 631
『恒藤恭の思想史的研究』（広川禎秀）　400
つぼ屋陶器店（沖縄・那覇）　601
罪　378
罪の悔改　243
「罪の問題」　623
罪のゆるし　622
津山（岡山県）　409
鶴岡市（山形県）　232
都留市（山梨県）　415
都留文科大学　415

て

出会いの神学　590
ディアスポラ　315-316, 318, 322
ディアフィールド・アカデミー（アメリカ・アマースト）　528
抵抗詩　104
抵抗の一文　492
帝国憲法　525
『帝国主義下の印度』　325, 409, 609
帝国主義下の植民地研究　638
『帝国主義下の台湾』　176, 320, 325, 341, 351, 354-359, 404-406, 491, 495, 637
『帝国主義下の台湾』のロシア語訳　527
『帝国主義研究』　597
帝国主義諸国の植民地への進出　341
帝国主義日本　445, 485
帝国主義日本の専制政治　383
帝国製糖　358
『帝国大学新聞』　353, 378, 382, 395, 411, 429, 432, 435
帝大聖書研究会（東大聖書研究会）　312, 517
テイト・ギャラリー（ロンドン）　261, 264, 270
的確なことば選びによる内村評　364
テキサス州立大学（アメリカ・テキサス州）　529
大邱《テグ》（朝鮮）　333-334, 478
テクストの言説研究　638
テクノロジー　529
テサロニケの信徒への手紙一　244
大田《テジョン》（朝鮮）　334
手帳事件　542
鉄拳制裁　76
「鉄拳制裁」（久米正雄）　77
徹底した実証主義　338
大同江《テドン》（朝鮮）　335
テニソンの詩　177
テネシー大学（アメリカ・テネシー州）　527
テムズ河（イギリス）　268
デモクラシー　212
テモテ教会（東京・本郷）　108, 130, 192
田園都市線　389
「伝道者・牧会者・聖書研究者」（柴田真希都）　471, 510
伝統的な教会の壁　590
伝道と東大総長職　572
『伝道の精神』（内村鑑三）　368
伝道旅行　451, 607
「伝道旅行記」　456
天皇　422
天皇機関説　194, 401
天皇機関説事件　402, 420

タルソ（小アジア） 481
太魯閣《たろこ》峡谷（台湾） 352
弾圧と抵抗 517
弾圧にも屈せず闘う人々 375
短歌革新 417
「単純なる心」 146, 150
男女同権論 576
談話大会 105

ち

嘉義《チアイー》（台湾） 344-345
嘉義の洲庁 344
「小さいサウロ―中学時代の思い出―」 77
基隆《チーロン》（台湾） 342-343
基隆港 342
チェコスロバキア 290
竹林事件 344, 350, 354, 358
『地人論』（内村鑑三） 368
「父」（矢内原光雄） 456
『父と子』（藤岡蔵六） 93, 111, 128, 156, 200
地中海 259, 291, 361
地方新聞 174
チャンとした教会 280
注意処分 496
中央教育審議会委員 627
中央高速道路 415
『中央公論』（雑誌） 212, 405, 409, 417, 422, 424, 426-430, 432, 556
中央線 415
中央大学 433
『註解新約聖書・ロマ書』（黒崎幸吉） 480
「中学の五年間」 50, 68, 71, 78, 110
中公新書 402, 421
中国山東への出兵 382
中国人の排日の状況 259
中国東北部（満洲） 176
中国東北部第一の商港 335
『中部日本新聞』 594
中予（愛媛県） 33-34
中立 530
チューリヒ（スイス） 295
チューリッヒ大学（スイス） 589
中立不可侵 552
中寮三番 113
「朝会で」 68
長期研究出張 406
超教派的伝道 329
朝憲紊乱 254
超国家主義 402
超国家主義者 507
長沙作戦 490
「弔辞」（木村重義） 627
長春（中国） 174
朝鮮 217, 220, 342, 352-353, 479, 484, 525
朝鮮議会の設置 339
「朝鮮基督教会に関する事実」 477
朝鮮語による教育 340
「朝鮮産米増殖計画に就て」 213, 219, 337, 349, 351
朝鮮視察旅行 340
朝鮮十三道 338
朝鮮植民政策 340
朝鮮人 213, 327
朝鮮戦争 530, 552-553, 561
朝鮮総督府 78, 477
朝鮮総督府財務局 477
朝鮮での伝道旅行 477
朝鮮で働く 218
朝鮮伝道の旅 476
朝鮮同化政策 213
「朝鮮統治上の二、三の問題」 477
朝鮮統治の実態 338
「朝鮮統治の方針」 213, 337, 351, 477
朝鮮と日本のかけはし 478
朝鮮の地で働くいう夢 219
朝鮮半島 174
朝鮮平壌監理教会 495
朝鮮・満洲調査旅行 340, 351
朝鮮・満洲の旅 336
朝鮮民衆 338
朝鮮民衆の勝利 338
朝鮮民衆の生活 340
「朝鮮旅行雑感」 336
腸チフス 208
朝報社 143
長老教会 280

大日本帝国憲法（明治憲法）　19, 401
台北《タイペイ》　343, 352, 358
太平洋戦争　264, 442, 486, 502, 520, 583-584
太平洋戦争時代　404
太平洋戦争前夜　471, 486
太平洋戦争中　534
太平洋の橋　538
大本営発表　490, 534
代用教員　43
「大陸経営と移植民教育」　348, 492
大連　174-175, 335-336, 393, 481, 484
「大連まで」（石田三治）　173
第六高等学校（岡山）　172, 197, 427
台湾　345, 353, 393, 428, 525
台湾海峡　344
台湾銀行　382
台湾銀行事件　382
台湾最古の街　344
台湾最大の温泉郷　343
台湾視察旅行　306, 352
台湾植民政策　342
台湾青果会社　358
台湾総督府　343, 352, 391 →総督府（台湾）
台湾大学　342
台湾調査旅行　352, 382
台湾長老教会　344
「台湾糖業帝国主義」　355-356
台湾糖業発展史　357
台湾統治への痛烈な批判の文章　354
「台湾との関わり—花瓶の思い出」（若林正丈）　350
「台湾に於ける政治的自由」　353, 382
台湾の玄関口　342
台湾の現地調査旅行　352
台湾の人々の政治的権利　357
台湾への旅の収穫　355
台湾民族解放運動　342
台湾民族解放運動の指導者　343
『台湾民報』（新聞）　354
台湾問題　355
タオル美術館（今治）　23
『高い山—人物アルバム—』（大内兵衛）　429
高崎（群馬県）　139
高縄半島（今治）　24
高山（彦九郎）神社（太田）　164
『滝川事件』（松尾尊兊）　400
「滝川事件とは何だったのか」（西山伸）　395
「滝川事件と恒藤恭—「市民的自由」の視点から—」（久野譲太郎）　395
拓務省　352, 391
「武さん」　69, 177, 183, 201
たこつぼ的日本の近代文学研究　638
「たしかなる事」　147
「忠雄さんの追憶 竹馬の友」（窪田佳津見）　43, 67, 455
忠雄終生の課題　625
忠雄における父と子の関係　196
「忠雄日記」　148-149, 160, 169, 182, 184, 197, 202, 204, 208
忠雄の愛唱歌　109
忠雄の内村鑑三評　367
忠雄の講演　210
忠雄の植民地論　340
忠雄の住友時代　223
忠雄の先見性　270
忠雄の新居浜時代　226
忠雄晩年の慰安の書　616
「戦の跡」　393, 400, 403, 431, 454-455, 496, 499-501, 508, 511, 513, 560
戦うエクレシア　452
「忠兄さんの想い出」（田原悦子）　249, 297
立花村（愛媛県）　30
館山（千葉県）　186
田中内閣　382
「ダニエル書」　472
谷間の百合　170
「種播く人」（絵画・ミレー）　460
田端（東京）　262, 342
ダビデの城（エルサレム）　292
ダビデの切なる祈り　628
ダブリン（アイルランド）　272
タボルの山（イスラエル）　321
多摩川（東京）　488
多磨墓地（多磨霊園）　311
「田村直臣『子供の権利』解説」（関口安義）　630
田村批判　577

「其後の無教会主義」 582
「それから」（夏目漱石） 209
ソ連が対日参戦 503
ソロモンの宮殿 292-293

た

大渓《ターシー》（台湾） 343
大渓郡役所 343
大肚《タートゥー》（台湾） 343
「第一義の人」 172-173
第一高等学校 79, 83, 94, 97, 127, 149, 445, 540
『第一高等学校一覧　自明治四十二年至明治四十三年』 83
第一高等学校英法科 194
『第一高等学校校友会雑誌』 150, 153-154 →『校友会雑誌』
第一高等中学校 142
第一神戸中学校 60-61
第一次世界大戦 19, 216, 256-257, 299-300, 302, 319, 322, 420, 520
第一次世界大戦後の円高 307
第一大教場（一高） 101, 106
第一東京中会 577
第一級の戦犯 525
大英博物館 32, 301
大英博物館の読書室 267-268, 270-271
大学行政家 598
大学行政とキリスト教の伝道 574
大学自治 551
大学自治の問題 553
大学自治をめぐる事件 541
大学自由の原則 543
大学自由の制度 543
大学人事への介入 401
「大学騒動楽屋話」（菅野司郎） 422
「大学卒業から大学辞職まで」 428, 454
『大学という病　東大紛擾と教授群像』（竹内洋） 402, 420, 423, 453
『大学について』 543, 553, 598
大学の学問的自由 514
大学の危機 520
大学の自治 546, 548
「大学の自治と学生の自治」 547
大学の自治と学問の自由 539
大学の自治の原則 552
大学の使命 434, 514
大学の自由 514-515, 543
大学の任務と使命 600
『大学評論』（雑誌） 173
大学紛争 551
大学本来の任務 550
大韓帝国 175
退官願 436
大規模の抵抗運動（沖縄） 599
大逆事件 78, 96-97, 103, 107, 113
第五回内国勧業博覧会 44
第五高等学校（熊本） 402
第三次大戦を防止するもの 556
大状況 404
『大正デモクラシー』（成田龍一） 245, 349
大正デモクラシー 212
大正天皇 342
退職辞令 436
泰西学館（大阪） 368
大政翼賛会 186, 486
大政翼賛会の経済政策部長 433
大政翼賛会発会式 486
大山《だいせん》（鳥取県） 409, 573
大山講演 409
タイタニック号沈没の記念碑 272
台中（台湾） 343-345, 352, 358
台中駅 343
「大東亜共栄圏の批判的研究」 509
大東亜戦争 443, 489, 504
「大東亜戦争と英国植民政策」 492
大東研究室 492, 509
「『大東研究室』のころ」（楊井克巳） 511
『泰東日報』（新聞） 175
泰東日報社（大連） 175
台東《タイトン》 358
台南 344-345
「第二イザヤ書講義」 309, 348, 474
第二次世界大戦 28, 30, 250, 359, 367, 374, 415, 469, 490, 589, 603
第二次世界大戦後のアメリカ 529
大日本製糖（平壌） 335

戦後の平和運動のシンボル　84
「戦後の矢内原演習」（川田侃）　560
戦時下抵抗　502
戦時下抵抗のシンボル　518
戦時下抵抗の一つの姿　471
「戦時下における矢内原忠雄の抵抗」（金田隆一）
　499, 512
戦時下の日本のキリスト教界　587
戦時体制への貢献　584
洗心楼（山中湖）　573
全盛期の日本郵船　300
専制政治　354
「先生の涙」　167, 200
戦前・戦中の思想家の闘い　404
『戦前・戦中を歩む 編集者として』（美作太郎）
　313, 348, 421, 455
戦前の苦い体験　556
戦争　416, 485, 556
戦争協力　475
「戦争終了」　503
戦争終了の報　504
戦争絶対廃止論　143
戦争と平和の問題　553
戦争の時代　19
戦争の不正　443
戦争の間違い　445
洗足高等女学校　465
仙台（宮城県）　486
仙台高等裁判所　547
全体主義　506, 584
全体主義的国家　585
仙台聖書研究会主催の講演　487
戦中の生きる途　500
戦中の弾圧　532
戦闘の小集団　452
セント・ジャイルズ大聖堂（イギリス・エジンバラ）　280
セントラル・パーク（アメリカ・ニューヨーク）
　301
千年王国　244
船舶の時代　300, 332
全文削除　427, 491
全文削除処分　406
全面講和　552
全寮制　84
全寮晩餐会　189

そ

「創刊のことば」（『山鳩』）　610, 632
「創刊の辞」　459, 510
壽山《ソウサン》（台湾・高雄）　344
雑司ヶ谷（東京）　165
雑司ヶ谷墓地　164
蒼社川（今治）　30
早熟の文学青年　209
早熟の理論家・思想家　173
「創世記」　248
漱石の人格と物事への洞察力　210
漱石の講演　208
漱石ファン　209
創設期の都市型大学　593
総長の仕事　572
総督政府の敗北　338
総督府（台湾）　354 →台湾総督府
総督府官吏宿舎（朝鮮・京城）　479
総督府殖産局（朝鮮）　334
総督府調査課（朝鮮）　334
総督府（朝鮮）の武断政治　338
総督府（朝鮮）評議会　353
惣開（新居浜）　224, 232, 235, 253
惣開の社宅　224
「走馬燈」　506
『創立九十年記念誌』（日本基督教団今治教会）
　26-27, 67
ソウル（京城）講演　482, 485
ソウルでの「ロマ書」講義　479
ソウルの講義　482, 485
『続賢治童話を読む』（関口安義）　635
「続西方の人」（芥川龍之介）　383
族籍　81
即題　76
『続余の尊敬する人物』　142, 144, 157, 167, 200,
　363-364, 412, 528
蘇州（中国）　259
卒業記念旅行　174
『即興詩人』（アンデルセン・森鷗外訳）　185

聖書講義（『嘉信』連載） 467
聖書講義（今井館聖書講堂） 564, 571, 589, 637 →今井館聖書講義
『聖書講義 2 ロマ書』 479, 481, 483
聖書講義の日曜集会 569
聖書講演会 453
『聖書知識』（雑誌） 586
聖書の学問的研究 582
聖書の言 506, 606
『聖書之研究』（雑誌） 66, 78, 139, 142-143, 182, 184, 216, 317, 365, 371, 385, 586
聖書の研究 378
聖書之研究社 139
聖書の信仰 145
『聖書之真理』（雑誌） 407
聖書の真理の証明 569
「聖書の預言とパレスチナの恢復」（内村鑑三） 317
聖所分割の特権 293
『聖書より見たる日本』（藤井武） 410
『静思余録』（徳富蘇峰） 71
精神性の高さ 489
凄絶な罪との苦悶 625
生存最後の年 622
聖地巡礼 294
聖地の現状 293
制度化した日本の教会 636
制度教会 588
生と死の問題 618
制度制の欠如 489
〈制度〉的なるものへの反逆者 142
『聖なる町』（ジョン・バニヤン） 282
西南の役 35
『青年への警告』（山室軍平） 134
生蕃 353
政府の統制政策 588
政府批判 411
「西方の人」（芥川龍之介） 383
聖墓寺（聖墳墓教会・エルサレム） 293
「生命との別れを惜しんで身体上を浮遊する心霊」（ブレーク） 262
西予（愛媛県） 33
西洋古典に学ぶ 490
西洋古典の学習 471
西洋古典文学 502
西洋文明 241
聖霊の力 207
『世界』（雑誌） 568, 592, 608
世界遺産 292
「世界・沖縄・琉球大学」 599, 631
世界史上最大の海難事故 272
世界人権宣言 556
世界人権宣言週間記念講演 555
世界森林史上空前の大被害 361
世界的法理学者 540
「世界の危機と人間の権利」 555
世界の基督教史 369
「世界の将来と青年の任務」 615
世界の平和 558
『世界文学としての芥川龍之介』（関口安義） 635
世界平和の達成 20
「世俗性の問題―竹森氏の批判に答う」（関根正雄） 580
『雪斎遺稿』（金子雪斎） 175
絶対的平和論 532
絶対平和 530
絶対平和主義 19
絶対平和主義者 556
摂理 278, 378, 393, 626
瀬戸内海 23-25, 34, 174, 223
セバーン川（イギリス） 281
先覚者のことば 93
全学集会 113
全学連主流派 614
「一九二八年三月十五日」（小林多喜二） 383
宣教 615
「宣教百年と無教会運動」 614
先見性と批判精神 324
先見性と預言性に満ちたことば 506
先見的ユダヤ人国家論 323
全校集会 103
全国大学教授連合会 627
「全国癩療養所の各位に」 603
戦後日本の伝道 572
戦後日本の民主主義 559
戦後の革命運動の限界 534

「人物論」 453
『しんぶん赤旗』 97
新聞紙法 491
新聞紙法違反 254
『信望愛』 371
人民戦線事件 436
新約聖書 181, 461, 463
『新訳と評釈・ロマ書』（山谷省吾） 480
瀋陽故宮博物館 335
真理 416-417
真理愛 514
『真理と戦争 : 東京帝大教授矢内原忠雄氏の『真理と戦争』の批判に因みて』（蓑田胸喜） 417, 425, 437
真理の言を弾圧する処分 497
真理の探究者 417
「真理の敵」 386
真理の敵 387, 390, 421
「真理の敵」との闘い 389
『真理への畏敬』（藤田若雄・富田和久・大塚久雄著） 624
侵略戦争 411
『人類共栄新聞』 595

す

スイス 295, 598
スエズ運河 291
水原《スウォン》（朝鮮） 334
数寄屋橋（東京） 576
数寄屋橋教会 576
スコットランド（イギリス） 271, 581
スコットランドの詩人 278
スコットランドの農民詩人 273
スコットランドの旅 273-274, 280
スコットランド美術館 280
スコット記念塔 279
鈴が岳（赤城山） 124
鈴木商店 382
スターリン体制 380
スタンフォード大学（アメリカ・カリフォルニア州） 529, 609
「スチーブン・ジラードの話」（内村鑑三） 80
ストラトフォード・オン・エーヴォン（イギリス） 281
『スバル』（雑誌） 103
スペイン 420
須磨（神戸） 181
須磨明石 66, 178
須磨三の谷 202
住友 221-223, 226, 252, 254, 268
住友化学株式会社愛媛工場歴史資料館 224
住友銀行 222
住友財閥 222, 226
住友総本店（大阪） 227, 232
住友の採用試験 221
住友病院 253
住友肥料製造所（現、住友化学） 235, 253-254
住友別子鉱業所 225, 245, 253
住友洋行 222
住友林業出張所 334
スロバキア国 291
「スワニー河」（フォースター） 109, 129
崇実大学（朝鮮・平壌） 335

せ

聖学院大学 129
「生活批評―矢内原忠雄君にあたふ」（倉田百三） 150, 171, 193, 249, 297
正義と平和 504
『世紀を刻む』（今治市立富田小学校開校百周年記念事業実行委員会） 42-43, 67
聖句の暗誦 451
聖旨 332
政治上の自由 353
「政治的解放者と霊的解放者―第二イザヤ書講義第三講」 474
政治的シオン主義 319
「生死の問題」 615, 622
『生死の問題』（小冊子） 617-619
聖書 29, 138, 142, 184, 186, 207, 240-241, 243, 248, 439, 618
聖書研究 364, 459, 471-472, 490, 492, 502, 510, 585-586
聖書研究社 160, 237-238, 365
聖書研究の足りないメッセージ 267
聖書講演会 585

植民地　174
植民地統治政策　339
植民地問題　337, 600
植民地論　404
植民地論の研究者　445
植民とは何か　324
殖民方針　176
植民問題　339
女子学院　126, 267
女子学院講堂　494, 614, 622, 626
女子基督教青年会館　472, 474
処女出版　236
処女論文　324
女性運には恵まれた人　330
初代教会　375
「庶民のもつ最大の宝物」（籾山民子）　510
ジョン・ノックスの家　279
『白樺』（雑誌）　262
『白樺』主催によるブレークの展覧会　302
『白樺』主催の西洋美術の展覧会　262
新羅《しらぎ》（朝鮮）
白鷺城（姫路）　622
知られざる台湾　353
時流　403
資料の発掘　99
「知ると信ずる」　572
新生田川（神戸）　49
新大阪駅　223
シンガポール　259
新幹線　621
新カント派　416
新カント派の哲学　397, 416
新旧校長送迎会　153
「新教会」（内村鑑三）　575, 630
信教・学問の自由　556
信教自由に対する迫害　525
新教出版社　374, 639
新共同訳『聖書』　503
『神曲』（ダンテ）　274, 470, 587
新京（現、中国・長春）　392
新宮（和歌山県）　103-105
神宮皇學館　58
人権尊重が戦争を否定する　556
新憲法の九条　524
人権問題　556
神高《じんこう》　49
信仰義認論　134
［信仰五十年記念講演会への挨拶］　624
『信仰五十年史』（田村直臣）　576, 630
信仰五十年を記念しての講演会　624
信仰と科学　597
「信仰と学問」（南原繁）　535, 561
信仰と学問　596
『信仰と生活の中から』（東大聖書研究会編）
313, 348
信仰と望と愛　245
『神高のしおり　四訂版』　55-56, 68
信仰の純粋性　584
信仰の絶対性　532
信仰の友　125
「人口問題」（講演）　360
『人口問題』　325, 351
新国家の建設　507
新坂峠（赤城山）　124
宍道湖（松江）　88
神社参拝　583, 587
神社参拝の強要　525
信者の生涯　242
新宿駅（東京）　326
真珠湾攻撃　490, 499
新制東京大学　522
人生七十古来稀　363
真正の教会　242
「人生の選択」　623
「人生の転機」　456
新地書房　617
神中《じんちゅう》　49-50, 59-60, 71, 78
神中時代の制服・制帽の色　56
神中の校風　61
新竹《シンツー》（台湾）　343, 345
人頭税　428
新日本の行くべき道　553
新年聖書講習会　612
新橋（東京）　182-183, 194
新橋駅　185
人物崇拝　18, 620

宗教団体法　489
宗教団体法案　583
宗教団体法施行令　583
「宗教と科学と政治」　425
宗教と民主主義の問題　524
宗教報国　585
「終講の辞」　434
十五銀行　382
十五年戦争　19-20, 485, 517, 546, 584, 602, 637
十五年戦争の時代　636
十字架　240, 294
十字架と復活　240
十字架の贖《あがな》いの信仰　634
十字架の事実　241
十字架の贖罪教　237
十字架の福音　367
『十字架の道』（内村鑑三）　366
「十字架を負ふの決心」　217, 246
自由主義　506
自由主義教授　507
「就職に就て」　220, 246
修身講話　93
従属政策　339
「十二月六日講演会記」　493
自由メソジスト伝道学館　617
粛学　432-433
「受験生の手記」（久米正雄）　79
種族的・民族的対立関係　321
『種族とユダヤ主義』（カウツキー）　321
『主張と随想』　598
「出エジプト記」　623
「出エジプト記の教訓」　623
十戒　242
『出家とその弟子』（倉田百三）　149
出版企業整備統合　500
出版による収入　450
出版法　491
出版法第十九条　19, 410
ジュネーヴ（スイス）　251, 259, 268, 295, 304, 332
ジュネーヴの国際連盟事務局　296
主の再臨　243
「主の僕」　614
シュプレー川（ドイツ）　283
首里（沖縄）　605
首里キリスト教会　602, 606
シュロッス・パルク（ハイデルベルク）　295
「殉教者の血」　146, 148, 153
「将軍」（芥川龍之介）　383, 396
礁渓（台湾）　345
「消息三月十三日　江原兄へ返書」　246
小豆島《しょうどしま》　178
情報化社会　370
『松陽新報』（新聞）　174
「勝利の悲哀」（徳富蘆花）　96
『昭和史』（半藤一利）　499, 512
「昭和十五年京城聖書講習会の思い出」（村山道雄）　481, 511
「昭和初期からの風雪の人」（鴨下重彦）　21, 454, 560, 629, 632
『昭和特高弾圧史 3』　497
「昭和の開幕」（中村政則）　399
『女学雑誌』　577
『所感十年』（内村鑑三）　184
初期駒場学派　523
職業教育　554
贖罪　241-242, 378
贖罪、復活、再臨の三教義　244
贖罪復活等信仰の根本問題　378
贖罪論　243
『植民及植民政策』　176, 294, 320, 324-325, 341-342, 358, 538, 637
『植民及植民政策』の刊行　340
植民政策　213, 251, 313-314, 324-325, 340, 391, 599
植民政策関係の蔵書　508, 513
植民政策研究　256, 294, 341, 411, 492, 544
植民政策研究シリーズ　176
『植民政策講義案』　325
「植民政策上より見たる台湾と樺太」（講演）　360
植民政策の研究　360
植民政策の講義　428
植民政策の講座　250, 255
植民政策の授業　312, 327
『植民政策の新基調』　213, 295, 314, 325, 337, 342, 351
植民政策論　317, 341, 509

思想的抵抗　585
思想の危機　520
思想問題研究会　410
時代迎合者　437
時代権力への反逆の水脈　99
時代に対峙した二つの強烈な個性　121
時代に翻弄された人物　434
時代の右傾化　395
時代の預言者　142
「自治」 69, 72
自重自治　70
自治寮　87
質実剛健　72
実証的研究　404
実証を重んじた方法　509
実証を踏まえた論　404
実践高等女学校　230
実践女学校　160
質素剛健　70
児童虐待　444
支那事変　419
『信濃教育』（雑誌）　554
『支那游記』（芥川龍之介）　383
新義州（朝鮮）　335
死の陰の谷　498
渋川（群馬県）　125
「詩篇」（矢内原忠雄）　455
「詩篇」（「旧約聖書」）
　3 篇　334
　38 篇　628
　65 篇　145
　109 篇 19 節　276
　120~134 篇　409
　135 篇 4 節　275
　137 篇　316
「詩篇」のダビデ　487
司法処分　496
資本家的社会形態　376
資本主義経済　375
資本主義社会の生きた姿　226
資本主義的植民　337
『資本論』（マルクス）　372-373
島国根性　175-176
島ぐるみ闘争（沖縄）　599
しまなみ海道　25
島根県立第一中学校（現、島根県立松江北高等学校）　59, 64, 131
清水印刷所　565
清水市（現、静岡市の一部）　553
自民党文教制度調査特別委員会　593
下関港　333
下吉田（現、富士吉田）　415
ジャーナリスト　540-541, 597
ジャーナリスト矢内原忠雄　405, 597
ジャーナリズム　550
社会科学研究所　518
社会思想研究会　368
社会主義　242
社会主義者　96, 107
社会主義の立場からのシオン運動の批判　321
社会的事業　378
「謝辞」（内村鑑三）　166, 200
シャロンの野（パレスチナ）　321
上海（中国）　174, 222, 259, 490
集会と雑誌の仕事　572
自由ヶ丘（東京・目黒区）　435, 467, 515
自由ヶ丘駅（現、自由が丘駅）　389, 569-570
自由ヶ丘家庭集会　451-452, 465
「自由ヶ丘家庭集会の頃」（渡部美代治）　451, 457
「自由ヶ丘家庭聖書集会について」（矢内原勝）　453, 457
自由ヶ丘に転居　389, 451
自由ヶ丘の家庭集会　452, 610-611
自由ヶ丘の自宅周辺の人々　437
「十月一日」 158
衆議院法務委員会　542-543
「宗教改革か社会改革か　矢内原忠雄氏著『マルクス主義と基督教』」（三木清）　378
宗教改革者　278, 369
宗教改革者としての内村鑑三　369
宗教改革の事業　369
宗教改革の徹底　369
「宗教改革論」 583-585, 589
「「宗教改革論」と東大聖書研究会」（川中子義勝）　313, 511
宗教革命　525

札幌警察署特高課　499, 587
札幌聖書研究会　623
札幌農学校　28, 51-54, 56, 78, 93, 139-140, 188
『札幌農学校　クラークとその弟子達』（蝦名賢造）
53, 68
札幌農学校の校風　54
サナトリウム　288-289
佐幕派旧会津藩士　196
佐幕派の没落士族　139
三・一五事件　384
三・一独立運動　337-339, 477
『山陰新聞』　174
産業革命　280
三国同盟　500
山上御殿　437
山上集会所　312
「山上垂訓講義」　468
「山上の垂訓」　472
「三四郎」（夏目漱石）　137, 209
山東半島（中国）　335
「三年の回顧」　194, 201
讃美歌　109, 128-129, 165, 183, 284, 337, 604, 618
サンフランシスコ（アメリカ・カリフォルニア州）
308, 529
サンフランシスコ港　308
サンフランシスコ平和条約　553
『三位一体論』（アウグスチヌス）　586

し

シアトル（アメリカ・ワシントン州）　526
シアトル・タコマ国際空港　526
シェークスピアの生地　281
シオン（エルサレム）　315
シオン運動　316-323
「シオン運動（ユダヤ民族郷土建設運動）に就て」
294, 314, 317, 320, 323-324, 341
シオン運動の二つの主張　319
シオン運動の背景　316-317
シオン運動への関心　317
シオン運動否定論　321
シオン主義　320
シオン主義運動　318
シオン同盟　319
シオンの山　292
シオンの都　316
資格審査委員会　518
『自覚に於ける直観と反省』（西田幾多郎）　416
滋賀県立師範学校　58
シカゴ（アメリカ・イリノイ州）　302, 306, 528
シカゴ神学校　26
シカゴ大学　529
シカゴの印象　529
次官通達　548
次官通達解消論　548
「式辞」（茅誠司）　626
「式辞」（黒崎幸吉）　246, 414, 454
時局迎合　428
「時局と大学」（土方成美）　422
時局に対する批判者　327
時局批判　459, 491
時局批判と検閲　491
時局への批判　471
自警団　327
『事件は遠くなりにけり』（土方成美）　432
試験ボイコット　533
四国山地（山脈）　223-224
四国巡礼のハンセン病患者　40, 603
四国中央市（愛媛県）　223
四国八十八箇所巡礼　603
四阪島の煙害　221
「士師記」（「旧約聖書」）　292
事実調査　391
「死して生きる途」（恒藤恭）　396-397
自主政策　339
紙上の教会　142, 451, 586
『「紙上の教会」と日本近代　無教会キリスト教の
歴史社会学』（赤江達也）　455, 466, 489, 511
『自助的解放』（ピンスカー）　318
静岡大学　607
「しずけき河のきしべを」（讃美歌）　129
「自然児として生きよ—Y 君にあたふ」（倉田
百三）　150
自然神学論争　590
自然療法　162
地蔵が嶽（赤城山）　124
思想的節操　557

国立国会図書館法令議会資料室　82
国立大学協会　627
国領川（愛媛・新居浜）224
国連加盟　552
国連本部　527
護国旗　102-103
コザ市（現、沖縄市）601
古書店めぐり　302
国会議員　548
国会証人　549
「国会と大学」543
国会の証人喚問　543, 551
国会での陳述　542
国会を取り巻くデモ　612
『国家学会雑誌』356
国家至上主義　410-411, 583
国家至上主義への〈謀叛〉358
国家宗教（神道）583
国家主義　416, 433
国家主義的独裁　420
国家と宗教の問題　524
国家の安全保障　526
「国家の理想」409, 417, 424-426, 428-429, 486, 504
国家の理想　424-425, 427
御殿場（静岡県）194, 414, 573
古都への旅　290
「湖南の扇」（芥川龍之介）383
『此一戦』（水野広徳）134
『羔《こひつじ》の婚姻』（藤井武）431
こひつじ社　237
コプト派　294
コペルニカス的転回　138
駒場の九〇〇番教室　623
小湊誕生寺（千葉県）186
米騒動　226
御用学者　391
御用新聞　354
哥林多《コリント》前書　186
ゴルゴタの丘（エルサレム）293
コロサイ書　242
コロサイ書 1:24　377
コロラド高原（アメリカ）307
コロラド川　307
コロンビア大学（アメリカ・ニューヨーク）527
コロンボ（スリランカ）259
「婚宴」のたとえ　571
金剛山（朝鮮）479
コンコード村（アメリカ・ボストン北西の町）306
今日のプロテスタント各派の組織　580
魂魄の塔（沖縄）600

さ

サーベルの威力　338
サーベル政治の破滅　338
在外研究　256
再軍備　557
再軍備反対　530
最高裁　547
西条市（愛媛県）33, 223
斎藤宗次郎関連資料　637
サイパン島　500
「採用試験」246
在留費　256
再臨　144, 241-244, 277
再臨運動　244
再臨運動への共感　362
再臨信仰　244
再臨待望運動　166-167
再臨の教義　244
「再臨の教義について」244
サウサンプトン（イギリス・イングランド）272
相模川（神奈川県）415
相模湾（神奈川県）326
索引　357
削除処分　496
作並温泉河合ホテル（山形県）622
サクラメント（アメリカ・カリフォルニア）307
鎖国的籠城主義　92
『佐々木惣一先生と私』（長崎太郎）300, 348, 455
「座談会わが友わが父」（三谷隆信ら）435, 455
サタンの集い　407
座談の名手　210
雑誌と集会　466-467
札幌　360, 623

向山堂書房　365
『広辞苑』　392
口述筆記　624-625
公職追放　186, 433
『後世への最大遺物』（内村鑑三）144
皇道派青年将校　413
高度成長　370
「河南校跡」の石碑　45
河南高等小学校　44-46
抗日運動　490
神戸一中　47, 58, 70, 77-78, 80, 88-89, 93, 105-106, 120, 123, 132, 135, 177, 181, 188, 196, 208, 221, 228, 249, 316, 324, 331-332, 356, 423, 441, 460, 469, 477, 543, 598, 615
『神戸一中 12 回生「我が中学時代の回想」』（兵庫県立神戸高等学校校史記念室・校史編集室）77
神戸一中時代の親友　198
神戸一中同窓会　479
「神戸一中の高い山」―大塚金之助、矢内原忠雄、河野与一、松本重治、吉川幸次郎氏のこと―」（竹田行之）68
神戸教会　77
神戸港　174, 198, 256
神戸高校　49, 611 →神戸高等学校
「神戸高校と札幌農学校―鶴崎久米一の場合」（佐治孝典）68
神戸高校の歴史　49
『神戸高校一一〇年誌』　49, 68
『神戸高校百年史―学校編』　49, 68
神戸高等学校　55, 615 →神戸高校
神戸市葺合上筒井　48
神戸女学院　29
神戸中学校　28, 45, 48, 50, 52, 54-55, 57-58, 70, 72, 117, 197
神戸中学校時代の矢内原忠雄　57
神戸中学校の初代校長　52
皇民化政策　525
『校友会雑誌』（一高）　78, 95, 469 →『第一高等学校校友会雑誌』
厚養館（旅館）　602
向陵（旧制一高）　121, 179
「向陵記」（井川恭）　112-113, 116, 131-132, 169, 187-188, 193, 201, 260
『向陵記―恒藤恭一高時代の日記―』（大阪市立大学大学史資料室篇）　84-85, 87, 98, 102, 110, 116, 187, 201 →「向陵記」（井川恭）
『向陵誌』　192
向陵時代　123
向陵生活　179
「向陵の三年」（三谷隆信）　136, 157, 201
『講和問題と平和問題』　20, 592, 598
「講和問題についての声明」（平和問題談話会）552, 592
虎丘禅寺（中国・蘇州）　259
国威宣揚　475
国際基督教大学　589
国際経済学会　627
『国際経済論』(楊井克巳との共著)　597
国際経済論　509-510, 513, 516
国際性　638
国際的文化人　94
国際法　319
国際連盟脱退　401
国際聯盟の事務局　251
国際労働機関日本政府代表随員　268, 295
国策会社　175
国士舘専門学校　402
国粋主義　416
国粋主義学者　402
国賊　442, 584
国体　396
国体に反する学説　402
『国体の真意義』（紀平正美）　410
国定教科書　595
国難の時代　494
『告白』（アウグスチヌス）　468-471, 586
『国富論』（アダム・スミス）　211, 214, 279, 471, 516, 587
告別追悼式　627
『国防哲学』（蓑田胸喜）　421
国民学校　506
『国民新聞』　113
国民の罪　361
国民の不義　362
『国民理想の確立』（吉田熊次）　410

京城駅　479
京城基督教青年会館　479-480
京城帝国大学　334
警醒社　130
『形相（歌集）』（南原繁）　435, 487, 628
景福宮（朝鮮・ソウル）　334
『刑法講義』（瀧川幸辰）　394, 402
『刑法読本』（瀧川幸辰）　394, 402
激動の時代　19
ケドロンの谷（エルサレム）　293
ケルヴィングローヴ公園（イギリス・グラスゴー）　273
検閲　254, 359, 396, 403, 405, 413, 416, 424, 429, 449, 471, 473-474, 491, 494, 498, 509
検閲時代　541, 543
検閲制度　506
検閲との闘い　20, 403-404, 411, 413
検閲の難　501
検閲問題　404
玄界灘（福岡・佐賀両県にまたがる海）　174
「厳格な指導と緻密な研究」（川田侃）　517, 560
研究者としての直観　354
研究出張　333
「献山式」　632
献山式　610
献辞　341, 365
検事局　495
賢治研究　635
『賢治童話を読む』（関口安義）　635
健児の塔（沖縄）　600
原子爆弾　503
原子力発電所　547
「憲政の本義を説いて其有終の美を済すの途を論ず」（吉野作造）　212
『現代に於ける理想主義の哲学』（西田幾多郎）　416
「現代日本の開化」（夏目漱石）　525, 635
現代日本の危機　558-559
現代のイスラエル旅行　294
現代の危機　558-559
「現代の危機とキリスト教」　558
現地研究　320, 337, 341
現地取材　354
現地調査　338-339, 352, 356, 362, 404-405
現地調査と文献調査　317
現地調査の成果　358
「現地に見る沖縄の諸問題─不安定な生活の基礎、国際問題として解決を─」606
現地民の抵抗　490
検定教科書制度　595
ケンブリッジ（イギリス・イングランド）　281
ケンブリッジ（アメリカ・マサチューセッツ州）　528
憲法　212, 595
憲法改正　558
憲法改正論　525
憲法記念日　614
憲法研究委員会　518
憲法第九条　19, 530
憲法問題研究会　615
憲法問題研究会講演会　614
憲法擁護と平和への提言　99
憲法擁護・反復古思想との闘い　593
憲法論争　531
『原理日本』（雑誌）　402-403, 417-419
原理日本社　402, 437
言論・思想の自由　556
言論弾圧　18, 254, 279, 396, 557
言論の自由　99, 354, 403
『言論抑圧　矢内原事件の構図』（将基面貴巳）　402, 421, 453, 455

こ

小石川（東京・現文京区）　508
小石川植物園　107-108, 127, 130
『小出一家信仰記録』　619
小出小平治の死にまつわるエピソード　619
コイノニア（キリストによる交わり）　233
「浩一日記」（森田浩一）　84, 103
「項羽論」（河合榮治郎）　156
講演会全盛の時代　607
黄海（中国）　335
公開聖書講義　451, 453, 472, 569-570
公害問題　223
口語訳『聖書』　620
向山堂書店　461

をめぐって—」（竹森満佐一） 580
キリストの生涯 239
キリストの体なる教会 376
キリストの恥 243
キリストの福音 572, 590-591
基督の福音 459
『金教臣の信仰と抵抗』（新堀邦司） 478
キングスタウン（アイルランド） 272
勤皇の血 107
銀行預金の取付け騒ぎ 382
銀座教会 576
禁酒運動 28
近世民本主義 211
近世ユダヤ人問題 317
近代日本思想史 535
「近代日本における宗教と民主主義」 524
近代日本の歩み 524
近代日本のエレミヤ 449, 451
近代日本の先覚者 364
近代日本の知識人 155, 359, 404
近代日本の知識人の精神史・思想史 635, 637-638
「近代の戦士内村先生」（藤井武） 399
近年の文学研究 638
金融恐慌 382
『金融資本論』（ヒルファーディング） 372-373

く

偶像視 444
偶像崇拝 620
『草の葉』（ホイットマン） 186
「草枕」（夏目漱石） 209
「愚者の死」（佐藤春夫） 103
くすの木 33
九段坂上教会 311
国頭愛楽園（現、国立療養所沖縄愛楽園） 602, 604
国頭愛楽園訪問 604
『虞美人草』（夏目漱石） 134, 209
熊本英学校 142, 368
熊本県八代郡氷川町 402, 442
熊本県立八代中学校（現、熊本県立八代高等学校） 402
熊本メソジスト教会 26
組合教会 167, 242
雲の柱 258
『苦悶するデモクラシー』（美濃部亮吉） 372, 398
クラーク精神 53
クライスト・チャーチ・カレッジ（イギリス） 281
クライド川（イギリス） 273
グラスゴー（イギリス） 272-273
倉田百三の矢内原批判 188
グランドキャニオン国立公園（アメリカ・アリゾナ州） 307
『クロムウェル伝』（カーライル） 142
軍国主義 383, 413, 416, 423, 506
軍国主義者 507-508
軍国調教育 587
軍事基地反対 552
軍部の資金 403
軍部のファッシズム化 525
群馬県太田町（現太田市） 130, 164
軍民ファシスト 402

け

慶應義塾大学 53, 103, 172, 606
慶應義塾大学経済学部 476
慶應義塾大学予科 402
慶應病院 308
経済学部教授会 428
経済学部特別講義（植民政策講義） 404
経済学部の再建 522
『経済学論集』 314, 323-324, 356
『経済原論』（セリグマン） 214
経済的帝国主義 357
警察権介入 548
警察政治の弾圧下にある朝鮮 480
警察手帳 541-542
警察予備隊令 552
警視総監 501, 545
警視庁 495-496
警視庁検閲課 497, 500
警視庁情報局 497
慶州（朝鮮） 478
京城（現ソウル） 307, 334, 336, 338, 479, 481, 483

京都帝国大学文学部哲学科　475-476
京都帝国大学法科大学　188, 217
京都帝国大学法科大学政治学科　195, 227, 300
京都府立第四中学校　125, 127
京都府立医大　36
教派制度の弊害　141
教派閥　141
教文館　471
教友会　216
教養学部設立委員会委員　522
「教養学部の船出」（池田信夫）　522
『教養学部報』　522
教養学科創設理念　523
「清き岸べに / 矢内原家」（墓碑）　311
『清き岸べに』（追悼文集・清き岸べに刊行会）
157, 626, 634
「曲江詩」（杜甫）　363
極東国際軍事裁判　328
清澄山（千葉県）　186
清水寺（京都）　219
ギリシャ・ローマの彫刻　261
ギリシャ・ロマの文化の中心地　481
ギリシャ教会　293
ギリシャ語　287
ギリシャ語とヘブル語研究　582
ギリシャ哲学　514
ギリシャ文化　482
キリスト教　181, 220, 241-242, 292, 294, 377-378,
514, 524, 551
キリスト教改革派　295
キリスト教会を革新する道　378
キリスト教各派の合同　583
キリスト教系ジャーナリズム　577
基督教女子青年会（YWCA）　453
基督教女子青年会館で行った講義　482
基督教信仰　244
キリスト教信仰　514
キリスト教信仰接受のプロセス　364
『基督教新聞』　28
キリスト教精神による教育　552
基督教青年会　88, 105, 107, 109, 112, 133, 185, 192
基督教青年会館（ソウル・鐘路）　334
キリスト教伝道　231, 459
基督教と教会　242
基督教独立学園高等学校　623
基督教と国体　411
基督教徒大会　474
キリスト教とマルクス主義　373
キリスト教の信仰に立つ平和主義　423
キリスト教の真の受容　364
キリスト教の宣教の不徹底　589
キリスト教の町　27, 117
『キリスト教入門』　551
キリスト教入門にかかわる本　231
「基督教の主張と反省」　492-493
基督教の福音　231
キリスト教排撃の言説　525
キリスト再臨運動　166-167, 243
基督再臨の約束　241
基督者の自由　575
『基督者の信仰』　231, 233, 236-238, 244, -245, 251,
271, 282, 628
「『基督者の信仰』出版のころ」（松尾逸郎）　234,
238, 247
『基督者の信仰』の原稿　236
キリスト者の歴史観　376
キリスト信者　621
「基督信徒の自由」（ルーテル・石川鉄雄訳）
134-135
『基督信徒之友』（雑誌）　582
『基督信徒の慰』（内村鑑三）　130, 142, 163, 181,
368, 580, 617
キリスト新聞社　216
キリスト同信会　233-234, 328-329
基督同信会集会所　332
『キリストにならいて』（トマス・ア・ケンピス）
148, 158
キリストのことば　397
キリストの栄光を現わす　619
キリストの教え　77
キリストの再臨　167, 244
キリストの十字架　127, 528
キリストの十字架と再臨　241
キリストの十字架の信仰　387
キリストの純福音　138
「キリストの身体なる教会―『無教会キリスト教』

木更津（千葉県） 186
岸和田（大阪府） 180
義戦論 143
義戦論者 143
貴族院議員 401-402
貴族銀行 382
木曾福島国民学校 506
北ウエールズ（イギリス） 271
北ウエールズの Criccieth 271
北大西洋 272
〈鬼畜英米〉教育 555
基地の街 601
喫茶店のついた学生ホームといふ形の古本屋 446
吉林（中国） 481, 484
宜野座（沖縄） 602
騎馬巡査 337
吉備（岡山県） 573
「希望（詩）」（芥川龍之介） 262
『希望』（雑誌） 547
基本的人権の尊重 559
金《き》武《む》（沖縄） 602
逆コース 555, 558
『舊新約聖書 HOLYBIBLE』 128, 472
『求安録』（内村鑑三） 134, 142, 368
旧規定による卒業 300
「救済」 146
九州 507
九州大学医学部講堂 558
九州帝国大学 196
「9 条立憲主義のピース」（石川健治） 526
旧制高校 523
『求道』（雑誌） 409
旧日本基督教会 577
『旧約聖書』 141-142, 144, 240, 413, 425-426, 440, 485, 498, 584
『旧約と新約』（雑誌） 385-386
旧約の預言者 445
教育委員会 593
教育委員会制度 593, 595
教育基本法 550, 594-595
教育基本法第一条 596
教育事業 368
「教育書生論」 52, 68
教育制度研究委員会 518
教育勅語 19, 525
「教育と宗教」の問題 555
教育と伝道 368
『教育と人間』 624
教育にたいする国家統制の復活 593
教育二法改正法案 595
教育二法改正法案反対 596
教育二法反対声明 595
教育二法（「地方教育行政の組織及び運営に関する法案」と「教科書法案」）の改正法案 593
教育の基本精神 595
「教育の基本問題」 601
教育の基本問題 605, 632
「教育の基本問題について」 601, 631
教育のだらく 555
教会攻撃 366
教会制度 369
教会制度的障壁 583
教会という制度 234, 574-575
教会という組織 580
教会の教派性 242
教科書制度 593
共産党 542 →日本共産党
「教師としての内村鑑三」 245
「教師としての内村先生」 137, 157, 204, 368
教条主義者 579
狂信者 442
狂騒の二〇年代（RoaringTwenties） 299
京都市立美術大学（現、京都市立芸術大学） 82, 227, 301
京大事件 99, 116, 359, 384, 394-395, 401-402, 404, 420, 431, 466, 508, 539-540, 592-594, 636
京大社会科学研究会 384
京都 182, 235
京都市立芸術大学附属図書館 307
京都市立美術大学（現京都市立芸術大学） 82, 227, 301
京都大学 433, 524
『京都大学百年史部局史編 1』 384
京都大学病院 65, 182
京都帝国大学 196, 403, 508

ガダルカナル島争奪戦　493
勝浦（千葉県）　186
学校教育の目的　594
桂川（山梨県）　414-415
家庭集会　235-236, 451-452, 472, 515
家庭集会での聖書講義　467
角川書店　551
角川文庫　374
金沢（石川県）　230, 326-327
金沢駅　326
金沢市　228
金沢市長町　257
「金沢常雄君召さる」　610
金沢の実家　285
カナダ　599
カナダとの国境　306
鹿野山《かのうざん》八十八谷（千葉県）　186
鎌倉（神奈川県）　40
神棚　587
上筒井（神戸）　51, 177
神と人類と学問の為に働くという信念　624
「神ともにいまして」（讃美歌 441）　604
神の教会　242
『神の国』（『神の都』）（アウグスチヌス）　468, 586
神の国　376
神の公義　362
神の摂理　392-393
「神の忠僕矢内原忠雄先生を憶う」（蔡培火）　342, 350
「神の発見の過程」（佐野文夫）　154
鴨川（千葉県）　186
鴨部村（愛媛県）　30
「ガラテヤ書の熱心」　511
「ガラテヤ書講義」　472
樺太　360
樺太植民の真実　362
樺太庁　360
樺太調査旅行　360
樺太の山林　361
カリスマタ（恩寵）　206
カリフォルニア（アメリカ）　307
カリフォルニア大学バークレー校　529, 609
カリフォルニア大学ロサンゼルス校　529, 609
『ガリラヤの道』（内村鑑三）　366
ガリラヤの平野　321
軽井沢町（長野県）　310
カルバリの丘（エルサレム）　293
カルメル（パレスチナ）　361
「カルメルは枯る」　360-361, 398
カレー（フランス）　260
カレドニア運河（イギリス）　274
「河合榮治郎と芥川龍之介（序）」（関口安義）　156
河上事件　384
為替レート　256, 283
河出書房　592, 598
寒霞渓（小豆島）　66, 178
官憲による要注意人物　427
「刊行の辞」　387
韓国皇帝陛下　337
韓国第三の都市　334
寒山寺（中国・蘇州《そしゅう》）　259
関西十三大学長　596
関西学院での講演　487
鑑三生誕一五〇年　364
「感想の種々一高健児の満洲観（三）」　174, 176
鑑三の助手　365
鑑三ファンの財閥　365
『鑑三・野球・精神科学』（内村祐之）　200
関東軍　401, 405
関東軍特務部　391, 393, 427
関東大震災　326-327, 383
関東庁　405
カントの平和主義の哲学　306
完備した聖書研究　364
『官報』　81-83, 110, 149, 217, 300
『官報』の「学事」欄　81
『橄欖』（雑誌）　466, 610-611
橄欖山（エルサレム）　293-294 →オリーブ山

き

『聞き書南原繁回顧録』（丸山眞男・福田歓一編）　521, 561
桔梗ヶ原（長野県）　506
寄寓者の運命　317

517, 571, 629
「思い出の矢内原忠雄と教養学部」（川西進）
522-523
オリーブ山（エルサレム） 122 →橄欖山
「折々の人 矢内原忠雄」（桑田秀延） 307, 412
恩給（年金） 446
「恩恵の回顧」（黒崎幸吉） 232, 246, 298
オンタリオ湖（北アメリカ） 306

か

カーライルの家 305
カーライルの肖像画 273
改革派神学者 589
海岸平城 24
改憲論 20, 592
外国ミッション 141
「海事都市いまばり」（案内パンフレット） 25
『改造』（雑誌） 391, 396, 405
開拓伝道 617
カイロ（エジプト） 291
街路大時計 328
高雄《カオシオン》（台湾） 343-344
高雄と台南エリア 352
科学的精神の欠乏 534
科学と信仰 373
嘉義丸（船舶） 174
学園印刷所 502
学際研究 638
学際性 638
学者の組織づくり 592
学生運動 470, 533, 552, 567-568
学生運動対策 445
「学生及び学生運動について」 568
『学生時代』（久米正雄） 77
〈学生叢書〉 433
『学生と教養』（河合榮治郎） 433
「学生と人生」 607
「学生に望む」 552
学生問題研究所 611-612, 627
学生問題研究所長 623
学長官選論 548
学徒出陣 494
学内政治 427
学内秩序と学生運動 543
学問的精神 514-515
「学問的精神と大学の使命」 513, 560
「学問と教養」 615
学問の自由 543, 546, 548
学問の自由と真理探究の精神 600
学問の自由や平和問題 594
『歌集 いいぎり』（井藤道子） 625
柏書房 402
柏会 139, 159-160, 167, 171, 216, 227, 232, 328,
336
柏会の新人 160
柏会の先輩 205
柏木（東京・新宿） 144, 159, 165, 205, 216, 385
柏木今井館 80
柏木の今井館 363
柏木の温室 231
柏木の講筵 145
柏木の集会 192
柏木の先生 169
『嘉信』 39, 77, 254, 393, 405, 409, 411, 441, 449-
451, 458-460, 464-466, 468, 472-474, 476-477,
480, 482, 486-487, 493-502, 504-506, 508, 521,
526, 529-530, 535, 545, 564, 567, 569-570, 572-
574, 583, 585-586, 588-591, 604, 607-610, 614-
616, 618, 620, 623-624, 628
『嘉信会報』 465, 496, 502-503, 506
『嘉信』創刊号 462
『嘉信』創刊号の目次 460
「嘉信について―私の伝道生涯（第七回）―」
466
「『嘉信』の危機」 624
嘉信の原稿 565
『嘉信』の創刊 450
「嘉信の発行について」 498
『嘉信』八年の筆陣 504-505
上総湊（千葉県） 185
粕谷（東京） 106
加太（和歌山市） 180
片倉製糸工場 333
加太神社 180
型破りの漢学者 175
ガダルカナル島 503

エルサレム　291-293, 315-316, 452, 481, 530
エルサレムの丘　315
エルベ川（ドイツ）　283
エルベ川河口　290
エレツ・イスラエル　315
「エレミヤ書」　141, 442, 637
「エレミヤ書」の人物　442
エレミヤとユダ王国　449
エレミヤの苦しみ　584
煙害問題　221
演習林視察　567
円高　256
円高の影響　257
エンパイア・ステート・ビル（アメリカ・ニューヨーク）　304, 527

お

王子パルプ工場　360
欧州航路　300
「欧州遊記」　598, 631
欧州立憲政治の発達　212
欧米留学　257
近江銀行　382
鴨緑江（朝鮮）　335, 481, 484
大黒檜山《おおくろびやま》（赤城山）　124
大阪　280, 333
大阪梅田高等女学校（現、大阪府立大手前高校）　328
大阪講演会（大阪中央電気倶楽部）　622
大阪高等医学校　70
大阪商科大学長　592
「大阪商科大学と滝川事件」（広川禎秀）　395
大阪市立大学　84, 539, 592-593
『大阪市立大学史紀要』第 9 号　395, 400
大阪市立大学初代学長　99
大阪市立大学大学史資料室　98
大阪市立大学恒藤記念室　201
大阪大学　611
大阪泰西学館　142
大阪地方裁判所　328
大阪堂島　576
大阪豊中　615
大阪毎日新聞社　175
大阪毎日新聞社の中国特派員　327
大島青松園（香川県）　602
大洲（愛媛県）　33
オーストリア　290
大月市（山梨県）　415
大出山（山梨県）　414, 565, 573
大利武祐の遺品　202
大泊（樺太）　360
大沼（赤城山）　124
オーバン（イギリス・スコットランド）　273-274
オーボン神学校（アメリカ・ニューヨーク州）　576
「大森の家庭集会の頃」（陳茂源）　451, 456
大森八景坂上（東京）　340, 342
岡田式静座法　161-162
岡山　409
岡山駅　504
沖縄　599
沖縄教職員会館　601
沖縄教職員組合　599-601
沖縄教職員組合の教育研究集会　601
沖縄のゴールデンシーズン　606
沖縄の脱植民地化　599
沖縄の当時のきびしい現状　606
沖縄の南部戦跡　601
沖縄訪問の目的の一つ　604
「沖縄旅行」　599-602, 604, 606, 631
沖縄旅行　599, 607
『奥村奥右衛門歌集』（奥村奥右衛門）　57
「奥村奥右衛門略年譜」　58
「叔父の想い出」（藤井立）　473, 510
「叔父の面影」（藤井偕子）　448, 456
お茶の水公開聖書講義　490-491, 585
オックスフォード（イギリス）　281
音ケ平（神戸）　177
「おのが志望をのべて意見を求むる書」　74
「オフィーリア」（絵画・ミレー）　261
「おふくろにもらった歯」（福井駿平）　545-546
尾道（広島県）　25
「思ひ出一」　393, 399
「思ひ出四」　464, 466
『思出の記』（徳冨蘆花）　27
「思いでの人 29 矢内原忠雄先生」（長谷川町子）

内村鑑三記念キリスト教講演会　387, 611
内村鑑三記念講演会　573, 582
「内村鑑三―近代日本におけるキリスト教的人間形成の範型―」（森有正）　398
内村鑑三昇天第十年記念講演会　486
『内村鑑三信仰著作全集 25』　364
内村鑑三生誕百年記念講演会　622
「『内村鑑三全集』の発刊に就て」　368
「内村鑑三先生を想う」（NHK テレビ）　622
「内村鑑三伝（未完）」　54, 68
『内村鑑三と再臨運動　救い・終末論・ユダヤ人観』（黒川知文）　200
内村鑑三と社会主義　371
「内村鑑三とシュワイツァー」　623
「内村鑑三と日本」　622
内村鑑三入門日　144
内村鑑三の講演会　80
内村鑑三の死　362
「内村鑑三の十の戦い」　573
内村鑑三の集会　203
内村鑑三の聖書研究会　146, 159, 232
内村鑑三の聖書講義　137, 160
「内村鑑三の非戦論」　614
内村鑑三の無教会主義　575
内村鑑三のヨブ記の講義　255
内村鑑三没後三周年記念講演　412
内村鑑三没後三〇年　614
内村鑑三没後十年　477
内村鑑三門下のキリスト者　637
内村鑑三ゆかりの建物　569
「内村鑑三論―〈制度〉的なるものへの反逆―」（関口安義）　139, 157
「内村先生対社会主義」　371
「内村先生をおもふ」（畔上賢造）　366
内村門に入門　139
内村ルツ子の葬儀　164
海の道　25
右翼エピゴーネン　442
右翼化する世の動き　430
右翼教授　254
右翼思想家　413, 439
宇和島（愛媛県）　33-34
『雲中』（雑誌）　47
雲中高等小学校　45-46
雲中小学校　47-48
雲中小学校八十周年記念会　47
『雲中ものがたり』　46
雲中歴史資料館　46
運動場（一高）　127
運命　245, 393

え

『永遠の希望』（藤井武）　385
『永遠の生命』（雑誌）　360, 386, 462, 581
A 級戦犯　328
『永久平和論』（カント）　507
営口（中国）　174
英国国教会　581
「英国植民省に就て」　271
衛生会館（大日本私立衛生会講堂）　365
永楽病院（東大付属病院）　169
エーヴォン川（イギリス）　281
エクレシア（エケレジヤ）　584, 589
エクレシヤの観念　378
エクレシヤの霊的意義　583
エジプト　291, 317, 361, 392
エジンバラ（イギリス）　279
エジンバラ城　279
エジンバラ大学　279
エジンバラの名所旧跡　280
エジンバラ博物館　279
江田島の海軍兵学校　409
江原萬里記念キリスト教講演会　408
『愛媛・新居浜』（案内書・新居浜市）　223
愛媛県　33
愛媛県越智郡富田村　23, 521
『愛媛新報』（新聞）　173
エブス人　315
エペソ書　242
エペソ書 2:11~12　478
「エペソ書三講」　472
エマーソンの家　305
エマーソンの墓　305
「選びは動かず―老牧師の召命告白―」（永井貞雄）　616
エリー湖（北アメリカ）　306

一高のドイツ語教育　168
一高の弁論部　216
一高文科　540
一高弁論部　106, 147, 188, 208, 283, 356, 544
一高法科　73
一高寮生　187
『一年のあゆみ』（兵庫県立神戸高等学校）　52, 68
「銀杏《いちょう》のおちば」　528, 553, 598
一粒社　237, 374
『何時の日にか』（藤田晋助）　541
偽りの教会　243
移転旅費　256
蝗の話　361
古《いにしえ》の詩人　486
井の頭の池　287
祈りの伏兵　603
「祈れ」　499
異邦人への伝道　483
今井館　133, 144, 159, 164, 362-363, 610
今井館教友会　569
今井館講演　588
今井館集会（目黒）　624
今井館資料館（目黒）　57, 237, 328, 385, 438, 465, 502, 535, 569, 571, 605, 617, 637-638
今井館聖書講義（目黒）　573, 622 →聖書講義
今井館聖書講堂　363, 385, 389, 515, 569-570, 572-573, 591, 610, 622, 626, 639
今井館聖書講堂での聖書講義　363, 568, 622
今井館での聖書研究会（柏木）　362
今井館附属聖書講堂（柏木）　363, 385
「今井館をめぐって」（高木謙次）　160
「今、何故内村鑑三か―キリスト教は西洋の宗教ではない―」（新保祐司）　398
今治　23-24, 26, 29-30, 33-34, 36, 78, 116-117, 133, 183, 220-221, 224-225, 232
「今治ガイダンス」（パンフレット）　25, 27
今治教会　26-28
今治教会の歴史　28
「今治キリスト教会と蘆花」（「今治ガイダンス」）　25, 27
今治港　35, 198, 202
今治中学校（現、今治西高校）　25, 172, 177, 197, 252
今治病院　197
移民問題　600
伊予（愛媛県の旧国名）　248
伊予基督教青年会　27
伊予富田駅　30
イリノイ州立大学（アメリカ・イリノイ州）　529
岩手大学　611
岩波書店　440, 448, 467, 448, 467, 495, 556, 598, 617
岩波新書　440, 448-450, 506
岩波文庫　148, 448 ,450, 487
岩元禎のドイツ語　137
インヴァネス（イギリス・スコットランド）　274, 278
インヴァネスの小さな教会　581
印象派の作品　283
インターディシプリナリ（学際性）　523
仁川（朝鮮）　335
インド　598
「陰徳」　36
「インド首相ネール氏歓迎のことば」　609

う

ウィーン（オーストリア）　290-291
ヴィクトリア・ステーション（イギリス・ロンドン）　260, 268
「ウィリアム・ジェームス博士を追憶して」（倉田百三）　148, 153
ウェストランド・ロウ駅（アイルランド・ダブリン）　272
上野（東京）　149, 360
上野駅　123
上野が丘（神戸）　56
ウォール街（アメリカ・ニューヨーク）　304
元山《ウォンサン》（朝鮮）　479
牛島農場（アメリカ・カリフォルニア州 , スタクトン市）　307
「鶉籠」（夏目漱石）　209
「内村鑑三」　139, 144, 157, 167, 200, 203, 245
『内村鑑三』（新保祐司）　364
『内村鑑三 1861-1930』（新保祐司編）　364
「内村鑑三―如何に生くべきか―」（正宗白鳥）　200, 364, 398

「或る相談」 228, 246
「或る相談の後」 228
「或る相談の其後」 246
「ある小さな大学の理想」 528
アルバート・ホール（ロンドン） 264, 270
アルバート・ホールの音楽会 267
アルメニヤ派 294
アレキサンドリア（エジプト） 295, 481
アン・アーバー（アメリカ・ミシガン州） 528
アングルジー島（イギリス） 271
鞍山《あんざん》製鋼所（中国） 175

い

イートン（学校・イギリス） 89
宜蘭（台湾） 345
伊江島（沖縄） 605
イェール大学（アメリカ・コネチカット州） 196, 528
イエス・キリストと「重い皮膚病」 604
イエスキリストと其十字架 138
「イエス伝 マルコ伝による」 461-462, 467, 510
『イエス伝』 462, 538, 637
イエス伝講話 460-462
『イエス伝講話』 461
イエスの愛 181
「イエスの受洗」（絵画・ピエロ・デラ・フランチェスカ） 460
イエスの十字架 452
イエスの受難 240
『イエスの生涯とその人格』（藤井武） 385
イエスの福音 529, 571
「イエスを信ずる者の誓約」（札幌農学校） 51, 140
「医学に望むもの」 36, 67
猪谷《いかや》という旅館（赤城山） 123-124
井川恭とのキリスト教問答 131
イギリス 282, 598
イギリスの軍隊 292
イギリスの植民地統治の現状 272
『イギリス文明史』（バックル） 208
イギリス領事館 260
「生きることを教えられて」（石本俊市） 602, 632
生田川（神戸） 47, 49, 51
「意見書」 500-501
伊作誕生にまつわるエピソード 248
イザヤ書 615, 637
イザヤ書 2:4 503
イザヤ書 40:1-2 310
イザヤの預言 425
「石井満君と私―『日本鉄道創設史話』推薦のことば―」 201
石川県立第二高等女学校 230
石川鉄雄の証 167
移住ユダヤ人問題 314
偉人の銅像 273
イスラエル 248, 392, 584
イスラエルの恢復 294
イスラエルの滅亡 585
イスラエル民族の歴史 605
イスラエル国誕生 323
イスラエル史 316-317
イスラム教 292
伊勢神宮（三重県伊勢市） 585
イタリア 290, 420, 598
イタリアが連合国に無条件降伏 500
イタリア旅行中の愛子宛書簡 291
一高 84, 122, 179, 181, 209, 469, 598
一高運動場 122, 128
一高記念祭 95
一高基督教青年会 64, 82, 119, 127, 130, 155, 173, 194, 217, 227, 230, 252, 258, 263, 300, 303, 328, 374, 432, 527, 636
一高健児 107
一高興風会 173, 335
一高時代の矢内原忠雄 249, 636
一高生 92
一高生あこがれの山 123
「一高卒業記念旅行」（藤岡蔵六） 124
一高卒業旅行 123
一高第一大教場 85, 95, 636
一高第一部乙類 88
一高第一部甲類 71
一高同期 230
一高と早稲田の野球の試合 172
一高南寮十番 359
一高の気風 189

事項索引

あ

「ああうれし、わが身も」（讃美歌）　129
愛国　421
愛子の死　314
「愛子病む」の電報　308
愛唱讃美歌　129
『愛と認識との出発』（倉田百三）　149-150, 156, 158
愛の便り　330-331
愛の便りの見本　331
愛の神　245
アイビィーリーグ　192
愛楽園　602-603, 605
アイルランド島　271-272, 341
「アイルランド問題の沿革」　409
「アウグスチヌス『告白』講義」　467, 470
嚶鳴堂（一高）　187
青森県七戸町　119
「赤い落日―矢内原忠雄君の一生」（大内兵衛）　56, 69, 214, 251, 297, 348, 359, 398, 560
「赤城の山つゝじ」（井川恭）　124, 156, 174
赤城山　120, 123-124
芥川のエピソード　262
「芥川の死とともにはじまる」（中村政則）　383
芥川の中国視察旅行　383
『芥川龍之介新論』（関口安義）　399, 635
『芥川龍之介とその時代』（関口安義）　638
浅草今戸称福寺　169
浅沼稲次郎殺傷事件　619
『朝日ジャーナル』　20
『朝日新聞』　405, 421, 525, 552, 557, 606
浅間山麓　309
浅間の山　124
『欺かざるの記』（国木田独歩）　134
朝夕の祈り　259
アジア・太平洋戦争　494
『アジア・太平洋戦争』（吉田裕）　489, 511
アジア財団　611
「アジアにある七つの教会」　241
「畔上賢造氏逝く」　366
『畔上賢造著作集』　366
アダム・スミスの会　279, 516
「アダム・スミスの戦争論」　521
アダム・スミスの墓　279
「新しいものは常に謀叛　徳冨蘆花の演説から一〇〇年」（関口安義）　97
アナクロニズムの駄文　419
「兄の死」　521, 561
「豈惟り田村氏のみならんや」（内村鑑三）　577
「あのころのこと」（奥山清四郎）　457
『溢るる恩寵』（ジョン・バニヤン）　282
アマースト大学　141, 523, 528
天津町（千葉県）　186
「雨の安息日」　195, 201
アメリカおよびカナダへの出張　609
アメリカ各地の旅　307
アメリカ合衆国への出張　526
アメリカ議会図書館　359
アメリカ太平洋艦隊　490
アメリカの沖縄統治　599
アメリカの全寮制名門高校　528
アメリカ西海岸の旅　307
アメリカ東海岸の都市　305
アメリカ批判　530
アメリカン・ボードの宣教師　26
「アモス書」　361, 498
「アモス書大意」　497-498
アラビア沙漠　292
アラビア人のシオン運動反対の理由　322
アララギ派の歌人　477
アリゾナ州（アメリカ）　307
「或旧友へ送る手記」（芥川龍之介）　383
アルスター湖（ドイツ・ハンブルグ）　290

山川健次郎　196
山岸壬五　238
山岸博愛　84
山崎覚次郎　250, 349, 372
山崎茂人　82, 117
山崎光夫　349
山下陸奥　225-226, 233, 238, 246, 248, 297, 624, 633
山田盛太郎　508
山田渼子《なみこ》　617
山谷省吾　125, 480
山田安太郎　42
大和文彦　639
山室軍平　134
山本喜誉司　79-80, 123
山本泰次郎　157, 366
山本有三　83, 540, 635

ゆ・よ

ユゴー, ヴィクトル　498
ユンケル　193
楊開渠　358
葉栄鐘　343-344, 350, 352, 354-356, 391, 397
横井小楠　27
横井時雄　26-29
横田喜三郎　402
横光利一　500
吉川英治　186
吉川幸次郎　76
吉田勇　27
吉川勇一　534, 542, 546, 562
吉田熊次　410
吉田正信　27, 67
吉田裕《ゆたか》　489, 511
吉野源三郎　592
吉野作造　59, 211-215, 217, 219, 418, 476-477, 597
好本督　265
ヨセフ（ヨセファス）　292
ヨハネ（洗礼者）　20, 378, 445
ヨブ（Job）　261-264, 628

ら・り

ラファエロ　291
李王　337
リスト　295
李太王　338
リットン　412
リビングストン, デヴィド　273
リプマン, ウォルター　413
劉邦　115
劉銘伝　355
リンカーン（リンコーン）　306, 440, 449
林月汀　344
林献堂　343, 354

る・れ・ろ

ルイ十四世　354
ルクセンブルク, ローザ　313, 341
ルター（ルッター、ルーテル）　134-135, 364, 369, 575, 580
ルノアール　283
レーニン　267, 313
蠟山政道　593
ロオイッシュ, パウル　284
ロスチャイルド　318

わ

ワーズワース　273, 280, 608
若槻礼次郎　382
我妻栄《わがつま》　615
若林正丈　350, 356-357, 397
脇村義太郎　432, 436, 515
渡部美代治　451-452, 456
渡部恵一郎　626
ワット, ジェームズ　261, 273
ワナメーカー　240

欧文

Dr.Paul Leusch　284
Fraser　277-278
Fraulein von Viebahn　283
Joynt　269
Knowles　269
Lees Smith　269

三谷宗兵衛　125-126
三谷妙子　125
三谷田鶴子　125
三谷民子　126
三井甲之　402, 417, 420
三並良　108
蓑田胸喜　401-403, 417-421, 425, 431, 437, 439-442, 498
美濃部達吉　194, 401-402, 418, 420
美濃部亮吉　341, 349, 351, 372-373, 397-398, 432
美作太郎　313, 348, 421-422, 455
宮崎千賀子　38-39
宮崎龍介　108
宮沢賢治　588, 635, 637
宮澤俊義　403, 615
宮部金吾　51, 93, 140, 365
宮本英雄　395
ミリケン　126
ミルトン　366, 470, 587, 608
ミレー　261, 460

む

武者小路実篤　302
務台理作　593
ムッソリーニ　498
村田祐二　124
村山道雄　477, 479-481, 497, 511

め・も

明治天皇　46, 96, 188
モーセ　203, 361, 392, 571
望月信治　46, 48, 50, 65-66, 72, 177, 196
本居宣長　507
モネ　283, 302
籾山民子　464-466, 469-470, 472, 476, 478, 481, 510, 535, 624
森有正　364, 398
森鷗外　168, 185
森荘三郎　431
森口繁治　395
森田浩一　84-85, 99, 101, 103, 111-112, 122, 127-128, 136
森戸辰男　80, 106, 108, 159, 251, 254
森本穫　616

や

ヤコブ　292
安岡正篤　410
楊井克巳　21, 492, 511, 597
矢内原愛子　234-235, 248-249, 255, 257, 260, 265-267, 278, 282, 285-289, 291, 295-296, 308-312, 314, 326, 329-330, 385 →西永愛子
矢内原伊作　20, 28-30, 38-41, 45-46, 48, 55-57, 63-65, 67, 69, 72-73, 76, 80, 110, 116, 122-126, 149, 156, 164, 169, 173, 200, 205, 219, 226, 230, 235, 245, 248-250, 252, 254, 264, 278, 286-287, 289, 296-297, 308, 310, 312, 326, 329, 333, 348, 362, 389, 398, 414, 444, 454-456, 464, 466, 471, 475-476, 478, 503, 510
矢内原悦子　35, 38-39, 41, 172, 192, 234-235, 249-250, 252-253, 312, 342
矢内原勝《かつ》　328, 340, 390, 398, 444, 453, 457, 476
矢内原恵子　328-337, 340, 344, 349, 352, 388, 390, 406-407, 409, 414, 440, 443-447, 455, 476, 479, 564, 567, 619, 623, 629 →堀恵子
矢内原啓太郎　33, 35, 37-38, 40, 67, 172, 208, 211, 221, 253, 288, 308, 312, 612
矢内原謙一　35-39, 43, 45, 152, 172, 184, 196-199, 202, 205-206, 208, 219
矢内原兼輔　38-39
矢内原清三郎　37, 40
矢内原千代　35, 38 ,40, 172, 253, 288
矢内原とよ　40-41, 172, 192, 250, 603
矢内原松枝　32, 35, 37-39, 63, 152, 169, 196, 199, 207-208
矢内原光雄　255, 264, 308, 312, 326, 333, 444, 456, 476
矢内原安昌　35, 38-39, 41-42, 45-46, 48, 64-65, 172, 197-198, 208, 211, 219, 235, 253-254, 288, 521
矢内原豊　38-39
矢内原瑶子　328
柳宗悦　302
矢作栄蔵　250, 372-373
矢部貞治　403
山折哲雄　637

藤井武　159, 216, 227-231, 254-255, 268, 296-297, 308-309, 311, 317, 332, 349, 367, 371, 374, 385-387, 390, 399, 410, 431, 436, 445, 448-449, 451-452, 466, 472-473, 476, 478, 486, 488, 491, 500, 573
藤井立　473, 476, 478, 510
藤井偕子《ともこ》　448, 456
藤井喬子《のぶこ》　227, 229, 296, 308-309, 385
藤尾正人　234, 329
藤岡蔵六　34, 67, 82, 93, 111, 123-124, 128, 148, 156, 162, 174, 200, 257, 416, 635
藤田九三郎　140
藤田晋助　541
藤田若雄　21, 446, 456, 464, 471, 485, 510, 511, 624
藤森成吉　83, 107, 403
ブランド（Brand, Herbert George）　233, 329
フルベッキ（Guido.F.Verbeck）　578
ブルンナー , エミール　589-590, 629
ブルンナー（Brunner, C.）　321
ブレーク , ウィリアム　227, 261-264, 270, 302, 307

へ

ヘッケル　164
別所梅之助　129
ペテロ　169
ヘルダー　295
ヘルツル　319
ヘンデル　264

ほ

ホイットマン　186
法然　366
星野鉄男　216
細川嘉六　82, 251, 372
堀江峯次郎　193, 202
堀和一　334
堀恵子　328-331 →矢内原恵子
堀つる　332, 407
堀米吉　328, 332, 388
本位田祥男　83, 186, 428, 430-431, 434, 437
本多顕彰　500

ま

舞出長五郎　82, 136, 251, 257, 269, 283, 288-289, 296, 311, 372-373, 431, 436, 508-509, 515, 518-519
前田仙太郎　84
前田多門　106, 159, 216
前田陽一　523
牧田弥次郎　84, 101
牧野英一　418
政池仁　583
正岡子規　34, 417
正宗白鳥　162, 200, 364, 398
増井正治　73
増井艶子　73, 116, 221, 330
松井石根　474
松尾逸郎　234, 238, 247, 255
松尾尊兊　400
松岡善譲　82 →松岡譲
松岡譲　42, 46, 64, 93, 98, 103, 110-111, 209, 255, 416, 635, 638
松岡秀隆　41, 605
マックロード　344
松永信成　76-78
松根東洋城　34
松本勇治　233- 234, 329
松本実三　160, 186, 216, 221
松山基範　433
マネ　283, 302
マリヤ　292
マルクス　267, 372-373
丸山眞男　521, 561, 592-593

み

三木清　378-379, 403, 608
三木洋子　608
ミケランジェロ　291
水澤雄三九　82, 84, 112, 118-120
水野広徳　134
三谷隆信　82, 108, 118, 125-128, 133, 136, 144, 157, 185, 201, 259, 296, 435-436, 455, 494
三谷隆正　80, 125-126, 159-160, 205, 216, 366, 371, 488, 492, 494, 511, 629

ニコデモ　293
西川英次郎　80, 83, 123
西田幾多郎　397, 403, 416, 475
西田勝　63, 69, 545
西永愛子　227-230 →矢内原愛子
西永公一　308
西永頌　422
西永泰　265-266, 285, 308
西村元主　59
西村秀夫　21, 452, 457, 507, 512, 550, 562, 626
西山伸　395
日蓮　186, 440, 449, 474
新渡戸稲造　51, 55-56, 72, 81, 83-85, 89, 91-95, 99, 101-102, 112-113, 121-123, 136-137, 140, 152-153, 185, 187-188, 190-193, 195, 202, 211, 214-215, 218, 250-251, 253, 255, 257, 259-260, 279, 281, 295, 300, 303-304, 314, 341, 367, 407, 440, 447, 449, 456, 523, 527, 538, 597
二宮健策　503
ニュートン , リチャード　579

ね・の

ネール（Jawaharlal, Nehru）　609
野津樸　451-452
ノックス , ジョン　273, 278-280
野間音一　39, 198
野間文代　29, 38, 197-198
野呂一雄　82, 136

は

バーンズ , アルバート　141
バーンズ , ロバート　273
パウロ　135, 169, 234, 241-242, 362, 364, 366, 480-485, 585, 619-620, 626 →サウロ
芳賀徹　523
量義治　574, 625, 629, 633
橋爪明男　428, 430, 508
パシュル　440-442
パスカル　364
長谷川総督（長谷川清）　338
長谷川伸　126
長谷川町子　517, 571, 629
秦豊吉　83
バックル（Henry Thomas Buckle）　208
ハドリアン帝　316
ハナ（Hanna Kriegsmann）　284-288, 290, 309-310, 330
ハナニヤ　440-442
バナマン , カンベル　273
バニヤン , ジョン（Bunyan, John）　281-282, 366
浜田耕作　433
速見滉　210
バラ（J.H.Ballagh）　578
原 幾世 230, 326, 327
原島圭二　313
バルク　498
バルト , カール　590
バルフォア　319
半藤一利　499, 512

ひ

ピール , ロバート　273
ピエロ・デラ・フランチェスカ　460
東瀬戸 譲　46
土方成美　186, 393-394, 421-422, 427-428, 430-432, 433-434, 436-437, 439, 442
土方寧　211, 427
ヒットラー　394, 401, 486, 498
平賀譲　432-433
平川祐弘　523
平沼騏一郎　328
ヒルシュ　318
ヒルファーディング　372-373
広井勇　140
広川禎秀　395, 400, 593, 631
広瀬雄　59
ピンスカー　318-319

ふ

フォースター　109, 129
フォーンス　192
溥儀　391
福井駿平　545-546
福島穆　328, 438, 617, 639
福田歓一　521, 561
福間博　152, 168, 169, 199

ダンテ（Dante） 261, 274, 368, 470, 586

ち・つ

千田謙蔵 544, 546-547, 562
張学良 401
陳茂源 342, 358, 451, 456
陳茂棠 465, 613
塚本虎二 159-160, 216, 371, 385, 387, 389, 472, 586, 629
塚本文 331
津田左右吉 403
土屋文明 83
都築正男 84
恒藤恭 64, 84-85, 98-99, 110, 112, 116, 123, 131, 174, 187, 194, 217, 230, 255, 257, 260, 262, 291, 301-302, 359, 395-397, 401, 403, 416, 466, 508, 539-541, 552, 591-596, 631, 635-636, 638 →井川恭
恒藤まさ（雅） 230, 466
恒藤百合子 466
坪内逍遙 162
鶴崎久米一 28, 51-58, 72, 74, 78, 80
鶴見祐輔 106, 159, 216, 488

て

テニソン 177
寺内正毅 218, 338
寺崎昌夫 521
田 健治郎 353

と

土肥昭夫 630
東条英機 498, 500-501
藤堂高虎 24
ドガ 302
徳富蘇峰 64, 71, 114
徳冨蘆花 25-27, 64, 67, 95-103, 105-107, 112-113, 121-123, 255, 636
ドストエフスキー 152
杜甫 363
トマス・ア・ケンピス 148, 155, 158
富田満 583, 585
富田和久 624-625
冨山益子 198
豊島与志雄 74, 83, 540, 635, 638
鳥養利三郎 508
トルストイ 96, 107, 119
ドレフュス 319

な

ナイト , オリヴァー 131
永井修 616
永井荷風 492
永井貞雄 616-618
永井春子 616
中川順助 235
長崎次郎 374, 640
長崎太郎 64, 82, 107, 109, 111, 117, 122-123, 133, 148, 155, 174, 194, 217, 227, 230, 252, 258, 263, 291, 300-304, 307, 348, 374, 433, 455, 527, 635-639
長崎陽吉 64, 107, 303
中島健蔵 500
中嶋嗣美《つぐみ》 616, 619
中嶋野花 619
仲宗根政善 600, 605
中田重治 167
永田實 49, 55
中村勝己 326, 349, 357, 398
中村草田男 34
中村政則 383, 399
中村稔 476
長与又郎 431, 436
夏目漱石 34, 111, 134, 137, 208-210, 261, 267, 525, 588, 635
灘波田春夫 508
成田龍一 245, 340, 349
成瀬正一 64, 82, 93, 98-99, 103, 151, 188, 201, 209, 217, 230, 255, 262, 302, 635
南原繁 21, 41, 110, 144, 160, 186, 216, 256, 403, 435, 476, 487-488, 509, 511, 518, 521-522, 535, 537-538, 561, 593, 610, 615, 628, 637

に

新島襄 26, 53, 528
新堀邦司 478

塩沼英之助　602
志賀直哉　216, 302, 488
篠田一人　409, 454
司馬遷　114
柴田真希都　471, 510
渋沢直一　82, 84, 130, 163-164
渋澤秀雄　83
島地黙雷　58
島地雷夢　58
シャバンヌ　302
周憲文　359
シュワイツァー　623
将基面貴巳《しょうめんぎたかし》　402, 421-422, 453, 455
庄司源弥　623, 633
シラー　295
ジラード, スチーブン　80
神野武　42
新保祐司　364-365, 369-370, 398
親鸞　366

す

末川博　99, 395, 552, 591, 593-596
末弘厳太郎（嚴太郎）　402, 418
末広鉄腸　34
菅野司郎　422
スコット, ウォルター（Scott, Walter）　273, 278, 280
鈴木憲三　105
鈴木錠之助　216
鈴木範久　158
薄田義朝　496, 501
鈴木馬左也　221
ステパノ　408, 482
須藤南翠　34
スミス, アダム　211, 214, 279, 471, 509, 516, 520-521, 560, 587
隅谷三喜男　359

せ・そ

清野剛　492
関根正雄　580, 629
セザンヌ　302
瀬戸虎記　187
セリグマン　214
宗正路　258-259
ソロモン　292-293

た

ターナー　261
ダ・ヴィンチ　291
高木謙次　160, 630
高木八尺　83, 159, 205, 216
高階秀爾　523
高島太介　135
高野岩三郎　250-251, 372
高橋三郎　630
高橋英典《ひでのり》　534
高橋浩　82
高浜虚子　34
田上望　216
高谷道男　160, 216
瀧川幸辰　394, 395-396, 402-403, 508
竹内正夫　65
竹内洋　402-403, 420-423, 453, 455
武田清子　578, 630
武田章一　84, 112
竹田行之　68, 76, 110
竹中佳彦　455, 509, 512, 535, 561
竹森満佐一　580
田坂定孝　613, 623
立花隆　432, 455
田中義一　382
田中耕太郎　83, 159, 265, 269-270, 402
田中正造　162
田中義能　410
田辺忠男　432
田辺元　403
谷崎潤一郎　492
田原悦子　35, 38-39, 41, 172, 192, 234-235, 249-250, 252-253, 297, 312, 342
田原茂　39, 312
ダビデ　292, 315, 487, 628
玉蟲文一　523
田村徳治　303, 395, 508
田村直臣　576-579, 630
丹下健三　25

289, 295, 334, 345, 365, 368-369, 371, 375-377, 387, 397, 445, 461, 467, 475, 480, 482-483, 493, 504, 528, 559, 579-580, 585, 590, 604-606, 619-620

く

櫛田民蔵　372
国木田独歩　134
久野譲太郎　395
久保田ちと子　464-466
窪田佳津見　43-45, 67, 438, 455
久米正雄　77, 79, 82, 98, 168, 209, 217, 635
クラーク　28, 51, 53-56, 68, 117, 140
倉田百三　83, 146-156, 158, 171, 188, 193, 201, 208, 249, 297, 469
グラッドストーン　273
倉橋惣三　216
クリスティー　448, 456
栗原敦　637
栗生武夫　540, 561
呉茂一《くれしげいち》　158
黒川知文　200
黒木三次　159-160
黒崎幸吉　21, 110, 159, 216, 221-223, 225, 231-235, 237-238, 246, 253, 267-268, 288, 296-298, 328-329, 360, 366-367, 371, 414, 454, 462, 477, 480, 565, 581, 626
黒崎すみ子　267
クロムウェル　142
畔柳都太郎《くろやなぎくにたろう》　96
桑木厳翼 437
桑田秀延　307, 412

け・こ

ゲーテ　295
ゴーガン　302
ゴードン , エム・エル　27
小池四郎　84
小出小平治　619
梧蔭（矢内原忠雄の俳号）　34
高天成　355
項羽　114-115
孔子　60, 240
上瀧巍《こうたきたかし》　83
幸徳秋水　78, 96-97, 107, 113, 143
河野与一　76
古我貞周　365
小高健　431
小西友作　237
近衛文麿　83, 92, 436
小林多喜二　383
小林辰雄　258-259
小林望　639
小林秀雄　500
権田保之助《ごんだやすのすけ》　251, 372

さ

西行　366
斎藤英里　606
斎藤洲司　127, 328
斎藤宗次郎　637
蔡培火　342-345, 347, 350, 352, 391
サウロ　77 →パウロ
坂井基始良　562, 624
堺利彦　143
坂田祐　83, 144, 160, 216
向坂逸郎　384
櫻井鷗村　447
佐々木月樵　117
佐々木惣一　300, 394-395, 455
佐治孝典　68
佐藤春夫　103
佐藤全弘《まさひろ》　507, 512
佐藤泰正　588
佐藤ゆかり　129
佐野文夫　82, 154, 158, 635
佐波亘　630
三溝《さみぞ》又三　83-84, 87, 98, 101, 112
サムソン　292
沢田慶輔　611
沢田廉三　81, 106, 159

し

シーリー　528
シェークスピア　281
ジェームス , ウィリアム　148, 153

大沢章　158
大下藤次郎　301
大田雄三　630
大塚金之助　76, 359
大塚久雄　21, 211, 269, 313, 348, 374, 380-381, 399, 424, 518, 596, 624, 626
大利武祐　66, 71-73, 80, 152, 177, 179-184, 192, 198-199, 202, 208, 221, 249
大沼浮蔵　101, 190
大濱信泉　526, 593
大町桂月　64
大森義太郎　384, 540, 561
大和田建樹　34
岡田虎二郎　161-163
奥田義人　188
奥村奥右衛門　51, 56-59, 61-62, 221, 331
奥山清四郎　452, 457, 634
小栗栖國道　82, 257
小山内薫　216, 488
小沢忠兵衛　174
落合太郎　216
越智政造　38
小野塚喜平次　211, 437
小野八重三郎　120
小畑忠良　82

か

カーライル（Carlyle）　142, 273, 305-306, 366, 629
海後宗臣　611-612, 632
カウツキー　321, 322
加藤弘之　525
金井潔　216
金井延《のぼる》　250
金沢常雄　159-160, 192, 207, 268, 367, 371, 480, 610
金子雪斎　175
金田隆一　498, 512
ガマリエル　481
上笙一郎《かみしょういちろう》　630, 638
亀井勝一郎　500
鴨下重彦　21, 313, 403, 454, 519, 522, 560, 603, 625, 629, 632
茅誠司　626
カルヴァン（カルヴィン、Jean Calvin）　349, 369
河合榮治郎　83, 98, 105, 112, 114-116, 118, 120-125, 133, 156, 255, 403, 432-433, 436
河上丈太郎　83, 98, 105, 108, 118, 255
河上肇　384
川崎福子　230
川田侃《ただし》　516-517, 560
河津暹《せん》　250
川中子義勝　21, 313, 479, 511, 522
川西實三　70-74, 78-81, 93, 106, 109-110, 117-118, 120-123, 125, 127, 133, 159-160, 179, 193, 198, 216, 228-229, 268, 295, 332, 455
川西進　522-523
河東碧梧桐　34
河辺貞吉　617
神田乃武《ないぶ》　528
ガンディー（Mohandas Krrmchand Gandhi）　609
カント（Kant）　287-288, 306, 416, 507
管野すが　113
樺美智子　614

き

キェルケゴール　364, 369
菊池壽人　84, 136
菊池寛　82, 98, 230, 635
菊池武夫　402
菊名寛一　70, 110
岸信介　612
北村透谷　576, 588
北本治　625, 633
木下一雄　593
木畑洋一　21, 522
紀平正美　410
金教臣《キムギョシン》　478-479
木村健康　523
木村重義　627
木村清松《せいまつ》　167
木村守江　546-547
許世楷　350
清沢満之　117, 146
キリスト（基督、Christ）　20, 77, 109, 127, 134-135, 138, 143-144, 148, 151, 154, 163, 165-167, 169, 171, 192, 199, 203, 218, 233-234, 239-245,

イサク　248, 503, 532
イザヤ　378, 412, 425-426, 443, 451, 485
石井満　82, 128, 136, 157, 185-186, 188, 201
石川健治　526
石川鉄雄　134-135, 167, 171, 287, 336
石田三治　83, 107, 109, 119, 133, 160, 173, 186, 216
石田波郷　34
石田幹之助　82, 98
石館守三　313
石原謙　295, 298
石原登　82
石本俊市　602, 632
糸井靖之　83, 251
伊藤左千夫　417
井藤道子　602, 625
稲垣長悟郎　106, 168
井上庚二郎　82, 187, 260-261, 264-265
井上哲次郎　64, 525
井深梶之助　630
今井樟太郎　159, 569
今泉裕美子　409, 454
色川大吉　143, 157
岩永友記　610, 632
岩永裕吉　159
岩波茂雄　440, 447-448
岩元禎　137, 168
巌谷小波　579

う

ウィーラント　295
ウォーズウォース，ウイリアム　178
上杉慎吉　211, 254, 402
上野道輔　519
ウェーバー，マックス　433
上原専禄　593
植村正久　127, 342, 577
宇佐美信子　328
宇佐美六郎　82, 207, 216, 328- 329, 388
臼田斌　626
内ヶ崎作三郎　59
内田俊一　593
内村鑑三　18, 20, 27-28, 51, 54-56, 66, 68, 72, 80, 93, 109, 126, 130-131, 133-134, 136-144, 146, 150, 152, 155, 157, 159-160, 162-167, 169, 171, 181-182, 186, 192-193, 197, 199-200, 203-206, 216, 224, 227, 232-233, 237-238, 241-244, 255, 265, 267, 278, 282, 298, 317, 328, 360, 362-372, 385-387, 389-390, 407, 409, 412-413, 423, 425, 451, 466, 472, 477-478, 480-482, 484, 486-488, 494, 499, 509-510, 523-524, 528, 538, 569, 572-575, 577-583, 585-586, 589-590, 596-597, 611, 614, 617, 619-620, 622, 626, 628-630, 634, 637
内村祐之　200
内村ルツ子　152, 159-160, 164-169, 171, 199-200, 243

え

衛藤利夫　448
エドワード１世（Edward I）　271
江原鋤子　503
江原萬里　83, 159, 205, 216, 221, 223, 328, 406-408, 503
蝦名賢造　53, 68
海老名弾正　127-128
エマーソン（Emerson）　305-306
エリヤ　162, 573
エレミヤ（エレミア）　141-142, 144, 378, 387, 412-413, 440-441, 443, 449, 451, 485, 498, 584, 610
遠藤周作　589
ヱホバ　162-163, 165, 199, 205, 292-293, 310, 316, 361, 392-393, 498, 530

お

小穴隆一　174, 262
大石誠之助　103, 104
大内兵衛　21, 56, 63, 69, 110, 214, 251, 254, 289, 291, 295, 297, 313, 325, 348, 359, 372-373, 393-394, 398, 403, 427-432, 435-436, 454, 508, 515, 519, 521, 536-538, 552, 560-561, 591, 593, 615, 626, 632
大江健三郎　34
大賀一郎　216
大河原礼三　21, 606, 632
大久保美和　230
大河内一男　432, 560

索　引

1　本索引は人名索引と事項索引の二部からなる。
2　配列は五十音順によった。数字は該当ページを指す。
3　作品名は「　」、単行本・雑誌は『　』で示した。
4　矢内原忠雄以外の著作には、（　）内に著者名を示した。

人名索引

あ

アーノルド,トーマス　281
アウガスチン　468 →アウグスチヌス
アウグスチヌス（アウグスティヌス）　364, 467, 470-471, 509, 516, 586
青木reserved警部　496-498, 500-501
赤江達也　21, 426, 455, 466, 489, 511, 630
秋月致　117
秋山宗三　503
秋山常五郎　44
芥川龍之介　59, 79, 80, 82-83, 88, 91, 93, 97-100, 103, 109-115, 120, 123-124, 128, 131, 156, 168-169, 174-176, 188, 201, 209, 217, 255, 257, 259, 262-263, 302, 327, 331, 342, 382-383, 396, 403, 416, 540, 588, 635-638
浅田喬二　339, 349
浅沼稲次郎　619
浅原丈平　98
浅見仙作　499, 587
芦田均　106
畔上賢造　278, 291, 365-367, 371, 466, 480-481
麻生磯次　521, 523
アッキンソン（Atkinson, John Laidlaw）　26
アハド・ハアム　319
アヒカム　498
アブラハム　248 503, 532
安倍源基　563
安倍能成　34, 210, 552, 591, 593
天野貞祐　216
アモス　361, 378
荒井英子　605
荒井克浩　639
新崎盛敏　604, 632
有沢広巳　432, 436, 515
有島武郎　488
安藤良雄　626

い

イエス（イエス・キリスト）　20, 51, 135, 138, 140, 143-144, 170-171, 181, 206, 239, 240-245, 264, 292-294, 371, 375, 388, 412, 445, 451-452, 463, 467, 504, 529-530, 571, 575, 604
飯 峯明　26, 28
家永三郎　380-381, 399, 502, 512
井川恭　59, 64, 82, 84-88, 93, 98, 101-103, 109, 112-113, 116, 119, 123-124, 128, 131-132, 136, 156, 168-169, 174, 187-188, 190-191, 193-194, 201, 209, 217, 230, 260, 262-263, 302, 401, 539 →恒藤恭
井口孝親　82, 106, 136, 168, 283
池田信雄　21, 522-523

著者　関口安義（せきぐち・やすよし）

1935年9月埼玉県生まれ。早稲田大学大学院文学研究科博士課程修了。都留文科大学教授、文教大学教授などを歴任、また中国・河北大学、アメリカ・オレゴン大学、ニュージーランド・ワイカト大学などで客員教授を務めた。現在都留文科大学名誉教授。博士（文学）。専門は日本近代文学。主な著書に『評伝 豊島与志雄』（未来社）、『芥川龍之介』（岩波新書）、『特派員 芥川龍之介　中国でなにを視たのか』（毎日新聞社）、『「羅生門」を読む』（小沢書店）、『芥川龍之介とその時代』（筑摩書房）、『恒藤恭とその時代』（日本エディタースクール出版部）、『よみがえる芥川龍之介』（NHK出版）、『正・続 賢治童話を読む』（港の人）、『芥川龍之介新論』（翰林書房）などがある。

評伝 矢内原忠雄

2019年4月25日　第1版第1刷発行

著　者　関口安義

発行者　小林　望

発行所　株式会社 新教出版社
〒162-0814 東京都新宿区新小川町9-1
電話 03-3260-6148　FAX 03-3260-6198
URL http://www.shinkyo-pb.com

印刷所　河北印刷株式会社

配給元　日キ販　〒162-0814 東京都新宿新小川町9-1
電話 03（3260）5670　FAX 03（3260）5637

ISBN 978-4-400-21325-3　C1016　Printed in Japan
